戦後日本の経済外交 II

高 瀬 弘 文

戦後日本の経済外交 Ⅱ
――「近代を超える」時代の「日本イメージ」と「信頼」の確保――

学術選書
2014
政 治

信 山 社

まえがき

　「時間」というのは、ある意味とても不思議なものである。それは一面で、あらゆるものを変えてしまうようにもみえる。「現在」に対して「過去」と「未来」が区別できるのは、そうした変化のたまものだし、「過去」を振り返ることはできるが「未来」を思い出すことができないのは、「時間」が「過去」から「未来」に向かって流れているからだろう。

　しかし他面で、このことはすぐさま、「時間」の「はじまり」とはどのようなものであり、その「おわり」はどうありうるのかという、より根本的な疑問を思い起こさせる。というのも、もし「時間」の流れに「はじまり」と「おわり」があるのであれば、その流れを動かしたり止めたりすることができるかもしれないからである。つらい「時間」は早く過ぎ去ってほしいが、楽しい「時間」はずっと続いてくれれば、というのは、だれしも一度は願ったことがあるだろう。かつてケン・グリムウッドの『リプレイ』を読んで「はじまり」と「おわり」のある「時間」を生き続けることの意味を突き付けられ、スティーブン・ホーキングの「科学法則は過去と未来を区別しない」とする記述に（あらためて）衝撃を受け、鮎川哲也の「五つの時計」というタイトルにどきどきし（心地よく騙され）、少し前には、ZARD の坂井泉水が、「時間」とともに「季節」、「運命」、「月日」、「時計」をすべて「とき」と読ませていたことに驚き納得したことを思い起こすとき、「時間」とは興味の尽きない対象であった[1]。

　では、こうした「時間」はどうすれば考察できるだろうか？　その一つの方

---

(1)　ケン・グリムウッド（杉山高之訳）『リプレイ』新潮社、1990年：スティーブン・ホーキング（林一訳）『ホーキング、宇宙を語る』早川書房、1995年（原題は、*A Brief History of Time* である）、202頁；鮎川哲也（北村薫編）『五つの時計』東京創元社、1999年。また、ZARD の該当する曲については、たとえば以下を視聴。「眠れない夜を抱いて」（「時間」）、「不思議ね…」（「季節」）、「もう探さない」（「運命」）、「雨に濡れて」（「月日」）、「眠り」（「時計」）。

法が「歴史」に目を向けることだろう。それでは、そこでいう歴史とはなにか。これについてはすでにさまざまな議論があり、それらを網羅することは筆者の能力を超える。だが、筆者がもっとも共感するのは、歴史を「世界になにが起こっているかを理解するための道具」だと捉える、エリック・ホブズボームの定義である。なぜならば、歴史とは、世界をトータルに理解するために変化を分析するものだ、とホブズボームは主張しているからである。

　カール・マルクスから多くを学んだとするその議論によると、一方で、それぞれの「歴史段階」は「永遠のものではな」く、「人類の歴史は変化できる構造を持っていたからこそうまくいった」のだとされる。つまり、歴史とは変化するものであり、「現在は歴史の到達点ではない」のである（このことから、「歴史の終わり」を高唱する議論、あるいは〔「アナール学派」のように〕「歴史」の「恒久的な構造」を信じその変わらない部分に注目する立場が放棄されることとなる）。また他方で、歴史とは「全体として把握し分析できる」ものであり、「たんに起こった事実を掘り起こすだけでなく、それを分析しようとするもの」だとされる。いわば、隠されたり見過ごされたりしてきた事実の発掘のみならず、それらの事実を生み出した変化の要因を明らかにするのが歴史なのである[2]。このホブズボームの議論が示唆しているのは、「過去」の歴史のなかに、「未来」の変化を形作るいくつかの傾向が見出せるということだろう。「過去」および「現在」の世界を理解し、「未来」をよりよいものにするためにも、このような意味での歴史に注目するのが有用だと考えられるのである。

　もちろん、このような歴史に対する理解は、日本においても、かつてはそれほど受け入れがたいものではなかった。というのも、たとえば、「戦後十年」といわれた1955年の元旦の新聞をみてみると、ほとんどすべての主要な社説が、「新しい」「変化」を望んでいたからである。「年が改まるごとに、今年こそは昨年より明るい、住みよい世の中になるようにと願い、だれも彼もそうした期待を新しくする」（『讀賣新聞』）、「多かれ少なかれだれにも"ことしこそは"といった期待や覚悟を新たにさせる」（『毎日新聞』）、といった記述はその一例だ

---

　(2)　エリック・ホブズボーム（聞き手＝アントーニオ・ポリート、河合秀和訳）『歴史家ホブズボームが語る　21世紀の肖像』三省堂、2000年、7-9頁。

ろう。このことが意味していたのは、日本のありようを理解するために変化に目を向けていたということであった。実際、「戦後十年」が「昭和三十年」でもあることに注目した論者によれば、「昭和最初の十年間」は世界恐慌に端を発した「経済不況に悩み抜いた年」、「次の十年」は「不況から脱出するためのインフレと軍拡にはじまり、ついに日本が戦争の主役を演じて、惨たる敗北に至った年」、「第三の十年」は「まさに敗北の後始末にあけくれた年」だと意義付けられていたのである（『朝日新聞』）。ただ、たしかに「この十年間は日本が、元の姿にかえる努力で精一ぱいだった」ものの、その「努力」の結果、いまやそれも「ある程度戦争の痛手を回復することができた」。それゆえ、「これからの十年」は、国内的には「生きるだけの努力」を超えた、「民主主義」を「自分のものにする」ための「新しい日本の建設」に邁進し（『毎日新聞』）、国際的には「冷戦」という対立状況のなか、「平和共存」に向け「半歩でも一歩でも前進することが望まれる」のだされたのである（『日本経済新聞』）[3]。

　しかしながら、「新しい」「変化」を望み、日本のありようを理解するにあたり変化に着目する歴史の見方は、しだいに別のものに取って代わられることとなる。「戦後四十年」と呼ばれ、阪神タイガースが初の日本一を経験することとなる1985年の元旦の社説は、そのことを端的に表していた。というのも、ある論者がいうように、「戦後の歴史を振り返ってみると、敗戦の廃墟の中から、幾多の困難を乗り越えて、よくぞ今日の繁栄を築き上げたというのが、しみじみとした実感」だったからである。このことから導き出されるのは、「優秀な日本民族の底力」に支えられた戦後日本の「政治の方向」が、「立場によっていろいろな意見や批判もあろうが、大筋において誤りではなかった」ということであった（『毎日新聞』）。実際、この年は、「いわゆる『一九五五年体制』以来三十年、安保改定後二十五年、内閣制度発足百年」という、戦後日本のみならず近代日本を支え維持してきたもの（「変化」させてきたものではない）の「大きな節目」だと意義付けられていたのである（『讀賣新聞』）。

　こうして、「新しい」「変化」を望むよりも、「大筋において誤りではなかっ

---

(3) 「社説 『自助の精神』育成の年」『讀賣新聞』1955年1月1日；「社説 新日本はこれからだ」『毎日新聞』1955年1月1日；「社説 自ら作り出す意力」『朝日新聞』1955年1月1日；「社説 平和共存への道」『日本経済新聞』1955年1月1日。

た」従来の戦後日本のありようを引き延ばすことが「期待される」ようになる。たしかに、「世界平和」、「デタント」、「真の軍縮」など、これから実現すべき目標が掲げられてはいる。だが、それらを達成する方法として挙げられたのが、「局地紛争の抑制」に向けた「努力に貢献」すること（みずからが「努力」するのではない）（『讀賣新聞』）や、「敵意の縮小」のための「助言」をアメリカ側に与えること（『朝日新聞』）、であったように、「誤りではな」いとされた日本の立場から他国に「貢献」したりアドヴァイスしたりするのが日本の役割だとされるようになったのである（これは、1955年の社説が、「『世界共存の平和』を真剣に口にするならば、敵を批判する前に、われわれの全努力を内に向かって集中させ、平和を愛する堅実強固な自主的な個人の育成に努力することからはじめなくてはならない」〔『讀賣新聞』〕、あるいは「無理のない幸福な道を進めるために、さらに一段の工夫と創造力を振り起してみるほかはない」〔『朝日新聞』〕、とする自省的な態度を示していたのをみるとき、隔世の感を思わせるものであった）。「日本は古来、異文明の波に洗われながらも侵されることなく、独自の融合文化を育ててきた」のであり、歴史的な変化にも関わらず変わらない「この特異な"親和力"」は「東西の緩衝」にも「アジアの共存」にも役立てられるのだから、それを継続していくことこそが唯一の「生存の道」だとされたのである（『日本経済新聞』）[4]。「戦後四十年」の観点からみれば、変化を体現するという意味での日本の歴史は「おわり」を告げていたのである。

　ただ、世界の歴史は必ずしも「おわり」を迎えていなかったことが、日本人たちを戸惑わせることとなる。「戦後70年」といわれた2015年元旦の社説が明らかにしているように、かつては「冷戦」の終焉による「歴史の終わり」で「民主主義と自由主義経済」のもとに「世界は一つになると期待された」が、実際には「米国の影響力低下」と「中国」の「台頭」とともに「『Gゼロ』といわれる権力分散の時代」が到来し（『日本経済新聞』）、「アジア」においても「中国と韓国の興隆」が日本の「アジアでトップだという序列意識と自負心」を侵

---

(4) 「社説 世界平和と日本の進路 ── 歴史の節目に立って考える」『毎日新聞』1985年1月1日；「社説 平和と繁栄を確保する道 ── 現実を直視しタブーに挑戦しよう」『讀賣新聞』1985年1月1日；「社説 真の軍縮を目指して」『朝日新聞』1985年1月1日；「社説 世界に新しい世紀の鐘を鳴らそう」『日本経済新聞』1985年1月1日。

食したため、「あと戻りできない東アジアの力関係の変化を受け止め、自らの立ち位置を見つめ直す」必要が出てきたのである（『毎日新聞』）。そのうえ、国内的にも「総人口」の「減少」や「少子高齢化」を受けた「日本の活力低下」に直面しており（『讀賣新聞』）、まさに「戦後70年」の日本がおかれた状況をみてみると、「青空」はおろか、「頭上を覆う雲は流れ去るどころか、近年、厚みを増してきた感さえあ」ったのだった（『朝日新聞』）。「日本を覆っている気分は、えたいの知れない不安といらだち」であり（『毎日新聞』）、「日本の未来が危うい」のだというわけである（『讀賣新聞』）。

　では、このような状況を前に日本はどうすればよいのか。ここで興味深いのは、そこで打ち出された指針が、基本的には「戦後四十年」のときに示された方向（「戦後日本」の引き延ばし）の踏襲だったということである。というのも、主に中国の「台頭」を念頭におきつつ、「既存の枠組みを破壊し新たなものをつくるのではなく、法の支配の原則のもと国際世論を背景に、今の秩序を維持し、それを強くしていくためにともに努力する」、「グローバルなガバナンスの確立」が不可欠だとされていたからである（『日本経済新聞』）。それでは、なぜ「新たなもの」ではダメなのか。それは、（既存の）「国際秩序が崩壊すれば、日本の安全も損なわれる」ためであり、「とりわけ、アジアで突出した軍事・経済力を背景に海洋進出の動きを強める中国の行動には、警戒を怠れない」からである。（『讀賣新聞』）。

　たしかに、「歴史認識」問題をめぐる立場の違いが示すように、「慰安婦の強制連行などいわれなき誤解を解く努力」を強調するのか（『讀賣新聞』）、それとも「中国・韓国と共生できる地域の未来を考え」「東アジアの和解と連帯に率先して取り組む」ことに力点を置くのか（『毎日新聞』）、については、一致がみられていない。また、「戦後70年」の変化を目の当たりにしつつ、これまでとは異なる「新しい統治のかたちづくり」（『日本経済新聞』）や、「グローバル・ヒストリー」のような「新しい」「歴史」の重要性が指摘されてはいる（『朝日新聞』）。しかし、その内実は、「日本を再浮上の確かな軌道に乗せなければならない」とする主張（『讀賣新聞』）や、日本には「成熟した市民社会をはじめ、多くの素晴らしい文化や歴史や自然がある」とする指摘（『毎日新聞』）が示唆するように、既存のよい部分（「長所」）をふたたび伸ばそうとする姿勢が見え

隠れしているし、「新しい統治」や「新しい」「歴史」に関しても、それらを構成する要素の多くは、既存の「使える」ものから引き出してくることが前提とされているように思われるのである（「新しい統治」を強調する『日本経済新聞』社説が、「平和国家としての70年の歩みをあらためて確認する」〔傍点、筆者〕と、これまでの方向性を踏襲する態度を示していたことはその一つの証左である）⁽⁵⁾。日本のおかれていた状況は、「戦後四十年」のときとは異なりつらいものであったが、そこでの対応は、「戦後十年」のときのように「新しい」「変化」を望むというよりは、築き上げた「繁栄」の引き延ばしを企図した「戦後四十年」に似て、ただ、「戦後四十年」とは違いそれを「誤りではな」いとは断言できないまま、既存の方向を引き続き踏襲しようとするものであった。

　本書では、日本人たちが「新しい」「変化」を望むよりも従来の戦後日本の引き延ばしを明確に志向するようになった一つの起源として、1970年代の日本の「経済外交」を歴史的に分析する。「経済外交」に着目するのは、1970年代末葉に「ジャパン・アズ・ナンバーワン」と呼ばれるようになったのが、主に「経済」の領域における対外的なインパクトによるものだったからだが、そこで議論されるのは、「未来」にある種の物理的な「上限」が意識され、あるいは「歴史」がある種の「おわり」を迎えたのだと認識されたとき、どう振る舞えばよいのかという、普遍的な問題であった。というのも、「ナンバーワン」よりも「上」はないからであり、またたとえ「ナンバーワン」ではないにしても、それぞれの段階においてさらなる「上」を目指したいのにこれ以上「先」には行けない（物理的な「上限」がある）と認識する状況は、外交や国際関係のみならず、たとえば学歴や出世であれ、あるいは、就職や結婚、子育てやマイホームなどで彩られたいわゆる「ライフステージ」であれ、だれもが直面しうるものだからである。

　「未来」に「新しい」夢や希望がなくなったとき、「未来」は「現在」および「過去」との関係においてどう再設定されるのか。また、その（おそらく「新し

---

(5)　「社説　戦後70年の統治のかたちづくりを」『日本経済新聞』2015年1月1日；「社説　戦後70年　日本と東アジア　脱序列志向のすすめ」『毎日新聞』2015年1月1日；「社説　日本の活路を切り開く年に　成長力強化で人口減に挑もう」『讀賣新聞』2015年1月1日；「社説　グローバル時代の歴史『自虐』や『自尊』を超えて」『朝日新聞』2015年1月1日。

い」)「時間」によって織り成される「世界」とは、どのようなものとして思い描かれるのだろうか。さらに、「自己」と「他者」は、その（おそらく「新しい」）「世界」のなかでどう位置付けられ、いかなる役割を割り振られることとなるのか。これらの問いが示唆しているのは、本書における議論が、戦後初期の日本の「経済外交」を検討した前著（『戦後日本の経済外交』）と同様に、「自己」とはどのような存在であり、どこからきてどこに向かうのかという、「自己」定義（あるいは「他者」定義）にまつわる現代的な問題を含んでいるということである。そして、1970年代の日本の「経済外交」という歴史からなにかを学べるとすれば、「未来」に対する夢や希望を失い、いまよりも「上」や「先」に行けないと考えることが、「自己」の「地位」を維持しようとする振る舞い（「いままでどおり」）につながることにより、よりよい「未来」を本当に奪い去ってしまうこと、また、「時間」がすべてを変えてしまうこの世界においては、たとえ「いままでどおり」を繰り返せたとしても、「自己」の振る舞い以外の他の要素が加わったり欠けたりするため、現状すらけっして維持できないこと、しかし、だからといって、（「自己」に都合のよい）現状を維持するために「時間」の流れを止め、「新しい」「変化」をおしとどめようとすることは、「新しい」「変化」を望む「他者」の反発を必ず受けることになること、そもそも、《いまよりも「上」や「先」に行けない》とする発想を持ってしまうこと自体が、どこかでだれかが設定した基準（「上」や「先」）をこれまで生きてしまった必然的な帰結にすぎないこと、などである。

　本書の筆者からすれば、「自己」の「地位」のみならず「他者」の境遇にも思いを馳せ、失敗しても大丈夫な程度の小さな、しかし新たなよりよい一歩を「他者」と「未来」に向けて踏み出す必要があることは、自明であるように思われる。これまでの戦後日本の引き延ばしを志向するにあたり、結果としてよりよい「未来」を消去することとなってしまった1970年代の日本の「経済外交」を歴史的に分析することは、やや逆説的ではあるが、いま日本と世界に「なにが起こっているかを理解する」にあたり、多くの示唆を含んでいるのである。

xiii

【目　次】

まえがき

序章　研究課題と分析の視角―――――――――――――3

一　研究課題――「経済外交」―― ……………………4

⑴　「経済外交」とはなにか（4）

⑵　1970年代の「経済外交」（7）

経済的な「成功の試練」（8）／「危機のなかの経済外交」（11）／
国際環境の「安定」の模索（13）

二　分析の視角と本書の構成　………………………15

問題の設定（15）／認識のギャップ（16）／分析の視角（19）／
本書の構成（20）

◆ 第Ⅰ部　「新しい」「日本イメージ」 ◆

第1章　「近代を超える」
――「新しい」日本の「未来」―― ―――――――29

一　「新しい」「モデル」の模索 ………………………35

「歴史の潮流」と「時代の要請」（35）／二つの「歴史の潮流」
（38）／「未来」の進路の再設定（40）／二つの「時代の要請」
（42）／経済の「文化」的把握（45）

二　「日本文化」を再把握する ………………………47

「習合」の文化（47）／「再把握」の持つ「新しさ」（50）／
「再把握」のパターン（54）／「再把握」の持つ意味（57）

三　「日本文化」のパターン ……………………………60

「欧米」との対比（60）／「共同体」の重視（64）／「非日常」の
重視（66）／「閉鎖性」の重視（68）／「パワー」（「力」）の重
視（70）／「階層性」の重視（77）／「既存性」の重視（81）／

「過去」の書き換え（84）

四 「新しい」日本の「未来」 ……………………………………84

「歴史の潮流」と「時代の要請」（85）／「日本文化」の再把握
（86）／「日本文化」のパターン（88）／「近代を超える」とい
うこと（89）

第2章 長所を伸ばし、短所を減らす
——「新しい」日本の役割—— 93

一 「先進国」日本を位置付ける ……………………………96

日本の位置付け（96）／「文化交流」と「経済外交」（100）／
あるべき世界——「相互依存」（104）

二 「相互理解」による「信頼」の確保 ……………………105

「信頼」の確保の必要（105）／「相互理解」の重要性（108）／
「相互理解」の方法（111）／「国際交流」の推進（114）／「閉
じた」世界の構築（115）

三 「地域主義」と安全保障 ……………………………………118

「地域主義」——期待される役割（118）／「地域主義」の持つ
意味（119）／「先進国」における役割（122）／発展途上国に対
する役割（126）／日本の役割の「新しさ」（131）／「先進国」
主導の「協力」（132）／安全保障——自助努力の役割（138）／
「先進国」における役割（141）／発展途上国に対する役割／
（144）安全保障の目的と課題（147）

四 「新しい」日本の役割 ……………………………………150

「先進国」日本の位置付け（150）／日本の役割①——「長所」
を伸ばす（152）／日本の役割②——「短所」を減らす（154）／
「新しい」役割の持つ意味（155）

第3章 あちらを立てれば、こちらが立たず
——「新しい」日本の「経済外交」—— 159

一 「新しい途」 ……………………………………………………161

「ホロニック・パス」（161）／「相互依存」の世界（164）／
「新しい途」の持つ意味（166）／民主的手続きの変質（169）

二　「新しい」「経済外交」……………………………………172

　　基本姿勢と問題意識（173）／「既成勢力」に対する役割（177）／「新しい」勢力に対する役割（180）／世界経済の制度づくり（181）／日本国内の構造改革（183）／「新しい」「経済外交」（185）／「本質主義」的前提（189）／「経済外交」の柔軟性の喪失（192）

三　「新しい」「政治」……………………………………194

　　国民の「政治意識」を知る（194）／「世論調査」と「民意」（198）／「近代を超える」時代の「政治」（200）／「専門的な知識」による「社会制御」（202）／国家を市場に適合させる（204）

四　積み残された課題……………………………………208

　　「新しい」日本の「経済外交」（209）／積み残された課題（211）

◆　第Ⅱ部　「日本イメージ」の形成　◆

第4章　日本の「未来」を問い直す
── 新たな枠組みの出現 ──　　　　　　　　　217

一　ランブイエ・サミットへの道……………………………221

　(1)　「先進国」日本の確認（221）

　　「先進国」首脳会議の提唱（221）／各国の反応（222）／日本側の反応（225）

　(2)　「モデル」の不在（230）

　　日本側の態度表明（230）／フランス側の対日招請（231）／日本側による情報収集（233）／牛場顧問の「主要国」歴訪（235）／第一回準備会合（239）

二　「先進性」を問い直す…………………………………241

　(1)　同質性と異質性（241）

　　「時代の要請」（241）／「新しい」「未来」の進路（244）／貿易（247）／南北問題（247）／一次産品（248）／開発援助（249）／エネルギー（251）／東西関係（252）

　(2)　新たな課題（254）

三　「未来」の進路を打ち出す　………………………………257

xvi 【目　次】

　(1)　経緯の概要 (257)

　　　「コミュニケ」をめぐる対立 (257)／日本側の努力 (259)

　(2)　日本政府の態度 (262)

　　　①「簡潔なコミュニケ」の意味 (262)

　　　日本側の基本方針 (263)／相反する二つの「未来」(264)／
　　　日本側の方針が持つ意味 (266)

　　　②「市場経済」という文言 (268)

　　　「市場メカニズム」の尊重 (270)

四　引き裂かれた「未来」……………………………………273

　　　「新しい」「モデル」探し (274)／「新しい」日本の「未来」(276)

第5章　日本の役割を問い直す
── 新たな主体の台頭 ── ─────────────281

一　OECD 多国籍企業ガイドライン再考 ………………………284

　　　予備的討議 (286)／新執行委員会 (288)／国連での動き (289)
　　　／OECD における討議の開始 (293)／多国籍企業ガイドライン
　　　とは (295)／問題の所在 (300)

二　初期の対立状況と討議の難航 ── 1975年 ── ………………303

　(1)　ガイドラインの目的 (303)

　　　第一回起草グループ (306)／日本の位置付けの再確認 (308)／
　　　第二回起草グループ (312)

　(2)　多国籍企業の役割 (315)

　　　起草グループの対立軸 (315)／多国籍企業と国家 (320)／
　　　日本の役割の再検討 (323)／第五回起草グループ (325)

　(3)　企業経営者たちの巻き返し (328)

　　　1975年秋以降の討議 (328)

三　マンデートの延長と討議の決着 ── 1976年 ── ………………332

　　　企業経営者の「攻勢」が持つ意味 (332)／国家の「義務」の
　　　回避 (334)／最後の起草グループ（十一回）(336)／起草グルー
　　　プ以後の展開 (338)

四　引き裂かれた役割…………………………………………341

多国籍企業の役割（341）／「新しい」日本の役割（345）／
国家の存在意義の浸食（348）

第6章 「経済外交」を問い直す
—— 新たなルールの模索 —— 351

一 GATT 東京ラウンドの再検討と問題の所在 354
（1）東京ラウンドの経緯（354）
新国際ラウンドの提唱（354）／東京宣言の採択（355）／東京
ラウンドの停滞（359）／東京ラウンド仮署名（361）／GATT
総会における承認（364）
（2）フレームワーク・グループの経緯（366）
授権条項（368）／国際収支目的の貿易措置（369）／開発目的
のためのセーフガード措置（371）／紛争解決の手続き（371）
／輸出制限（372）
（3）問題の所在（372）

二 フレームワーク・グループができるまで 374
（1）日本政府の基本姿勢（375）
アメリカ側の方針転換（378）
（2）孤立する日本代表（379）
「先進国」の条件付き受け入れ（380）／日本代表の孤立（382）／
ブラジルとアメリカの妥協（386）／新グループ設置に向けた
討議（387）
（3）日本側の方針転換（389）
EC代表の妥協案（394）／フレームワーク・グループの設置（395）

三 フレームワーク・グループにおける討議 398
（1）本格的討議①—— 全体的協議（398）
第一回会合（398）／第二回会合（400）／日本側の態度（403）／
第三回・第四回会合（407）
（2）本格的討議②—— 個別的協議（408）
「先進国」のコンセンサス（408）／「大勢」に「同調」する日
本（412）

xviii 【目　次】

四　デッドロックの「経済外交」 ……………………………………… 414

日本政府の政策方針（414）／引き裂かれた「経済外交」（416）／柔軟性の喪失、現状の追認（418）／「経済外交」と「日本イメージ」（420）／認識の断片化、認識のギャップ（422）／「戦後日本」の肯定（「長所」を伸ばす）（423）

終章　暫定的結論と若干の展望 ——————————————— 425

一　暫定的結論 ……………………………………………………… 426

(1)　「未来」の進路の再設定（426）

「新しい」「モデル」を模索する（426）／「日本文化」という「未来」（428）／「先進性」の問い直し（431）

(2)　日本の役割の再検討（433）

「新しい」世界を構築する（433）／「長所」を伸ばし「短所」を減らす（436）／「先進性」という弊害（438）

(3)　「現実的な経済外交」（439）

「閉じた」世界を振る舞う（439）／「新しい」「経済外交」、「新しい」「政治」（441）／「先進性」による自縛（443）

二　若干の展望 ……………………………………………………… 445

あとがき
事項索引（巻末）
人名索引（巻末）

戦後日本の経済外交 II
── 「近代を超える」時代の「日本イメージ」と「信頼」の確保 ──

序章 研究課題と分析の視角

　本書は、戦後日本の「経済外交」の全体像を明らかにするために、戦後初期（1945-57年）に着目した前著『戦後日本の経済外交──「日本イメージ」の再定義と「信用の回復」の努力』の続編として、世界経済が現代につらなる構造変動を経験した1970年代（1973-80年）に焦点を当て、対外経済政策の策定プロセスのみならず、その背後にある認識や思考のパターン（「日本イメージ」）にまで踏み込んで、歴史的に分析しようと試みるものである。

　戦後日本の中心的な課題が軍事安全保障よりも「経済」の領域にあり、それに対処するための「外交」が重要であったことについては、おそらく異論がないだろう。細谷千博が議論しているように、戦後日本外交の基本路線だとされる「吉田路線」「吉田ドクトリン」とは、「冷戦」という対立状況のなかで、安全保障についてはアメリカに依存するとともに、「経済復興を防衛力拡充より優先課題とし」、その実現のために、「輸出振興」をはじめとする「経済外交の重視」を掲げたものであった[1]。このことは、岸信介政権が1957年に創刊した『わが外交の近況』（『外交青書』）のなかではっきりと明示され、「経済外交」は「アジア諸国との善隣友好」および「対米関係調整」と並ぶ「わが国外交が現在当面する重要課題」として意義付けられることとなる[2]。こうして、「経済外交」は、「戦後日本の外交の全般的な特徴を表す言葉としてしばしば使われる」ようになり、戦後日本が「国際的な地位を向上させ」「経済大国」となるにあたり「重要なはたらきをした」のだと指摘されることとなったのである[3]。

　では、そもそも「経済外交」とはどのようなものであり、「経済外交」研究

---

(1)　細谷千博『日本外交の軌跡』日本放送出版協会、1993年、123-5頁。

(2)　外務省編『わが外交の近況』大蔵省印刷局、1957年、8-10頁。

はどのような問題領域を対象とした分野なのだろうか。また、本書はなぜ、戦後日本の「経済外交」の全体像を解明するために、その背後にある認識や思考のパターンまでをも分析の対象とし、それらをどのような視角から分析しようとしているのだろうか。本章ではまず、これらの点について概観していきたい。

一 研究課題──「経済外交」──

（1）「経済外交」とはなにか

「経済外交」というコトバは、石井修や井上寿一らが指摘するように、戦前から日本で使われてきたが[4]、そのコトバが指し示すもの、すなわち「経済外交」の定義についてはあまり議論されてこなかった。そこでいう「経済」とは、およそ日本経済の復興や成長、発展に関わるあらゆる領域を指しているようにみえるし、そこでの「外交」とは、国家（政府や外交官、政策決定者）の対外的な政策や交渉のみならず、（「民間経済外交」のように）「財界人」や「技術者」の国際的な派遣までをも含んでいるのである。山本満は、この状況を指して、「経済外交」とはまるで「魔法の杖」のようにあらゆるものを呼び出せるコトバだと皮肉っている[5]。そこで以下では、二つの方向から、本書の研究課題である1970年代の日本の「経済外交」に接近してみたい。一つはコトバの精緻化という方向からであり、もう一つは歴史的なアプローチである。

コトバの精緻化の方向から「経済外交」を理解するもっともオーソドックスな方法は、「経済外交」を「経済を目的とする外交」と「経済を手段とする外交」に分けて考えるというものだろう。「経済外交」とは「自国の経済的利益の拡大・確保を目指す外交的努力」なのか、それとも「経済的手段を通じて何

---

(3) 井上寿一『ブリッジブック 日本の外交』信山社、2005年、149頁。また、井上寿一『NHKさかのぼり日本史 外交篇［1］ 戦後"経済外交"の軌跡──なぜ、アジア太平洋は一つになれないのか』NHK出版、2012年を参照。

(4) たとえば、石井修『世界恐慌と日本の『経済外交』──一九三〇〜一九三六年』勁草書房、1995年、16頁；佐古丞『未完の経済外交──幣原国際協調路線の挫折』PHP研究所、2002年、12-3頁、97-8頁、115-20頁；井上『ブリッジブック 日本の外交』、前掲書150-8頁。

(5) 山本満『日本の経済外交──その軌跡と転回点』日本経済新聞社、1973年、12頁。

らかの外交目標を達成しようとする行為」なのか、という、渡辺昭夫の問い掛けにみられるように[6]、この方法は、「経済外交」が「経済」と「外交」の関係をめぐる諸問題を考える領域であることを明らかにしており、きわめて有用である。ただ、その一方で、このことは、(渡辺自身も述べているように)さらなる疑問を惹起する。それは、もし「経済外交」にこの二つの側面があるのだとすれば、これらを統括するより上位の理念ないし目的とはどのようなものであり、「いったいいかなる外交目標をわれわれは、追求しようとしているのであろうか」という、「経済外交」の全体像に関わる疑問である。あるいは、こう言い換えてもよい。戦後日本の「経済外交」における中心的な課題は、「経済を目的とする外交」と「経済を手段とする外交」の選択をめぐる諸問題だったのだろうか?

　それゆえ、こうした疑問を解明するには、戦後日本の「経済外交」についての議論のなかで「経済」と「外交」がどのように理解され、その相互関係がどう把握されていたのかを検討する必要があるだろう。ここで興味深いのが、岸信介内閣で外務大臣を務めていた藤山愛一郎の発言である。都留重人一橋大学教授による事実上の司会のもと、藤山をはじめ、島田英一日本紡績社長、伍堂輝雄日本鋼管常務、原吉平大日本紡績社長が出席し開かれた、「経済外交と日本の立場」と題する1963年1月の座談会のなかで、藤山は、「『経済外交』を定義づけるのは非常に難しい」としながら、「『経済外交』と言われているものの本質」についてこう発言している。

　たとえば戦争があると、お互いが輸入を制限したり、為替を制限するなどという、障壁ができる。ところがそういう状態が平常に戻ると、そこに何らかの経済的な調整が必要になってくる。特にこんどの戦争は大きかっただけに、長いあいだのいろんな戦時中の施策はだんだん緩められてきてはいるが、まだまちまちになっている。同じ同盟国のなかでも、いろいろな関係で一律にいっていない。それをできるだけならそうというのが、今「経済外交」と言われているものの本質だと思うのです。そういう意味で、必ずしも経済外交と言わなくても、政治外交と言ってもいいと思うのです[7]。

---

[6]　有賀貞、宇野重昭、木戸蓊、山本吉宣、渡辺昭夫編『講座国際政治4　日本の外交』東京大学出版会、1989年、9-10頁。

藤山からすれば、「経済外交」とは主に「先進国」を対象とした「経済」の「自由化」をめぐる諸問題であり、戦争などのために人為的につくられた輸入制限や為替制限のような「障壁」を緩めるというかたちで「経済的な調整」を行うことを指していた。いわば、「経済的な調整」という目的に注目すれば「経済外交」ともいえるし、人為的な「障壁」の撤廃という目的に目を向ければ「政治外交」ともいえるのだ、というわけである。もしそうだとすれば、そこでいう「経済外交」とは、経済的な目的と政治的（≒外交的）な目的をともに達成するために経済的な手段も外交的な手段も使うというようなものだったと推察されるから、そこでの中心的な課題は、「経済を目的とする外交」と「経済を手段とする外交」の選択をめぐる諸問題ではないことになる。このように、「経済外交」が対象とする領域はこれまで考えられてきたよりも広い可能性があるのであり、「経済外交」の全体像を把握するには、それらにも目を向ける必要があるのである。

　では、戦後日本の「経済外交」における中心的な課題とはいかなるものであり、「経済外交」はどう定義付けられるのだろうか。それは、都留が明快に論じているように、「経済」と「外交」の動きが本来矛盾するなかで、経済的な原理という「自然に動く力」を持つものと人為的な関与という「意図的な政策」とのあいだにどう折り合いをつけるのか、というものだということができる。なぜならば、「経済」が「元来それみずからの論理」を有し、「たとえば安くていいものが売れるというように、自然に動く力を持っている」のに対して、「外交」は「国民的な利益を踏まえて、それを守りつつ促進するという意図的な政策」だったからである。

　そのため、都留からすれば、この「経済外交」がとくに重要となるのは、「アジア地域」においてであった。なぜならば、「先進国」との経済関係の構築は、藤山のいうように経済的な「勘定」を考え、「経済」の「自然に動く力」を尊重するというかたちで人為的な「障壁」のありようを考えていけばよいが、「アジア地域」の開発においては、「経済人の勘定をある程度無視するようなこと

---

(7)　都留重人ほか「動く世界と日本の態度　経済外交と日本の立場」『中央公論』1963年
　　　1月、118頁。

がなされなければ」「日本が積極的に寄与することはむずかしい」からである。
こうして都留は、「経済外交」をこう定義する。

　経済というものは、それみずからの論理とか勘定でもって自然に動くものだ。外
交というのは、意図的になにかなされるべきものだ。経済外交というからには、経
済の動きのままほっといたのではうまくいかないところを、政策でもって動かすと
ころに意味があるのだ、というふうに私は解釈したいわけです[8]。

　たしかに、藤山と都留とでは「経済外交」のあるべき姿に対する理解に違い
がある。ただ、「経済外交」とは、「経済」と「外交」の関係を考えるものであ
り、それは「自然に動く力」を持つ経済的原理と「意図的な政策」である人為
的関与とのあいだにどう折り合いをつけるのかを探求するものだとする、「経
済外交」の定義に関わる部分については見解を同じくしていた。このような「経
済外交」をめぐる議論は、かたちを変えながらもこんにちまで共有されており、
「経済」と「外交」の関係を目的と手段の関係だと捉え、「経済を目的とする外
交」と「経済を手段とする外交」が「経済外交」における二つの型だとする理
解のあり方もまた、その一つの形態だとみることができるのである[9]。そこで
本書においては、「経済外交」の研究課題を、経済的原理と人為的関与との関
係、すなわち「自然」に動くものと人の手で動かすものとの関係を考えるもの
だと把握したうえで、1970年代の日本の政策決定者たちがこの二つの（しばし
ば相対立する）「経済」と「外交」のあいだでどう折り合いをつけようとしてい
たのかに目を向け、「経済外交」の全体像の解明を試みたい。

（2）1970年代の「経済外交」

　それでは、より具体的に、1970年代の日本の「経済外交」の全体像はどう議
論されてきたのだろうか。近年の「経済外交」研究に目を向けてみると、個別
のテーマについてはすぐれた研究が陸続と出されている[10]一方で、全体像の把

---

(8)　同上122頁。

(9)　高瀬弘文「『経済外交』概念の歴史的検討 ── 戦後日本を事例に」『広島市立研究』2013
　　年。とくに30頁および同論文注6を参照。

握に関しては、2000年代の分析がいまだ有用であるように思われる。そこで、本書ではまず、2000年代に発表された、「経済外交」の全体像を把握しようとする三つの試みにあらためて焦点を当てつつ、本書が分析の対象とする1970年代の「経済外交」が、従来どのように理解されてきたのかについて、簡単に振り返っていきたい。

経済的な「成功の試練」　まず、戦後日本の独立から50年目の節目の年に出された田所昌幸の研究（2002年）によると、「経済外交」の定義とは、「国際的地位の再建」を目指して「経済立国」を志向する外交であった。というのも、田所は、日本の「徹底的な敗戦による経済的荒廃」によって、一方では「経済の復興と民生の向上」が「日本の喫緊の国家目標」となり、また他方では、「経済立国」という戦後日本の「将来像」が「国際的地位の再建のための戦略的目標として国民的な合意」を形成したのだと議論しているからである。田所からすれば、「『経済立国』とは長らく戦後日本外交のコンセンサス」だったのであった[11]。

では、1970年代の日本の「経済外交」はどのような課題に直面していたのか。それは、端的にいえば、「経済大国」となった日本の「成功の試練」であり、1950年代後半以降の高度経済成長による「経済的な成功」の結果がもたらした「新しい」問題（「経済的繁栄そのものが脅かされるさまざまなショックや試練」）であった。田所によると、「なりふり構わずドルの切り下げを実行しようとし

---

(10)　たとえば、前著出版以降に出された、戦後日本の「経済外交」に着目する主な歴史的研究として、鈴木宏尚「池田政権と高度経済成長 —— 外交・内政における経済成長ファクターの再検討」『立命館国際研究』2019年3月、89-106頁；八代拓「日尼国交正常化における民間企業の役割 —— 経済外交推進の構図に関する考察」『国際政治』2019年3月、43-58頁；高橋和宏『ドル防衛と日米関係 —— 高度成長期日本の経済外交1959〜1969年』千倉書房、2018年；畠山京子「日本のアジアにおける経済外交 —— リーダーシップと秩序形成への関与」『関西外国語大学研究論集』2017年3月、73-90頁；八代拓「戦後日本のインドネシアへの経済進出過程 —— 冷戦と脱植民地化の過程における民間経済外交」博士論文（一橋大学）、2017年7月；石丸聖剛「『日本とユーラシア社会 —— 海洋と大陸の歴史・文化』プロジェクト　日韓経済協会（JKE）設立の契機とその背景」『中央大学政策文化総合研究所年報』2016年度、23-39頁；長谷川隼人「岸内閣期の内政・外交路線の歴史的再検討 —— 『福祉国家』、『経済外交』という視点から」博士論文（一橋大学）、2015年3月；深津勇仁「冷戦変容期田中外交の一考察 —— 資源・経済外交の視座から」『日本経大論集』2014年12月、205-44頁；鈴木宏尚『池田政権と高度成長期

一　研究課題──「経済外交」── 9

の日本外交』慶應義塾大学出版会、2013年；高橋和宏「『経済大国』日本の経済外交戦略」波多野澄雄編『冷戦変容期の日本外交 ──「ひよわな大国」の危機と模索』ミネルヴァ書房、2013年、113-43頁；古城佳子「通商と金融をめぐる外交 ── グローバリゼーションと重層的経済外交への転換」井上寿一、波多野澄雄、酒井哲哉、国分良成、大芝亮編『日本の外交　第5巻　対外政策　課題編』岩波書店、2013年、99-118頁；井上寿一「"経済外交"の軌跡 ── なぜ、アジア太平洋は一つになれないのか」NHK出版、2012年；鈴木宏尚「池田政権の対欧州外交 ──『冷戦』と『経済外交』の交錯」『独協法学』2012年12月、75-109頁；高瀬弘文「東北アジアにおける戦後日本の経済外交の端緒 ── 日韓通商協定の締結を手掛かりに」『国際政治』2012年2月、102-16頁；邱麗珍『日本の対中経済外交と稲山嘉寛 ── 日中長期貿易取決めをめぐって』北海道大学出版会、2010年；長谷川隼人「岸内閣の対外経済戦略におけるラテン・アメリカ ── 日本人海外移民政策を利用した対中南米経済外交の模索」『一橋法学』2010年3月、143-98頁；小倉和夫「サミットをめぐる経済外交（第3回）第2部　サミットと日本外交」『世界経済評論』2009年6月、49-55頁；邱麗珍「日中国交正常化後の日本の対中経済外交（2）── 日中長期貿易取決めと稲山嘉寛」『北大法学論集』2010年5月、53-107頁；小倉和夫「サミットをめぐる経済外交（第2回）サミットの政治、外交的機能（下）」『世界経済評論』2009年5月、58-65頁；小倉和夫「サミットをめぐる経済外交（第1回）サミットの政治、外交的機能（上）」『世界経済評論』2009年4月、51- 9頁；邱麗珍「日中国交正常化後の日本の対中経済外交（1）── 日中長期貿易取決めと稲山嘉寛」『北大法学論集』2009年3月、1-58頁；倪志敏「大平正芳と中日間の経済・外交に関する研究 ── 張家口時代からLT貿易・中日復交・対中円借款供与まで」博士論文（龍谷大学）、2009年3月；邱麗珍「日中国交正常化後の日本の対中経済外交 ── 日中長期貿易取決めと稲山嘉寛」博士論文（北海道大学）、2008年6月。

　こうした事例研究は、戦前についても蓄積されてきている。藤井崇史「近現代史部会　日清～日露戦間期の経済外交と紡績業 ── 下関条約・日清通商航海条約の締結と運用を中心に」『日本史研究』2018年5月、90- 2頁；久保田裕次『対中借款の政治経済史 ──「開発」から二十一カ条要求へ』名古屋大学出版会、2016年；久保田裕次「第一次世界大戦期の対中国経済外交と商業会議所 ── 阪谷芳郎の幣制改革顧問就任問題を中心に」『渋沢研究』2015年1月、45-66頁；梁紫蘇「渋沢栄一の対外観 ── 明治政府への影響を中心に」『東アジア文化交渉研究』2013年3月、271-86頁；石井修「戦間期日本の経済外交」井上寿一、波多野澄雄、酒井哲哉、国分良成、大芝亮編『日本の外交　第1巻　外交史　戦前編』岩波書店、2013年、157-81頁；森川正則「第一次世界大戦と日本の経済外交 ── イギリスの輸入禁止措置をめぐって」『奈良史学』2012年、36-57頁；渋沢栄一記念財団渋沢史料館編『（渡米実業団100周年記念）　渋沢栄一、アメリカへ ── 100年前の民間経済外交』渋沢栄一記念財団渋沢史料館、2009年8月。

⑾　田所昌幸「日本の経済外交五十年」『国際問題』2001年11月、37- 8頁。

た」「ニクソン政権」が、1971年8月に発表した新経済政策は、「ドル・ショック」として、日本の大蔵省や財界をはじめとするさまざまな人びとに「国難」だと受け止められ、「第四次中東戦争に呼応し」た「アラブ産油国の石油戦略」の帰結である1973年秋の「石油危機」は、「安価な原油」に依存してきた日本を「文字どおりパニックに陥」れたため、「七四−七五年には日本は戦後最も厳しい不況を経験した」。そのうえ、「苦境にあえぐ貿易相手国」とのあいだの「さまざまな軋轢」は、日本の輸出をめぐる貿易摩擦や「国内の市場開放問題」のかたちで表面化し、「一九七〇年代以降の日本の経済外交のエネルギーの大半」は、アメリカをはじめとする「経済摩擦の処理と管理に費やされた」のだといわしめるほどのインパクトを残したのである。

　だが、1970年代における日本の「経済外交」は、「摩擦への受動的な対応に終始していたわけでもなかった」。なぜならば、「西側の国際経済が有機的な統合の度合いを増す」なかで「国際的な相互依存の管理が重要な課題とな」ると、「世界第二の経済大国たる日本」は「大きな役割を果た」すようになるからである。1975年11月にフランスのランブイエで開催された第一回の「サミット（先進国首脳会議）」に日本が招請されたのは、その一つの証左であった。「サミットへの出席は、日本が先進国の一員であることを象徴的に示す」とともに、「国際経済運営の一翼を担っていたことを示す」出来事なのだというわけである。田所からすれば、「世界最大の石油輸入国であり世界経済の動向に大きな影響力をもつ日本」を抜きにしては、「サミットでマクロ経済やエネルギー問題を議論して、実りあるものとはなりそうもなかった」のである。

　こうして田所は、「揺るぎかけていた日本の国家目標がむしろ再確認され、経済的繁栄の維持のために経済外交へのコンセンサスが再編成された」ものとして、1970年代の日本の「経済外交」を意義付ける。たしかに、貿易摩擦や市場開放の要求に対しては、「GATTの無差別原則」にも関わらず輸出自主規制で対応せざるをえなくなったり、あるいは、「一方で貿易自由化を叫びながら、『コメは一粒たりとも輸入しない』という立場を国際交渉の席で主張する」など、「無理」もあったかもしれない。だが、「ドル・ショック」にともなう円高に対しては「新たな成長セクター」に「経済の重心を移」すことで「日本経済は八十年代に開花」し、また、「石油危機」をめぐっては「省エネルギー技術」

の「飛躍的」な「向上」とともに「エネルギー大量消費型の重厚長大の産業から知識集約型の産業へと、急速に移行」することで、「一九八〇年代の日本経済の躍進の足がかり」とした。そのうえ、「エネルギーの確保」のために、日本は、アメリカとは一線を画した対アラブ外交を展開しながらエネルギーの輸入先の多様化にも尽力し、「石油危機」のような国際的な問題に対応できるよう、「安全保障をより広く柔軟に考え」る「総合安全保障と呼ばれる考え方」を生み出すこととなったのである[12]。いわば、「経済の復興」から「経済的繁栄」に、日本の「国際的地位の再建」がその「維持」に、「経済外交」の目的は変わったものの、それがために「経済立国」を目指すという戦後日本の「将来像」は「再確認」され、「経済外交」に対する「コンセンサス」もまた「再編成」されたのだと、田所は論じたのである。

「危機のなかの経済外交」　外側からもたらされた国際的な「ショック」や「試練」に対する取り組みのなかで戦後初期からの「経済外交」の路線が1970年代に「再確認」されたのだと解する意味では、井上寿一の研究（2004-5年）も同じであった。なぜならば、井上もまた、1970年代における「危機のなかの経済外交」が、「対米協調」と「アジア地域主義」との「バランス」をとるという、戦後直後の構想（『日本経済再建の基本問題』）を踏襲しているのだと理解していたからである。井上からすれば、「一九六〇年代に飛躍的な発展を遂げた日本の経済外交」が1970年代に直面した「国際通貨危機と石油危機」という「最大の危機」も、「ODA」を軸とする対（東南）アジア「経済外交」が「『福田ドクトリン』の挫折」というかたちで困難にぶつかったことも、敗戦直後から「一貫して存在していた戦後経済外交の主要テーマの一つ」である、「アメリカを排除しないアジア地域主義をどのように確立するのか」という課題のヴァリエーションでしかなかった。そこで、このことを踏まえつつ、日本が直面した上掲の二つの課題をそれぞれみてみよう。

　まず、「国際通貨危機と石油危機」という「最大の危機」において注目すべきは、ここに「経済外交」をめぐる二つの路線が垣間見られるということである。井上によれば、一つは、田中角栄首相と三木武夫副首相のラインで、「石

---

[12]　同上論文48-54頁。

油危機」を背景に「石油確保のために、親アラブの外交姿勢へと大転換を図った」路線である。これに対抗したのが、「徹底的な市場経済合理主義者」宮崎弘道外務省経済局長とそれを支援する大平正芳外相のラインで、「要するに日本はアメリカの石油メジャーから石油を買っているのだから、対米関係をもっと重視すべき」だとする路線であった。1970年代前半の日本の「経済外交」は、まず前者が主導権を採りつつもしだいに後者が巻き返すという道を辿ったのだとされ、アメリカと一線を画する対アラブ外交により傷付いた対米関係を「先進国間協調」で修復することとなる。ランブイエで開かれた第一回サミットはこの文脈のうえに意義付けられ、「日本独自の立場」を示すために「社会主義国との関係や非産油国途上国の『窮状』」までも訴える三木首相に対して、宮崎らは、「サミットとは、世界経済をめぐる先進国間の政策調整の場」なのだから、「なぜ東西問題や南北問題を論じなければならないのか」「困惑」していたのだという。しかし、宮崎は「事務方の事実上の最高責任者」として「三木を支え」、「石油依存度を引き下げ、エネルギーを節約し、産業構造を転換するという重い責任を伴う決定」において、「先進国協調と日本の国益確保との間で調整を行なうこと」に「最大限の努力を払った」のだった。このサミットについて、井上はこう評価する。日本は「どうにか先進国としての責任を果たすことができ」、「先進国協調のための責任分担意識を形成しつつ、世界経済を支える大きな柱の一つとなった」のだ、と。日本の「経済外交」は、1970年代の「最大の危機」をなんとか乗り切ったのである。

　こうして、「一九七〇年代の危機」を脱却した日本は、「輸出を中心に拡大」し、「あり余る貿易黒字」を「ODA予算の拡充」に向けることとなる。だが、ここでも日本の「経済外交」は問題に直面する。1974年1月、タイやインドネシアなど主に「『親日』的」な東南アジア五か国を歴訪した田中首相は、バンコクやジャカルタで「反日のデモ」の出迎えを受ける。また、この「反日暴動」を受けて、「経済協力政策」は「まず相手国の立場を考える」との方針のもと、1977年8月に「ASEAN諸国」を歴訪した福田赳夫首相は、フィリピンのマニラで「新たな東南アジア政策の基本原則」である「福田ドクトリン」を発表、「『心と心の触れ合う』相互信頼関係を構築する」ことで、「ASEANの連帯強化」および「インドシナ諸国との間の相互理解」に努力するとしたが、これ

は1978年のベトナムによるカンボジア侵攻で破綻する。井上からすれば、「日本がインドシナ諸国と ASEAN 諸国との間の『橋渡し』役を担うということは、ナイーヴな国際情勢認識に基づく、『日本の一方的な思い』」だったのである。

　ただ、このアジア地域主義の模索は、大平首相のもと、一つの構想として結実することとなる。それが「環太平洋連帯構想」である。これは、「福田ドクトリン」が「東南アジアの複雑な国際政治に翻弄されたことを踏まえ」、「アメリカもアジアも」さらには「人民中国やソ連をも含む」「環太平洋」という枠組みのもと、「開かれた連帯」、『「開かれた」地域主義」を目指したものであった。井上はこれを、「アメリカを排除しないアジア地域主義をどのように確立するのか」に取り組んできた、戦後日本の「経済外交」の一つの「到達点」だと指摘している[13]。戦後初期からの目的や構想がかたちを変えながらも1970年代にまで引き継がれていったのだと理解している点で、井上の議論は、1970年における日本の「経済外交」がこれまでの「コンセンサス」の「再確認」であり「再編成」だと論じる田所と軌を一にしており、井上もまた、1970年代の日本の「経済外交」は従来の路線の延長線上に意義付けられるのだと考えていたのである。

国際環境の「安定」の模索　　こうした理解は、大矢根聡の研究（2005年）においても基本的に踏襲されていたといってよい。「経済外交」を戦後日本の「新たな外交政策の目標」である「通商国家」を実現するための方途、すなわち、「世界市場で通商を拡大することで、国民生活の豊かさや国家的繁栄を目指」すという「政策目標」を実現するための「手段」だと定義する大矢根は、1970年代を「国際経済システム」の「動揺」した「国際危機」の時期だと捉え、それらの「危機」を大きく三つに分けて議論している。最初の二つは、すでに田所や井上も触れていた「ドル・ショック」と「オイル・ショック」である。これらは、「通商国家」を選択した日本が「国内政治経済と国際経済システム

---

[13]　井上寿一が「戦後経済外交の奇跡」と題して2004年11月から2005年5月まで6回にわたり『外交フォーラム』に連載した論考のうち、下記の3つを参照。井上寿一「外交再建の基本構想」2004年11月、62-7頁；同「危機のなかの経済外交」2005年3月、78-83頁；同「経済外交の到達点」2005年5月、78-83頁。

とを密接に結び合わせた」結果、「必然的に国際環境の変動や危機に対して敏感に、場合によっては脆弱にな」り、「それが危機となって日本を直撃した」出来事として意義付けられる。日本の「経済外交」は、このような状況のなかで、従来のような「通商国家」の「環境の整備」から、「環境を危機から守り、一層の安定を模索する」という方向に目標をシフトさせることでこれらに対応することとなる。

　それに対して、残りの三つ目の「危機」は、日本の「経済大国化」につれて「日本の経済的影響が海外に及び、それが対外的な軋轢を招」いたもので、「アジアでの反日運動」や「欧米との貿易摩擦」がそれにあたる。一方で前者は、井上も挙げた「福田ドクトリン」として結実し、大矢根によると、これが「東南アジアで一定の評価を得たこともあり」、「ASEAN諸国とインドシナとの平和的共存、協調的な発展を支援」する立場を日本が採ることで、この地域はやがて「APEC」につながるような「日本のアジア外交の基軸の一つ」になったのだという。他方で後者は、「問題が政治化した」こともあり「市場や国際経済システムによる解決は期待できず」、「外交上の対応」にも「苦慮」したが、経済摩擦を繰り返すうちに「次第に対応パターンを見出」し、「GATTルールを尊重するとしながらも、一時的・例外的に自由貿易の権利を放棄する」ことで「自主的な輸出規制もしくは輸入拡大を実施した」のだった[14]。

　このように、大矢根は、「失敗を重ねつつも、まがりなりにも国際的な危機に対処した」ことにより、「通商国家」のみならず「経済大国」にまで「発展」することを促したものとして、1970年代の日本の「経済外交」を意義付けた。このことが示唆しているのは、大矢根が、この時期の日本の「経済外交」を戦後初期からの路線を引き継いだものとして理解していたということである。たとえば、大矢根が「複合的政策・措置」と呼ぶ、「市場と政府介入、国際経済システムへの適応とその外交的補充」[15]が、「通商国家」の「環境づくり」の方途として戦後初期から引き継がれてきたのだとする議論に目を向けてみればよい。たしかに、大矢根は、「経済摩擦」に対する解決策としての「複合的政策・

---

　(14)　大矢根聡「経済外交──『経済大国』化とその揺らぎ」多胡圭一編『日本政治──過去と現在の対話』大阪大学出版会、2005年、220-1頁、229-35頁。

　(15)　同上書228頁。

措置」には「限界があらわれ」つつあり、1980年代後半以降になると、これが日本の「構造的問題」として「他の先進国」から「国内保護的であり、対外協調的でない」と非難されるようになったことを指摘、1990年代になると、「冷戦終結やグローバリゼーションの高進」につれて「国内外の環境が大きく変化」するとともに、「過去の成功の基盤」である「複合的政策・措置」それ自体が「新たな環境への適応を阻害している」のだと議論してはいる。ただ、このことを裏返していえば、1970年代以降の「経済外交」もまた、これまでの「複合的政策・措置」の有用性を「再確認」したうえで、それを「再編成」していたことを示唆していた。大矢根の議論も、田所や井上と同じように、1970年代における日本の「経済外交」を、外側からの「危機」（「国際危機」）に対する対応だと捉えたうえで、その対応のありようを戦後初期からの延長線上に意義付けていたのである。

二　分析の視角と本書の構成

問題の設定　　これに対して本書は、1970年代の日本の「経済外交」がこれまでの「近代化」を目指してきたものから「近代を超える」ためのものに、まったく「新しい」ものになったのだと主張する。というのも、日本が1970年代に直面していたより深刻な問題は、先行研究が重視するような、「○○ショック」「○○危機」と表現される外側からもたらされたものだというよりも、日本の政策決定者たちが日本を「先進国」だと位置付けたことに起因する、自身の振る舞いによるものだったからである。そしてそれゆえに、この「経済外交」の「新しさ」は、（前著に引き続き）本書が「日本イメージ」と呼ぶものに目を向け、その「全体像」を明らかにすることで理解できるのだと論じる。以下では、この点を議論していきたい。

　これまでの整理からも明らかなように、従来の「経済外交」の研究は、日本の政策決定者たちの他国に対する認識や行動、すなわち日本がどう振る舞ってきたのかを個別的に考察するものであったといえる。この分析視角の背後にある前提とは、日本が外交政策を立案し実施する「主体」であるのに対して、「欧米」や「アジア」は日本の外交政策の「客体」もしくは「対象」として暗に意義付けられているということである。この日本のみが「主体」である分析世界

においては、意図せざるかたちで日本のみを特別視することとなり（なぜなら
ば、「主体」のありようはふつう問われないからである）、その裏返しとして「客
体」だとされた日本以外の国ぐにのありようだけが（たとえば「親日」あるいは
「反日」というかたちで）評価の「対象」にされることとなる。

　だが、このことは少なくとも二つの問題を孕んでいた。一つは、日本以外の
「客体」だとされた国ぐにの「主体」的な振る舞いとその意義を捉えづらいも
のにしてしまうということである（田所が、「ドル・ショック」について、「ニク
ソン政権」が「なりふり構わずドルの切り下げを実行しようとした」のだとしてい
るのはその一例だろう。アメリカの政策決定者たちが一定の見込みのもとにこれを
実施したことは、アメリカの「主体」的な動きに目を向けたスーザン・ストレンジ
〔Susan Strange〕の「非決定」に関する分析が示している[16]。またもう一つは、
日本のみを暗に「主体」の立場におくこうした分析上の前提が、日本を特別視
する議論（たとえば、「ジャパン・アズ・ナンバーワン」や「日本特殊論」）の興隆
を準備した1970年代以降における日本の「経済外交」を分析するうえでも、大
きな問題を内包しているということである。なぜならば、それは、認識のギャッ
プ（すなわち、やろうとしていることとやってしまっていることのギャップ）に関
わる重大な問題を生み出すからである。

　認識のギャップ　　この認識のギャップの一端を理解するには、エリック・
ホブズボーム（Eric Hobsbawm）の議論を紹介するのがよいだろう。ホブズボー
ムは、1999年のNATO（North Atlantic Treaty Organization；北大西洋条約機構）
によるセルビア空爆やベオグラードの中国大使館「誤爆」事件などを挙げ、「豊
かな世界」と「貧しい世界」との「対話」は「本質的にすれ違い」になってい
るのだと主張する。というのも、「貧しい世界」の人びとは、「豊かな世界」の
人びとの振る舞いのなかに、「優越性」の誇示、すなわち「豊かな国々の利益
のために富と技術と権力にものをいわせようとする態度」を（的確に）見出す
からである。そのうえで、フランシス・フクヤマ（Francis Fukuyama）の「歴
史の終わり」が「西側のイデオローグ」に支持されていることに触れつつ、こ

---

[16]　スーザン・ストレンジ（小林襄治訳）『カジノ資本主義──国際金融恐慌の政治経済
　　　学』岩波書店、1986年、53-60頁。

二　分析の視角と本書の構成　　17

う述べている。

　このような西側のイデオローグにとっては、豊かな世界の優越性は、それが共産主義に対して世界史的な勝利をおさめたことにも証明されているように、西側世界が人類の事柄を処理していく最善の方法を発見したことのたんなる現れなのです。もっと簡単にいえば、これらのイデオローグたちは、西側の人々のほうがよく物事を知っていると確信しているのです。しかし、それはけっして自明のことではありません。ソ連崩壊以降のロシアでの西側の経済顧問たちの悲劇的な失敗の記録が示しているように、知的で善意ある学者やコンサルタントにとっては、西側とはきわめて異なった環境、きわめて異なった歴史と文化によって形成された環境で何が起こっているかを理解するだけでも難しいようです[17]。

このホブズボームの議論が示唆深いのは、いわゆる「西側世界」の「優越性」が、究極的には「西側の人々のほうがよく物事を知っている」という「確信」、すなわち「最善の方法を発見した」とする認識に基づいているのかもしれないということである。いわば、「最善」のやり方を見出した「西側世界」はすでにある種の「上限」に達したのだから、認識のうえでは、あとはその方法を「西側世界」以外の国ぐにに適用するだけなのだというわけである。ただ、「西側」の「豊かな世界」の人びとの認識は実際の状況からかけ離れていたがゆえに、「西側の経済顧問たち」はその実践において、「最善」の方法を用いたはずが「悲劇的な失敗」に終わってしまった。「西側世界」の「優越性」に対する「確信」にみられる、みずからを特別視した認識のために、「西側」の人びとは、みずからが認識し意図したものとその実践による結果とが、しばしば食い違ってしまうこととなったのである。

　このことは、日本を他の国ぐにに優越する「先進国」だと位置付けた1970年代の日本の「経済外交」が持つ「新しさ」を理解するうえで重要である。というのも、1970年代の日本の政策決定者たちは、認識のうえでは、従来の「経済

---

(17)　ホブズボーム『歴史家ホブズボームが語る　21世紀の肖像』三省堂、2000年、187-9頁。また、ホブズボームのいう「ソ連崩壊以後」の「西側」による「悲劇的な失敗」がもたらしたものの一端を理解するには、たとえば、スヴェトラーナ・アレクシエーヴィチ（松本妙子訳）『セカンドハンドの時代──『赤い国』を生きた人びと』岩波書店、2016年が役に立つかもしれない。

外交」研究が完璧に跡付けているようにこれまでの路線を引き続き踏襲し「維持」するとしながら、その実践がもたらした結果は、(「西側の経済顧問たち」がそうであったように)他の国ぐにのトータルなつくりかえによる「新しい」世界の構築とその持続だったからである。この認識のギャップを、「経済外交」に関わる場面でもっとも的確に表しているのが、「オイル・ショック」直後に開かれたある座談会での以下のようなやりとりであろう。

稲田献一　自由貿易の話とからんで、いつも疑問に思うのですが、日本の場合、重工業化を果す過程において、どう考えても自由貿易でやってきたとは思えない。
　　重化学工業化が進んでもう大丈夫というレベルに達してから、それではこれから自由貿易でやろうといっても、その提案がはたしてLDCやその他の諸国にまともに受入れられるだろうか。(中略)
　　実はこれまでの日本経済の発展過程で、日本はかなり古い秩序を破壊してきたのではないか。そして新しい秩序ができてしまったら、今度はそれを崩さないようにするほうがいいと言っているように取られかねない。したがって、日本が自由貿易を打ち出しても、他の国がそれに満足してくれるかどうか疑問に思う。
小宮隆太郎　低開発国に直ちに自由貿易というのは無理なことで、いまや無条件の自由貿易などは、誰も信じてはいない。ただ、合理的なルールをつくって、できるだけ無益な障壁なしに、なるべく自由かつ多角的に貿易しようということです。
稲田　結局、程度の問題ということになりそうですが、その程度について日本の主張は虫がよすぎると言われはしないかということです。
小宮　程度について交渉するわけで、それが経済外交ではないでしょうか。
今井賢一　しかしきわめて基本的な流れをみれば、戦後の日本は自由貿易できたと思う。細かな段階では通産省に対する風当たりは強いけれど……。
稲田　しかし日本の工業製品保護については、外国から大分強く非難されてきた。
並木信義　保護策をとったというのも、早く自由化するためにそうしたわけで他意はない(笑)。自由化して産業が潰れてはしようがないから……。それに、自由化は経済政策の第一目標ではないし……。
稲田　もちろん、自由化自体が目標ではない。私がいま言っていることは、日本がいままでどんな政策をとっていたかを非難しているのではなく、いままで十分保護してきて、一本立ちになったら自由化でやりましょうという点です。ルール変更を自分に都合よく出しても、外国が受入れてくれるかどうかということです[18]。

---

　(18)　今井賢一ほか「資源不足への対応と今後の経済外交」『季刊現代経済』1974年、47-8頁。

稲田の問題提起に対する他の論者たちの反応にみられるように、これらの論者たちの認識からすれば、戦後日本は「基本的」に「貿易自由化」ないしは「自由貿易」でやってきたのだが、その実践にともなう結果は、稲田が指摘しているように、「工業製品保護」について「外国」から「大分強く非難されてきた」のであり、また、論者たちの認識からすれば、1970年代の「経済外交」もこれまでの「貿易自由化」ないしは「自由貿易」を踏襲しているだけで、多少異なる部分があったとしてもそれは「程度の問題」なのだとされたが、実践に目を向ければ、稲田がいうように、そのことは「古い秩序」の「破壊」であり、これまでの世界の「ルール変更」を意味していたのであった。このことに示されているように、1970年代の日本の「経済外交」は認識のギャップのうえに成り立っていた可能性があるのであり、そのことがもたらした実践および結果をも含めて考察するためには、日本だけを「主体」の立場におき特別視するような分析上の前提は、できるだけ避けたほうがよいように思われるのである。

分析の視角　それゆえ本書では、日本が他国をどう認識し振る舞ってきたのかという、従来の研究が注目してきた日本の政策決定者たちの他国に対する認識とともに、日本のエリートたちが日本をどう認識し位置付けてきたのかにも目を向けた、新たなアプローチを採用する。それはすなわち、日本の政策決定者たちの日本に対する認識を指し示すものとして「日本イメージ」というコトバを用い、その中身についての分析をも試みるというものである。というのも、たとえば「経済を目的とする外交」と「経済を手段とする外交」とを統括する日本の「経済外交」のより上位の理念や目的とは、本書でみるように日本のエリートたちの日本に対する認識（「日本イメージ」）から導き出されていたからである。

この「日本イメージ」は、大きく分けて三つの部分から成り立っている。第一に、世界における日本の位置付けと役割である。この「日本イメージ」の「現在」の部分は、日本のエリートたちが日本を、1970年代以降の世界のなかでどう位置付けどのような役割を持つ国家として認識していたのか、という問題である。日本は、「ドル・ショック」や「オイル・ショック」といわれるような世界経済の構造変動に見舞われるなかで、また本書第Ⅱ部で検討するように、新たな枠組みや主体の台頭に対処しながら新たなルールの模索をしいられるな

かで、「新しい」日本の位置付けと役割を明らかにする必要にせまられていた。なぜならば、高度経済成長を達成し、日本を「先進国」だと位置付けるようになった日本のエリートたちは、さらなる「先」を容易には思い描けない立場におかれることとなったからであり、だからといって他の「先進国」をそのまま「モデル」にすることもできなかったからである（というのも、そのことは逆説的に、日本が実は「先進国」ではないことを意味してしまうからである）。いわば、日本のエリートたちは、日本を新たに「先進国」だと位置付けることで、「先進」的であることが意味するものすなわち「先進性」の持つ意味を問い直し、その「先進国」にふさわしい「新しい」役割を対外的に（たとえば、「先進国首脳会議」と呼ばれる「サミット」の場で）明示しなければならない立場におかれることとなったのである。

　ただ、この日本のエリートたちの認識は、「日本イメージ」にさらに二つの部分を付け加えることとなった。第二に、日本が目指すべき「未来」の進路である。1970年代の日本のエリートたちは日本を「先進国」だと位置付けていたが、このことが意味していたのは、日本を「中進国」だと位置付け「先進国」を「モデル」にしてきたこれまでの「未来」の進路を再設定する必要があるということだった。というのも、日本が「先進国」なのだとすれば、もはや他の「先進国」はそのままでは日本の「モデル」たりえないのであり、「先進国」の「未来」は「先進国」自身の手で切り開いていかなければならないからである。またこのことは、「日本イメージ」の第三の部分である日本の「過去」の意義付けについても再検討がせまられていたことを示唆していた。というのも、日本のエリートたちが引き続き「日本」という枠組みで「経済外交」を展開しようとするかぎり、「現在」および「未来」の日本（「先進国」日本）が、「過去」の日本（「中進国」日本）とどのような関係にあるのかを再検討し、そこに一定の整合性を付与しなければならなかったからである。

　本書の構成　　そこで、本書ではまず第Ⅰ部（第1章〜第3章）において、1970年代末葉に再定義された「新しい」「日本イメージ」を、戦後初期の試み[19]

⒆　これについては必要に応じて触れるが、その全体像については、高瀬弘文『戦後日本の経済外交 ── 「日本イメージ」の再定義と「信用の回復」の努力』信山社、2008年を参照。

とも比較しつつ考察し、これを受けて第Ⅱ部（第4章～第6章）では、こうした「日本イメージ」が形成された背景を知るために時代をさかのぼり、日本の「経済外交」が1970年代に直面することとなった新たな動きに目を向け、これらを歴史的に分析する。

第Ⅰ部で考察の対象となるのは、大平正芳首相が1979年1月以降、各界のエリート200名あまりを集めて開いた9つの研究会による成果、「大平総理の政策研究会報告書」全9巻である。これは、「欧米」を「モデル」とした従来のような「近代化」が困難になりつつあるとの認識に基づき、「近代を超える」という企図のもと、「日本文化」を「新しい」日本の「モデル」として据えることを目指したものであった。

第1章ではまず、「日本文化」がなぜ「近代を超える」ための「新しい」日本の「モデル」として採用され、そこからどのような日本の「未来」の進路が再設定されたのかについて論じる。「歴史の潮流」に着目する日本のエリートたちによれば、1970年代以降の世界は、一方で「近代化」が『地球の有限容量』という壁」にぶつかり、従来のような経済成長が困難になりつつあるとともに、他方でその「近代化」の先頭を走っていた「先進国」アメリカの国際的な「地位」が相対的に低下しつつあるのだとされたが、このことが意味していたのは、日本の「未来」にもある種の物理的な「上限」があるということであり、アメリカの姿は日本の「未来」を暗示しているということだった。それゆえ、これらの認識を共有する研究会の論者たちは、せっかく手に入れた「先進国」日本の国際的な「地位」がこれ以上低下することを回避するため、これまでの「近代化」の成果を引き続き享受しながら、「時代の要請」たる「文化の要請」に応えつつ、「新しい領域」の開拓を試みる。そこで持ち出されたのが、「文化」という「個」と「全体」の関係をトータルに問い直すためのツールであり、「日本文化の特質」に基づき、その関係がつねにより「調和」的であり続けるような世界の構築を目指すという「新しい」日本の「未来」であった。いわば、世界にはある種の物理的な「上限」があるのだから、対立や紛争などで限られた資源や労力を無駄遣いせずに済むような「新しい」「未来」を目指すべきだとされたのである。この主に国内向けの「日本文化」（≒日本の「未来」）に関する議論は、たとえば、「分をわきまえている」かぎりにおいて、「各人は

非常に『自由』」だとする国内的な主張が、より「調和」的な世界（「相互依存」の世界）を受け入れているかぎりにおいて、各国は「文化」の「多様性」を認められる、とする国際的な主張に置き換えられたように、対外的にも適用されることとなる。

　事実、第2章で議論されるように、そこでいう「個」と「全体」のより「調和」的な関係とは、日本が「先進国」であり続けられるような世界を構築することを示唆しており、そのことが含意していたのは、日本のエリートたちが考えるあるべき世界の構築に一面で努力するとともに、他面でそのありように対する反発を押さえ込む必要があるということであった。そのための指針として打ち出されたのが、「長所」だと考えられるものを伸ばし「短所」だとされたものを減らす、という方針である。ある種の物理的な「上限」があるとされた世界のなかで「長所」を伸ばしながら「短所」を減らしていけば、やがて世界は「長所」で満たされるだろうというわけである。こうして、再設定された「新しい」日本の役割は、「新しい」日本が位置付けられるべき「新しい」世界の構築に寄与することと、その世界のなかでの「新しい」「日本イメージ」（とくに「新しい」日本の「未来」と役割）を他国に受け入れてもらうこと、の二つの目的を内包することとなり、日本の政策決定者たちはそれを、「先進国」のあいだでは「市場メカニズムと自由貿易の原則」に基づいた「グローバルな協調」をつうじて、「開発途上国」に対しては「環太平洋連帯の構想」に示されるような「地域主義」というかたちで、推し進めようとしたのである。

　しかしながら、この「新しい」日本の役割は、第3章で概観されるように、その実現を目指した「新しい」日本の「経済外交」（「現実的な経済外交」）を考えるとき、困難に直面する。というのも、「長所」を伸ばし「短所」を減らすというこの相反する二つの方向性を両立させることは、1970年代以降の世界では事実上不可能だったからである。報告書のなかではっきりと断言されているように、大平のもとに集まった日本のエリートたちは、「新しい」日本の役割を「賢明な制御」による「新しい」「国際秩序の構築」に見出していたが、このことがもたらしうる帰結とは、「多様化」しつつあるとされた世界のなかで「自由主義圏」の価値（「平和と自由と民主主義」）と「日本文化」の「本質」とをともに堅持するという、極度に柔軟性を欠いた「経済外交」であった。なぜ

ならば、それは、「社会主義圏」（これは、中ソ対立に象徴されるように「多様化」しつつあった）と「第三世界」（これもまた、「LDC」と「LLDC」とに「多様化」しつつあった）に少なくとも分けられる世界のなかで、譲歩の余地のない「自由主義圏」の価値を擁護するものだったからである。1970年代の世界において、「市場メカニズム」のような「自由主義圏」によるその価値（「長所」）の促進が、「社会主義圏」や「第三世界」との関係において問題（「短所」）を生み出していることを想起するとき、これは大問題であった。つまり、「現実的な経済外交」と呼ばれた「新しい」日本の「経済外交」は、譲歩できない「自由主義圏」の価値（と「日本文化」の「本質」）を相手に受け入れてもらう（あるいは押し付ける）ことによってのみ「結果を出す」ことができるものだったのであり、それが、報告書の論者たちの認識する「相互理解」をつうじた「信頼の確保」の実践であり結果だったのである。

　ではなぜ、「文化」の「相互理解」を目指していたにも関わらず、こんなことになってしまったのだろうか。それを知るために、第II部では、「大平総理の政策研究会報告書」が策定されるより前の時期に焦点を当て、このような「日本イメージ」がなぜ再定義され、それが実際の「経済外交」の場面でどう実践されてきたのかについて歴史的に検討する。

　まず、第4章で議論されるのは、1975年にフランスのランブイエではじめて開催された、「主要国首脳会議」である。のちに「先進国首脳会議」あるいは「サミット」と呼ばれることになるこの会議は、これまで、日本が「先進国」として自他ともに認められた一つの契機として意義付けられてきた。だが、本章において議論されるように、この「主要国首脳会議」が重要な意味を持っていたのは、みずからを「先進国」だと位置付けそれが他の「先進国」からも受け入れられたことにより、日本の政策決定者たちが「新しい」日本のありよう、すなわち「先進」的であることが意味するもの（「先進性」）の再定義をせまられていたからであった。それはより具体的には、「日本イメージ」の「未来」の部分、すなわち「新しい」日本の「未来」の進路を再設定しなければならないというかたちで表出することとなる。なぜならば、日本を「先進国」だと位置付けたことにより日本の政策決定者たちが必然的に突き付けられることとなった新たな課題とは、「先進国」であるがゆえにもはや他の「先進国」を「モ

デル」とすることはできず、それゆえ「先進国」日本は、以後「先」を走るものとして、みずからの「未来」の進路はみずからの手で切り開いていかなければならない、ということだったからである。高度経済成長が「オイル・ショック」により完全に停止し、世界経済もまた、国際通貨のありようにみられるように大きな変動を経験するなかで、日本の政策決定者たちはどのような「未来」の進路を再設定し、それをどう受け入れてもらおうとしていたのか。「主要国首脳会議」という「先進国」による新たな枠組みに日本が招請されたことは、このような課題を提起していたのである。

ただ、「新しい」日本の「未来」の進路を再設定し、それを「欧米先進国」に受け入れてもらうだけでは、その実現に至ることはできない。そこで次なる課題となるのが、この「未来」にたどり着くために「新しい」日本が果たすべき役割を明らかにし、それを実践するということである。そこで第5章では、この問題を議論するために、経済協力開発機構（Organization for Economic Co-operation and Development；OECD）が1976年に採択した文書の一つ、「多国籍企業ガイドライン」（Guidelines for Multinational Enterprises）の成立過程における日本側の態度を考察する。というのも、多国籍企業という新たな主体の活動を既存の国家のありようとどう「調和」させるのかを討議したガイドラインの策定は、多国籍企業の役割を明らかにすることの裏返しとして国家の／日本の役割の問い直しをも含んでいたからである。そのうえ、このOECDによる作業は、国際連合における開発途上国を中心とした動き、すなわち多国籍企業の活動の「規制」を目指した動きに対する「先進国」によるアンチテーゼでもあったため、それは「先進国」日本の「新しい」役割を明らかにする機会でもあった。1970年代以降の「新しい」世界において、国家と多国籍企業の活動との「調和」とはどのようなものであり、そのなかで「新しい」日本はどのような役割を果たすべきだとされたのか。また、開発途上国に対して、「先進国」日本はどう振る舞うべきだとされたのだろうか。

この問題は、第6章で議論されるように、「先進国」日本の「新しい」「経済外交」を展開する場面でより具体化することとなる。GATT（General Agreement on Tariffs and Trade：関税及び貿易に関する一般協定）における新ラウンド、東京ラウンドのなかで世界経済の新たなルールづくりを討議するために1977年に

二　分析の視角と本書の構成

設置された「フレームワーク・グループ」がそれである。GATT 東京ラウンドは、世界経済の構造変動にともなう「保護貿易主義」の台頭に対する危機感のなかで日本政府が1973年に提起した「東京宣言」に端を発しており、その第９項では、東京ラウンドの「交渉の進展に照らして望ましいと考えられる世界貿易を律するための国際的な枠組の改善に考慮が払われなければなら」ないと明記されていた。これは、第５項において言明されているように、「開発途上国」に対しては必ずしも「相互主義を期待しない」ことを意味していたが、それは同時に、「貿易自由化」を「相互主義」のもとで促進するという、GATTの諸原則やルールに対する例外を認めることを暗示していたのである。いわば、フレームワーク・グループで議論された世界経済の新たなルールづくりとは、「貿易自由化」のような経済的（「自然」的）な原理に委ねる部分と、世界経済の制度化という人為的な関与との関係にどう折り合いをつけるのかという、「経済外交」の中心的な課題を日本の政策決定者たちに突き付けていたのである。日本の政策決定者たちはなぜ、東京ラウンドのなかでこのような問題を取り上げようとし、それをめぐる討議のなかでどう振る舞ったのか。第６章ではこうした諸問題を考察していきたい。

第 I 部

「新しい」「日本イメージ」

第1章 「近代を超える」
──「新しい」日本の「未来」──

　1978年12月、はじめての自由民主党総裁予備選挙の結果を受け、福田赳夫の
あとを継いだ大平正芳首相は、翌1979年1月以降、のちに「大平総理の政策研
究会報告書」全9巻に結実する9つの研究グループを次々に発足させることと
なる。各界の有識者200名余りを集めて組織されたこれらの研究グループは、
大平が提唱する三つの「新しい」時代（「文化の時代」、「地球社会の時代」、「地方
の時代」）の到来という時代認識に基づき、「文化の時代」における「新しい」
日本のありようを解明し（「文化の時代」および「文化の時代の経済運営」、「科学
技術の史的展開」各研究会）、「地球社会の時代」のなかでのその日本のあるべ
き対外的な姿勢を示し（「対外経済政策」、「環太平洋連帯」、「総合安全保障」各研
究会）、また、この「新しい」日本を構成する国内的な諸関係を「地方の時代」
という観点から見直す（「田園都市構想」、「多元化社会の生活関心」、「家庭基盤充
実」各研究会）など、さまざまな領域の検討を託されていた[1]。

　大平は早くも1970年に、日本はもはや「従来のような先進国の知識と技術を
学びとることによる模倣的発展」を推し進めていくことはできないのであって、
「自らの力で新しい領域を切り開き、自力で独自の道を歩む創造的発展への転
換のとき」がきたのだと言明しており[2]、この発想はのちに、「近代化の時代
から近代を超える時代に、経済中心の時代から文化重視の時代に至った」のだ
とする、施政方針演説のなかにも引き継がれている[3]。「戦後三十余年」、「経
済的な豊かさを求めて、わき目も振らず邁進し、顕著な成果をおさめて」きた
日本が、ついに「急速な経済の成長のもたらした都市化や近代合理主義に基づ
く物質文明」の「限界」に直面したのだとされたのである。つまり、大平がこ
れらの研究グループを設置した企図は、「新しい」時代の到来にふさわしい、「新
しい領域」の開拓に向けた「独自の道」を日本が探求するためだったのである。

30　　　　第1章　「近代を超える」

　このように、「新しい」日本のありよう、とくにその「未来」の進路を模索するために広範な領域が検討の対象とされたのは、1970年代の日本が、これまでの日本の存立基盤を掘り崩すような歴史的な変化を経験していたことと関係がある。たとえば、1950年代後半から1970年代初頭まで続いた日本の高度経済成長は、ドルを基軸通貨とする安定的な通貨体制（「IMF 体制」）と、原油をはじめとする原材料の安価で安定的な供給により下支えされていたのだとされる

---

(1)　福永文夫『大平正芳 ── 「戦後保守」とは何か』中央公論新社、2008年、233-9 頁。また、森田一（福永文夫、井上正也編）『大平正芳秘書官日記』東京堂出版、2018年；福永文夫「大平正芳 ── 『平和国家』日本の創造」増田弘編『戦後日本首相の外交思想 ── 吉田茂から小泉純一郎まで』ミネルヴァ書房、2016年、269-89頁；渡邉昭夫編『21世紀を創る ── 大平正芳の政治的遺産を継いで』PHP 研究所、2016年；福永文夫「1970年代日本の政治的・外交的再編」福永文夫編『第二の「戦後」の形成過程 ── 1970年代日本の政治的・外交的再編』有斐閣、2015年、とくに24-34頁；大矢根聡「サミット外交と福田・大平の『世界の中の日本』像」福永編同上書、とくに237-61頁；服部龍二『大平正芳 ── 理念と外交』岩波書店、2014年；若月秀和『大国日本の政治指導 ── 1972-1989』吉川弘文館、2012年、104-36頁；「池上彰と学ぶ日本の総理」編集部編『池上彰と学ぶ日本の総理　第10号　大平正芳』小学館（電子版）、2012年3月；森田一（服部龍二、昇亜美子、中島琢磨編）『心の一燈 ── 回想の大平正芳その人と外交』第一法規、2010年；佐道明広「大平正芳『保守本流』の使命感」佐道明広、小宮一夫、服部龍二編『人物で読む現代日本外交史 ── 近衛文麿から小泉純一郎まで』吉川弘文館、2008年、256-68頁；公文俊平、香山健一、佐藤誠三郎監修『大平正芳　政治的遺産』大平正芳記念財団、1994年；公文俊平、香山健一、佐藤誠三郎監修『大平正芳　人と思想』大平正芳記念財団、1990年をも参照。

　　　これらの研究グループは、「学者・文化人」がのべ130人、各省庁の中堅幹部89人から成り、議長には大正生まれの「学者・文化人」が、その他の研究員には「昭和30年代に社会に出た」人びとが選ばれていた。梅原宏司「『文化の時代』報告書の問題意識について ── その『本質論』的議論と『文化の産業化』」『境界を越えて　比較文明学の現在』2007年、149-51頁。それぞれの研究会のメンバーについては、原則としてその報告書を詳論するときに明記するが、差し当たりは、福永前掲書、2008年巻末に掲げられた表が便利であろう。284-90頁。

(2)　公文俊平「大平正芳の時代認識」公文ほか監修前掲書、1994年、70頁。これに加えて、北山晴一「80年代を語ることの意味（2）── 大平総理の政策研究会がめざしたものとは」『21世紀社会デザイン研究』2009年をも参照。

(3)　大平正芳による施政方針演説、1979年1月25日、衆議院本会議。

が[4]、1970年代にはそのいずれもが瓦解することとなった。一方で、アメリカのヴェトナムにおける劣勢と戦費の拡大は、西ヨーロッパ諸国によるアメリカの「冷戦」戦略に対する挑戦や、日本の高度経済成長および「ヴェトナム特需」とも相俟って、アメリカの「冷戦」戦略の方法（目的ではない）を変えるよう促し、それは1971年、日本に対する事前通告なしになされた二つの政策転換（7月15日に突如発表されたニクソン〔Richard M. Nixon〕訪中および、8月15日に突然公表された金とドルの兌換停止〔「新経済政策」〕）に結実する[5]。この「ニクソン・ショック」に端を発した「IMF体制」の崩壊により、日本の政策決定者たちは、円の切上げ（円高）による日本の輸出競争力の相対的な低下に対する措置を強いられるとともに、「冷戦」という対立状況のなかで対中貿易を制限してきた従来の「経済外交」の変更を余儀なくされ、おまけに対米関係の再調整にも乗り出さなければならなくなってしまった[6]。

　そのうえ、アメリカの「新経済政策」は、他方で思わぬ副産物をももたらすこととなる。というのも、これを事実上のドル切下げだとするOPEC（Organization of the Petroleum Exporting Countries：石油輸出国機構）諸国は、通貨価値の変動にともなうみずからの利益を確保するため、1971年9月の会合で原油価格の引き上げを模索、このことがのちに、1973年10月のヨム・キプル戦争（第四次中東戦争）を契機とした（さらには、1978-9年のイラン革命を契機とする）原油価格の高騰につながったからである[7]。この「オイル・ショック」は、日本の高度経済成長を完全に停止させたのみならず、日本の政策決定者たちに、エネルギー価格の高騰がもたらした不況、インフレや国際収支の赤字、エネルギーの安定的な確保という、新たな課題を突き付けることとなった。いわば、これまでの日本の存立基盤を支えてきた条件が1970年代に崩れ去ってしまったのである。

---

(4) 中村隆英『日本経済——その成長と構造』東京大学出版会、1993年、167-75頁。

(5) ブルース・カミングス（森谷文昭訳）「世界システムにおける日本の位置」アンドルー・ゴードン編（中村政則監訳）『歴史としての戦後日本』上、みすず書房、2001年、130-3頁。

(6) アンドルー・ゴードン（森谷文昭訳）『日本の200年　徳川時代から現代まで』下、みすず書房、2006年、615-7頁。

(7) Martin Walker, *The Cold War: A History*, Henry Holt and Company, 1995, pp. 224-9.

このことは、「欧米」を「モデル」とした従来型の「近代化」が困難になりつつあるとの認識に基づき、日本のエリートたちが「近代を超える」ために日本の「新しい」「未来」の進路を再設定し、その「未来」にたどり着くために果たすべき日本の「新しい」役割を明らかにし、それを実現するための「新しい」（外交）政策を構想する必要にせまられていたことを意味していた。事実大平は、先の施政方針演説のなかで、「地球社会の時代」という「新しい」時代が到来したのだと唱え、国際社会は「いよいよその相互依存の度を高め」るとともに、「IMF・GATT 体制」のような戦後の国際秩序が「大きい地殻変動に見舞われ」、また「資源問題やナショナリズムによる緊張」のなか「南北間の格差も一層拡大しつつあ」ると主張、いまや日本は「世界を一つの共同体としてとらえ、世界に対するわが国の役割と責任を踏まえ」る必要にせまられているのだと強調していたのである[8]。これを換言すれば、1970年代の日本のエリートたちは、「地球社会の時代」の世界における「新しい」日本のありようの模索、すなわち、本書のいう「日本イメージ」の再定義という課題に直面していたのである。ましてや、日本はこの時期、「近代化を達成し欧米先進諸国と肩を並べるに至っ」たのだと認識されていたから、「先進国」となった「新しい」日本のありようを探求することは急務でもあった。本書の第Ⅰ部では、この「近代を超える」時代の「新しい」「日本イメージ」について知るために、大平が主導した「近代を超える」プロジェクトの成果である「大平総理の政策研究会報告書」全9巻の検討を試みる。この報告書の作成に至る議事録等の入手が困難な状況においては、これが「近代を超える」という企図に第一次的に接近する最善の方法だと考えられるからである[9]。

　第Ⅰ部の冒頭にあたる本章ではまず、報告書の策定に参加した日本のエリートたちが「新しい」日本の「未来」の進路（「新しい領域」に向けた「独自の道」）をどう再設定したのかという、「日本イメージ」の「未来」の部分に注目する。大平の認識を受け継ぎつつ、報告書の論者たちが主張したところによれば、1970年代以降の世界は大きな構造的変化を経験しつつあるのだとされ、それを知るには「歴史の潮流」を注視し、到来しつつある「新しい」時代が「近代を超え

---

(8) 前掲施政方針演説。

る」時代であることを認識する必要があるのだとされた。「新しい」時代は「新しい」「時代の要請」をともなうから、「近代を超える」時代が「要請」するものに目を向ければ、「文化」が「要請」される時代（「文化の時代」）になったことが理解されるのだというのである。「近代を超える」、あるいは「時代」が「文化」を「要請」している、という表現はやや分かりにくいが、この「新しい」時代の到来が報告書の論者たちにとって重要な意味を持っていたのは、それが「古い」時代の終わりを合図していたのみならず「古い」「モデル」の喪失をも示唆しており、しかもそこで必要とされる「新しい」「モデル」は、日本人たちがみずから模索しなければならない性質のものだとされていたためである。なぜならば、「近代を超える」時代が日本に「要請」している「新しい」「モデル」とは、日本のエリートたちによれば、昔から日本人たちの手で変わらずに引き継がれてきたとされる「日本文化」であり、その内容は日本人たちの手によってのみ明らかにできるのだと信じられていたからである。それゆえ、この「近代を超える」時代における「日本イメージ」の再定義とはまず、「新しい」日本の「モデル」探しという、「未来」の進路の再設定のかたちをとることとなった。

　ただ、その作業は一筋縄ではいかなかった。というのも、「近代を超える」時代においては、「近代化」の時代という「古い」時代のやり方がそのままでは役に立たないということに加えて、1970年代以降の世界が「『地球の有限容量』という壁」に突き当たったのだとされていたからである。地球の物理的な「上限」が決まっているのであれば、そのなかで満足するしかない。報告書の論者たちはこのことをより洗練された表現で、「近代を超える」時代においては、「量的拡大」のみならず「質的拡大」にも一層の努力を傾注すべきだと指摘していた。もはや物質的「豊かさ」の追求には限界があるから、これからは「人間の内面に深く根ざした」「文化的な豊かさ」のような「質」の向上に尽力しなければならない、しかも地球上にはもはや「量的拡大」が可能なフロンティアが残されていないのだから、決められた「枠」のなかでそれを模索しなけれ

---

(9)　従来、この「近代を超える」プロジェクトが生み出した報告書は、「文化」あるいは「文化の時代」の観点から検討されてきた。須藤遥子「1980年『文化の時代』再検証—— 国家政策における『文化』の位置づけ」『国際文化研究紀要』2009年、131-60頁；

梅原、前掲論文149-73頁。ただ、本書のなかで明らかにされるように、「文化」という
ツールが持ち出されたのは「近代を超える」ためであり、「文化の時代」とは「近代を
超える」時代の到来という「歴史の潮流」に対する認識から導出された「時代の要請」
に関わるものであった。それゆえ、「文化」あるいは「文化の時代」が意味するものを
理解するには、「文化」に関する報告書の記述に加えて、「近代を超える」という企図に
着目した分析もまた必要であろう。

　これに対して、この「近代を超える」という側面に注目した先駆的な研究として、ハ
リー・ハルトゥーニアン（カツヒコ・マリアノ・エンドウ監訳）『歴史と記憶の抗争
――「戦後日本」の現在』みすず書房、2010年；ハリー・ハルトゥーニアン（樹本健訳）
「国民の物語／亡霊の出現――近代日本における国民的主体の形成」キャロル・グラッ
クほか『日本の歴史25　日本はどこへ行くのか』講談社、2003年、280-355頁。ハルトゥー
ニアンは、「もはや無視することのできないグローバルな世界配置に直面させられてい
る」こんにち、「日本がより大きな状況に参与している諸相」を研究する姿勢が不可欠
だと強調する。なぜならば、従来の「日本学」は、「日本の近代化のための応援団とし
て、優れた文化を誇る特別な国という」「国民的な語り」を扇動したり、「みずからをも
他者をも窒息させる」日米関係の「縺れ合いを謳歌」したり、もしくは「日本が、あた
かも私有財産の一形態ででもあるかのように、その語りの管理人として振る舞う」こと
に対して、あまりにも無自覚だったからである。ハルトゥーニアンからすれば、「近代
を超える」というプロジェクトは、こうした無自覚さの「新しい」ヴァージョンでしか
なかった。「日本」という枠組みを超えたもの（日本が「参与」している「より大きな
状況」）をしっかりと把握するためにも、「日本をグローバルな網状組織の一環として捉
え、その歴史をそれ固有の時間においてみること」、いわば、日本をめぐる議論をグロー
バルな文脈に連れ戻すことが重要だとされたゆえんである。

　「近代を超える」プロジェクトとその報告書をトータルに検討するハルトゥーニアン
の議論は説得的であり、本書の第1章は、この議論を筆者なりに理解しようとする試み
といった趣きをもつことになるだろう。ただ、本書の検討がそれとは異なるとすれば、
「近代を超える」プロジェクトを「《国民形態》の実施」の一つだと捉え「国民的主体」
のありように注目するハルトゥーニアンの議論に対して、本書は、その背後にある「国
家」のありよう（「日本イメージ」）に目を向けるために、日本の対外的な側面（「経済
外交」）を主な分析の対象としている、ということである。「世界のなかの日本」という
コトバが日本でしばしば使われるように、日本のエリートたちが日本のありようとその
外交をグローバルな世界のなかですでに把握していると自負しているのだとすれば、ま
ずはその認識（すなわち「認識のギャップ」）それ自体を分析の俎上に載せる必要があ
るのではないだろうか。そうすることで、「日本がより大きな状況に参与している諸相」
までは明らかにできなくても、なにが問題だったのかについては考察できるのでは、と
考えるからである。

ばならないのだ、というわけである。そのうえ、「近代化」を先導しもっとも「先進・高水準」だとされたアメリカの国際的な「地位」が相対的に低下しつつあったことは、「近代化」の行き詰まりを示す一つの証拠だと認識されていた。このことを本書の問題関心である「経済外交」や「日本イメージ」の再定義に引き付けていえば、生産性の向上による経済成長のような「量的拡大」を目指してきた「近代化」の時代の成果を受け継ぎつつ、低成長ながら情報や科学技術を重視し「質的拡大」を模索する「近代を超える」時代（≒「文化の時代」）へと日本の「経済外交」の進路をシフトすべきだということであり、ある種の物理的な「上限」の意識された世界をみずからの使いやすいように再編しながら、それに合致したかたちで「日本イメージ」の再定義、とくに「未来」の進路の再設定をしなければならないということであった。

　そこで、本章ではとくに『文化の時代』および『文化の時代の経済運営』報告書に目を向け、第1節において報告書の策定に参加した日本のエリートたちが1970年代の世界のなかで日本をどう認識していたのかについて、その認識のパターンを概観するとともに、「日本イメージ」の再定義、なかでも「未来」の進路の再設定とそのための「新しい」「モデル」探しをせまられていたことにも着目する。そのうえで、第2節および第3節では、昔からあるとされながら「未来」の「新しい」「モデル」でもあるとされた「日本文化」の内容を検討することで、日本のエリートたちが再設定しようとした「新しい」「未来」の進路を明らかにするとともに、「文化」というツールがなぜ「新しい」日本の「未来」を知るために持ち出されたのかについても言及する。これらを受けて、第4節では本章のまとめとして、「新しい」日本の「未来」の進路を再設定しようとする試みが、「日本文化」の再把握という「過去」の意義付けに関わるようなかたちをとることとなった意味について議論していきたい。

一　「新しい」「モデル」の模索

「歴史の潮流」と「時代の要請」　「大平総理の政策研究会」に集った日本のエリートたちによると、1970年代以降の世界を画する「新しい」動向とは「近代を超える」時代の到来であり、そのことが意味していたのは「文化の時代」の到来であった。大平は、「文化の時代の経済運営」研究グループ[10]の第一回

会合でこのことを以下のように述べている。すなわち、日本は「戦後30余年、経済的発展を求めて脇目もふらず邁進し、顕著な成果を収めてきた」。これは「明治以降の100余年において、欧米先進諸国を手本として進めてきた近代化、工業化の偉大な精華」でもあるといえる。だが、「近代化、工業化による経済社会の成熟化、大きな構造変化のもとで国民の意識や価値観には重要な変化が起こってきて」おり、人びとは「近代合理主義に基づく物質文明のなかでともすれば見失われがちであった人間性の回復」や「人間の内面に深く根ざした精神的、文化的な豊かさ、生活の質と多様性、自由と責任の均衡、家庭や地域や職場におけるあたたかい人間関係、人間と人工と自然との調和のとれた共存」などを「強く求めるようになっている」。いわば、日本を含む世界が「近代化の時代から近代を超える時代に、経済中心の時代から文化重視の時代に至った」

----

(10) この研究グループは、議長に館龍一郎（東京大学教授）が、幹事に公文俊平（東京大学教授）、蠟山昌一（大阪大学助教授）が就任し、政策研究員として以下のメンバーが名を連ねている。石井幹子（工業デザイナー）、岩田龍子（武蔵大学教授）、大森彌（東京大学助教授）、河合隼雄（京都大学教授）、木村尚三郎（東京大学教授）、小松左京（作家）、篠塚英子（日本経済研究センター研究員）、中平立（外務省大臣官房総務課長）、中村正（労働省労政局労働法規課長）、西川俊作（慶應義塾大学）、糠谷眞平（経済企画庁長官官房参事官）、野口悠紀雄（一橋大学助教授）、端田泰三（富士銀行常務取締役）、濱岡平一（通商産業省資源エネルギー庁石油部計画課長）、濱田宏一（東京大学助教授）、速水佑次郎（東京都立大学教授）、平澤貞昭（大蔵省大臣官房文書課長）、福井俊彦（日本銀行高松支店長）、藤竹曉（NHK総合放送文化研究所主任研究員）、米山俊直（京都大学助教授）、若林正俊（農林水産省構造改善局農政課長）。また、政策研究員・書記として、落合俊雄（在ニューヨーク日本国総領事館領事・前通商産業省大臣官房企画室企画主任）、喜田勝治郎（通商産業省大臣官房企画室企画主任）、渡辺裕康（大蔵省大臣官房調査企画課課長補佐）。これに加えて、本研究グループでは、ゲスト・スピーカーに、小池和男（名古屋大学教授）、今野由梨（ダイヤル・サービス代表取締役）、佐治敬三（サントリー社長）、村上泰亮（東京大学教授）を招聘し、報告書作成にまつわる情報・資料について、梶村悠（大和証券調査部部長）、坂田眞太郎（大和証券常務取締役）、篠沢恭助（大蔵省主計局主計官〔文部、科学技術・文化担当〕・前行政管理庁行政管理局管理官）、鈴木健（富士銀行調査部部長代理）、棚橋泰（運輸省大臣官房審議官）、花輪隆昭（内閣総理大臣官房老人対策室長）、宮川東一郎（野村総合研究所企業調査部部長）、八木俊道（行政管理庁行政管理局管理官）をはじめ、各界、各省庁、内閣総理大臣補佐官室などから提供を受けたと付記されている。

一 「新しい」「モデル」の模索　　　　37

のだというのである⑾。大平は、すでに施政方針演説のなかで「文化の時代の
到来」を提唱しており⑿、1970年代以降の世界とは「近代を超える」ために「文
化」が重視されるようになった時代だと認識されていたのである。

　このことが意味していたのは、この「近代を超える」時代の到来という「歴
史の大きな流れ」や「歴史の潮流」に対する「方向」感覚が不可欠だというこ
とであり、それがもたらすものを認識するための「『文化の時代』の到来と提
唱される歴史観」（「ひとつの文明史観」）が必要だということであった⒀。それ
はすなわち、それぞれの「時代の要請」を的確に把握するという「文明史」的
な「歴史観」である。たとえば、「文化の時代」研究グループ⒁は、日本が国
内的にも国際的にも「『文化』が要請される時代」に突入したことを強調しつ
つ、こう指摘する。それぞれの「時代」にはそれぞれの「要請」があり、「明
治以来」の「過去において、西欧化、近代化、工業化、経済成長などが強く要
請された時代があった」。そこでは、「あらゆる面で自己を後進・低水準と規定

⑾　「政策研究会・文化の時代の経済運営研究グループ第一回会合における太平総理発言
　　要旨」内閣官房内閣審議室分室・内閣総理大臣補佐官室編『大平総理の政策研究会報告
　　書7　文化の時代の経済運営 ── 文化の時代の経済運営研究グループ』大蔵省印刷局、
　　1980年、21頁。

⑿　前掲施政方針演説。

⒀　各報告書の冒頭、「21世紀へ向けての提言（総説）」1-2頁。また、大平の首相補佐
　　官だった長富はこれを「歴史的潮流」だと表現している。長富祐一郎『近代を超えて
　　── 故大平総理の遺されたもの』上巻、大蔵財務協会、1983年、34-8頁。

⒁　この研究グループは、議長に山本七平（山本書店主）が、幹事に浅利慶太（演出家）、
　　山崎正和（大阪大学教授）が就任し、政策研究員として以下のメンバーが名を連ねてい
　　る。上田篤（大阪大学教授）、小椋佳（作詞・作曲家）、日下公人（日本長期信用銀行参
　　与）、公文俊平（東京大学教授）、黒川紀章（建築家）、香山健一（学習院大学教授）、小
　　松左京（作家）、曾野綾子（作家）、高階秀爾（東京大学教授）、竹内啓（東京大学教授）、
　　竹内靖雄（成蹊大学教授）、團伊玖磨（作曲家）、芳賀徹（東京大学教授）、真鍋博（イ
　　ラストレーター）、八木誠一（東京工業大学教授）、青柳徹（文部省大学局視学官）、岸
　　田俊輔（国税庁調査査察部長・前大蔵省大臣官房調査企画課長）、齋藤邦彦（労働省職
　　業安定局庶務課長）、佐藤剛男（通商産業省生活産業局紙業課長）、千種秀夫（法務省大
　　臣官房秘書課長）、南原晃（日本銀行大分支店長）、西山健彦（在フランス日本国大使館
　　公使・前外務省経済協力局外務参事官）。また、政策研究員・書記として、安藤裕康（外
　　務大臣秘書官）、尾原栄夫（大蔵省主税局税制第一課課長補佐）。

し、先進・高水準に追いつこうとする時代の要請」に応じることが重視され、「到達方法に議論はあり得ても、目標には議論はあり得なかった」。これらは「広義に解すれば、それぞれが新しい文化の要請であったことは否定できず」、その意味では、「工業化と文化、あるいは経済成長と文化は決して対立する概念ではない」が、こうした「要請」は、「それぞれの要請された内容が明らかであり、要請の目標も明白であった点が、『文化の要請』とは異なる」。というのも、「西欧化には西欧というモデルがあり、工業化には先進工業国というモデルがあった」し、「経済成長には、諸外国の経済的水準という明確な目標があった」からである。いわば、「自己を後進・低水準と規定」することで「自己の伝統文化を否定もしくは無視して、目標を他に求める」のが「近代化」の時代の「要請」だったのに対して、「近代を超える」時代の「新しい」「要請」とは、「目標」を「自己」の「文化」に求めるもの、すなわち「形成された現代の総合的日本文化が新しい状態もしくは将来のよりよき状態を求めて何を要請し、その要請にいかに対応するかという問題」だとされたのである[15]。それゆえ、「時代の要請」に着目すれば、「近代を超える」時代は「文化の時代」であった。

　この議論はすぐさま、「時代」が「要請」するとはどういうことなのか、実際にはだれが「要請」しているのか、それはどのような方法で知ることができるのか、といったいくつかの疑問を呼び起こすが、これらを明らかにするにあたりまず注目すべきはその前提にある考え方であろう。「時代の要請」とは、この議論に則れば、「歴史の潮流」を眺めることで知ることができるなにかである。だが、「歴史の潮流」がどう把握されるにせよ、そこから導出できるもの（すなわち、それが持つ「意味」）は問題関心によってさまざまでありうる。にも関わらず、報告書の論者たちは、「近代を超える」時代の「新しい」「要請」が「文化の要請」、すなわち「モデル」を「自己」の「文化」に求めるものだと断言するのである。では、報告書の論者たちはどのような問題関心に基づいて「時代の要請」を認識したのだろうか。

　二つの「歴史の潮流」　　それは、日本のエリートたちが、これまで推し進

⒂　内閣官房内閣審議室分室・内閣総理大臣補佐官室編『大平総理の政策研究会報告書1 文化の時代 —— 文化の時代研究グループ』大蔵省印刷局、1980年、19-20頁。

一　「新しい」「モデル」の模索　　39

めてきた「近代化」の行き詰まりを感じていたことに求められる。より具体的
には、戦後日本の基盤を掘り崩す、二つの「歴史の潮流」として認識されてい
た。一つは、「近代化」が「『地球の有限容量』という壁」にぶつかったという
ことである。『科学技術の史的展開』報告書が「新しい方向」と題する章の冒
頭で強調していたところによると、「現在、人類は、さまざまな形での地球的
問題に直面して」おり、「大気中の炭酸ガス濃度の継続的増大、海洋の諸種の
要因による汚染、石油を頂点としてみられる安価な資源の急速な消耗など、そ
の例は枚挙にいとまがない」。しかし、「このような問題は、せんじつめれば、
人類の居住空間が地球規模にまで拡大し、その有限の容量という壁に突き当
たったことに起因する」。このことは、「近代文明」の二つの面である「領域」
の「量的拡大」（「経済的スケールメリット」を追求する）と「質的拡大」（新たな
知識を探求する）のうち前者に対する「制約」が生じたことを意味しており、「そ
の拡大が、『地球の有限容量』という壁に突き当たったとき、必然的にその性
格の変容を迫られることとなる」ことを示していた。それゆえ、「近代化を達
成したのちに変容していく文明も、質的拡大の継続という意味で発展への活力
は依然失われないであろうし、また決して失わせるべきではない」のだとされ
たのである[16]。このことが意味していたのは、「近代化」が物理的な限界に直
面したということであり、この世界にはある種の物理的な「上限」があるのだ
からそのなかで満足する方法を考えなければならないということであった。
　またもう一つは、戦後日本がつねに「近代化」の目標とし、もっとも「先進・
高水準」だとされていたアメリカの国際的な「地位」が相対的に低下したこと
であった。たとえば、「文化の時代の経済運営」研究グループによると、「第二
次大戦後」の「欧州諸国や日本の経済力向上」が「自由世界」での「米国の地
位の相対的低下」をもたらしたのだとされ、このことが「欧米文化の相対化」
や「各地域の文化の『独自性』」を「尊重」する動きにみられる「『相対化の時
代』の到来」に帰結したのだという。また、「対外経済政策」研究グループは、
「戦後30年間」の「日本やEC諸国の成長」により「アメリカ経済の比重は相

---

　[16]　内閣官房内閣審議室分室・内閣総理大臣補佐官室編『大平総理の政策研究会報告書8
　　　科学技術の史的展開 ── 科学技術の史的展開研究グループ』大蔵省印刷局、1980年、37-
　　　9頁。また62-4頁も参照。

対的に低下」し、「1970年代以降」、「ドルの圧倒的威信を背景とした戦後経済体制」は「歴史的転換を迫られるようになった」のだとされる。それゆえ、「いまや経済大国である日本」は、「かつての小国時代のように既存の国際秩序を所与として、その利用に終始することは許されない」のであって、「欧米諸国と連帯し、自由と互恵の原則を中心にした国際経済体制の発展に積極的に貢献」するとともに、「多様化する第三世界や社会主義圏を含めた新しい安定的な国際秩序を創造するため」、「自由市場原理の弾力的な運営」をすすめ、経済面での協力のみならず「平和外交をもとにして、文化・科学・技術など広範な国際交流を行う」必要があるのだというわけである。これに対して、「総合安全保障」研究グループは、「1970年代に生じた最も基本的な国際情勢の変化」を、「アメリカの明白な優越が、軍事面でも、経済面でも、終了したということ」だと捉え、「いまや、アメリカがほぼ単独でシステムを維持していた『アメリカによる平和』の時代は終わり、各国が協力してシステムの維持・運営を行う『責任分担による平和』の時代に変わった」のだと指摘する。そのため、「かつてない自由と経済的豊かさを享受している」「日本の政治・経済体制が他国からの侵略に脅かされることのないよう、これを守っていくためには」、「国際システムの維持・強化に貢献するとともに、自助努力を強化することが必要」だということになるのである[17]。

　「未来」の進路の再設定　　このように、アメリカの国際的な「地位」が相対的に低下しつつあったことをどう表現するのかをめぐっては、報告書や論者により若干の濃淡があるものの、この二つの「歴史の潮流」が意味していたのは、従来の「近代化」路線の行き詰まりにともない、これまでの日本のありようのトータルな問い直し、すなわち「日本イメージ」の再定義が必要とされていたということである。なかでも日本の「新しい」「モデル」の模索という、「未来」の進路の再設定は急務であった。ただ、そこでは二つの方法はそのままでは使えないのだとされた。一つは「近代化」の時代における「過去」のやり方である。なぜならば、「『近代化』を達成した欧米先進諸国と日本は、高度産業社会として成熟し、多くの困難な問題に直面するに至った」からである。この

---

　(17)　前掲「21世紀へ向けての提言（総説）」8-12頁。

ことが意味していたのは、「近代を超える」時代が「人類が未経験」の「新しい途」だということであった。それゆえ「21世紀において『名誉と活力ある生存』を確保するため」の「選択」とは、「近代以前に戻ること、前近代への回帰であってはならない」のだというわけである。これは、「近代を超える」「新しい」時代を「近代化」の「古い」時代から切り離し、「未来」においてはこれまでの「過去」のやり方が適用できないのだとしている点で、「過去」と「未来」の因果関係の連鎖を断ち切る「過去との断絶」を認識の前提としていた。この点に関して、大平は読者にこう語り掛けている。「時代は急速に変貌しています。そして、長く苦しかった試練を経て、ようやく黎明が訪れてきました。あたりはまだ闇でも、頭をあげて前をみれば、未来から光がさしこんでいます。後を向いて立ちすくむより、進んでその光を迎え入れようではありませんか」[18]。

　また、もう一つは「近代化」の時代における「他者」のやり方である。というのも、日本はこんにち「近代化を達成し欧米先進諸国と肩を並べるに至って、もはや追いつくべきモデルを見出すことが困難となった」からである。報告書によれば、「『文化の時代』の到来ともいわれるように、かつてない自由と経済的豊かさは、これまでの物質文明や近代合理主義の下で、ともすれば見過ごされがちであった人間の精神的・文化的側面への反省を促し、より高度な人間的欲求を目覚めさせるに至った」。だが、そこでいう「精神的・文化的側面」や「より高度な人間的欲求」とは、あくまでも日本のそれであった。報告書の論者たちはこう強調する。「現在の『文化の要請』とは、形成された現代の総合的日本文化が、新しい状態ないしは将来のよりよき状態を求めて何を要請し、その要請にどのように対応するかという問題」なのだ、と[19]。いわば、「近代を超える」時代≒「文化の時代」の到来とは、すでに言及したように「人類が未経験」の「新しい途」だったのであり、「近代化を達成し欧米先進諸国と肩を並べるに至っ」た日本は、この「文化の要請」に応えるにあたり、もはや「他者」をそのままでは参考にできない立場（「先進国」）にあったのである。これについて、報告書は読者に対して簡潔にこう問い掛けている。「あなたは、近

---

(18)　同上 1-2 頁；各報告書の冒頭、「政策要綱資料」からの引用を参照。

(19)　前掲「21世紀へ向けての提言（総説）」2-3 頁；「政策研究会・文化の時代研究グループ第一回会合における大平総理発言要旨」前掲『文化の時代』21 頁。

代化、工業化、欧米化の時代に要請された価値観、『タテマエ』にとらわれた発想をしていないだろうか」[20]。これからは「他者」に惑わされずに「ホンネ」で話そう、というわけである。

二つの「時代の要請」　こうして日本のエリートたちは、すでにたびたび登場している「時代の要請」という考え方に依拠しつつ、「近代」以前の昔からあるとされたものを加工することで、「近代を超える」時代の「新しい」「モデル」に仕立て上げようとした。それが「日本文化」である。というのも、「過去」のやり方はそのままでは使えないにも関わらず、「歴史の潮流」から導出された二つの「時代の要請」のいずれもが、「日本文化」を必要とする方向性を指し示していたからである。

　一つは、「世界の多元化」に対する対応であり、「欧米」の「モデル」としての意義を「相対化」し、それぞれの国や地域の「文化」が持つ「独自性」、「多様性」、「自主性」を重視する方向である。たとえば、「総説」で引用されている『文化の時代の経済運営』報告書の一節によると、「近年の国際社会の多元化は、『欧米文化の相対化』を促進し、各地域の文化の『独自性』を尊重するようになってきた」のであり、これを「『相対化の時代』の到来」だと呼んでいる。また、『田園都市国家の構想』報告書は、「『環太平洋連帯構想』が、『文化の多様性は、人類の未来を豊かにするための積極的な資産だ』という認識のうえに、『独自性』と『多様性』を尊重し、太平洋地域の『活力と可能性』を『人類社会全体の福祉と繁栄のために、最大限に引き出すことをめざす』ものであることを明らかにしている」とする、「環太平洋連帯」研究グループの見解を踏まえ、「多様な活力ある地域社会の存在を前提とし、各地域の自主性と多様性を尊重して、『地球社会』全体の調和のとれた活力ある発展を期する『国際化の時代』は、『地方の時代』の発想に立つもの」だと強調し、「日本は、このような『分散型』の文化特質を有している」から、「日本がその特質を生かして、貢献しうる途がある」のだとしている。さらに、「多元化社会の生活関心」研究グループによれば、「近代化・工業化の帰結としての豊かな社会の実現は、人々を基本的欲求からより高次の多様な欲求や関心に向かわせ」ており、

---

(20)　前掲「21世紀へ向けての提言（総説）」1-2頁。

一 「新しい」「モデル」の模索　　43

「こうした多様化の現象を固定的な立場にとらわれず、しなやかにとらえてい
く必要がある」のだと指摘している[21]。これらを要約すれば、アメリカの「地
位」の相対的低下とともに「欧米」はそのままでは「モデル」としての意味
をなさなくなったため、これからはそれぞれの国や地域の「文化」が持つ「独
自性」、「多様性」、「自主性」を尊重する必要があるということであった。

　しかし、「日本文化」の「独自性」を強調するだけでは孤立や対立を招きか
ねない。そこで重視されたのがもう一つ方向、「相互依存関係」の緊密化に対
応するもので、それぞれの国や地域を「国際化」することで「自己」を「相対
化」し、「相互理解」や「相互交流」、「互恵」を可能とするような「自由」と
「開放性」を重視する方向である。これについて、『文化の時代の経済運営』報
告書は、「『国際化』とは、社会を海外に開き、自らの文化を相対化し、相手の
立場でものを考え、世界各地域の文化や伝統に根ざした特性を相互に理解し、
尊重しつつ、相互の交流を深めること」だと主張している。また、「長い間、
太平洋諸国を分断してきたこの巨大な大洋」が「交通・通信手段の著しい発達」
とともに「内海と化し」、「太平洋地域」が「歴史上はじめてひとつの地域社会
となりうる前提条件を備え」たのだと強調する『環太平洋連帯の構想』報告書
は、そのありようについてこう提言する。「それは、地域外に対して排他的で
閉ざされたリージョナリズムでは決してない。地域内部においても、あくまで
も開かれた相互依存関係の形成を目指すものである」。さらに、『対外経済政策
の基本』報告書によれば、「対外経済関係の改善は、たんに経済面での協力に
よって達せられるものではな」く、「平和外交をもとにして、文化・科学・技
術など広範な国際交流を行うことが不可欠」なのであった。「欧米諸国と連帯
し、自由と互恵の原則を中心とした国際経済体制の発展に積極的に貢献し、そ
のために必要なコストを分担」するとともに、「多様化する第三世界や社会主
義圏をも含めた新しい安定的な国際秩序を創造するためには、自由市場原理の
弾力的な運営が要求される」のだというわけである[22]。いわば、「『地球の有限
容量』という壁」が意識される「上限」のある世界では、「文化」の「相互理

---

[21]　同上 8 頁、10頁、15頁。
[22]　同上. 8 頁、9 頁、11-2 頁。

解」に基づいた「協力」や「連帯」により「安定的な国際秩序を創造する」必要があり、そのためにも、まずは「相対化」すべき「自らの文化」を明らかにしなければならなかったのである。

こうして、「文化」の「独自性」を主張する観点からも、その「相互理解」を促進するという観点からも必要となるのが「自己の文化」の再把握だった。だが、報告書によると、「文化の要請」というかたちで「時代」が「要請」するものを考えるという姿勢は、これまでほとんど軽視されてきた。たとえば、「明治は徳川時代を『闇』、明治を『夜明け』と規定し、前者を全面的に否定することはあっても、徳川時代に形成された日本文化が、明治という新しい時代に対応して何を要請しているのか、というようには考えなかった」。事実、「明治の成功はこの影響を非常に強く後代に残し」、「戦争直後の戦前の全面的否定」、あるいは、「戦後30余年の否定、また経済成長の全面的否定」といった「現代の論調」を生み出したのである。報告書の論者たちからすれば、「明治以来」のこの日本のあり方は、「主として対外的劣等感から生まれ」、ときには「それを裏返した異常な独善的優越感ともなった」のだとされ、このことが、一面では「日本文化の全面的否定」を、他面では「他国との対比と連携を拒否する排外的姿勢」をもたらしたのである。こうした姿勢は戦後にも引き継がれ、「異文化との相互連関や対話の拒否、自己の文化的蓄積の否定」につながったのだった[23]。「戦後30余年に到達した所産」を「あるがままに認めてそのように形成された文化が何を要請するのか」を考えるという「自己の文化の肯定的把握」が「一種の反動」にみえるのは、この「自己のもつ現代の総合的文化の否定」に原因があったのである[24]。

それゆえ、報告書の論者たちは、「自己の総体的文化の再把握」が必要だと強調する。というのも、「たとえ過去を否定して『忘却の民』となっても、日本人が自己の伝統的文化の下に生き、その文化的規範の下で生きているという現実は否定できない」からである。報告書によれば、こうした日本の「伝統的文化」と「文化的規範」の否定は、「それを意識的に自ら把握してこれに対応

---

[23] 前掲『文化の時代』20-1頁。

[24] 同上22頁。

することを妨げ」、「新しい情勢に対応して文化が何を要請しているのかの把握を不可能にする」だけではなく、「自己の文化とその文化の下における規範を外国に説明して相互理解をはかることを不可能にする」ものであった。いわば、「文化の要請」とは「明治以来のこの状態からの脱却を前提とし」、「文化の時代の到来」とは「以上の状態から脱却すべき時代、また現に脱却しつつある時代の到来を意味する」ものであり、それはより具体的には、日本のこれまでの文化とそこで育まれた規範をより肯定的に再把握することを意味していたのである[25]。

　　経済の「文化」的把握　　ただ、「外国」に対して「紹介し、交流すべき日本文化をどのように把握」し、この「日本文化」を「どのような方法で相手に伝えるのか」という問題は、たんなる文化的な問題にとどまらない重要性を持っていた。なぜならば、それは「経済」の領域と直接結び付いているのだと認識されていたからである。ここでふたたび、報告書は「過去」を振り返る。すなわち、「各国政府が文化交流を積極的に進めるようになったのは近代のこと」だが、それ以前も「文化交流」は存在しており、「その担い手は面白いことに商人であった」。たとえば、「インドネシア、マレーシアにおけるイスラム教の受容は主としてアラブの商人によってひき起こされ」てきたし、「徳川時代におけるオランダ文化、中国文化、韓国文化の受容も、商人もしくは商行為を媒介として行われた」のである。「この状態は現代でも基本的には変わらない」。というのも、「商品とは文化の所産であり、その受容は文化の受容」だからである。それゆえ、「日本の商品という文化的所産の受容」をめぐるこんにちの貿易摩擦は「経済摩擦ではなく文化摩擦と考えるべき」であり、これは文化的問題として対処する必要があるのだと報告書は結論付けたのである[26]。

　このことは、文化的な問題が、(「伝統」的な問題というよりも)「現代」的な問題として捉えられていたことを示唆していた。これに関して報告書は「日本文化」の把握をめぐる混乱に注意を喚起するなかで、こう問い掛ける。すなわち、「日本文化、特に日本の伝統文化といった場合、すぐに茶の湯、生花、歌舞伎などが連想され、文化交流といえばすぐそれらの輸出かせいぜい日本映画

---

(25)　同上21頁。

(26)　同上26-7頁。

46 第1章 「近代を超える」

の輸出と思う人がいる」。そのような人たちからすれば、「商品の輸出は文化の
輸出である」とする主張はすぐさま、「車の輸出も日本文化の輸出なのか」と
いう問いを喚起するだろう。しかし、報告書の論者たちからすれば、このよう
な問いがなされること自体が、「『現代の日本文化』の把握」にみられる「混乱」
の証左なのであった。たしかに自動車は「ドイツ人ダイムラーの創作にかかる
といわれる」が、「それを受容した国々」は「それぞれの文化に基づく車を創
作」するから、「それはその国々の文化の所産なのである」。このことは、イギ
リスが「手造りのロールス・ロイス」を、アメリカが「大量生産方式の大型車」
を、またフランスやイタリアも「それぞれの車を生み出した」ことに表れてい
る。それゆえ、「ロールス・ロイスを購入することは、イギリスの文化の所産
を購入していることであり、イギリスにとっては、商品ロールス・ロイスの輸
出はその文化の輸出である」。同様に、「日本車という商品の輸出は日本文化の
輸出であり、このことは各国の映画、電子機器、ファッションからプラントそ
の他についてもいえる」のである。報告書の論者たちからすれば、「過去と同
じように」、「現代」においても「貿易は文化交流」なのであった[27]。「文化の
要請」という場合の「文化」とは、あくまで「現代の日本の総合的な文化」だ
から、日本文化を「狭い意味の日本の伝統文化」に限定してしまうと、「現代
の『文化の要請』に正しく対応できなくなる」のだというわけである[28]。

　「文化」についてはすでにこの当時においても「無数の定義」が出されてい
る[29]なかで、なぜ「日本文化」をはじめとする「文化」をこう捉えなければな
らないのか、研究グループの論者たちはこれ以上詳細な議論を展開していない。
ただ、ここでは、次節以降で「日本文化」の指し示すものを考察するにあたり、
以下のことを確認しておくことが重要である。それは、「文化の要請」に基づ
いた「文化交流」を推進するにあたりお互いの「商品の受容」（＝「貿易」）が
重視されていたように、「文化」（「日本文化」）を「新しい」日本の「モデル」
に据えそれに沿った「未来」の進路を目指そうとすることは、究極的には（「経
済中心主義の段階をすでに70年代に卒業した」[30]とする自負にも関わらず）「経済」

(27) 同上27-8頁。

(28) 同上28頁。

(29) 西川長夫『［増補］国境の越え方 ── 国民国家論序説』平凡社、2001年、156頁。

の領域を最重要視することに他ならないということである。なぜならば、「現代」においても「文化交流」は、突き詰めていえば、「商品」の「交流」というかたち以外では成立しえないからである。ましてや1970年代以降の「新しい」世界が「『地球の有限容量』という壁」にぶつかるなかで、日本製品の輸出が対外的にさまざまな摩擦を生み出している現状に鑑みれば、その解消に向けた努力は急務であった。こうして、そのためには国際的な「経済」問題を「文化」的に把握する必要があると考える報告書は、「自己の総体的文化の再把握」というかたちで「経済外交」の大前提でもある「日本イメージ」の再定義の必要性を強調し、日本の「未来」の進路を再設定するための「新しい」「モデル」探しに邁進するのである。

二　「日本文化」を再把握する

　では、「新しい」日本の「未来」の進路を指し示す「新しい」「モデル」である日本人の「自己の総体的文化」とはどのようなものだと認識されていたのだろうか。これについて、報告書は必ずしも体系的には議論していない。その理由はたぶんに「文化の創造母体」が「国民」であり、「国民の自由な創意と自然なエネルギーなくして文化の発展は望み得ない」のだと、報告書の論者たちが考えていたからだろう[31]。もしそうだとすれば、この問いに関連して明らかにすべきことは少なくとも二つある。一つは、再把握すべき「日本文化」の内容に関して報告書の論者たちがどう認識していたのかということであり、もう一つは、政府や国家が、とくに「文化交流」（≒「貿易」）を推進することの正当性を報告書の論者たちがどう理解していたのかということである。ここではまず、第一の論点を検討することとし、第二の論点については第２章で触れることとしよう。

　「習合」の文化　「日本文化」の中身に対する認識をより体系的に知るための格好の資料が、大平の内閣総理大臣首席補佐官を務め、政策研究会の運営を補佐していた長富祐一郎の著作『近代を超えて』である。本書は、大平の急死

---

(30)　前掲『文化の時代』41頁。

(31)　同上49頁。

48 第1章 「近代を超える」

直後より二年半にわたって大蔵省の広報誌『ファイナンス』に連載されていた
もので、その内容は、「大平総理の政策研究会報告書」全9巻を横断的に概観
しながら、「明治維新以来」の「近代化」、なかでも戦後の高度経済成長を達成
した「日本の活力の源」を昔からある日本の「文化的特質」の特殊性に求めつ
つ、こんにちの「日本文化」のありようを明らかにし、これからの進路を方向
付けようとしたものである[32]。このことは、報告書による「日本文化の再把握」
がそもそも、日本の「近代化」や高度経済成長の理由を文化的に明らかにしよ
うとすることに動機付けられており、ひいては昔から変わらずに引き継がれて
きたとされる「日本文化」を知るというかたちで、これまでの日本を経済成長
に成功した日本という観点から肯定的に捉え直すとともに、これからの日本の
「新しい」「モデル」にしようとする試みであることを意味していた。

　では、「明治維新以来」の日本が「欧米化」や「工業化」のような「近代化」
に成功した「活力の源」はどこにあるとされたのか。これについて長富は、『文
化の時代の経済運営』報告書に拠りつつ、二つの理由を挙げる。それらはいず
れも日本の「近代」以前と関わるもので、一つは「日本自身にそれを十分に理
解する高い蓄積があったこと」であり、もう一つは「日本の文化のなかに異文
化を拒絶せず吸収していく文化的特質があったこと」である[33]。

　そこでまず、前者についてみてみよう。「明治維新以来」の「過去1世紀の
『高』成長どうして可能になったのか」に対する「答の一つ」として『文化の
時代の経済運営』報告書が指摘したのは、「江戸時代の遺産」であった。第一
に、速水融のいう、「『産業革命（インダストリアル・レボリューション）』に先
立つ『勤勉革命（インダストリアス・レボリューション）』」である。17世紀の「商
業化」の進展は、一方で「町人、商業資本の台頭」をもたらしたが、他方でそ
れは「農家」が「経済的刺激に敏しょうに反応し得るような気質」を形成し、
「節約と貨殖という町人道」とともに、「農家」における「節約と勤勉のモラル」
を生み出した。この「勤勉革命」こそが、「『高』成長」のもととなった「『高』
貯蓄率」に対する「国民的性向の心理的基盤」を構築し、「貯蓄の投資化ある

────────────

(32)　伊藤正義「二十一世紀に向けて」前掲『近代を超えて』頁数なし。

(33)　前掲『近代を超えて』62頁。

二　「日本文化」を再把握する　　49

いは生産拡大のための資源の節約」に向けた「国民的理解」を成立させたのである[34]。

　また第二に、「江戸時代後期」の「寺子屋、私塾」における「庶民教育」がもたらした、「人的資源」の蓄積である。このことが意味していたのは、「子または家の将来利得、経済的繁栄のためには、人的資本への投資が必要であり、また経済的に引き合うものだ、という考え方が広く分け持たれていた」ということだった。「庶民教育の普及浸透」は「工業化」のための「すぐれた労働力」を生み出したが、ここでいう「すぐれた」とは「識字率が高く、ソロバンが立ち、困苦に堪え、寸暇を惜しんで働き、規律正しい」という「諸特質」である。報告書によれば、「これらの特質がその後の経済成長に及ぼした寄与の大きさ」は、「発展途上国」がこうした「『人的資源』の不足に悩まされている」のをみるとき、「思い半ばに過ぎるもの」だったのである[35]。

　さらに、第三の「遺産」として挙げられたのが、「藩校、私塾教育」により生み出された「武士官僚」の存在である。というのも、これらの「官僚」は、「経学を中心とする『政治』教育」を受け、「藩財政を担当する過程」で「経済政策の原理にかんしてノウハウを蓄積」し、限定的とはいえ「海外交易、ならびに貨幣大権の行使」において「実践的学習」を蓄積していたからである。こうして、「和魂洋才」の「和魂」が「伝来の競争原理」たる「経済人の倫理」として形成され、「東洋の道徳、西洋の芸術」といわれるときの「道徳」が「効率的で腐敗の少ない官僚制度」を意味するようになったのである[36]。

　これら「江戸時代の遺産」もまた「日本文化」に起因したものだったが、報告書はとくに後者の日本の「文化的特質」について、「外国の文化を拒絶せず、これを取り入れ、消化して自分のものとしていく力」、すなわち「『習合』力」だと指摘する。「日本人は、過去2,000年の歴史の中で、さまざまな外国の文化、思想や科学技術を巧みに自分の中に取り入れてきた」が、このことを単純に「妥協とか模倣とか抱擁ということばで表現するのは、正しくない」。なぜならば、日本の場合は「必ずしも全面的・体系的輸入ではなく、それを巧みに自己の体

[34]　前掲『文化の時代の経済運営』65-6頁。

[35]　同上66-7頁。

[36]　同上67頁。

系の中へ取りこんでしまう」ものだったからである。そのため、「このような日本の文化のもつ力は、『習合』力という積極的な力として、評価し、認識すべき」だというのである[37]。事実、「近代化」の時代には「日本文化」のこの特質が顕著に表れており、日本は「追いつくべき」「欧米のモデル」を範としつつ、「議会や法律などの統治構造、教育などの社会制度、衣食住の生活様式、鉄道、郵便、電灯などの科学技術、会社、銀行などの経済組織その他あらゆる分野」から、「日本に適したもの、優れたものを選択して取り入れてくることができた」。報告書によれば、「こうした行動パターンは、'70年代に至るまで基本的には大きな変化がみられず、近代化は欧米化であり、欧米文化の摂取であるという様相を極めて色濃く持っていた」のである[38]。

「再把握」の持つ「新しさ」　これらの議論が興味深いのは、報告書が「日本文化」を「再把握」するために「現在」とは異なるために区別されるべき「過去」を振り返りながら、そこで提示された「日本文化」は、こんにちまでほとんど変化していないとされたがゆえに、「現在」とははっきり区別できないものだったということである。こうした「再把握」の視角は、上述のように「過去2,000年の歴史」における「習合」の文化が「'70年代に至るまで基本的には大きな変化がみられ」ないとする指摘に表れているが、『科学技術の史的展開』報告書はさらに踏み込んでこの視角の意味するところをこう述べている。「和魂」とは「決して明け渡すことのできないはず」のものであり、それは「日本人の心の中空構造」、すなわち「文化の中心にあって、一つの文化を自律的に形成していく種となる絶対的な思想や哲学は存在せず、各種の思想を相対化して自在に受け入れる」ものなのだ、と[39]。いわば報告書は、1970年代以降の世界における日本の確固たる「モデル」を見出すために、歴史的な変化にも関わらず変わらない「和魂」（≒日本の「文化の中心」）を明らかにしようとしていたのである。これは、「ゆるがない日本を築くことに全力をあげる」とする、大平の発言とも合致するものであった[40]。

---

(37)　同上107-8頁。

(38)　同上108頁。

(39)　前掲『科学技術の史的展開』85-7頁。

(40)　各報告書の冒頭、「政策要綱資料」からの引用を参照。

二 「日本文化」を再把握する

　この「再把握」の視角は、いわゆる「不易流行」の「不易」を見出そうとする試みとして、とくに不可解な点はないように思われるかもしれない。しかし、こうした視角の前提にあるものに目を向けてみると、この企図の「新しさ」がみえてくる。ここでは、以下の二点に注目してみよう。まず第一に、「日本文化」の特質を理解する方途として報告書が採用した「再把握」の視角は、「新しい」「時間」の捉え方を導入した。それは「永遠の現在」とでも呼ぶべき「時間」の概念である。もちろん、報告書のなかで指摘されているように、それぞれの時代において「外国」から摂取するものの中身は変わるかもしれない。だが、それらを摂取するにあたっての「行動のパターン」は、日本の「過去2,000年の歴史」にも関わらずそのままだとされたのである。つまり、「日本文化」とはそれ自体が一定の内容を持つものというよりも、「他者」の「文化」を取り入れる方法（「行動のパターン」）を指し示すものだったのであり、この「和魂」と呼ばれた日本の「文化の中心」（≒「習合」の文化）を「新しい」日本の「モデル」に据えることは、（「中心」というコトバが示しているように）「新しい」日本の重要な部分は歴史的な変化にも関わらず変わらないのだと前提されることとなったのである。

　こうした試みの「新しさ」については、たとえば戦後初期とのちがいに着目してみるとわかりやすい。すなわち、一方で、「近代化」（たとえば、民主化や経済発展）を目指した戦後初期の日本の「モデル」とは、一足先に「進歩」や「進化」を経験しているがゆえに日本の「未来」を体現しているのだとされた「先進国」であり、それは「未来」において新たに実現されるべき目標であった[41]。しかし他方で、「近代を超える」ことを目指した「新しい」日本の「モデル」とは、すでに日本のなかに存在するものだとみなされていたのである。ではなぜ、すでに存在するものを「モデル」として掲げその実現を図る必要があったのか。その理由は、後述のように、日本固有のものがすでに日本のさまざまな場所に内在していたにも関わらず、これまでの「近代化」のせいで軽視され、いまだ顕在化できずにあったからである。こうして、「文化の中心」を

---

　[41]　たとえば、戦後直後の日本のエリートたちが「経済復興」のために策定した「日本イメージ」にはこの特徴が如実に表れている。高瀬弘文『戦後日本の経済外交——「日本イメージ」の再定義と「信用の回復」の努力』信山社、2008年、45-8頁。

見出す試みは、「時代の要請」に応えるために、歴史的な変化（それは「近代化」がもたらしたものである）にも関わらず変わらないものを重視することとなるのである。

　また第二に、この視角は、「新しい」「時間」の捉え方を導入した結果、「新しい」「秩序」に対する認識を取り入れることとなった。それは、イザヤ・ベンダサン（この名前は、「文化の時代」研究グループの議長、山本七平のペンネームだといわれている）[42]のコトバを借りれば、「法外の法」として表現されるものである。『文化の時代の経済運営』報告書は、「欧米文化」との違いに注目しながら、こう述べている。「欧米先進諸国における市民革命・産業革命以降の『近代化の時代』は、『個人主義の時代』ともいわれるように、政治的にも経済的にも社会的にも、『個』の確立を目指した時代であった」。これに対して日本では、「『人間』ということばにみられるように、『人と人との間柄』を大切にする『文化』を特質としており」、「日本の経済運営は、こうした『人間』を中心に据えてきた」。「イザヤ・ベンダサンは、これを、『人間』を基本とする一種の基本的宗規（日本教）であり、『法外の法』というべきであって、国会の定めた法律も、これにより、判断され、運用される、と指摘している」[43]。では、「法外の法」とはなにか。それは、「この、どこにでも出てくる、ジョーカーのような『人間』ということばの意味する内容すなわち定義が、実は、日本における最高の法であり、これに違反する決定はすべて、まるで違憲の法律のように棄却されてしまう」ということであった[44]。もしそうなのだとするならば、「人間」とはなにを指すのか。報告書によれば、それは「欧米的『人間性』（ヒューマニズム）とは異なるのだという。というのも、「欧米」の「ヒューマニズム」は、「外的世界に対する『人中心主義』（アンスロポセントリシズム）」であり、「全体」に対して「個」を基盤とする社会を主張するのに対して、日本の「間柄主義」としての「人間主義」は、「間柄やその中に含まれている人々への配慮」が重視されているからである。いわば、「全体と個との関係」や「個と個との間柄」を考えるのが日本的な「人間主義」なのだというのである[45]。それゆえ、

---

　(42)　前掲『近代を超えて』7–8頁。

　(43)　前掲『文化の時代の経済運営』75頁、102–4頁。

　(44)　イザヤ・ベンダサン『日本人とユダヤ人』山本書店、1970年、82–3頁。

二 「日本文化」を再把握する　　53

そこでいう「人間」とは、こうした「全体」のことを考え「間柄」に「配慮」するような人びとのことを指すのだといえるだろう。

　これらの議論が示しているのは、歴史的な変化にも関わらず変わらない日本の「文化の中心」を観念し「永遠の現在」という時間の概念を導入することが、人びとの手で変えることができる「法」のあり方それ自体を規定する「法外の法」を想定し、その「法外の法」が支配する「日本」という「共同体」の存在をア・プリオリに前提とすることになる、ということである。なぜならば、この企図はそもそも、「日本文化」のありようを明らかにするためのものであり、そこでは、「日本文化」を体現する「日本」という「共同体」が、しばしば「欧米」と対比されるかたちで想定されていたからである。それゆえ、報告書のいう「全体」とは端的にいえば「日本」のことであり、そこに住むとされた「人間」とは「日本人」のことだったのである。

　この「秩序」認識の「新しさ」は、「日本」という「共同体」とそれを支配する「法」のあり方が、「日本」の外側（「法外の法」）ですでに決められているのだと考えるところにある。これはいわば、日本にいるさまざまな人びとが「日本」という「共同体」をつくるのではなく、「日本」という「共同体」がまず「法外の法」に基づいてその外側でつくられ、その次にそれに合致した構成員（「日本人」）とルール（「法」）がつくられるのだとする前提に立っているのである。このことが意味しているのは、「日本」を規定するのだとする「文化の中心」が「法外の法」と同種のものだということである。なぜならば、いずれも歴史的な変化から隔絶された場所にある悠久不変のものとして、「日本」のあり方を所与に規定するために案出されたものだからである。つまり、日本の「中心」にあるにせよ外側にあるにせよ、はたまたその「底流」にあるにせよ、この「秩序」認識は、「文化の中心」≒「習合」の文化≒「法外の法」という、歴史的な変化にも関わらず変わらない日本固有のものを所与に想定し、それを「新しい」日本の「モデル」に据えることで、「新しい」日本のありようは人為的な関与の埒外にあるのだから変えられないのだ、とする「行動のパターン」を確立しようとする試みを反映していたのである。

⑷　前掲『文化の時代の経済運営』104頁。

「再把握」のパターン　では、こうした「新しい」「時間」と「秩序」に対する認識をもとに日本の「新しい」「モデル」を変わらないものに見出そうとするこの日本における「法」と「法外の法」の区分は、なぜ必要とされたのだろうか。それは、これまでの「近代化」のせいで軽視されてきた「日本文化の特質」を可視化することで、(すでに「欧米」の多大な影響を受けてきた) 日本を「欧米」から区別するためであった。ここで興味深いのは、「タテマエ」と「ホンネ」、「ケ」と「ハレ」を峻別する発想である。まず、「タテマエ」と「ホンネ」についてみてみよう。長富は『近代を超えて』のなかでこんな例を挙げている。一方で、「西欧において発生した近代民主主義の基本である『多数決』方式」は、最終的に「多数の力 (パワー) によって少数者を『統合』してしまう性質をも」ち、「『多数者による少数者の支配』はやむをえない」と考える。しかし他方で、こうした「『フェア・プレイ』の原理」ではなく「『フェア・シェア』の原理」を重視する日本では、「みんなの『顔』が立ち、『おのおのがその所を得』て『まるく治まる』『和』の精神を重視する」ため、「多数者による少数者の支配」を好まず、「『討議』をし最後は『多数決』で決する方式はなかなかなじまない」のである。「『タテマエ』としては理解しても、なかなか『ホンネ』と一致しない」のであり、「日本人は、荒々しい『討議』よりはにこやかな『談笑』を好む」のだというわけである[46]。

　それゆえ、長富の説明によれば、日本の「政治」や「法」は、たしかに近代化のなかで「欧米」から導入したものだが、それだけが「日本文化に関係なく存在するということにはならない」のだった。このことはすでに、「『習合』の文化」に関する議論のなかで暗示されていたが、たとえば、日本の議会では「議員相互間」の「討議」よりも「大臣や各省庁局長など政府委員に対する『質疑』が行われ」、「議員の質疑に対しては、反論することはもとより、その質疑の意味を質問することも、日本社会では行われない」。なぜならば、「日本文化のなか」では、「『顔が立つ』ということが十分に配慮され」るからである。こうして、「おのおのがその所を得る」ようなかたちで「根回し」が行われたのち、「与野党の合意が成立し納得した上で」「『票決』にかけられ」、「票決の結果は、事

---

(46)　前掲『近代を超えて』179-80頁。

二 「日本文化」を再把握する　　55

前の読みとほとんど狂いがない」ものとなる。「根回し不調で意見が合わない
からと票決にかけることは、日本社会では『数の暴力』と批判される」のであ
る。事実、大平もまた、「権力に訴えるのは最後の手段であり」、「安易に数の
力で押えこもうというようなことは、とるべき道ではない」、「誠意をもって理
解を求める“和”の政治を信条としたい」と述べており、アメリカの「クロス・
ヴォーティング（議員の議決権を討議で拘束しない制度）」に関しても、「日本的
政治風土では満場一致がいちばんいい」から「米国方式はなじまない」と言明
していたのである。長富自身、当初はこの「米国方式」の制度を取り入れては
どうかと大平に打診していたのだが、「苦しかった官邸時代の一年半」を終え
たいまでは、大平のいうように、「日本では、『政党』や『派閥』も『なかま』
社会における『なかま』集団」だということが「解（わか）ったような気がし
ている」と回想している⁽⁴⁷⁾。

　同じようなことは、「法治主義」についてもいえる。「アメリカでは、法律に
規定されていないことは何をしても違反にはならない」が、「議会の法律で決
められたことは守る」のであり、「見つからないだろうといって違反はしない」。
これに対して、「日本では、法律の明文で規定されていないことでも、『立法の
趣旨』とか、『法の精神』ということで了解される」一方で、「法律に規定され
ていても、『大目に見る』運用が図られたり、『これは“伝家の宝刀”、抜かな
いところに意味がある』といってその規定そのものを全く適用しなかったりす
る」のである。それゆえ、ベンダサンもいうように、アメリカでは「法は法と
して百パーセント適用されねばならない」から、「懲役二百五十六年」などと
いう「日本人から見れば少々ばかげた」判決が出されるのに対して、日本では、
「満場一致の決議さえ、その議決者をも完全に拘束するわけではないし、国権
の最高機関と定められた国会の法律さえ、百パーセント国民に施行されるわけ
ではない」ため、「法律の『杓（しゃく）子定規』の適用は『人間味がない』
と好まれず」、「大岡裁き」のような「『人間性の豊かな』『本当に人間らしい』
法律の適用が望まれている」のである。「ここに、日本独特の『法外の法』が
あ」るのであり、裁判もまた「『法』と『法外の法』との両方が勘案されて判

⑷　同上180-2頁。

決が下され、情状酌量、人間味あふるる名判決などとなる」わけである[48]。いわば、「民主主義も市場経済も日本的なものとして定着した」のであった[49]。

　すでに触れたように、「法外の法の基本」とは、ベンダサンによれば、「日本人が使う『人間』または『人間性』という言葉の内容」であり、それこそが「日本における最高の法」なのだとされる[50]。だが、この説明にはすぐさまいくつかの疑問が湧いてくる。たとえば、「日本における最高の法」である「法外の法」は、いつだれによって、どのように決められたのだろうか？　また、そこでいう「法外の法」≒「人間（性）」の指す内容はより具体的にどのようなものなのか？　これらを次節で検討する前に、まずはその前提をみてみよう。

　ここであらためて想起すべきは、「法」と「法外の法」を区分する議論が、「近代化」のなかで「欧米」から日本に取り入れられたものの日本におけるありよう、すなわち「他者」の「文化」を日本に取り入れる方法（「行動のパターン」）を説明するにあたって持ち出されたということである。たとえば、「近代欧米社会を支える基本原理である自由競争、民主主義、自由、平等、多数決、法治主義など」が「日本的なものとして定着した」そのありようには、「習合」という「日本文化の特質」が表れているのだが[51]、このことが意味しているのは、「欧米」の「法」が日本に導入されるにあたり、「日本における最高の法」である「法外の法」に従属するかたちで取り入れられたということであり、それが「習合」の指し示すところだったということである。そのため、「欧米」の「法」は、「『タテマエ』としては理解しても、なかなか『ホンネ』と一致しない」とされたのである。いわば、「法」は「タテマエ」であり、「法外の法」こそが「ホンネ」なのだというわけである。もしそうなのだとすれば、「日本文化の特質」である「習合」の文化とは、「法外の法」という「日本独特」のものに「欧米」から導入したものを従属させることだったのであり、それはあくまで「タテマエ」として導入されたものであった。「法外の法」≒「習合」の文化≒「文化の中心」を案出することで、報告書の論者たちは、「欧米」が主導してきたのだ

---

[48]　同上182-5頁。

[49]　同上186頁。

[50]　同上184頁。

[51]　同上186頁。

二　「日本文化」を再把握する　　57

とされた「近代化」の多大な影響を受けているにも関わらず、「日本文化の特質」
に基づき日本と「欧米」とを峻別することができるようになったのである。

　「再把握」の持つ意味　　では、「タテマエ」（法）と「ホンネ」（「法外の法」）
の区分に基づいた「欧米」と日本の峻別は、どこを目指したものだったのだろ
うか。それは、端的にいうと、「近代化」という「欧米」の主導された「タテ
マエ」の世界を「日本的なもの」である「法外の法」をもとにした「ホンネ」
の世界の論理で管理しようとするものであった。ここでいう「ホンネ」の世界
とは、「法外の法」≒「習合」の文化≒「文化の中心」という、歴史的な変化にも
関わらず変わらない「日本文化の特質」（あるいは「和魂」）を基盤としたもの
だから、この試みは、「タテマエ」が日常となってしまった「近代化」の時代
を「超克」し、いまや非日常となってしまった「ホンネ」の世界を復権させる
ことで、歴史的な変化を止揚させようとしたものだとみることができるだろう。
大平が、「権力に訴えるのは最後の手段であり」、「誠意をもって理解を求める
“和”の政治を信条としたい」と主張していたのは、まさに、「欧米」から導入
した「多数決」という「権力」（「タテマエ」）を「最後の手段」とし、「日本独
特」の“和”（「ホンネ」）を日々の営みとすることで、従来の日常（「タテマエ」）
と非日常（「ホンネ」）を転倒させ、「ホンネ」を「新しい」「日常」とすること
を目指したものだったのである。

　では、明治以降の「近代化」のプロセスにおいていまや非日常に追いやられ
てしまった「ホンネ」の世界はどこにあるのか。それは、長富によれば、「日
常（ケ）」と対照される、「まつり」のような「非日常（ハレ）」であった。「文
化の時代の経済運営」研究グループの委員でもある米山俊直の著作によりつつ、
京都の祇園祭や大阪の天神祭に触れながら、長富はこう議論する。それによる
と、「まつり」とは、「祭祀、祭礼」のみならず、「宗教的色彩の薄れたもの、
あるいは宗教的儀式とは関係ないものも含めて広く考え」るべきなのだという。
なぜならば、「まつり」とは、「日常性」すなわち「何時出社、何時退社。服装
はこれこれ、服務規程はこれこれ、といったもの」から「一時的にはなれ」、「ひ
とときの開放された時間と空間を、仲間とわかちあって楽しむこと」だからで
ある。それゆえ、祇園祭や天神祭のような「大きな祭」だけではなく、実は、
「身の回りにも『まつり』の例は多い」。たとえば、多くの人びとが「日常性か

ら逃れる」「旅」≒「帰省」をする「盆」や、「政府も自ら三〇億枚近い年賀郵便はがきを売り出す」「正月」、さらには、「キリスト教徒でなくとも、日本人は、『クリスマス』も『まつり』にしてしまった」。また、「間柄文化をもつ日本人」は、「東京オリンピック」や「大阪バンパク」のような、「『あそび』ではない『しごと』」まで「『まつり』として遮二無二やり遂げた」とも考えられるのである。いわば、長富からすれば「まつり」とは、「日常の力を超えた大きなエネルギーを集中的に投入する」場であり、「仲間と一緒に」「日常」から逃れ、一時的な「気晴らし」をする場として理解されていたのである[52]。

　もしそうなのだとすれば、このことのもつ意味は大変に興味深い。というのも、それは、日常とは異なる時間と空間、秩序を想定し、その非日常に意味を見出しているからである。このことを、日本文化の「再把握」に向けて打ち出された視角、すなわち、歴史的な変化に対して変わらないものを想定することで「文化の中心」≒「習合」の文化≒「法外の法」を観念し、「日本」を「欧米」と峻別しようとする試みと合わせて考えるならば、それが論理的に帰結するところはこうである。まず第一に、「日本文化」の「再把握」が「近代化」の時代の行き詰まりに対する認識に基づいた「近代を超える」ためのものであることを思い起こすならば、この試みは、「近代化」がもたらす歴史的な変化にも関わらず変わらない日本の「文化の中心」を観念し、それを、「近代化」の時代の「欧米」のような「先進国」という「モデル」に代わる、「近代を超える」時代の「新しい」「モデル」にしようとするものであった。というのも、第二に、「近代化」の時代は、たしかに「日本文化の特質」である「習合」の文化のおかげで、「欧米文化」は日本的なかたちで取り入れられたものの、それはあくまで（「時代の要請」により）押し付けられたものであったがゆえに、日常を「欧米文化」が支配する「タテマエ」の世界としてしまい、「日本文化」≒「ホンネ」の世界を「まつり」のような非日常に追いやることとなったからである。「欧米」の「法」や「制度」が、「『タテマエ』としては理解しても、なかなか『ホンネ』と一致しない」というのは、論者たちからすればこの一つの証左であった。そのため第三に、こうした現状を打破するには、「欧米」の「法」をも制御する「法外の法」が必要とされることとなる。報告書の論者たちからすれば、それこそが「近代を超える」時代の「新しい」「モデル」でありながら、

二 「日本文化」を再把握する　　59

いまでは「近代化」のせいで非日常（≒「ホンネ」≒「ハレ」≒「まつり」）に追いや
られてしまった「行動のパターン」（≒「習合」）として再認識すべきものだと
されたのである。

　ではなぜ、時代がいま「近代を超える」時代、「新しい『文化の時代』」を迎
えつつあるなかで、この「日本文化」の「『習合』力」を再評価する必要があ

───────────

(52)　同上99-108頁。ただ、この「ケ」と「ハレ」をそれぞれ「日常」、「非日常」として捉
　　える報告書の議論は、やや割り引いて受け取らなければならない。なぜならば、見方に
　　よっては、そのどちらもが、一定の周期を持って繰り返される、ある種の「日常」だと
　　みることもできるからである。たとえば、「ケ」として挙げられている、「日常」の「し
　　ごと」（「何時出社、何時退社」）は一日単位の周期で繰り返されるのに対して、「ハレ」
　　だとされた「まつり」のような「あそび」は、季節単位もしくは年単位で繰り返される、
　　という具合にである。もしそうだとすれば、「ケ」と「ハレ」、「しごと」と「まつり」
　　とは、報告書がいうような「日常」と「非日常」のようなかたちで対照されものという
　　よりも、一日単位から一生単位まで、さまざまな周期で繰り返されるいくつかの重なり
　　合った「日常」なのであり、明治以降の近代化のプロセスのなかで「非日常」に追いや
　　られてしまった「ホンネ」の世界とは、このより周期の長い繰り返しを指し示すに過ぎ
　　ないものだということになるのである。
　　　報告書のいう「ケ」と「ハレ」をこのように理解することで明らかにされる事実とは、
　　報告書の論者たちが、「近代を超える」時代の日本を壮大な繰り返しの世界としてイメー
　　ジしていたということであり、もはや根本的な新しいことは起こらないようにしようと
　　していたということである（これは、「『地球の有限容量』という壁に突き当たった」と
　　いう認識と密接に結び付いている）。このような試みはすでに1960年代に「期待される
　　人間像」として提起されており（文部省『期待される人間像』大蔵省印刷局、1966年）、
　　ここで提示された日本とは、「しごと」と「あそび」が「平日」と「休日」あるいは「仕
　　事期間」と「長期休暇」のようなかたちで周期的に繰り返されるように、究極的には資
　　本主義的近代化を推し進めるための「勤労」（「家事」をも含む）の場と、資本主義的近
　　代化の「弊害」（歴史的な変化）に対処するための「家庭」（「期待される人間像」によ
　　れば、「家庭」は「いこいの場所」だとされていた）とのあいだを行ったり来たりする
　　ような、一定の周期を持って繰り返されるある種の「日常」が支配する世界だった。こ
　　うして日本のエリートたちは、次章で検討するように、「近代化」の「長所」を伸ばし
　　ながら「短所」は減らすという、しばしば両立が困難な二つのものを同時に追い求める
　　こととなるのである。だが、そもそも、「いこいの場所」だとされた「家庭」で、「勤労」
　　を支えるために「家事」をこなす人たちは、どこに「いこいの場所」を求めればよいの
　　だろうか？

るのか。それは、「海外の文化、科学技術」を積極的な摂取にみられる「日本文化の特質」が、「新しい『文化の時代』」を切り開くうえでも有用だと考えられていたためである。「海外の文化、科学技術」を「積極的に実用化し、あるいは海外におけるよりもより高い水準にまで高めることができたのは、日本文化が創造的特質を有していたから」だというわけである[53]。こうして報告書は、「近代化」の成果を維持・継承しながらその弊害を除去するために、「習合」の文化を可能としてきた「日本文化」の「創造的特質」に目を向けることとなる。このことは、「近代を超える」という企図が、従来の「近代化」の成果を引き続き享受するとともに「新しい」「文化の時代」を切り開くという、二つの「未来」の進路を同時に突き進もうとするものであることを意味していた。

三 「日本文化」のパターン

「欧米」との対比　ではより具体的に、「新しい」日本の「モデル」だとされた「日本文化の特質」とはどのようなものだったのだろうか。それは、簡潔にいえば、「欧米文化」と対照されるべきものであり、イイダ・ユミコも指摘しているように、「欧米文化」を引証基準として定義されるというパターンを有していた[54]。それでは、「欧米文化」との対比における「日本文化の特質」とはなにか。それは、各報告書の冒頭に付された「21世紀へ向けての提言（総説）」や『近代を超えて』において端的にまとめられているように、「欧米の文化」が「神か悪魔か、敵か味方か、勝ちか負けか、白か黒か」を対立的に把握する「二者峻別・対比構造」であるのに対して、「日本文化」は、「『じゃんけん』にみられるように、絶対的勝者も絶対的敗者もいない三角形の力学」、「三極鼎立・円環構造」だということである。それによれば、「欧米」が「絶対的

---

[53]　前掲『文化の時代の経済運営』109頁。

[54]　Iida Yumiko, *Rethinking Identity in Modern Japan : Nationalism as aesthetics*, Routlege, 2002 pp. 166-7. 実際、長富もまた、『日本人の知恵』、『日本人とユダヤ人』、『文明としてのイエ社会』などの議論を補助線として利用しつつ、「日本は特殊な国ではなく」、「その他の多くの国と比べれば、日本と欧米社会とは極めて近い」のだと強調、報告書は「欧米先進社会に共通していると思われる、近代欧米社会で成立した文化特質との対比において、『日本文化の特質』を明らかにしようとする」ことを目指したのだと指摘していた。前掲『近代を超えて』72-3頁。

三　「日本文化」のパターン

一神崇拝」であるのに対して「日本」は「神仏習合の歴史的経験をもつ」のであり、「ルールを守れば勝てば勝ちの『フェア・プレイ』よりは、「『おのおのがその所を得る』ような『フェア・シェア』の原理をもつ」。また、「都市の構造や家屋、庭園、生活習慣」においても「『中間領域』を大切にする『グレイ・ゾーンの文化』をもっている」のである⁽⁵⁵⁾。

　このことは人間関係や社会のありようにも影響を与えている。一方で、「近代西欧社会」は、『科学技術の史的展開』報告書が指摘しているように「『人中心主義』(anthropocentricism)」によって「貫かれている」のであり、「これが近代市民革命を経て、自由と人権の尊重を基本理念とする民主主義へと展開していく」のだという。というのも、この「西欧」の「人中心主義」とは、「人間社会の内部にあっては、『個人』(individual)を基本的な単位(atom)」とし、「その振舞いの総和をもって社会の振舞いとする立場」だからである。それゆえ、この立場はまた、「人と自然とをはっきりと分離させ、自然を『対象化』という発想を確立させ」ることとなった。このことが意味していたのは、世界のさまざまな現象を「主観対客観、人対自然、意識対物質という二元論的な図式」で捉え、それらを「管理・支配しようとする」ことに「人中心主義」が帰結するということだった。「産業革命以降の、近代先進社会は、結果的には、こうした図式の枠内に身を置いて推移してきた」のである⁽⁵⁶⁾。この報告書はまた、こうした「西欧」の傾向を「アトミズム」あるいは「要素還元主義」だと呼び、「人間社会における現象」を理解するにあたり「社会現象のレベルにおける究極的な単位として『個人』を立て、その振舞いをもって社会現象を構成しようとする『個人主義』もしくは『個体主義』」を生み出したのだと指摘する（このことは、裏返していえば、「『個』を否定しようとする『全体主義』」にもつながる⁽⁵⁷⁾）。「民主主義、自由競争など西欧近代社会を支える社会的原理は、基本的には、そうした『アトミズム』ないしは『要素還元主義』と考えられる」のだというわけである⁽⁵⁸⁾。

　これに対して「日本」は、「『人間』、『仲間（なかま）』、『世間』ということ

⑸　前掲『21世紀へ向けての提言（総説）』4頁；前掲『近代を超えて』74-5頁。

⑹　前掲『科学技術の史的展開』29-30頁。

⑺　前掲『21世紀へ向けての提言（総説）』4頁。

ばにみられるように、『人と人との間柄』や『個と全体との関係』などを大切にする『間柄主義』とでもいうべき文化特質をもつ」のだとされる。これは、「西欧」の「人中心主義」との対比でいえば、「人間主義」である。というのも、「西欧」が「個」としての「人」を重要視しているのに対して、この「日本教」とでもいうべき「人間主義」は、まさに「人間」というコトバが示しているように、「人」と「人」（「個」と「個」）のあるいは「個」と「全体」の「関係」、すなわち「間柄」を重視しているからである。この「間柄主義」はまた、「間柄にある『気』を大切にし、自分、本分、職分、身分、気分などといわれるように『分』を重んじる」がゆえに、「分をわきまえ、分を尽すことを求められ」る。こうして、「日本文化」は、「血縁、地縁、学縁、社縁など『縁（えにし）』で結ばれ、なかまと一緒にいることによって安心する『なかま社会』、『イエ社会』」としての特質を持つこととなるのである[59]。

　さらに、「西欧」と「日本」との「文化的特質」の違いは政治や経済のあり方にも影響を与えているのだと報告書の論者たちは強調する。一方で、権力構造（報告書のいう「組織原理」）についてみてみると、たとえば「欧米なかんずくアメリカの経営組織」は、「responsibility」といわれる「職務権限と責任」のはっきりした「『職務単位』(unit)」が「分枝から枝、さらに幹へと明確な結びつきをもって、頂点に『統合』されていく」「『トリー（tree）構造』（幹枝型構造）」をもっているのだとされる。そこでは、「トリー構造の頂点にあるリーダーの、パワーによる「統合」が大事にされ」、「組織単位の頂点におけるリーダーシップが重視される」ため、「意思決定はそのポストにある『個人』によって行われ、命令や指示は明確に『上命下達』の形式によって行われる」。

　それに対して「日本の経営組織」は、「各部分システムがそれぞれに『独自性』を持ち、それぞれの結びつきが、人と人との『間柄』などによって、『根茎』のように複雑にからまりあい、その相互の関連は『なかま』以外にはよくわからず、全体として、なんとなく『統合』されている」という、「『リゾーム（rhizomme）構造』（「根茎型構造」）」を持っている。それゆえ、こうした組織の

---

(58)　前掲『科学技術の史的展開』33-4頁。
(59)　前掲『21世紀へ向けての提言（総説）』4-5頁。

三　「日本文化」のパターン　　63

なかでは、「どこにパワーがあるかも必ずしも明らかでなく、頂点も部分シス
テムのひとつとして、全体としての『均衡』と『調和』が大切にされる」のだ
というわけである。「もっとも、欧米の組織も、観念においてはともかく、そ
の実体は『リゾーム構造』であるとの意見も見られ始めて」おり、「ここで『日
本型』として分析している組織原理が、欧米諸国に対しても普遍性を持ちうる
可能性を示唆する」。しかし、報告書の論者たちからすれば、「欧米の文化」は
「上」と「下」のような「二者を峻別し対比する構造」を有しているのに対し
て、「日本の文化」は「人と人との『間柄』」を重視する「三極鼎立・円環構造」
を持っているのだとされており、「組織原理」もまたそれぞれの「文化」から
生み出されたものであったから、「欧米」と「日本」の「組織原理」の違いは、
（「日本の文化」が「二者を峻別し対比する構造」ではないとの主張にも関わらず）
根本的なものだと理解されていた[60]。いわば、「市場経済の運営から会議や議
会政治の運営方法に至るまで、日本文化の特質がすべて反映している」のだと
いうわけである[61]。

　このように、「欧米」と「日本」の「文化」的差異に関する報告書の議論は、
「欧米文化」が「個」の尊重というかたちで「個」と「全体」の関係を対立的
に理解しているのに対して、「日本文化」は「個」と「全体」の「関係」（「人
間」≒「間柄」）を重視する「間柄主義」だから必ずしもそうではないのだ、とい
う点に集約されるのだといえる。このことが示唆しているのは、「近代を超え
る」ための「日本文化」の「再把握」が、究極的には、「文化」というツール
を用いた、これまでのあらゆる「社会」的な関係のより「調和」的な再編を目
指したものだったということである。そこで再編されるべき「個」と「全体」
の関係とは、大平の主導する９つの研究グループのテーマをみれば知られるよ
うに、日本と世界の関係にはじまり、国民と国家の関係、「地方」と中央の関
係、住民と地域の関係、労働者と企業の関係、児童や生徒と学校の関係、子と
家庭の関係など、多岐にわたっていたが、たとえば、国民と国家の関係が国民
と政策決定者の関係に、労働者と企業の関係が労働者と経営者の関係に、子と

---

(60)　前掲『文化の時代の経済運営』81- 4 頁。

(61)　前掲『21世紀へ向けての提言（総説）』 5 頁。

家庭の関係が子と親の関係に、それぞれ置き換えることができるように、ここでの「個」と「全体」との関係とは、あらゆる「個」と「個」の関係をも含むものであった（そのうえ、これは対外的には、第2章および第3章で議論されるように、世界における「個」と「個」の関係である国際関係を抜本的に再編しようとする試みにつながっていった）。報告書の論者たちが、「日本文化の特質」を「『人と人との間柄』や『個と全体との関係』などを大切にする」「人間主義」だといい、それを「新しい」日本の「モデル」に据えるとき、そのことが企図していたのは、「個」と「個」の関係をも含む「個」と「全体」の関係のより「調和」的な再編だったのである。

「共同体」の重視　　こうして、日本のエリートたちは、より「調和」的な「個」と「全体」との関係がどうあるべきかという観点から、「日本文化」の具体的な内容を明らかにしようとした。ただ、その中身は、報告書の論者たちが、「近代化」の成果を引き継ぎながらその弊害のみを取り除こうとしたように、もしくは、「世界の多元化」（「欧米文化の相対化」）に対応しながら「相互依存関係」の緊密化（「日本文化」の相対化）を促進しようとしたように、相反するものを両立させようとするパターンを有することとなった。それは大きく分けて六つに整理することができる。第一に、「人間主義」や「間柄主義」を標榜する「日本文化」は、「なかま文化」だということである。このことが意味しているのは、認識のうえでは人と人の、あるいは「個」と「全体」の「間柄」を重視することを目指しながら、実践としては「なかま」の存在を自明とすることで、人と人の関係の総体（「なかま」）≒「全体」に適合した「個」を考える方向に傾きがちだということであった。ここでは二つの例を挙げてみよう。一つは、「文化の時代の経済運営」研究グループにおける議論である。日本は「『人と人との間柄』を大切にする『文化』」を有するのだとしたうえで、この報告書はこう続ける。

　日本人は、「人間」、「人間的」、「人間らしさ」、「人間味」、「人間性」、ということを極めて尊重し、「人間とは思えない」、「非人間的」、「人間性の無視」「人間不在」ということを断固排除する。イザヤ・ベンダサンは、これを、「人間」を基本とする一種の基本的宗規（日本教）であり、「法外の法」ともいうべきものであって、国会

三 「日本文化」のパターン　　65

で定めた法律も、これにより、判断され、運用される、と指摘している[62]。

　この議論では、一見すると「人間」に対する注目というかたちで一人ひとり
の「人」が重視されているようにみえる。だが、「法外の法」というコトバに
示されているように、そこでいう「人間」の指す内容は、国会で定められた「法
律」の外側にあるものによりすでに決められているとされ、一人ひとりの「人」
はその内容を決めることができないのである。それゆえ、ここで重視されてい
るのは一人ひとりの「人」ではなくその「間柄」としての「人間」すなわち「な
かま」であり、最終的にこの議論は、「なかま」の一員として「法外の法」が
規定する「人間」のありように従うよう、一人ひとりの「人」に対して要求す
ることに帰結するものであった。

　このことは、「日本文化の特質」だとされた「人間主義」、「間柄主義」が、「間」
や「気」、「分」を尊重するのだとする議論によりよく表れている。というのも、
これらの議論は、人と人との「間柄」≒「人間」を重視するというかたちで、そ
の背後に人と人との関係の総体（「なかま」）≒「全体」という「共同体」の存在
を暗に想定し、一人ひとりの「人」に対しては、その「共同体」の暗黙のルー
ル（≒「法外の法」）に服従するよう求めるものだからである。長富は、『文明と
してのイエ社会』を引きつつ、「日本文化」が人と人との「間柄」≒「中間」を
重視していることは、さまざまな「言葉」に表れているのだと主張する。たと
えば、「間合いをはかり」「間を置き」、「間を合わせ」るといった「言葉」は日
本人が「間（ま）」を大切にしていることを示しており、実際、「間を違えれば
『間違い』」などとされ、「『間が抜ける』者を『間抜け』という」のである。こ
うした「間柄文化」は、「間柄に漂う『気』というものを大切にする」ため、「絶
えず『気に掛け』『気を付け』『気を配り』『気を回し』『気を使い』『気を揉（も）
み』『気が気でない』」。というのも、「間柄文化」においては「間柄における『分』
というものを尊重する」ため、「間柄を尊重する日本の『なかま社会』」では、
「『自分』、『職分』、『本分』、『身分』など『分』が重視され、『分を重んじ』、『分
限』、『分際』を守り、『分相応』に『おのおのが分を尽くす』ことを要請され

---

[62]　前掲『文化の時代の経済運営』104頁。

る」からである[63]。

　この議論からも理解できるように、「人間主義」、「間柄主義」を標榜する「な
かま文化」は、その前提としてある「共同体」の存在を前提としており、一人
ひとりの「人」はそのなかでそれぞれの意思を超えたなんらか作用（それは「法
外の法」を定めたものと同一なのであろう）により決められた「分」を守るよう
要求されるのである。事実、長富によれば、「日本人は、分有されるべき間柄
をもつ集団ないしは社会に属している」のであり、『文化の時代の経済運営』
報告書によると、その「社会」のなかでは、「『分をわきまえている』」限りにお
いて、各人は非常に『自由』」だったのである[64]。

　「非日常」の重視　　これらの議論は、本書のような「日本イメージ」にま
つわる諸問題を探求する立場からするときわめて重要である。なぜならば、そ
こでは、ある「共同体」の存在やそのなかでの「分」、さらにはそれらを決定
していると思われる「法外の法」などは、すでになんらかの作用によって決め
られており、一人ひとりの「人」は、たとえ権力者であっても、それを決めら
れないとする前提に立っているからである（その帰結するところは、権力者の責
任が免責されうるという考え方だが、ここではこれ以上立ち入らない）。もしそう
なのだとすれば、「なかま文化」に基づいた日本の「社会」は、どのような「結
合要素」により人と人との「間柄」をつないでいるのだろうか。また、なにが
それらを規定しているのだろうか。このことを追求していくと、第二の特質に
行き当たる。それは、ここで想定されている「共同体」やそれを規定する「法
外の法」が、認識のうえでは「日常（ケ）」（「この世」）の問題を取り扱いなが
ら、実践としては昔からあるとされているもの（「まつり」）、あるいは、「まつ
り」においてまつられる対象であるところの、もはやこの世のものではないも
の（「あの世」）といった「非日常（ハレ）」により決められていると考えがちだ
ということである。

　たとえば、長富によると、「なかま集団」の「結合要素」は「縁」と「まつ
り」であるとされる。まず前者について、長富は、「日本では、家庭、親戚、

---

[63]　前掲『近代を超えて』85-91頁。

[64]　前掲『近代を超えて』91頁；前掲『文化の時代の経済運営』90頁。

三　「日本文化」のパターン　　67

隣近所、住んでいる地域、学校（卒業後も同窓会など「学校なかま」）、会社、職場などが、血縁、地縁、学縁、社縁などの『縁』で結ばれ、それぞれの生きがいや満足を得る『なかま集団』として登場してくる」。事実、「多元化社会の生活関心」研究グループによる調査のなかでも、「あなたにとって一番大切な場」を訊ねる質問に対して、「家庭」や「親戚や知人とのつきあいの場」、「職場、学校」、「自分の住んでいる地域」など、「既に成立している『なかま』が結合を暖め合う親睦の場」が上位に挙がり、「趣味・レジャーの場」のような「一人でふらりと出かけて行ってそこで新しい友人を得るという新たな結合の場」が「極めて低い」ことに表れている[65]。

　だが、「縁を離る」というコトバが「世俗の生活のつながりから脱けでる」ことを意味しているように[66]、「縁」は人と人との「間柄」≒「人間」をつなぐのみならず、「この世」と「あの世」すなわち「日常」と「非日常」をつなぐものでもあるのだということである。こうして、長富がいうように、「日常の仕事や生活のつきあいを超えて、人々の心のつながり、連帯を強めるもの」と

---

[65]　前掲『近代を超えて』96-9頁。ここで長富は、「家庭の始まりである結婚」に触れ、「欧米では、峻別され確立された『個』人の『恋愛』による結合であるといわれる」が、「日本では、『縁談』という言葉に見られるように、なかま社会で『縁』で結ばれた『なかま』婚の性質をもつ」のだと指摘している。その証拠として、たとえば、「欧米では、たえず『アイ・ラブ・ユウ』と結合原理の確認をしなければならない」のに対して、日本では「『なかま』うちで安住している」ので、「結婚後何年も経って『僕は君を愛しているよ』とか『私はあなたを愛してるわ』と言おうものなら、『あなた今日はどうかなさったの？』とか『変なこと言うなよ』ということになる――ことは、橋田寿賀子さん（放送作家）の『離婚』についてのテレビ・ドラマが、興味深く示していた」。同上97頁。

　このように、「文化の時代」をめぐる議論では、報告書とそれ以外の議論を問わず、主張の根拠として日本に関するフィクション（文化的作品・商品）が挙げられていることは興味深い。「近代を超える」という企図は、後述のように「日常」を「非日常」（≒「まつり」）で再編しようとする一面を有するが、それはより実際的には、すでに起こってしまった事実（「過去」）をフィクションで置き換えようとするかたちで進行していたのだといえる。これは事実上、「文化の時代」においてはあらゆるものがみずからの主張の「根拠」として引用できるようになったことを示唆していた。なぜならば、「根拠」が存在しないのであれば、それは新たにつくればよいからである。

[66]　同上97頁。

しての「まつり」が重要となる。というのも、「『間柄の対象化』は認識の面で
はより困難である」ため、「先ず、間柄を担う具体的事実を作り出す努力が、
認識にむしろ先行して行なわれる」からである[67]。いわば、日本に内在すると
された目に見えないもの（「間柄」）を可視化し、ヴァーチャルな「共同体」を
生み出す作業として「まつり」が存在してきたのだというわけである。

　このことが意味していたのは、究極的には「非日常」が「日常」の人と人と
の「間柄」をつないでいるのだということである。事実、長富からすれば、「東
京オリンピック」や「大阪バンパク」、さらには「会社で大きな行事や『会社
の命運をかけて』とか『部の存立をかけて』というような大事な仕事があり、
かなりの人間が力を尽さなければならないとき、それは『まつり』として推進
される」のである[68]。それゆえ、「日常」の論理（「≒近代化」の時代の論理）と
「非日常」の論理（≒「近代を超える」時代〔≒「文化の時代」〕の論理）が競合し
た場合には、「非日常」の論理のほうが最終的には優先されることとなる。な
ぜならば、それが「日常」をも規定しているからである。このことからも理解
できるように、ここで想定されている「共同体」や「法外の法」とは、実は「非
日常」≒「あの世」で決められていることになるだろう。それは、あるときは「日
本文化」または「日本教」などと呼ばれ、「近代化」の時代の論理によって侵
食された「日常」の回復のために、「近代を超える」時代の論理として「あの
世」から呼び起こされたのである。このように、報告書の論者たちは、「日常」
と「非日常」とを峻別し、「非日常」を重視するという特質を持っていたので
ある。

　「閉鎖性」の重視　こうした特質は、第三に、「共同体」の外部にいる「他
者」との関係のあり方についても影響してくる。というのも、「近代化」の時
代の論理に毒された「日常」を、「日本文化」を体現する「まつり」≒「非日常」
で再編しようとするこの企図は、認識のうえでは「日本文化」がこれまで海外
のさまざまな文物を取り入れ「消化」してきたとする「開放性」を自負しなが
ら、実践としては「日本文化」を「閉鎖」的なものとして考える傾向を持って

---

[67]　同上99-100頁。

[68]　同上106頁。

三 「日本文化」のパターン　　69

いたからである。まずは、「日本文化」の「歴史」に触れた「科学技術の史的
展開」研究グループの議論を見てみよう。それによると、日本人が「過去の歴
史のなかで、さまざまな外国の思想や制度、科学技術を取り入れ、受容し同化
してきた」のは、「日本の文化のなかにそういった外国のものを拒絶せず、こ
れを取り入れ、消化して自分のものとしていく力」、「『習合』力」があったか
らだという。では、なぜそれが可能だったのかといえば、それは「『日本人の
心の中空構造』といわれるように、自己を絶対視せず物事を相対的にみる日本
文化の特質による」からである。すなわち、「文化の中心にあって、一つの文
化を自律的に形成していく種となる絶対的な思想や哲学は存在せず、各種の思
想を相対化して自在に受け入れる」のである。そのため、「日本の思想や哲学
は、人と人との関係や仲間のなかの個人のあり方を問題とするものがほとんど」
であり、「日本文化」もまた「協調性が人間の重大な能力」だとされる「なか
ま（仲間）主義」としての特質を持つのである。事実、「同じ一人の人間でも、
西欧の個人は『裸の』個人であり、日本の個人は『なかま（仲間）』という共
通の『着物を着た』個人である」。それゆえ「生活共同体の秩序のなかに生か
されている共通の『着物を着て』いる一人の個人は、同じ仲間のなかの別の個
人と完全に分離することは難しい」のであり、「このように要素化できない、
割り切れない人々の間では、人は『個人』としてではなく『なかま』の一人と
してとらえ」られることとなる。こうして「なかま（仲間）主義とでもいうべ
き社会では、各個人はその『なかま』集団の秩序のなかで安んじて生きがいを
得ることができる」から、「仲間の安定性がもっとも大きな問題となる」ので
あり、「仲間はその構成員の協力によって自己組織される」ため「この協力（秩
序の自己形成）を乱す因子は『なかまはずれ』にされ、排除される」のである。
いわば、こうした社会では、「人は個人として特定の思想をもって生きるより
は、仲間と一緒に社会の要請や変化に弾力的に対応していく傾向をもつ」ので
ある[69]。
　これらの議論は、「日本文化の特質」だとされた「なかま」という「共同体」
が「他者」との関係においてどのような性質を持つこととなるのかについて、

─────────
[69]　前掲『科学技術の史的展開』86-8頁。

はっきりと示している。実際、海外のさまざまな文物を取り入れ「新しい文化」
を形成してきたにも関わらず、なぜそれがいまなお「日本文化」であり、「他
の文化とは全く異なる特徴」を有しているのだといえるのかを考えてみればよ
い。その理由は、「日本文化」の「中心」が「中空」となっているため、「自己」
の存在すらも「相対的にみる」「日本文化の特質」があるからである。しかし、
この「日本文化の特質」は、それを「西欧」との対比において峻別しようとす
るあまり、「西欧」の「『裸の』個人」からは切断された、「同じ仲間のなかの
別の個人と完全に分離することは難しい」「『なかま』集団」という「閉鎖性」
のある「共同体」を観念することになってしまったのである。こうして、「日
本文化」は、たしかに「思想や制度、科学技術」などのモノについては「西欧」
からさまざまなものを取り入れてきたが、「人」については、「変な外人」とい
うコトバが示しているように[70]、たとえ「日本」的になったとしても「西欧」
の「人」が完全には「同化」しえないような、「閉鎖」的な「共同体」を想定
することとなった。このことは裏返していえば、「日本」の「人」は、たとえ
「西欧」などに移住し「日本」的なものが薄れたとしても、完全には日本の「『な
かま』集団」から抜け出せないことを示唆していた。いわば、ひとたび「日本
人」として生まれた以上、「日本人」をやめることなど決してできないのだと
考えられていたのである[71]。

「パワー」（「力」）の重視　　ただ、このように論理的には「日本人」をやめ

---

(70) 事実、長富によれば、「『変な外人』」とは、外国人でありながらよそ者性の薄い」もの
のことであり、「外国人」みずからが自分のことを「ヘンなガイジン」だということで
「仲間意識さえ分かち合うようになる」ようなコトバであった。ここで注目すべきは、「よ
そ者性の薄い」ものと「仲間意識」を「分かち合う」ということであり、このことは、
「よそ者性」が完全に消えることがなく、あくまで「分かち合う」のは「意識」であっ
て「間柄」ではない（つまり、「なかま」の正規の一員にはなれない）ということを示
唆している。前掲『近代を超えて』113-4頁。

(71) このことは、「日本人とは日本教徒」であり、それが「人間を基準とする宗教である
が故に、人間学はあるが神学はない一つの宗教」だとするイザヤ・ベンダサン（≒山本
七平）のコトバに表れている。同上119頁。「人間」とは「人と人との『間柄』」を意味
しており、その「間柄」のなかでは「同じ仲間のなかの別の個人と完全に分離すること
は難しい」から、「日本人」は「仲間」から完全に切り離すことはできないのである。

三　「日本文化」のパターン

ることが不可能であるにも関わらず、一人ひとりの「人」が「日本人」をやめないのはそれぞれの「自主性」のためだと議論された。なぜならば、「トリー(tree) 構造」を特色とする「欧米」とは異なり、「日本では、部分が部分として『独自性』をもち、『多様性』のなかに『調和』が生み出され、全体として『総合』されていくことを、文化的特質としている」からである。「個人のレベルではともかく集団のレベルでの『自立性・自主性』の重視は、中世以来の日本の集団、『なかま』集団（イエ型の集団）の一大特徴だった」のだというわけである[72]。ここで報告書の論者たちが、『文明としてのイエ社会』を思い浮かべていることはたしかだろう。実際、長富はこの文脈においてこの著作を引用し、日本の「家」（≒「原イエ」）が「自給能力や自衛能力」において「自立性」「独立性」を有してきたことを理由に、こんにちに至るまで日本の「イエ社会」が「分権的な性格を帯びる傾向がある」ことを指摘している[73]。

　では、「閉鎖性」に満ちた「共同体」≒「『なかま』集団」から抜け出せないことと、それが「分権的」であり「自主性」を有していることとは、どう整合的に理解されうるのだろうか。それは第四に、認識のうえでは「リゾーム (rhizomme) 構造」を特色とする日本の「組織」が「パワー」（「力」）による統合を嫌いなんとなく「総合」されているのだとしながら、実践としては「共同体」の「閉鎖性」を維持するにあたり事実上の「パワー」（「力」）あるいは「権力」の存在とその暗黙上の行使を前提としていたことに、その一つの説明が求められるだろう。

　報告書によれば、「日本文化」が「分権的」な特質を持っていることは、報告書のいう「歴史」から自明であり、「明治維新以降」はむしろ「例外」であったという。たとえば、『田園都市国家の構想』報告書によれば、「『独自性』と『多様性』を尊重し、『活力ある部分システム』をもつことを特色とする日本の文化構造を反映して、日本の国家システムも、長い間、基本的に『分散型』の特質を強く有しながら、中央との調和を図ってきた」。それゆえ、「日本においてやや過度に中央集権化に偏った制度が採られたのは」、「外国」の「文化」を

---

[72]　前掲『文化の時代の経済運営』81-2頁、106-7頁。

[73]　前掲『近代を超えて』124-6頁。

72　　　　　　　　第1章　「近代を超える」

移入した時期、すなわち「隋唐文化を大いに摂取した『律令化の時代』と、欧米文化を大いに摂取した明治以降の『近代化の時代』だけであった」のである。事実、「明治維新以降の中央集権体制は、日本の歴史のなかで、むしろ異例な事態」であり、それがために「生産も、流通も、管理も、教育も、文化も、中央に集中し過ぎる結果とな」った。「大都市の膨張と過密化」や「地方の過疎化」は、「日本文化」を無視したこの「近代化」の時代の「中央集権化」にあったのだというわけである[74]。こうした「分権的」な特質は、「最も小さな『なかま』集団である家庭」にも表れており、「家庭基盤充実」研究グループ[75]によれば、「日本の家庭は、家族的人間関係を大切にする日本社会のなかにあって、昔から縁側、井戸端、路地裏、炉辺などを通じて近隣との相互交流と助け合いの精神が脈打つあたたかい地域社会を形成してきた」。「このような助け合いと連帯の仕組みなしに、各家庭が孤立して存続することはあり得なかった」のである[76]。

　こうした指摘に基づき、長富は、「欧米型組織」が「『統合』型」であり、「トップにパワー（権力）が集中し、頂点に立つ個人（社長、大統領など）の強力なリー

---

[74]　内閣官房内閣審議室分室・内閣総理大臣補佐官室編『大平総理の政策研究会報告書2　田園都市国家の構想 —— 田園都市構想研究グループ』大蔵省印刷局、1980年、14頁。

[75]　この研究グループは、議長に伊藤善市（東京女子大学教授）が、幹事に香山健一（学習院大学教授）、志水速雄（東京外国語大学教授）が就任し、政策研究員として以下のメンバーが名を連ねている。菊竹清訓（建築家）、桐島洋子（評論家）、小林登（東京大学教授）、小堀桂一郎（東京大学助教授）、鈴木二郎（東京都精神医学総合研究所神経生理部門主任・副参事研究員）、竹内靖雄（成蹊大学教授）、遠山洋一（バオバブ保育園長）、橋田壽賀子（放送作家）、原ひろ子（お茶の水女子大学助教授）、深谷和子（東京学芸大学助教授）、水野肇（医事評論家）、米山俊直（京都大学助教授）、菴谷利夫（文部省初等中等教育局幼稚園教育課長）、伊藤茂史（建設省住宅局住宅政策課長）、佐藤欣子（総理府青少年対策本部参事官）、鉄炮塚瑞彦（警察庁長官官房審議官）、久本禮一（福岡県警察本部長）、安原正（大蔵省主計局主計官〔厚生・労働担当〕）、横尾和子（厚生省大臣官房統計情報部情報企画課長）、吉岡博之（経済企画庁調査局審議官）渡邊尚（国土庁土地局土地政策課長）、太田信一郎（通商産業省貿易局総務課課長補佐）、田谷廣明（大蔵省主計局法規課課長補佐）、長野厖士（大蔵省主計局主査〔通產1・2係担当〕）。これに加えて、本研究グループでは、ゲスト・スピーカーに、ロバート・A・オルドリッチ（コロラド大学教授）、古山剛（警察庁刑事局保安部少年課長）、塚本美惠子（社団法人農山漁家生活改善研究会専務理事）を招聘している。

三 「日本文化」のパターン

ダーシップの発揮が役割とされている」「パワー（権力）による合一」を特色としているのに対して、「日本型組織」は「『総合』型」であって、「誰がえらいのか、誰がパワーを持っているのかがあまり明確ではな」く、「それぞれの存在（ないし自発性）と相互のかかわりあいを尊重し、全体として調和がとれてまとま」るのだと強調している。もちろん、「日本の組織においても」「トップがえらいのは当然」であり、「日本人は『序列』ということを重んじて」いるから、「会長や社長は『雲の上の存在だ』」という表現に如実に示されているように、「むしろ『えらさ』においては、日本の組織のトップのほうが欧米のそれより上といえるかもしれない」。だが、それはあくまで「組織にも『まつり』性をもたし」「祭り上げ」ているだけであって、「その下で、下位者は活力をもって仕事をしている」のである。このことを要約すれば、日本人は「力による統合を嫌い、調和のとれた総合を好む」のである[77]。

　実際、長富は、日本人が「統合」よりも「総合」を好むことの一つの証拠として、『広辞苑』の用語例を挙げている。それによれば、「『統合』の用語例は統合幕僚会議の一例だけであるのに対し、『総合』の項には、総合開発、総合学習、総合芸術、総合雑誌、総合大学など、十二例が挙げられている」。総合物価対策、総合景気対策、総合経済対策、総合安全保障のような政策用語も、「ものごとを『総合』的に判断し総合的に行うことがよいとされ」ている証拠だというのである[78]。

　しかし、このような事例が「根拠」となるのであれば、「○○力」のような「力」を付したコトバが日本語には如何に多いことか。たとえば、物理的・精

---

(76)　内閣官房内閣審議室分室・内閣総理大臣補佐官室編『大平総理の政策研究会報告書3　家庭基盤の充実 —— 家庭基盤充実研究グループ』大蔵省印刷局、1980年、197–8頁。
　　　従来、この「田園都市国家の構想」については、本書が試みるような「近代を超える」企図との関係においてというよりも、日本の「国土計画」との関わりで論じられてきたように思われる。これについては差し当たり、竹野克己「大平正芳内閣の『田園都市国家構想』と戦後日本の国土計画」『公共政策志林』2015年3月、125–38頁；森田一、五十嵐敬喜『経済的』国土像の展開 —— 大平正芳内閣の『田園都市国家構想』をモデルとして』『まちづくり』2013年10月、97–103頁を参照。

(77)　前掲『近代を超えて』上巻、130–4頁。

(78)　同上131頁。

神的な力を表す「実力」「気力」「活力」、その働きや勢いを示す「国力」「権力」「資力」に加え、熟語に「力」を付けた「実行力」「判断力」「競争力」のようなものまで、それこそ十二例では済まないほどである。そのうえ、こうした「力」を好む傾向はこんにちまで続いており、「老人力」(赤瀬川源平)や「鈍感力」(渡辺淳一)から「算数力」や「雑談力」といったものまで、ほとんど無数の造語がいまなお生み出されているのである。

　もちろん、このような議論の仕方は、もしかすると単なる揚げ足取りかもしれない。ただ、大平が直裁に述べているように、「総理っていうのは、“オーケストラのコンダクター”のようなもの」で「大きな方向を示し、みんなに“やる気”を起こさせることが大切」だとされ、長富もまた、この発言こそが「日本におけるリーダーシップのあり方を示すもの」だとしたうえで、「日本型の組織（特に大きな組織）」では、「円熟した判断力を持つコンダクターが若手にやる気を起こさせて力強く発展し、あるいは困難を乗り切っている例は、数多く見られる」のだと強調しているのをみると、あながち牽強付会とはいえない。なぜならば、そこでは、「円熟した判断力」を持つ「コンダクター」が「力強く発展」するための「大きな方向」を決定する「力」を有しているとの暗黙の前提が見え隠れしているからである。そのうえ、「○○力」のようなコトバの存在は、たとえ「日本型組織」がもともと「分権的」で「調和のとれた総合を好む」のだとしても、その「総合」にあたっては「力」とその行使が重視され、「分権的」だということの内実は、単にそれぞれの「部分」において重視される「力」の違いを示しているに過ぎないのではないかという思いを起こさせる。「日本文化」の特色である「なかま集団」を「全体」のほうから見たコトバとして「活力ある部分システム」が多用されていることは、「部分」の存在意義が「活力」という「力」に依存していることを如実に示しているだろう。というのも、『文化の時代の経済運営』報告書によれば、「日本においては、かつての軍隊においてさえそれほど明確に『上命下達』の実体はなく、それぞれの部分が活力を有していた」のだとされていたからである[79]。

　ただ、こうした議論が最終的に行き着くのは、こんにちでは聞き慣れた《自

---

(79)　前掲『文化の時代の経済運営』83頁。

三　「日本文化」のパターン　　75

己責任》であり、たしかに（それほど差し迫った状況でなければ）「上命下達」
による強制的な「力」は行使されないかもしれないが、いずれは「自己」の「責
任」でないものまで《自己責任》をとらされるというかたちでの強制力が行使
されることとなる。というのも、「間柄主義」が支配する「なかま文化」のも
とでの「自己」（「部分」）の範囲は、報告書の論者たちのように「閉鎖性」の
ある「共同体」を観念し「他者」をそこから排除しようとする「力」が働かな
いかぎり、明確には定まらないからである。

　これについて、こんなところから議論してみよう。長富は、牛場信彦対外経
済担当大臣のこんなコトバを引いている。「実ッ際、日本の組織ってのは、トッ
プで決めても、課長がやる気にならなきゃ、何も動かないんだから…」[80]。だ
が、こんなことをいわれれば、「課長」としてもこういいたくなるだろう。《実ッ
際、日本の組織ってのは、課長で決めても、ヒラの社員（職員）がやる気にな
らなきゃ、何も動かないんだから…》。この寓話が意味しているのは、「何も動
かない」ことの最終的な「責任」がすべて、一番の「下位者」であるヒラの社
員（職員）に課せられることになる、ということである。たとえ、「トップ」
や「課長」に「何も動かない」ことの多大な責任があったとしてもである。こ
のことを、『文化の時代の経済運営』報告書はより穏便にこう指摘している。「日
本では、部分が部分としての『独自性』をもち、『多様性』のなかに『調和』
が生みだされ、全体として『総合』されていくことを、文化的特質としている」
が、「『間柄』文化を尊重する日本文化は、『なかま』社会における『もたれあ
い』や『甘えの構造』を生んでいくこととともなった」。それゆえ、「経済が成熟
し、低成長の下で効率的な経営を行っていかなければならない時代においては、
『活力ある部分システム』を持つ日本社会の『分散型』構造を生かし、企業の
『自主性』に基づく活力ある発展を図るとともに、『自己責任』の原則を明確に
することによって、従業員も含めて企業の自助精神を培うことが必要になって
くるであろう」[81]。

　ただ、ここで興味深いのは「『自己責任』の原則」がもともと「欧米」のも

---

　(80)　前掲『近代を超えて』137頁。
　(81)　前掲『文化の時代の経済運営』106-7頁。

のだとされていたことである。というのも、「『個』の確立が厳しく要請され、『個人』の能力や業績が評価される」「欧米社会」では、「『個人競争』が激しく、『個人』は厳しい『自己責任』の下でたえず『自己主張』し」ていく「個人主義」が「近代欧米社会の思想の正統」だとされていたからである[82]。ではなぜ、「欧米」のものであるはずの「自己責任」を日本に取り入れなければならないのか。報告書はこう断言する。これまで「日本経済は、日本の文化的特質を生かしながら、他に類をみない良好なパフォーマンスを示し」てきたが、「このような日本経済の発展を支えてきた諸要因の中には、内外の情勢変化によって失われようとしているものもあり、時代の大きな変化のなかで対応を誤れば、従来長所として作用してきたものが逆に弱点となる可能性もある」のだ、と。それゆえ、「多くの日本人が、意識的にせよ無意識的にせよ、それに気づかぬ態度で過去の日本経済の力強さへの信仰の中に逃避しようとしている」ことに「大きな問題」を感じる報告書の立場からみれば、「経済活動を営む」「人」と「経済の運営される場」である「文化」と、それから「『神の見えざる手』といわれる『経済原則』」との「調和」を求めることが、「『文化の時代』、『近代を超える時代』といわれる新しい時代を迎え、21世紀における『名誉と活力ある生存』を確保する」ための重要な方途なのであった[83]。

　いわば、報告書のこの宣言は、その見せ掛けの主張（「文化の時代」における「日本文化」の尊重）にも関わらず、かつてのような「日本経済の発展」が困難な世界的「低成長」という「時代の大きな変化」のなかで「失われようとしている」「日本の文化的な特質」を（回復するのではなく）補填するために、「欧米」のものをふたたび取り入れようとしていたものだといえるだろう。もしそうなのだとすれば、執拗ともいえる「欧米文化」と「日本文化」の対比は、「日本文化」の「失われようとしている」部分と、それを補填するのに適した「欧米文化」の取り入れるべき部分とを見極めようとするためのものだったわけである。なぜならば、「自己」の文化を絶対視せず、海外のものを柔軟に取り入れることこそが、「日本文化の特質」なのだから。そしてこのことは、「『習合』

---

　[82]　同上102−3頁。

　[83]　同上101−2頁。

の文化」を「中心」とする「日本文化」が成立するためには、それを排除するにせよ参照するにせよ、必ず「習合」すべき「他者」（そして、「他者」の経験という意味での「過去」）が必要とされることを意味するものでもあった。

「階層性」の重視　上限が見えつつある経済的状況のなかで日本的な《自己責任》というかたちの「力」の重視が主張されたことはさらに、「日本文化」の特質に関する少なくとも二つの傾向を示している。一つは、（これが第五の特質なのだが）「階層性」の重視である。たとえば、一方で「日本の組織においては、誰がえらいのか、誰がパワーを持っているのかがあまり明確でない」といいながら、他方で「日本人は『序列』ということを重んじており、むしろ『えらさ』においては、日本の組織のトップのほうが欧米のそれより上といえるかもしれない」というのは、どう整合的に理解できるのだろうか。そのうえ、「日本の組織」は、牛場のいうように「トップで決めても、課長がやる気にならなきゃ、何も動かない」といい、長富も指摘しているように「根回し・稟議により人と人との間柄における意思決定」がなされるため、報告書も指摘しているように「その内部の小集団であるそれぞれの部局ごとに職務が割り当てられているが、それは、状況の変化に応じ、あるいはポストに誰が座るかによって、流動的に調整されていく」のだというのである[84]。

たしかに、『文明としてのイエ社会』のなかで「階等性の滲出化」として議論されているように、「日本の組織」における「上位者」とか「下位者」とかいう意味は、たとえば「上位者」であることが単に「彼が一級上層の小集団に参加資格をもつ」ということにすぎず、その意味でそれぞれの「小集団」の「内部では成員はほぼ等資格」だという点で「断絶されえない」かもしれない[85]。しかし、これまでの議論が妥当なのだとすれば、このことが意味しているのは、この「断絶されえない」「間柄」をつうじて「上層」から「下層」に「責任」が転嫁されていくのであり、最終的には一番「下層」の人たちが《自己責任》というかたちですべての「責任」を負うよう「力」がかかる組織だということである。もしそうだとすれば、なぜ「根回し」や「稟議」が盛んなのかも理解

---

[84]　前掲『近代を超えて』135-7頁、141頁。

[85]　同上143-4頁。

できる。というのも、それらは、「分権的」な「活力ある部分システム」の表れというよりも、「上層」からどのような「責任」が降りかかってくる可能性があるのかを値踏みし確認する作業だとみることができるからである。

このような議論を展開すると、おそらく報告書の論者たちからこう反駁されるだろう。「欧米」こそが「機会の平等」のもとでの「自己責任」を重視しているのであり、「日本」はこれに対して「結果の平等」を大切にしているのだ、と。実際、『文化の時代の経済運営』報告書では以下のように議論されている。一方で「欧米」における「厳しい『個』の確立の要請は、機会の『平等』の下に、絶えざる『自己主張』と厳しい『個人競争』の『自由』を結果し、それが社会の活力を生むこととともなってきた」。だが、このことは少なくとも二つの問題を生み出した。第一に、「『機会』の『平等』の中における厳しい『個人競争』の『自由』は、『個人』の能力や業績に対する評価を通じて、しばしば大きな『差』を結果することとなった」。これがいわば（欧米的な）「自己責任」である[86]。それゆえ、長富の観察によると、「欧米」では Ph. D. や弁護士の資格のように、「機会は平等に与えられる」が「その資格取得に失敗したら、『お前は資格が取れなかったではないか』と言われて一言もない人生が始まる」のである[87]。このことが第二の問題を引き起こしているのだと報告書は分析する。というのも、「確立された『個』は、隔離され阻害された『個』ともなり、孤独の中につねに『個』としての対応を迫られる緊張（テンション）からノイローゼなどにもなり、しばしば『全体』の前に無力化」するからである。「自由な競争によってもたらされた豊かな高度産業社会が、かえって社会の活力を低下させ、『文明病』をもたらすにいたったのである」[88]。その一つの表れが「自由からの逃走」であった。報告書はこう言明する。「『個人』がいかに『容易』に『権威』に屈服するかは、『服従の心理』についてのスタンレー・ミルグラムの有名な実験が如実に示している。『自由』が意味する緊張と孤独に耐えられない多くの個人は、ともすれば『服従』即ち『自由からの逃走』にむしろ心理的安らぎを見出すようになるのである」[89]。いわば、「欧米」では「機会の平等」

---

(86)　前掲『文化の時代の経済運営』75頁、102-3頁。

(87)　前掲『近代を超えて』157頁。

(88)　前掲『文化の時代の経済運営』103頁。

三 「日本文化」のパターン　79

の追求が「自己責任」という風潮を生み出し、ひいては「社会の活力」を「低下」させるような「文明病」、「自由からの逃走」を生み出したのだと報告書の論者たちは理解していたのである。

　これに対して日本のほうはどうだろうか。報告書によると、「『人間』、『仲間』、『世間』といわれるように『間柄』を尊重する日本の『なかま』社会、『なかま』集団において、『自分』、『職分』、『本分』、『身分』など『分』が重視され、『分を重んじ』、『分限』、『分際』を守り、『分相応』に『おのおのが分を尽くす』ことを要請される』。こうした状況のなかでは、「『分をわきまえている』限り」「各人は非常に『自由』である」。しかし、「『分をわきまえない』ときはチェックされ、その度を過ぎると、『つまはじき』にされ、『なかまはずれ』、『除者（のけもの）』にされ、最も思い罰として『なかま』社会から排除される（『村八分』）ことさえある」。すなわち「『分を守る』ことが、『なかま』社会における『責任』であり、期待されている『分に応じた』働きをしないときや、『分を過ぎた』分け前を要求するときは、『なかま』社会から『責任』を追及され、『なかまはずれ』にされるのである」。「こうした『責任』のあり方が日本的『公正』の見地から要請され、つねに『なかま』と一緒であることによって、各人は非常に『平等』となる」わけである。それゆえ、「日本における『平等』は、そういう意味において『結果』における『平等』であり、それがまた日本的『公正』確保の途ともなる」。いわば、「エズラ・ヴォーゲルが『ジャパン・アズ・ナンバーワン』で指摘したように、欧米における競争は、ルールにのっとってやれば結果はどうなろうと構わないという『フェア・プレイ』を特徴とするが、日本における競争は、試合が始まる前から結果はどうなるか、最適な分配方法（「フェア・シェア」）は何か、ということを考え、参加者全員が『おのおのがその所を得る』ことを目標としている」のだというわけである[90]。

　日本は（「序列」に基づいた不平等というよりも）あくまで「『結果』の『平等』」を追求しているのだとする報告書の反駁は、（欧米的な）「自己責任」だとされたものに対比された（日本的な）《自己責任》のありようを如実に示している。

---

(89)　同上75-6頁。

(90)　同上89-91頁。

注目すべきは以下の二点であろう。第一に、報告書によれば、日本的「責任」（《自己責任》）とは「『なかま』社会」における「分を守る」ことであるとされているが、そこでは必ず、それぞれの「分」のあり方、さらには「『なかま』社会」それ自体のありようを決定する、「『なかま』社会」の外側のだれかが想定されているということである。というのも、「期待されている『分に応じた』働き」すなわち「分相応」に基づき「『おのおのが分を尽くす』ことを要請される」という表現にみられるように、そこではそれぞれの「分」を「期待」し「要請」する外側の存在が不可欠だからである。このことが意味しているのは、「分」が「期待され」「要請される」「閉鎖性」のある「共同体」を、その外側のなにものかがつくりだしているということである。実際、「『結果』の『平等』」と「日本的『公正』」との関係はそのことを示している。なぜならば、そこでは日本的「責任」（《自己責任》）のあり方が「日本的『公正』の見地から要請され」、「『結果』の『平等』」がもたらされるのだと一面で議論しながら、この日本的「平等」をもたらすことが「日本的『公正』確保の途ともなる」のだと主張されているからである。いわば、日本的「責任」（《自己責任》）≒「日本的『公正』」≒「『結果』の『平等』」という等式が成り立つような「閉鎖性」のある「共同体」がここでは前提とされているのである。

　このことは第二に、「『結果』の『平等』」とはいいながら、そこでいう「平等」とは「分」に応じたもの、つまり、一定の「階層性」を持った不均等なものだということである。実際、報告書が「エズラ・ヴォーゲル」を引用しながら述べていたように、日本では、「試合が始まる前から」「結果」≒「最適な分配方法（「フェア・シェア」）」を考え、「参加者全員が『おのおのがその所を得る』ことを目標としている」のだとされたが、すでに議論したようにそれぞれの「分」のあり方を決定する外側の存在が想定されていることを考え合わせるならば、この主張が意味しているのは、「分」のあり方を決める外側のだれかが「最適な分配方法（「フェア・シェア」）」（≒「分」に応じた「結果」）だと考えるものを「参加者全員」で実現するのが日本の「競争」だということになるだろう。これは、事実上、「分」（あるいは「その所」）に応じた「階層性」であり、このことは前述のように「日本人は『序列』ということを重んじて」いるのだとする主張に表れていた。もしそうなのだとすれば、「『間柄』を尊重する日本の『な

かま』社会」とは、認識のうえでは「なかま」とはいいながら、実践としては
その外側のなにものかが決定する「序列」に基づいた「階層性」のある「社会」
であり、「日本文化の特質」として維持すべきだとされたそこでの「間柄」と
は、いわばこの「序列」のことだったのである。

「既存性」の重視　では、「分」のあり方を決定する外側の存在は、「間柄」
という名の「序列」≒「階層性」をどのような基準によって決めるのだろうか。
それは、報告書の論者たちの「日本文化」に託したもう一つの（第六の）特質、
「既存性」である。ハリー・ハルトゥーニアン（Harry D. Hartoonian）は、「近
代を超える」時代≒「文化の時代」を推し進める企図について、こう指摘して
いる。すなわち、この試みは、「『社会内部の分裂を許さない』秩序を構築する」
とともに、「歴史から歴史性を棄て」、「『歴史なき社会』という論理を回復し『制
度化されたものと制度化すること』を同一視すること、予期不能なものや不可
知なものの存在可能性を否定すること」という「『官僚の夢』を隠蔽するため
に組織されたもの」なのだ、と[91]。これは換言すれば、「すでに起こってしまっ
たこと以外のなにものも望まず」「現状の維持だけを夢見ている」ということ
である[92]。

　報告書の論者たちのこうした傾向は、たとえば市場経済のありようやそこで
の自由競争についての記述に示唆されている。まず、「欧米」が「個」の確立
に基づいた「個人競争」であるのに対して、「日本」が「『なかま』集団」によ
る「集団競争」であるということはすでに述べたが、このことは「公正かつ自
由な競争」という場合の「公正」とか「自由」が指すものの違いを生み出すの
だという。報告書がいうには、「日本では、独占禁止法にいう『公正かつ自由
な競争』が欧米における理念どおりには行われていないという指摘がしばしば
なされる」一方で、「『過当競争』といわれるほどの激しい競争が行われている、
ともいわれている」。それはなぜかといえば、「欧米における競争が『個人』に
よる競争であるのに対し、日本における競争が『なかま集団』による競争であ
る」からである。実際、「欧米における『公正』は、『機会』の『平等』の確保
を意味し、そこにおける激しい『個人競争』の『自由』は、個人の能力に対す

---

　(91)　「見える言節、見えないイデオロギー」ハルトゥーニアン前掲書193頁。
　(92)　「日本の長い戦後 —— 持続する記憶、忘却される歴史」同上書151頁。

る厳しい評価により、しばしば大きな『差』を『結果』する」。しかし、日本の「『なかま』集団」では、「分」の重視のもと「おのおのが分を尽くす」ことが「要請」され、「『分をわきまえている』限りにおいて、各人は非常に『自由』である」が、「『分に応じた』働き」をせず『『分を過ぎた』分け前」を求めると「責任」を問われ「なかまはずれ」にされるというかたちで、「日本的『公正』」が実現され、「『結果』の『平等』」が達成されるのである[93]。

　いわば、「日本的『公正』」とは、「試合が始まる前から」「最適な分配方法」という「『結果』の『平等』」を考えることだったのであり、それは「閉鎖的」な「共同体」の外側のどこか（すなわち、昔からずっと変わらない「非日常」≒「あの世」）で決められたそれぞれの「分」を守ることで達成されるものだったのである。そこでは、競争の前から「結果」はすでに決められており、人びとに求められているのは、そのすでに決められた「結果」を実現するためにみずからの決められた「分」を守ることだけだった。このことは、「村八分」というコトバが示しているように、「分」を守らない人たちに対しては事実上の「力」の行使がなされることを意味していたのである。

　こうして、このことは市場経済や自由競争のあり方にも違いをもたらす。報告書によれば、「自由市場経済体制は、二者を対比させ、『個』を峻別する欧米の文化の中で発達してきたもの」であり、そこでは、「市場は、異なった計算をする個人や企業などの『個』が、相対立する「売り手」と「買い手」として現われ、自己責任の原則の下に、自己の計算において取引を行う場」だとされる。「特にアメリカにおいては、公正競争（フェア・プレイ）に際しては、政府の介入もお互いの話し合いも排除され、政府と民間との間には、独禁法（タフト・ハートレー法）の適用にみられるような緊張関係が存在する」のである。しかしながら、「日本型の市場経済」は、報告書の理解によると、これとは大きく異なったものである。なぜならば、そこでは「売り手も買い手も『なかま』社会における『なかま集団』のメンバーとして現われ」るからであり、「『横並び』といわれるように、お互いに他の行動を意識し合い、売るときにはみんなが売り、買うときにはみんなが買うというような行動をとりがち」だからであ

---

(93)　前掲『文化の時代の経済運営』88-90頁。

三　「日本文化」のパターン　　83

る。そのため、「『過当競争』といわれるほど激しい競争はあるものの、それは
あくまで『なかま』内の競争、『なかま』から落ちこぼれないための競争」な
のであり、「日本の輸出がいわゆる『集中豪雨』的な形をとるのも、このよう
な『同調と競争』の仕組みに依存」しているのだとされた[94]。

　つまり、日本の「『集中豪雨』的」な輸出は「日本型の市場経済」の帰結で
あり、それが「『なかま』社会」という日本の「文化的特質」によるものだと
議論することで、報告書の論者たちは、「経済」の領域における対外的な行動
(「経済外交」)もまた、「日本文化の特質」を反映したものであるのだと捉えて
いたのである。

　それゆえ、「近代を超える」ための「新しい」日本の「モデル」として「日
本文化の特質」だとされた「『なかま社会』」を掲げることは、認識のうえでは
ともかく、実践としては大きく分けて二つの意味を持っていた。一つは、「階
層性」(「序列」≒「分」)の固定化というかたちで「既存性」をなによりも重視す
るということである。そもそも、「試合が始まる前から」あるべき「結果」を
実現しようとする「『なかま』社会」が目指されたのは、日本をはじめとする
「先進国」が「『地球の有限容量』という壁」にぶつかり、その成長や発展にあ
る種の「上限」が意識されるようになったためである。このことが示唆してい
るのは、食料や資源であれ経済成長の果実であれ、その「上限」(≒「結果」)
は予め決まっているのだから、これからはそれに見合った配分をすることで満
足しなければならないということである。もしそうなのだとすれば、それぞれ
の立場の人たちがいま享受している「地位」(「分」)をこれからも維持し続け
ようとするならば、日本の内外でその「階層性」を固定化する必要がある。と
いうのも、「階層性」がより下位の人たちの追い上げは、みずからの取り分の
減少と「階層性」のなかでの「地位」の低下を意味するからである。アメリカ
の国際的な「地位」の相対的な低下が、対米関係においては日本の「地位」の
相対的な向上を意味するものでありながら、日本のエリートたちに危惧されて
いたゆえんである。「『地球の有限容量』という壁」を前にして、それぞれがい
ままでどおりの「地位」を享受するには、「欧米」のような結果を考えない競

---

(94)　同上91-2頁。

争を排しつつ既存の「階層性」（≒あるべき「結果」）の固定化を目指すという
かたちで、より「調和」的な「個」と「全体」の関係を観念しつくりださなけ
ればならないのだとされたのである。

　　「過去」の書き換え　　またもう一つは、「過去」の意義付けをめぐる諸問題、
すなわち「過去」という概念の事実上の消去（あるいは「過去」の書き換え）で
あった。なぜならば、「『地球の有限容量』という壁」に象徴される、日本のエ
リートたちには変えられないある種の「上限」（≒「結果」）をもとに、既存の
「階層性」（≒あるべき「結果」）を思い描き、「試合が始まる前から」このある
べき「結果」の実現を目指すものだとされた「『なかま』社会」を「日本文化
の特質」（「新しい」日本の「モデル」）として掲げることは、「過去」の原因から
「現在」の結果が生じたのだとする考え方を放棄し、「現在」におけるあるべき
「結果」から「過去」が演繹されるとする考え方を採用することを意味してい
たからである。あるべき「結果」に適合させるようつくられた「新しい」「過
去」は既存の「階層性」の固定化に奉仕しそれを正当化するためのものである
という意味において「現在」の延長線上にあるものであって、「現在」とは異
なるものとしての「過去」ではもはやない。それゆえ、ここで実践されようと
していたのは、日本の「過去2,000年の歴史」のなかで引き継がれてきたもの
を肯定するために生み出された「新しい」「過去」を基礎とする、「永遠の現在」
という名の「既存性」に支配された、「新しい」日本と世界の構築であった。
いわば、「近代を超える」ために「日本文化」を「新しい」日本の「モデル」
とすることは、「過去」という概念の存在意義に着目すれば、「永遠の現在」の
なかで「新しい」「過去」と「現在」を概念上同じものだとみなした、「過去」
という概念の事実上の消去であり、「過去」のありように注目すれば、「新しい」
「過去」をつくりだしているという点で「過去」の書き換えを実践しようとす
るものだったのである[95]。

四　「新しい」日本の「未来」

　これまでの議論からも示唆されるように、「近代を超える」時代の到来を感
知した1970年代末葉の日本のエリートたちは、この「新しい」時代に即した「新
しい」「日本イメージ」の再定義を必要としており、なかでも「新しい」「未来」

四　「新しい」日本の「未来」　　85

の進路を再設定しなければならないのだと切実に認識していた。ただ、「新し
い」時代の到来が必ずしも新たな行動に帰結するわけではない。というのも、
たとえば第6章で議論するように、日本の政策決定者たちは、転換期にあると
された1970年代の世界のなかで、従来のGATTの諸原則やルールでは対応で
きない新たな問題が生じていたにも関わらず、GATT東京ラウンドにおいて
規約の「改正」を討議することには否定的だったからである。もしそうだとす
るならば、なぜ「近代を超える」プロジェクトに集まった日本のエリートたち
は「新しい」「日本イメージ」の再定義を不可欠だと感じていたのだろうか。
また、「歴史の潮流」や「時代の要請」を見定めるというかたちで日本の「未
来」の進路を再設定しようとする試みが、なぜ「日本文化」の再把握という「過
去」の意義付けの再検討に関わるかたちをとることとなったのだろうか。本節
では、第1章のまとめとしてこれらの疑問点をあらためて整理していきたい。

　「歴史の潮流」と「時代の要請」　　まず、日本のエリートたちがなぜ「新し
い」「日本イメージ」を必要としていたのかといえば、それは「近代化」の行
き詰まりと表現できるこれまでの戦後日本の基盤を掘り崩すような二つの「歴
史の潮流」が、二つの「時代の要請」を日本にもたらしつつあるのだと理解さ
れたからであった。それは、第一に「近代化」が「『地球の有限容量』という
壁」にぶつかり、従来のような経済成長が困難になりつつあったのだとする認
識である。こんにち人類が直面している「さまざまな地球的問題」は、「せん
じつめれば、人類の居住空間が地球規模にまで拡大し、その有限の容量という
壁に突き当たったことに起因する」のだというのである。このことは、報告書
の論者たちに、「相互依存関係」の緊密化という、「自由」と「開放性」を基調
した「相互理解」の重要性を「時代の要請」として意識させることとなった。

⑼5　ここで興味深いのは、「永遠の現在」が支配する「新しい」「日本」の構築を目指すこ
　とが、実践としては「過去」の日本の戦争と植民地支配に対する事実上の免責の効果を
　持っていたということである。というのも、そこには、あるべき「結果」から演繹され
　たという「新しい」「過去」の定義上（あるいは概念上）、もはやあらゆる不都合な「過
　去」が存在しないからである。それゆえ、この「新しい」「日本」に生きることになる
　ならば、日本には戦争や植民地支配をしたという「過去」がないのだから、その責任を
　とれとする議論は単なるいいがかりでしかない、ということになってしまうのである。

「近代化」が物理的な限界に直面することでかえって一つの「地球社会」を成立させた1970年代の世界は、もはやその外側のない世界なのだから、この「閉じた」世界のなかで「世界各地域の文化や伝統に根ざした特性を相互に理解し、尊重しつつ、相互の交流を深めること」が重要なのだとされたのである。

　また、第二に「近代化」のなかでもっとも「先進的」だとされたアメリカの国際的な「地位」が相対的に低下しつつあるのだと観察されていたことである。アメリカの相対的な「地位」の低下は、対米関係でみれば日本の相対的な「地位」の向上なのだから、それを歓迎するという態度もありえたかもしれない。だが、世界にある種の物理的な「上限」があるのだとすれば、アメリカの「地位」の低下は、それを後追いしていた日本の「未来」でもあるのだった。このことは、「近代化」を主導してきた「欧米」的な価値観の見直し、すなわち「欧米文化の相対化」による、「各地域の文化の『独自性』を尊重する」ような「世界の多元化」を「時代の要請」として報告書の論者たちに意識させることとなる。要するに、アメリカの「地位」の相対的低下とともに、「近代化」を先導してきた「欧米」のありようも、「近代化」の時代における「過去」の経験も、そのままでは「モデル」としての意味をなさなくなったのだと理解されるようになったのである。このことは、「近代を超える」時代が「人類が未経験」の「新しい途」だと認識されていたことを示唆しており、この「新しい」時代の「文化の要請」に応えるにあたり、「近代化を達成し欧米先進諸国と肩を並べるに至っ」た日本は、もはや「他者」をそのままでは参考にできない立場、すなわち「先進国」として位置付けられていたことを意味していた。

　こうして、日本のエリートたちは、「近代を超える」時代という「新しい」時代が、「文化の要請」をもたらした「文化の時代」だと把握するに至る。「相互理解」を促進する必要があるという観点からも、各地域の「独自性」を尊重する必要があるという観点からも、「自己」の「文化」の再把握が不可欠なのだというわけである。このことが意味していたのは、「日本文化」を「新しい」日本の「モデル」に据え、その具体的な中身を明らかにしなければならないということだった。

　「日本文化」の再把握　　それでは、そもそも「日本文化」とはどのようなものであり、なぜ昔からあるとされた「日本文化」が「新しい」日本の「モデ

四　「新しい」日本の「未来」

ル」たりえるのだと考えられようになったのか。これについては、「外国の文化を拒絶せず、これを取り入れ、消化して自分のものとしていく力」すなわち「『習合』力」を有するのだとか、「『人間』ということばにみられるように、『人と人との間柄』を大切にする」「『なかま』文化」であるとか、さまざまな例が挙げられているが、ここで注目すべきは、「日本文化」をめぐる議論がつねに「欧米文化」との対比においてなされていることだろう。

このことは、少なくとも三つの妙味を持っていた。第一に、日本が「欧米」の主導してきた「近代化」の多大な影響を受けているにも関わらず、「文化」をこう論じることで、日本を「欧米」から区別できるようになったことである。というのも、報告書の論者たちによれば、「日本文化」の『習合』力は、海外の文物を選択的（すなわち「日本的」）に取り入れることをつうじ、あくまでも「タテマエ」として導入したにすぎず、「ホンネ」は別のところにあるのだとされていたからである。

では、「ホンネ」はどこにあるのか。それは、「欧米文化」に毒された「タテマエ」の「日常（ケ）」と対比され、しばしば「まつり」に体現されているのだとされる「非日常（ハレ）」のなかであった。このことは第二に、日本のエリートたちが、「過去」、「現在」および「未来」を貫くような日本の「文化の中心」を観念することにより、歴史的な変化にも関わらず変わらない確固たる日本のありようを把握できるようになったことを示唆している。なぜならば、「まつり」のような「非日常」は、「近代化」の「日常」にも関わらず、日本のなかで昔から変わらずに引き継がれてきたのだと理解されていたからである。変わらない「文化の中心」というものを想定できれば、これまでの「タテマエ」に満ちた日本を「ホンネ」で管理することが可能になるのだというわけである。事実、この「文化の中心」をなすものは、「欧米」の「法」に対して「法外の法」だといわれ、「欧米」の「法」をも制御するために呼び出されることとなった。こうして、日本のエリートたちは、いまでは「近代化」のせいで「非日常」（≒「まつり」）に追いやられてしまったものを本来の「行動のパターン」として再認識することで、「近代を超える」時代の揺るがない「モデル」を手に入れられるようになったのである。

ただ、「文化」の効用はそれだけではない。というのも、第三に、「文化」を

このようなかたちで論じることで、日本のエリートたちは、家族から国際関係に至るまで、「個」と「全体」の関係をトータルに問い直すためのツールを手に入れ、「近代を超える」時代の「新しい」「日本イメージ」を再定義することができるようになったからである。報告書の議論によれば、「欧米文化」が「神か悪魔か、敵か味方か、勝ちか負けか、白か黒か」を対立的に把握する「二者峻別・対比構造」であるのに対して、「日本文化」は「『じゃんけん』にみられるように、絶対的勝者も絶対的敗者もいない三角形の力学」、「三極鼎立・円環構造」だとされたが、この議論が示唆するのは、「欧米」が「個」と「全体」の関係を対立的に捉えているのに対して、日本ではそれをより「調和」的に解しているということであった。報告書はこう強調している。「西欧」の「人中心主義」は、「『個人』(individual) を基本的な単位 (atom)」とするため、「人と自然とをはっきりと分離させ」、世界のさまざまな現象を「主観対客観、人対自然、意識対物質という二元論的な図式」で捉えていたのに対して、日本の「人間主義」は、「『人間』、『仲間（なかま）』、『世間』というコトバにみられるように、『人と人との間柄』や『個と全体との関係』などを大切にする『間柄主義』とでもいうべき文化的特質を持つ」のだ、と。いわば、「日本文化」の再把握とは、「文化」というツールを用いてより「調和」的な「個」と「全体」の関係はどうあるべきかを問い直すことにより、これまでの日本のありようをトータルに再検討することを目指していたのであり、それがゆえに、「文化」の「日本」的なありようを示しているのだとされた「日本文化」が、「新しい」日本の「モデル」として掲げられることとなったのである。

「日本文化」のパターン　　しかしながら、このような妙味にも関わらず、「日本文化」を「近代を超える」ための「新しい」「日本イメージ」の根幹に据えることは、困難な「新しい途」であった。なぜならば、それは、相反する二つの「時代の要請」、「相互依存関係」の緊密化と「世界の多元化」とに同時に応えることを求められていたからである。もちろん、日本のエリートたちの認識のうえでは、これら二つは「文化の要請」のもと「日本文化」により（「調和」的に）統合されるべきものだと理解されてはいる。だが、これらは実践においては矛盾を孕んでおり、そのことは「日本文化」のより具体的な検討のなかで露呈することとなった。すなわち、①認識のうえでは「個」と「全体」のより

「調和」的な「間柄」を重視することを目指しながら、実践としては「個」よりも「なかま」を優先することで、「なかま」（≒「全体」）に適合した「個」を考える方向に議論が傾きがちであり、②その「なかま」のありようは、認識のうえでは、それぞれの「個」が自発的に形作るのだとされながら、実践としては、「法外の法」という、昔からあるとされているもの（「まつり」≒「非日常（ハレ）」）のなかに体現されたもはやこの世のものではないもの（「あの世」）において決められていると考えがちで、③その「非日常（ハレ）」（≒「まつり」≒「あの世」）に彩られた「日本文化」は、認識のうえでは海外のものを取り入れてきたとする「開放性」を自負しながら、実践としてはそれが形成する「なかま」を想定することで「閉鎖」的なものだと考える傾向を持つとともに、④この「なかま」は、認識のうえでは、「パワー」（「力」）による統合を嫌いなんとなく「総合」されているのだとしながら、実践としては、「『なかま』社会」のある程度の「閉鎖性」を維持するにあたり事実上の「パワー」（「力」）の行使を前提とするものだったのである。

　このことの論理的な帰結は「階層性」と「既存性」の重視であり、「日本における最高の法」である「法外の法」に基づき決められた「序列」のもと、「分」というかたちでそれぞれの「個」に「地位」と役割を割り当て、それらをすでに決められた既存の「全体」として維持しようするものであったといえる。これについて、報告書の論者たちはこう断言している。「日本文化」のもとでは、「試合が始まる前から」「最適な分配方法」は決まっているのだ、と。すなわち、⑤認識のうえでは「『間柄』を尊重する日本の『なかま』社会」が「『結果』の『平等』」を実現するのだといいながら、実践としては「法」をも超越する「法外の法」をその外側に想定し、そこにおいて決定されたとされる「序列」≒「分」に基づいた「階層性」のある「社会」を考えがちであるとともに、⑥認識のうえでは、「近代を超える」ための「新しい」「モデル」が必要だとしながら、実践としては、日本の「過去2,000年の歴史」のなかで変わらずに存在してきたのだとされる「文化の中心」としての「法外の法」を思い描くことで、「試合が始まる前から」「最適な分配方法」（≒あるべき「結果」）は決まっているのだと主張することとなったのである。

　「近代を超える」ということ　　要するに、報告書の議論をまとめるならば、

「近代を超える」ということが意味していたのは、ある種の物理的な「上限」(「『地球の有限容量』という壁」)が意識された1970年代以降の「新しい」世界(「閉じた」世界)のなかでその「上限」の突破を試みるということであり、より具体的には、「文化」というツールを用いつつ「全体」(「世界」)と「個」(「自己」)の関係を見直し、より「調和」的なかたちに再編することで、これまでのやり方では不可知だった「新しい」領域を「発見」し、そこに日本経済の活路を見出そうとすることにより、より効率的な日本の経済発展を目指したものであった。

それゆえ、「近代を超える」プロジェクトとは、このことを達成するために、「日本文化」を「新しい」日本の「モデル」に掲げ、家族から国際関係まであらゆる「社会」的な諸関係のより「調和」的な再編を主導することで、これまでの「近代化」の成果を維持・継承しながらその弊害のみを除去しようとするものであったということができる。それは、大平のコトバを借りれば「新しい領域」の開拓による日本「独自の道」を目指すことであったがために、この企図は必然的に、「近代を超える」ための「新しい」日本の「未来」の進路と「モデル」を再設定し、そこにたどり着くための「新しい」日本の位置付けと役割を明らかにし、その実現に向けた「新しい」(外交)政策の構想をともなわなければならない。大平の付託を受けた日本のエリートたちが、従来の「欧米」を「モデル」としたものに代わる「新しい」「日本イメージ」の再定義を必要としていたのは、このような理由からであり、そこで持ち出されたのが、「日本文化」という「モデル」であった。というのも、「個」と「全体」の関係を問い直すことができるツールだとされた「文化」を用い、日本と世界、国民と国家などの「社会」的な諸関係を再編するとする観点から「日本文化」を見直してみれば、「個」と「全体」の関係を対立的に捉える「欧米文化」とは異なり、それらをより「調和」的に解そうとする「日本文化の特質」は、物理的な「上限」を前にさまざまな問題(環境問題や経済摩擦など)を抱える日本(と世界)の「新しい」「モデル」たりえるだろうからである。

そのうえ、「日本文化」における「調和」とは、「近代化」のなかで「欧米」から導入された「法」を、新たに観念された日本の「文化の中心」(「法外の法」)で管理することにより成し遂げられるのだとされていたから、これは大平のい

四 「新しい」日本の「未来」

うように、「新しい領域」の開拓による日本「独自の道」であった。つまり、「個」
と「全体」のより「調和」的な関係の構築を1970年代以降の世界で主導するこ
とに日本の経済発展の活路を見出し（「新しい領域」の開拓）、「個」と「全体」
の関係を枠付けるルール、「法外の法」を用いてそれをより効率的に実現しよ
うとする（日本「独自の道」）ものだったのである。こうして、日本のエリート
たちは、「公共財」という名の「新しい」国際秩序の構築（世界の再編）に「新
しい」日本の役割を見出すとともに、「新しい」「経済外交」によりその国際秩
序を枠付ける制度やルールづくりを促進すべく、「情報」という名の「新しい」
「専門的な知識」の探求と結集を図るようになるのである。

　ただ、「日本文化」という、日本に昔からあるとされたものを、「近代を超え
る」ための「新しい」「モデル」としたことは、「新しい」「日本イメージ」に、
「過去」の意義付けと関わる二つの刻印を残すこととなった。一つは、「新しい」
「時間」と「秩序」の導入である。たとえば、「近代化」を目指していた戦後初
期のように、「中進国」として位置付けられた日本が「先進国」を「モデル」
としていたのであれば、その「モデル」は「未来」において新たに実現される
べき目標であり、「現在」から「未来」に（あるいは、「先進国」になった地点か
らみれば、「過去」から「現在」に）、日本は歴史的な変化を遂げることが前提と
されていた。しかしながら、「近代を超える」ことを目指していた1970年代以
降における「新しい」「モデル」である「日本文化」とは、日本のエリートた
ちによれば、すでに日本のなか（たとえば、「まつり」≒「非日常（ハレ）」）に内在
しているのだとされたから、「新しい」「モデル」を目指すことが必ずしも歴史
的な変化をともなわないのである。たしかに、「日本文化」の内容をなすもの
は変わるかもしれない。だが、「日本文化」とは、報告書が指摘するように、（「全
体」に対する「個」の）「行動のパターン」を指しており、これは、日本の「文
化の中心」にあるとされた「人間」（≒「日本人」）を基礎とする「法外の法」が、
日本の「過去2,000年の歴史」のなかで引き継がれてきたのだとされていたよ
うに、歴史的な変化にも関わらず変わらないものだと想定されていたのである。
いわば、この「新しい」「モデル」を目指すことで形成される「時間」と「秩
序」とは、「永遠の現在」とでも呼ぶべきものであり、そのことは、「法外の法」
により決められた「既存」の「序列」を守る（「個」と「全体」の関係をより「調

和」的に解する）ように諭す、日本のエリートたちの議論に如実に表れていたのである。

　こうして、「永遠の現在」という「時間」と「秩序」の導入は、「新しい」「日本イメージ」にもう一つの刻印を残すこととなる。それは、「現在」とは異なる「過去」あるいは「未来」という概念の消去である。このことが持つ意味はいくつかあるが、本書の問題関心から重要なのは、それが、望ましくない「未来」のみならず、望ましい「未来」をも（認識上）思い描けなくしてしまったということである。「『地球の有限容量』という壁」に阻まれ、もっとも「先進・高水準」だったアメリカの国際的な「地位」が相対的に低下しつつある状況においては、望ましい「未来」とは「いままでどおり」を続けること、すなわち「現在」の引き延ばし（「永遠の現在」）なのかもしれない。しかし、次章で議論するように、日本のエリートたちは（実践上）「近代を超える」ために「新しい」役割（「長所」を伸ばし「短所」を減らす）を果たそうとしており、「現在」を構成するもののうち望ましいもの（「長所」）だけを伸張させ、望ましくないもの（「短所」）については排除することで、「長所」で満たされた望ましい「未来」にたどり着くために、日本と世界の関係、さらには世界それ自体を再編しようとしていたのである。このことが示唆していたのは、認識においてはこれまでの世界を維持しながら、実践としては「新しい」世界（および日本と世界の関係）の再構築を目指してしまっているということだった（これはその反対に、世界の再構築を叫びながらその内実は現状維持だった、という場合をも含んでいる）。「新しい」日本の「未来」を再設定した日本のエリートたちは、なぜ、このような認識のギャップに囚われることとなったのか。また、「新しい」「未来」にたどり着くために、どのような「新しい」世界の再構築を思い描き、そこでの「新しい」役割をどう考えていたのだろうか。第2章ではこれらの問題を検討していきたい。

第2章 長所を伸ばし、短所を減らす
――「新しい」日本の役割――

　第1章において検討したように、「近代を超える」ために日本のエリートたちが再設定した「日本イメージ」の「未来」の部分、すなわち「新しい」日本の「未来」の進路は、『地球の有限容量』という壁」がある種の物理的な「上限」として意識されるなかで、「近代化」の成果を引き続き享受しながらその弊害のみを除去することを目指すために、「日本文化」を「新しい」日本の「モデル」に据えたものであった。「文化」とは、突き詰めていえば、家族から国際関係に至るまで、「個」と「全体」の「社会」的な諸関係をトータルに問い直し再編するためのものだと理解されており、「日本文化」は「欧米文化」とは対照的に、「個」と「全体」の関係をより「調和」的に解しているのだと議論されていたから、このことは、「新しい」日本の「未来」の進路がこれまでの日本と世界の関係をより「調和」的に変革することを目指したものだったということを意味していた。いわば、従来の「社会」的諸関係を再編し、その配置や配分のあり方をいじることで、ある種の物理的な「上限」が意識される「閉じた」世界における日本のより効率的な経済発展を実現しようとしていたのである。

　しかしながら、「未来」の進路を再設定しただけではその「未来」にたどり着くことはできない。そこで、「大平総理の政策研究会」に加わった日本のエリートたちは、その「新しい」「未来」に到達するために果たすべき「新しい」役割を再検討することとなる。それは、より具体的には、「個」（日本）と「全体」（世界）のより「調和」的な関係のなかで「個」はどう位置付けられ、その望ましい関係をつくりだし受け入れてもらうためにどのような役割を果たすべきなのか、という問題であった。この「日本イメージ」の「現在」の部分を明らかにするのが本章の目的である。

94 　第2章　長所を伸ばし、短所を減らす

　このような状況のなか、日本のエリートたちがまず取り掛かったのが、1970
年代以降の世界のなかで日本がどう位置付けられるのかをめぐる諸問題である。
すでに議論したように、日本のエリートたちは疑う余地のないかたちで日本を
「先進国」だと位置付けていたが、そのことが意味するものは必ずしも自明で
はなかった。なぜならば、「個」と「全体」の関係を再編する前提として、そ
のそれぞれをも見直す必要があったからである。まず第一に、たしかに日本は
「近代化を達成し欧米先進諸国と肩を並べるに至っ」たものの、日本は「欧米」
になったわけではなかったから、「欧米」の位置付けをそのまま採用するわけ
にはいかなかった。というのも、大平正芳首相が言明しているように、日本は
「欧米」とは異なり、「東洋文化」と「西洋文化」が「混淆（こう）」する独自
の存在として1970年代以降の世界のなかに位置付けられるからである[1]。つま
り、日本は「近代化」に着目すれば「欧米先進諸国」と同等の水準にあるが、
「文化」に注目すれば「特殊」であるような存在として位置付けられていたの
である。

　また第二に、その「先進国」日本が位置付けられるべき1970年代以降の世界
は、これまでとは異なる傾向を有するようになっていた。報告書の論者たちに
よれば、それは「相互依存」の深まりだと表現されるものである。日本の位置
付けと役割を再検討するにあたり、このことが重要な意味を持っていたのは、
「先進国」日本が「相互依存」の影響を受けやすい位置にあり、それゆえ「相
互依存」に敏感でなければならないのだとされたためである。1970年代に顕在
化したさまざまな傾向のなかで「相互依存」に注目しなければならないゆえん
である。「相互依存」の世界では文字どおりお互いが相互に依存しているから、
その「安定的」な「持続」のためには「個」と「全体」のより「調和」的な関
係（「相互の認識と信頼」）が不可欠なのだというわけである。ましてや、日本
は、一面で「欧米」諸国とのあいだに貿易摩擦を抱え、他面で田中角栄首相の
東南アジア歴訪が見舞われた「反日」といわれる動きに直面していたから、こ
れらの対日「不信」をなんとかする必要があった。いわば、「相互依存」の世

---

(1)　「政策研究会・文化の時代研究グループ第一回会合における大平総理発言要旨」内閣
　　官房内閣審議室分室・内閣総理大臣補佐官室編『大平総理の政策研究会報告書1　文化
　　の時代 —— 文化の時代研究グループ』大蔵省印刷局、1980年、121頁。

界に位置付けられる日本がそのなかでうまくやっていくには、「信頼」の確保
が重要だとされたのである。

　こうして、とくに「新しい」日本の役割を明らかにするにあたり、日本のエ
リートたちはここでも「文化」の重要性を強調しつつ、他国の「文化」に対す
る理解とともに自国の「文化」をも紹介するよう努めなければならないのだと
指摘した。ただ、そのことが意味していたのは、第1章でも触れたように、経
済の「文化」的把握のヴァリエーションだということができるだろう。という
のも、「文化交流」の担い手が「商人」であり、そこでいう「文化交流」が「文
化的所産」である「商品」のやりとり（≒貿易）だとされていたことを思い浮
かべるならば、1970年代以降の「相互依存」の世界におけるこの「新しい」日
本の役割とは、これまで以上に貿易を促進しながら日本と世界のより「調和」
的な関係を構築し維持することとほとんど同義だったからである。つまり、日
本のエリートたちからすれば、「新しい」日本の役割とは、「個」と「全体」の
関係を問い直すためのツールである「文化」を使いながら、日本が位置付けら
れるのだとされた「相互依存」の世界を「安定的」に「持続」させられるよう、
従来の世界の再編とその維持に積極的に関わっていくということであった。な
ぜならば、「日本文化の特質」だとされた「個」と「全体」のより「調和」的
な関係が「全体」のことをまず考える「個」から成っているのだとされていた
ことに示されているように、「個」（日本）のありようを明らかにするには、ま
ずあるべき「全体」（世界）を考える必要があったからである。

　ただ、「『地球の有限容量』という壁」が立ちはだかる物理的な「上限」が意
識された世界のありようを考えることは、「新しい」日本の役割を実現する手
段を再検討するにあたり、「現在」あるものだけでやりくりをするよう、日本
のエリートたちにしいることとなる。そこで案出された方法が、「現在」の世
界にあるものの配置や配分の操作であり、より具体的にいえば、日本のエリー
トたちが「長所」だと考えるものを最大限まで伸ばすとともに、「短所」だと
思われるものを最小限まで減らすということであった。この世界は物理的な「上
限」があるという意味で「閉じた」世界なのだから、「長所」を伸ばし「短所」
を減らしていけば、日本が位置付けられるべき「新しい」世界はやがて「長所」
で満たされるようになるはずだというわけである。こうして報告書の論者たち

は、グローバルな「相互依存」の世界を普及させるための「太平洋地域」版として「環太平洋連帯」という名の「地域主義」を推し進めるとともに、それに対する弊害を除去するための「総合的」な枠組みとして「総合安全保障戦略」を確立しようとしたのである。

では、1970年代末葉の日本のエリートたちは、このような状況のなかで、「新しい」日本の役割をどう再検討していたのだろうか。まずは、その前提となる日本の位置付けをめぐる諸問題からみてみよう。

一 「先進国」日本を位置付ける

日本の位置付け　1970年代以降の世界における日本の位置付けについて、報告書は、議論の余地のないかたちで、「近代を超える」時代≒「文化の時代」を迎えた日本が「近代化を達成し欧米先進諸国と肩を並べるに至っ」たのだと宣言している[2]。つまり、「近代化」のレヴェルにおいて、日本はついに「欧米先進諸国」と同等の水準に達したのだと位置付けられていたのである。

このことは、1970年代以降の世界における日本の位置付けに関して二つのことを意味していた。一つは、日本が「先進国」になったのだということであり、もう一つは、「先進国」に対応する「中進国」あるいは「後進国」（これらの国ぐには、この当時「開発途上国」、「発展途上国」などと呼ばれており、「南北問題」との関係では「南」と呼称されていた）が、暗黙のうちに想定されていたということである。この理解によれば、報告書の論者たちは、世界を「近代化」のレヴェルに基づき「先進国」と「後進国」に階層的に峻別しており、日本は「欧米」とともに前者に位置付けられるのだと認識していたことになる。いわば、日本のエリートたちは、「近代を超える」時代においても依然として、「近代化」のレヴェルをもとに日本の位置付けを模索しており、日本はすでに「近代化を達成し」開発途上国、発展途上国のような「近代化」のレヴェルが低い国ぐにとは世界における位置付けを異にするのだから、もはや「自らを後進・低水準と規定」する必要はないのだとされたのである。

しかし、ここで「近代化」の時代と異なっていたのは、そこでいう「先進」

---

(2)　各報告書の冒頭、「21世紀へ向けての提言（総説）」3頁。

一 「先進国」日本を位置付ける

的であること（「先進性」）が持つ意味であった。というのも、報告書の論者たちによれば、従来の「近代化」は『『地球の有限容量』という壁」にぶつかったために行き詰まり、実際、もっとも「先進」的だとされたアメリカの国際的な「地位」は相対的に低下しつつあったからである。このことが示唆していたのは、これまでの世界が大きく変化したがために、なにが「先進」的であるのかという「先進性」の意味するものがもはや自明ではなくなっており、その問い直しがせまられていたということであった（この認識は、「個」と「全体」の関係をより「調和」的に問い直すという、「日本文化」をもとにした企図により、「相互依存」の世界というかたちで「個」が位置付けられるべき「全体」の再編につながることとなる）。こうして、もはや、かつての「西欧化、近代化、工業化、経済成長」の進捗具合といった「近代化」の時代の指標が「先進性」を測るものとしては役に立たないのだと考える日本のエリートたちは、アクロバティックな転換をする。すなわち、「文明病」あるいは「先進国病」に罹っていることが「先進」的であることの証であり、それゆえ「先進国病」といわれる「多くの困難な問題」にいち早く取り組んでいるのが「先進国」なのだ、と。こう考えれば、経済成長の鈍化による「低成長」や、さまざまな困難にともなう社会的「停滞」に直面していることは、たとえ国際的な「地位」の相対的な低下を示していたとしても「先進性」を意味することとなる。つまり、「近代を超える」時代の到来をいち早く察知した日本は、「欧米先進諸国」とともに立派な「先進国」なのだというわけである。

　ただ、日本は「先進国」になったのだから「欧米」の一員なのかというと、そうではない。なぜならば、日本には「欧米」とは異なる「日本文化」があるからである。たしかに、大平の首相補佐官を務めた長富祐一郎が端的に指摘するように、「その他の多くの国と比べれば、日本と欧米社会とは極めて近い」のかもしれない(3)。ただ、すでに議論したように、報告書の論者たちは歴史的な変化にも関わらず変わらない日本の「文化の中心」を観念することで、日本には「欧米」とは異なる日本固有の「文化」があるのだと理解していたから、

---

(3)　長富祐一郎『近代を超えて —— 故大平総理の遺されたもの』上巻、大蔵財務協会、1983年、73頁。

究極的には、報告書の想定する「日本イメージ」は、世界のなかで日本を「特殊」な位置にあるものとして再定義することとなった。

　たとえば、「家庭基盤充実」研究グループの第一回会合に際して大平は、「明治以後百余年の近代化の歴史を経て、わが国はいま新しい文化の時代を迎え」、「経済的、物質的な豊かさ」を享受したものの、「国民の間には、その成果を踏まえ、特に戦後の高度成長の過程で置き忘れてきた人間性や生きがい、生活の充実感を取り戻そうとの機運が強まっている」ため、「新しい国づくり、社会づくり」が必要だとしたうえで、こう述べている。「われわれが直面しているこの問題は、先進工業諸国が共通に抱えている近代物質文明の超克という国際的な広がりをもった課題でもある」が、「その現れ方は各国によってそれぞれ異なってもいようし、その解決に当たっても日本的な手法が大切であろう」[4]。日本がいま直面している「近代物質文明の超克」という課題は「先進工業諸国が共通に抱えている」課題だから、日本は「先進国」だということになるが、その課題の「現れ方」は「先進国」ごとに違うから、他の「先進国」とは異なる「特殊」な日本としては、その解決のために「日本的な手法」が必要なのだというわけである。この大平による日本の位置付けを報告書の論者たちもまた共有していたことは、その提言をみれば明らかである。というのも、日本の家庭のあり方を考えるにあたって報告書は、「先進国病といわれる社会病理現象」を克服するための「学際的・国際的」な「共同研究」が重要だとする一方で、「日本の文化や社会が持つ個性についての深い理解が不可欠」だと強調していたからである[5]。

　それではなぜ、日本は「欧米」とは異なる「特殊」な存在だとされたのか。それは、日本が「東洋文化」と「西洋文化」の入り混じった「独自」の「個性」を有していたからであった。大平は、「文化の時代」研究グループの第一回会合でこう述べている。それによると、「四囲を海に取りまかれているわが国は、

---

(4)　「政策研究会・家庭基盤充実グループ第一回会合における大平総理発言要旨」内閣官房内閣審議室分室・内閣総理大臣補佐官室編『大平総理の政策研究会報告書3　家庭基盤の充実 —— 家庭基盤の充実研究グループ』大蔵省印刷局、1980年、21頁。また、同報告書の7-8頁、31-5頁も参照。

(5)　同上17頁、199-200頁。

　　　　　　　　一　「先進国」日本を位置付ける　　　　　99

古来から海外文化の影響を非常に強く受け、これを積極的に吸収し自分のもの
とすることによって、世界の中に独自の文化圏を形成してきた」のだという。す
なわち、「かつて異なった東洋文化の大いなる摂取に努めたわが国は、江戸時
代300年の伝統文化の一つの成熟期を経た後、幕末以来の近代国家づくりの過
程で、西洋文化を積極的に取り入れた」。その結果、日本は、「東方の文化と西
方の文化との魂の触れ合いというか、世界史的にみても意義の大きい出合いを
することとなった」のである。こうして「いま、わが国では、東方の文化と西
方の文化との混淆（こう）ともいうべき状況」が表れており、「この混淆が、
未来に向けて何ものかを生み出す大きなエネルギーになっているのではないだ
ろうか」と大平は問い掛けた。「歴史的にみてわが国は、閉ざされた社会では
なく、むしろ世界に向けて広く開かれた国であった」のである[6]。

　ただ、このことは一つの疑問を思い起こさせる。というのも、日本が「東洋
文化」と「西洋文化」の「混淆」した存在なのだとすれば、なぜ報告書の論者
たちは日本の位置付けを模索するにあたり、「西洋」≒「欧米」だけではなく「東
洋」をも対照しなかったのだろうか。それは、逆説的だが、「近代を超える」
時代の到来にも関わらず、報告書の論者たちが依然として「近代化、工業化、
欧米化の時代に要請された価値観」を引き継いでいたからだったのだといえる。
日本を「先進国」だと自負しつつ位置付ける報告書の論者たちからすれば、「東
洋」とはこれから「近代化、工業化」を達成するはずの開発途上国、発展途上
国であり、日本の位置付けや役割を再定義するうえで参照すべき存在だとはみ
なされていなかった。「日本文化」はたしかに「東洋文化」と「西洋文化」が
「混淆」しているが、そのことは、日本が「欧米」とは異なる「特殊」な存在
であることを示すためにのみ重要なのであって、日本はやはり「西洋」に近い
存在であり、「西洋」と同様に「近代化、工業化」をすでに達成した「先進国」
なのだというわけである。つまり、「近代を超える」時代において問い直され
ていたのは、「近代化」そのものというよりも、「近代化」の目指すべき方向す
なわち「先進」的であること（「先進性」）が意味するものだったのである。こ
のことは、第1章でみたように、「近代化」の「偉大な成果」を受け継ぐのだ

──────────
　(6)　「大平総理発言要旨」前掲『文化の時代』21頁。

とする宣言のなかにすでに予示されていた。

「文化交流」と「経済外交」　こうして、日本の位置付けを再定義するにあたっては「日本文化」が重要な核だとされていたことから、第1章に引き続き「日本文化」とはなにか、そこでいう「文化」とはどのようなものだと考えられていたのかを明らかにすることが重要となる。だが、ここには第1章第2節で積み残された諸問題が立ちはだかる。すなわち、「文化」というものは「国民」の手でつくられるものなのだから、日本の政府や国家が云々するものではないはずだが、だとすれば、そもそも大平のもとに集められた日本のエリートたちに「日本文化」を基礎とした「日本イメージ」を再定義する資格はあるのか、あるとすれば、「文化」のどのような部分に関してなのか、という問題である。

　すでに第1章で触れたように、報告書の論者たちは、「新しい」日本の「未来」の進路を再設定するにあたり、「個」（日本）と「全体」（世界）との関係をトータルに問い直すツールとして「文化」に目を向け、「日本文化」はそれをより「調和」的に解する特質を有するのだと主張していたが、「新しい」日本の位置付けと役割を再検討するにあたり課題となったのは、二つのことであった。すなわち、そのより「調和」的な関係はどのようなものであるべきなのかということであり、そもそも日本が位置付けられるべき世界はどうあるべきなのか、ということである。なぜならば、「日本文化」を基礎とする「個」と「全体」のより「調和」的な関係とは、「先進性」の持つ意味が問い直され、「『地球の有限容量』という壁」が意識された世界においては、あるべき「全体」（世界）に合致した「個」（日本）を考えることを意味しており、そのためにはまず、「個」が位置付けられるべき「全体」のありようを明らかにする必要があったからである（日本の位置付けと役割を考える前提として、まずあるべき世界のありようを考える必要があるというのは、戦後初期とは異なる「新しい」ものであった。というのも、戦後初期における「日本イメージ」の再定義では、あるべき世界と日本が位置付けられる世界とは同じもの、すなわち「先進国」により体現された世界だったからである[7]）。まずは前者、より「調和」的な関係についてみてみよう。

　ここで注目すべきは、（これも第1章で言及したが）報告書の論者たちが「文

一 「先進国」日本を位置付ける　101

化」と「経済」を表裏一体のものとして捉えたうえで、「文化」の「交流」を
重視していたことだろう。というのも、「貿易は文化交流であり、商品という
文化の所産の受容は文化の受容である」[8]とする記述に示されているように、
日本のエリートたちが「日本文化」のどのような部分に政府や国家の関わる余
地があると考えていたのかといえば、それは「文化」の「交流」の側面であり、
対外的な「文化」政策（≒「経済外交」）であったということができるからであ
る。たとえば、『文化の時代』報告書によると、「各国政府が文化交流を積極的
に進めるようになったのは近代のこと」であり、「過去においてはいずれの国
もこの点では無関心であった」のだという。ただ、このことは「近代」以前に
「文化」の「交流」やその「受容」が存在しなかったことを意味しない。なぜ
ならば、「インドネシア、マレーシアにおけるイスラム教の受容」が「主とし
てアラブの商人によってひき起こされ」、「徳川時代におけるオランダ文化、中
国文化、韓国文化の受容」が「商人もしくは商行為を媒介として行われた」こ
とに示されるように、「近代」以前の「文化交流」の「担い手」は「商人」だっ
たからである。そのうえ、興味深いことに、報告書の論者たちによれば、「こ
の状態は現代でも基本的には変わらない」のだとされ、「商品とは文化の所産
であり、その受容は文化の受容」なのであった。いわば、「現代」の「文化交
流」は、「外来文化の受容によって活性化し、自己の文化的蓄積をさらに豊富
にした日本の文化を、彼らが商品の形で受容している」状況なのだというわけ
である[9]。

　ではなぜ、日本のエリートたちはここまで「文化」の「交流」に固執してい
たのか。それは、「文化」の「交流」が「新しい文化」（≒「新しい商品」）の創
造に一役買っている一方で、「摩擦」をも生み出していたからである。報告書
の論者たちも指摘しているように、「文化」の「交流」にみられる「文化の移
動の流れ」は、「古代には長い歳月をかけてゆるやかに動いた」が、「近現代に
下るとともに加速度的にすみやかに波及するようになり、それだけに摩擦を惹

(7)　高瀬弘文『戦後日本の経済校──「日本イメージ」の再定義と「信用の回復」の努力』
　　　信山社、2008年、297-9頁。
(8)　前掲『文化の時代』28頁。
(9)　同上25-6頁。

き起すことも多くなった」。「現在の摩擦」は「経済摩擦ではなく文化摩擦と考えるべき」だとされたのである。だが、このことは「文化」の「交流」を押し止めたり取り止めたりする理由にはならなかった。なぜならば、こうした「交流」こそが「その渡って行った土地で衝突や摩擦や変容を経ては、新たな活力を得て、次の発展への準備をした」からである。「商品」を「文化の所産」だと捉え、「文化交流」を「貿易」だと考える報告書の論者たちからすれば、「文化」の「交流」を縮小したり断念したりすることは、経済発展をあきらめることを意味していた。それゆえ、「今日、『国際化時代』と呼ばれる世界の事象も、この地球上の長い長い文化交流の歴史の末端に、20世紀後半のスピードと密度とをもって生じてきている、文化的相互干渉の現象にほかならない」のだとする日本のエリートたちは、「新しい文化」≒「新しい商品」を生み出しながらそれにともなう「摩擦」は回避するために、対外的な「文化」政策というかたちで政府や国家がこれまでどおり「経済外交」を担当する必要があることを確認したのである[10]。

　政府や国家が関わるべきは「文化」の「交流」（≒「貿易」）の部分だとするこの議論が持つ妙味は二つに分けて考えることができる。一つは、「日本イメージ」の「現在」の部分、すなわち「新しい」日本の位置付けと役割に関わるものである。なぜならば、この議論は、経済的（「自然」的）原理だけでは解決しえない問題の存在を明らかにしているからである。それは、「文化」の「交流」（≒「貿易」）が必然的に引き起こすのだとされた「活力」の増進と「摩擦」の解消である。このことが示唆しているのは、「近代を超える」時代における「新しい」日本（「先進国」日本）が、「文化」（≒「商品」）のやりとりとその場（「市場」）の管理者として位置付けられるようになったということであり、そこでの「新しい」役割が、一方で「文化」の「交流」（≒「貿易」）をさらに発展させながら、他方でそれが必然的に引き起こす「摩擦」を解消するという、相反する二つのものを同時に実現しようとするものだったということである。いわば、日本のエリートたちは、「文化」の「交流」（≒「貿易」）の発展という「長所」を伸ばしながら、そのことが不可避的な惹起する「摩擦」という「短所」

---

(10)　同上66-7頁。

一 「先進国」日本を位置付ける   103

を減らす役割を担った、「市場」の管理者として、日本を位置付けていたのである。

　このことは、もう一つの妙味と関連する。それは、経済的（「自然」的）原理と人為的（政治的・外交的）関与との関係を考える「経済外交」に関わるものである。というのも、「経済外交」に「文化」という要素をかませることで、「文化」の「交流」（≒「貿易」）は自由に任せておけばよいとする議論に対しても、「文化」は「国民」がつくるのだから政府や国家は関与すべきではないという議論に対しても、日本のエリートたちは反駁することができるようになったからである。実際、「文化」とはもともと「交流」するのだからその自由に任せて放っておけばよいのかというと、そうではないのだと報告書は断言する。このことは、「自由貿易」が重要だと主張する報告書の論者たちが、貿易は「自由市場」に任せておけばよいのかというとそうではないとする主張とオーバーラップするのだが、なぜそう主張されたのか。

　そこには二つの理由があるのだという。一つは、「文化交流」の重要性に対する「歴史的認識」が日本では従来欠如していたから、それを幾度も強調しなければならないとする啓蒙的意義である。すでに議論したように、「交流してこそ文化は生々発展する」のであり、「文化交流」においては、「異質の文化と接触・交流し、相手をいささか変化させながらこちらも対応のために微小ないし多大の自己調整を強いられる」のだが、その「自己調整」こそが、「自分の文化に新たな次元での奥行きの深さや幅の広さを与える」。だが、「この現象は、これまで日本史上にもたびたび生じたことでありながら、この島国の国民には、その意味についての自覚が比較的浅かった」のであり、「このことの歴史的認識さえ、実は近年になってようやく日本人一般のものとなったのである」。実際、「日本文化の、この列島の中だけで自給自足してきたのではなく、古代以来意外なほどに多く、深く海外文化と接触・交流することによって、生命を養ってきた」にも関わらず、「近代に至るまで島国的な孤立意識の強かった日本国民には、日本文化の活力をさらに高め振幅豊かなものにするためにもこの能動的な文化交流が必要なことを自ら繰り返し説かねばならないのである」[11]。「島

───────────────

(11) 同上67-8頁。

国的な孤立意識」の強い日本人は、昔から「文化交流」の重要性を認識できずにいたから、それを「繰り返し説か」なければ、その「交流」を自由に任せていた時代に逆戻りしてしまうのだ、というのである。

あるべき世界——「相互依存」　たしかに、この説明は一見説得的であるように思われるが、「文化」はもともと交流するのだから自由に任せておけばよいのではないか、とする疑問に十分答えるものではない。なぜならば、たとえ「島国的な孤立意識」の強い日本人が「文化交流」の重要性を把握できていなかったとしても、それでも「文化」はこれまでも自由に「交流」してきたからである。そこで、報告書の論者たちはもう一つの理由を掲げる。それは、日本が位置付けられるべき世界に関わるもので、「あらためていうことでもないこと」ではあるが、「政治的・経済的国際関係の緊密化と全地球をおおう航空路や電波網などコミュニケーション手段の長足の進歩によって、諸国間の相互依存の関係がいよいよ深まっている」ということである。ではなぜ、「相互依存」の深まりが「文化交流」の放任を脱して「積極的な文化交流」を推し進めることを必要とするのか。それは、日本が「相互依存」の影響を受けやすい国際的な位置にあるからである。この点について、報告書はこう指摘する。「今日世界屈指の経済大国となった日本も、この複雑で敏感な国際的相互依存の網の上に浮かぶ一国にほかならない」のであり、事実、「最近の十年」における「世界各地」からの「政治上、経済上のさまざまなショック」はそのことを如実に示している。「天然資源に乏しい高度工業国家日本、軍事的防衛力は最小限に自己規制しつつアジアの一隅で国際政治の変動にさらされている日本——この国が現世界の相互依存関係に特に敏感であり、またそうあらねばならないのは当然」なのだというわけである[12]。

　こうして、世界における「相互依存」の深まりを指摘した報告書は、日本が相互依存に「敏感」であるという現状認識に加えて、「敏感」で「あらねばならない」とする理由を説明することとなる。というのも、「相互依存」の世界は、日本に「新しい文化」（≒「新しい商品」）の創造をもたらすことで経済発展を促進する、「文化」の「交流」（≒貿易）の基盤であり、それゆえ、「新しい」

---

(12)　同上68-9頁。

二 「相互理解」による「信頼」の確保　　105

日本が位置付けられる必要がある、あるべき世界だったからである。この点に
関して、報告書はこう明記している。それによると、「日本の存立と今後の発
展に重大な意味をもつこの多方向の相互依存関係を平和のうちに安定的に持続
させるためには、その関係のすべての網の目をたどっての文化交流、つまりよ
り広く深く相手を知り、より深く広くおのれを知らせることが重要である」の
だという。なぜならば、たしかに「経済上の利害関係の強まりも政治的協調の
深まりも、日本と諸外国との絆を太くする」だろうが、「しかしそれも、さま
ざまな次元での文化交流による相互の認識と信頼によってあざなわれるのでな
ければ、安定した相互関係にはならないであろう」からである[13]。相互依存に
「敏感」である日本は、「今後の発展」のためにもその「安定的」な「持続」を
「平和」のうちに実現する必要があり、それには「相手を知り」「おのれを知ら
せる」こと、すなわち「文化交流」が不可欠なのだ、というのが報告書の立場
だった。つまり、「新しい」日本が位置付けられるべき「相互依存」の世界の
「安定的」な「持続」には「相互の認識と信頼」が重要なのであり、そのため
にも従来のような「放任」ではない「積極的な文化交流」に向け、日本が役割
を果たす必要があったのである。

二　「相互理解」による「信頼」の確保

　「信頼」の確保の必要　　こうした議論の背景には、「相互依存」の世界のな
かで日本が「信頼」されておらず、そのことが日本の「今後の発展」における
蹉跌になるのではないかとする危機感があった。「今日の経済大国にのしあが
りながら、この重大な文化における国際交流について、当然なすべきことを十
分になさないできてしまったのではないか」。こう指摘する報告書の論者たち
は、「文化交流への積極的な努力の不足ないしは手遅れが、欧米にまたアジア
各地に経済摩擦をひき起こし、日本への不信と誤解をつのらせてきた」のだと
結論付けた。「『文化の時代』が語られ、『国際交流』が力説されるのも、その
反省の一つの表われ」だったのである[14]。いわば、「経済摩擦」の原因は日本

---

(13)　同上69頁。

(14)　同上69–70頁。

に対する「信頼」の欠如、すなわち「不信」にあったのであり、それを克服するには「積極的な文化交流」が不可欠だとされたのである。

　では、そこで欠けているとされた「信頼」（「不信」）とはなにか。それは端的にいえば、それぞれの「文化」に対する「理解」（の欠如）であった。報告書は続けてこう指摘する。

　たしかに、つい最近までの日本人は不可解な、あるいは「攻撃的」な国民と、世界の人々の眼には映じてきたと評される。そこにはおそらく、とくに欧米諸国では、彼らの側からする伝統的な自己中心主義による偏見も働いていたであろう。日本に対する相手側の依然たる研究不足やその怠慢も責められてよい。しかしやはり日本側にこそ、相手国の文化について、そのような偏見や無知の分厚い存在まで含めて理解不足があったことを反省しなければならない[15]。

日本に対する間違った認識は、一面では「世界の人々」の日本に対する「研究不足」や「偏見」、「怠慢」に起因するものでもあるが、報告書の見方からすれば、その責任の多くは他面で、「相手国の文化」に対する「日本側」の「理解不足」に起因したものだった。こうした「日本側」の「理解不足」が、「文化交流」の不在も手伝って「相手側」の「偏見や無知」を助長し、ひいては日本に対する「不信」を生みだしたのだと報告書の論者たちは考えていたのである。

　それゆえ、これを克服するには、「文化交流」の二つの側面を重視する必要があるのだという。一つは、他国に対する「理解」のための「学際的な『地域研究』」である。報告書によれば、一面で「相手側」の「偏見や無知」を打破するには、その「分厚い存在」に対する理解がまず必要であり、そのためには、「もはや単なる輸入型でも輸出型でもない新しい相互理解のための外国研究、すなわち一地域文明について長期展望に立つ学際的な『地域研究』が、今後促進されなければならないのは明らか」なのであった。これを具体的にどうすすめていくのかに関して、報告書はこれ以上の議論はしていない。ただ、この「学際的な『地域研究』」は、「それと同時に留学生、研修生、技師、学校教師、オピニオン・リーダーなどの人物交流を含む、さまざまなレベルの文化交流」で

---

(15)　同上70頁。

二 「相互理解」による「信頼」の確保　　107

補完される必要があり、そうした「文化交流」が「日本と直接の相互依存関係
にある諸国との間で焦眉の急であることも当然」だとされていた[16]。このこと
が示唆しているのは、短期的には「人的交流を含む、さまざまなレベルの文化
交流」を「相互依存関係にある諸国」とのあいだで積み重ねていくことにより、
やがては「一地域文明について長期展望に立つ学際的な『地域研究』」を成し
遂げるということであろう。それゆえ、誤解を恐れつついえば、ここでいう「学
際的な『地域研究』」とは、個々の研究者の問題意識に基づいた調査の集積と
いうよりも、「相互依存関係にある諸国」の人びととの結び付きである「人的
交流」の集大成であり、それはあくまで、日本の「相互依存関係」を補完する
ためのものであった。

　またもう一つは、自国の「文化」を世界に向けて説明するということである。
「文化交流」≒「貿易」だと考える報告書によれば、「すでに世界にあまねく定評
を得た日本の車も、カメラも、電気製品も、その他もろもろの製品も、日本人
の智慧と技術と審美感覚から生みだされた卓抜な文化的所産」であり、「その
ことは、われわれ自身にはすでによくわかっている」。だが、「そのことを日本
人は英語でスペイン語で、アラビア語で、それぞれの国の文法とエチケットに
従って、世界に向って説明しなければならない」。なぜならば、「それらの商品
と経済活動の背後にある日本の文化と社会の構造、またその歴史をも、深く明
快に、繰り返し説いていって、はじめてわが国は世界の人々の納得を得、彼ら
の間にわだかまるさまざまな疑惑や誤解を少しずつ解いていくこともできる」
からである。もちろん、こうした努力は「いうは易くして行うは難い遠大な仕
事」であるかもしれない。「しかし、世界の多くの国民がこの日本の文化と歴
史の不思議と魅力に多大な関心を向けはじめ、日本人自身の口からの説明を求
めはじめていることも、また事実である」。それゆえ、「日本人には、彼らの期
待に積極的に応えていく義務と責任がある」のだと報告書は結論付けたのだっ
た[17]。「近代を超える」時代の到来とともに「文化の要請」が高まっているの
だから、それには積極的に対応していくべきなのだというわけである。

---

　(16)　同上。
　(17)　同上70-1頁。

こうして、報告書は最後にこう念押ししている。他国を理解し、他国に日本を理解させるための「文化交流」が『焦眉の急』を要する仕事」だからといって、それが「単なる経済摩擦への応急手当て」や「威丈高な文化帝国主義」であってはならない。というのも、「そのような文化交流」は「長い展望の下で活発に展開され」ることで、「国際的相互依存の関係の持続的な安定を、日本にも他の国々にももたらすはず」だからである。「文化の時代」の「相互依存」の世界のなかでは、「日本文化はもはや日本人だけのものではなくなっている」のである[18]。このことからも理解できるように、報告書のいう「文化交流」とは、少なくとも日本のエリートたちからすれば、日本のみならず他国にとっても有用なものだとされていた。ここでいう「国際的な相互依存の関係の持続的な安定」が長期的に意味するものについては、以下の記述が参考になるだろう。「日本文化を説くことによって、かえって相手の国民への理解を深め、また逆照射によって自分自身の正体をも発見していくようなものでなければならない」[19]。いわば、「近代を超える」時代における「文化交流」に基づいた「相互理解」とは、「新しい」「日本イメージ」（「自分自身の正体」）を再定義（「発見」）するために不可欠だったのであり、そこでの「信頼」の欠如（「不信」）は、「逆照射」を困難にしてしまうことで「自分自身の正体」をも揺るがしかねないものだと認識されていたのである。

「相互理解」の重要性　　このことが意味していたのは、「相互依存」の世界のなかで日本が「信頼」を確保するにあたり、「文化」の「相互理解」が不可欠だということであり、そのためには、その前提となる「新しい」日本が位置付けられるべき「相互依存」の世界それ自体を維持・発展させる必要があるということだった。いわば、「新しい」日本の役割とは、「相互依存」の世界のなかで「信頼」を確保するために、「文化」の「相互理解」の促進というかたちで、「相互依存」の世界を維持・発展させることであり、さらにいえば、「相互理解」の網の目を世界にあまねくはりめぐらせることにより、日本が位置付けられるべきでないより「対立」的な世界（すなわち、「相互依存」の世界の外側）

---

(18)　同上71頁。

(19)　同上。

二　「相互理解」による「信頼」の確保　　109

を消失させ、「地球社会」≒「相互依存」の世界となるような「閉じた」世界を
つくりあげることであったといえるだろう（そうすれば、世界はより「調和」的
になるのだというわけである）。この点をもっとも直裁に論じていたのが、「田園
都市構想」研究グループ[20]であった。

　そこで、その報告書をみてみると、「新しい」日本の役割とは「地球社会の
時代」に対応することであり、より具体的には、「日本文化」を世界に向けて
積極的に紹介しつつ、さまざまなレヴェルでの「国際交流」を促進するという
ことだった。なぜならば、日本には「『分散型』の文化特質」があり、「地球社
会の時代」においては「その特質を生かして、貢献しうる道がある」からであ
る[21]。ここでいう「地球社会の時代」が、「相互依存」の支配する時代だと認
識されていたことは、報告書の以下のような表現に如実に示されている。「今
日、われわれの住む地球社会は、一つの共同体としてその相互依存の度を高め、
ますます鋭敏に反応し合うようになってきている」のだ、と。そのうえ、「日

[20]　この研究グループは、議長に梅棹忠夫（国立民族学博物館長）が、幹事に香山健一（学
　習院大学教授）、山崎正和（大阪大学教授）が就任し、政策研究員として以下のメンバー
　が名を連ねている。飽戸弘（東京大学助教授）、浅利慶太（演出家）、石井威望（東京大
　学教授）、井手久登（東京大学助教授）、植木浩（文部省大臣官房会計課長）、木村仁（自
　治省行政局振興課長）、黒川紀章（建築家）、小池和男（名古屋大学教授）、小粥正巳（大
　蔵省大臣官房秘書課長）、小林登（東京大学教授）、下村健（厚生省大臣官房総務課長）、
　竹内宏（日本長期信用銀行調査部長）、谷野陽（農林水産省水産庁漁政課長）、長澤哲夫
　（国土庁計画・調整局計画課長）、星野進保（経済企画庁長官官房秘書課長）、松本弘（建
　設省計画局参事官）。また、政策研究院・書記として、太田信一郎（通商産業省資源エ
　ネルギー庁公益事業部計画課課長補佐）、田谷廣明（大蔵省主計局主査〔防衛１係〕）、
　長野庬士（大蔵省主計局主査〔通産１・２係〕）。これに加えて、本研究グループでは、
　ゲスト・スピーカーに、伊藤正巳（東京大学教授）、梅原猛（京都市立芸術大学長）、ロ
　バート・A・オルドリッチ（コロラド大学教授）、河合雅雄（京都大学霊長類研究所長）、
　グレゴリー・クラーク（上智大学教授）、近藤道生（博報堂社長）、篠原一（東京大学教
　授）、下河辺淳（総合研究開発機構理事長）、千宗室（裏千家家元）、丹下健三（東京大
　学名誉教授）、吉国一郎（地域振興整備公団総裁）を招聘し、グループでの検討および
　報告書作成にまつわる情報・資料について、坂田眞太郎（大和証券常務取締役）をはじ
　め、各界、各省庁、内閣総理大臣補佐官室などから提供を受けたと付記されている。
[21]　内閣官房内閣審議室分室・内閣総理大臣補佐官室編『大平総理の政策研究会報告書２
　田園都市国家の構想 —— 田園都市構想研究グループ』大蔵省印刷局、1980年、27頁。

本は、激動する世界経済のなかで、エネルギーをはじめとする多くの困難な問題を抱え、貿易摩擦の解消、国内市場のいっそうの開放と拡大、対外経済協力の拡充など、さまざまな厳しい対応を迫られていることを忘れてはならない」のだった。この「地球社会の時代」においては、「地球上に生起するどのような問題も、地球社会全体を前提に考えなければ有効な対応ができなくなってきている」のである[22]。

　ただ、その一方で報告書の論者たちは、「急速な国際化の進展のなかで、各国、各地域がその伝統や文化の特色を失い画一的になることがあれば、『地球社会』は活力を失ったものとなる」のだと危惧していた。「文化の多様性は、人類の未来を豊かにするための積極的な資産」だとする『環太平洋連帯の構想』報告書を引用しつつ、『田園都市国家の構想』報告書の論者たちは、「『国際化の時代』は『地方の時代』」だと強調する。というのも、「多様な活力ある地域社会の存在を前提とし、各地域の自主性と多様性を尊重して、『地球社会』全体の調和のとれた活力ある発展を期する『国際化の時代』は、『地方の時代』の発想に立つもの」だとするならば、「日本は、このような『分散型』の文化特質を有しており、ここに、日本がその特質を生かして、貢献しうる途がある」からである[23]。

　こうして、報告書が「地球社会の時代」における「有効な対応」として打ち出したのが、「国際感覚豊かな日本人を育んでいくこと」であった。なぜならば、「経済摩擦」の背景には「文化摩擦」があるため、「国際化が進展し、各国が相互にますます依存関係を深め、接触を強めるのに伴い、お互いの文化を知らないことによる『文化摩擦』の生起の可能性も、大きくなっていくであろう」からである。ここでいう「国際感覚豊かな日本人」とは、「異なった文化を理解し、相手の立場でものを考えることができると同時に、日本の文化や社会がもつ個性についての自覚と、それを世界に向かって表現する能力」を持ち、「国際社会との交流と協調を強め、世界の多様な文化に対して開かれた態度をとり、それを積極的に摂取しつつ、自らも世界の文化と経済社会の豊かな発展に寄与

---

[22]　同上171-2頁。

[23]　同上172-3頁。

する」ような「日本人」であった。「相互依存の高まりのなかで『地球社会』が均衡のとれた調和ある発展を遂げていくためには、何よりもまず、各国、各地域、各民族がその多様性を相互に深く認識し、相互理解を深めることが重要」だとされたのである[24]。つまり、「相互の認識と信頼」のためには「文化」の「相互理解」が不可欠なのであった。

「相互理解」の方法　ここで「相互理解を深める」ために、報告書の論者たちは二つの方法に注目する。一つは、世界に向けた「日本文化の積極的紹介」である。報告書によれば、「明治維新以降極めて短い期間に近代化を達成し、とくに戦後著しい高度経済成長を成し遂げてきた」日本に対しては、こんにち「それを可能にしてきた活力の源泉である日本の文化構造に対し、欧米先進諸国からも開発途上国からも、驚異の目をもってみられるとともに、大きな関心が寄せられている」。だが、「古くから日本は、中国大陸や朝鮮半島と密接な交渉を保ちながら、それら外国の文化を受け容れることには熱心であったが、逆に自国文化の紹介については伝統的に無関心であった」。このことは「近代化・産業化を急速に達成する過程」においても変わらず、「欧米の文明を進歩の基準とし、とかく自らを遅れたものとして自己批判する態度をとり続け」、「とくに第二次大戦後は、精神文化についてまで自己否定しようとする傾向が強く、これが日本文化の紹介の努力が怠らせた原因の一つともなってきた」のだった。それゆえ、「今後は、日本自らのもつ文化の特質を冷静に把握し、その美点を人類文化の共通の資産として役立て、異文化の融合に基づく、均衡のとれた調和ある『地球社会』の発展に貢献していかなければならない」。なぜならば、「自国文化の特質について正確な自覚を欠き、その自己紹介にやぶさかであることは、国際的に謙虚に態度とはいえ」ず、「むしろ、それは国際社会そのものの軽視ともなり、自覚の欠如を物語るもの」であり、「海外からは傲慢な態度とも受け取られることになろう」からである。いわば、「新しい」日本が「地球社会」のなかでその役割を果たしていくためには、「日本文化」のありようを「遅れた」ものだと否定的に捉えるのではなく、その「美点」に目を向けるというかたちで、「その文化を正しく分析し、これを海外に紹介する責務を有し

---

(24)　同上171-3頁。

ている」のだというわけである[25]。

　それでは、より具体的にどうすればよいのか。報告書の論者たちによると、「日本文化の特質・構造は複雑であり、長い歴史のなかで多様な発展を遂げたものであって、ここで簡単な要約を行うことは不可能でもあり、危険でもあ」るのだという。「しかし、近年、いわゆる『日本学』、『日本人論』の進展には目覚しいものがあり」、「大学などの研究機関」でも、従来の専門の枠組みを越えた「学際的な研究体制の組織、あるいは新講座の開設の機運」が起こっている。しかも、「諸外国の大学の日本研究も隆盛の度を強め、大学の講座数、研究者数ともに急増の一途をたどっている」のである。それゆえ、「今後、日本はこの傾向を助長し」、「国内の大学の研究体制の増強、日本学講座の整備・新設はもちろん、外国人研究者への援助にもいっそうの努力を払うべき」なのだとされた。たとえば、「外国の大学の日本学専攻学生の就職機会の拡大」や「日本への留学生、研究者の招致」、さらには「学位授与」のあり方の見直しなど、「外国人研究者を励ますような制度改革に意を用いるべき」だというのである[26]。

　こうして、そのための組織や制度が必要となる。報告書はまず、「従来行われてきた大使館など在外公館、国際交流基金、日本貿易振興会（JETRO）、国際観光振興会などによる情報提供活動をいっそう拡充・強化する」必要性を強調したうえで、新たな組織として「現在はローマとケルンのみにある日本文化紹介のためのセンターを、世界の主要都市に建設」したり、かつての高度経済成長期に外貨獲得を目的とした日本の物産紹介の「見本市船」をまね、「日本文化紹介のための『文化の船』づくり」を推進したりすることを例示している。また、「このような日本文化の紹介に当たっては、できるかぎりボランティアによることが望まし」いとして、「大学におけるボランティア活動の積極的な評価」や「企業におけるボランティア休暇制度」に関する「検討を進めるべき」だと指摘した。そのうえで、報告書の論者たちは、「日本文化についてのより深い理解」を「外国人」に促すために、さらに二つの施策を推奨する。それは「日本語教育の振興」であり「日本文化」の「生活体験」である。「従来は、日

---

(25)　同上174–5頁。

(26)　同上175頁。

二　「相互理解」による「信頼」の確保　113

本語は難しい言語であると考えられ、日本側もその普及に必ずしも熱心である
とはいえない面もあった」。だが、「今後は、この点に力を注」ぎ、「とくに国
内・国外の人材の養成と、諸外国の日本語教育機関への援助、優れた教材の開
発・普及が急務」となるだろう。さらに、「日本語教育」を通じて「日本文化」
に関心を抱いた「外国人」が日本を訪れた際には、「生活体験を通じて日本文
化を理解できるよう、訪日外国人のために、さまざまな形でのホーム・ステイ
などの促進を図ることも重要」である。ただ、大都市では「住宅事情」のため
にホーム・ステイには「限界」があるので、その代替策として「『国際青少年
の家』などの整備を進め」、「日本人と外国人とが共同生活をするような工夫を
行うことが適当」なのだとされた[27]。

　その結果、国内と国外に対する二つの施策が必要となる。まず第一に、国内
に対しては、「日本文化」をしっかりと身に付けた担い手をつくるということ
である。それは、報告書の論者たちによれば、「よき日本人」であった[28]。な
ぜならば、「文化」を「商品」とほとんど同一視し「文化」の「交流」を「貿
易」と同義だとみなす報告書の議論を思い起こせば理解できるように、「日本
文化」の紹介は、より具体的には日本の「商品」のかたちでなされるからであ
り、その担い手は、「日本文化」をしっかり身に着けた「ボランティア」（≒「商
人」）だと考えられていたからである。こうして、国内向けの「文化」政策（≒
「経済」政策）では、大平が「人づくり」といい報告書が「国際感覚豊かな日本
人を育んでいく」のだと強調していたように、「よき日本人」の形成が重要視
されることとなった[29]。

---

(27)　同上176‐7頁。

(28)　この「よき日本人」というコトバは、1966年に文部省が発表した『期待される人間像』
　　　という報告書のなかで使われたものである。この試みは、本章で議論されるような1970
　　　年代以降に顕在化する動き、すなわち「近代化」の世界を引き継ぎつつその弊害のみを
　　　除去できるような「国民的主体」を形成しようとする動きの先取りであり、そこでいう
　　　「よき日本人」とは、「現代の消費社会の甘い虜にならず、利己主義の誘惑にも惑わされ
　　　ない」かたちで「勤労に打ち込むことができる」ような「主体」であった。ハリー・ハ
　　　ルトゥーニアン（樹本健訳）「国民の物語／亡霊の出現 ―― 近代日本における国民的主
　　　体の形成」キャロル・グラックほか『日本の歴史25　日本はどこへ行くのか』講談社、
　　　2003年、327‐42頁。

114　　　　第2章　長所を伸ばし、短所を減らす

「国際交流」の推進　　また第二に、国外に対しては、大きく二つの問題が重視されていたのだといえる。一つは、なにが「日本らしい」「文化」≒「商品」なのかについて、他国とその人びととの「相互理解」をつうじた「信頼」の確保を目指すということである。というのも、「日本らしさ」(「日本文化」)についての共通理解の崩壊は、「相互依存」の世界では日本製品の輸出先の喪失を意味し、それは、「文化の所産」である「商品」をやり取りするネットワークである「相互依存」の世界からの放逐と事実上同義だったからである。このことは、すでに述べたような「日本らしさ」(「日本文化」)≒「日本イメージ」の再定義とともに、みずからの再定義した「日本イメージ」どおりの国家として他国から承認され、あるいは、そのような国家として日本を承認してくれるよう「他国」に働きかける必要があることを意味していた（これは後述のように、まず「日本イメージ」に対する国際的承認≒「相互理解」をつうじた「信頼」の確保の名のもとにあらゆる諸国を結び付けることでより「調和」的な世界〔「相互依存」の世界〕を構築するとともに、そのままでは「日本イメージ」を承認してもらえない場合には、「他国」を再構成しつくりかえるという、二つの側面を持つこととなる）。

　こうして、他国の「信頼」を確保するために、「相互理解の努力は、あらゆるレベルにおいて、さまざまな人々によって行われなければならない」[30]のだと報告書の論者たちは宣言することとなる。ただ、そのための手段として報告書が重視したのは、さまざまなレヴェルでの「国際交流」であり、それは基本的に「日本文化の積極的紹介」のためであった。なぜならば、「日本文化」に対する「無知や誤解」の主要な原因は、「文化」を軽視してきた日本側の怠慢にあったのだとされていたからである。たとえば、「外国の都市」との「姉妹都市」関係の締結による「国際交流・相互理解の促進」、「各地域の個性ある文

---

(29)　この議論は、「新しい」日本の役割が、なぜ「長所」を伸ばし「短所」を減らすという、二つに引き裂かれたものになったのかを暗示しているように思われる。というのも、ここで試みられているのは、自発性（かつ、おそらく無報酬）が重要な要素であるはずの「ボランティア」を、「人づくり」の名のもと、半ば強制的に養成しようとするものだったからである。「ボランティア」の推奨というかたちで「長所」を伸ばそうとする試みが、その担い手の不足などの理由でうまくいかない場合には、その「短所」を減らすために、「ボランティア」の事実上の強制を目指すのだというわけである。

(30)　前掲『田園都市国家の構想』177頁。

化と結びつい」た「国際的に開かれた地域社会、地域産業の育成」、「国公立大学の国際化」および「中学・高校レベルでの留学、ワーキング・ホリデイやホーム・ステイなどの青少年の交流」、「開発途上国の人づくり」に対する「協力」のための「体制の整備」などはその一例である[31]。

　それに加えて報告書は、もう一つの重視すべき問題として、日本がすでに開発途上国とは峻別された「先進国」であることを明確に自認しつつ、「近代化を成し遂げた先進諸国」の「高度工業化社会の病理現象を克服するための国際的共同研究」が必要だと高らかに宣言する。そこで研究されるべき主要な課題は、「都市化が家庭や子どもに及ぼす影響」についてであり、それを国際的に研究することは「国づくりのノウ・ハウの交換」だとされた。なぜそういえるのか、報告書の論者たちは「相互依存」の世界のなかでの「新しい」日本の役割を意識しつつこう主張する。すなわち、「開発途上国が必要としている技術資源は先進国の手にあり、科学技術が進んだ国が必要としている天然資源は開発途上国にある」こんにちでは、「世界中の子どもたちのために、都市生活を改善しうるに必要な資源を分かち合うことこそ、『人間』のための未来を形づくる方策となるにちがいない」のだというのである[32]。

　「閉じた」世界の構築　　この指摘は、報告書の論者たちが、「新しい」日本の役割を考える前提としていた「相互依存」の世界についてどう認識していたのかを示唆している。というのも、一方でそれは、すでに議論したように、固有の「文化」に彩られた国家がお互いにその「文化」≒「商品」をやり取りすることで成立するネットワークだとされ、あたかも世界の「現在」のありようがそうであるかのように意義付けられていたが、ここに議論されているように、それは他方で、「『人間』のための未来」に向けてこれから構築しなければならないものでもあり、「現在」においてはいまだ不完全なものであるがゆえに「国際的共同研究」が必要だとされていたからである。「相互依存」の世界を維持するのみならず、「未来」に向けて新たに構築していくこと、これが「相互理解を深める」ためのもう一つの方法である。日本の役割をはじめとする「新し

---

(31)　同上177-8頁。

(32)　同上179-81頁。

い」「日本イメージ」を考える前提だとされた「近代を超える」時代における「相互依存」の世界とは、少なく見積もってもあくまで建設途上のものだったのである。

　それゆえ、このように議論することが妥当であるならば、建設途上の「相互依存」の世界を前提に「日本イメージ」を再定義しようとしていた報告書の論者たちの企図が持つ意味についても再検討が必要となる。これまで議論してきたように、「相互依存」の世界がすでに「現在」存在しているのであれば、その世界を前提に「日本イメージ」を再定義することにはなんの不思議もない。なぜならば、それは「現在」の世界のなかにみずからの位置付けと役割を見出そうとする作業に他ならないからである。しかし、それが建設途上の世界となると話は別である。というのも、その未完成の世界のなかに「日本イメージ」を再定義しみずからの位置付けや役割を見出そうとする行為は、必然的に、その前提となる世界を構築しようとする志向性をともなうだろうからである。これは、世界を、日本のエリートたちが望む「日本イメージ」に合致したかたちに再編しようとする行為であり、このことは、1970年代以降の歴史を、世界を維持しようとする歴史としてだけではなく、「新しい」世界の構築を目指した歴史としてもみなければならないということを示唆している。

　では、日本は世界の再編にあたりどのような役割を果たそうとしていたのか。この点に関して、上述の「国づくりのノウ・ハウの交換」のための「国際的共同研究」における課題だとされた「都市化が家庭や子どもに及ぼす影響」についての議論は示唆深い。まず、そこでの「都市化」がもたらす諸問題という課題設定は、明確に「先進国」を基準としており、「次の2世代の間に」「都市化にいっそうのはずみがつくこととな」るだろう「開発途上国」の基準ではない。なぜならば、この基準は、「工業化を伴う都市化と伴わない都市化」を区分したうえで、「近代化を成し遂げた先進諸国」が直面する「高度工業化社会の病理現象を克服する」ことに主要なターゲットを絞っているからである[33]。このことが意味しているのは、報告書が慎重に「相互依存」というコトバを使い、この両者を「進歩」や「発展」の段階ではなく直面する課題の違いにすぎない

---

(33)　同上179–80頁。

二 「相互理解」による「信頼」の確保　　117

かのように記述しているにも関わらず、「先進」と「途上」というコトバに表れているように、かつての進んだ「先進国」と遅れた「後進国」という階層的な区分を引き継いでいるということである。戦後初期の「日本イメージ」においてみずからを「中進国」だと位置付け、「先進国」を目標に日本の位置付けとその背後にある世界とを二重に「変革」しようとしていたことを想起するならば、この「新しい」「日本イメージ」における日本の役割とは、当事者の認識からすれば、「先進国」となった日本の位置付けとその前提となる世界を維持しようとするものだとみることもできるだろう[34]。ただ、日本が「先進国」であるために、「先進国」と「開発途上国」とが存在する世界のなかで「先進国」の基準による「相互依存」の世界の構築とその持続を目指そうとすることは、事実上「開発途上国」の要求を無視することでその存在自体をつくりかえようとするものであり、また、「開発途上国」とそれらが希望する世界をともに排斥することで、日本が位置付けられるべきでない世界（すなわち「相互依存」の世界の外側）を消去し、「相互依存」の世界をその外側のない「閉じた」世界として再編するに等しい行為であった。

　それゆえ、そこで再定義された「日本イメージ」における「新しい」日本の役割とは、かつての「先進国」と「後進国」という区分を引き継ぎつつ、「信頼」を確保するために「相互理解」を促進するという名のもと、「先進国」が直面する課題に基づいて「相互依存」の世界の維持・発展に寄与することを意味していた。報告書の議論が示しているように、たしかに、この時期の世界は「相互依存」の世界であり日本は「先進国」だったのかもしれないが、それはあくまで事実の半面であり、「相互依存」の世界を構築するために世界はこれからさらに再編されねばならず、日本は「先進国」として位置付けられるために、「先進性」の持つ意味を問い直すとともに、その世界の構築に寄与できるよう「日本イメージ」を再定義して「新たな国づくり」に踏み出し、「信頼」を確保するために「相互理解」を促進しなければならなかったのである。それは、「新しい」日本の役割に引き付けていえば、「相互依存」の「閉じた」世界

───────────

(34)　この当事者の認識を分析したものとして、高瀬弘文「経済外交概念の再検討 ── 戦後日本を事例に」『広島国際研究』2013年、22-5頁。

を思い描きつつ再定義された「日本イメージ」をもとに、その世界を「日本イメージ」に合致したより使いやすいかたちに再編しようとする、不断の循環論的な企図であった。いわば、「日本文化」を「新しい」「モデル」に掲げた日本のエリートたちがそれをもとにした「個」と「全体」のより「調和」的な関係を国際的に承認してもらうには、その「個」のありよう（「日本イメージ」）とともに「全体」のありよう（「相互依存」の世界）についても受け入れてもらう必要があったのである。

三 「地域主義」と安全保障

「地域主義」── 期待される役割　その具体的な方策の一つが、「環太平洋連帯」研究グループ[35]によりまとめられた「環太平洋連帯の構想」[36]であった。大平は、この第一回会合において、「相互依存の度を高め」る「地球社会の時代」を迎え、「わが国としては、国際社会において期待されている役割と責任をしっかりとわきまえ、真剣に対応してまいる必要がある」として、以下のように指摘している。「太平洋に位置するわが国としては、米国、東南アジア諸国、豪州を始め、太平洋地域諸国との緊密な関係を積み重ねてきており、グローバリズムの中にもこれら諸国との関係を一層濃密なものとして発展を図ることが、世界から期待されているわが国の役割ではないであろうか」。ただ、この地域にある諸国は「発展段階もかなりまちまちである」ため、「ECのような機構を考えることは現実的でない」。それゆえ、「アプローチも、協力政策の進め方も、個々に慎重な配慮が必要」であり、「参加国の範囲がテーマにより異なる」ような「ゆるやかな連帯」を目指しつつ、「その理念に賛成する者すべての参加が可能」な「開かれた連帯」でなければならないとされたのである[37]。大平によれば、世界から日本に期待された役割とは、「太平洋地域」の「連帯」を「一層濃密なもの」にするためにそれを主導することであり、そうすることで、いまだ建設途上である「相互依存」の世界の構築に「太平洋地域」で尽力することであった。報告書もまたこの大平の考えを受け入れつつ、この構想が「排他的で閉ざされたリージョナリズムでは決してな」く、「自由で開かれた相互依存関係の形成を目指」したものであるとしながら、世界における日本の役割についてこう主張している。「ガット・IMF体制を基軸とする自由で開かれ

三 「地域主義」と安全保障　　119

た国際経済システムが、近年かげりを見せていることを深く憂慮するわれわれ
は、太平洋諸国が、その特色とする活力とダイナミズムをよく活用して、グロー
バリズムの新たな担い手となることを、心から期待する」[38]。

　「地域主義」の持つ意味　　では、この日本の役割として掲げられた「地域
主義」における「連帯」はどのような具体的中身を有していたのか。それは、

---

(35)　この研究グループは、議長に大来佐武郎（社団法人日本経済研究センター理事長）、
　　大来が1979年11月9日に第二次大平内閣の外務大臣に就任したのちは、幹事の飯田経夫
　　（名古屋大学教授）が議長（代行）を務め、幹事に佐藤誠三郎（東京大学教授）が就い
　　たほか、政策研究員として以下のメンバーが名を連ねている。石井威望（東京大学教授）、
　　高坂正堯（京都大学教授）、小長啓一（通商産業省機械情報産業局次長）、榊原英資（埼
　　玉大学助教授）、高垣佑（東京銀行取締役人事部長）、堂ノ脇光朗（外務省大臣官房審議
　　官）、中川文雄（筑波大学助教授）、中島嶺雄（東京外国語大学教授）、中瀬信三（農林
　　水産省畜産局家畜衛生産課長）、西原正（防衛大学教授）、林淳司（運輸省大臣官房文書課
　　長）、古橋源六郎（大蔵省関税局総務課長）、本間長世（東京大学教授）、山崎正和（大
　　阪大学教授）、山澤逸平（一橋大学教授）、吉川淳（経済企画庁長官官房参事官）、渡辺
　　昭夫（東京大学教授）。また、政策研究員・書記として、鏡味徳房（大蔵省銀行局銀行
　　課課長補佐）、鹿野軍勝（在ニューヨーク日本国総領事館領事・前外務省大臣官房調査
　　部企画課首席事務官）、神原寧（大蔵省国際金融局調査課企画係長）、西田恒夫（外務省
　　大臣官房調査企画部企画課首席事務官）。これに加えて、本研究グループでは、ゲスト・
　　スピーカーに、天城勲（日本学術振興会理事長）、稲村光一（日本長期信用銀行顧問）、
　　衛藤瀋吉（東京大学教授）、河村欣二（財団法人フォーリン・プレスセンター専務理事）、
　　小島清（一橋大学教授）、五島昇（東京急行電鉄株式会社社長）、瀬島龍三（伊藤忠商事
　　株式会社会長）、徳山二郎（株式会社野村総合研究所副社長）、永井陽之助（東京工業大
　　学教授）、本城和彦（国際連合地域開発センター所長）、矢野暢（京都大学教授）、和田
　　敏信（通商産業省顧問）を招聘し、グループの検討や報告書作成にまつわる情報・資料
　　について、安部朝弘（大和証券株式会社国際金融部次長）、五十嵐耕一（文部省社会教
　　育局社会教育課長）、江口雄次郎（株式会社野村総合研究所主任研究員）、國廣道彦（外
　　務省大臣官房外務参事官）、黒河内久美（在オランダ日本国大使館参事官）、瀧田あゆち
　　（日本航空株式会社国際業務室次長）、田中康久（法務省民事局第五課長）、富田徹郎（郵
　　政省大臣官房文書課長）、野見山眞之（労働省職業安定局雇用政策課長）、橋本綱彦（富
　　士通株式会社取締役海外事業本部長代理）、平岡千之（外務省大臣官房審議官）、山田守
　　正（野村証券株式会社取締役国際金融部長）、山本達雄（法務省大臣官房参事官）、米沢
　　允克（郵政省大臣官房電気通信参事官）をはじめ、各省庁、内閣総理大臣補佐官室など
　　から提供を受けたと付記されている。

(36) 大平が提唱した「環太平洋連帯の構想」に関しては、田凱による本格的な研究がある。田凱「環太平洋連帯構想の誕生（４）アジア太平洋地域形成をめぐる日豪中の外交イニシアティブ」『北大法学論集』2013年７月、49-98頁；田凱「環太平洋連帯構想の誕生（３）アジア太平洋地域形成をめぐる日豪中の外交イニシアティブ」『北大法学論集』2013年５月、141-73頁；田凱「環太平洋連帯構想の誕生（２）アジア太平洋地域形成をめぐる日豪中の外交イニシアティブ」『北大法学論集』2013年３月、41-88頁；田凱「環太平洋連帯構想の誕生（１）アジア太平洋地域形成をめぐる日豪中の外交イニシアティブ」『北大法学論集』2013年１月、87-142頁；田凱「環太平洋連帯構想の誕生 —— アジア太平洋地域形成をめぐる日豪中の外交イニシアティブ」博士論文（北海道大学）2011年６月；田凱「環太平洋連帯構想 —— 大平外交とアジア太平洋地域秩序の模索」『北大法学研究科ジュニア・リサーチ・ジャーナル』2007年12月、75-107頁。また、この構想に触れた近年の先行研究として、添谷芳秀『日本の外交 ——「戦後」を読み解く』筑摩書房、2017年、156- 9頁；「池上彰と学ぶ日本の総理」編集部編『池上彰と学ぶ日本の総理　第10号　大平正芳』小学館（電子版）、2017年２月、18- 9頁；服部龍二『大平正芳 —— 理念と外交』岩波書店、2014年、165-70頁；五百旗頭真編『戦後日本外交史』第３版補訂版、有斐閣、2014年、174- 7頁；井上寿一『NHK　さかのぼり日本史　外交篇〔１〕　戦後"経済外交"の軌跡 —— なぜ、アジア太平洋は一つになれないのか』NHK出版、2012年、81- 9頁；若月秀和『大国日本の政治指導 —— 1972-1989』（現代日本政治史４）吉川弘文館、2012年、129-31頁；星野三喜夫「『開かれた地域主義』と環太平洋連帯構想」『新潟産業大学経済学部紀要』2011年６月、27-43頁；李炯喆「大平内閣とアジア外交」『長崎県立大学国際情報学部研究紀要』2011年、137-148頁；佐道明広「大平正芳『保守本流』の使命感」佐道明広、小宮一夫、服部龍二編『人物で読む現代日本外交史 —— 近衛文麿から小泉純一郎まで』吉川弘文館、2008年、264- 8頁；若月秀和『「全方位外交」の時代 —— 冷戦変容期の日本とアジア・1971～80年』日本経済評論社、2006年、296- 9頁；渡邉昭夫編『アジア太平洋連帯構想』NTT出版、2005年。

　これらの研究は、主にアジア太平洋地域の「地域主義」に対する問題関心から「環太平洋連帯の構想」の内実を明らかにしており、きわめて示唆に富んでいるが、「地域主義」の意義およびその重要性を強調することで、この構想が「相互依存」の世界を構築し、持続させるという「新しい」日本の役割の「太平洋地域」版であるという側面を相対的にみえにくいものにしてしまっているように思われる。そこで本書では、日本を世界のなかにどう位置付けようとしていたのかをめぐる諸問題、すなわち「日本イメージ」の再定義に着目しつつ、日本の（グローバルな）「経済外交」のなかに「環太平洋連帯の構想」を意義付けようと試みる。この構想もまた、他の報告書で提示された計画と同様、「近代を超える」プロジェクトの一環であり、1970年代末葉の日本のエリートたちが「新しい」世界のなかに「新しい」日本の役割を見出そうとした企図の一つとしても理解しなおす必要があるのだと考えられるからである。

三 「地域主義」と安全保障　　121

日本の果たすべき役割という観点から少なくとも三つの側面を持つものである
といえる。第一の側面とは、「相互依存」の世界という「閉じた」世界を「太
平洋地域」において構築するために、「信頼」の確保を目指した「相互理解」
を「国際交流」の推進により実現し、あらゆる諸国をお互いに結び付けるとい
う役割である。たとえば、『環太平洋連帯の構想』報告書によると、「多様性の
尊重がわれわれの構想の核心」であるため、「地域内の諸国民がその多様性を
相互に深く理解し合うことが、構想推進の第一歩」であり、「それは、あらゆ
るレベルで、さまざまな人々によって、行われなければならない」のだという。
なぜならば、「異なる歴史と伝統をもち、経済発展や政治制度、社会慣習など
において多様な太平洋諸国民が地域的協力を進めていくためには、あらゆるレ
ベルでの相互理解の促進の努力がとりわけ必要」だからである。こうして報告
書は、「そのような目的のための国際交流」を四つに分けて論じている。すな
わち、「広範な国民諸階層間の文化交流」、「留学生を中心とする教育交流」、「大
学その他の研究機関における学術交流」、そして「国際交流に果たしうる大き
な役割」を有する「観光」がそれである[39]。「国際交流」をさまざまなレベル
で進めていけば「相互理解」が促進され、「太平洋地域」における「連帯」が
実現されるのであり、これを推進していくことこそが日本の役割なのだという
わけである。

　ただ、すでに議論したように、日本の主導する「地域主義」をつうじた「連
帯」の模索が「相互依存」の世界を新たに構築することの「太平洋地域」版で
あることを考え合わせるならば、日本の役割が持つ意味の違う面がみえてくる。
それは、「多様性の尊重」というかたちで、「相互依存」の世界のありようにつ
いてはこれから「太平洋諸国」の人びとがみんなで少しずつ建設していくよう
な議論をしておきながら、その具体的なありように関してはすでに所与のもの
として決定されており、日本の役割として掲げられた「国際交流」や「相互理

⑶　「政策研究会・環太平洋連帯研究グループ第一回会合における大平総理発言要旨」内
　　閣官房内閣審議室分室・内閣総理大臣補佐官室編『大平総理の政策研究会報告書4　環
　　太平洋連帯の構想 —— 環太平洋連帯研究グループ』大蔵省印刷局、1980年、21-2頁。
⑶　前掲『環太平洋連帯の構想』7-8頁、17-24頁。
⑶　同上8頁、27頁。その詳細については、28-44頁を参照。

解」、「連帯」とは、すでに決まっているそのありようを「太平洋諸国」の人び
とに受け入れさせるためのプロセスだということである。事実、『環太平洋連
帯の構想』報告書は、この点に関してこう言明している。「われわれの環太平
洋連帯構想のひとつの原点」は、「世界的なレベルで進行しつつあるかのよう
に見える自由な市場メカニズムの後退と保護貿易主義の強化の傾向に歯止めを
かけ、太平洋諸国を軸に、自由で活力ある世界経済を維持し、かつ、これを拡
大していくことにある」のだ、と[40]。この議論に内包される「相互依存」の世
界や「太平洋諸国」の「連帯」のありようとは、「とかく対決に明けくれる南
北問題」に「実りある展開」をもたらすことであり、「先進国による市場開放」
や発展途上国との「経済・技術協力」、さらには「国際投資の実りある進展」
などをつうじて「先進国と発展途上国との間に新しい関係を確立する」ことで
あり、発展途上国が「計画経済的要素」を導入する場合にも、「同時に市場を
有効に活用し、民間のダイナミズムを最大限に引き出す努力」が「決して軽視
されてはならない」ということだった[41]。「自由で開かれた国際経済システム
の維持は、世界平和の持続と並んで、太平洋諸国自身にとってのみならず、世
界経済そのものにとって、何よりも望ましいこと」だったのである[42]。「太平
洋地域の多様性」を「尊重」するとはいいながら、報告書が主張するこの立場
は、国際連合貿易開発会議（United Nations Conference on Trade and Develop-
ment: UNCTAD）に代表される発展途上国のものというよりも、日本をはじ
めとする「先進国」が主導するものであり、この「先進国」の立場に基づいた
「国際交流」や「相互理解」、「連帯」を推し進める日本の役割は、日本のエリー
トたちが伸ばしたいと考える「長所」の詰まった世界、すなわち「自由な市場
メカニズム」に彩られた「相互依存」の世界を構築するとともに、それ以外の
世界を事実上消失させ、「長所」で満たされる「閉じた」世界をつくりあげる
ことに一役買うものであった。

　「先進国」における役割　　こうして、日本を含む「先進国」の思惑に合致
した「相互依存」の世界を「太平洋地域」において構築しようとする日本の役

---

(40)　同上52頁。

(41)　同上22-3頁。

(42)　同上19頁。

三 「地域主義」と安全保障　　123

割は、その必然的な帰結として、日本のエリートたちがみずから再定義した「日本イメージ」どおりの国家として国際的に受け入れてもらうという、「相互理解」をつうじた「信頼」の確保を内包することとなった。このことは、一方で第二に、「先進国」における日本の役割、すなわち「われわれの環太平洋連帯構想のひとつの原点」である、「自由な市場メカニズムの後退と保護貿易主義の強化の傾向に歯止めをかけ」るための貿易や資源開発、金融に関する指針に示されている。たとえば、「太平洋地域における貿易・産業分野での国際協力を推進する」ために、報告書の論者たちはまず、「貿易と国際投資に関する環太平洋宣言」のようなかたちで「一定の基本的な指導理念の確立が必要」だとしているが、そこでは、「太平洋諸国の経済は、その共通の原則を市場メカニズムに求めることによって、その地域自体の厚生を高め、ひいては世界経済の順調な発展に寄与することができる」のだとされた。というのも、「産業の転換」による「国際分業」の推進に向けた「産業調整問題は、しばしば自由な市場メカニズムの機能を無視する形で論じられることがあるが、われわれは、太平洋諸国の産業調整が、自由で開かれた地域社会の枠組みの中で、できるだけ市場経済の利点を生かして、行われることが必要である」と考えるからである[43]。日本の役割とは、この「自由で開かれた」「市場メカニズム」を「太平洋地域」において「共通の原則」とすることであり、そのための「指導」的役割を担うことだったのである。

　また、資源開発をめぐる協力について報告書は、「域内の先進国と発展途上国」との「協調」が「域内の連帯」を強めるとの認識のもと、「エネルギー開発、海洋開発、農林水産開発」に関する「共同プロジェクト」を立ち上げることの重要性を述べているが、その理由はこうであった。すなわち、「近年、グローバルなレベルでの資源供給国と消費国との関係は、OPEC 等の国際カルテル強化を契機として、不安定化の兆しを見せている」状況のなかで「太平洋諸国に課せられた大きな責務のひとつ」とは、「資源供給国と消費国との間の互恵的な協調関係をこの地域内で根気よく推進していくこと」なのだと報告書の論者たちは主張する。なぜならば、「資源有限時代といわれる今日、エネルギー・

---

(43)　同上52-3頁。

食糧・海洋資源等のもつ重要性は、太平洋地域にとっても極めて大きい」からである。こうして、この「リージョナルなレベル」での「協調関係」が「OECD等で進んでいるグローバルな協調」と「相反するものではない」とする報告書の論者たちは、「こうした協調体制を維持し、発展させていくにあたっては、資源供給国、消費国とも、カルテル行為あるいは保護貿易主義的政策をできる限り制限し、市場メカニズムと自由貿易の原則を堅持していくことが肝要」なのだと強調した[44]。グローバルなレベルであれ、リージョナルなレベルであれ、「相互依存」の世界を構築するための「指導理念」や「原則」は、「市場メカニズム」に基づいた「自由貿易」なのだから、「カルテル行為」や「保護貿易主義的政策」のような、それを阻害するような振る舞いは否定されるべきであり、日本の役割もまた、「OECD等」の「先進国」が推し進める「グローバルな協調」を「太平洋地域」において補完することだとされたのである。

　さらに、金融については「資金の円滑な交流」と題する節で議論されているが、ここでは「新しい」日本の役割が鮮明に表れている。というのも、そこでは明確に、日本は「主たる資金需要者と考えられる域内発展途上国」ではなく「主たる資金供給者と考えられる域内先進国」だと位置付けられ、「日本が大きな経済力を有するにいたった事実に基づき、太平洋地域の資金交流に積極的に貢献する必要がある」のだと言明されているからである。報告書によると、「太平洋諸国は、活力に富んでおり、今後21世紀に向けて、国内開発、資源開発、海洋開発等を中心に極めて大きな資金需要があると予想される」から、「このような需要に対する資金供給を円滑にし、そのパイプを十分に太くしておく必要がある」。また、「太平洋諸国間のみならず、これら諸国とそれ以外の地域にある諸国との経済取引、貿易関係もますます大きくなり、経済の相互依存関係は一段と緊密になっていくことが予想される」ため、「これに対応して、域内の金融、決済手段、決済機構を整備していくことも、極めて重要な課題である」のだという。ただ、「太平洋地域における金融ファシリティの整備は、域外の資金需要についても十分に対応するもの」でなければならないから、「太平洋地域における資金需要を、域内からの資金供給だけで賄うというような閉鎖的

---

(44) 同上57-9頁。

三 「地域主義」と安全保障　　125

考え方」では問題があり、また、「太平洋地域は、域内諸国が政治的に安定し、経済的に活力をもって運営されている限り、ヨーロッパ先進国や中近東の産油国にとっても、魅力ある投融資対象であり、この地域の所要資金が域外からも流入することが十分に期待される」ため、「グローバルな資金市場と密接な相互補完関係をもっていくことは、金融というものの性格からも当然のこと」なのであった[45]。

　こうして、報告書はまず、「太平洋地域における資金交流を円滑にするために、域内で相対的に大きい経済力、資金力を有し、主として資金を有し、主として資金供給者の立場に立つことが予想される先進国は何をなすべきか」について、「主として日本を例にとって考えてみたい」とし、「政府ベース」と「民間ベース」の資金供給に分けてこう述べている。すなわち、一方で日本輸出入銀行や海外経済協力基金などをつうじて行われる「政府ベース」の「主たる問題」は「発展途上国に対する資金協力体制の強化」であり、これは、より具体的には「資金協力、資金援助の額の増大という量の側面」、「資金援助の条件の改善やフィージビリティ・スタディの強化などの質の側面」、および「これらを取り扱う行政機構、窓口機関の効率的整備という取扱い機関の問題」が含まれるのだとされる。

　他方で「民間ベース」においては、「日本の金融・資本市場の国際化の促進」と「太平洋諸国のプロジェクトに対する個人や民間企業による証券投資や直接投資の増加、民間金融機関による投融資の増加の問題」があり、そこには、「市場に参加できる非居住者の範囲をひろげ」「そのような非居住者が日本の金融・資本市場で自由に資金を調達、運用できるようにするため、市場の開放を促進する」よう、「中央銀行を含めた行政機関の直接・間接の規制や管理をできるだけ縮小すること」や、金利について「必要最小限の政策的分野を除いては、できるだけ政府の関与を排し」、「国際金融・資本市場と関連をもって、市場メカニズムによって自然に形成されていく方向での政策誘導」を行うこと、さらには、「外国の資金調達・運用者や金融機関が、金融・資本市場へ円滑に参加できる方途を講じ」、また「市場参加者が自らの判断によって自由に選択し得

---

(45)　同上67-8頁、71頁。

るよう」、金融機関の業界ごとに存在する障壁を取り払うとともに、市場における選択肢の多様化に努め、金融政策も「公開市場操作」のような「市場を対象として行われるのが望ましい」ことなどが挙げられていた。

いわば、「環太平洋連帯構想の中で資金の円滑な交流を進める」には、「市場メカニズム」の重視と市場の開放および自由化、多様化を目指すこれらの努力をつうじて「日本の金融・資本市場を自由で底の深いものにしていくこと」が「欠くことのできない重要な要素」だったのである。こうして報告書は、これらの努力が「たんに日本に限らず、アメリカ、カナダ、オーストラリア、香港、シンガポールなどの金融に関する域内先進国についても、基本的方向においては共通して妥当する」のだとしてうえで、「これら諸国の金融当局ないしは民間部門」が「政府ベース、民間ベースの資金供給の円滑化に努力していくことが必要」だとまとめた[46]。

これらの主張からも推察されるように、報告書の論者たちははっきりと、アメリカやカナダ、オーストラリアのような「先進国」として日本を位置付け、その役割を明らかにし果たそうとすることで、日本を「先進国」として国際的に承認してもらおうと試みていた。「OECD 等」の「先進国」が推し進めているのだとされた「市場メカニズムと自由貿易の原則」の「堅持」は、そのための重要な方途であり、日本は、「相互依存」の世界を構築するために「太平洋地域」においてその役割を主導することを目指したのである。「環太平洋連帯の構想」とは、この「先進国」日本という位置付けを受け入れてもらうために、換言すれば「先進国」であり続けるために、「相互依存」の世界に適合し「先進国」のあいだで共有され「日本イメージ」に合致した日本の役割を提示したものであった。

発展途上国に対する役割　　ただ、「太平洋地域」には日本やアメリカ、カナダやオーストラリアのような「先進国」のみならず発展途上国も多く存在するから、発展途上国にも「日本イメージ」を受け入れてもらわなければならない。しかしながら、その方法はやや荒っぽいものであった。というのも第三に、報告書が提示する日本の役割は、すでに述べたように、「相互依存」の世界に

---

[46]　同上69-71頁。

三　「地域主義」と安全保障　　127

適合し、「先進国」のあいだで共有され、それゆえ「日本イメージ」にも合致
したものであったため、それをそのまま承認する可能性の低い発展途上国に対
しては、発展途上国それ自体を「相互依存」の世界に適合したものにつくりか
えようとしていたからである。

　このことは、いわゆる「南北問題」が生起するなかで、発展途上国に対する
日本の態度をみれば理解することができる。たとえば、報告書は「太平洋地域」
における「人づくり」やそれと密接に結び付いた「技術協力」の必要性をこう
指摘する。それによると、「発展途上国の開発は、基本的にその国の自助努力
に基づかなければならない」のであり、その「中核」には、「その国の開発目
的とニーズを正しく把握した上で、有効な開発戦略を立案し、その実現に向け
て国民の努力を集中していく能力をもった指導者、専門家」が不可欠だが、「一
般に発展途上国では、そういう人材が著しく不足している」のだという。もち
ろん、「そういう人材の養成は、直接的にはその国の文化的、社会的風土の中
で進められるべきものである」。だが、報告書によれば、「日本をはじめとする
先進国が果たしうる役割も決して小さくない」。「太平洋地域の多くの発展途上
国は、今まさにテーク・オフの段階に入って」いるがゆえに「今後は経済、行
政、学術・研究その他各界の活動を担う技術者、中間管理者、技能者、経営者、
研究者等の人材をいっそう必要とする」から、「人づくり・技術協力は、今後
の発展途上国に対する経済協力の主要な柱となるべきもの」であり、「このよ
うな人づくりへの協力が、先進国と発展途上国との間の相互理解の促進、友好
関係の増進に寄与するところが大きい」のだというわけである[47]。つまり、発
展途上国には経済開発のための適切な人材が著しく欠けているから、すでに経
済成長を達成した「先進国」が、それぞれの発展途上国の「開発目的とニーズ
を正しく把握」し「有効な開発戦略を立案」できる「人づくり」に「協力」す
ることは発展途上国のためにもなるだろうし、「先進国と発展途上国との間の
相互理解の促進、友好関係の増進に寄与する」のだとされたのである。

　この議論は、一見すると発展途上国の立場に立った妥当な見解に思えるが、
その前提に目を向けてみると、必ずしもそうとはいえない部分がみえてくる。

---

[47]　同上44-5頁。

それは、発展途上国による「自助努力」の必要性を掲げているにも関わらず、発展途上国自身ではなく「先進国」こそが、発展途上国の「開発目的」や「ニーズ」を「正しく」理解でき、「有効な」「開発戦略」を打ち立てることができるのだとする前提である。日本はすでに「近代化」を達成し経済発展を実現した「先進国」として位置付けられるのだから、「先進国」日本は、かつては「後進国」と呼ばれ、いまなお発展の途上にある国ぐによりも「近代化」や経済発展を「先」に経験しており、それゆえ、発展途上国のことはよくわかるのだとされたのである[48]。

　このことが意味してしまっているのは、「先進国」型とは異なる経済発展の道筋やモデルの否定であり、発展の途上にあるとされた国ぐに（発展途上国）が、暗に、「先進国」が体現しているような「発展」をいずれ実現することを求められていた、ということだった。報告書のいう「人づくり・技術協力」とは、「先進国」による「先進国」型経済発展モデルの事実上の押し付けだったのであり、それをつうじた「相互理解の促進」や「友好関係の増進」による「信頼」の確保という「新しい」日本の役割は、その「相互」性を強調する議論にも関わらず、実際には発展途上国による「先進国」型モデルの受け入れというかたちでしか実現されえないものだったのである。その結果、「相互理解」の程度や「信頼」の度合いなどは、（日本側の考える）「先進国」型の経済発展モデルを発展途上国側がどの程度受け入れているのか、という観点から判断されることとなる。これは事実上、「先進国」が考える世界のありよう以外のもの（たとえば、「先進国」型ではない経済発展モデル）は存在しえないような世界（「閉じた」世界）の構築であり、このことが発展途上国にはしばしば受け入れがたいものであったことは、第6章で議論されるGATT東京ラウンドにおける発展途上国の反発が如実に示していた。

　こうした前提を有しながら、報告書は「人づくり・技術協力」についてさら

---

[48]　このような考え方は、戦後初期から引き継がれたものであった。たとえば、吉田茂首相は「アジア・アフリカ」における「民族主義、國家主義」の高まりについて、「われわれ日本人としては、明治初期の體驗からして、その氣持ちはよくわか」るのだと述べていたのである。高瀬、前掲書313-4頁。同じような表現が1970年代にもみられるのは、大変興味深い。たとえば、三木武夫首相の発言については、第4章注3を参照。

三　「地域主義」と安全保障　　129

に議論を展開し、この「協力体制」はすでに「政府ベース」では「政府開発援助（ODA）」として行われ、「民間ベース」でも「海外合弁企業による現地職員に対する技術トレーニング」や「先進国の人々と発展途上国の人々とが肩を並べて働く場」などにおいて実践されつつあるが、ここでは「政府ベース」に焦点を絞り、「先進国の一例として日本の協力体勢のあり方について論じ」るのだとして、こう主張する。すなわち、「人づくりの問題」は「その国の経済社会の各部門と密接な関係を有し」、また「実効をあげるには長い懐妊期間を要する」ため、「人づくり協力にあたっては相手国の実情を正しく認識する必要がある」のだという。「人づくり協力には、先進国側と発展途上国側との間の継続的で安定した信頼関係の存在が前提となる」のだというわけである。ただ、報告書によれば、この点はすでにクリアされつつあるのだとされる。というのも、「われわれは、今日、太平洋地域における相互の信頼関係は着実に促進されつつあり、人づくり協力のいっそうの拡充のための基盤は強化されつつあると認識している」からである[49]。

　では、「人づくり・技術協力」の問題はどこにあるのか。報告書は、「先進国」における課題と発展途上国に対する問題の大きく二つに分けて論じている。一方で、「先進国」における課題とは、「先進国間の緊密な協調を含めた地域的規模での協力の促進」である。「日本としては、このような協力の重要性についての認識を深めつつあるアメリカその他の先進国や国際機関に呼びかけて、互いに経験、情報を分かち合い、それぞれ得意な分野を深めていく必要がある」のであり、「すでに昨年から、日米両国政府間でこのような情報交換の場が設けられている」のだという。また、「日本が独自の援助プロジェクトを実施する場合」でも、「受入れ国はもちろん、他の諸国の専門家を国籍にとらわれずに活用することが、援助効率を高めるうえで有用」なのだとされた[50]。大平もいうように、「先進国」日本は「太平洋に位置する」のだから、「太平洋地域」における「先進国」の「地域的規模での協力」を推し進めることが「世界から期待されているわが国の役割」なのだというわけである。

――――――――――

(49)　前掲『環太平洋連帯の構想』45頁。

(50)　同上45-6頁。

ただ、報告書によれば、「先進国」における協力のみでは、発展途上国の「人づくり・技術協力」はなしえない。なぜならば、「人づくり協力・技術協力にあたっては、発展途上国の諸条件に適した技術が開発され、移転される必要があることはいうまでもない」からである。「先進国と発展途上国とでは、経済の発展段階はもとより、自然的・社会的条件、資源の賦存状況も異なるので、先進国の技術をそのまま発展途上国へもち込んでも、役に立たないことがある」のである[51]。すでに述べたように、それぞれの国家の商品やそれを支える技術はその国家の「文化」の産物であり、「文化」の「交流」≒「貿易」だと報告書の論者たちは考えていたから、この指摘はそのことを別のコトバで表現したものだということができる。「先進国」と発展途上国との「文化」の違いがその技術にも表れていたのである。

こうして、それぞれの「文化」に対する「相互理解」をつうじた「信頼」の確保が必要となるのであり、「国際交流」をつうじた「協力」や「連帯」が不可欠となる。実際、報告書はこう指摘する。「先進国」は「発展途上国の間で、それぞれ得意とする分野の技術を交流し、相互に協力し合うことが有益である」、と[52]。ただ、上述のように、そこでいう「相互理解」や「協力」、「連帯」とは、すでに経済成長を実現した「先進国」が提示する「先進国」型の経済発展モデルを発展途上国が受入れることでのみ成り立つから、「先進国」日本は、その実現のために発展途上国に対してこの「日本イメージ」に合致した以下のような「新しい」役割を主張する。すなわち、これまで日本は「発展途上国の経済社会開発のための技術協力」については「国際協力事業団（JICA）が中心となって、主として研修生の受け入れ、専門家の派遣およびこれらと組み合わせての機材の供与の形で行われてきた」のだが、そこには、「技術協力の実施が要請ベースで行われ、総花的、単発的になりやす」いという問題があった。たしかに、「発展途上国の要請に基づいて技術協力が実施される手順は正しい」。しかし、報告書の論者たちによれば、この発展途上国が主導するやり方では、「開発ニーズの不適切な把握に基づいたり、補完的なプロジェクトとの関連を欠く」

---

(51) 同上46頁。

(52) 同上。

などして「開発への貢献を十分に生かしきれない」のである。それゆえ、「日本としては、各種の大規模経済協力プロジェクトに技術協力を一層積極的に組み込むべき」なのであった。なぜならば、「有効な開発戦略を立案」できる「先進国」日本により「技術協力と資金協力が有機的に結び付けられたとき、全体としての援助効率は相乗的に高められる」からである[53]。

日本の役割の「新しさ」　この議論からも理解できるように、報告書の論者たちは明確な意図を持ちつつ、「人づくり・技術協力」のあり方を発展途上国主導から「先進国」主導のものに根本的に変えようとしており、そこで持ち出されたのが、発展途上国には「（経済）開発」のための適切な人材が「著しく不足」しているから、すでに経済成長を達成した「先進国」が、それぞれの発展途上国の「開発目的とニーズを正しく把握」し「有効な開発戦略を立案」できる「人づくり」に「協力」することは発展途上国のためにもなるだろう、とするロジックだった。というのも、発展途上国主導では、「開発ニーズの不適切な把握に基づいたり、補完的なプロジェクトとの関連を欠く」などして「開発への貢献を十分に生かしきれない」からである。「先進国」は、すでに経済成長を達成し「近代化」の先端にあるまさに「先進国」なのだから、発展途上国よりも経済開発に「正しい」認識を持ち、「有効な」開発のための戦略を打ち出せるのだというわけである。

だが、このことは二つの問題を新たに生起させることとなった。第一に、報告書の議論は、論理的に突き詰めていくと、何のための「人づくり・技術協力」なのか、より端的にいえば、発展途上国の開発がだれのためのものなのかが不明確になってしまう、という点である。たしかに報告書は、こうした「人づくり・技術協力」が「発展途上国に対する経済協力の主要な柱」であり、「このよう人づくりへの協力が、先進国と発展途上国との間の相互理解の促進、友好関係の増進に寄与するところが大きい」のだと断言してはいる。だが、もし報告書のいうように、「人づくり・技術協力」のあり方を発展途上国の要請に基づいたものではなく、「先進国」の考える「正しい」「開発目的」や「有効な開発戦略」に基づいたものに変えようとするならば、たとえば、発展途上国が希

---

[53]　同上46-7頁。

望する分野の「人づくり・技術協力」に支援しなかったり、あるいは発展途上国が望まないような領域の「人づくり・技術協力」を行ったりする場合も出てくるだろう。発展途上国には「開発」のための適切な人材が「著しく不足」しているのだから仕方がないというのかもしれないが、これでは、発展途上国のために福利向上を目指した経済開発をしているのか、「先進国」がみずからの経済的利益をえるために発展途上国を開発しているのかが分からなくなってしまう。それゆえ、この「先進国」主導による「人づくり・技術協力」が「先進国」と発展途上国との「相互理解」や「友好関係」に資するものとなり、発展途上国のためでもあるのだといえるためには、最低限、この「開発戦略」が「有効」であるという結果、すなわち、「開発戦略」が一定の成果を挙げる（「結果を出す」）ことが必要となってくるのである。

　しかし、もし「先進国」が主導するこの「開発戦略」が成果を挙げられず、あるいは失敗した場合、その責任はだれがとるのだろうか。これが第二の問題である。この問題は、発展途上国の主導による「人づくり・技術協力」であれば起こらない。なぜならば、そこでの「人づくり・技術協力」とは発展途上国の「要請」に基づいているから、「先進国」がその「要請」に応じた「協力」を行っているかぎり、「開発」の行き詰まりの第一義的責任は発展途上国にあるのだといえるからである。だが、「先進国」主導の場合だとそうはいかない。というのも、「正しい」「開発目的」が何であり「有効な開発戦略」がどのようなものかを決めているのは「先進国」だということに鑑みれば、「開発」の失敗の第一義的責任は「先進国」にあるのだといわざるをえないからである。アジア・太平洋戦争をめぐっては日本の「戦争責任」ということがいわれてきたが、「人材の養成」が報告書のいうように「その国の文化的、社会的風土」と密接に結び付いており、「先進国」主導の「人づくり・技術協力」が発展途上国の「文化」や「社会」のあり方をめぐる決定権を奪う側面を持つことを考えると、このことは日本の「戦後責任」とでもいうべきものを惹起する可能性を秘めており、さらには、アメリカの対日占領にともなう社会的変革が日本の保守派にいまでも不満を残しているように、「先進国」日本に対する発展途上国の人びとの不満の新たな火種をもたらす危険性も持っていた。

　「先進国」主導の「協力」　こうして、「人づくり・技術協力」を行う分野

三　「地域主義」と安全保障　　133

は、日本をはじめとする「先進国」が決めることとなる。報告書は「保健・医療協力」のような発展途上国の福利厚生にも関わるような分野にも触れてはいるが、その大部分は、「エネルギー開発」、「海洋開発」、「農林水産開発」のような食料や資源に関わる領域であった。「太平洋地域において予測される労働力人口の急増に対応し、新規雇用機会の創出を図るためには、発展途上国における労働集約的産業の振興と農業部門の雇用拡大が必要である」のだというわけである[54]。報告書によれば、「太平洋諸国が域内のエネルギー、食糧などの資源にかかわる問題について、協調しつつあるいは共同で、取り組んでいくに際しては、域内の南北問題との関連は避けて通れない」。では、この「南北問題」に対処するにはどうすればよいのかというと、「先進国」である「われわれ」としては、「資源開発、大規模農業プロジェクト等が相当長いリードタイムや巨額の資金を必要とすること、また、これに伴うリスク負担が大きいこと、に注目したい」のだという。それならば、「リスク負担が大きい」これら発展途上国の開発に手を出さなければよいのではとも思うが、報告書の論者たちからすれば、「近年、グローバルなレベルでの資源供給国と消費国との関係は、OPEC 等の国際カルテル強化を契機として、不安定化の兆しを見せている」ため、「資源供給国、消費国とも、カルテル行為あるいは保護貿易主義的政策をできる限り制限し、市場メカニズムと自由貿易の原則を堅持していく」かたちで「南北問題」に関わる必要があったのだった。というのも、「もし、域内の先進国と発展途上国が協調してこのような障害を乗り越え、域内の多くの国々をつつみ込む巨大プロジェクトについて有効な協力体制を組むことができれば、太平洋地域全体の発展に大きく貢献し、域内の連帯はさらに強められ」、「このような共同プロジェクトの推進は、域内に有効な垂直的分業および水平的分業の枠組みを提供し、発展途上国の自立的発展に資するところが大きいからである」[55]。これらの議論は、すでに触れたように、日本をはじめとする「先進国」のいう「人づくり・技術協力」が、「発展途上国」のためとはいいながら、実際には「カルテル行為」を主導する「OPEC」や「発展途上国」に対して、「市

---

(54)　同上49頁。

(55)　同上57-9頁。

場メカニズムと自由貿易の原則」に基づいた「相互理解」や「協力」、「連帯」を強調することで、「先進国」が食料や資源に自由にアクセスできるようにするために「南北問題」を「先進国」の主導するルールに沿って解決する、一つの方法であることを示していた。

こうして報告書は、まず「エネルギー開発」について、「既存エネルギーの開発」および「代替エネルギー開発と先端的エネルギー技術開発の推進」を二本柱に掲げる。それによると、まず前者については、「石油価格の大幅な上昇」により輸送コストを無視できるようになり小規模油田の開発も経済的に成り立ちうるようになったことなどから、「太平洋地域の石油・天然ガス採鉱開発が活発化する余地が大きくなっている」こと、また「開発事業リスクの増大、リスク分散の必要から複数の石油会社がひとつの開発事業に参画する場合が多くなっている」ことから、「石油・天然ガスに関する共同開発の要請はますます高まっている」のだとされた。より具体的には、「メキシコ大油田の発見、ブラジル・アルゼンチン等での石油探鉱活動の増大、また天然ガスについても、メキシコ、アルゼンチン、ボリビア等の新たな埋蔵量の確認などラテン・アメリカでの開発の可能性は極めて高い」ほか、「石油については、日韓大陸棚、ベトナム周辺海域、インドネシア陸海域、オーストラリア、中国などが、また、天然ガスについても、東シナ海、南シナ海、オーストラリア北西大陸棚が、有望な開発対象地域」だというのである[56]。

このことが意味していたのは、新たな「海洋開発」のルールづくりであり、その領域での「協力」や「連帯」の必要性だった。というのも、「近年、社会経済活動の著しい進展により、海洋の資源、エネルギー、空間の開発利用の必要性が高まり」、「科学技術の発達」とともに「いまや、広大な海洋の開発の成果を人類のものにできるという夢は急速に現実のものになりつつある」が、「漁業、マンガン団塊などの海底資源開発にみられる海洋利用の活発化は、他方で、海洋を各国の深刻な利害対立の場とする傾向をもたらしていることも事実」だからである。そのため、「このような状況の下で、将来にわたって太平洋の海洋開発を円滑に行うためにもっとも重要なことは、関係諸国が相互に、とくに

---

[56]　同上59-60頁。

三　「地域主義」と安全保障　　135

技術先進国と沿岸国との間で、利害の調整を図りつつ、たとえば共同開発プロ
ジェクトを推進する等、協調してこの大事業を進め得る国際協力の体制を整え
ること」であった[57]。

　たとえば、報告書は、「海洋の基礎的現象を含めた海洋環境の把握」のため
に「太平洋海洋科学共同調査」を提案し、ユネスコの実施する「西太平洋海域
共同調査（WESTPAC）」と協力しつつ、「人工衛星、大型観測船、潜水調査船、
定置および漂流ブイなどを共同で利用して、太平洋大循環、海洋・大気間相互
作用、気候・海洋現象の長期変動、海洋・海底資源の賦存状況、漁業資源の発
生分布、海洋環境の保全などに関する調査・研究」を行うよう主張している。
また、アメリカが主導する「国際深海掘削計画」のような、「太平洋における
プレートの移動状況の調査、磁気図作成、精密測地網の構成などを内容とする
『太平洋地殻変動共同調査』」や、これらの調査・研究による「データの適切な
集積とその有機的利用体制の確立、さらには、調査・研究に従事する研究者、
技術者の養成」のために、「ユネスコ政府間海洋学委員会の責任国立海洋資料
センター（RMODC）などの拡充」や、「総合海洋科学研究研修センター」といっ
た機関の設置が提唱されていた[58]。

　これに対して「エネルギー開発」の後者、「代替エネルギー開発と先端的エ
ネルギー技術開発の推進」をめぐり、報告書は「石油供給の制約の高まりに対
応」するため、「原子力、石炭の液化・ガス化、太陽、海洋、地熱、風力、バ
イオマス等種々の代替エネルギー・新エネルギーの技術開発」を「今後太平洋
諸国間においても、この分野での協力を積極的に推進していく必要がある」と
して、こう述べている。すなわち、「原子力については、例えば、現在非エネ
ルギー分野に限られている『原子力科学と技術に関する研究開発と訓練のため
の地域協力協定』をエネルギー分野にまで拡大」するようなかたちで「研究協
力をより積極的に進めていくことが適当」である。また、「太陽エネルギー」
については、「各地で太陽熱発電、太陽光発電、給湯システム等各種プロジェ
クトに関する技術開発」が「日米、日豪、IEA エネルギー協力等を中心に幅

──────────

(57)　同上62頁。

(58)　同上62-4頁。

広い協力が行われ」、「石炭エネルギー」に関しては「主としてアメリカ、オーストラリアおよび日本」が、「地熱エネルギー」をめぐっては「アメリカ、ニュージーランド、フィリッピン、日本などが先行」して研究開発を進めており、「今後こうした分野での共同技術開発、情報の交換などがますます深められていくことを期待したい」。そのためには、「環太平洋資源エネルギー共同研究所」のようなものを設立して、「太平洋諸国がとくに関心を有する分野の資源エネルギーについて研究を行う」とともに「発展途上国の研究者養成」にも協力したり、あるいは「人工衛星を利用した資源探査」や「核融合」といった、「広く域内諸国を巻き込んだ国際協力」には「なお相当の期間を要する」「先端的エネルギー開発」についても、たとえば前者は、「農林水産資源、鉱物資源等の調査をはじめ、海洋観測、環境保全、防災などの広範な分野の活動に資する」から、「発展途上国も人工衛星による資源調査の成果を享受する形で共同開発を行うことは検討に値しよう」[59]。こうした「太平洋地域」における「協力」は「海洋開発」についても同様であり、「東南太平洋地域を中心に賦存しているジャイアント・ケルプ（海藻の一種）」を「食糧、ガス化による代替燃力、その他多方面」に有効活用するために、「関係諸国間で共同実験プラントを設置」したり、「海洋エネルギー」を「海洋温度差発電および波力発電」のようなかたちで利用するために「実験プラント」を構想するとともに、「東南アジアや南太平洋の諸国の電力供給確保に資するため、太平洋諸国が共同で、これらプラントの建設・運営・管理について研究を深めることが望ましい」のだとされた[60]。

　これらの議論に共通するのは、なにが発展途上国の課題であるのかを「先進国」が見定め、その対処の方法を「先進国」が決定するという、「先進国」主導による「協力」であり、それは事実上、「先進国」日本が思い描いた「相互依存」の世界に適合し、それを構築する役割を「太平洋地域」で担うと自負する「日本イメージ」に合致したものとして、発展途上国をつくりかえようとする試みであった。このことは「農林水産協力」についてもそのままあてはまる。

---

(59)　同上60-2頁。

(60)　同上64頁。

三 「地域主義」と安全保障　　137

　報告書によれば、「ASEAN 諸国をはじめとする太平洋地域の発展途上国は、
食糧不足問題の解決、農林水産業の振興、あるいは農村社会開発等の推進によ
る国家経済基盤の確立を目指している」のであり、「域内先進国は、国際経済
社会の調和ある発展を念頭におきつつ、この分野での発展途上国の努力に積極
的に協力する必要がある」のだという。なぜならば、「FAO の1985年見通し、
OECD や米国農務省の2000年見通しなどの世界の長期食糧需給見通しを見て
も、たとえ世界全体のバランスは達成されたとしても、先進国の過剰、東南ア
ジアを含む発展途上国の不足という傾向は、ますます助長されると観測されて
いる」からである。それゆえ、「地域的需給のギャップをいかに埋めていくか」
という観点から「太平洋地域の発展途上国における食糧問題」をみると、「先
進国からの食糧援助も有効な政策手段であるが、より基本的には、発展途上国
の農業開発がいっそう進められなければならない」のだという。たとえば、「日
米欧委員会で提起された『アジアにおける米生産倍増計画』」のように、「とく
に、先進国がこれら発展途上国の基幹的な食糧である米に重点をおいた食糧増
産計画にいっそう積極的に協力することは有意義」だとされたのである。ただ
「とくにアジアにおいては、米の増産は面積の拡大の余地が限られており、基
本的には反収の増加に依存せざるを得ない」ため、「反収拡大の手段としては
灌漑・排水等土地基盤の整備と並んで、高収量品種の導入、肥料・農薬の増加、
新しい栽培技術の確立・普及が重要」であった[61]。

　このことは、一面では「先進国」が有するその「先進的」な技術面やインフ
ラ整備において「協力」できるのだということを示していたが、他面では発展
途上国が「先進国」型の技術やインフラに席巻されることを意味しており、こ
れまで育てていた品種の米が食べられなくなったり従来の農業のやり方を抜本

───────────

[61]　同上65-6頁。ただ、発展途上国の「食糧問題」に対する報告書の議論は、やや割り
　　引いて考える必要がある。というのも、1960年代には、たとえば「緑の革命」などの成
　　果により、発展途上国の「食糧不足」は一応の解消をみていたからである。ホブズボーム
　　が指摘するように、この問題がふたたび深刻化するのは1970年代になってからであり、
　　そこには、発展途上国の人口増加を差し引いてもなお残る、貿易と援助のあり方の変革
　　に向けた「先進国」主導の新たな取り組みが影響していたのである。エリック・ホブズ
　　ボーム（河合秀和訳）『20世紀の歴史 —— 極端な時代』上巻、三省堂、1996年、388-9頁。

的に変えざるを得なくなるなど、発展途上国の人びとの生活を大きく変えることをも意味していたのである。実際、報告書は「水産分野」に関してこう言明している。「発展途上国に対する水産業協力」は、発展途上国の「魚の消費量の拡大を図る方向で進められなければならない」し、「新しい協力のあり方」として「『獲る漁業から飼う漁業へ』の新しい認識を踏まえた協力」が必要であろう、と[62]。

安全保障 —— 自助努力の役割　このように報告書は、「相互依存」の世界を構築する努力の「太平洋地域」版を推し進めることを「新しい」日本の役割として再定義し、それを「環太平洋連帯」という名の「地域主義」として構想していた。だが、「相互依存」というかたちで世界を新たに構築することには、コストもともなっていた。大平は、「総合安全保障」研究グループ[63]の初会合の場でこう言明している。「今日、われわれの住む地球社会は、ひとつの共同体として、その相互依存の度を高め、ますます鋭敏に反応し合うようになってきた」ため、「地球上に生起するどのような問題も地球社会全体を前提に考えなければ有効な対応ができなくなっている」。「特に資源と市場の多くを海外に

---

[62]　前掲『環太平洋連帯の構想』66-7頁。

[63]　この研究グループは、議長に猪木正道（財団法人平和・安全保障研究所理事長）が、幹事に飯田経夫（名古屋大学教授）、高坂正堯（京都大学助教授）が就任し、政策研究員として以下のメンバーが名を連ねている。飽戸弘（東京大学助教授）、江藤淳（東京工業大学教授）、大須敏生（大蔵省国際金融局国際機構課長）、加納時男（東京電力株式会社省エネルギーセンター副所長）、木下博生（通商産業省大臣官房秘書課長）、木村汎（北海道大学教授）、久世公堯（自治省大臣官房審議官）、黒川紀章（建築家）、鴻巣健治（農林水産省大臣官房企画室長）、佐瀬昌盛（防衛大学校教授）、佐々淳行（防衛庁人事教育局長）、佐藤誠三郎（東京大学教授）、曾野綾子（作家）、棚橋泰（運輸省大臣官房審議官）、豊島格（日本貿易振興会パリ・ジャパン・トレード・センター所長）、中嶋嶺雄（東京外国語大学教授）、渡辺幸治（外務省大臣官房参事官）、渡辺昇一（上智大学教授）。また、政策研究員・書記として、岡田康彦（大蔵省大臣官房調査企画課課長補佐）、齋藤泰雄（外務省アジア局北東アジア課課長補佐）。これに加えて、本研究グループでは、アドバイザーに、平野健一郎（東京大学教授）、山本満（法政大学教授）を招聘し、グループの検討にあたり奥宮正武先生、報告書作成にまつわる情報・資料について、防衛庁統合幕僚会議、陸・海・空の三幕僚監部をはじめ、各省庁、内閣総理大臣補佐官室などから提供を受けたと付記されている。

三 「地域主義」と安全保障　　139

求めなければならないわが国にとって、世界のいかなる地域のどのような紛争も
その生存を脅かすことになりかねない」のであり、「まさしく、世界の平和と
安定なくしてはわが国の生存はあり得ない」。ここまでは、他の研究グループ
の冒頭でもたびたび述べられた、「相互依存」の世界についての説明である。
だが、大平によれば、「相互依存」の世界を構築するにあたっては、乗り越え
なければならない「世界の現実」があるのだという。というのも、「国際政治
はいよいよ多元化の傾向を強めており、世界の経済秩序はますます不安定の度
合いを高くし、局地的な武力紛争もかえって増加の傾向すら見られる」からで
ある。それゆえ、「このような状況の中で、わが国が名誉ある生存を確保する
ためには、わが国として、国際社会において期待されている役割と責任をしっ
かりと果たしていくとともに、自らの安全保障のため周到かつ総合的な努力を
払う必要がある」。「即ち、わが国は、平和戦略を基本とした総合安全保障体制
を整備しなければならない」のである[64]。いわば、日本は、「国際社会におい
て期待されている役割と責任」≒「相互依存」の世界の構築≒「環太平洋連帯」
を目指すとともに、みずからが目指すべき役割、すなわち「自らの安全保障の
ため周到かつ総合的な努力を払う」という役割もあるのだと大平は主張してい
たのである。

　では、「戦略」としての「平和」を基礎とする「総合安全保障戦略」とはど
のようなものであり、なぜ必要とされたのだろうか。その具体的な中身は報告
書で議論されることとなるが、少なくとも大平によると、これは二つの努力か
ら成るものであった。一方で軍事的には、「節度ある質の高い防衛力を整備す
るとともに、これを補完する日米安全保障条約の誠実かつ効果的な運用を図」
ることであり、他方で非軍事的には「政治、経済、教育、文化等内政全般の秩
序正しい活力ある展開を図り、また、わが国にとって安定的な国際協力システ
ムを作りあげるための外交努力を強化する等」である。換言すれば、「総合安
全保障」とは、「わが国が保有するすべての力を総合的に結集してはじめて確
保されるもの」なのである[65]。報告書もまた、この考え方を踏まえたうえで「安
全保障政策は、その性質上、総合的なもの」だとしつつ、こう指摘している。
それは、「自助努力」と「国際環境を全体的に好ましいものにする努力」、およ
びその中間の国際環境を「部分的に好ましいものにする努力」の「バランス」

140　　　　第2章　長所を伸ばし、短所を減らす

が重要だという意味で「元来、総合的」であり、また、その「対象領域」も「軍事的脅威」から石油などの資源や食料の確保まで多岐にわたるがゆえに、それを実現する「手段」も（「リンケージ」のように）「多様な手段の組合せによる総合的効果に立脚しなくてはならない」[66]。

　この大平の立論が興味深いのは、「総合安全保障戦略」が究極的には、「相互

---

(64)　「政策研究会・総合安全保障研究グループ第一回会合における大平総理発言要旨」内閣官房内閣審議室分室・内閣総理大臣補佐官室編『大平総理の政策研究会報告書5　総合安全保障戦略――総合安全保障研究グループ』大蔵省印刷局、1980年、21頁。

　この「総合安全保障戦略」については、中西寛による先駆的な研究「総合安全保障論の文脈――権力政治と相互依存の交錯」『年報政治学　1997』1998年、97-115頁をはじめ、すでにいくつかの重要な研究が出されている。たとえば、山口航「総合安全保障の受容――安全保障概念の拡散と『総合安全保障会議』設置構想」『国際政治』2017年3月、46-61頁；田中明彦「安全保障――人間・国家・国際社会」井上寿一、波多野澄雄、酒井哲哉、国分良成、大芝亮編『日本の外交　第5巻』岩波書店、2013年、51-4頁；大川公一「転換期の安全保障論――『総合安全保障論』をめぐる予備的考察」『富山国際大学　国際教養学部紀要』2005年3月、223-9頁；中西寛「高度経済成長から総合安全保障へ――下村治の政治経済分析」『法学論叢』2005年3月、304-29頁；永山誠「日本型福祉社会の研究――福祉政策の変容を中心に（4）危機管理型総合安全保障と福祉政策」『賃金と社会保障』2005年2月上旬、13-27頁；五十嵐暁郎「グローバリゼーションと日本の安全保障における視座の転換」五十嵐暁郎、佐々木寛、高原明生編『東アジア安全保障の新展開』明石書店、2005年、115-8頁；佐道明広『戦後日本の防衛と政治』吉川弘文館、2003年、309-27頁。中西寛「日本の安全保障経験――国民生存権論から総合安全保障論へ」『国際政治』1998年3月、141-58頁。

　ただ、これらの研究は戦後日本の安全保障政策のなかに『総合安全保障戦略』報告書とその議論を位置付けようとするものであり、「経済外交」の観点から検討する本書とは視角を異にするものである。そのうえ、この報告書は、「近代を超える」という企図のもとに書かれた全9巻の報告書の一つであり、本書でも議論されるように、安全保障政策のみならず、他の報告書（とくに『環太平洋連帯の構想』報告書）との関連において再検討されるべき余地を残している。というのも、「近代」の成果を享受しながらその弊害のみを除去するという「近代を超える」プロジェクトのなかで、「総合安全保障戦略」は、「相互依存」の世界の構築と持続に対する阻害要因を除去するという重要な役割を担わされていたからである。

(65)　「大平総理発言要旨」前掲『総合安全保障戦略』21-2頁。

(66)　前掲『総合安全保障戦略』21-7頁。

依存」の世界を構築する（≒「環太平洋連帯」）ことに対する阻害要因、たとえば「国際政治」の「多元化の傾向」や「世界の経済秩序」の「不安定」、さらには「局地的な武力紛争」の「増加」という、日本のエリートたちが減らすべき「短所」だと考える「世界の現実」に対処するために必要とされていたのだということであり、そのために「わが国が保有するすべての力を総合的に結集」する必要があるのだと強調している点である。なぜならば、世界が「ひとつの共同体として、その相互依存の度を高め、ますます鋭敏に反応しあうようになってきた」ことにより、「地球上に生起するどのような問題も地球社会全体を前提に考えなければ有効な対応ができなくなっている」ため、阻害要因を除去しなければ世界は「短所」で満ちてしまうのだと認識されていたからである。

　ただ、さらにここで注目すべきは、「国際社会において期待されている役割と責任」に加えて、「自助努力」が（「国際社会」から必ずしも「期待」されたものではない）みずから目指すべき日本の役割として掲げられているということである。「歴史の潮流」を眺め、そこから「時代の要請」を導出することで「日本イメージ」を再定義しようとしてきた報告書の論者たちは、いったいどこから「国際社会」に必ずしも「期待」されていない日本の役割を引っ張り出してきたのだろうか。これを理解するために、報告書の議論をより具体的にみてみよう。

　「先進国」における役割　　こうした「新しい」日本の役割に対する認識の背後には、「国際情勢」をめぐる二つの理解があった。一つは、「アメリカの明白な優越が、軍事面においても、経済面においても、終了したこと」である。報告書によれば、「アメリカは、1960年代の終わり頃まで『世界の警察官』であり、同時に、世界の大半を覆う IMF・GATT 体制の主柱として『世界の銀行家』でもあったが、今やそのいずれでもなくなった」。まず軍事的にみれば、「1960年代半ば以降のソ連の軍備拡張」、たとえば「戦略核兵器」の拡充や海軍の増強、長距離輸送機の保持や通常兵力の量的・質的増強により「米ソ間の軍事バランス」が変化し、その結果、「アメリカは過去のように、単独で、広い範囲にわたって、かつすべてのレベルで、安全を与えることはできなくなった」し、「ニクソン・ドクトリン」にも示されているように、その意志もなくなったのである。このことの持つ意味は、報告書によれば、日本が「戦後初めて自

助の努力について真剣に考えなければならなくなった」ということであり、「日米間の全般的な友好関係だけではなく、軍事的な関係が現実によく機能し得るよう準備しなくてはならなくなった」ということだった。なぜならば、「ニクソン・ドクトリン」とは、報告書の理解するところでは、「同盟国や友好国に自助の能力が相当あり、しかも対米協力が行われている場合に、アメリカはその国の防衛や発展に参加するが、そうでなければ関与しないことを示したもの」だったからである[67]。つまり、「歴史の潮流」から導出される「時代の要請」が日本の「自助努力」を求めていたのである。

　この「アメリカの明白な優越の終了」は経済面でも表出しており、そのことは「IMF・GATT体制」の「揺らぎ」に表れていた。報告書の説明するところでは、それは一面で「西欧諸国と日本の経済復興と成長」とともに、他面でアメリカ経済の「失調」に起因するものであり、その結果としての「アメリカの地位」の「相対的な低下」が「自由貿易体制」や「米ドルを基軸通貨とする国際通貨体制」を動揺させることとなったのである。こうして、従来のように「IMF・GATT体制が強固であったときには、日本は国際経済システムの安定化に特別の努力を払うことなく、自国の経済的利益を追求することができたが、今ではそのように安易にシステムに頼ることは不可能」となったのである[68]。

　そのため、このことは「アジア・太平洋地域」とそこでの日本の役割に重大な意味をもたらすこととなった。というのも、たとえば「米中関係の正常化」にみられるアメリカの対中政策の転換は、一面では「アジア・太平洋地域の政治体系を正常化し、それ故安定化させた」ものの、その反面で中ソ対立に鑑みれば、それはソ連を刺激することにもなりかねないからである。そのうえ、インドシナ半島では、ベトナム、タイ、カンボジアの「伝統的な抗争関係」に中ソ対立が関わり「激しい抗争の場」となっているし、「朝鮮半島では、南北朝鮮の間の関係は依然として緊張しており、意味のある対話も交流もほとんど見られない」のである。「朝鮮半島で戦争が起こったり、インドシナ半島の戦闘が東南アジア全域での緊張の激化を招くならば、日本が影響を受けることは避

---

　[67]　同上29-33頁。

　[68]　同上36-7頁。

三 「地域主義」と安全保障　143

けられない」のであり、このように「アジア・太平洋地域の安定と平和が脅か
される可能性」があるのだから、「これら地域の安定のために政治的役割を果
たすことは、日本の責務と言わなくてはならない」。実際、「朝鮮半島では、対
話の努力は完全に放棄されたわけではないし、ASEAN は東南アジアの安定に
寄与している」。それゆえ、「アジア・太平洋地域における日本の外交努力」と
は、「環太平洋連帯構想に示された諸方策と並んで」、「より平和な国際体系の
造出のための努力」、すなわち「軍備管理」だと報告書は指摘した。「地域的な
軍備管理の意義は、最近、一般的に強調されるようになってきたし、特にアジ
ア・太平洋地域については、その意義が増大しつつある」のだというわけであ
る[69]。このことが示唆していたのは、日本の「自助努力」が必要とされていた
のが「環太平洋地域」だということであり、「総合安全保障戦略」は事実上、
この地域において日本主導の「相互依存」の世界を構築するという「環太平洋
連帯の構想」と補完関係にあるということであった。

　では、このような「国際情勢」のなかで日本はどのような役割を担うべきな
のか。報告書の論者たちによると、「アメリカの明白な優越の終了」は、「軍事
的な安全保障についても、政治・外交面においても、また、経済面においても、
アメリカがほぼ単独で維持するシステムに依存していればよかった時代は終わ
り、日本は自由陣営の有力な一員として、システムの維持・運営に貢献しなく
てはならなくなった」ことを意味していた。「状況は『アメリカによる平和（パッ
クス・アメリカーナ）』から『責任分担による平和』へと変わった」のである。
それゆえ、これからの「新しい」時代においては、日本の「責任」を再定義し、
その役割を果たしていかなければならないのだが、「日本では、この事実を十
分に認識しないか、あるいは、経済の面で責任を果たせばよいという議論に逃
避する傾向が強い」。報告書はこの点に関して、強い語調でこう言明している。

　確かに、日本の体質からして、日本の役割の中心は経済的なものとなるが、日本
は、それ以外にかなりの政治的役割を果たし、グローバルな安全保障問題への関心
を持たなくてはならない。これまでその点が不十分であったことは、日本が「政治
サミット」から除外されていることに反映している。そして、政治と経済が密接に

---

[69]　同上33-5頁。

リンクされるようになった状況で「政治サミット」から除外されるようでは、日本の国益を十分には守り得ない。しかも、その「経済的役割」たるや、現実の行動ではなく単なる言葉に過ぎないのである。そのことは、日本の経済協力・援助に端的に示されている[70]。

　ここで報告書が指摘している「政治サミット」とは、報告書によると、「これまで主として経済問題に焦点を当てて行われてきた」「いわゆる『サミット』（主要国首脳会議）」のことではなく、1978年にグァドループでアメリカ、フランス、西ドイツ、イギリスの首脳が「欧米諸国が共通の関心を有する安全保障上の諸問題について会談した例に示されるような、政治問題に焦点を当てた首脳会議」のことである[71]。「政治と経済が密接にリンクされるようになった」のであれば、「経済の面での責任」を果たすことが「政治的役割」を果たすことを意味するようにも思われるが、報告書の論者たちからすれば、アメリカはもはや日本を守ってはくれないしその力もないのだから、日本は安全保障における自助努力をいままで以上に重視する必要があるのであり、そのための「政治的役割」を果たさなければならないのだというわけである。つまり、「先進国」における日本の自助努力としての役割とは、「政治」と「経済」が密接に「リンク」するようになった世界のなかで、あえて（「経済」ではなく）安全保障≒「政治」に関心を持ち、安全保障問題≒「政治問題」に関してこれまで以上に「政治的役割」を果たすことであった。

　発展途上国に対する役割　　もちろん、この安全保障≒「政治」の重視は、「政治サミット」からの除外のような問題に止まらない、より実際的な不利益を日本にもたらすものであった。ここで報告書は、「国際情勢」のもう一つの側面である「南北問題」に注目することとなる。というのも、そこでは日本をはじめとする「先進国」の経済的利益が危機にさらされていたからである。報告書によれば、「南北問題」をもたらした「新しい勢力の台頭」については、「国際経済秩序について考えるとき、特に明らかである」。なぜならば、「1970年代に入って、開発途上国の要求が強まった」からである。たしかに、「これまでも、

---

[70]　同上37-8頁。

[71]　同上38頁。

三 「地域主義」と安全保障

豊かな先進工業国と貧しい発展途上国とに世界が分かれていることは問題とされてきたし、その是正には先進工業国の行為が必要であるという指摘がされ、いくらかの努力が行われてきた」。だが、「その成果は明らかに不十分なものにとどまってきたし、その間に、ナショナリズムの高まりを背景に、開発途上国の政治力は目覚しく上昇した」。そのため、「開発途上国は国際経済システムの改変を要求するようになった」のだというのである[72]。

このことが意味しているのは、報告書によると、「先進工業国が開発途上国の要求にこたえることに失敗するならば、その要求は現状変更から現状否定へと進むかもしれない」ということであり、その結果として「これら開発途上国との貿易・経済関係が円滑に行かなくなるとか、排外主義的暴動が起こるといった形で、日本をはじめ先進工業国の経済的利益は具体的に損なわれる」ということだった。というのも、「その結果生じる国際政治・経済システムの混乱は、開発途上国自身を含むすべての国の存立にとって、大きな脅威となることが憂慮される」からである。それゆえ、「日本を含む先進工業国としては、経済協力・援助の推進によって南の諸国の国内開発に貢献し、それを通じて、それら諸国との友好的・互恵的な関係を維持・強化することは、極めて重要な課題」だったのである[73]。

こうして報告書は、「総合安全保障の一環として、特に日本が経済協力に積極的でなければならない」のだと指摘し、日本の役割は大きく二つのレベルでなされるべきだと強調する。一つは、「平和な国際体系の造出」、すなわち国際システムのレベルである。報告書の論者たちによれば、たしかに「日本は平和国家である」が、「そのことが、防衛に関する自助努力をなおざりにする口実となってはならないことは、この報告書が最も強調するところである」。だが、「われわれが必要と考える限度いっぱいまで防衛に関する自助努力を行った場合でも、GNPに対する防衛費の比率は、主要国に比べて、なお明白に低いものにとどまる」から、「その分だけ日本は、他の先進国にも増して、経済・技術協力に積極的でなければならない」。そのうえ、「日本は、他の諸国と比べて、

---

[72] 同上38-9頁。

[73] 同上39頁。

146　　第2章　長所を伸ばし、短所を減らす

今後とも相対的に高い成長率を維持することが期待され、経済・技術協力に資源を割くゆとりも比較的大きい」。ましてや「資源・エネルギーなどに関して日本経済の対外依存度は極めて高く、殊に開発途上国に対してそうである」から、国際システムのレベルにおける日本の役割、すなわち、「開発途上国」に対する「経済・技術協力」は当然なのだというわけである[74]。

　また、報告書が主張するもう一つのレベルとは、国際システムと自助努力の中間のレベル、すなわち、同盟のような「政治理念や利益を同じくする国々との連携」である。報告書によると、「経済協力」は「日本にとって政治的、経済的に重要ないくつかの国々との関係を友好的なものとする努力を進める上でも、中心的な方策である」。なぜならば、「日本の軍事力は厳格に自衛のためのものであるから、軍事力によって他国に影響を与えたり、他国の軍事的安全保障に寄与することで友好関係を作るわけにはいかない」ためである。そのうえ、「経済協力は、短期的には確実に成果を生むものではないかもしれないが、長期的に見れば友好関係を生み出す蓋然性が高い」のだと報告書の論者たちは断言していた。いわば、「経済協力は、日本が国際関係において持つ唯一の積極的手段なのである」。それゆえ、「日本の経済関係が世界のほとんどすべての国々と幅広く展開されていることから考えて、日本としては、中進国や先進工業国との関係でも、現在開発途上国に対して行っている経済協力に準じた形での経済協力をも行うべき」なのであり、そのために「現在の経済協力のフレーム・ワークを広げる必要があ」るのだとされたのである[75]。

　このように、報告書が開発途上国に対する日本の役割を強調した背景には二つの理由があった。一つは、日本に対する「期待」を論者たちが感じていたからである。「日本はその近代化を、文化的にも人種的にも西欧とは全く異なった土壌の上に、わずか百年足らずで成し遂げた」のであり、「このことは、開発途上国に対して大きな励ましとなっているとともに、開発途上国が特に日本の経験から学びたいという関心を寄せる根拠ともなっている」。また、「日本には、種々の理由から、政治的な野心とは無縁の、安心して頼りにできる経済大

(74)　同上39-40頁。

(75)　同上40頁。

三 「地域主義」と安全保障　147

国として、協力への期待が寄せられている」のだというのである。「南北間の
秩序形成の上に大きな役割を果たすことは、日本の世界史的使命である」とい
う発言は、報告書の論者たちの認識を集約したものだといえるだろう。それゆ
え、この報告書の立場からすれば、「日本の政府開発援助が GNP の0.26％（1979
年実績）であるという状況は、極めて望ましくない」のだった。こうして報告
書は、政府開発援助の「増額」とともに「経済協力のフレーム・ワークの拡大」
が必要であることは「明白」だとしたうえで、改めて「政府開発援助の拡充の
必要性」を強調したのである[76]。

　またもう一つは、「経済安全保障」と呼ぶべき問題の台頭である。報告書の
論者たちによれば、「1973年の石油危機は、エネルギー問題を劇的な形で示し、
経済的安全保障を考える必要をわれわれに教えた」のだという。たしかに、「今
のところ、われわれが直面しているエネルギー問題は、石油の絶対的な不足で
はな」く、「石油の不足が将来に予測されること、需給関係が逼迫あるいは地
域的に偏ったこと、更に、既に述べた国際経済秩序の動揺と開発途上国の自己
主張の強まりが原因となって、政治と経済とが結びつけられたことを示してい
るように思われる」。だが、「いかなる意味にせよ、石油問題、あるいはエネル
ギー問題が存在することは間違いない」のであって、「こうした状況から見て、
他の資源の確保、少なくとも国民生活上最も基本的な食糧の確保も、安全保障
政策の課題となってきた」のである[77]。いわば、報告書の立場からすれば、従
来の軍事的な安全保障≒「政治」に加えて、石油の需給関係やその分布の地域
的偏り、「国際経済秩序の動揺」や「開発途上国の自己主張」などに起因する
「エネルギー問題」の浮上に伴い、「政治」と（市場メカニズムを基盤とする自由
貿易体制のような）「経済」とが結び付けられ、「経済」の問題もまた安全保障
政策の一部となったのだと理解されていたのである。

　安全保障の目的と課題　このことは、報告書の論者たちが議論する「総合
安全保障戦略」の目的をみればより明らかである。それによれば、「システム
の健全な機能に頼っていればよかった過去に対し、今ではシステムを何とかし

---

[76]　同上40-1頁。

[77]　同上41-2頁。

て維持する努力をしながら、その不完全性故に必要な自助の努力を行わなくてはならない」のだという。なぜならば、「全体として、現在は、『アメリカによる平和』が終了しつつあり、それに代わる秩序のない時代」であり、「その現実が、安全保障問題を部分的なものから総合的なものとし、かつ切実なものにした」からである。ただ、「秩序が動揺しているとき、危険は大きい」と考える報告書の立場からみると、「これまでの日本の安全保障努力は全く寒心に耐えないもの」であった。たしかに「日本は、戦後30余年の間に自由と民主主義を基本とする政治制度を十分に確立し、また国民経済の発展にも大きな成果を収めてきた」のであり、「日本の社会が活力をもって発展していること自体が、日本の安全保障にとって大きな力となっていることは疑いない」。だが、「活力ある日本社会は、日本の安全保障の手段である以上に、その対象そのものであることも忘れてはならない」のだった[78]。つまり、報告書の考える安全保障の主な目的とは、戦後日本がようやく手にした「自由と民主主義」を基礎とする「活力ある日本社会」の「発展」を維持することだった。安全保障の目的は、国民的な認識や合意とは別に、報告書の論者たちによってすでに設定されていたのである。

　このことを裏書きするかのように（報告書の論者たちには、その意図はなかったのだろうが）、報告書はこう続ける。「過去」において「日本人は、大きな犠牲を払いながらも、明治維新以降の国家目標であった近代化、産業化をようやく達成し」、「特に第二次大戦後の瓦礫の中から、国民の血のにじむような努力により、今日の経済的豊かさと自由な体制とを実現した」。実際、「現在の国民の日常生活に対する満足度には、多くの世論調査結果が示すように、極めて高いものがある」のである。ここで報告書が強調したかったことは、国民もまた、「経済的豊かさ」と「自由な体制」を「国家目標」としてきた日本という国家のありようを維持するために、日本の安全保障上の役割を果たすうえで努力すべきだということだった。というのも、「日本国民が自らの国家・社会をかけがえのないものとして認識し、守っていかなければならないものであるとの明確な意識を持つことによって、初めて、安全保障問題が国民的課題となり得る」

---

　[78]　同上42-3頁。

三 「地域主義」と安全保障　149

からである[79]。しかし、この報告書の議論が意図せずに示してしまっているのは、報告書が提示する日本の安全保障上の目的や役割が、実際には国民的な認識や合意を基盤としたものではなかったのだということであり、それゆえ、これから「未来」に向けて形成していく必要があるということだった。事実、報告書はこう付言している。「最近の世論調査などにも見られるとおり、このような国民の認識は着実に深まりつつあるが、自衛隊に対する評価の低さ、防衛意識の欠如など、なお改善すべき点は多い」[80]。

　このように、「現在」の国際経済秩序や日本のありよう（≒「日本イメージ」）を維持すると議論しながら、実際にはそれを新たに構築しようとしていたことは、すでに触れたように「日本イメージ」における「新しい」日本の役割に通底していた。では、このことはどのような意味を持っていたのだろうか。報告書は、日本の安全保障問題を取り巻く状況と課題を議論する章の最後にこう述べている。「しかし、以上のような危機感を持って具体的課題と取り組む際に、われわれは新たな秩序への芽があることにも留意しなくてはならない」。というのも、「国際体系が二極構造ではなく、多極的なものになってきたことは、複雑微妙なパワー・ゲームを引き起こしているが、しかし、新しいシステムが作られる可能性もある」からである。「開発途上国の要求の強まりは、正しく対応すれば、より公平な国際システムを作る契機である」。また、「アメリカの優越の終了は、主要国首脳会議を頂点とし、蔵相会議、同盟国間の協議機構、OECD などの経済機構、それに非公式のさまざまなチャネルに至る協調体制の重要性をクローズ・アップした」のである。「責任分担による秩序の維持への試みが行われている」のだと報告書は断じた。換言すれば、「そうした可能性への感覚を持ちながら、目前の具体的な課題と取り組むことが、われわれの基本的な態度でなくてはならない」のである[81]。

　この議論が示唆するところによれば、報告書が推し進める日本の安全保障上の目的や役割は、世界の「国際体系」のなかでみれば、いくつかある「試み」の一つにすぎないのだということである。それゆえ、その「試み」が「現在」

---

(79)　同上43頁。

(80)　同上43頁。

(81)　同上44頁。

存在するのだという点に着目してみれば維持するということになり、それを「国際体系」の主流にするよう「未来」に向けて努力するという点に着目すれば新たに構築するのだということになるのである。ただ、ここでさらに注目すべきは、なぜ報告書の論者たちがいくつかある「試み」の一つにすぎないものを選択し、しかもそれをどのような基準で選択したのか、ということであろう。これが、「近代を超える」プロジェクトを検討することで明らかになった、積み残された課題であり、その解明のためには、一方で、（第3章において議論されるように）「新しい」日本の役割を実現するための「新しい」「経済外交」について報告書の論者たちがどう考えていたのかを考察するとともに、他方でこの報告書がどう実現されたかを検討するよりも、（第Ⅱ部で試みられるように）ここで示された「日本イメージ」がどう形成されたのかを知るために、直近の「過去」を振り返らなければならないということであった。

四 「新しい」日本の役割

　これまでの議論からも理解されるように、1970年代末葉の日本のエリートたちは、第1章で検討した「新しい」日本の「未来」にたどり着くために、「日本イメージ」の「現在」の部分、すなわち世界における日本の位置付けと役割を再検討する必要にせまられていた。それは、「『地球の有限容量』という壁」が意識され、もっとも「先進」的だとされたアメリカの国際的な「地位」が相対的に低下しつつあるという、ある種の物理的な「上限」が意識された「歴史の潮流」のなかで、「個」と「全体」の関係をより「調和」的に再構築する必要があるのだとする「文化の要請」に基づき、「日本文化」をそのツールとして用いようとするものであり、そこでいうより「調和」的な関係、すなわち、それぞれの「個」が「全体」のことをまず考えるという「行動のパターン」を実現するために、「全体」（世界）との関係のなかで「個」（日本）はどう位置付けられ、どのような役割を果たすべきなのかを明らかにする試みであったといえる。では、そこで再検討された日本の位置付けと役割はいかなるものであり、そのことはどのような意味を持っていたのだろうか。本節では、第2章のまとめとして、これらの問題をいま一度議論していきたい。

　「先進国」日本の位置付け　　まず、日本の位置付けについて、日本のエリー

四 「新しい」日本の役割

トたちは疑問の余地がないくらい明確に、日本は「先進国」だと認識していた。ただ、そのことが持つ意味については、1970年代の世界がこれまでとは大きく異なるのだと理解されていたために、必ずしも自明ではなかった。それは二つに分けて考えることができる。第一に、「先進国」という場合の「先進性」の中身が、1970年代の世界の構造的な変動にともなう三つの理由により所与ではなくなってしまったからである。一つは、報告書の論者たちが繰り返し指摘していたように、日本をはじめとする「先進国」が「『地球の有限容量』という壁」にぶつかったために、これ以上「先」に進むことが困難になってしまったのだとされたことである。というのも、二つに、「欧米」をも含む「先進国」が、これを裏付けるかのように「文明病」あるいは「先進国病」と呼ばれる経済的・社会的停滞に見舞われたために、もはや、他の国ぐにに先んじて「進化」や「発展」を遂げていると主張することもできなくなってしまったからである。そのうえ、これは三つ目の理由なのだが、たしかに日本は「近代化を達成し欧米先進諸国と肩を並べるに至っ」たものの、日本は「欧米」になったわけではないという、「新しい」日本の「未来」を模索していたときにも直面した問題により、複雑さを増すこととなる。なぜならば、このことが示唆していたのは、「欧米先進諸国」とは異なる「先進国」のありようが存在しうるからであり、その模倣や後追いとは異なる「先進国」日本としての「新しい」位置付けや役割を提示する必要があるのだということだったからである。

それに加えて第二に、報告書の論者たちによれば1970年代以降の世界は「相互依存」という「新しい」傾向を有しており、日本はこの「相互依存」に「敏感」な位置にあるのみならず「敏感」でなければならないのだと認識されていたからである。このことが意味していたのは、「新しい」日本が位置付けられるべき世界が「相互依存」の世界だということであり、この「相互依存」の世界において不可欠だとされた「相互の認識と信頼」のために積極的な役割を果たすことが必要だということであった。というのも、「相互依存」の世界ではすべての国ぐにがつながっているため、日本に対するある国の「不信」は世界全体に波及するからである。それゆえ、これまで日本が「欧米にまたアジア各地に経済摩擦をひき起こし、日本への不信と誤解をつのらせてきた」のだと危惧する日本のエリートたちは、日本に対する「信頼」の確保こそが「新しい」

日本の主な役割だとしたうえで、その実現のために「文化」の「国際的」な「交流」をつうじたそれぞれの「文化」の「相互理解」を掲げることとなるのである。ただ、「文化交流」を「貿易」と同視する報告書の議論を思い起こすならば、その役割とは、「個」と「全体」のより「調和」的な関係を構築しあるいは「経済摩擦」に対処することで、日本の「貿易」を促進することとほとんど同義であった。

　日本の役割① ──「長所」を伸ばす　こうして、「田園都市構想」研究グループが言明しているように、日本のエリートたちはそのための方途として、「日本文化の積極的紹介」のみならず、「先進国」日本とそれが位置付けられるべき「相互依存」の世界をともに他国に受け入れてもらうことを、日本に対する「信頼」の確保だと意義付けることとなる。日本のエリートたちが再定義した「日本イメージ」の「現在」の部分のみならず、日本のエリートたちが考える世界のありようを他国が受け入れることまでをも「信頼」の確保に含めるこの主張は、「個」と「全体」のより「調和」的な関係を、「個」が「全体」のことをまず考えることだとする報告書の議論を考えるとき、それほど不思議なことではない。

　だが、このことは、少なくとも二つのことを示唆していた。第一に、「新しい」日本が位置付けられるべきだとされた「相互依存」の世界とは、「現在」存在するがゆえにその維持が不可欠であるのみならず、「未来」に向けて新たに構築する必要があるものだとされていたことである。「相互依存」の世界に対するこの認識は、「文化」の「相互理解」を促進する必要があるとする報告書の議論に暗に示されていたが、日本の役割という観点からみるときこの議論が意味していたのは、「個」（日本）と「全体」（世界）のより「調和」的な関係が、ある種の循環論的なかたちで実現されるのだと想定されていたということである。というのも、報告書が目指してしまっているのは、「未来」に向けて構築されるべき世界に「現在」の「新しい」日本を位置付け、それをまるごと他国に受け入れてもらおうということだったからである。それはすなわち、「相互依存」の世界に位置付けられるべき「新しい」日本が「現在」において「信頼」を確保する（すなわち、他国に受け入れられる）ために、「文化交流」（≒「貿易」）による「相互理解」の促進をつうじて「日本文化」（≒日本の「商品」）に

　　　　四　「新しい」日本の役割　　　　153

対する「理解」の網の目を広げることで、「相互依存」の世界を「未来」に向けて構築することだった。「相互依存」の世界のなかで日本の貿易関係が広がることは、「新しい」日本（≒「日本イメージ」）が受け入れられたことを意味するだろうし、「新しい」日本が受け入れられれば、それは日本の貿易関係が広がるというかたちで「相互依存」の世界の深まり（すなわち構築）を意味することになるだろう。その結果、日本の「商品」は、「経済摩擦」を経験することなく世界であまねく受け入れられるようになるのだというわけである。

　この「相互依存」の世界のなかで再定義された「日本イメージ」とその「新しい」日本が位置付けられるべき世界の構築とをともに受け入れてもらえるように尽力するために、報告書の論者たちが「新しい」日本の役割として打ち出したのが、「環太平洋連帯の構想」という名の「地域主義」であった。これは、日本が「太平洋地域」において「相互依存」の世界を構築することでそこに位置付けられるべき「新しい」「日本イメージ」をも受け入れもらうために、「協力」や「連帯」（これらのコトバは、「信頼」の確保を目指した「文化」の「相互理解」と同義である）を推し進めようとしたものである。ただ、より具体的にみてみると、「協力」や「連帯」を前面に押し出しているにも関わらず、そこには「先進国」日本による（より厳密にいえば、日本が供給できる／したいものに合わせた）一方的な押し付けという側面が見え隠れしていた。というのも、「相互依存」の世界を構築するために「太平洋地域」のあらゆる諸国を結び付けようとする「地域主義」である、この「環太平洋連帯の構想」は、「自由な市場メカニズム」を「相互依存」の世界の「基本的な指導理念」とすることで「協力」や「連帯」のありようをあらかじめ日本側が決めてしまっているとともに、それを受け入れない発展途上国を「相互依存」の世界に適合するようつくりかえることを計画していたからである。発展途上国には「（経済）開発」のための適切な人材が欠けているから、それぞれの発展途上国の「開発目的とニーズを正しく把握」し「有効な開発戦略を立案」できる「先進国」こそが、発展途上国の「人づくり」をも主導する必要があるだろう。すでに「近代化」や経済発展を達成した「先進国」はなんでも知っているから、発展途上国を含む世界のことは、これからは「先進国」が決めるのだというのである。いわば、日本のエリートたちは、みずからが考える日本にとっての「長所」をただひたすら

伸ばそうとしていたのである。

日本の役割②──「短所」を減らす　ただ、この試みは第二に、日本が位置付けられるべきでない世界、すなわち「相互依存」の外側の世界を事実上消失させるものであったということができる。なぜならば、世界にある種の物理的な「上限」があるのだとされた以上、「相互依存」の世界の深まりというかたちで日本の貿易ネットワークを広げ、日本の「商品」を世界にあまねく受け入れさせるようにすることは、他国の「商品」の駆逐や排除を意味していたからである。ましてや、「先進国」日本が主導する「地域主義」は、世界が「多元化」し「南北問題」のような国際的な格差の顕在化するなかで、発展途上国とそれを取り巻く世界を「相互依存」の世界とそれに合致した存在につくりかえようとするものに等しかったから、「南」の国ぐにの反発は当然に予想されるものであった。

　そのため、「相互依存」の世界を構築し維持することに対する「先進国」以外の国ぐにの反発にともなうリスクやコストに対処するための「新しい」政策が必要となる。それが、戦後日本のようやく手にした「自由と民主主義」を基礎とする「活力ある日本社会」の「発展」を維持するための「総合安全保障戦略」であった。報告書の論者たちによれば、そもそもこのような安全保障政策の問い直しが必要となった背景には、「アメリカの明白な優越が、軍事面においても、経済面においても、終了した」ことのみならず、「南北問題」をもたらした「新しい勢力」である「開発途上国」が「国際経済システムの改変を要求するようになった」ことに対する危惧があったのだが、そのことが意味していたのは、「日本をはじめ先進工業国の経済的利益」が「具体的に損なわれる」のを回避するため、日本がいままで以上に「責任分担」、すなわち「国際経済システム」における阻害要因の除去に向けた積極的な役割を果たす必要があったということである。「先進工業国が開発途上国の要求にこたえることに失敗するならば、その要求は現状変更から現状否定へと進むかもしれない」から、「先進国」日本としては「現状」を「否定」されないような施策が必要なのだというわけである。ここで「国際経済システム」というとき、報告書の論者たちが「相互依存」の世界を思い浮かべていたことは、「アジア・太平洋地域」における日本の安全保障上の役割が「環太平洋連帯構想に示された諸方策と並

んで」なされるべきだとする表現に示されていた。

　つまり、このことをやや図式的にいうならば、日本のエリートたちは、「環太平洋連帯の構想」のなかで提示された「地域主義」の推進により、日本のための「長所」を伸ばそうと企図する一方で、「総合安全保障戦略」において明示された「責任分担」（「相互依存」の世界の維持・構築に対する阻害要因の除去）により、日本にとっての「短所」を減らそうとしていたのである。

　「新しい」役割の持つ意味　　このように、「『地球の有限容量』という壁」が「歴史の潮流」として意識されるなか、「個」と「全体」の関係をより「調和」的に再編する必要があるとする「文化の要請」に端を発した「新しい」日本の位置付けと役割の再検討は、その関係を提示するにあたり、まずそれぞれの「個」が「全体」のことを考えるというパターンを思い描くこととなった。1970年代以降の世界（のあるべき姿）は「相互依存」の世界なのだから、そのありようをまず考えたうえで、「長所」を伸ばし「短所」を減らすことで「相互依存」の世界を構築し持続させる必要があるのだというわけである。

　その結果、日本のエリートたちが提示した「新しい」日本の役割は二つの顕著な特徴を持つこととなった。一つは、そこでいう「全体」のことを考えるということが、必ずしも「地球」全体のことを考えるとかみんなのために考えるということと同義ではなく、あくまでも「先進国」の立場から主に「先進国」のために「全体」を考えることを意味していたということである。このことは、「南北問題」における日本の役割のなかに、「開発途上国」による「現状変更」や「現状否定」の動きに対して「相互依存」の世界という「現状」を擁護するというかたちで、「先進国」日本の役割が世界にいくつか存在する動きの一つを支持しているに過ぎないのだと示唆されていた。「全体」のことをまず考えるとする「新しい」日本の役割が、「相互依存」の世界の「長所」を伸ばすのみならず、それに対する反発を抑えるために「短所」を減らすことを必要としたゆえんである。

　もちろん、日本の政策決定者なのだから日本のために世界のことを考えるのは当然なのかもしれない。しかし、「相互依存」の世界のなかで「信頼」の確保を重視していたことからも知られるように、「相互」に「依存」しあっている世界においては、ある一国の日本に対する「不信」がそのつながりをつうじ

て世界全体に波及する可能性を持っていたのだとすれば、日本を含む世界のことを、日本を含む世界のために考える必要があった、とする議論も成り立ちうるはずである。ただ、日本が「相互依存」の世界に位置付けられるべきだとする日本のエリートたちからすれば、この方法は採ることができなかったから、その代償として「新しい」日本はあらゆる側面において「結果を出す」必要にせまられることとなった。というのも、「新しい」日本の役割が主に「先進国」のためのものであるかぎり、世界にいくつかある動きのなかで「先進国」のものが有用であることを他国に示すには、（それを強制力により押し付けるのでなければ）一定の成果を挙げることが不可欠になってくるからである。これは事実上、「結果」に対するプロセスの相対的な軽視を意味しており、「結果を出す」ためにあらゆる手段が（「総合」的に）動員されるようになることを暗示していた。

　要するに、「『地球の有限容量』という壁」に象徴されるある種の「上限」から「近代を超える」時代の世界のありようを考えていたように、日本のエリートたちは、1970年代以降の日本のありようを考えるにあたり、実現できる／したい「結果」からそれを演繹するようになったのであり、それを可能にするためにも、これからの世界のことはすべて「先進国」が決められるようにしなければならなかったのである。

　またもう一つは、一方で「相互依存」の世界を構築し持続させるために「地域主義」を推し進めながら、他方でそれに対する反発を押さえ込むために「安全保障」を強化するという、「新しい」日本の役割が、再設定された「未来」の進路と同様、二つに引き裂かれたものであったということである。というのも、そこで提示された「新しい」日本の役割の基本的な指針とは、日本のエリートたちが「長所」だと考えるもの（「相互依存」の世界の構築と持続）を伸ばしながら、同時にその阻害要因を「短所」（「相互依存」の世界に対する反発）だと捉え、それを減らすというものだったからである。

　この指針は、一見するときわめて妥当にみえるかもしれない。「短所」を減らせば、世界は「長所」で満たされることになりそうだからである。だが、「相互依存」の世界を構築し持続させよう（「長所」を伸ばそう）とする「先進国」日本主導の努力それ自体が開発途上国の反発を生み出している（「短所」を増や

四 「新しい」日本の役割　　157

している）ことを想起するならば、この「新しい」日本の役割がもたらすであろう別の側面がみえてくる。それは、「長所」を伸ばし「短所」を減らそうとすることが、「長所」に満ちた世界をつくるどころか、逆に「短所」を増幅させることとなり、その増えてしまった「短所」を減らすためにこんどは「総合安全保障戦略」のような「新しい」政策の立案をせまられた結果、本来ならば「長所」を伸ばすために使うべき資源や労力までもが浪費させられてしまうかもしれないということである。というのも、日本のエリートたちの認識によれば、日本は「『地球の有限容量』という壁」にぶち当たっており、利用できる資源や労力には「上限」があったからである。「新しい」日本の役割の成否が「結果を出す」かどうかにかかっていることを思い起こすならば、このことは大きな問題であった。いわば、「相互依存」の世界を構築するためにあらゆる諸国を結び付けようとする日本側の努力とも相俟って、日本のエリートたちの考える「長所」と「短所」もまた、1970年代以降の世界のなかで相互に密接に結び付けられてしまっていたのである。

　こうして、これらの「新しい」日本の役割をとくに対外的に実現しその「結果を出す」ための、「新しい」外交政策（「経済外交」）を検討することが必要となる。その理由は、限られた資源や労力をどう配分するのかという経済的な問題に加えて、より単純な問題、すなわち、「長所」や「短所」についての理解が日本と他国とで異なるとき、日本側はそれとどう折り合いをつければよいのか、という問題に対処しなければならないからである。そのうえ、対外的に「新しい」外交政策が必要とされるということは、それに対応する「新しい」国内的な措置が求められることを暗示していた。次章では、再設定された「新しい」日本の「未来」の進路を目指すために「新しい」日本の役割を再定義した日本のエリートたちが、その対外的な表現である「新しい」日本の「経済外交」についてどう理解していたのかについて概観していきたい。

第3章 あちらを立てれば、こちらが立たず
──「新しい」日本の「経済外交」──

　これまでの議論からも理解できるように、日本のエリートたちは、「『地球の有限容量』という壁」にぶち当たったのだとする「歴史の潮流」に対する認識のもと、「時代の要請」である「文化の要請」に応え「個」と「全体」の関係を問い直すために「文化」というツールを用い、「個」と「全体」がより「調和」的であるような、「日本文化の特質」を反映した「新しい」「未来」の進路を目指すべきだと主張した。そのうえで、そこでいう「調和」的とはそれぞれの「個」がまず「全体」のありようを考えることだとする報告書の論者たちは、「全体」のありようすなわち1970年代以降の世界に目を向け、それを「相互依存」の世界だと把握する。「先進国」日本はこの世界に位置付けられるべきであり、その位置付けを「未来」に向けて持続させるために、「相互依存」の世界の構築とそれに対する阻害要因の除去を「新しい」役割として掲げる必要があるとされたのである。いわば、「近代を超える」プロジェクトに参加した日本のエリートたちは、「近代化」の成果を享受しながら「近代化」の生み出した弊害を除去するという「新しい」「未来」を目指すために、「近代化」の「長所」を伸ばし「短所」を減らすという「新しい」役割を果たすことで、「近代を超える」ことを企図していたのである。

　ただ、この「新しい」「日本イメージ」を再定義しようとした日本のエリートたちの試みは、その必然として、対外的な振る舞いを必要としていたのだとみることができる。なぜならば、「先進国」日本が位置付けられるべき「相互依存」の世界を構築し持続させようとする（主に「先進国」主導の）動きに対しては、開発途上国からの反発が予想されたからである。報告書の論者たちからすれば、「文化交流への積極的な努力の不足ないしは手遅れが、欧米にまたアジア各地に経済摩擦をひき起こし、日本への不信と誤解をつのらせてきた」

のだというわけである。このことが意味していたのは、「新しい」日本の役割が、「先進国」のみならず開発途上国のことをも考慮したものであることを証明しなければならないということであり、そのためには「結果を出す」こと、すなわち、「文化交流」をつうじた「相互理解」の促進による「不信」の払拭（「信頼」の確保）が不可欠だということだった。「文化交流」とは「商品」という「文化の所産」のやりとり（「貿易」）だとされていたから、そこで必要とされたこの対外的な振る舞いは、事実上、「相互依存」の世界のなかで再定義された「新しい」「日本イメージ」を他国に受け入れてもらうことを意味する、「信頼」の確保に向けた「経済外交」だったのである。

　そこで本章では、「経済」の領域における対外的な施策としての「新しい」「経済外交」がどう構想されていたのかについて、第1章と第2章のまとめも兼ねつつ検討する。この「新しい」「経済外交」は、報告書のなかでは「現実的な経済外交」と呼ばれていたが、その具体的な内容を知ろうとすると、これまでみてきた議論の繰り返し、あるいはそのヴァリエーションに出会うこととなる。このことは、二つのことを示唆している。一つは、大平正芳首相のもとに組織された9つの研究会とその報告書が、それぞれの垣根を越えて一つの方向性を持っていたということである。それゆえ、これらの報告書は、それぞれが別個の問題に挑んでいるというよりも、「近代を超える」というより上位の目的のもとで、それぞれの課題に取り組んでいるものとして読まれなければならないだろう。また、もう一つは、この「近代を超える」という企図やそのもとで討議されていた諸課題が、「文化交流」（貿易）を促進したりそれに対する障害を除去したりするというかたちで、経済的（「自然」的）原理と人為的関与との関係を考えるという「経済外交」にまつわる諸問題と密接に結び付いているということである。そのため、これらの報告書は、それぞれの諸課題との関わりとともに、「経済外交」という視角から、あらためて考察される必要があるのである。

　では、「現実的な経済外交」と呼ばれたこの「新しい」「経済外交」とはどのようなものであり、「長所」を伸ばし「短所」を減らすという「新しい」日本の役割をどのようなかたちで実現しようとしていたのだろうか。また、そのことはどのような意味を持っていたのだろうか。本章では、まず第1節において、

『科学技術の史的展開』報告書を素材に、第1章および第2章における議論を「経済外交」との関わりにおいて振り返ったのち、第2節、第3節では、まだ検討されていない大平報告書の検討をつうじて、これらの問題を考察していきたい。

一 「新しい途」

　日本のエリートたちによる「日本文化」の再把握をめぐる議論が興味深いのは、それが、「日本文化」という昔からあるとされたものを日本の「モデル」に掲げておきながら、この「モデル」を目指した「未来」の進路が「新しい途」だとされていたことである。これはなぜなのか。その理由は、「日本文化」をもとに再設定された「未来」の進路を実現するために、日本のエリートたちがこれまでの世界や国際関係の維持とともに再編を必要としており、従来の世界に代わる「新しい」世界をつくろうとしていたことに求められる。このことを戦後初期と比較しつつ図式的にいうならば、それは、敗戦直後の世界を所与としつつその世界のなかでできなかったことをできるようにするという、日本それ自体の「変革」を目指していた戦後初期とは異なり、1970年代以降の日本のエリートたちは、いまできることだけですべてを済ませられるように世界のほうを「変革」しようとしていたのだとまとめることができるだろう。こうして、「変革」の先に思い描かれたその「世界」とは、しばしば「相互依存」の世界と呼ばれ、「『地球の有限容量』という壁」が立ちはだかる物理的な「上限」が意識された時代においては、ある種の「閉じた」世界として機能するものであった。

　「ホロニック・パス」　「科学技術の史的展開」研究グループ[1]が詳細に述べるところによれば、「われわれは、人類が21世紀において活力ある生存を確保し、文明社会の発展を支えるために、今後科学技術が目指すべき『新しい途』として、『ホロニック・パス』（holonic path）を選択すべき」だという。というのも、「近代市民革命、産業革命によって『個』の確立が強く要請されたことに対応して、『近代科学技術』も、対象（全体）を要素（個）に還元する『アトミズム』（atomism）を基礎として成立した」ため、たしかにそれは一面で、「人類の知識を飛躍的に増大させ、領域の質的・量的拡大を通じて、人類に今日の

物的豊穣をもたらした」が、その反面、「全体との関係における調和よりは『個』の要素を追求することによって、さまざまな形での地球的問題を招来した」からである。たとえば、「高度産業社会のなかで、疎外された孤独な『個』は、『文明病』を招いて社会の活力を低下させ」、「物質の豊かさの追求、科学技術の巨大化、人口の急激な増加は、大気中の炭酸ガス濃度の増大、海洋の汚染、資源・エネルギーの急速な消耗、将来における食糧の絶対的不足への懸念などを招」いた。いわば、人類は「近代化」のすえに「『地球の有限容量』という壁に突き当たった」のである[2]。

　ではなぜ、これからの時代には「ホロニック・パス」が「要請」されるのか。報告書によると、これまで「人類は、例えばエネルギーについて、自然環境のなかに適合して薪（たきぎ）を燃料としていた前近代型の『ソフト・パス』から、近代化、高度産業社会への発展のなかで、石炭を掘り、石油を汲み、これ

---

(1)　この研究グループは、議長に佐々學（東京大学名誉教授・前国立公害研究所長）が、幹事に石井威望（東京大学教授）、小林登（東京大学教授）が就任し、政策研究員として以下のメンバーが名を連ねている。飯田経夫（名古屋大学教授）、江澤洋（学習院大学教授）、大島栄次（東京工業大学教授）、茅陽一（東京大学教授）、清水博（東京大学教授）、杉村隆（国立がんセンター研究所長）、高橋洋一（東京大学助教授）、富永健（東京大学教授）、豊田有恒（作家）、原島文雄（東京大学助教授）、槇文彦（東京大学教授）、村上陽一郎（東京大学助教授）、太田博（在アメリカ合衆国日本国大使館参事官・前外務省大臣官房調査企画部企画課長）、鎌田吉郎（通商産業省生活産業局原料紡績課長）、川崎正道（環境庁企画調整局企画調整課長）、木戸脩（厚生省公衆衛生局企画課長）、齋藤諦淳（文部省大学局大学課長・前学術国際局研究機関課長）、島弘志（科学技術庁計画局科学調査官）、新藤恒男（大蔵省関税局企画課長・前主計局主計官〔文部、科学技術・文化担当〕）、高秀秀信（建設省大臣官房技術参事官）、富田徹郎（郵政省電波監理局放送部長）。また、政策研究員・書記として、江川明夫（外務省国際連合局科学課事務官）、黒田東彦（大蔵省主税局税制第二課課長補佐）、神余隆博（外務省大臣官房領事移住部旅券課首席事務官）、西原篤夫（大蔵省主計局主査〔労働1・2係〕）。これに加えて、本研究グループでは、ゲスト・スピーカーに、水科篤郎（京都大学教授）を招聘し、報告書作成にまつわる情報・資料について、内閣総理大臣補佐官室などから提供を受けたと付記されている。

(2)　内閣官房内閣審議室分室・内閣総理大臣補佐官室編『大平総理の政策研究会報告書8　科学技術の史的展開 —— 科学技術の史的展開研究グループ』大蔵省印刷局、1980年、7 -8頁。

一　「新しい途」　　　163

を燃料とする巨大科学・巨大施設化の『ハード・パス』をたどってきた」。だ
が、この「『ハード・パス』は、一方において自然環境の破壊など人類の生存
条件自身を脅かす結果を招き」、また他方では「科学技術の停滞」というかた
ちで「『ハード・パス』や『アトミズム』の行きづまり」をもたらしたため、「一
元的『ハード・パス』思考への反省を生」み、「『人間と人工と自然との調和』、
人と人との間柄を尊重する『人間性の回復』が求められ」るに至ったのである。
これが顕著になった「1960年代後半から1970年代は、発想の転換の時代」だと
いうわけである[3]。

　ただ、ここでいう「発想の転換」とは、「ハード・パス」から「ソフト・パ
ス」に回帰することではなく、「これまでの『ハード・パス』の偉大な成果を
受け継ぎ、その上に立って人類の生存条件を改善しながら、人類の福祉、文明
の質を高めていく、『ハード』と『ソフト』の調和のとれた『しなやかな』『フ
レキシブル』なものでなければならない」のだった。なぜならば、「これから
人類の目指すべき『新しい途』は、全体と個、種と個体との関係、間柄を重視
し、その調和を図るものでなければならない」からである。こうして報告書は、
「この『新しい途』を、『全体子』(holon) ということばにみられるように、全
体と個の調和が図られるという意味で、『ホロニック・パス』(holonic path) と
呼」ぶこととなる[4]。このことが科学技術に限られないことは、他の報告書に
おいても同様の表現がみられることに示されている。事実、『文化の時代の経
済運営』報告書においても、「最近の方向」として、「西欧社会が市民革命、産
業革命以来の『個』の確立を目指した近代化300年の歴史のうちに、もろもろ
のいわゆる文明病や孤独な個の窮状に遭遇し、『全体と個の関係』や『個と個
の間柄』を見直し、『全体子』(holon) という概念を求めている」のだと指摘
されているのである[5]。

　それでは、日本はこの「新たな途」にどう貢献できるのだろうか。ここで報
告書の論者たちが着目したのが、「日本文化」であった。「近年、欧米において
も、日本文化が関心を集め、見直されてきている」のだと報告書はいう。なぜ

───────────

　[3]　同上。
　[4]　同上 8 - 9 頁。
　[5]　各報告書の冒頭、「21世紀へ向けての提言（総説）」12頁。

ならば、「日本文化の特質」が「『ホロニック・パス』に適しているものと考えられる」からである。事実、「日本は、自己を絶対視せず物事を相対化する文化特質によって、近代科学技術をも巧みに受容し同化してきた」のであり、「また、人と人との間柄を大切にする日本文化においては、人は個としてよりも『なかま』と一緒にいることによって集団に帰属し、その集団は活力ある部分システムの独自性と多様性を尊重する『しなやかな』分散型構造を特質としている」のだとされた。「自然環境の破壊」や「科学技術の停滞」のみならず、「文明病」や「孤独な個」のような「窮状」に直面し、「『ハード・パス』や『アトミズム』の行きづまり」がみられるこんにちにおいては、こうした「日本文化の特質」は、「『全体と個の関係』や『個と個の間柄』を見直し、『全体子』(holon) という概念を求めている」「西欧近代社会」や「欧米文化」の新たな「モデル」となりうるのだというわけである。「われわれは、急速な近代化や高度経済成長を可能にした日本の文化を検討するとき、そこに多くの優れた特質を再発見した」とする報告書の自負は、その一つの表れであった[6]。

　「相互依存」の世界　　このことが示唆していたのは、「近代を超える」という企図のもとでの「日本イメージ」の再定義が、「日本文化」という、日本のエリートたちが再把握したものを基準とする世界の再編を目指したものだったということであった。というのも、報告書の論者たちは、「日本文化の特質」が、「近代を超える」時代の「要請」する「新しい途」である「ホロニック・パス」に「適している」のだと述べていたからである。「近代化」を推し進めてきた「欧米」の「ハード・パス」は、「『地球の有限容量』という壁に突き当たった」ために行き詰まり、「地球」という「全体」と、そこに生きる「人類」という「個」との「調和」が「要請」される「発想の転換の時代」となった。それゆえ、これからの「近代を超える」時代においては「近代化」の時代の「発想」を「転換」し、「欧米」もまた、かねてより「全体と個の調和」を考えてきた「日本文化」を参照し、そこから学ぶべきなのだというわけである。

　本書の問題関心からみると、日本のエリートたちによるこの企図はきわめて興味深い意義を持っている。まず第一に、日本の位置付けに関して、このプロ

---

　(6)　前掲『科学技術の史的展開』11-3頁；前掲「21世紀へ向けての提言（総説）」12頁。

ジェクトは、最終的に「欧米」を、「日本文化」の基礎にあるとされた「なかま集団」の一員、すなわち「なかま」にすることを目指したものであるといえる。ただ、そこに包含されているものは一筋縄ではいかない。たしかに一面で、「欧米」を「なかま」にしようとするこの計画は、日本のエリートたちが再把握した「日本文化」の枠組みに「欧米」を取り込もう、従わせようとする試みであるといえる。だが他面で、第1章で言及した「変な外人」の例に示されるように、「欧米」は、「間柄」を「分かち合う」ことができないがゆえに、本当の意味では日本（人）の「なかま」になることができない。もしそうなのだとすれば、この企図が行き着くところ、暗黙の前提とするところはこうである。それは、「日本文化の特質」を十分に把握し身に付けた日本（のエリートたち）が、「近代を超える」時代においては「欧米」をもリードするということである。つまり、日本のエリートたちの議論からすれば、「欧米」をはじめとする「先進国」のなかでも日本がもっとも「先進」的な国家として位置付けられていたのである。

　ところが第二に、日本の役割について、ここで思い起こすべきは、「日本文化」の「中心」にある「特質」だとされた「『習合』の文化」が、必然的に「他者」（さらには、「他者」の経験としての「過去」）を必要としていたことであり、そこで想定されていた「他者」とは「欧米」だったということである。というのも、「『習合』力」を基礎とする「日本文化」は、その「習合」の前提として「他者」からなにかを摂取することを必要としており、「近代化」の時代におけるそれは「欧米文化の摂取」だとされていたからである。このことの論理的な帰結は、「日本文化」のもとで取り入れられたもののもとには「欧米文化」があるということであり、もしそうなのだとすれば、日本のエリートたちの企図が意図しないかたちで究極的に暗示しているものは、「近代化」の時代になされていたとされていたものとそれほど違わないということになってしまう。すなわち、「近代を超える」時代においても、日本は「欧米文化」を引き続き参照し、「日本文化」の「『習合』力」によりそれを日本のなかに取り込んでいかなければならないのである。

　では、一方で「近代を超える」時代においては「欧米」もまた「日本文化」に学ぶべきだとする世界の再編の志向性と、「『習合』の文化」を有する日本は

引き続き「欧米」との「習合」を図らなければならないとする前提とは、どう整合的に理解できるのだろうか。それは、歴史的な変化を排除しながら循環論的なかたちで世界を再編する、一つの試みとして捉えることができる。たしかに一方で、「近代化」の時代が「欧米化」を「要請」していたこととも相俟って、「日本文化」のなかに「欧米文化」が取り入れられ「習合」されていったことは否定できない。しかし他方で、「近代を超える」時代が「要請」する「新たな途」には「日本文化の特質」が「適している」のだから、「欧米」もまた「日本文化」を取り入れ、それを「欧米文化」のなかに「習合」するのが適当であろう。ただ、そこでいう「日本文化の特質」とは、「近代化」の時代の成果として「欧米文化」を含んだものであるから、それは「欧米」による「欧米文化」の再評価という側面を持つはずである。ところで、そもそも「『習合』の文化」である「日本文化」もまた「習合」する対象をその定義上必要としているから、日本もまた「欧米」を参照しなければならない。ところが、そこで参照されるのはおそらく「日本文化」から学んだあとの「欧米」であろうから、ここでもまた、これは日本による「日本文化」の再評価という側面を持つこととなるのである。

　こうして、この循環論的な世界のなかで日本と「欧米」とはお互いに、相手側の「文化」を参照することでみずからの「文化」の再評価を行うことにより、一つの「閉じた」世界を構築することとなる。その世界のなかでは、お互いの「文化」の参照がみずからの「文化」の問い直しを意味するから、認識のうえでは「新しい」再評価や再発見があることとなるが、そこでの「文化」的特質はすでにお互いがお互いのものを参照した結果であるから、根本的に新しいもの（歴史的な変化）はそこには存在せず、すべての要素はすでに出揃っているのである（まさに、「歴史」は「終焉」したのである）。そのうえ、この「閉じた」世界では、お互いの存在がお互いに依存していた（なぜならば、相手側が存在しなければみずからの「文化」の再評価や再発見ができないからである）。その意味において、この世界はまさに「相互依存」の「閉じた」世界であった。

　「新しい途」の持つ意味　この「新しい途」を選択することは、「日本イメージ」の再定義、なかでも日本の「未来」の進路の再設定との関係で少なくとも二つの意味を持っていた。一つは、それが「近代化」の果実のみを享受しつつ、

一 「新しい途」

それがもたらす負の側面を最小化しようとしたものだったということである。なぜならば、報告書のいう「新しい途」とは、「これまでの『ハード・パス』の偉大な成果を受け継ぎ、その上に立って」「『ハード』と『ソフト』の調和のとれた」ものでなければならないのだとされていたからである。「『ハード・パス』の偉大な成果を受け継」ぐということが意味するものは必ずしも明らかではないが、それが報告書の指摘する主要な成果である「物的豊穣」を指すのだとすれば、そのことが暗示するのは、それを生みだしてきたいままでどおりの「バード・パス」をこれからも続けるという前提で「ソフト・パス」との「調和」を考えるか、もしくは、いままでどおりの「物的豊穣」を生みだせる別の方法を「新しい途」だと呼んでいるにすぎないことになるだろう。それゆえ、いずれにしても、ここでの「新しい途」とは、事実上これまでの「ハード・パス」の継続であり、従来からの「ハード・パス」の成果は享受しつつその弊害を排除することを目指したものであった。これは、「新しい」日本の役割が示しているように、「近代化」の「長所」を「維持促進」し「短所」を「縮小排除」する志向性を持つことを意味していたのである。

またもう一つは、「長所」を伸ばし「短所」を減らすというこの「新しい途」が、「近代」と「伝統」の「いいとこどり」を狙ったものだったということである。それは、「近代」とも日本的な「伝統」とも異なる「日本的なものの見方」を採ることで可能になるのだとされた。報告書によれば、「日本人の価値観」を「伝統―近代」の観点からみる調査の結果は、「これまでの『近代』を志向してきた傾向が、近年『伝統』を重んずる方向に変わりつつあ」り、なかでも「高度成長の時代に育ち、平和で豊かな生活を送ってきた世代を中心に拡がりつつあることは注目に値する」のだという。ただ、「このような最近の歴史的流れのなかでみられる『伝統回帰』」は、「必ずしも『近代的な意識が後退し、伝統的・前近代的な意識に復帰した』ことを意味するものではなく、『伝統―近代』の対立軸では日本人の意識をとらえきれなくなっていることを示している」。というのも、このことが示唆しているのは、「今日、日本社会が、近代化・産業化を成し遂げ、最も先進的な産業社会となったなかで、日本人にとって『近代』とは、もはや志向すべき目標ではなくなった」ということだったからである。こうして、「日本人の価値観を測るための新しい次元が、検討され

168 第3章 あちらを立てれば、こちらが立たず

なければならない」のだと報告書の論者たちは強調する。では、その「新しい
次元」とどのようなものなのか。報告書によると、「それは、『西欧的なものの
見方』に対し、『日本的なものの見方』という軸を採用すること」であった。「日
本社会が伝統的にはぐくんできたあたたかい人間関係や人間と自然との調和を
重視する日本的価値観の見直し」が重要だとされたのである[7]。

　これら議論からも理解されるように、一方で、報告書の論者たちは明らかに、
近年の「伝統回帰」ともみえる「歴史的流れ」が「過去」に対する「回帰」で
はないことを認めている。なぜならば、それが「近代」重視から「伝統」重視
に変化しつつあるという調査結果の持つ意味を、「近代的な意識」の「後退」
や「伝統的・前近代的な意識」の「復帰」としてではなく、「近代」が「もは
や志向すべき目標ではなくなった」ことの表れだと捉えているからである。そ
れゆえ、報告書の論者たちは、「近代」的なものの見方をまるごと引き継いだ
ものではないものの、「日本的なものの見方」が依然として「近代的な意識」
を保持したものだと考えていたことになる。だが、他方で、それにも関わらず、
報告書の論者たちは「日本社会が伝統的にはぐくんできた」「日本的価値観の
見直し」を重視するのだと強調しているのである。ここでいう「伝統」とは、
「欧米」をモデルとした明治維新以来の日本の「近代化」が日本の「伝統」的
なものを破壊してきたのだとする報告書の論者たちの主張を踏まえると、明治
維新以前までに形成されてきたものを指しているのだと理解するべきだが、そ
れにも関わらず、報告書の論者たちが「日本的なものの見方」の採用を「伝統
的・前近代的意識」に対する「復帰」ではないのだと強弁していたことを思い
起こすならば、「日本的なものの見方」とは、明治維新以前の日本的「伝統」
の踏襲あるいは焼き直しではないことになるのである。つまり、「日本的なも
の」とは、「日本社会」の「伝統」とは異なるものだとされていたのである。

　ここで、報告書の論者たちが目指した「新しい途」が「近代化」の果実のみ
を享受しつつ、それがもたらす負の側面を最小化しようとしたものだというこ
とを考えるとき、「近代」および「伝統」と「日本的なものの見方」との関係
は、以下のいずれかだということになる。すなわち、一つは、報告書の論者た

───────────
　(7)　同上15–6頁。

ちが有用だと考えるものを「日本的なもの」と呼び、それを「近代的な意識」、あるいは「日本社会が伝統的にはぐくんできた」ものだということにしようとするものであり、もう一つは、明治維新以前までに形成されてきた日本的「伝統」や明治維新以後の「近代化」をまるごと受け継ぐのではなく、こんにちにおいて有用なものを取捨選択して採用するということである。この二つは微妙に異なるが、そこに共通しているのは、総体としての「近代」的なものあるいは「伝統」的なものと「日本的なもの」を別物だと考え、それらのうち「近代を超える」ために有用だと思われるものの「いいとこどり」をしようとする姿勢である。その意味において、「過去」の役に立つと考えられたものを断片的に選択しつつ引き継ぐという日本のエリートたちの議論は、選択された部分に着目すれば「近代的な意識」に基づいたもの、あるいは「日本社会が伝統的にはぐくんできた」ものでもあり、選択という行為それ自体に注目すれば「日本的なもの」の採用は「新しい」行為でもあった。

　ただ、日本のエリートたちが「近代を超える」ために有用だと考えるものを「近代的な意識」もしくは日本の「伝統」的なものだと呼び、あるいは「近代的な意識」や日本の「伝統」的なものの「未来」に向けた選択的な導入を「日本的なもの」だと呼ぶことは、すでに触れたように、「永遠の現在」という「新しい」「時間」の概念を持ち込むものだった。というのも、「日本的なものの見方」により選択された「近代」も「伝統」も、「過去」ではないからである。それはどうひいき目にみても「過去」の断片であり、「過去」から「現在」につらなる歴史的な変化と因果関係の解体であった。この「過去」の断片化が重要なのは、「近代」の経験であれ日本の「伝統」であれ、「過去」のもともとのありようをトータルに把握することを困難にしてしまったからである。そのうえ、こうした態度は、「近代」の果実だけを受け取りその悪弊を取り去るために、「日本文化」（「『習合』の文化」）に基づき、「欧米文化」の有用なものだけを選択的に取り入れようとする報告書の議論とあわせて考えるとき、「他者」のもともとのありようをもトータルに把握することをほとんど不可能にしてしまうものであった。

民主的手続きの変質　　このことがより端的に表れていたのが、政策決定における国民の関わりを極力排除しようとすることで、政策決定のプロセスをあ

る種の循環論的なものにしようとする報告書の議論である。「とくに多元化社会においては、国民の現実の姿、関心の所在を正しく把握することが、政策形成とって重要な意味をもつ」としながら、報告書はこう指摘する。「政策形成者は、世論調査の結果に、そのまま具体的政策を求めるべきではない」。なぜならば、「調査結果は政策決定の一つの参考資料であって、具体的政策決定は政策形成者が自らの責任と判断で行うべき」だからである。「政策形成者は、長期的、総合的視野に立って、ときには世論に反した決断を行い、自らの指導力を発揮して、信ずるところを成し遂げることも必要」なのだとされた[8]。政策決定は政策決定者「自ら」の「信ずるところ」に基づいた「指導力」が大事なのだから、「世論」から学ぶ必要は必ずしもないのだというわけである。

　では、世論調査その他のような「国民の現実の姿、関心の所在を正しく把握する」ための情報はなぜ政策決定者にとって重要なのか。それは、「国民の現実の姿」を政策に反映させるためというよりも、「フィード・バック」のためであった。「さまざまな方法によって得られた人間・社会現象に関する情報を、政策形成者が利用することの積極的な意味は、政策形成者と民意との円滑なフィード・バックを可能にするところに存在する」のだという。ここでいう「フィード・バック」がどのようなものなのかについて、報告書の「総説」では言及がない。ただ、この節に続く「総説」のまとめ部分は、この「フィード・バック」の一端を伝えているように思われる。というのも、そこでは、「各研究グループは、その報告書がひとつの契機となって、幅広い、活発な議論が起こり、近代化の時代に要請されてきた価値観や制度を見直し、その成果を受け継ぎながら、21世紀へ向けて進むべき新しい途について、広く国民的合意が形成されることを期待している」のだと強調されていたからである[9]。もし政策形成者と国民との関係がこう想定されていたのだとすれば、「政策形成者と民意との円滑なフィード・バック」とは、報告書の論者たちの提示するような「近代化の時代に要請されてきた価値観や制度を見直し」た「新しい途」に沿ったかたちで「国民的合意」を「広く」「形成」することとほとんど同義であった

---

(8)　同上16頁。
(9)　同上16-7頁。

一 「新しい途」

といえるだろう。それゆえ、「国民の現実の姿、関心の所在を正しく把握することが、政策形成とって重要な意味をもつ」とされたのは、「多元化社会」においてこの「国民的合意」がどの程度「広く」「形成」されたのかを政策形成者が知るためであった。

こうして、民主的な手続きの変質は、政策決定の基準や根拠を、「民意」ではなく報告書冒頭の「近代を超える」時代≒「文化の時代」の「要請」に沿った「日本文化」≒「日本的なものの見方」に求めることで、一つの循環というか「閉鎖性」と「既存性」が支配する一つの「共同体」をつくりだすこととなった。というのも、そこでの政策決定は、この時代の「要請」に基づいた「日本イメージ」、なかでも「日本文化」という「新しい」「モデル」を目指すために再設定された「未来」の進路に沿ったものだとされたため、それはせいぜい、この報告書が示した「新しい途」に対する「国民的合意」を「広く」「形成」しそれを「フィード・バック」によって確認するという、技術的なプロセスだとされてしまったからである。もしこの「共同体」を変えるものがあるのだとすれば、外側からの「時代の要請」だが、報告書の論者たちが指摘するように、「近代を超える」時代≒「文化の時代」の「要請」は、究極的には「『地球の有限容量』という壁」に象徴される物理的な「上限」に規定されたものだと考えられていたから、それ自体を克服することは困難だと想定されていた。それゆえ、「近代を超える」ために再定義された「日本イメージ」を基盤とする、この「閉鎖性」と「既存性」が支配する一つの「共同体」（≒「新しい」日本）では、そのあり方を決める事実上の決定権は一般の人びとのほとんどから剥奪されており、もしなんらかの決定の余地があるのだとすれば、それは、政策決定者が示した「新しい途」にどの時点で合意するかという、合意のタイミングぐらいであった。これが、報告書の論者たちのいう、「文化の創造母体」は「国民」であり、「国民の自由な創意と自然なエネルギーなくして文化の発展は望み得ない」ということが持つ意味だったのである。報告書は、まとめの部分においてこう述べている。「政府が、この報告書を十分に検討の上、そこに提案している方向で、今後の行政が総合的に強力に展開されていくことを強く要望している」（傍点筆者）[10]。これは、報告書の発表以後、実際に起こったことでもあった[11]。

では、日本のエリートたちはより具体的に、この「新しい途」をどう実現し
ようとしていたのだろうか。以下では、検討のために残されていた報告書を概
観しながら、対外的には「新しい」「経済外交」が必要とされるとともに、国
内的には、「新しい」「経済外交」の実現のために「国民」を管理する必要性が
生じ、それを達成するための「新しい」「政治」が企図されていたことを明ら
かにしていきたい。

二　「新しい」「経済外交」

　前章で検討した「総合安全保障」研究グループが明快に議論していたように、
日本の安全保障上の目的や役割は、国際的には「相互依存」の世界という「閉
じた」世界を構築するにあたり、その障害を除去するためのものであり、国内
的には、「経済的豊かさ」と「自由な体制」を「国家目標」としてきた日本と
いう国家のありようを維持するためのものであった。このことが示しているの
は、『文化の時代』報告書が示しているように、「近代を超える」プロジェクト
のなかで試みられた「日本イメージ」の再定義がそもそも日本経済の発展のた
めのものだったということであり、それゆえ、日本の「経済外交」のあり方を
再検討することが主な目的だったということである。こうして、日本経済の対
外的なあり方が問題となる。大平は、「対外経済政策」研究グループ[12]の第一
回会合において、これらの諸点をあらためて述べている。まず、「わが国をは
じめ世界各国は、今日相互依存の度を高め、地球上に生起するどのような問題
も、相互に鋭敏に影響し、地球全体を前提に考えなければ、有効な対応ができ

---

(10)　同上17頁。

(11)　Iida Yumiko, *Rethinking Identity in Modern Japan : Nationalism as aesthetics,* :
Routlege, 2002, p. 168.「国民的合意」を「広く」「形成」するために、政治家や官僚の
みならず、こうした政府による研究者、企業経営者、芸術家やタレントのような「文化
人」など、それぞれの分野における有力者を政策決定の場に取り込もうとする動きは、
報告書が発表された直後の1980年代には「政官財癒着」などと揶揄されたが、1990年代
末葉以降、それは「産官学連携」あるいは「オールジャパン」体制と肯定的に呼ばれる
ようになり、まさに「国民的合意」を「広く」「形成」していった。高瀬弘文『「経済外
交」概念の歴史的検討 ── 戦後日本を事例に』『広島国際研究』2013年、31-3頁。

二 「新しい」「経済外交」 173

なくなっている」のであり、この「今日の世界情勢及びわが国の置かれた立場
からみて、対外経済政策をどのように推進していくかということは、極めて重
要な課題となっている」。それゆえ、「わが国は、対外経済問題について十分の
注意を払い、今後とも率先して国際社会に受け入れられる経済運営に努め、世
界の期待に応えてまいる必要がある」。こうして大平は、この研究グループの
メンバーに対して、以下のように諮問した。「現在わが国が抱えている個々の
問題に対応する場合においても、全体としてもどういうふうに考えていくべき
かについて、基本とすべき考え方を御検討の上御提言いただきたい」[13]。

基本姿勢と問題意識　　そこで、600頁あまりにわたる他の報告書と比べて
もひときわ大部な『対外経済政策の基本』報告書は、「個々の問題」よりも「全
体としてもどういうふうに考えていくべきか」に着目するのがよいだろう。日
本の対外経済政策における「基本姿勢と問題意識」を論じた第Ⅰ部をみてみる
と、報告書の論者たちはまず世界の現状について、「1970年代は世界経済の激
動期であり、歴史の流れでみれば転換期」だと規定し、「1980年代は70年代の
趨勢を受け継ぎ、世界経済は依然として激動を続けるとともに、さらに混迷へ
の道に迷い込む危険性さえ持っているように思われる」と予測した。それゆえ、

⑿　この研究グループは、議長に内田忠夫（東京大学教授）が就任し、政策研究員として
　　以下のメンバーが名を連ねている。鬼塚雄丞（横浜国立大学教授）、兼光秀郎（上智大
　　学教授）、茅陽一（東京大学教授）、公文俊平（東京大学教授）、黒澤洋（日本興業銀行
　　常務取締役）、高坂正堯（京都大学教授）、小林元常（三菱商事株式会社業務部長）、佐々
　　波楊子（慶應義塾大学教授）、関口末夫（社団法人日本経済研究センター主任研究員）、
　　西川潤（早稲田大学教授）、速水佑次郎（東京都立大学教授）、瓜生瑛（農林水産省構造
　　改善局構造改善事業課長）、行天豊雄（大蔵省大臣官房参事官）、國廣道彦（外務省経済
　　局参事官）、山田勝久（通商産業省大臣官房企画室長）、吉冨勝（経済企画庁経済研究所
　　主任研究官）、塩田薫範（大蔵省国際金融局国際機構課課長補佐）、宮本恵史（通商産業
　　省産業政策局産業構造課課長補佐）。これに加えて、本研究グループでは、ゲスト・ス
　　ピーカーに、嘉治元郎（東京大学教授）、後藤達郎（三井物産株式会社顧問）、柴田弘文
　　（大阪大学教授）、並木信義（社団法人日本経済研究センター理事・研究主幹）を招聘し
　　ている。

⒀　「政策研究会・対外経済政策研究グループ　第一回会合における大平総理発言要旨」
　　内閣官房内閣審議室分室・内閣総理大臣補佐官室編『大平総理の政策研究会報告書6
　　対外経済政策の基本 ── 対外経済政策研究グループ』大蔵省印刷局、1980年、21頁。

第3章　あちらを立てれば、こちらが立たず

たしかに短期的には「臨機応変の措置」が必要だが、「われわれの目的は、時間的視野を主として中・長期に拡げ、80年代から90年代にかけて展開すると思われる世界経済の動向を踏まえ、日本のとるべき対外経済政策について検討と提言を行うことにある」のだと強調し、大平の諮問を再確認したのである[14]。「歴史の流れ」を注視したうえで「世界経済の動向」を明らかにし、そのうえで「日本のとるべき対外経済政策」を再定義しようとする姿勢は『文化の時代』報告書を踏襲しており、さらにいえば、戦後初期の「日本イメージ」の再定義の方法をも引き継いだものであった。

　こうして報告書は、提言のための「基本姿勢」として三つの点を挙げる。第一に、「80年代を通じて、世界経済の中でわが国は自由主義圏の一員として行動すべき」だと主張する。このことが意味するのは、「一般的にいうならば、自由と民主主義という基本価値を前提にして成立する自由経済社会の相互連帯の中で経済運営を行うべき」だということであり、「より具体的には、一定の制約の下で承認される私有財産権の尊重、競争的市場経済を中心にした分権的意思決定の確保、消費者主権を中心にした生産パターンの決定と企業行動における利潤動機の是認、物的経済連関をより円滑かつ効率的にするための金融組織の活発な利用などをその特徴とする自由主義経済制度を、アメリカ及びヨーロッパ諸国とともに維持し、発展させる政策姿勢をとることが望ましい」ということである。というのも、「このように特徴付けられる経済システムは、自由世界の基本価値と合致する面を多く持つとともに、優れた経済的成果を経済効率面や経済成長面で発揮し、物質的に豊かな社会をつくりあげる能力があることを実証してきたから」である[15]。報告書が「自由主義経済制度」の具体的中身として挙げた「私有財産権の尊重」や「競争的市場経済」、「消費者主権」や「金融組織の活発な利用」といった、こんにちにもつらなる要素は、それぞれに関してさらに詳しい検討が必要かもしれない。ただ、「日本イメージ」の再定義という本書の目的からみると、報告書が日本を「自由主義圏の一員」と位置付けその役割を担うべきだと主張した理由は、これらの「価値」を日本も

---

(14)　前掲『対外経済政策の基本』21頁。

(15)　同上21-2頁。

二 「新しい」「経済外交」

共有しており、それに基づいた制度やシステムが「効率」的で経済成長にも資するため、「物質的に豊かな社会をつくりあげる能力があることを実証してきた」ためであった。いわば、「『地球の有限容量』という壁」が物理的な「上限」として意識されるなかで、これからも「物質的に豊かな社会」を目指す日本としては、「効率」的に「利潤」を生み出せる「自由主義経済制度」を採るべきであり、そのためにも、日本を「自由主義圏の一員」としてあらためて位置付けたうえで、「アメリカ及びヨーロッパ諸国」とともにそれを「維持」「発展」することが日本の役割だと報告書の論者たちは考えていたのである。

　このことはもう少し検討に値する。というのも、『文化の時代』報告書の議論よりもさらに明確に、『対外経済政策の基本』報告書は、「近代を超える」という大平による一連のプロジェクトが、1970年代以降における激動する世界のなかでの日本経済の「維持」「発展」を目指したものだということを言明しているからである。その含意は、「文化の時代」の到来だとか「日本文化」の「本質」を明らかにするとかいう報告書の主張が、実際にはそれ自体が目的というよりも日本経済の「維持」「発展」を目指す手段だったということであり、そのために必要な「日本イメージ」の再定義を達成するための方途が「日本文化」の「本質」を明らかにするという作業だった、ということである。それゆえ、報告書のいう「文化の時代」の到来とは、「日本文化」の「本質」を具現化した「日本イメージ」をつねに意識し続ける必要がある時代だということであり、それがなぜ必要かといえば、「対外経済政策」研究グループのコトバを借りると、「1980年代は70年代の趨勢を受け継ぎ、世界経済は依然として激動を続けるとともに、さらに混迷への道に迷い込む危険性さえ持っているように思われる」ためであった。「混迷」の時代を生きるには、「日本イメージ」という、「日本文化」の「本質」（「文化の中心」）を基盤とした変わらないものを指針とすべきなのだというわけである。

　では、日本経済の「維持」「発展」のためには「自由主義」に任せておけばよいのかというと、必ずしもそうではない。ここで、報告書の論者たちは第二に、「自由主義原則を実施するにあたっては、それに賢明な制御を民主的手続きを経て加える必要がある」のだと強調する。なぜならば、「200年以上にわたって存続してきた自由主義経済は、その優れた経済機能を多くの分野で発揮した

176 第3章 あちらを立てれば、こちらが立たず

歴史を持つ反面、他の多くの分野でその機能の限界を明らかにし、ときには弊害をもたらしてきた」からである。報告書によると、これには「古典的」なものと「新しい」ものとがある。まず、「古典的」な「難点」としては「景気変動や失業の発生、分配の不平等化、独占への傾向と国家・産業の癒着」などが指摘されており、「これを最近の国際経済の動向に適用してみれば、先進諸国におけるスタグフレーションへの傾向、世界的にみられる所得格差の拡大（南北問題の発生はその一面である）、ある種の産業及び企業にみられる独占的行動の世界的拡がり等がそれらの例である」のだという。これに対して、「新しい問題点」としては、「一方では外部不経済が拡大して環境破壊や公害激化をもたらし、他方では外部経済の活用が不充分なため教育の普及や技術の開発が阻害されている面がある」とされ、「国際経済の局面では、大気・海洋汚染の世界的拡がりや情報不足による各国間相互不信の招来は前者の例であり、代替エネルギー開発の遅れや適正技術の移転の不完全さは後者の例である」こと、「また、外部性の問題の克服を装って、過度の産業保護や非効率な政府介入が横行し、それが国際摩擦の原因となっていること」などが指摘されている。そのうえで、報告書はさらに、「いま一つの新しい問題」として「世界的な不安定性の拡がりの下で、一部の国々を除いては生活の最低保証が確保されず、飢えと貧困にあえいでいる多くのひとびとが存在するということがあ」り、「経済援助や国際協力は以前と比べて拡大しているにもかかわらず、この面での成果は極めて不充分」なのだと強調した。つまり、「自由主義経済は古典的困難のみならず、現代的困難からも挑戦を受け、その真価が問われる時代に突入している」のだというのである。「われわれは、自由主義経済の持つ長所と短所を正当に評価し、長所の維持促進と短所の縮小排除に努力すべき必要のあることを痛感する」のだとする報告書の記述は、「自由主義経済」における「賢明な制御」の必要性を端的に示していた[16]。

こうして、報告書の論者たちは第三に、「こうした新しい自由主義体制を築きあげる上で、日本の果たすべき国際的役割が極めて大きくなってきたこと、及び将来のその役割はさらに重要なものになるだろう」と言明する。というの

---

(16) 同上22-3頁。

二 「新しい」「経済外交」　177

も、「戦後35年の時の経過」、なかでも「60年代に入ってからヨーロッパや日本
での早い経済成長」は、「世界経済におけるアメリカの地位の相対的低下を招
くに至った」からである。「過去には圧倒的な影響力を自由主義圏に及ぼして
いたアメリカも、かつてのような主導力を発揮し得なくなっており、このまま
では、新しい時代にふさわしい自由主義原則に基づく世界秩序の構築は、不可
能になりつつある」のだというわけである[17]。

　そのうえ、アメリカの「地位」の相対的低下がもたらした、「新しい」「自由
主義原則」に基づく「世界秩序の構築」は、「先進国」だけの問題ではないの
だとされた。なぜならば、「新しい時代にふさわしい国際秩序の構築ができな
い状況の下では、各国の経済繁栄は勿論、現状の生活維持さえ不可能になるで
あろう」からである。それゆえ、「このような無秩序による混乱や損失を避け、
新しい秩序を構築して国際的繁栄をはかることは、すべての国にとって非常に
好ましいこと」なのであり、「日本経済は、それが持つ巨大性と成長力を活か
し、新しい国際秩序の建設に貢献するところがなければならない」のだと強調
されたのである。「世界的にみて経済大国としての地位を占めるに至った日本」
が、「アメリカやヨーロッパと責任を分担し合いながら、国際的貢献を一段と
強める必要がある」のは、このような理由のためだったのである[18]。

「既成勢力」に対する役割　では、日本は「新しい」「国際秩序の構築」に
向けてどのような問題に対処すればよいのか。また、そこでいう「国際秩序」
や「世界秩序」とはどのようなものだと考えられていたのか。ここで報告書は、
「自由主義圏」、「社会主義圏」、「第三世界」のそれぞれに関して、日本が果た
すべき役割を説明した。それによると、第一に、「自由主義圏」について、「日
本が自由主義圏の一員として行動するということ」は、「最近の貿易摩擦の発
生」などにみられるとおり、「日本の利害関係が自由主義圏の他の国々のそれ
と常に合致することを意味しない」のだという。それならば、「自由主義圏」
はバラバラなのかというと、報告書の論者たちはそうではないと断言する。と
いうのも、「こうした動きは、自由主義圏内での多極化・多様化を意味するも

---

(17)　同上23-4頁。

(18)　同上24頁。

のであっても、自由経済制度の分解はては崩壊を招くものでない」からである。つまり、「われわれの努力は、そうした方向への動きを阻止するものでなければならない」のだった[19]。「自由主義」や「自由経済」は依然、「新しい」「国際秩序の構築」の根幹に据えられていたのである。

それゆえ、「自由主義圏」における日本の役割とは「自由経済制度」の「分解」や「崩壊」を「阻止する」ためのものだと議論されることとなる。すなわち、「日本が世界 GNP や世界貿易の約１割を占める国家となった現実を直視し、日本と他の自由主義諸国との相違点や共通点を明確にした上で、国際協調と責任分担に積極的に取り組む」ことが重要だとされたのである。ここでいう「積極的」とは、「アメリカや EC との関係」において、「日本がその追従者として行動してきた時期は去りつつあ」ることに鑑み、「逆に日本がこれらの国や地域に対し能動的に働きかける必要が増大する」ことを意味していた。こうして報告書は最後に、「アメリカや EC は、文化・歴史・伝統の異なった国である日本からの働きかけを、これまでよりもより重要なこととして受け止めてほしいと思う」と述べ、「新しい」日本のこの「積極的」役割を受け入れてくれるよう求めたのである[20]。

「自由主義圏の一員」としての「積極的」な日本の役割を定義した報告書は、つぎに「社会主義圏」との関係における役割に目を向ける。第二に、「世界経済」における「自由主義圏に対抗する一大勢力」である「社会主義圏」について、「その地域における経済の仕組みは、基本的な点において自由主義圏のそれと異なっており、また、イデオロギー・政治と経済のかかわり合いは、社会主義圏において一層強い」。では、日本をはじめとする「自由主義圏」は、かつての「冷戦」が激しかったころのように対決姿勢をとるべきかというと、報告書によれば必ずしもそうではない。というのも、「ソ連のアフガニスタン進出を契機に、自由主義圏と社会主義圏との関係の見直しを緊急の必要事とする機運が高まっているが、中・長期的な動きの中で現状の切迫状態がどう位置づけられるかを冷静に判断して、事態に対応することが肝要」だからである。こ

---

(19) 同上24頁。

(20) 同上24-5頁。

うした現状認識の背後には、「社会主義圏」においても「自由主義圏」と同様、「各国間で多様化が進み」、少なくとも「経済的にみる限り、ソ連の絶対的優位は揺ぎつつある」とする観察があった。たとえば、「社会主義経済の歴史は資本主義のそれと比べてせいぜい60年とその日時が浅」いため、「社会主義経済が何をなし得るか」をめぐり「未知の面が非常に多」く、「理想や理念は別にして」「現実には、社会主義圏の内部でもいろいろな試行錯誤が繰り返され」、「各国において、それぞれニュアンスの異なった社会主義経済運営を生んでいる」。また、「政治と経済の関係の流動化や、経済発展の状態の相違は、中ソ対立という決定的に困難な問題を圏内にもらたし」ているし、「ユーロコミュニズムの発生は、先進自由主義圏における社会主義運動が、必ずしもソ連や東欧の経済運営のあり方を目指したものでないことを明らかにしている」のだとされた。つまり、報告書の立場からすれば、「両陣営の中の多様化が進む中で、自由主義（資本主義）対社会主義という大ざっぱな対立図式での現実把握は、かつてほどの実用性や有用性を持たなくなってきている」のであって、「既成の固定観念で最近の国際情勢を割り切り、早急な対策、とくに軍事面でのそれを打ち出すことは、むしろ危険な要素さえはらんでいるように思われる」ものだったのである[21]。

そのため、報告書が打ち出した日本を含む「自由主義圏」の役割とは、一見すると穏健なものだった。それによれば、「二つの経済圏の間の関係は、どちらか一方の経済運営の仕方が他方を支配するというのではなく、共存のための経済運営のルールや慣行を、互譲の精神の上で確立するよう努めるものであることが望ましい」のだとされたのである。ただ、上述のように「自由主義」や「自由経済」が「新しい」「国際秩序の構築」の根幹なのだとする報告書の議論を踏まえれば、ここでいう「互譲」とは、あくまで二つの経済圏の「共存」のためになされるものであり、「自由主義」や「自由経済」という根幹の部分を譲り合うというものではなかった。そこで、当然のことながら対立や紛争が起こりうるが、それについて報告書は、「両者の間で生ずる紛争については、軍事力の行使を避ける形で、それへの対応がはかられなければならない」のだと

---

(21)　同上25-6頁。

主張した[22]。「社会主義圏」とは「共存」のためにできるだけけんかをしない、ましてや軍事的な対立は極力回避する、というのが、報告書の示した日本の役割であった。

「新しい」勢力に対する役割　報告書が、これまで「冷戦」という対立状況のなかで敵対してきた「社会主義圏」との一見穏健な日本の役割を打ち出したのには、1970年代以降の日本と中国とのあいだの関係改善などが影響しているのかもしれない。実際、日中貿易は、1972年の日中国交正常化以後、急激に拡大しているからである[23]。しかし、この報告書の態度の背後には、別の理由、すなわち、「先進自由主義国や先進社会主義国という既成勢力に対抗」する「新しい歴史の担い手が登場してきたこと」があるように思われる。それが、「第三世界」であり、その「登場」がもたらした「南北問題」であった。報告書によれば、1960年代の「第一次国連開発の10年」のなかで「南北問題は国際場裡で大きくクローズ・アップされ」、そこでは「問題解決への具体的成果にはみるべきものがあまりなかった」が、1970年になり「第二次国連開発の10年のための国際開発戦略」の採択以後、「いろいろな実質的な変化が表面化してきた」のだという。そこでの「象徴的な出来事」は「OPECによる石油戦略の実施と、その結果生じた国際的な富及び所得の移転」であるが、その「現実」は、「アジアや南アメリカの新興工業国（NICS）は、石油ショック後も着々と経済発展の成果を収めている」一方で、「最貧発展途上国といわれる世界経済の発展から取り残された国々も、なお多くあり、そこでは、多数の住民が生死の線上をさまよっている悲惨な状況が存在している」という、「多様化」であった。実際、「第三世界」は「かつてほどの、共通の利害関係の上に既成勢力に迫るという状況は弱まりつつある」のであり、「事実、第三世界によって提案された『新国際経済秩序』の内容は、時間とともに変化し、また、既成秩序変革という目的達成のための具体的方策が、各国合意の下で打ち出されているわけではない」のである[24]。「自由主義圏」や「社会主義圏」と同様、「第三世界」も

---

(22)　同上。

(23)　日本外務省「日中貿易額の推移（通関実績）〈米ドルベース〉」(http://www.mofa.go.jp/mofaj/area/china/boeki.html)。

(24)　前掲『対外経済政策の基本』26-7頁。

また、「現実」は「多様化の方向」に向かっているのだ、というのが報告書の論者たちの理解であった。

では、第三に、「第三世界」に対する日本の役割についてはどう認識されていたのだろうか。ここで報告書は、それぞれが「多様化」しつつあるという「現実」のために、「自由主義圏にしても、また社会主義圏にしても、第三世界との関連で新しい対応を迫られるようになっていることは明らか」だと強調しつつ、とくに日本にとって「第三世界との間の新しい関係をつくりだす努力は、中・長期的に極めて重要な課題」だと指摘する。なぜならば、日本は世界のなかでも発展途上国との関係を深めうる特殊な位置にあるからである。報告書によると、日本は「発展途上国の状態から脱却してからの歴史は浅く、中高年層の意識にはなおその頃の記憶が強く残っている」のだという。「中高年層」が具体的にどの年代を指すのか、ここでは明らかにされてはいないが、報告書は、「途上国から先進国への経済発展がどのようなものであるかの経験は、多くの日本人が体得しており、いかなる条件がそのことを可能にするかについて、ある程度ノウハウを持っている」いるのだと断じた。「日本の対外関係とくに貿易取引においては、発展途上国との結びつきが、どの先進国と比較しても相対的に強い」から、日本の「第三世界」に対する役割はきわめて重要だとされたのである[25]。

世界経済の制度づくり　　こんにちの世界における「新しい」日本の役割が「積極的」なものでなければならないのだと強調した報告書は、こうして、日

---

[25]　同上27-8頁。この議論は、「中進国」日本の役割に関する戦後初期の見解の読み替えだとみることができる。というのも、「中進国」とは、一面で「先進国」的な側面を持ちながらも、他面で「後進国」的な部分を有するものだと定義されていたからである。「先進国」の一員としてみずからを位置づける報告書の立場では、もはやこの見解を踏襲することはできなかったが、「中高年層」がかつての「中進国」の時代において有していた「後進国」的部分の「記憶」を「強く残」しているというかたちで、この見解を引き継いでいたのである。こうした理解は、戦後初期に吉田茂首相をはじめとする日本の政治経済エリートたちが考えていたこと、すなわち、発展途上国の「現在」は日本の「過去」なのだとする理解を引き継いでいたことを示していた。高瀬弘文『戦後日本の経済外交──「日本イメージ」の再定義と「信用の回復」の努力』信山社、2008年、314頁。

本の役割が「新しい」「国際秩序」(「新秩序」)や「新しい国際経済制度の構築」に向けられなければならないのだと指摘する。それは、より具体的には、「公共財」の提供に寄与するということであった。報告書によると、これまで述べてきたような「世界全体にわたる大きな変化」のために、「従来の国際秩序」は「既成の形のままでは作用しなくなっ」ており、「1970年代において生じたブレトン・ウッズ体制の動揺及び変革」やこの時期の「自由主義経済運営による問題解決能力の低下傾向」は、「自由主義圏のみならず世界経済全域にわたって不確実性を増大させた」。この「旧秩序が崩壊したまま新秩序が出現しない」状況が意味するのは、「世界経済の運営のルールや慣行を支える制度、すなわち世界全体にわたる『公共財』を欠く」ということである。「世界的公共財の提供が不充分な下では、各国が他国の利害を省みず、自国の利害を中心に行動するとき、一種のジャングル状態が出現する」から、「こうした弱肉強食の世界では、人類はもはや将来への明るい希望を持つことができず、弱国は勿論、強国もやがて衰退の道を辿るであろう」、と報告書は予測した[26]。「公共財」がなければ世界は「不確実性を増大させ」、やがては「一種のジャングル」になってしまい、こうした「弱肉強食の世界」には「明るい希望」がないから、いずれ「弱国」も「強国」も「衰退」することとなる、だから世界経済の「制度」や「ルール」(≒「公共財」)は重要なのだ、と報告書は論じたのである。

　ただ、報告書の論者たちは、「明るい希望」を捨ててはいなかった。なぜならば、「世界経済の実態を冷静に眺めるとき、われわれは現状及び中・長期的な将来の世界経済が、普通いわれるほど、困難や混乱にみちて救い難い泥沼に入りこんだとは思わない」からである。たしかに「70年代は波乱に富んだ時代ではあったが、それでも世界経済は、予想以上に良好な成果を生んだ」。それゆえ、「80年代には一層の困難が推測されるが、自由主義圏の諸国を中心に、新しい国際経済制度の構築が徐々に行われるならば、それは、21世紀に向かって明るい展望を開くきっかけをつくる時代になるであろう」。こうして報告書は、「この構築にあたっての日本の役割分担は、普通考えているよりもはるかに大きいものであることを認識し、行動する時期に達していると思われる」の

---

　(26)　前掲『対外経済政策の基本』28頁。

二 「新しい」「経済外交」 183

だとまとめた[27]。

日本国内の構造改革　では、日本はこの「役割分担」のためにより具体的にどう「行動」すべきなのか。ここで報告書は、この問題を国内的なものと国際的なものの大きく二つに分けて論じている。第一に、国内的な問題に関しては二つの点が重要である。一つは、「新しい国際経済秩序の建設に、日本が格段の協調と負担を惜しまない」ためには、「国内的にもそれに対応して、調整や変革を覚悟しなければならない」ということである。ここでいう「調整や変革」とは、「国際分業に合致した国際協調を進める」ために、「産業構造の変革を行うとともに生活スタイルを変化させる」ことを意味していた。「新しい国際経済秩序」を「建設」し、「貿易その他からの利益を享受する」には、他方で「そのコストを、国際経済条件の場合によってはかなり苦しい調整の形で、払わなければならない」のである[28]。報告書の論者たちは、こうした「産業構造や生活スタイルの変更」が「勿論国内的要請からも生じている」と付言しながらも、「国民の認識」にはいまだ「小国的発想」や「責任回避」が「多くみられ」、「新しい責任」をとり「相応の犠牲」を支払う用意が不充分であることを「遺憾」であると述べているように[29]、これらの「コスト」負担の要請は国内的というよりも国際的なものであった。「近代を超える」時代の「新しい」「日本イメージ」を再定義するために、「時代の要請」に着目した報告書の論者たちからすれば、日本国内の要請よりも国際的な要請こそが優先されるべきであり、日本国内のありようは国際的な要請に合わせて「調整や変革」がなされるべきものだったのである。

ただ、「新しい国際経済秩序の建設」に向けた日本の国際的役割を果たすためにその国内的な「調整や変革」の「コスト」を支払わねばならないのだとすれば、そうした「コスト」負担は、「衰退産業」のような一部の産業に対して不均等に割り振られることになるだろう。しかし報告書の論者たちは、これを「自由主義」的に放任するのではなく、「このコスト負担は、国際関係の変化か

---

(27)　同上28-9頁。

(28)　同上29頁。

(29)　同上29-30頁。

184 第3章 あちらを立てれば、こちらが立たず

ら直接影響を受ける当事者のみならず、国民各層が広く分かち合う必要がある
と考える」。なぜならば、「この必要を満たす政策や制度のあり方」は「『福祉
国家』への道とか、公共部門の役割の新しい出現」などといわれるが、「この
種の試みについては、ほぼ一致した国民の合意が存在するといってよい」から
である。報告書の立場からすれば、「自由主義原則の基本的骨格は維持しなが
ら、その弾力的な運営を漸進的な政策や制度の変革の下で行おうとする」こと
が重要なのであった[30]。「新しい国際経済秩序の建設」という日本の役割を果
たすための「コスト」は、「国民各層」(「国民全体」ではない) が「広く分かち
合う必要がある」のだとされたのである。

　こうして、この「コスト負担」をめぐる国家なり政府の役割が重要となる。
というのも、「国際関係の変化から直接影響を受ける当事者」のコストを「国
民各層が広く分かち合う」ようにするには、強制力を有する国家なり政府がそ
のコストを強制的に移転する必要があるからである。このことから、国内的な
問題に関するもう一つの論点、すなわち「市場」(「経済」) と国家 (「政治」) の
関係をめぐる問題が浮上する。報告書によれば、「最近の世界情勢の変化は、
経済問題を政治問題化させる傾向を強めている」のだという。なぜならば、「自
由主義経済の持つ欠陥の是正には、政策介入が必要」であり、そのためにも「経
済と政治の相互作用」について考える必要があるからである。では、ここでい
う「政策介入」とはどのようなものなのか。報告書がいうには、「福祉国家と
いい、混合経済といっても、政策介入のあり方には二つの面がある」。「一つは、
民間の自由な経済活動に対する政策あるいは政治の新しい介入(ニュー・レギュ
レーション) が必要となる面」であり、「いま一つは、自由主義経済の活力を
維持するには、既存の政治や政策の介入排除 (デ・レギュレーション) が同時
に必要となる面」である。ただ、報告書によれば、この「政治と経済のかかわ
り合い」は「単に機能的・実務的な側面のみならず、イデオロギー的・思想的
側面に及んでいる」ため、「両者の守備範囲」や「適正な関係」を確定するこ
とは「一般に困難」だとしながらも、「経済と政治の間の現状を念頭におきつ
つ」、「その限界的変革を公的介入の強化と撤廃の両面から検討し」、「提案を行

_____

(30)　同上29頁。

いたい」のだと強調した[31]。「最近の世界情勢の変化」が「経済問題を政治問題化させる」という世界の「現状」を生み出しているのだから、その「現状」を踏まえたかたちで「経済」と「政治」の関係を再検討する必要があるのだというわけである。このことが意味していたのは、すでに報告書の論者たちが言及していたように、「市場メカニズム」のような人為的な関与の及ばない「自由主義原則」が支配すべき「経済」の領域に対する、人為的な関与（「政治」や「外交」）の必要性であった[32]。

「新しい」「経済外交」　　こうして、報告書は第二に、日本の国際的な「行動」に目を向ける。それによれば、「国際経済における日本の責任分担の増大は、好むと好まざるとにかかわらず、国際的な政治問題や軍事問題への、わが国のコミットメントを強化させる」から、「現実的な経済外交の展開にあたっては、経済のみならず、政治・軍事その他多方面からの検討が必要になることはいうまでもない」のだという。「従来、日本は、政治面でも軍事面でも、アメリカとの間の安全保障条約の下で平和を享受してきたため、経済面は別にして、これらの面で相応の責任を分担する気構えや条件を整えていないことが、国の内外から、種々の機会に指摘されるようになってきた」のである。実際、報告書によれば、「経済学者や経済実務家のこれら諸問題に対する通常の反応」は、一方で「自由経済の運営ができ得る限り政治力・軍事力とはかかわりない形で行われること」であり、他方で「経済外的力の作用がどうしても避けられない」場合でも「それと代替的な新しい経済的対応を模索するということ」であった。たしかに、こうした対応には「限界がある」し、「現状のように政治面や軍事面での国際緊張が高まっている時期には、それが不充分なものに終わ

---

(31)　同上30頁。

(32)　しかしながら、「経済問題」の「政治問題化」が「世界情勢の変化」に起因する「現状」だとする報告書の議論は、少し割り引いて考える必要があるだろう。なぜならば、すでに述べたように、「経済」と「政治」を結び付けて考える必要性が生じたのは、少なくとも国内的には、「国際関係の変化から直接影響を受ける当事者」のコストを「国民各層が広く分かち合う」ようにするため、さまざまなものの配置や配分のあり方を国家の強制力により再編するようしいられていたからである。「政策介入」における「デ・レギュレーション」と「ニュー・レギュレーション」が強調され、「公的介入」の「撤廃」と「強化」が論じられていたのは、その一つの証左だったのである。

186 第3章 あちらを立てれば、こちらが立たず

ることは明らかである」かもしれない[33]。「新しい」国際秩序を構築するために日本が「積極的」な役割を果たすべきだと考える報告書の論者たちは、明確に、日本のこれからの「現実的な経済外交」が「政治問題や軍事問題」に対する「対応」をせまられることを自覚していたのである。

　しかし、それでは日本の「経済外交」はこれから「政治問題や軍事問題」に対する「積極的」な役割を果たすべきだと報告書の論者たちが考えていたのかというと、必ずしもそうではない。なぜならば、世界における日本の位置付けを考えてみると、日本は「経済大国として世界大の経済問題の処理には優れたノウハウを持つが、政治・軍事小国としての日本は世界大の政治・軍事問題の処理には知識や経験が乏しいという、"比較優位"の原則にさしあたり合致する」からである。「われわれとしては、政治や軍事の重要性を決して軽視するものではないが、現在のような不透明な国際関係の下でこれら問題について早急な結論を下すことには賛成できない」のだった。事実、「経済的な責任分担の理論的分析や国民的世論、またそれを背景にした国際的討議や意見調整の場は、政治や軍事の分野に比べてはるかによく整えられている」から、現時点では「GNP に対する軍事支出の比率を現在以上に高めるよりは、援助増大・技術協力・市場開放・その他平和的手段で貢献できる分野に、日本は格段の努力を注ぐべき」だとされたのである。「国際的な政治・軍事問題については、国民の間に関心が高まり、その内容について討議が尽くされ、その上で種々の対応がとられることを期待したい」というのが、報告書の立場だったのである[34]。

　この議論は、これからの日本の「新しい」「経済外交」、すなわち「現実的な経済外交」が「国際的な政治・軍事問題」に対する一定の関与を迫られることを自認しつつも、当面は、日本が「世界大の政治・軍事問題」よりも「世界大の経済問題」に対して"比較優位"を有する「政治・軍事小国」「経済大国」であることに鑑み、経済的「平和的」手段に尽力すべきだとする点で、抑制の効いた議論だといえるかもしれない。ただ、これからの日本の経済発展に対する「不確実性」を除去するために「新しい」世界経済の「制度」（≒「公共財」）

---

(33)　前掲『対外経済政策の基本』30-1頁。

(34)　同上31-2頁。

二 「新しい」「経済外交」　　　187

の構築を目指し、そこで日本が役割を果たすべきだとする報告書の立場を思い
起こすならば、あるいは、「現状のように政治面や軍事面での国際緊張が高まっ
ている時期」において、アメリカやソ連のような「政治・軍事大国」が「新し
い」世界経済の「制度」（≒「公共財」）の構築を後回しにするかのような政策に
傾斜するような危険性があるなかでは、その別の側面がみえてくる。というの
も、このことが意味していたのは、もし「新しい」世界経済の「制度」（≒「公
共財」）がある程度構築されれば、もしくはより究極的に、日本の「未来」の
経済発展に対する「不確実性」が除去できるのであれば、報告書の論者たちは
「国際的な政治・軍事問題」について積極的な役割を果たす用意があるという
ことだからである。「経済」と「政治」や「軍事」とを一応分けているように
みえるこの報告書の議論は、その内実において、経済危機や景気悪化の折に日
本の経済発展の「不確実性」を除去するという名目のもと、「国際的な政治・
軍事問題」において日本は「積極的」な役割を果たすべきだ、とする主張を喚
起する可能性を秘めることとなったのである。
　それゆえ、報告書は同時に、「世界における日本の役割分担は、経済・政治・
軍事に尽きるものではな」く、「科学や技術、文化や人物の交流」のような「国
際交流」のかたちでも促進される必要があるのだと強調する。というのも、「国
際紛争の多くは、これらの面で各国がかなりの閉鎖性を持ち、交流や対話の機
会を欠き、その結果不正確な知識や推測の上で誤った相手国イメージをつくり
あげることから生じているように思われる」からである。「平和と自由と民主
主義の価値を強く意識し、自由経済体制を維持発展させようとするわれわれの
立場からすれば、この面での日本の立ち遅れは一刻もゆるがせにされるべきで
はない」のだった。その証拠に、「対外経済政策に限っても、こうした経済以
外の国際交流が積極的・開放的に行われ、相互理解が深まることが、政策効果
をあげる上で大きな役割を果たすのである」。こうして、「この点に関する日本
の役割分担の増大の必要性は、いくら強調しすぎても強調され過ぎることはな
い」とする報告書の論者たちは、「徳川の鎖国が破れ、明治の開国以来紆余曲
折はあったものの、西欧先進国に追いつくレベルに非西欧諸国が達した事例と
しては、近代史においては、日本を持って嚆矢とする」のだと自負したうえで、
「人種や文化の異なった国々に住む人たちが、相互にその相違点を明確に認識

したうえで、なお平和と自由と民主主義という共通の価値の維持に努めること
こそが、主体性を持った対外経済政策の展開の上で、最も重要なことであろう」
とまとめた[35]。

　ここに示されているのは、日本が「積極的」な役割を担うことで構築される
「新しい」国際秩序がどのようなものなのかということであり、そこで不可欠
だとされている「相互理解」のありようだった。まず、「西欧先進国」に「追
いつ」いた「非西欧諸国」の「嚆矢」としての日本を自負しているように、日
本はこれまで「西欧先進国」に「追いつ」くために、国際的には「西欧先進国」
による既存の国際秩序にみずからを適合させようとし、国内的にも「西欧」流
の「近代化」を推し進めてきたのだから、「西欧先進国」に「追いつ」いたい
ま、それを捨て去ろうとするとは思われない（実際、『文化の時代』報告書が指
摘しているように、これまでの「近代化」の成果は、引き続き受け継ぐのである）。
そうだとするならば、日本が「アメリカやヨーロッパと責任を分担し合いなが
ら」構築を目指している「新しい」国際秩序は、「西欧先進国」による既存の
国際秩序をもとにしたものだろう（事実、報告書は「200年以上にわたって存続し
てきた自由主義経済」が「その真価が問われる時代に突入している」から、その「長
所」を伸ばし「短所」を減らすような改革が必要だと論じている）。また、こうし
た「自由経済体制の維持発展」のためには、その「古典的」な「難点」ととも
に、「南北問題」のような「新しい問題点」にも対処する必要があり、そのた
めには「それに賢明な制御を民主的手続きを経て加える必要がある」から、報
告書の論者たちも指摘しているように、「平和と自由と民主主義の価値を強く
意識し」、その「共通の価値の維持に努めること」が重要となる。それゆえ、
報告書が正直に述べているように、ここでの「相互理解」とは、たとえ「人種
や文化」の「相違点を明確に認識」したとしても「平和と自由と民主主義とい
う共通の価値の維持に努める」ものにならざるをえず、より端的にいうならば、
「西欧先進国」による既存の国際秩序と価値を一方的に相手に受け入れさせる
ものとなるほかないのである（というのも、それが実現すれば、「西欧先進国」に
よる既存の国際秩序や価値を「相互」に「理解」することになるからである）。報告

---

(35)　同上32-3頁。

二 「新しい」「経済外交」　189

書の記述からもわかるように、「自由経済体制の維持発展」という部分に関する日本側の譲歩の余地はまったくないから、それ以外の国際秩序や価値には、第Ⅱ部で議論されるように、すべて反対することになった。その意味において、日本のエリートたちが新たに打ち出したこの「現実的な経済外交」は、「多様化」しつつあるとされた世界のなかでは極度に柔軟性を欠いたものだったのである。

　「本質主義」的前提　　このように、報告書の論者たちが「近代を超える」というその宣言にも関わらず、「200年以上にわたって存続してきた自由主義経済」の「維持発展」というかたちで、これまでの路線を引き続き踏襲する決意をしていた背景には、大平が「科学技術の史的展開」研究グループの第一回会合で言明していたように、こんにちの「歴史上類を見ない豊かな社会」が、これまでの「科学技術の進歩の歴史」のうえに成立しているのだとする認識があった。「科学技術」という「人類の英知」が、「過去の歴史において遭遇してきた多くの困難を乗り越え、新しい発明を生んでき」たのだというのである。ただ、「技術革新」が人類の「多くの困難」を解決してきたのだとする大平からすれば、「戦後三十余年の目覚しい科学技術の発展のあと、現在は技術革新の低迷期に入っているのではないか」と思われる状況は一大事であった。そのうえ、「科学技術の水準が世界の第一流に達したわが国としては、従来のように、欧米先進国からの科学技術の輸入に依存することはできない」のである。このことの帰結は、「日本独自の科学技術を開発する」ことで「人類社会の発展にいっそう貢献」しなければならないということだった。「日本人は古来から独創性に富んだ民族」だからそれも可能だろうというわけである[36]。

　こうして『科学技術の史的展開』報告書は、日本の「未来」の進路として、近代以前の「ソフト・パス」とも近代の「ハード・パス」とも異なる「ホロニック・パス」を提唱することになるのだが、「日本イメージ」の再定義という観点からこの議論が重要なのは、以下の二つである。第一に、これまでの「科学技術の『巨大化』」が「『地球の有限容量』という壁に突き当たった」という認

────────────

[36]　「政策研究会・科学技術の史的展開研究グループ第一回会合における大平総理発言要旨」前掲『科学技術の史的展開』21-2頁。

識である。報告書によれば、「科学技術の『巨大化』」には、「①経済的スケール・メリットを追求した『文明の量的拡大』と、②飛行機、顕微鏡の発明やX線の発見にみられるような、新たな知識を探求する『文明の質的拡大』とがある」が、「地球の有限容量」、「特に、資源・環境面での制約が顕在化し、量的拡大の限界が生じた」ために、「近代文明は性格の変容を迫られた」。このことが示唆するのは、人類が、「質的拡大にいっそうの努力を傾注することが要請されている」ということである。それゆえ、こうした「歴史の潮流」を見据えるならば、これからの日本が果たすべき役割とは、さらなる「新たな知識」の探求を可能とするような「新しい途」≒「ホロニック・パス」だということになる。かつての「量的拡大」は「『集中型』システム」を生み出し、それは依然「一定のメリットを有し」たものではあるが、「その限界の顕在化」とともに「エネルギー・システムや都市システムについても『分散化』の傾向がみられる」ことに注目するならば、「今後は、集中・分散の双方の多様で調和のとれた『ホロニック』なシステムが求められている」から、日本もまた、そこでの重要な役割（さらなる「新たな知識」の探求）を担うべきだとされたのである[37]。これは、大平が指摘しているように、日本のさらなる「進歩」のための、新たな「フロンティア」探しの一環であった[38]。

　それゆえ、報告書の論者たちは、日本がこの「ホロニック・パス」に適応する方途を模索するのだが、ここで強調されているのが、「日本文化の特質」が「『ホロニック・パス』に適している」とする議論である。これが第二の重要な点である。この点についてはすでに議論したので、ここではその概観にとどめるが、報告書によると、「近年、欧米においても、日本文化が関心を集め、見直されてきている」のだという。その主な理由は、日本が「自己を絶対視せず物事を相対化する文化特質」により「近代科学技術をも巧みに受容し同化してきた」からであり、また、「人と人との間柄を大切にする日本文化」が「『なかま』集団」を形成し、それが「活力ある部分システム」として「独自性と多様性を尊重する『しなやかな』分散型構造」を有しているからである。そのため、

---

(37)　前掲『科学技術の史的展開』10-1頁。また、61-82頁。

(38)　「大平総理発言要旨」前掲『科学技術の史的展開』21頁。

二 「新しい」「経済外交」　　　191

　この「分散型構造」を持つ「日本文化」は、近代における「ハード・パス」の
「集中型システム」から、「近代を超える」「ホロニック・パス」という「シス
テムの分散化」を目指すという「歴史の潮流」に合致しており、「日本文化の
この特質」は、「新たな知識」の探求を必要とする「『ホロニック・パス』に適
している」のだとされたのである。報告書の論者たちによれば、「日本人の創
造性については、従来、輸入依存型であったとか、社会で試行錯誤が認められ
る余地が乏しかった、などの否定的側面が強調されてきた」のだが、「日本人
は、近代科学技術を積極的に受容・同化してきた」のであり、「そこには、こ
れを可能とするような日本なりの科学技術の十分な蓄積があった」。また、「個
人的業績が乏しいとされるのは、『なかま』集団で仕事をすることによるとこ
ろが大きい」からだといえる。こうして、報告書は「今後は、日本社会が、人
を評価する場合に『減点主義』ばかりではなく『得点主義』も加味し、試行錯
誤を許容する余地を広めるとともに、個人も失敗を怖れぬ勇気ある挑戦が必要」
だと強調した[39]。これからは、「個」と「全体」のより「調和」的関係を重視
する「日本文化」のもと、「長所」を伸ばし「短所」を減らすという方針を採
用し、悪い部分だけではなくよい部分にも目を向けるべきだというわけである。
　この報告書の議論は、「日本文化の特質」が「近代を超える」時代という「未
来」の「歴史の潮流」(「ホロニック・パス」)に適合していることを明示したい
あまり、こんどは、なぜ「分散型構造」を有する「日本文化」が、「過去」に
おいて近代の「集中型システム」にうまく適合できたのかに関するさらなる説
明を要するものとなってしまっている。これは、「日本文化の特質」を基本的
に悠久不変だと想定する報告書の議論が、歴史的な変化を説明しようとすると
きにみせる議論のほころびの一つだといえるだろう。この議論が「日本イメー
ジ」の再定義というここでの問題関心から重要なのは、日本のエリートたちが、
「日本文化」というすでに出揃っているもののなかから、「ホロニック・パス」
(「新しい途」)のための道具立てを用意する必要があったということである。と
いうのも、報告書の議論が示唆しているように、「日本文化」とは「文化の中
心」というコトバに象徴される、歴史的な変化にも関わらず変わらないものを

───────────
(39)　前掲『科学技術の史的展開』11-2頁。

中核としており、しかもそれは、「法外の法」あるいは「まつり」（≒「あの世」）に代表されるように、人為的な関与の及ばない場所で決められた、変えられないものだと想定されていたからである。このことが意味していたのは、「ホロニック・パス」が「新しい途」だと主張されているにも関わらず、実質的にはすでに出揃っているものをやりくりすることで切り拓かれる「途」であり、そこでいう「新しさ」とは、それらの組み合わせあるいは配置や配分の操作だったということである。いわば、日本のエリートたちは、形式的な「新しさ」を主張する裏側で、「日本文化」の「本質」という変わらない／変えられないものの存在を前提とした、「本質主義」的な議論を展開していたのである。

「経済外交」の柔軟性の喪失　　だが、こうした報告書の前提は、「日本イメージ」の再定義や「相互理解」の促進による「信頼」の確保のあり方に一定の指針を与えてくれる一方で、日本外交、とくに「経済外交」から柔軟性を奪うものであった。なぜならば、ひとたび「日本文化」を変わらない／変えられない「本質」だと議論してしまうと、こんどは日本のエリートたちもそれに縛られることとなるからである。そのうえ、「日本文化」に注目することは「文化の時代」の到来にともなう「時代の要請」に基づいているのだとされ、その「要請」は「近代化」の行き詰まりに起因する「歴史の潮流」に対する認識によっていることに加えて、これらは「『地球の有限容量』という壁」に象徴されるある種の物理的な「上限」に示されるように、人為的にはどうすることもできないものであった。すでに議論したように、「新しい」日本の位置付けと役割から導出された「自由経済体制の維持発展」には譲歩の余地がないために、日本の「現実的な経済外交」は柔軟性を欠いていたが、それは、もとをただせば、日本のエリートたちみずからが見出した「歴史の潮流」と、それに合致しているとされた「日本文化」の「本質」という、変わらない／変えられないとされるものを「日本イメージ」の背後に想定することにより、おのずから硬直性を有する運命を背負っていたのである。

　それゆえ、報告書のいう「自由」、すなわち「多様化」や「分散化」というのは、この「歴史の潮流」や「日本文化」の「本質」という変えられないものの枠内でのものだったということができる。「自由経済体制の維持発展」を志向し、「人と人との間柄を大切にする」「『なかま』集団」の形成を受け入れる

のであれば、その範囲内では「自由」なのだというわけである。ここには、国際的に日本をはじめとする「先進国」が「閉じた」世界の構築を主導するというかたちでそこでの優位を模索していたのと同様、国内的にも「本質」のようなある種の「枠」を設定することの政治的な含意が暗示されているように思われる。というのも、こうした「枠」を想定し維持しようとすることで、「枠」を決定する人たちがそれ以外の人びとよりも優位な地位に立てるからである。「枠」のありようを決定する人たち（≒エリート）は、自分たちが不利益を蒙らないように配慮するだろうから、それは不利益をもたらされずに済む立場を持続的に享受することを意味するだろうし、「本質」を理解できるのがエリートなのだというかたちで、その立場と「枠」を設定する行為とを正当化するだろう。つまり、この企図は、ある種の物理的な「上限」が意識される世界のなかで、つねに不利益を回避できる人びととつねに不利益（とその「責任」）を蒙る人びととをそれぞれ固定化しようとするものであった。

　だが、1970年代末葉という20世紀の最後の四半世紀に明示された「日本文化」の「本質」だとされるものを、21世紀にあらためて読むと部分的に違和感があるように、なにが変えられない「本質」なのかを見極めるのは困難であり、しばしば過誤があるものである。にも関わらず、「本質」のような「枠」を設定するような議論がなされたのは、「枠」を維持するときにはともかく、「枠」を設定することそれ自体には余計な物理的コスト（たとえば、新たな資本や資源など）があまりかからないという、コスト面での付加的なメリットがあったことも見逃せない。なぜならば、報告書の論者たちは、すでに触れたように、「『地球の有限容量』という壁」にぶつかったのだとする認識のもと、日本経済を「維持発展」させるためのより「効率」的な方法（「新しい途」のための「新たな知識」）を模索するようになっていたからである（それゆえ、「新しい」「経済外交」は、「新たな知識」の探求としての世界経済の「制度」や「ルール」づくりに焦点を当てていたのである）。いわば、変えられない「本質」のような「枠」を想定する政策的な議論は、「新たな知識」の探求を余計なコストをかけずに行うというかたちで、「長所」を伸ばし「短所」を減らすことを目指した「新しい」「経済外交」の国内的な表れであった。だが、このことは、「経済外交」を策定し「賢明な制御」を民主的手続きにより加えるプロセス（≒「政治」）を、たんな

る「国民」の「過程制御」にしてしまうこととなったのである。

三　「新しい」「政治」

国民の「政治意識」を知る　このように、「『地球の有限容量』という壁」
と呼ばれる物理的な「上限」が意識された世界においては、資源や労力を無駄
使いしないためにも、「本質」がなにかを探り「枠」を設定することが不可欠
となる。たとえば、大平が「多元化社会の生活関心」グループ[40]の第一回会合
で明らかにした、「国民がひたすら経済成長を求めていた時代は過ぎ、国民の
ニーズとか生活関心は極めて多元化している」との認識[41]は、まさにこの研究
グループで「国民の政治意識」のあり方が問題とされているように、この「上
限」がみえてきた世界における報告書の論者たちのこうした問題関心を如実に
表している。そこでの重要な問題とは、「近代を超える」時代の「歴史の潮流」
のなかでの「民意」の「本質」をどのような方法で把握するのかということで
あった。

　こうして、「多元化社会と言われる」「現代社会」では、「こうした多様化の

---

(40)　この研究グループは、議長に林知己夫（統計数理研究所長）が、幹事に飽戸弘（東京
　　大学助教授）、佐藤誠三郎（東京大学教授）が就任し、政策研究員として以下のメンバー
　　が名を連ねている。阿木燿子（作詞家）、安倍寧（音楽評論家）、岩男壽美子（慶應義塾
　　大学教授）、亀井敬之（大蔵省理財局資金第一課長）、児島和人（埼玉大学助教授）、児
　　玉幸治（通商産業省産業政策局産業資金課長）、鈴木二郎（東京都精神医学総合研究所
　　神経生理部門主任・副参事研究員）、田崎篤郎（群馬大学教授）、田中博秀（労働省大臣
　　官房統計情報部情報解析課長）、永岡禄朗（総理府広報室参事官）、西部邁（東京大学助
　　教授）、萩元晴彦（株式会社テレビマンユニオン・プロデューサー）、福島章（上智大学
　　教授）、村松岐夫（京都大学教授）、守屋友一（経済企画庁調査局内国調査第一課長）。
　　また、政策研究員・書記として、日下一正（通商産業省通商政策局米州大洋州課課長補
　　佐）、細川興一（大蔵省主計局主査〔農林水産３係〕）。これに加えて、本研究グループ
　　では、検討にまつわる情報・資料について、総理府広報室をはじめ、各省庁、内閣総理
　　大臣補佐官室などから提供を受けたと付記されている。

(41)　「政策研究会・多元化社会の生活関心研究グループ第一回会合における大平総理発言
　　要旨」内閣官房内閣審議室分室・内閣総理大臣補佐官室編『大平総理の政策研究会報告
　　書９　多元化社会の生活関心 —— 多元化社会の生活関心研究グループ』大蔵省印刷局、
　　1980年、21頁。

三 「新しい」「政治」

現象を固定的な立場にとらわれず、しなやかにとらえていく必要がある」のだと報告書は強調する。では、その「しなやかにとらえ」る方法とはどのようなものか。それは、端的にいえば、「タテマエ」と「ホンネ」という二分法を導入し、それらを相互補完的に用いることであった。報告書によると、「一般に人間・社会現象を理解しようとする」方法としては、「世論調査に基づく大量集合データを統計学などにより処理し、客観的に把握する方法」すなわち「マクロ的方法」と、「医学における臨床的アプローチのような個別観察による方法や、直感的に洞察力を働かせて物事の核心に迫ろうとする方法」すなわち「ミクロ的方法」とがあるのだという。前者の「『マクロ的方法』を重視する立場」とは、「世論調査データから得られる情報には、客観性、安定性があり、それがタテマエ的になりがちなことは認めるが、人間社会ではタテマエも重要な意味を持っている、とするもの」であり、「調査方法の進展により、ホンネに迫ることも可能となりつつある、と認めるもの」である。これに対して後者の「『ミクロ的方法』を重視する立場」は、「人々の真の欲求とか関心は、心の中に潜在的にわだかまっていることが多く、こうしたホンネの世界は一つの事例を徹底的に観察・分析したり、自己体験を通して人々の内なる思いに迫ったりすることによって引き出せるものであり、世論調査はタテマエ的意見しか把握できない、とするもの」である。「複雑な人間・社会現象をとらえる方法が一つでは不十分なことは当然であ」るから、「様々な方法が相互に補い合って、活用されることが大事」なのであった[42]。

　だが、「複雑な人間・社会現象をとらえる方法」は「一つでは不十分」だとする指摘にも関わらず、「タテマエ」と「ホンネ」というコトバの選択に暗示されているように、また、「マクロ的方法」は「タテマエ的」だが「ホンネに迫ることも可能」だとする表現にみられるように、報告書の論者たちの主たる関心は明らかに、「ホンネ」すなわち「現代社会」における「民意」の「本質」

---

[42]　前掲『多元化社会の生活関心』7-8頁。ただ、「複雑な人間・社会現象をとらえる方法」として、その変化のありようと理由を問う歴史的なアプローチが除外されていたことは注目されてよい。なぜならば、報告書の論者たちが追い求めていたのは、変わらない／変えられない「民意」の「本質」だからである。「変化」に着目する歴史的な方法が報告書において重視されていなかったことは、その当然の帰結だったのである。

を知ることにあり、その方法として「ミクロ的方法」を重視していた。このこととは、「政策決定者は、世論調査の結果に、そのまま具体的政策を求めるべきではない」とする報告書の主張に如実に示されている。あくまで「調査結果は一つの参考資料」であり、「率直な願望ではあっても、ごく視野の狭いものが多い」から、「調査結果の中から都合のよいところだけを取り出し、それを根拠にして、政策形成者がその政策を正当化したり、宣伝したりすること」は「世論調査の正しい使い方ではない」のだというわけである。それゆえ、この議論は必然的に、「代表制民主主義のタテマエにもかかわらず、選挙結果から直接的に民意を推定することには十分慎重でなければならない」し、「政策形成者は、長期的、総合的視野に立って、ときには世論に反した決断を行い、自らの指導力を発揮して、信ずるところを成し遂げることも必要」だとする主張に行き着くこととなる[43]。「民意」すなわち「国民」の「ホンネ」は選挙結果や世論調査からはわからないのだから、「政策形成者」は、みずからが信ずるところに基づき、選挙結果や世論に反した行動をもとるべきだとされたのである。

　ではなぜ、「タテマエ」と「ホンネ」の二分法の導入は、最終的に世論調査や選挙結果の事実上の無視にたどり着くこととなったのか。それは、報告書の論者たちが「国民」の「ホンネ」だと考えるものが、「多元化社会」のなかで「拡散」あるいは「矛盾」するようになったため、相矛盾するそれらを把握することも調整することも困難になってしまったのだとする認識が持たれたからであった。報告書は「国民の政治意識」と題する章でこう議論する。「人々の政治への志向は、現在、拡散と矛盾の様相を呈している」。これについては二つの点から指摘できる。「第一に、政治や政治家への期待や要求が高まると同時に、彼らに対する信頼や尊敬は減衰し、彼らの権威に対する批判的態度が強まっている」。また「第二に、自ら決定に参加しようとする意欲の高い人々が出現するとともに、有効性感覚の欠如や無力感も広まり、政治的無関心層も増大し」、「指導力の発揮への期待が高まる一方、話し合いや合意尊重の要求も強まり、さらに、福祉水準向上を強く望む人々がいると同時に、税負担の増大を恐れ、行政の過剰介入を好まない人々も少なくない」のである。報告書の論者

---

(43)　同上13-4頁。

三 「新しい」「政治」　　197

たちからすれば、「このような矛盾した政治思考は、各人の意識の中にさえ混在しており、『政治不信』を生み出す規定条件になっている」のであった[44]。

　それゆえ、こうした現状に対処しなければならないが、報告書によれば、ある政党がどのような階層からなぜ支持されているのかをめぐる「政党支持の規定要因」も「単純ではな」く、「政党支持と投票行動」との関係も、「密接に相関」してはいるが「完全に一致するわけではない」のだった。たとえば、前者について、「日本では、政党支持と、宗教や階級帰属意識との関連は伝統的に弱く、政策やイデオロギーとの相関も、近年とみに弱まっている」し、「職業、年齢、学歴、居住地等のデモグラフィックな要因も、政党支持を説明する力を失いつつある」。また、「生活に対する一般的態度（ライフ・スタイル）と政党支持との間にも、ある程度の相関が認められるが、その関連の構造は、なお十分に明確ではない」のである。これに対して、後者についても、「世論調査の際に特定政党を支持した人が確実にその支持政党に属する候補者に投票するとは限らないし」、「政党や候補者の選挙運動・戦術が有権者の投票行動に無視し得ない影響を及ぼす」。また、「有権者の政党支持と候補者の選挙運動と並んで、選挙制度も選挙結果に大きな影響を及ぼす」のであり「選挙制度が変わり、集計方法が変われば、投票行動が同じでも選挙結果は異なったものとなる」のである[45]。こうして、すでに言及したように、報告書の論者たちは、「代表制民主主義のタテマエにもかかわらず、選挙結果から直接的に民意を推定することには十分慎重でなければならない」のだと強調することになったのである。

　その必然的な帰結として、報告書は、大きく二つの方向性を示唆する。一つは、「複雑な人間・社会現象をとらえる方法」に関する「実証的な研究」をさらに推し進めることである。それは、一方で「これまで別々に検討されてきた多様な要因を統合し、多次元的に考察する」ことであり、他方で「人々が強く帰属意識を抱いているか、又は『義理』や『因縁』を感じている集団ないし個人との関連で、各人の政党支持を分析するという、ホーリスティック・アプローチ」である。しかし、「特に多元化社会においては、国民の現実の姿、関心の

────────────

(44)　同上12頁。

(45)　同上12-3頁。

所在を正しく把握することが、政策形成にとって重要な意味を持つ」のだとしても、これら「実証的な研究」の成果が出るまで「政策形成」を停滞させておくわけにはいかない。そこでもう一つの方向性として打ち出されたのが、すでに触れた、「政策形成者は、世論調査の結果に、そのまま具体的政策を求めるべきではない」ということである。なぜならば、「調査結果は政策決定の一つの参考資料であって、具体的政策決定は政策形成者が自らの責任と判断で行うべき」だからである。「政策形成者は、長期的、総合的視野に立って、ときには世論に反した決断を行い、自らの指導力を発揮して、信ずるところを成し遂げることも必要」だとされたのは、このような認識を基盤としたものだったのである[46]。

　「世論調査」と「民意」　　「民意」あるいはそれを示した「世論調査」と、「政策形成」とのかかわりについては、「経済外交」をはじめとする日本の「政策形成」がどうなされるべきかに関する日本のエリートたちの認識を表す重要な部分だと思われるので、もう少し掘り下げてみたい。報告書はこう問い掛ける。「果たして、政策形成とは世論調査のままに従うことであろうか」。これに対する報告書の答えはこうである。「政策形成者が行うべきことは、あくまでも世論調査データを、他の様々な情報と併せて、正確に『読み』、これを政策形成の一つの参考資料として活用することにある」。換言すれば、「具体的な政策形成自体は、政治と行政が、自らの責任と判断のもとに、行うべきもの」であり、「結果として、その決定が世論調査に示された『世論』に沿ったものとなる場合もあるし、そうでない場合もある」のだというわけである。報告書がいうには、「ここに出てくる『世論』は、『正しい』とか『正しくない』とかの観点から見るべきものではない」し、それは「どうでもよいこと」なのであって、「ある質問に対して、かくかくしかじかの『意見』が事実として示されたというのが現実の姿なのである」。だから、「解釈」の余地はあるにせよ、「こうした姿があることを心得て行動しなければ、目標達成を不必要に困難にする危険が大きい」ということを示してはいるものの、「このような『世論』に具体的施策を求めても意味はない」のだった。「政策形成者がそのようなことをするとす

---

[46]　同上12-4頁。

三 「新しい」「政治」　199

れば、それは虫が良すぎること」なのである[47]。

　それでは、こう使われるべき「世論調査」および、そこに示された「世論」とはどのようなものだと考えられていたのか。それは、簡潔にいえば、「世論調査で出てくるものは素朴な意見、率直な期待・願望であり、多分に心情的」だということであり、「世論調査を利用する場合、この点を見落としてはいけない」ということであった。なぜならば、「一般の国民は、政治や行政の技術論や国際関係、経済政策などについて、専門的な知識や判断力を持っているとは、一概には言えない」からである。たしかに「誰もが種々な願いは持っている」。しかし、「多元化している社会においては、いろいろな意見がある以上、すべての人を同時に、また同程度に満足させることは不可能である」。それゆえ、「なるべく多くの人が満足するような政策」が目指されるべきであり、それを遂行することで「人の心を大事にするきめ細かい政策が可能となるであろう」、というのが報告書の立場であった[48]。「多元化社会」においてはすべての人びとを同時に「満足」させることは「不可能」であり、「矛盾」するこれらの意見を調整することは困難であるから、そこから切り捨てられる人たちが出てしまうのは仕方ないのだというわけである。

　しかし、切り捨てられる人びとがつねに存在するということは、これらの人びとが不満を持ち「政治不信」の新たな火種になる可能性を秘めていることを意味する。そこで、このことがさらなる「政治不信」を生まないよう、異なる二つの方向が目指されることとなる。一つは、「民主主義社会においても、政策形成に携わる人々は、長期的、総合的視野に立って、ときには民意に反した決断を行わなければならない」、ということである。というのも、そもそも「世論調査から政策を示す意見はなかなか出てこないが、仮に出たとしても、出る意見はごく視野の狭い長期的展望に欠けたもの以上にはならない」からである。報告書の論者たちによれば、こうした性質を持つ「世論調査」から政策を導き出すことは、「海を知らぬお客の意見に従って、船長が嵐の海を乗り切ろうとする」ような「誤用」であった。それゆえ、「政策形成者は、大衆の意向に迎

――――――――――――
　(47)　同上85-6頁。
　(48)　同上85-6頁。

合することなく、自分の信念と情熱をもって指導力を発揮して、成すべきこと
を成し遂げなければならない」のであり、これこそが「民主主義社会における
責任ある指導者の宿命であり、名誉」なのだとされたのである。

　ただ、「何らかの理由で民意に反した決断が必要な場合でも、もとより、政
策形成者は国民の理解を得るために、言論による説得には十分に意を尽くす必
要がある」から、短期的にはもう一つの方向として、「政策形成者は世論の主
要な動向を常に把握し、望ましいと思う政策を熟慮決定し、その実施の結果に
ついても、これを国民に具体的に示した上で改めて民意を問うのが筋道」なの
であった。「民主主義社会においては、このような民意は、最終的には選挙に
よって問われるべきもの」であり、「民主政治とは、国民（有権者）が政治指
導者を選出し、国民の意向が政治の基本方向を決めるという政治であり、そし
て選挙こそが国民の意向を正統に表現する唯一の手段であることは言うまでも
ない」のである[49]。

　「近代を超える」時代の「政治」　　この議論は、「近代を超える」時代≒「文
化の時代」という「新しい」時代のなかで、「政策形成」がどのように行われ
るべきかを明瞭に示しており、きわめて興味深いものである。というのも、報
告書の論者たちは、一方では「代表制民主主義のタテマエにもかかわらず、選
挙結果から直接的に民意を推定することには十分慎重でなければならない」と
主張しながら、他方では「民意は、最終的には選挙によって問われるべきもの」
であり「選挙こそが国民の意向を正当に表現する唯一の手段であることはいう
までもない」のだと言明しているからである。では、「政策形成」の基礎にお
かれている、「国民」の「ホンネ」たる「民意」とは、いったいどのようなも
のだと認識されていたのだろうか。

　やや議論が錯綜するが、いま一度報告書の主張を整理してみよう。第一に、
「代表制民主主義のタテマエにもかかわらず、選挙結果から直接的に民意を推
定することには十分慎重でなければならない」という記述からもわかるように、
選挙結果から「民意」を直接推定することはできない。しかし第二に、「民主
主義社会」では、「民意は、最終的には選挙によって問われるべきもの」だと

───────────

　[49]　同上86-7頁。

三 「新しい」「政治」

されているように、選挙が「民意」を問う「最終的」な方法である。そのうえ第三に、「民主政治とは、国民（有権者）が政治指導者を選出し、国民の意向が政治の基本方向を決めるという政治」であり、「選挙こそが国民の意向を正当に表現する唯一の手段」だと言明しているように、「民意」が「国民の意向」というかたちで「正当」に表現される「唯一の手段」が選挙なのである。もしそうだとすれば、報告書の議論は以下のような主張だということになる。すなわち、日本は「代表制民主主義のタテマエ」をとっているため、選挙結果から、「国民」の「ホンネ」たる「民意」を直接推定することはできないが、「民主主義社会」とは「代表制民主主義」のかたちをとるのだから、選挙以外に「民意」を問う「最終的」な方法はない。だから、「民意」を「国民の意向」というかたちで表現しうる選挙が「唯一の手段」ということになるのだ、と。つまり、「多元化社会」のなかでは「国民」の「ホンネ」たる「民意」などどうせ正確にはわからないし、もしわかったとしても「矛盾」する「民意」を調整することなど「不可能」なのだから、選挙の結果示された「民意」の代替物たる「国民の意向」を「最終的」で「唯一」の「民意」の表れだとすることにしよう、というのが報告書の主張だったのである。

　これは、「政治」を「選挙」に矮小化させるものであり、選挙以外の人びとによる直接行動（たとえば、デモやストなど）や「代表」を介在させないより直接民主主義的な方法（たとえば、ある特定の政策の是非を問う住民投票や国民投票など）を排除する議論であろう。ただ、「日本イメージ」の再定義という本書の問題関心からみたとき、さらに問い掛けるべきは、以下のようなものである。すなわち、「代表制民主主義のタテマエ」における政策形成が「国民」の「ホンネ」たる「民意」に反してもよいのだとするならば、「政策形成」はどのような基準においてなされるべきだと報告書の論者たちは考えていたのか。これに対しては、報告書にこう書かれている。「政策形成者は、大衆の意向に迎合することなく、自分の信念と情熱をもって指導力を発揮して、成すべきことを成し遂げなければならない」[50]。たしかにそうかもしれないが、だとすればこんどは、「政策形成者」の「信念や情熱」、さらには「指導力」が、どのような

---

(50) 同上86頁。

基準で発揮されるのかを問わなければならないのである。

ここで想起すべきは、報告書の論者たちが「日本イメージ」を再定義するにあたり、「時代の要請」（と、それに合致しているとされた「日本文化」）という日本の外側の動向をまず把握し、日本の「未来」の進路をそれに合致したかたちで再設定しようとしていたことである。このことが意味していたのは、日本の「未来」の進路が必然的に「時代の要請」に沿ったものでなければならない、ということだった。それゆえ、その論理的帰結はこうである。たとえ、日本国内において「国民」の「ホンネ」たる「民意」がどうであろうと、それが国際的な「時代の要請」とぶつかる場合には、「政策形成者」は「民意」に反してでもその「要請」に合わせる「信念や情熱」、さらには「指導力」が必要なのだ、と。これは、端的にいえば、国際的な動向を国内的な課題に優先させるということであるから、追い求めるべき政策目標についてはもはや議論の余地がないこととなり、そこでいう「指導力」とは、「民意」に反し、「国民」の支持を失ってでも、国際的な「要請」を日本国内で完遂する「信念や情熱」を指すこととなったのである[51]。

「専門的な知識」による「社会制御」　このことは、「政策形成者」によるある種の「世論操作」、あるいは（より穏健にいえば）「社会制御」の必要性を増大させることとなり、そのために「政治や行政の技術論や国際関係、経済政

---

[51]　これは、戦後初期と比べるとき、顕著な変化であるといえる。一方で、戦後初期においても「社会進化の動向」というかたちで「先進国」の動向が注視されたが、そこでの日本の位置付けは「先進国」とは「発展段階」の異なる「中進国」だったから、たしかに日本の「未来」の進路は「社会進化の動向」に沿ったものとして構想されていたけれども、「先進国」と同じことができないのは当然視されており、それを日本国内の「発展段階」の違いに帰することができた。そのため、戦後初期に再定義された「日本イメージ」のもとでは、国際的な動向を国内的な要請に優先させることは必然ではなかった。高瀬、前掲書297-9頁。だが、1970年代に再定義された「新しい」「日本イメージ」では日本が「先進国」だと位置付けられていたため、もはや「発展段階」の違いは主張できず、「先進国」日本の「未来」を「歴史の潮流」から導出された「時代の要請」に求めるかぎり、選択の余地はなかった。こうして、「民意」に反してでも国際的な動向を優先するという、日本の「経済外交」における「政策形成」は、日本のエリートたちが定めた「日本イメージ」のなかに必然的に組み込まれることとなったのである。

策など」の「専門的な知識」が「情報」というかたちでこれまで以上に重要視され、活用されることを示唆していた。なぜならば、「政策形成」により実現されるべき目的は「時代の要請」に沿ったものというかたちですでに決められているため、「政策形成」の残された課題とは、日本国内においてこの目的をいかにうまく遂行するかという、手段をめぐる技術的な問題だからである。報告書はこれを「フィード・バック」の問題として捉えている。すなわち、「国民が何をどう考え、感じているかを、『ミクロ的方法』、『マクロ的な方法』のいかんを問わず、熟知して政策を考えることの重要性は、これまで述べたとおり、この情報化社会の政治において不可欠である」。というのも、こうしてえられた「人間・社会現象についての情報」は、「政策形成と民意との円滑なフィード・バックを可能にする」という点に「積極的意味」があるからである。つまり「政策形成者としては、人々の願望の深みを知り、政策を形成し、PRを行い、反応を見、そしてまた政策を考えるということが重要」なのだとされたのであった。

　その結果、「政策形成」の名のもとに、日本国内において「人間・社会現象についての情報」が収集され、それを分析するためにあらゆる「専門的な知識」が投入されることとなる。報告書によると、「政策形制は、社会事象をある部面で過程制御する努力と考えることができ」るのだという。「政策を考える以上、更に政治を行う以上、明確な目標がなくてはならない」のであって、「この明確な政策目標を最も望ましい方法によって実現することが政治であろう」。だとすれば、「この目的のために、民意に関する様々な情報、特に最も系統的・客観的な世論調査データを用いることが、政策形成者にとって重要なのである」。この議論からも理解できるように、報告書の論者たちの主な関心事は、「政治」を、「政策目標」の策定プロセスとしてではなくそれを実現するための「方法」だと捉え、その「最も望ましい方法」を知ることであった。報告書はこう続ける。すなわち、「現代社会における政策形成は一つの過程制御という側面を強く持っている」のだが、「その場合重要なことは、制御の対象となる範囲をどのように設定するか、制御の方法をどうするか、また、その中で人間の心を大事にすることや、自由とか人権の問題をどう取り扱うかである」、と。なぜならば、「民意が国政の基本方向を決定する民主主義社会においては、その重要

性はとりわけ大きい」からである[52]。

　こうして「政治」を「社会」の「過程制御」だと理解し、「政策形成」と「民意」との「フィード・バック」の重要性を強調する報告書が最終的にたどり着いたのが「国民の生活関心を知ることと、政策形成とがどのようなシステムの下に結合されるべきか」という課題であった。報告書によれば、この課題は「われわれの研究会では十分な論議ができなかった」が、たとえば、「宮崎県庁において、プロビンス・ミニマム政策の名の下に一つのシステムが試みられていることは注目に値する」のだと指摘した。それは、「政治・経済にわたる県の総合計画（現状の総合地域指標、Total Level of Province, TLP をもとに考える。）と選好度調査・県民意識調査とを結びつける回路を設定し、ローリング・システムの考えの下で計画と調査とを相互に作用させ、TLP を算出し、評価と分析を加え、計画を修正していくというフィード・バック回路」であった。

　要するに、「政策形成」という目的を達成するためには、これまで以上に「人間・社会現象についての情報」の収集および分析が必要とされ、しかもそれらを「政策形成」に利用するために、この「人間・社会現象についての情報」を常時一つの「システム」のもとに「統合」することが構想されていたのである。事実、報告書は、「このようなシステムの研究・検討が今後、中央政府レベルにおいても、進められることが、是非とも必要」だと述べていた[53]。この「研究・検討」がなされれば、ふたたび政府のもとに「研究会」が設置され、多くの研究者や専門家が動員され、「新たな知識」の探求という「新しい途」を突き進むために、あるいは「新しい」「経済外交」を実践するために、さまざまな「専門的な知識」がそこに投入されることとなるだろう（そして、これは1980年代に実際に起こったことでもあった）。いわば、「政策形成」を「過程制御」だと捉えることは、突き詰めて考えてみればわかるように、それは、「自由とか人権の問題」に止まらず、「人間の心」までをも「政策形成者」が「制御」することを目指したものであった。

　国家を市場に適合させる　　これはなにやら複雑な「システム」であり、そ

---

(52)　前掲『多元化社会の生活関心』87-9頁。

(53)　同上89-90頁。

三 「新しい」「政治」　205

こでいう「フィード・バック」の内容もわかりにくいが、さすがに報告書の論
者たちもそう感じていたのだろう、わかりやすい「比喩」が併記されていた。
それは、「政治」を飛行機の操縦にたとえたものである。報告書によると、「飛
行機を目的地に向かって操縦する場合、パイロットとしては、飛行機の現状や
気象状況について、メータを読むことによって各種の客観的情報を得て、可能
な限り快適に、かつ遅滞なく乗客を目的地に運ぶように操縦することを考えれ
ばよい」のだという。「『操縦』が政治であり、『乗客を快適に遅滞なく』が制
御の条件に当たり、『重要なメータの読み』のいくつかが人の心に関するもの
であり、そのうちの大事なものの一つを世論調査のデータによって得ることが
できるのである」。ただ、「社会事象の制御は、拮抗する条件や不確定な条件の
下での選択という状況も多いので、飛行機の操縦よりもはるかに複雑であり、
情報収集の必要性はそれだけ大きい」のだとされた[54]。飛行機の操縦にはさま
ざまな「情報」が必要であるように、「近代を超える」時代の「政治」もまた、
さまざまな「情報」が不可欠なのだというわけである。

　こうした議論は、「過程制御」としての「政治」の「新しさ」を端的に示し
ているように思われる。というのも、この議論の背後には、「個」と「全体」
のより「調和」的な関係の構築、すなわち、従来の（「対立」的な）国民と国家
との関係は再編成されるべきだとする考え方が伏在しているからである。この
再編成については、たとえば、科学技術立国だとか高度情報化社会だとか、さ
まざまな方向からの検討が可能だが、本書の主要な問題関心である「日本イメー
ジ」という観点からみたとき重要なのは、この議論が、「新しい」「政策形成者」
の「比喩」として「嵐の海を乗り切」る船長や飛行機を操縦するパイロットを
挙げ、そこでの「情報」の重要性を強調するために「フィード・バック」や「PR」
といったとコトバを用いているように、この「新しい」「政治」を、経済や経
営分野の、あるいはサーヴィスや広告分野のものと同等ものとして思い浮かべ
ているということである。このことが意味しているのは、たとえば従来の「立
憲主義」で想定されているような、国民の権利を国家が保障する義務を負うと
いうかたちで、国民と国家の関係を権利者と義務者の関係として捉える見方を

(54)　同上88頁。

放棄し、国民と国家の関係を企業における労働者と経営者の関係として、あるいはモノやサーヴィスの消費者と生産者の関係として、一つの「システム」のなかにより「調和」的なかたちで再編成しようとしていたということである（これは、「自由とか人権の問題」をどう「制御」するのかという報告書の問題提起にも表れている）。この見方からすれば、政策決定者とは、船長やパイロットが船や飛行機を操舵・操縦するように国家を経営し、あるいは、さまざまな財やサーヴィスを生産する企業がしばしばそうであるように、（国民ではなく）国家の利益を増大させるために尽力する存在であり、そこでの「政治」とは、限りなく経済や経営の論理にのっとったかたちで機能することとなるだろう。その点で、この再編成は「近代を超える」時代という「新しい」時代に適合するために、国家を企業体のようなものとして再構成し、「新しい」「政治」を経済や経営の論理で運営しようとする努力としてもみることができるものであり、この時期、経済や経営において重視されていたのは「市場メカニズム」だったから、これはいわば、国家を市場の論理に適合させようとするものであった[55]。

　しかしながら、この「新しい」「政治」のもとでの国民と国家の関係の再編成は、国家の正統性を侵食し、その恣意性を露わにする危険性があった。というのも、権力を有する国家の「民意に反した」「PR」とは、政策決定者の恣意的な強制だといわれても仕方がないものだったからである。実際、報告書もこうした批判を考えていたのだろう、「このように世論と政策決定の問題を考えてくると、いわゆる『世論操作』という問題にも触れざるを得ない」として、こう述べている。それによると、「世論操作」とは、その「言葉を広く解すれば」、「マスコミの報道ぶりから、企業になる商品宣伝やスターの売込みに至るまで、様々なものを含み得る」のだが、これは「言葉を変えて言えば、情報提供であり、対話であり、説得であり売込みでもある」から、「この意味での『世

---

[55]　もしそうだとするならば、1970年代以降、この「新しい」「政治」を経済に近付け支えるために（国際）政治学の領域において「（国際）政治経済学」が登場し、法学の分野において「法と経済学」が台頭してきたことは、偶然ではないのかもしれない。だが、本章では十分な議論ができないが、そこでいう経済もまた、従来のものとは異なっていることにも注目しなければならないだろう。これについては差し当たり、戦後日本を事例とした研究として、高瀬、前掲論文36頁、注54を参照。

三 「新しい」「政治」　　207

論操作』は、およそいかなる社会活動にも不可欠である」のだという。それゆえ、報告書の論者たちからすれば、「政治が政策目標の実現を図るに当たって、国民に説明し、その合意を求めることが危険な『世論操作』であるという人はな」いのだというわけである。というのも、「政治」にともなう「世論操作」が「危険」かそうでないかは、「政策目標が何であるか、説明方法が公正であるかどうか──偽りの宣伝や強権による圧迫などが行われていないかどうか──にかかわる問題」だからである[56]。「代表制民主主義のタテマエ」をつうじて選ばれた日本の政策決定者たちによる「新しい」「政治」≒経営が「偽りの宣伝や強権による圧迫など」を行うはずがないから、「世論操作」という批判は当たらない、というのが報告書の立場であった。

　報告書の論者たちが「世論操作」という批判がくるのを先回りしてつぶそうとしたのは無理もない。というのも、すでに議論したように、この「新しい」「政治」のもとで発揮されるべき政策決定者の「指導力」とは、「民意」に反し、「国民」の支持を失ってでも、国際的な「要請」を日本国内で完遂する「信念や情熱」を指していたからである。これは、すでに議論したように、国際的な「市場メカニズム」の擁護と自由貿易原則の維持・発展という「時代の要請」が変えられないなかで、「相互依存」の世界という「文化」≒「商品」の交流（≒貿易）が支配する世界に適合できるよう、日本という国家を市場の一員たる一つの企業体のようなものに再編成しようとする試みであった。だが、ここでさらに問うべきは次のような問題である。すなわち、戦後初期のように、「日本の戦争」と敗戦のために戦後秩序の形成から日本が除外されていたのであれば、日本の政治経済エリートたちがそうしたように、「先進国」が体現していた「社会進化の動向」という「歴史の流れ」を「必然」だと認識したとしてもそれほど不思議ではないかもしれない[57]。だが、この報告書が作成された1970年代の日本は、報告書の論者たちが強調するようにすでに「先進国」であり、それゆえ、「時代」をリードし「新しい」国際秩序の構築に関与できる立場にあった。だとすれば、1970年代の日本のエリートたちはなぜ、それにも関わらず「時代

---

(56)　前掲『多元化社会の生活関心』89頁。

(57)　高瀬、前掲書23-8頁。

の要請」を注視するに至ったのだろうか。

　これは、「日本イメージ」の再定義に問題関心を有する本書の立場からすれば、避けてはとおれない課題だろう。事実、次章で検討されるように、日本の政策決定者たちは、ランブイエではじめて開催された「主要国首脳会議」に招請され、世界経済およびその政治的含意について話し合う機会に恵まれたのである。ただ、これを検討するにあたり、まずは本章で議論された「新しい」日本の「経済外交」の持つ意味を、第Ⅰ部のテーマである「新しい」「日本イメージ」との関わりにおいて振り返ってみよう。

四　積み残された課題

　報告書の議論が示唆していたのは、「近代を超える」という企図のもとでの「日本イメージ」の再定義が、第1章でもみたように、一面において、日本のエリートたちが再把握した「日本文化」を基準とする世界の再編を目指したものだということであった。というのも、「近代化」を推し進めてきた「欧米」の「ハード・パス」は、「『地球の有限容量』という壁に突き当たった」ことで行き詰まったため、「地球」という「全体」とそこに生きる「人類」という「個」との「調和」が「要請」される「発想の転換の時代」においては、かねてよりそれを志向してきた「日本文化の特質」が役に立つのだとされていたからである。いわば、「近代を超える」時代においては「近代化」の時代の「発想」を「転換」し、「欧米」もまた、「全体と個の調和」を考えてきた「日本文化」を参照し、そこから学ぶべきなのだというわけである。

　だがその反面、「『習合』の文化」である「日本文化」は、その定義上「習合」の対象（「他者」）を必要とするから、「近代を超える」時代においても、日本は「欧米文化」を引き続き参照し、「日本文化」の「『習合』力」によりそれを日本のなかに取り込んでいかなければならない。こうして、報告書の論者たちは暗黙のうちに、日本と「欧米」とが、お互いに相手側の「文化」を参照することでみずからの「文化」の再評価を行うような世界の再編（というか構築）を前提とすることになる。この世界では、お互いの存在が相互に依存しており、そこで構築されることとなる世界はまさに「相互依存」の「閉じた」世界であった。

四　積み残された課題　　209

　このことが意味していたのは、「文化」というツールを用い、「個」と「全体」のより「調和」的な関係を模索した「近代を超える」時代の「日本イメージ」の再定義が、第2章でも触れたように、「他者」との関係をめぐる対外的な諸問題に向き合うことをしいられていたということであった。それは、「日本文化」とは異なる「文化」を持つのだとされた国ぐに、とくに、これから日本との「相互依存」関係を「形成」すべきだとされた「欧米」以外の諸国に対してどう振る舞えばよいのか、という問題である。1970年代の日本のエリートたちは、この問題を、「相互の認識と信頼」の問題、すなわち「相互理解」をつうじた「信頼」の確保をめぐる問題だと認識していた。「日本文化」を相手国に受け入れてもらうには、どういえば相手国が受け入れてくれるのかを知るために、相手国の「文化」を「理解」することとセットだからだ、というわけである。「日本型の市場経済」が「日本文化」に根差した「『なかま集団』のメンバー」ものなのだとすれば、「なかま」以外のものとの政治的経済的関係をどう構築していくのかが、重要な課題として残されていたのである。

　「新しい」日本の「経済外交」　　こうして、「文化」の「相互理解」をつうじた「信頼」の確保のために、「新しい」「経済外交」が必要となる。というのも、「商品とは文化の所産」だとする表現にみられるように、報告書の論者たちのいう「文化」は「商品」に体現されており、「文化交流」とはほとんど「貿易」を意味していたからである。では、そのためにはどうすればよいと考えられていたのだろうか。それは、『対外経済政策の基本』報告書がはっきりと断言しているように「賢明な制御」による「新しい」「国際秩序の構築」であり、すなわち、「長所」を「維持促進」し「短所」を「縮小排除」することであった。報告書の論者たちは、その意味するところについて端的に、「新しい時代にふさわしい自由主義原則に基づく世界秩序の構築」だと述べている。報告書によれば、1970年代以降の世界のなかで日本は、「自由と民主主義という基本価値」を共有した「自由経済社会の相互連帯の中で経済運営を行う」「自由主義圏の一員」であるべきだとされたが、このことは、こんにちの「自由主義」における「機能の限界」や「弊害」をみるとき、すべてを「自由」に任せるものではなかった。むしろ、「自由主義原則を実施するにあたっては」、「経済」（≒「市場経済」）に対する国家の人為的な関与により、「それに賢明な制御を民主

的手続きを経て加える必要がある」のだとされたのである。ここに、「自由」な「市場経済」の原理（「市場メカニズム」）を基礎とした「経済」と、人為的な関与に基づいた「外交」（≒「政治」）との関係を考えるという、「経済外交」の再構築が重要な課題となる。「『地球の有限容量』という壁に突き当たった」、「相互依存」（≒「相互連帯」）という「閉じた」世界のなかでは、「外交」により「自由主義経済」の「長所」を「維持促進」し「短所」を「縮小排除」しさえすれば、世界はやがて「長所」で満たされるようになるだろうというわけである。

　ただ、この「現実的な経済外交」は、その「現実」性に対する日本のエリートたちの自負にも関わらず、極度に柔軟性を欠いていたのみならず、硬直性を有したものであった。なぜならば、それは「多様化」しつつあるとされた世界のなかで「自由主義圏」の価値（「平和と自由と民主主義」）と「日本文化」の「本質」とを、ともに堅持するものだったからである。ましてや、「相互依存」の世界（「新しい」「国際秩序」）の構築とは「自由主義圏」における「先進国」の立場からの議論であり、そこに譲歩の余地はなかったから、「社会主義圏」（中ソ対立に象徴されるように「多様化」しつつあった）と「第三世界」（LDC と LLDC とに「多様化」しつつあった）に少なくとも分けられる世界のなかでは、それを相手側に受け入れてもらう（あるいは押し付ける）以外の選択肢はほとんどなかった。「先進国」日本の位置付けを維持しようとすることは、その意図の有無に関わらず、「後進国」との関係で「近代化」の度合いが「上」あるいは「先」にあるという相対的に優位な「地位」を固定化しようとすることを意味するものであり、これを「『地球の有限容量』という壁」が意識され、世界にある種の「上限」があるとされた逃げ場のない世界のなかで追求することは、日本のエリートたちが追い求めていた「相互理解」をつうじた「信頼」の確保が、相手側の譲歩（しかも、それはしばしば相対的に不利な立場を押し付けることをも意味する）によってのみ成立しうることを示唆していたのである。

　それゆえ、この「現実的な経済外交」を推し進めることは、国内的には、日本が追及すべき政策目的をめぐる議論を事実上封殺するものであった。なぜならば、「政策形成」の目的は、すでにみてきたように「歴史の潮流」（たとえば「『地球の有限容量』という壁」に対する認識）や「時代の要請」（たとえば「日本

文化」の重視）というかたちで、あるいはそれに依拠した国際的な合意という
かたちですでに決められており、そこに選択の余地はないため、残された国内
的課題とは、それをいかにうまく（「効率的」に）遂行するのかという技術的な
問題だけだったからである。『多元化社会の生活関心』報告書はこの点をこう
書いている。国内の「政策形成」において重要なのは、「民意」に反し「国民」
の支持を失ってでも国際的な「要請」を日本国内で完遂する「信念や情熱」、「指
導力」だ、と。

　このことが日本に住む「一般の人びと」にとって持つ意味とは、「政策形成
者」が決めた（というよりも、再定義された「新しい」「日本イメージ」を受け入
れてもらおうとするかぎり、国際的には事実上選択肢のない）この政策目的を受け
入れる以外の選択肢が事実上存在しないということであった。なぜならば、「近
代を超える」時代においては、「この明確な政策目標を最も望ましい方法によっ
て実現するのが政治」だからである（傍点、筆者）。そのため、そこにかろうじ
て選択の余地があるとしても、「一般の人びと」にはせいぜい、その政策目的
をいつ受け入れるのか、あるいはその政策目的を実現する手段に関わる若干の
選択肢が残されているだけだった。つまり、「新しい」「政治」とは「嵐の海を
乗り切」る船長や飛行機を操縦するパイロットだとする報告書の比喩に合わせ
ていえば、「一般の人びと」に残されているのはどの船や飛行機に乗るのかだけ
けであり、すでに提示されている行き先とは別の場所に行きたいと願ったり、
みずからで操舵・操縦したいと望んだりすることは、もはやできないのだとさ
れたのである。こうして「一般の人びと」は、政策目的については選択肢がな
いという状況のなかで、日本のエリートたちから、変えられない政策目的に対
する「理解」とその遂行に対する「協力」を求められるというかたちで、事実
上その政策目的の実現を強要されることとなったのである。

積み残された課題　「近代を超える」時代の「新しい」「経済外交」や「政
治」は「自由主義」を標榜していたにも関わらず、なぜ、こんなことになって
しまったのだろうか。それは、1970年代の日本のエリートたちが日本を「先進
国」だと位置付けたことに起因していたのだといえる。というのも、その結果、
「欧米」のような他の「先進国」とは決定的に異なる「未来」の進路やそこで
の役割を採ることがほとんど不可能になってしまったからである。このことは、

第3章 あちらを立てれば、こちらが立たず

戦後初期の場合と比べてみると分かりやすい。すなわち、戦後初期の政治経済エリートたちは、「社会進化の動向」を注視しつつ、経済の「発展段階」の観点から、日本を「先進国」よりは「遅れて」いるが「後進国」よりは「進んだ」、「中進国」だと位置付けていた[58]。このことの含意は、「先進国」よりも「遅れた」存在である「中進国」日本は「先進国」と同じような振る舞いが困難だということであり、それゆえ、「先進国」に対する「後進性」を理由に、それを要求する「先進国」からの圧力を突っぱねることが、少なくとも理屈上は可能な立場にあったということである。しかし、1970年代における日本のエリートたちのように日本を「先進国」だと位置付けてしまえば、このような態度を採ることは理屈のうえでも不可能になってしまうだろう。「近代を超える」時代の「新しい」「政治」が、だれのための／何のためのものなのかを考える目的論的な議論を放逐し、国際的な「要請」のもとですでに決められた政策目的をどのように実現するのかという方法論的な議論にシフトしていったことは、この日本の位置付けに起因する問題をみるとき、それほど不思議なことではなかったのである。

　ただ、もしそうだとすれば、「近代を超える」時代における「日本イメージ」の再定義を分析する本書が次に取り組むべきは、これまで検討してきた「近代を超える」プロジェクトがどのようなかたちで実行に移されたのかということよりも、日本を「先進国」だと位置付けたことでどのような問題に直面しそれにどう対処してきたのかを振り返ることだろう。実際、本書でこのあと議論されるように、日本は、のちに「サミット」（あるいは「先進国首脳会議」）と呼ばれる「先進国」の新たな枠組みである「主要国首脳会議」に、第一回から招請されており、「先進国クラブ」と呼ばれるOECDにおいては、新たな主体である多国籍企業の「長所」を伸ばし「短所」を減らすための方策、「多国籍企業ガイドライン」の策定に関与し、GATTでは、1973年の「東京宣言」に端を発した新ラウンド（東京ラウンド）を主導し、「先進国」との協調による貿易の新たなルールづくりに「フレームワーク・グループ」をめぐる討議というかたちで携わってきたのである。それゆえ、この疑問を解明するには、「近代を超

---

(58) 同上書297-9頁。

える」プロジェクトに至るまでの時期に焦点をあて、日本の「経済外交」がどう展開してきたのかを歴史的に跡付ける必要があるのである。

そこで、第Ⅱ部では、このことを明らかにするために、日本の「経済外交」が1970年代に直面した新たな課題に目を向け、これらを歴史的に検討していきたい。

第 II 部

「日本イメージ」の形成

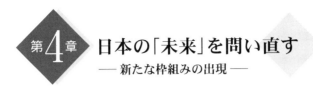

第4章 日本の「未来」を問い直す
―― 新たな枠組みの出現 ――

　1975年11月にランブイエで開かれた「主要国首脳会議」は、のちに「サミット」ないしは「先進国首脳会議」と呼ばれ定着した、「先進国」による首脳会議の端緒として知られている。「首脳会議」といわれるものはこれまでも数多く開かれてきたが、それが「先進国」という新たな枠組みのもとではじめて開催されたのである。

　この第一回「主要国首脳会議」（ランブイエ・サミット）の概要についてはすでに多くの研究が触れており、日本の政策決定者たちがどう対応したのかについてもさまざまな指摘がなされている[1]。この会議は、フランスの大統領、ジスカール・デスタン（Valéry Giscard d'Estaing）の呼びかけに端を発しており、当時、米仏対立の要因の一つとなっていた国際通貨制度のあり方をはじめとする世界経済の諸問題が、下からの技術的な討議の積み上げではなく上からの首脳同士による自由な協議により、その政治的な側面をも含めて議論された。また、日本がこうした「主要国首脳会議」に招かれたことは、「先進国の一員」として遇されるようになったことの表れだとされ、このことは、日本が国際秩序を維持するためにその「責任」を「分担」しなければならない立場になったこと、あるいは開発途上国に対してこれまで以上の援助を求められるようになったこと、さらには、経済的のみならず政治的・軍事的な役割をも担う必要が出てきたこと、などを意味するものだと論じられてきたのである。

　たしかに、これらの研究が指摘するように、日本がランブイエ・サミットに呼ばれたことは、「先進国」として日本が自他ともに認められたことを一面では示しているように思われる[2]。しかしその反面で、この会議が日本の政策決定者たちに「日本イメージ」をめぐる諸問題、すなわち日本の位置付けの再検討と「未来」の進路の再設定をしていたことはほとんど知られておらず、そ

218 第4章　日本の「未来」を問い直す

のような研究も見当たらない。そこで本章では、ランブイエ・サミットを、日本が「先進国」としての「地位」を固めた出来事としてだけではなく、そのことが同時に日本の位置付けを揺るがした出来事として捉え直すことで、その新たな側面を浮き彫りにしていきたい。というのも、「主要国首脳会議」の出現は、「個」と「全体」の関係の問い直し、すなわち「先進国」による新たな枠組みのなかで「先進国」日本がどう位置付けられ、どのような「未来」の進路を目指すのかという諸問題を、「大平総理の政策研究会報告書」に先んじて提

(1)　ただ、やや意外なことに、この第一回「主要国首脳会議」の開催に至る経緯やそこでの討議内容を日本との関わりにおいて本格的に検討した歴史的な研究は、まだほとんどないようである。サミットの概観には、最新の、大矢根聡「グローバル・ガバナンスとしてのサミット──政策調整『慣行』の視角から」グローバル・ガバナンス学会編『グローバル・ガバナンス学1』法律文化社、2018年、80-102頁と文末の文献リスト（100-2頁）が有用である。そこに掲げられていないランブイエ・サミットに触れた論考として、たとえば、栗原康『G8サミット体制とはなにか』増補版、以文社、2016年、とくに46-68頁；ATTACフランス編（コリン・コバヤシ、杉村昌昭訳）『徹底批判G8サミット──その歴史と現在』作品社、2008年、とくに20-48頁；嶌信彦『首脳外交──先進国サミットの裏面史』文藝春秋、2000年、とくに74-83頁；高瀬淳一『サミット──主要国首脳会議』芦書房、2000年、とくに42-53頁；猪口邦子「ポスト覇権システムとG7サミット」鴨武彦、伊藤元重、石黒一憲編『リーディングス国際政治経済システム（1）──主権国家を超えて』有斐閣、1997年、120-38頁；箕輪富男「サミット（主要国首脳会議）──経済から地球規模問題へ」『輸入食糧協議会報』1997年10月、16-22頁；Saito Shiro, *Japan at the Summit: Its Role in the Western Alliance and in Asian Pacific Co-operation*, Routlege, esp. pp. 50-2；ロバート・D. パットナム、ニコラス・ベイン（山田進一訳）『サミット「先進国首脳会議」』ティビーエス・ブリタニカ、1986年、とくに9-68頁；野山和夫『サミットを考える──先進諸国間協調の政治経済学』関西経済研究センター、1980年、とくに3-6頁；船橋洋一『サミットの思想』朝日新聞社、1980年；内海孚「ランブイエからプェルト・リコへ──主要国首脳会議について」『国際金融』1976年8月1日、10-4頁。

(2)　こうした認識は、たとえば、1970年代の日本の「地位」を「アジアで唯一の先進国」（中西寛）だと把握し、日本が招請されたランブイエ・サミット（それは当時、「主要国首脳会議」と呼ばれていた）を「主要先進国首脳会議」（井上寿一）だと意義付けていることに端的に表れている。中西寛「自立的協調の模索──1970年代の日本外交」五百旗頭眞編『戦後日本外交史』有斐閣、1999年、165-6頁；井上寿一『日本外交史講義』岩波書店、2003年、196-201頁。これらの認識が共有されていたことについては、注1におけるそれぞれの文献を参照。

起していたからである。

　結論をやや先取りするならば、日本の政策決定者たちがこの「主要国首脳会議」において直面した「日本イメージ」をめぐる諸問題とは、日本を「先進国」だと位置付けたことがもたらした問題であったといえる。それは、大きく分けて二つあった。一つは、「先進国」すべてに共通する問題で、「先進」的であることが意味するもの、いわば「先進性」の問い直しである。1973年の「オイル・ショック」を契機に日本の高度経済成長は停止し、1974年にはマイナス成長を経験することとなる。これと軌を一にするかのように、「先進国」と呼ばれる国ぐにではさまざまな経済的・社会的問題が顕在化し、それらは「文明病」、「先進国病」、あるいは「英国病」などといわれるようになっていた。もっとも「先」を走っていたはずの「先進国」がそろって容易には解決困難な諸問題に直面することとなったのである。このことが「先進国」に突き付けていたのは、「先進国」とはどのような存在であり、そこで「先進」的であることすなわち「先進性」とはなにを意味するのか、ということであった。ジスカール・デスタンはこれらを「資本主義の危機」だと表現したが、この「先進性」の問い直しは、「資本主義」と「社会主義」という、二つの体制が対峙しているのだとされた「冷戦」と呼ばれる時代においては、こんにち想像できる以上に重大な意味を持っていたのである。

　またもう一つは、日本の政策決定者たちにとくにせまられていたもので、「先進国」日本はどう位置付けられどのような「未来」の進路を目指すべきなのかという問題である。こうした問題は、戦後初期のように、日本の政治経済エリートたちが日本を「中進国」だと位置付けていたときには生じない。なぜならば、日本はアメリカや西ヨーロッパ諸国のような「先進国」とは経済の「発展段階」が異なる「中進国」であるため、「中進国」が目指すべき「未来」の進路とは「先進国」として体現されていたものであることに疑いの余地はなかったからである。もし日本が「欧米」と同じような存在なのだとしたら、日本は「先進国」になったにも関わらず、これからも「先進国」の先輩である「欧米」の後追いをしなければならないのだろうか。あるいは、もし「欧米」とは違う存在なのだとしたら、日本が目指すべき「欧米」とは異なる「未来」の進路とはいったいどのようなものなのか。

こうして日本の政策決定者たちは、一方で、前者の問題に関して、日本が「先進国」である根拠を、経済的な指標が「欧米」に追い付いたからだとか、「欧米」と同じような価値観や制度（自由民主主義や市場経済など）を有しているからだとか、そのような理解に加え、「オイル・ショック」以後の経済不況のなかで、「先進」的であるがゆえに日本が「欧米」の他の「先進国」と同じ「苦しみ」や「悩み」を抱えていることに求めるようになる[3]。というのも、こう理解すれば、経済的・社会的に「停滞」しているようにみえるまさにそのことが、「先進性」を示す証として意義付けられることとなるからである。そのうえで日本の政策決定者たちは、後者に関して、日本はたしかに「欧米」とは「異質」であるようにみえるかもしれないが、それは日本がいまだ「欧米」よりも「遅れた」存在だからではなく、地域的な差異に基づいた「歴史と伝統」が異なるからだと強調することとなったのである。いわば、日本の政策決定者たちは、時間的な「遅れ」として認識していたものを同一平面上での空間的な「違い」、すなわち地域的な差異に根差した「歴史や伝統」の違い（「文化」的な差異≒「個性」）として捉え直そうとすることで、「先進国」でありながら「欧米」とは異なる固有の存在として日本を位置付け、日本独自の「新しい」「未来」

---

(3) 事実、三木武夫首相はサミット初日の11月15日、フランスのソヴァニャルグ（Jean Sauvagnargues）外相との会談のなかで、世界のなかでの日本の位置付けについてこう強調している。「日本の抱えている問題とそれに対する取り組み方は西欧諸国のそれと共通しており、西欧諸国の苦労がよく理解できると同時に、日本の20余年前の状況を想い起こせば、発展途上国の気持ちもよく解るユニークな立場にある」のだ、と。経々二〔外務省経済局国際経済第二課〕「主要国首脳会議（三木総理と各国首脳との個別会談）」1975年11月17日、第1回主要国首脳会議（2013-1011）、5頁および、北原〔秀雄駐フランス〕大使発〔宮沢喜一〕外務大臣宛、1975年11月16日、2864号、第1回主要国首脳会議（2014-4134）、日本外務省外交史料館。この発言は、戦後直後における「中進国」という「日本イメージ」の焼き直しであるとともに、そっくりそのまま、5年後の「近代を超える」ための報告書のなかで繰り返されており、日本の位置付けという観点からみれば、サミットのプロセスを検討することは「近代を超える」プロジェクトの理解に資することを示している。また、日本が「太平洋と大西洋を結ぶ紐帯としての立場」を有するとの発言は、「主要国首脳会議に関する井出内閣官房長官のコメント」を参照。これは「東西の架け橋」（ここでいう東西は、「冷戦」状況における東西と、東洋西洋の東西とを含むものであった）の焼き直しであった。

の進路を模索しようとしていたのである。

一　ランブイエ・サミットへの道

（1）「先進国」日本の確認

「先進国」首脳会議の提唱　「先進国」による新たな枠組みであるサミット
の開催に向けた動きは、フランス大統領ジスカール・デスタンの1975年 6 月16
日付け『インターナショナル・ヘラルド・トリビューン』での発言にはじまる。
ここで大統領はまず、「今日の世界経済の危機以上に重要な問題は、主要先進
国の指導者が指導力を欠き当面の危機を打開するための話合いを行いえないこ
とである」のだと指摘した。というのも、アメリカの大幅な財政赤字に象徴さ
れるように、「世界最大の経済国家たる米政府内に経済面での指導者がいない」
ため、「現在の流れを止めるためには資本主義国家の現実的、定期的、恒常的
な協議が必要」なのだというわけである。そのうえで、「今後20年間における
重要な問題は、先進国ではなく、後進国の問題であろう」から、「この点で長
い植民地経験を持つ仏が果たし得る役割」は大きいのだと強調したうえで、こ
の「仏の役割に関する米の認識の欠如」を批判したのだった[4]。資本主義はこ
んにちさまざまな困難に直面しているが、主要国のあいだにはいまだ対話と協
調の枠組みがないため、それぞれが勝手な政策を採っている。かといって、
「NATO」のような既存の大西洋間の機構を活用するのは適確ではないから、
日本を加え他国を除いた主要国による新たな枠組みのなかで徹底的に忌憚ない
意見を交換すべきである。いわば、「主要先進国」は、通貨・金融面もさるこ
とながら、「今後20年にわたって世界最大の問題となるべき南北問題に正面か
ら取り組まなければならない」状況におかれているのだとされたのである[5]。

　この構想は、1975年 7 月以降、本格的に各国首脳に向けて打診されることと

（4）　経々二「仏大統領の通貨頂上会談開催提案について（未定稿）」1975年 7 月18日およ
　　び 7 月23日「第 1 回主要国首脳会議」（2015-2093）、外交史料館。これは 7 月24日に確
　　定稿となった。外務省「仏大統領の『通貨頂上会談』開催提案について」1975年 7 月24
　　日（2015-2093）、外交史料館。

（5）　北原発外務大臣宛、1975年11月 9 日、2794号、「第 1 回主要国首脳会議」（2014-2764）、
　　外交史料館。

なる。まず7月初旬、アメリカの「ハースト系記者」に対して通貨問題を話し合う五カ国首脳会議の構想として再度示唆され[6]、「西欧世界の中心課題は、石油価格ではなく通貨問題である」こと、この秋に「経済及び通貨問題とそれについて見出しうべき解決策」を話し合うために「米、英、独、日、伊及びその他主要先進国の指導者」による「頂上会談」をパリで開催する用意があること、「通貨問題の政治的側面」についても討議すること、などが明らかにされた[7]。これを受けて、7月10日、フランス側は訪仏したキッシンジャー（Henry A. Kissinger）国務長官に対して、ふたたび手短にこの構想を説明し、また15日には、大統領府のピエール・ブロソレット（Claude Pierre-Brossolette）事務総長が北原秀雄駐仏日本大使と会談、大統領の構想について日本政府に取り次ぐよう要請[8]、さらに翌16日になると、こんどはEC（European Communities：ヨーロッパ協同体）理事会後の夕食会の席上、他の西欧諸国に対して通貨問題を話し合うための主要国によるトップ・レヴェルでの会議を提唱したのである[9]。

　各国の反応　　このような経緯から、ジスカール・デスタン提案は当初、「通貨頂上会談」の開催を構想したものだと受け止められたが、最初にアプローチを受けたアメリカ政府は消極的な態度を示していた。というのも、通貨問題は「テクニカルな問題」だとするアメリカ側からすれば、これは（たとえばIMFのような）確立された既存の枠組みで討議すべきものであるし、通貨問題にさまざまな経済問題の根源があるとするフランス側の主張には根拠がないことを考えると、これには消極的にならざるをえないからである[10]。事実、国務省は、フランス側からの具体的な示唆があったわけではないが、もしこれを前向きに検討するとすれば、通貨問題のみならず経済問題全般を話し合うものとして考えることになるだろうと強調していたのである[11]。同様に、イギリス政府もま

---

(6)　北原発外務大臣宛、1975年8月20日、1716号（2014-2763、外交史料館）。

(7)　前掲「仏大統領の通貨頂上会談開催提案について（未定稿）」(2015-2093)、外交史料館。

(8)　北原発外務大臣宛、1975年7月16日、1766号（2014-2763）、外交史料館。

(9)　この新聞報道については、安倍〔勲〕駐ベルギー大使初外務大臣宛、1975年7月17日、720号（2014-2763）；北原発外務大臣宛、1975年7月17日、1786号（2014-2763）、外交史料館。

た、大蔵省が述べていたように、こうした「サミット」のような会談は「アメリカ対 EC のコンフロンテーションを招く可能性が強い」から、ウィルソン（Harold Wilson）首相に対しても消極的なブリーフィングをしてあるのだと言明した。そのうえで、フランス政府の真意はいまだつかみ切れてはいないが、「フロート」（変動相場制）をある程度評価しているイギリス側としては、「フロート」する不安定な通貨制度が経済的困難の中心にあるとするフランス側の見方には賛成できないのだと主張したのである[12]。

　これに対して、より積極的な態度を示したのが西ドイツ政府だった。たとえば、外務省の内話によると、シュミット（Helmut Schmidt）首相は 7 月16・17日の EC 首脳会談後、ただちに事務レベルに対して、このような「頂上会談」を開催することの有用性および問題点を検討するよう指示しており、「シュミット首相はジスカール提案に応ずるとのはらを固めているものとみられる」とのことであった。実際、この問題は首脳会談では取り上げられなかったが、ジスカール・デスタンとの個別会談でフランス側の提案を「基本的に支持する」とシュミットは言明し、世界経済の基本的に問題は「景気停滞」であるから、この「頂上会談」を積極的に利用して、「今や景気対策の面から自由世界の経済体制の存立が問われていることを他の主要先進国首のうに訴えたい」のだと強調していたのである。ただ、話し合いの性質を「通貨会談」とするか「経済政策会談」とするかは独仏首脳のあいだでも意見が一致しておらず、25─6日の独仏定期協議等で詰められるだろうとのことだった。シュミットは、この「頂上会談」をたんなる「為替レート会談」に終わらせるべきではなく、全欧安全保障協力会議（Conference on Security and Cooperation in Europe: CSCE）後

---

(10)　安川〔壮〕駐アメリカ大使発外務大臣宛、1975年 7 月25日、3407号、「第 1 回主要国首脳会議」（2012-0769）；安川発外務大臣宛、1975年 7 月25日、3413号（2012-0769）、外交史料館。実際、IMF の反応も、このフランス提案は具体的なものというよりも「アドバルーン」をあげたものであり、EC をはじめ各理事とも IMF の外での解決は困難だとする見方であった。安川発外務大臣宛、1975年 7 月10日、3121号（2014-2763）、外交史料館。

(11)　安川発外務大臣宛、1975年 7 月31日、3565号（2012-0769）、外交史料館。

(12)　中島〔敏次郎〕駐イギリス臨時代理大使発外務大臣宛、1975年 7 月16日、1214号（2012-0769）、外交史料館。

第4章　日本の「未来」を問い直す

の東西関係のあり方をも含めた「高度の意味での『経済政策』会談」にすべき
だと考えていた[13]。アメリカ側の反対を封ずるためにも、「通貨会談」である
との色彩を薄め、景気政策やエネルギー問題に重点をおくべきだというわけで
ある。これについては、ジスカール・デスタンも原則として賛成しているとの
ことだった[14]。

　こうして、「頂上会談」の開催に向けた初期の動きは、これに消極的なアメ
リカやイギリスではなく、フランスと西ドイツが主導することとなる。26日の
独仏定期協議では、まずシュミット首相がジスカール・デスタン提案に対する
支持を確認したあと、日本の参加は不可欠であるため、フランス側がCSCE
後に日本側に参加の打診をすることとなった[15]。これを受けてのことだろう、
28日付「ヘラルド・トリビューン」は「仏独定期協議仏側官へん筋」の話とし
て、フランス側が「ドル及び円が共同フロート欧州通貨に対し上下一定幅の
WIDE BANDをフロートするシステムの設定によって調整される可能性を示
唆した」のだと報道、通貨問題についてフランス側に譲歩の余地があることが
示された[16]。また、31日にヘルシンキで開かれた米英仏独四カ国会談では、西
ドイツ外務省の話として、まず五カ国による専門家の準備会合を開催すること
について合意したとの報道がなされ、ジスカール・デスタン提案に消極的だっ
たアメリカとイギリスも、事実上なんらかの「頂上会談」の開催に同意しつつ
あったことが明らかにされたのである[17]。西ドイツ外務省からの内話によれば、
27日の米独会談のなかで、アメリカ政府内部ではサイモン（William E. Simon）
財務長官が強く反対しており、周到な準備が不可欠だと述べていたのだという。
またアメリカ側からは非公式に、会談に先立ち「民間」のエキスパートによる
会合を開催してはどうかとの打診もあったらしい[18]。もっとも「民間」とした

---

(13)　曾野明駐西ドイツ大使発外務大臣宛、1975年7月28日、861号（2012-0769）、外交史
　　　料館。

(14)　曾野発外務大臣宛、1975年8月6日、903号（2012-0769）、外交史料館。

(15)　曾野発外務大臣宛、1975年7月30日、874号（2012-0769）、外交史料館。

(16)　北原発外務大臣宛、1975年7月29日、1863号（2014-2763）、外交史料館。

(17)　曾野発外務大臣宛、1975年8月1日、882号（2012-0769）、外交史料館。

(18)　曾野発外務大臣宛、1975年8月1日、883号（2012-0769）、外交史料館。

のは、この頂上会談の開催にコミットしたとの印象を与えたくないアメリカ側に配慮したものだが[19]、ともかく、「頂上会談」それ自体は、この時期に開催の方向に向かって動き出しており、これ以降は、議題と参加国が主要な論点となっていくのである[20]。

　これらの動きに見られるように、日本側は当初、サミットの開催決定プロセスから除外されており、一方的に情報を収集する立場におかれていた。つまり、日本の位置付けと役割という本書の問題関心からみれば、日本は、「先進国」のなかでも「頂上会談」の開催を決定する「四カ国」には入れないが「頂上会談」に呼ばれるような「主要国」として、「欧米先進諸国」に認識されていたのである。

　日本側の反応　　この点に関して興味深いのは、「頂上会談」に対する北原駐仏大使の見解である。北原は、ジスカール・デスタン提案の要点を大きく三つにまとめ、本国に報告している。まず第一に、こんかいの提案は、一般に「通貨頂上会談」の開催だといわれているが、北原は必ずしもそう受け取ってはいなかった。たしかに、フランスの立場からすれば国際通貨問題の解決は急務であるが、「金融経済問題に相当詳しいジとしては通貨問題について早急にふへん的かつ妥当な解決策が容易に見出しうるとは考えていない」。それよりもむしろ、この提案は「現在の資本主義の危機」に対処するため、従来のような技術者による積み上げ方式に代わり、「首のうレベルで全般的な問題の認識と理解を促進し、そのコンセンサスのうえに技術面での作業を進めなければならない」とする意向の表れだとみるべきなのであった。実際、「大統領側近」も、「通

---

(19)　前掲903号、外交史料館。

(20)　たとえば、1975年8月初旬の時点でシュミットを悩ませていたのは、イタリアが参加を強く希望している点であり、イタリアをEC代表としてオブザーヴァー参加させることも検討されていた。同上。ただ、8月下旬のイタリア国庫省の話では、イタリアは五大国による国際経済会議には反対であり、各国にそのことを伝えていたのだという。なぜならば、国際経済の問題は既存の枠組み（IMF、G10、インテリウム、EC理事会等）で話し合うべきであり、従来開かれた「頂上会談」に類似の会議も成果をあげていないとイタリア側は考えていたからである。橋爪〔三男〕駐イタリア臨時代理大使発外務大臣宛、1975年8月22日、985号（2012-0769）、外交史料館。

貨問題解決の困難さを熟知している」大統領はこの首脳会議に「スペキュタキュラーな役割と成果を期待しているとは見えず」、「現在の危機意識を減さつすることにねらいをおいている」のだと述べていたのである。もちろん、そこには「資本主義経済の存続を確保するとの大局的、長期的な考慮」とともに、フランスおよび西欧諸国が経済的不況からいかに脱却するかという「短期的な実利主義の側面」もあることは当然である。だが、北原からすれば、このフランス側の提案は、「責任ある自由じん営の大国間の協力と実力を世界にこ示すべき機会」として重視されるべきだったのである[21]。

　また第二に、この提案は、北原によると、アメリカとの対立を企図したものではなかった。事実、ジスカール・デスタン大統領の「欧州統合」に対する態度をみればわかるように、それは「ドゴール時代のヨーロッパ主義」とは異なり、「米国に対立する欧州を考えていない」、「まことに現実的かつぜん進的」なものだったのである。北原からすれば、これは、西欧諸国の経済不況からの脱却を考えるにあたり「現在の世界経済の相互依存性に照らして、仏ないしECの努力だけでは不十分」だとジスカール・デスタンが考えていたことを示唆しており、それゆえ、フランス側は「一方では日、米の共同歩調を確保すると共に、他方では第三世界をも広くだきこんで行くことが不可欠」だと強調していたのである。この構想がEC首脳会談の席上、ECの景気対策との関連で持ち出されたことは偶然ではなく、このことを「うら書き」したものだったのである[22]。

　さらに第三に、これが本書の問題関心からもっとも興味深いのだが、北原は、「わが国経済の米国経済との相互依存関係」からみれば国際通貨の面においてフランスの立場とは必ずしも相容れないにも関わらず、「わが国の世界における全般的な国際的地位という面から」この構想を支持すべきだと主張していた。これに関して、やや長くなるがその部分を引用してみたい。

　わが国の立場から本件をみた場合国際通貨問題の技術面のみから見た場合に、わが国経済の米国経済との相互依存関係からして国際通貨の技術面において仏の立場

---

(21)　北原発外務大臣宛、1975年7月20日、1801号（2014-2763）、外交史料館。

(22)　同上。

と相容れない面もあることは明らかであるが、他方わが国の世界における全般的な国際的地位という面からまた日本の平和外交という立場から考えた場合には自由じん営の大国のあいだで国際通貨問題のみならず、今後の世界における経済社会問題に対して発言し、かつこうけんしうる分野は多々あり、また、戦後日本国民が営々ときずき上げた現在の日本の国際的地位を自他共に確認する意味において本件提案は絶好のチャンスというべくまた資本主義経済の相互関連性に照らして仏のかかえている諸問題、諸困難は早ばんわが国にもそのままあてはまることになることを考えあわせれば本件については積極的にこれに乗つてしかるべきものと考える。米等が通貨問題はIMFの既存の場で討議すべしとする理由は理解し得ないことではないが、ジスカール構想は単なる通貨問題というわくを超えこれとは次元を異にする政治的な企画であることに留意すべきであろう。

また本件サミットが実際に開催された場合に米国と欧州の間に立つてわが国の果すべき役割も有りうべく、また、欧州との関係を推進する機会となりうるものと考える。そもそも本件ジ大統領の五大国会議構想は、わが国が従来提唱してきた日米欧の三者の平等な協力関係に通ずるものありと思われ、わが国としては年来のわが国の主張が初めて仏によつて理解され、その支持を得たと解することも十分可能である[23]。

　ここにはすでに上述した二点に加え、「日本イメージ」の「現在」の部分すなわち日本の位置付けと役割について、少なくとも三つの北原の認識が明らかにされている。一つは、日本はついに「主要国」の仲間入りをしたということである。というのも、「自由じん営の大国のあいだで国際通貨問題」や「世界における経済社会問題」に発言したり貢献したりできる立場にあるのだと想定されているからである。このことは、「ジスカール構想」がこうした「現在の日本の国際的地位を自他共に確認する」（傍点、筆者）ための「絶好のチャンス」だとされていることに如実に表れている。しかも、そこでの日本の「国際的地位」とは、「わが国が従来提唱してきた日米欧の三者の平等な協力関係」との指摘にあるように、アメリカや西欧諸国と「平等」なものだった。

　ここでいう「主要国」が「先進国」とほとんど同義だったことは疑いの余地がない。なぜならば、のちに準備会議の代表となるフランスのバール（Raymond Barre）教授は、北原との会談のなかで、ジスカール提案について「共感」するところは、従来こうした問題は「米国と欧州」との話し合いであったが、こ

───────────────

[23]　同上。

んかいは「先進工業国と発展途上国」という枠組みに従い「米欧以外に」日本を入れた点である、と述べていたからである(24)。いわば、「主要国首脳会議」とは「先進工業国」がみずからの問題を討議し、あるいは「先進工業国」の「発展途上国」に対する態度を話し合うために企図されたものであり、日本側もそのようなものとして招請されていたのである。

また二つは、北原がアメリカと西欧諸国との「懸け橋」のような役割を日本の位置付けのなかに見出していることである。これは、「米国と欧州の間に立ってわが国が果たすべき役割もあり得」るとの記述に示されている。ここで想定されている「懸け橋」的役割がどのようなものなのかについては、正確にはわからない。ただ、「わが国経済の米国経済との相互依存関係」がフランスとの関係においてわざわざ指摘されていることを考えると、日本はアメリカよりの立場にあることとなり、そこでの「懸け橋」的役割とは、(少なくとも、この「ジスカール構想」との関連でいえば)フランスをはじめとする西欧諸国の思惑をアメリカ側に伝え、あるいは説得するようなものだと推察される。いわば、このような「懸け橋」的な役割をつうじて、北原はサミットを「欧州との関係を推進する機会となりうる」ように利用すべきだと指摘していたのである。

さらに三つは、しかしこうしたアメリカや西欧諸国と「平等」な日本の「主要国」としての位置付けと役割にも関わらず、北原は、日本がアメリカや西欧諸国よりも「遅れた」異質な存在であることを暗に洩らしている。というのも、「仏のかかえている諸問題、諸困難は早ばんわが国にもそのままあてはまることになる」のだと強調しているからである。北原はこれを「資本主義経済の相互関連性」のためだとしているが、もし同じ時間のなかで「相互」に「関連」しているだけならば、すでに日本もその影響を受けているはずであり、この「資本主義経済の相互関連性」のためだとする理解は十分な説明になっていない。

ここで重要なのは、フランスの「現在」の「諸問題、諸困難」が「早ばん」「未来」の日本の「諸問題、諸困難」になるという時間的な「遅れ」である。北原がこのような認識を日本の位置付けと役割に持っていたということは、二つのことを意味する。まず、①日本の位置付けに関して、北原は、戦後初期の

---

(24) 北原発外務大臣宛、1975年9月13日、2224号(2014-2763)、外交史料館。

日本のエリートたちによる「日本イメージ」の再定義のパターンを引き継いでいたということである。それは、あらゆる諸国は同一の経済の「発展段階」をたどり「先進国」になる（「先進国」の「現在」の諸課題は「早ばん」、後発の国ぐにの「未来」の諸課題となる）のだとするものである。もしそうなのだとすれば、日本は、北原の認識によると、「主要国」でありながら、アメリカや西欧諸国よりも一段「遅れた」ところに位置付けられていたことになる。これは、日本がアメリカや西欧諸国とは異質な存在として位置付けられていたことを示唆するものでもあった。

またそれゆえ、②日本の「未来」の進路について、このことは、日本が引き続き、日本よりも「進んだ」アメリカや西欧諸国の動向（これはのちに、「近代を超える」プロジェクトのなかで「時代の要請」と呼ばれることとなる）を注視しなければならないことを意味していた。このような視角から、サミットを「戦後日本国民が営々ときずき上げた現在の日本の国際的地位を自他共に確認する」機会だとする北原の報告を読み直すと、その意義が再認識されるだろう。なぜならば、「日本イメージ」の再定義の前提として、日本はこれからも「時代の要請」を把握するためにぜひとも「主要国」の集まりに顔を出せるような立場を維持しなければならなかったからであり、そのことを「自他共に確認」しなければならなかったからである。北原のような日本の位置付けと役割についての考え方に基づけば、「ジスカール構想」はまさに「絶好のチャンス」であり、これに参加しないという選択肢は事実上なかったのである。

こうした北原の日本の位置付けと役割がどの程度東京の本省で共有されていたのかについては、正確には不明である。だが、上で引用した箇所のすべてに赤線が引かれていること、また、北原による報告は本省で逐一まとめられ、「幹部連絡会」その他のかたちをつうじて外務省以外の各省にも「事実」として伝えられていたことに鑑みるならば[25]、少なくとも北原からの報告は東京での政策決定に一定の影響を与えていたのだといえるだろう。事実、当初「ジスカール構想」を「通貨頂上会談」だと認識していた日本外務省[26]は、後述のように、

---

[25] たとえば、経々二「五カ国首脳会議について」1975年8月11日（2015-2093）、外交史料館を参照。また、7月下旬の日本側の立場については、前掲「仏大統領の通貨頂上会談開催提案について（未定稿）」。

その認識をしだいに（北原の報告に沿ったかたちで）変化させていくのである。

　だが、「欧米」の動向を探ることで明らかになったのは、これらの日本より「進んだ」立場にあるとされた「欧米」ですら、こんにち「先進国」が直面する諸問題に対する解決策はバラバラであり、確固たる指針を持ち合わせてはいないということだった。これは、日本側からすれば、「新しい」「モデル」の不在を意味しており、実際、日本の政策決定者たちは、第二節でみるように、「先進」的であることが意味するもの、すなわち「先進性」の問い直しというかたちで、日本は「先進国」であるにも関わらず、他の「先進国」とは異なる「未来」の進路の再設定を強いられることとなる。こうして、「先進国」日本は、一面で、「欧米」と同質な存在だと位置付けられ、「欧米」と同じ「経済社会」を有しているがゆえに同じ「悩み」の解決を目指すのだとされたが、他面で、「欧米」とは「歴史と伝統」が異なる異質な存在だと位置付けられ、同じ「悩み」を有するからといって「欧米」と同じ政策を採ることは必然ではないのだと強調されたのである。

（2）「モデル」の不在

日本側の態度表明　　7月27日、ジスカール・デスタン提案を受け、シュミット首相はフォード（Gerald R. Ford）大統領との会談において、経済問題に対処するための工業国間における「WORLD MANAGEMENT SYSTEM」を設けるようアメリカがリードすべきだ、との要請があったことを28日付の『ニューヨーク・タイムズ』が報道した。というのも、29日付同紙が報じるように、「長期かつ破壊的な世界不況は、社会的政治的平和にとり軍事に勝る脅威たり得る」からである。ここでいう「SYSTEM」とは、同首相によれば新機構を意味するのではなく、より充実した具体的な協力を意味するものであった。シュミットからすれば、「世界不況」を助長するようなアメリカの引き締め的な金融・金利政策の実施を阻止するとともに、新たな石油禁輸が世界経済に致命的な打撃を与える前に「工業国」がエネルギーや原材料についての調整をはじめるた

⒆　作成者名なし「通貨頂上会談構想に対する一つの視点（メモ）」1975年8月2日（2015-2093）、外交史料館。

めにも、それらを話し合うための新たな枠組みが必要だったのである[27]。これについて、日本側が会議直後にえたアメリカ国務省の話によれば、まだ正式な情報には接していないが、私見としてはこのたびの米独会談の成果は「極めて大きかった」と感じており、この「バイ」（二国間）の取り組みを「マルチ」（多国間）でもやってみるというのは一考に値する、というものであった。なぜならば、アメリカ側としては、各国首脳がフロートか固定相場かを議論することには消極的だが、経済政策の調整というのであれば考慮の余地があるからである[28]。

　このアメリカ側の態度が示していたのは、北原も触れていた対米関係の悪化に対する日本側の懸念が払拭されつつあったということだった。こうして日本側もまた、「頂上会談」参加に積極的な姿勢をとるようになる。7月29日の東京発 AFP 電によると、三木武夫首相は自由民主党議員総会の席上で、「ジスカール構想」が世界的不況の解消に貢献しうる「時宜を得た」ものであるから「参加の用意ある」ことを発言したとされ、「日本消息筋」の話として、日本側は参加申請をするつもりであることが明らかにされた。ただ、通貨問題のみを取り上げることには「反対」であり「石油問題も取り上げることを希望している」こと、ドルや金の役割をめぐる米仏間対立が浮き彫りになるのは「日本としてはエンバラッシング」であり「かかる自体は回避したい」こと、が強調され、対米関係の悪化に対する配慮がなされている[29]。また、この日本側の動きを報じたとみられる7月31日のフィガロ紙には、日本が「五カ国通貨頂上会談」に同意したとの記事が載り、在西ドイツ日本大使館は、これが事実かどうかについて東京の本省に確認している[30]。これらの出来事から推察されるように、日本側の「頂上会談」に向けた動きは、三木首相が主導したものであった。

　フランス側の対日招請　　こうして、日本側の態度が事実上明らかになったのを踏まえ、フランス側は8月4日の北原大使とジスカール・デスタン大統領

---

(27)　安川発外務大臣宛、1975年7月28日、3481号（2012-0769）；安川発外務大臣宛、1975年7月29日、3484号（2012-0769）、外交史料館。

(28)　安川発外務大臣宛、1975年7月29日、3490号（2012-0769）、外交史料館。

(29)　北原発外務大臣宛、1975年7月30日、1879号（2014-2763）、外交史料館。

(30)　前掲883号、外交史料館。

232　　　第4章　日本の「未来」を問い直す

との会談のなかではじめて、「ジスカール構想」を正式に説明することとなる。この会談が設定されたのは、7月24日に北原が「ジスカール構想」の詳細を知るためにフランス外務省を往訪した折、外務省としては「大統領からなにもきいていない」から、大統領と「自由に」会談してもらってかまわないしそれが「最善」だ、との示唆を受けていたからであった[31]。そこで、大統領府を訪問した北原がジスカール・デスタンとの会談を取り付けたものと考えられ、フランス側からもまた、日本政府の積極的な意見を聞きたいとの要望が出されている[32]。

　この4日の会談でジスカール・デスタンが強調したのは、いわゆる「西側諸国」における連携の欠如が世界の危機をもたらしており、それゆえこの状況を改善する必要があるのだということであった。すなわち、「現在の世界」の「危機的様相」は、「経済活動の非常に大きな部分を占めるわれわれ自由主義諸国の動きがバラバラで、大国間においてすら十分な連絡がな」いことに起因しているといえ、これは「社会主義諸国」のあいだに「表面的には緊密な連携が存在する」のと比較すると「対照的」である。そのため、まず最初に試みられるべきは「五大国首脳が集まって現在の危機に対する各自の対処策に付き自由な意見の交換を行い、その結果共通の意思（VOLONTE COMMUNE）を見出すべく努力する」ことではないか。こうした考えから、まず記者をつうじてアメリカ側にこれを伝達したのち、EC首脳会談（7月16-7日）でシュミットとウィルソンに話し、仏独協議（25-6日）でいま一度シュミットと意見交換したのち、ヘルシンキでフォードを交え四人で話し合った次第である。ただ、アメリカ側としては「原則としては賛成」だが、国内事情のためにすぐには賛意を示すわけには行かないとのことだったので、四カ国会議ではまず私的な資格の専門家による準備会合を9月にも開き、具体的なメドがついたところで首脳会議についての合意を図る、ということとなった。ジスカール・デスタンはこう説明したうえで、ぜひ日本側からも専門家を選出し、この準備会合に参加してほしいと依頼したのである。つまり、ジスカール・デスタンとしては、この首脳

---

(31)　北原発外務大臣宛、1975年7月25日、1848号（2014-2763）、外交史料館。

(32)　北原発外務大臣宛、1975年7月25日、1845号（2014-2763）、外交史料館。

会議は、「世界政治の責任を持つ大国の責任者が集まって政治的決定を行う場所」だと考えており、「社会主義陣営に対し、われわれの共通の意思を表明し得る機会と場所」だったのである[33]。

　これに対して北原は、私的な資格での専門家による準備会合という話ははじめて聞いたが、どのような問題を具体的に話し合うのか、もっとも重要だと考える問題をお聞きしたいと質問したのに対して、ジスカール・デスタンはこう発言している。首脳会議の準備は専門家に任され、現在の危機に対する対処策は専門家が研究することになったのだから、その結果に従うのが良いと思う。従来、こうした問題は国際機関で取り扱われてきたが、多数国間の会議ではどうしても「責任ある政治的意思」はなかなか出てこない。そこで、「国際機関という場を借りずにこのような新しい方法で問題を取り組もうと考えた」のだ、と。北原はこれについてわざわざ注を付け、「本会談全部を通じてジ大統領は一度も通貨ないし金融という言葉を発言しなかった」と付記している[34]。これがなにを意味しているのかはフランス側の史料のさらなる検討が必要であるが、本書の問題関心から重要なのは、日本側が、「通貨ないし金融」のための会議だとは説明されていなかったということである。北原はこのあと、ロイター他の新聞記者からの会談内容についての質問に対して、日本の経済情勢や大統領の訪日に関する討議のほか、「五大国首脳会議」については、大統領の構想およびヘルシンキでの四カ国会議等の経緯の説明を受け、日本政府に伝達することになったのだと回答している[35]。

　日本側による情報収集　このジスカール・デスタンとの会談は東京に報告され検討されたと思われるが、それに関する史料は見当たらない。ただ、8月29日、大平正芳蔵相が記者会見の席上、もしサミットの話が出れば、各国の主張、とりわけアメリカがどういう態度であるのかが問題であるので、みんなか

---

(33)　北原発外務大臣宛、1975年8月5日、1907号（2014-2763）、外交史料館。この「首脳会議」の参加国について、ジスカール・デスタンは、イタリアを除外して考えていたようである。というのも、イタリアから参加の申し出があったが、これに対しては「丁重に断る」方針だと指摘していたからである。

(34)　同上。

(35)　北原発外務大臣宛、1975年8月4日、1908号（2014-2763）、外交史料館。

234 第4章 日本の「未来」を問い直す

ら祝福されるようなかたちでサミットが開催されるよう、とりわけアメリカ側の考えを聞き質してみたい、と発言していることが確認できるのみである[36]。これを受けて、翌30日朝には、インガソル（Robert S. Ingersoll）国務副長官との会談がなされ、大平が「五カ国首脳会談」について、やるからには成果があがるようにしなければならないから、アメリカ側の態度は如何と問いかけたところ、アメリカとしては「慎重」な態度であり、とくにサイモン財務長官が、こうした専門技術的な問題は蔵相会議等で議論されるべきだとして反対だと述べた。そこで日本側より、仏独のねらいは、日米により一層の景気刺激策をとるよう要請することにあるのでは、と質問したのに対しては、経済政策全般を話し合うことについてはサイモンも反対してはおらず、フォード大統領も同じ意見だと主張した[37]。実際、30日の大平・サイモン会談でも、サイモンは同様の趣旨を繰り返している[38]。

　ジスカール・デスタンから正式な招請を受けたにも関わらず、日本側からはっきりとした反応がなかった背景は正確にはわからないが、一つ推察されるのは、この時期の日本政府が、二つの理由からさらなる情報の収集を必要としていたということだろう。一つは、大平が気にしていたように、サミットの開催に対する日本側の支持が対米関係を本当に傷つけないのか、という問題である。たとえば、8月半ばのエンダース（Thomas O. Enders）国務次官補との会談において日本側は、ヘルシンキ以後のアメリカ側の考え方ないし対処方針について問い質している。それによると、首脳会談の開催を要請するシュミット首相に対して、フォード大統領は下記の問題点を指摘し、慎重に態度をとったという。すなわち、①議題について、通貨問題が解決すればすべてうまくいくという姿勢には賛同できず、経済全般が話し合われる必要があること、②参加国について、とくにイタリアとカナダの取り扱いは非常にデリケートであること、③開催方法について、開催するとなれば各国経済政策の調整ということになるだろうが、それでは各国の期待が大きくなりすぎそれに見合う成果があがる保証はないこと、である。それゆえ、アメリカ側としては、四カ国にコンセ

---

(36)　安川発外務大臣宛、1975年8月29日、4124号（2012-0769）、外交史料館。

(37)　安川発外務大臣宛、1975年8月30日、4139号（2012-0769）、外交史料館。

(38)　安川発外務大臣宛、1975年8月30日、4140号（2012-0769）、外交史料館。

ンサスがあり、事前に十分な準備が行われるのであれば、開催の意義はあるだろうとして前向きな姿勢を示した三木首相に近いのだとしたうえで、少なくとも上記三点に関する準備会合が必要だと強調した。というのも、とくに②については、イタリアがすでにその除外を不満とする旨申し入れているようだし、カナダはまだ申し入れはないが、五カ国が拡大されるならば六番目であるべきというのは同国のこれまでの態度だったため、準備会合で調整される必要があると思われるからである[39]。

牛場顧問の「主要国」歴訪　アメリカ側がジスカール・デスタン提案の受け入れを模索していたことは、日本側の懸念を払拭するのに十分だったが、このことはさらなる情報収集の必要性を示唆するものであった。それは、「五カ国首脳会議」を方向付けるものだとされた準備会合においてなにが話し合われるのかという問題である。準備会合のための準備会合が必要だというくらい分からないことが多いとする日本側は、こうしてさらなる情報収集に努めるため、準備会合の日本側代表に決まった牛場信彦外務省顧問を「主要国」に派遣することとなった。

　ただ、ここで牛場顧問は、「日本イメージ」に関わる二つの「主要国」の態度にあらためて直面することとなる。第一に、日本はたしかに「主要国」（≒「先進国」）ではあるものの、他の「主要国」の集まりからは除外されるような立場にあるということである。というのも、9月18日には、アメリカの準備会合代表シュルツ（George P. Shultz）元財務長官との会談が開催されるが、そもそもこの牛場・シュルツ会談がセッティングされたのは、シュルツのヨーロッパ歴訪の折、米英仏独四カ国の準備会合代表による非公式協議が開かれ、準備会合の日程のほか、議題の大枠（「世界経済情勢」、「通貨、金融問題」、「石油、一次産品問題とこれらを含む第三世界対策」）をめぐるコンセンサスを確認、それをシュルツが日本側に示し、意見を求めることとなっていたからであった[40]。こ

---

[39]　安川発外務大臣宛、1975年8月15日、3806号（2012-0769）、外交史料館。この時期イタリアは、五カ国による首脳会議に「反対」しており、「外交ルート」をつうじてこのことを伝えていたのだという。イタリア側からすれば、国際経済の重要な問題は、「IMF、G10、インテリム、EC理事会等」の既存の枠組みで議論されるべきものであった。前掲985号、外交史料館。

うして、第一回準備会合は10月5日－6日、ニューヨークで極秘裏に行うこと、また、首脳会議本会議は11月開催を予定していること、さらに、首脳会議の参加者は首脳のほか二名にかぎり、会議の主導権は首脳が握ること、会議の目的はあくまで首脳間のコミュニケーションを改善する「consultative」なものであり、結果について合意できればよいがそれが目的ではないこと、などが日本側に伝えられることとなる。これに対して牛場は、準備会合および首脳会議の日程や開催場所、そこで話し合われる議題、さらにはその成果の公表方法などに関わるいくつもの質問事項を用意しており、このことは、このシュルツとの会談がなにかを討議するためのものというよりは、四か国非公式協議の成果を日本側が受け取るためのものであったことを示していた[41]。日本の政策決定者たちもまた、日本が他の「主要国」の集まりには招請されない「主要国」（それは、他の「主要国」よりも一段下にある「主要国」だとみることができる）であることを再認識させられることとなったのである。

　それゆえ、アメリカ側の態度をある程度把握した日本側は、次に西ヨーロッパ諸国の態度を調査する。牛場は9月22日、三木首相と会談するが、そこで三木は牛場に対して、ニューヨークでの準備会合前に、できれば9月25から27日のあいだに西欧諸国をまわるよう「サゼスト」があったという[42]。これはおそらく、北原大使からの9月10日付電報が影響していると思われる。というのも、北原は、牛場顧問の訪米は「結構」だが、この「五カ国首脳会談」の構想はフランスの大統領から出たものだから、本来ならばまず訪仏のうえ訪米するのが

⑷　北原発外務大臣宛、1975年9月16日、2240号、「第1回主要国首脳会議」（2013-1011）、外交史料館。なお、この四者会談では、プレス対策が重要だとする点で一致しており、首脳会議の準備についてはしばらくのあいだ新聞発表などはせず、極秘で進めることで合意している。

⑷　末岡〔日出徳サンフランシスコ〕総領事発外務大臣宛、1975年9月18日、270号、「第1回主要国首脳会議」（2013-1011）、外交史料館。また、首脳会議の成果をどう公表するのかをめぐる後述する諸問題に日本側が当初から関心を有していたことは、牛場が事前に準備していた質問事項から窺い知ることができる。経々二「牛場顧問のシュルツ元財務長官との会談における質問事項」1975年9月17日、「第1回主要国首脳会議（ランブイエ・サミット）」（2015-2093）、外交史料館。

⑷　外務大臣発在米大使宛、1975年9月22日、3392号（2014-2763）、外交史料館。

「望ましい」と強調しており、それが無理な場合には、訪米の直後に訪仏し、その折に英独の代表や関係者と会合するのも「有意義」ではないかと付言していたからである[43]。これを受けて、牛場は9月24日から訪欧するが、しかしながら、ここで牛場は、「日本イメージ」をめぐるもう一つの「主要国」の態度を突き付けられることとなる。それは、たしかに日本以外の他の「主要国」のあいだには、一定のコンセンサスがあるようにみえるものの、その内実はさまざまな対立があり、経済問題一つをとってもその対応の方法はバラバラだということだった。このことは、首脳会議においてどのような議題を話し合い、その成果をどのようなかたちで公表するのかという問題に端的に表れている。まず西ドイツを訪問した牛場は、ペール（Karl Otto Pöhl）大蔵事務次官と会談したが、ペールが最終的に期待していた成果は、①「貿易制限をしない誓約」、②「LDCに対し、明年早々にトラスト・ファンドを発足させる等の意図の表明」、③「出来得れば世界的な利子引き下げに関する協力」であり、さらに④「通貨問題で上記のような合意ができればなおさら結構」だということだった。世界貿易の回復のためには一方的輸入制限をしないという合意が大切であり、LDCに対しては一次産品協定のような「金のかかることは出来るだけ避けたい」、また、アメリカの高利子には迷惑しているがアメリカはリフレーション（通貨の再膨張）政策に乗ってこないだろうから、これについての合意ができればなおよい、というのが西ドイツ側の立場だったといえる。通貨問題にかぎれば会議は失敗する、とする指摘が印象的であった[44]。

　次に会談したのがフランスのピエール・ブロソレット大統領府事務総長である。それによると、アメリカ側は広範な問題の討議を考えているようだが、会議の「consultative」な性格を考えれば、あまり多くの具体的成果を望むのは適当

---

[43]　北原発外務大臣宛、1975年9月9日、2187号（2014-2763）、外交史料館。北原がこう具申したのは、準備会議に参加予定だった日本以外の四カ国の専門家がパリで集っていたとの情報を得たからであった（前掲2240号、外交史料館）。9月19日の電報のなかで、北原はド・ラブレー（Francois L. de Laboulaye）総局長に対して、牛場顧問はたまたま訪米中だったが、「日本だけが取り残されないようくれぐれも配慮ありたい」と強調していた。北原発外務大臣宛、1975年9月19日、2283号（2014-2763）、外交史料館。

[44]　外務大臣発在米、英、西独、仏、伊、OECD、EC、国連大使宛、1975年9月29日、9425号（2014-2763）、外交史料館。

ではない。それゆえ、準備会合では発表文の内容を十分検討する必要があるとしたうえで、会議の議題としては、①通貨問題、②「先進国」間の景気政策の調整、③「後進国」対策を挙げた。フランス側からすれば、通貨における「現在のような不規則な状態」は「先進国間の政策不統一の象徴」であり、「通商制限の防止と並んで」「為替制度の安定化」は必要であった。というのも、これには産油国も「後進国」もともに困っているからであり、開発途上国から成る「77カ国グループ」に対して、「先進国」もその「団結」を示さなければならないからである。また、フランスの準備会合代表バール教授は、主な議題として、①「先進国」の経済政策の調整および輸入制限の防止、②通貨（為替）制度の改善、③「後進国」対策を挙げ、なんらかの具体的成果を挙げるため準備会合では適当な声明案文を用意しなければならないと主張した。なかでも為替制度については、3ヶ月に15％も変動するようでは困るのであり、相場の幅を一定の範囲に収め、過度の変動を避けるような協力が必要だと指摘した。また「後進国」問題については、先般の国連特別総会の決議のなかから適当なものを選んでその促進に合意することはできるだろうし、経済政策については、国際収支が悪化した場合の助け合いと通商制限の防止についての合意が重要だろう。バールからすれば、コメコンの協力体制に比して「自由国側の協力はきわめて不十分」なのであり、この点についての合意が不可欠だとされたのである[45]。

　こうして訪欧の最後に、牛場はイギリスのハント（Sir John Hunt）内閣事務総長と会談することとなる。ハントは、ウィルソン首相が本件会議をきわめて重視していることを伝えたうえで、具体的な成果を期待するよりも、「首脳間の一般的かつ親密な意見の交換」と「見解の一致」を目的とすべきだと強調した。ただ、通貨問題については、米仏間の問題でイギリス側としてはその結果に追随すればよいと考えており、これについての大きな進展は難しいだろうから、「会議の目的」は、「国際経済問題、特に政治的角度からみた経済問題の討議」にすべきだという。具体的には、①「先進国」間の政策調整、②「後進国」問題であり、前者には不況克服のための貿易制限措置に対する対抗、エネルギー問題に対する対策などが含まれ、後者は、バールと同様、国連総会の決議のな

---

(45)　同上。

かから支持できるアイディアを抜き出してその促進を図るのが良いのだとされた。しかし、イギリス側としてはコミュニケを出すことには反対であり、EC首脳会議のように各国ごとに単独で記者会見をするにとどめたほうがよいのだと主張した。イギリス側がなぜ成果の公表に反対したのかは不明だが、これはのちに首脳会議の場で問題となることとなる[46]。

第一回準備会合　以上のように、各国がさまざまな思惑を抱えたまま、10月5－6日に第一回準備会合がニューヨークで開かれる。ここでは懸案の議題と参加国、および日程の問題に加え、会議の性格（開催場所をどうするか、首脳のみとするか関係する大臣を含めるかといった参加者の問題および、後述する会議の成果の公表をめぐる問題）が話し合われた。懸案については、まず「主要国首脳会議」の日程が11月15－7日にパリで開催と決まり、参加国は暫定的に日米英独仏伊加の七か国としこれ以上は増やさないこと、議題は大きく分けて六つとされ、議題1（経済情勢）は西ドイツが、議題2a（貿易）については日本、2b（通貨）はフランス、議題3（LDC問題）はイギリス、議題4（エネルギー）はアメリカ、議題5（一次産品）はカナダ、議題6（東西問題）はイタリアが、それぞれ「リードオフ」するのだとされた[47]。これらの会合は秘密とされていたため、ワシントン時間の9日に合意文書[48]の公表が予定されていたが、この合意文書には二つの条件が付されていた。一つは、日程に関するもので、日本側が首脳会議の日程に関して最終確認を行うというものである。というのも、この時期は、11月24日まで開会の「臨時国会との関係できわめて都合が悪」かったからである。ただ、11月15－7日開催という日程が、第一回準備会合の直前に、準備会合の日本側代表である牛場顧問が福田赳夫副首相との会談を踏まえ、日本側から提示されたものであることからも理解できるように、この日程は日

⑷　同上。

⑷　斉藤〔鎮男〕駐国連〔代表部〕大使発外務大臣宛、1975年10月6日、2755号（2014-2763）；斉藤発外務大臣宛、1975年10月6日、2761号（2014-2763）；斉藤発外務大臣宛、1975年10月7日、2774号（2013-1011）、外交史料館。また、第一回準備会議における合意文書については、斉藤発外務大臣宛、1975年10月6日、2762号（2014-2763）、外交史料館を参照。

⑷　同上。

本政府にも受け入れられており、実際には形式的な条件であった[49]。ただ、もう一つの条件とは実質的なもので、カナダの参加をフランスが受け入れること、というものである。なぜならば、10月5日、6日の準備会議では、フランスがカナダの参加に反対しており、アメリカ側はカナダの参加が認められなければ首脳会議自体にもポジティブな態度を採れないと反発していたからである。牛場はこれについて、「最大のけん案」だとしたうえで、カナダ参加を認めるようフランス政府に対して働きかける必要があると強調している[50]。このカナダの参加問題は、イタリアの参加問題や第一回準備会合の合意文書の公表などと絡み合い、合意文書の公表を一日遅らせての調整となるが、最終的にはフランス側の主張どおり、カナダは不参加ということで決着する[51]。

　こうして、「主要国首脳会議」の直前である11月11-2日に開催されることとなる第二回準備会合では、主に会議終了後の対外発表が議論されることとなる[52]。これについては、「日本イメージ」との関係において重要な問題を含んでいるので、第3節であらためて考察することとし、ここではまず、日本の政策決定者たちが「先進国」日本の位置付けと役割をどう再検討していたのかについてその一端を知るために、日本外務省が「主要国首脳会議」に向けてどのような準備をしていたのかをみてみよう。というのも、準備会合の準備のために「欧米」の動向を探ることで明らかになったのは、日本以外の他の「先進国」もまた、こんにち「先進国」が直面する諸問題に対する確固たる解決策を提示

---

(49)　加藤匡夫駐英大使発外務大臣宛、1975年9月23日、1601号（2014-2763）；北原発外務大臣宛、1975年9月23日、2329号（2014-2763）、外交史料館。

(50)　前掲2774号、外交史料館。

(51)　安川発外務大臣宛、1975年9月13日、5070号（2014-2763）外交史料館。キャラハン（James Callaghan）外相からの内話によれば、フランス政府はカナダ参加問題について態度を変えないが、それはカナダはアメリカと同じ立場であり、もし参加したところでアメリカが二つ代表を出すようなものだから会議にはなんら貢献しないというのが「最大の理由」だということであった。加藤発外務大臣宛、1975年10月30日、1809号（2012-0769）、外交史料館。また、カナダ参加問題に関するカナダ側の反応については、奈良〔靖彦〕駐カナダ大使発外務大臣宛、1975年11月6日、653号（2014-4134）、外交史料館を参照。

(52)　前掲1907号、外交史料館。

できずにいたということだったからである。このことは、「先進国」になった
と自負する日本の政策決定者たちもまた、解決策はみずからの手で模索しなけ
ればならない立場におかれていたことを示唆していた。

二 「先進性」を問い直す

（1）同質性と異質性

では、日本側は「主要国首脳会議」においてどのような位置を占め、役割を
果たそうとしていたのだろうか。ここではまず、その大枠をつかむために、日
本政府が「首脳会議」の直前に準備していた「主要国首脳会議発言要領案」お
よび「主要国首脳会議用ポジションペーパー」を手掛かりとして、このことを
検討してみよう。

「時代の要請」　準備会合のなかで、「主要国首脳会議」では六つの議題（議
題①一般経済情勢、議題②ａ貿易、議題②ｂ通貨、議題③開発途上国との関係、議
題④エネルギー問題、議題⑤一次産品問題、議題⑥東西経済関係）が掲げられ、六
カ国の首脳がそれぞれをリードオフすることとされたが、第一の議題である「一
般経済問題」について、日本側は「各国経済の見通し、政策見通し及び国内経
済発展の相互関係」と題し、「はじめに」「世界経済の問題点と対策」「日本経
済の現状と見通し」の三つに分けて発言案をまとめている。それによると、「は
じめに」において三木首相はこう発言することを予定されている。「今日、国
際的な理解と協調は大きな時代の要請であ」り、ランブイエでの「歴史的な会
合」にこうして六カ国首脳が集まったのは、「正しくこのような時代の要請に
前向きの姿勢で応えたもの」なのだ、と。実際、この会議は、「アジアからの
唯一の参加国」である日本側からすれば「日米欧の新しい関係の幕開き」であ
り「新しい協調の広がり」を示すものであった。それゆえ、「世界経済の前途
と世界の指導者達の指導性と各国間の協調の精神とに対する世界の国民の信頼
が再び強く取り戻され築き上げられることを心から期待」し、日本としても「責
任の重さ」を感じながら「会議の成功のために積極的に貢献していきたい」の
だと強調したのである[53]。日本側からすれば、この会議に対する参加は、あく
までも「大きな時代の要請」に「前向きの姿勢で応えた」ものであった。

　こうして、「国際的な理解と協調」のために「積極的に貢献」することを誓っ

た日本政府は、次に「世界経済の問題点と対策」についてこう指摘する。それによれば、論点は四つある。まず第一に、「世界経済の回復の必要性とインフレ再燃の問題」である。「発言要領案」によれば、すでに日本やアメリカでは少しずつ景気が回復しつつあり、景気停滞のなかにある西欧諸国でも景気対策の強化に伴い景気の上向きが期待されているから、「景気回復への期待を確実なものとし、世界経済の前途に対する諸国民の信頼を確固たるものとするため」、これからも世界経済回復のための努力を継続する必要があるのだとされた。だが、そこでは「インフレの再燃や財政健全化への要請」などの「諸制約」に対する配慮が不可欠であり、世界経済の回復のためには、「時宜に応じて弾力的かつ機動的に政策努力を続けていかなければならない」のだというのである[54]。

　ここで日本の政策決定者たちは、「弾力的かつ機動的」な「政策努力」のあり方として、「長所」を伸ばし「短所」を減らすような方策を提示する。一方で、「世界的規模における国際収支不均衡の問題」を世界経済の第二の問題点として掲げる「発言要領案」は、「非産油開発途上国」の国際収支の悪化を問題視し、その回復が、世界経済の回復につながるのだと指摘する。ただ、そのためにはまず、「先進国」経済の回復による「非産油開発途上国」からの輸入の拡大が必要だが、「先進国」自体もまた国際収支上の制約を抱えている現状では、「オイル・マネーの円滑な利用」や「非産油開発途上国の資金のアヴェイラビリティー」について、「先進国」が「一層の検討を進める」ことが必要だと述べ、このような努力が世界経済全体の回復にも役立つのだと強調した。いわば、「先進国」の景気回復のために、これまであまり利用されることのなかった「外部」資金の積極的な活用が重視されていたのである。また、このことと関連して第三に、「発言要領案」は「貿易の安定的拡大」の重要性に触れ、「その縮小を招来する要因を除去すること」が不可欠だと指摘している。なぜ

　⒀　作成者名なし「主要国首脳会議発言要領案」（以下、「発言要領案」と略記）日付なし、「第１回主要国首脳会議」（2012-0770）、外交史料館、1－2頁。また、経々二「主要国首脳会議に関する総理・各省懇談会の概要」1975年11月８日（2015-2093）、外交史料館も参照。

　⒁　「発言要領案」２頁；作成者名なし「主要国首脳会議用ポジション・ペーパー」（以下、「ポジション・ペーパー」と略記）日付なし（2012-0770）、外交史料館、2－3頁。

二 「先進性」を問い直す　　243

ならば、「世界貿易が著しく拡大した今日」では、とくに「世界貿易の中で大きなシェアを占めている先進国」は「貿易の増減が世界景気に大きな影響を与える事実を認識し」、「世界貿易の安定的拡大が世界経済の安定的拡大に不可欠である」という認識を「確認」する必要があるからである[55]。これらの記述からも知られるように、日本の政策決定者たちは、「先進国」の景気回復こそが世界経済の回復に直結するのだと認識しており、それゆえ世界経済の回復のためにはまず、「先進国」の景気回復とそれに向けた努力こそがまず優先されなければならないのだとする前提に基づいて議論していた[56]。その結果、後述するOECDやGATTでの討議にもみられるように、投資や貿易に対する政策も開発途上国との「協力」も、究極的には「先進国」の景気回復のためになされているのだと解釈されても仕方のないものとなってしまったのであり、そのためには、使えるものはどんどん使い、使えないものはさっさと捨てることが目指されたのである。

　ではなぜ、こんにちの世界では「国際的な理解と協調」が大切になってきたのか。それは第四に、「各国経済の相互依存関係が高まつているため、一国単位で運営される景気対策の有効性には自ら限度があ」るからである。そのうえ、「発言要領案」によると、「先進国経済を支えてきた基本的条件が現在変化しつつある」のである。「石油価格の高騰による国際収支パターンの変化、コスト・インフレ圧力の定着、景気波動の同時化、技術革新テンポの鈍化、国際通貨制度の変容」などの諸条件と、それに対応するための「長期的な資源エネルギーの節約や食糧の有効利用の必要性の高まり」などはその例であり、こうした「相互依存」の世界では、「どれ一つとして一国のみで解決できるものはな」いから、これらの諸問題を解決し世界経済を「安定成長」させていくためには「何にも増して国際協調が要請される」のだった。こうして日本政府は、長期的には、この「新しい世界経済情勢」のもとで世界経済の成長発展を考えるための「相互」の「意見交換」が重要だと指摘した[57]。まさに、この「主要国首脳会

---

(55)　「発言要領案」3頁；「ポジション・ペーパー」3頁。

(56)　これについては、通商産業省が作成した「世界景気」にも如実に示されている。通商
　　産業省「世界景気」日付なし、「第1回主要国首脳会議」(2013-1012)、外交史料館。

議」がその端緒となるのだといわんばかりである。

「新しい」「未来」の進路　これらの議論からも理解されるように、「発言要領案」が重視していたのは、「相互依存」の世界のもとでの「新しい世界情勢」においては、どのような経済問題も一国では解決できないため、「国際協調」が重要だということであった。このことは「日本経済の現状と見通し」についての記述にもよく表れている。「発言要領案」はその冒頭で、景気回復に向けた日本政府の努力（総需要抑制策による物価の鎮静化、公共事業の推進や公定歩合の引き下げ等の景気対策など）を説明し、「安定成長路線」への「ソフト・ランディング」を志向することを述べたあと[58]、わざわざ「国際協調」という小見出しを付け、「欧米先進諸国」と日本との「同質性」をこう強調する。「今日わが国は、欧米主要先進諸国と同様に、自由民主主義に立脚し、その基本的価値観を共にしている」。また、それに加えて「同じマーケット・エコノミーを持ち、物価の安定、社会福祉の充実、省資源・省エネルギーの経済社会構造の確立の如き欧米先進諸国と共通の課題をかかえている」。そのため、「このように欧米先進諸国と多くの点で同質的な経済社会を持っているわれわれとしては、欧米先進諸国と同じような悩みを持ち、問題解決のために同じように苦しみつつ努力している」だとされた[59]。日本と「欧米先進諸国」とは、同じような制度や価値観を有しているだけではなく、同じような課題に直面し、同じような「悩み」や「苦しみ」を抱えているのだから、それを共有する仲間なのだというわけである。日本が「先進国」であることの意味とは、少なくとも「発言要領案」によれば、同じ「悩み」や「苦しみ」を分かち合う共同体だということであった。こうして「発言要領案」は、日本と「欧米先進諸国」とは、同じ「悩み」や「苦しみ」を抱えているのだから、その解決のためにも「相互理解と協調の精神」を大切にしつつ、「情報や意見を交換し合い、協力し合い相携えて前進していかなければならない」のだと強調したのである[60]。

　しかし、「国際協調」を重視することは、すべての「先進国」が同じような政策を採ることを意味しない。たとえば、金利政策の調整について、「発言要

---

(57)　「発言要領案」4頁；「ポジション・ペーパー」4頁。

(58)　「発言要領案」5-6頁。

(59)　「発言要領案」7頁。

領案」はこう言明している。「金利政策については、従来より各国通貨当局がOECD、IMFさらには、BISなどの場での情報意見の交換を踏まえつつ、多かれ少なかれ他国への影響にも配慮してその運営を行つている」。だが、「景気回復のテンポ、インフレ再燃の惧れなど経済情勢が各国一様でなく、さらに社会的、政治的状況にも異なつた面があるので、経済政策の運営に各国間である程度差異が生ずるのは避け難い」。それゆえ、「各国間で金利政策の運営について具体的な取極めを行うということは困難であると考える」というのである[61]。

　ただ、このような議論は、金利政策のみならずあらゆる経済問題に妥当するものであり、この方針を貫徹するならば、あらゆる経済問題についての国際的に「具体的な取極め」を行うことは「困難」になってしまう。もしそうなのだとすれば、「主要国首脳会議」のようなかたちで話し合いを持ち、あるいは「意見情報」を交換することの意味はどこにあるのだろうか。また、「具体的な取極め」が「困難」だとする立論からすれば、《抽象的な取極め》は可能だとする含意があると推察されるが、ではどのような「取極め」であれば可能だと考えられていたのか。日本側が考える「国際的な理解と協調」（「国際協調」）のありようを知るために、ここではまず、日本側が当初重視していた「通貨」の問題に注目し、続いて他の課題にも目を向けてみよう。

　「発言要領案」は最初に「為替相場制度」の現状と課題に触れ、こう述べている。すなわち、「変動相場制」は、「石油危機等を通じ世界経済が混乱の状態にあつた過去2年半の期間」については、「通貨危機の回避という面で有効だつた」が、その反面で「相場がかなりの幅で変動したことも事実であり、これが貿易その他の国際取引に支障をきたさなかつたとも言いきれない」。また、「現行の変動相場制」が世界経済の「より平常となつた時期」においても適切かどうかという問題もあり、たとえばIMF20カ国委員会では、「安定的なしかし調整可能な」平価制度が打ち出されているが、現状においてはさまざまな困難が

---

(60)　同上。実際、三木首相はこれについて、「首脳間の相互理解と信頼感をつちかい、今後の問題解決のための基礎作りを行うことが最重要」だと11月14日の記者会見で述べている。北原発外務大臣宛、1975年11月14日、2851号、「第1回主要国首脳会議」（2014-2764）、外交史料館。

(61)　「発言要領案」8頁；「ポジション・ペーパー」11頁。

あり、実施には至っていないのだとされた。そのため、為替相場制度に関する「臨時的取極」についての合意が、来年（1976年）1月に予定の「ジャマイカ暫定委員会」に向けて模索されているが、日本側によると、為替相場の問題は「技術的かつ専門的」で、しかも「主要国」の「利害が衝突する」がために、こんどの首脳会議では取り上げられないのだという。なぜならば、「為替相場の問題は技術的かつ専門的問題であり、首脳会議にはふさわしくない」のみならず、「各国の対外競争力を決定的に左右する」がゆえに「各国の利害が衝突する問題」であり、「各国の外貨準備の水準や潜在的競争力の評価あるいは為替管理のあり方などについての激しいやり取りを避けることはできない」からである。日本側からすれば、「首脳会議」とは「相互に共通のベースに立って語り合う」ものであり、為替相場の問題は、そこには「なじまない性格のもの」だったのである[62]。

　では、「首脳会議」においてはどのような「取極め」あるいは合意が可能なのだろうか。これについて「発言要領案」は、「現在のフロート」のもとでの為替相場の安定化をめぐる「具体的方向や基準」についての合意は「困難」だとしても、「こうした方向について相互に確認をすることは意義があろう」と主張した。つまり、為替相場を「安定化」させなければならないという認識を「首脳会議」でお互いに「確認」することには意味があるのだというわけである。なぜ、為替相場の「安定化」の「方向」をめぐる「抽象的」な合意に「意義」があるのかに関して、「発言要領案」はこれ以上の理由を示していない。ただ、そこで「適当」だとされた「合意」の内容はこう明示されていた。「為替相場の安定のために各国が努力していくことを相互に確認したい」[63]。

　「発言要領案」の冒頭で述べられていたように、日本側は、世界経済の回復のために「国際的な理解と協調」が重要だと考えており、この為替相場の「安定化」をめぐる「発言要領案」の議論は、この考えが「首脳会議」についても貫徹されていたことを示していたのだといえる。すなわち、この「首脳会議」では、参加国である「主要先進諸国」の「協調」という「方向」（それは、「新

---

[62]　「発言要領案」18-9頁；「ポジション・ペーパー」27-8頁。

[63]　「発言要領案」19頁；「ポジション・ペーパー」28頁。

二 「先進性」を問い直す　　247

しい」日本の「未来」の進路でもある）を示すための「合意」が不可欠だと日本
側は考えていたのであり、「技術的かつ専門的問題」や、「各国の利害が衝突す
る」「激しいやり取り」の予想される問題はこのような「首脳会議」の目的を
阻害するから「なじまない」のだとされていたのである。このことは、後述の
ように、簡潔なコミュニケを発表するよう強硬に主張する日本側の態度を説明
するものでもあった。

　貿易　　「首脳会議」に対する日本側のこうした姿勢は、通貨以外の他の議
題においても見られる。たとえば、貿易に関して、「自由貿易の原則を再確認
し、世界貿易を再び拡大基調に乗せるために、主要先進国が協調する必要性は
益々増大している」のだと言明する。というのも、「世界貿易の縮小を招いた
主な要因」は「先進国の同時的景気後退による購買力の低下」にあるとされた
ため、「諸国家の経済」が「国際的な相互依存関係の基礎の上に成り立ってい
る」がゆえに「貿易を通ずる相互依存関係を離れての経済発展は期待し得ない」
こんにちにおいては、「貿易拡大策の基本」が「主要先進国の経済活動水準の
回復」におかれ、その「協調」が重視されるのも「当然」だからである。まし
てや、「先進国であると開発途上国であるとを問わず」「国内産業の不況により
保護主義の蔓延の危険が大きくなりつつある」状況においてはなおさらであっ
た。

　こうして日本側は、これまで「自由で開放的な経済体制の下での貿易拡大こ
そ世界経済の繁栄と人類の福祉・生活水準の向上を確保する最善の途であるこ
とを確信し、このための努力を続けて来た」ことをアピールしつつ、GATT
東京ラウンドの開始にあたっても、「東京宣言」のなかで世界貿易の拡大に対
する日本のコミットメントを明らかにしていることを指摘し、世界経済の回復
のカギを握る「主要先進国」の「協調」の重要性をあらためて説いたのである[64]。

　南北問題　　それゆえ、日本側からすれば、「開発途上国」との関係をめぐ
る諸問題、すなわち「南北問題」が、これまでの「対決的な色彩」から、第7
回国際連合特別総会を機に「対話」の方向に向かい、「開発途上国側が実体的
利益を求めて現実的態度へと転じたこと」は「歓迎すべきこと」なのだった。
というのも、このことが示唆していたのは、「現下の世界的不況を契機として、
開発途上国側も経済的困難に直面することにより南北間の相互依存の重要性を

明確に認識し」つつあり、「対決的姿勢」だけでは「開発途上国自身の利益につながらないことを体験するに至つた」のだという事実だからである。「ポジションペーパー」はこの背景について、「石油危機」の影響が1974年後半以降「開発途上国」の経済にも現れはじめ、不況やインフレによる輸出の停滞、交易条件の悪化、開発援助の実質的目減りや頭打ちのために開発計画が行き詰まったことで、「開発途上国の多くが南北問題討議の場でも現実的アプローチをとることの必要性を認識し」たものだと述べている。

そこで、「対話と協調」に基づいた「開発途上国」との「現実的な話合い」を行うためにも、日本をはじめとする「先進国」としては、この「現実的態度の維持ないし助長」を推し進めるとともに、「実行可能な具体的措置の提示」をもってこれに応える必要があったのである[65]。いわば、「開発途上国」との関係は「現実」に即した態度が重要なのだというわけである。

一次産品　では、そこでいう「現実」に即した態度とはどのようなものだったのか。これについては、とくに「一次産品」、「市場アクセス」、および「開発援助」の三つの項目を設け、「実行可能な具体的措置」を提案している。それによると、まず「一次産品問題」に関して「発言要領案」は、「世界経済の

---

[64]　「発言要領案」10-7頁。ここで興味深いのは、日本の政策決定者たちが、「保護主義」すなわち「輸入制限措置の強化」のみならず「人為的輸出促進措置」もまた、「世界貿易を一層混乱させる」のだと主張していることである。このことは、1974年5月にOECD閣僚理事会で採択された「OECD貿易プレッジ」を評価していることからも明らかであり、相互依存の「閉じた」世界のなかでは、一国の一方的な「人為的」措置が世界貿易全体を害するという、日本の政策決定者たちの認識を読み取ることができるだろう。「ポジション・ペーパー」16-7頁。

[65]　「発言要領案」20-1頁；「ポジション・ペーパー」33-4頁、37-9頁。実際、外務省経済局第一課は10月2日付の文書のなかで、先進国の貿易停滞が不況にともなう国内の需要減退にあるのに対して、非産油発展途上国のそれは対外支払ポジションの悪化よるものだと指摘したうえで、「開発需要を中心に潜在需要には強いものがある」のだとされた。それゆえ、その対策としては、これら諸国の購買力を強化するための信用供与拡大が重要だったのである。野上〔武久〕（経国一〔外務省経済局国際機関第一課〕）「五大国首脳会議における貿易問題（メモ）」1975年10月2日、「第1回主要国首脳会議」（2015-2093）、外交史料館および、経々一〔外務省経済局国際経済第一課〕「五大国首脳会議における貿易問題」1975年10月2日（2015-2093）、外交史料館。

二 「先進性」を問い直す　　249

不況に伴う一次産品価格の暴落及び輸出の不振」に対処するため、「IMF の補
償融資制度」を「特に貧しい開発途上国に重点を置く」よう改善するとともに、
「特定一次産品の輸出所得安定化のためのグローバルなスキーム」をつくるべ
きだと主張する。というのも、「世界最大の一次産品輸入国であるわが国」と
しては、貿易と開発をつうじて「生産国と消費国とを問わず、全世界的な立場
から最も効率的に用いられることが必要」だと考えるからであり、そのために
も、「生産国と消費国の対話と協調」による「長期的観点に立つた解決策」が
不可欠だからである。

　ただ、ここでいう「協調」が「主要国」の決めた方針に「開発途上国」が従
うことで成立するものだったことは、以下の記述からも明確であった。「開発
途上国側が推進している一次産品に関する UNCTAD の『総合計画』の討議
には応ずるが、『共通基金』構想については、更にクラリフィケーションを要
するも、主要国の態度が明らかではない以上、わが国としては現段階では賛成
し難い」[66]。すでに議論したように、世界経済の諸問題の解決は、究極的には
「主要先進諸国」の景気回復にかかっているから、それを達成し世界経済の諸
問題を解決するためにも、「開発途上国」は「先進国」の決定に従うよう、「協
調」をしいられていたのである。このことは、なにが「現実」に即したもので
あるかは「先進国」が決めるのだということを示唆するものであった。

　開発援助　　もちろん、こうした議論は、「先進国」が「開発途上国」の立
場をまったく無視していたことを意味しているわけではない。「市場アクセス」
に関して提言されているように、日本側はこの「首脳会議」において、1973年
に東京で宣言された GATT の「新国際ラウンド」（「東京ラウンド」）を推進す
るにあたり、「開発途上国の追加的利益の確保と熱帯産品を優先的分野として
取扱うこと」を「再確認」するとともに、「開発途上国」に対する「一般特恵」
（国連における合意に基づき「先進国」が GATT で自発的に行っている「一般特恵
関税制度〔Generalized System of Preferences：GSP〕」）についても、EEC ととも

---

[66]　「発言要領案」21-2頁、29-31頁；「ポジション・ペーパー」40-1頁、64-6頁。また、
　　経総「一次産品問題についての我方の基本的考え方」1975年10月2日（2015-2093）、外
　　交史料館。

250　　　　　　　第4章　日本の「未来」を問い直す

に早期から実施してきたことを強調しつつ、1980年以降も「一定期間」継続することを明言していた[67]。

　だが、「開発援助」についての「発言要領案」の記述が示しているように、「先進国」によるこうした決定はしばしば、「開発途上国の開発計画の最優先分野に対し、直接影響を及ぼすことを意図するもの」、すなわち「開発途上国」のありように「直接」干渉するものであったといえるだろう。日本側は「発言要領案」のなかでこう指摘している。それによると、「南北問題」には大きく分けて「貿易」と「開発援助」の二つの面があり、「この接点」にあるのが「開発途上国の輸出所得の安定化」である。実際、この開発途上国の輸出所得の安定化に向けた努力は「南北問題解決の有力なる手段」であるが、「開発途上諸国、特に、輸出所得の少ない後発の開発途上国の問題の解決に当つては、かかる手段のみでは、これら諸国の経済成長率の目標を達成することは困難である」。そこで、最貧国に対する支援が「南北問題」においてもっとも重要だと考える日本側としては、「開発援助」の「拡充」が、「貿易面の協力及び輸出所得安定等の措置と平行して」図られなければならないのだった。なぜならば、「開発援助」とは、日本側の理解によると、「開発途上国の開発計画の最優先分野に対し、直接影響を及ぼすことを意図するもの」だからである。

　こうして「発言要領案」は、「先進諸国」もまた多くの経済的な困難を抱えているが、「開発途上諸国をめぐる厳しい経済情勢を理解し、富裕産油国の協力をも得て、一層の援助努力を呼びかけたい」と言明する。そのための具体的な方針として、日本側はまず短期的には、1973年以降の世界経済のなかで「非産油開発途上国」に「しわよせ」がいっていることに鑑み「緊急のBPサポート」が必要であると強調し、また長期的には、食料問題の解決をも含めた「農業・食糧部門への援助を重視すべき」だと主張した。そのうえでさらに、日本との利害関係も大きい「アジア地域」については、多くの人々が「貧困国」に住み一人当たりの援助受取額が少ない「援助の谷間」になっていることに加え、「UNCTAD等」の場でも「現実的なアプローチ」を取っているため、「南北問題を協力裡に解決」するためにも、日本が主導する「アジア開発銀行に対する

---

(67)　「発言要領案」21-22頁；「ポジション・ペーパー」40-1頁。

二　「先進性」を問い直す　　251

各国の積極的な参加を期待する」とともに、二国間もしくは多国間による「大幅の追加援助」を振り分けられるよう努力したいと述べたのである[68]。

　日本側のこの方針はたしかに、「開発途上国」の「最貧国」が「最優先」だと考える計画に「直接」支援しようとするものであり、それがうまくいけば、「最貧国」の経済成長に資することができるかもしれない。だが、そこでいう「開発援助」とはそもそも、世界経済の諸問題を解決するための「先進国」の景気回復に従属させられたものだったのであり、そのうえ、その「開発援助」を「開発途上国」が獲得するには、「先進国」が「現実」だと考えるものを受け入れるという意味での「現実的アプローチ」を採ることが必要だとされたのである。その意味において、この日本側の方針は、「先進国」の決定に従属するものには「開発援助」を与えるということを別のコトバで置き換えたものにすぎないといわれても仕方のないものであった[69]。

　エネルギー　このことは、エネルギー問題についての議論にも示されている。「発言要領案」によれば、「今後の世界のエネルギー需給」は、世界の景気の回復に伴い「タイト化」の危惧があるものの、「中東情勢」との関係もあり「依然として不安定な要素が存している」のであり、このエネルギー問題は「世界経済が直面する最も困難な問題」だとされた。それゆえ、日本政府としては、「エネルギー問題の解決」には「全ての国による相互理解と協調が不可欠」であるとの立場から、「先進消費国の協力」と「産油国・消費国対話」を「両輪」とする「国際協調」を推進するのだとして、それぞれについて以下のように議論している。まず、前者の「消費国間協力」については、IEA（International Energy Agency：国際エネルギー機関）における従来からの「世界消費国」による努力を一面で評価しつつ、他面で「主要先進国」は「備蓄・節約努力の維持・強化」に努めるとともに、「石油開発、原子力、石炭等代替エネルギー開発」を進めることが強調されている。また、長期的には「新規エネルギーの研究開発」を推進することも掲げられ、「人類の究極的なエネルギーである『核融合』」についてはとくに項を改めて「今から国際協力により研究開発を推進していく

---

[68]　「発言要領案」23-5頁。

[69]　この「開発途上国」に対する「直接」的な支援は、第5章で議論されるように、その一部は多国籍企業をつうじて模索されることとなる。

べき」だと述べられていた[70]。

　しかし、「備蓄」や「節約」だけでは石油をはじめとするエネルギーの確保にはつながらない。そこで、「短所」を減らすのみならず「長所」を伸ばす方策として、「主要先進国」によるエネルギー確保のための努力として挙げられた「OPEC地域におけるエネルギー開発問題」とも相俟って、「産消国対話」がその手段として必要とされることとなる。すなわち、「エネルギー問題については、石油の価格、供給問題がもっとも重要な問題であると考えている」日本政府の立場からすれば、「産油国との対話」においては「産油国に対決的とならない限度で、先進消費国間の共同歩調をとるべき」であり、また、そこでの「共同歩調」は「消費国側のより一層の連帯と協力を図る観点から、世界の主要消費国を出来るだけ網羅した形となることが望ましい」。ただ、石油の問題は「一次産品、開発等の問題との関連を重視しなければならない」し、産油国は「現在のところ石油の価格と供給は、産油国が一方的に決定しうるという固いポジションをとっていると見られること」から、差し当たりは石油の問題について「解決するための雰囲気づくりと方向づけ」を行い、「対話の継続により産油国と消費国の間の相互理解及び相互依存関係への認識が深まり、結果として、産油国が節度ある行動をとることとなるのを期待する」のが「現実的」だとされたのである[71]。

　「対話の継続」をつうじた「相互理解」および「相互依存への認識」の「深まり」を推し進めることで、「石油の価格と供給は、産油国が一方的に決定しうるという固いポジション」の変更をせまり、石油の消費国（「主要先進国」）もまた「石油の価格と供給」の決定に参与できるようにするというのが、日本側の考える「現実的」な「産消国対話」のあり方であった。そして、それを追求するためにも、日本側としてはまず「先進消費国間の共同歩調」が不可欠であり、そのうえでそれを背景にした「産消国対話」を模索すべきだと考えていたのである。

　東西関係　　こうした「先進国」の「共同歩調」という政策方針は、東西関

---

　[70]　「発言要領案」26-7頁；「ポジション・ペーパー」42-4頁。

　[71]　「発言要領案」27-8頁；「ポジション・ペーパー」45-？頁、46-51頁が原史料に不存在。53-6頁。

二　「先進性」を問い直す　　253

係においても貫徹している。「東西関係の安定化」は「世界経済の安定化」に
つながるから、そのためには、「種々の制約要因の存在と互恵平等の原則」に
目配りしながら「できる限り経済交流の拡大を図つていく」べきだ、と主張す
る「発言要領案」は、その具体策としてこう提言する。まず第一に、「西側諸
国としては、できる限り政策面の協調を図り、また情報交換に努めていくこと
が肝要」なのだと指摘した。というのも、「西側各国が、それぞれ区々に自ら
の国益のみを追求することは、東側を一方的に利し、西側全体にとつての利益
に反することとなる恐れがある」からである。それゆえ、たとえば EC 諸国の
「不必要に緩和された対ソ輸出信用供与」により、日本側が対ソ輸出信用供与
交渉で「困難な立場に置かれた」事例を挙げつつ、「輸出信用供与条件」をめ
ぐる西側諸国の「過度の競争」は「西側全体として不利益を受ける」から、な
んらかの「紳士協定」の締結が求められること、また、こんにちの「資源・エ
ネルギーの需給緩和」や「供給源の多角化」、「東西貿易収支不均衡の改善等」
のためにも、「東側諸国内における資源・エネルギーの開発」に「協力」する
必要があるのだとされた。

　また第二に、西側諸国としては、「あらゆる機会をとらえて、東側の経済情
報、特に、国際収支、外貨事情、資源、エネルギー、食糧等の情報を得ること」
である。日本側はこの点について、昨年（1974年）世界食糧会議において設立
を主張した「食糧情報システム」の活用を例示しつつ、そのための方法として、
「既存の経済、貿易関係機関への東側諸国の一層の参加を呼びかけていくべき」
だと強調した[72]。このことが示しているように、西側「先進国」の「協調」の
あり方として日本側が示していたのは、西側「先進国」が設立し、あるいは参
加しているという意味での「既存」の枠組みに対する東側諸国の「参加」とい
うかたちであった。事実、コメコンをつうじた協力について「発言要領案」は
こう明言している。「コメコンを通じての協力は、コメコンの現状からみて実
現可能性に乏しいと思われるほか、長期的にみても、西側として、コメコン統
合強化につながるこのような発想が妥当か否かさらに検討を要すると思われ
る」[73]。このことを裏返していえば、日本側が提言する「協調」、すなわち西側

---

[72]　「発言要領案」32-5頁：「ポジション・ペーパー」72-4頁。

254 第4章　日本の「未来」を問い直す

の「既存」の「経済、貿易関係機関」に対する東側諸国の「参加」を促す政策
は、西側「先進国」が参加する「既存」の国際組織の「強化」を目論んだもの
であった。

（2）新たな課題

　この「発言要領案」や「ポジション・ペーパー」の紹介を詳細にしたのは、
実際の会議においても三木首相はこの線に沿った発言をしていたからであり、
「主要国首脳会議」に向けた準備のなかで、日本の政策決定者たちが日本の位
置付けと役割の再検討に「先進性」（「先進国」日本という位置付けが持つ意味）
の問い直しというかたちで直面し、そのことがさらに「未来」の進路の再設定
に関わる問題をも生み出したことを明らかにしようとしたためである。

　たとえば、11月16日午前の首脳のみによる会議において、三木はこう述べて
いる。大西洋の諸国と「太平洋に位する日本」が会合したことは「極めて有益」
なことであり、「歴史と伝統が異なる日本」は大西洋の諸国からみれば「異質
な存在と写るに違いない」が、日本もまた大西洋の諸国と「同じ問題を抱え、
同じ悩みを有し、同じ手法で解決しようとしている」のであり、「皆さんと変
らない」。事実、日本の経済成長はこれから他の大西洋諸国と同様、ゆるやか
にものになるが、日本は「民主主義と自由を守るという決意において不退転」
であるのだ、と。そのうえで三木は、「これからの世界の最大の課題は、南北
の格差是正」であるとし、「貧困と安定は両立しないからだ」と指摘、「特に、
世界最多の人口を擁し、多くの途上国を抱えるアジアには、もっとも緊急な課
題である」から「アジアに位する日本としては重大な関心を有せざるをえない」
と言明した[74]。「自由貿易体制を維持・強化」するという大前提のもと、日本
は「アジアからの唯一の参加国」として、「南北問題について先進国と開発途
上国との相互依存関係の増大を認識」するとともに、「建設的対話」によって

---

(73)　「発言要領案」35頁；「ポジション・ペーパー」74頁。

(74)　作成者名なし「主要国首脳会議における首脳のみの会議での三木総理の発言要旨（16
　　　日午前における三木総理の発言要旨）」日付なし（2014-4134）、外交史料館。また、三
　　　木の貿易問題におけるリード・オフについては、北原発外務大臣宛、1975年11月17日、
　　　2874号（2014-4134）、外交史料館。

二 「先進性」を問い直す   255

「秩序ある、かつ、実行可能な方策の推進に努力する」ことを「強調したい」
のだというわけである[75]。実際、この点に関して三木は、のちにある記者との
懇談のなかで、「アジアからの唯一の参加国」である日本の参加は、「大西洋社
会と太平洋社会との連帯」に「貢献」し、「開発途上国、就中アジア諸国の窮
状に対する他の参加国の関心を喚起することができた」のだと自負していた[76]。

　ここには、「主要国首脳会議」に招請され、日本を「先進国」だと位置付け
たことから生じた諸問題が如実に表れている。それは、「先進国」日本を「欧
米」の他の「先進国」とどう区別するのかという問題であり、「欧米」とは区
別された「新しい」日本の「未来」の進路をどう再設定するのかという課題で
あった。まず、「主要国」≒「先進国」という枠組みにおいては、一方で日本と
「欧米」とはお互いに対等な「先進国」だと位置付けられている。というのも、
日本もまた「欧米」の他の「先進国」と同様、「同じ問題を抱え、同じ悩みを
有し、同じ手法で解決しようとしている」からである。しかし、「欧米」の「皆
さんと変らない」といいながら、他方で日本は、「大西洋」に位置する「欧米」
に対して「太平洋に位する」のだと位置付けられ、「欧米」とは異なる「未来」
の進路があることが示唆される。それは、とくに「開発途上国」との関係にお
いて如実に表れ、「太平洋」のなかでも「アジアに位する」とされた日本は、「こ
れからの世界の最大の課題」である「南北の格差是正」に「重大な関心を有せ
ざるをえない」から、「南北」の「相互依存関係の増大を認識」しつつ「建設
的対話」を推し進める必要があるのだというわけである（いわば、北原が「先
進国」に対する後発性という時間的な「遅れ」として認識していた日本と「欧米」
の違いは、地域的な差異に基づいた「歴史と伝統」というかたちで、同一平面上の
空間的「違い」として捉え直されたのである）。

　そのうえ、日本が「欧米」とは異なるこの「未来」の進路を採ることは「欧

---

[75]　欧西一〔欧亜局西欧第一課〕「ブリュネ在京仏大使の外務大臣訪問資料」1975年11月
　　　10日（2015-2093）、外交史料館。

[76]　経々二「総理・コラムニスト Joseph Krift 会見用答弁要領案」1975年12月2日（2015-
　　　2093）、外交史料館。また、日本が「太平洋と大西洋を結ぶ紐帯としての立場」を有す
　　　るとの発言は、作成者名なし「主要国首脳会議に関する井出内閣官房長官のコメント」
　　　1975年11月17日（2013-1011）、外交史料館を参照。

米」にとっても有益なのだと暗示されていた。なぜならば、「先進国と開発途上国との相互依存関係」が「増大」しつつあり、「貧困と安定は両立しない」世界のなかで「安定」を求めるならば、「南北の格差是正」に取り組むなかで「貧困」問題に対処しようとする日本の努力は不可欠なものだからである。こうして、日本の政策決定者たちは、たとえば「発言要領案」のなかで為替相場の「安定化」の「方向」をめぐる「合意」が重要だと述べていたように、「主要国首脳会議」において「新しい」日本の「未来」の進路の目指した「方向」についての承認を求め、第3節で議論されるように、他の「先進国」を説得してまわることとなる。サミットの議題でもあった「東西関係」についてはとくに触れられていないが、これは日本が「民主主義と自由を守る」のだとする部分に、暗に「計画経済」ではなく「自由経済」を擁護するというかたちでほのめかされていたのだろう。

　そこで以下では、日本の政策決定者たちが「主要国首脳会議」において「先進国」の「協調」（あるいは「国際的な理解と協調」）の旗印のもと、「新しい」日本の「未来」の進路を「欧米先進諸国」に受け入れてもらおうとする過程を、会議の成果の公表に着目しつつ検討していきたい。ロンドンで「首脳会議」直前に開かれた第二回準備会合において最後まで残された会議の成果（「コミュニケ」）をどう公表するのかという問題は、結局、「主要国首脳会議」本番にその決着が持ち越されることとなるのだが、日本側は、三木首相を筆頭に、「先進国」が目指すべき「方向」を打ち出した、三項目ないしは四項目から成る「簡潔な宣言案文」にこだわり、詳細な「具体的成果」の公表を求めるアメリカ側や、そもそも全体での公表は必要ないとするフランスやイギリスなどと対立することとなる。最終的に公表されたいわゆる「ランブイエ宣言」が十五項目から成っているように、日本側の主張はほとんど支持されずに終わるのだが、日本の政策決定者たちは、こうした状況のなかでなぜ「簡潔な宣言案文」にこだわり、またこのようなかたちで示された「新しい」日本の「未来」の進路に対する他の「先進国」の承認をどのように求めていったのだろうか。

三 「未来」の進路を打ち出す

（1）経緯の概要

「コミュニケ」をめぐる対立　「主要国首脳会議」の成果の公表がはじめて
討議されたのは、1975年10月5日、6日のニューヨークで開催された第一回準
備会合の場においてであった。日本側代表である牛場顧問の報告によると、6
日の会議では、「昨やと空気が異り」、首脳会議を開催したのになんらステート
メントを出さないのは「却って対外的に好ましくない」との意見が「かなり出
た」ため、首脳会議直前にロンドンで開催される第二回準備会合の場において
さらに議論されることとなった[77]。ただ、これについては温度差があったよう
で、シュミットが10月の訪米の際、フォードに対して「簡単な共同声明を発表
すべし」と主張したが、フォードは「基本的には賛成」としながら会議の成果
を勘案する必要があるとして慎重だったという。アメリカ側としては、フラン
ス側の提案にのっとりサミットを開催する以上、通貨や為替相場の問題に触れ
ざるをえないが、たとえば「為替相場の安定化」についての合意がアメリカの
連邦銀行の市場介入を意味するのであれば消極的にならざるをえないとの立場
であった。バーンズ（Arthur F. Burns）連邦準備制度理事会（Federal Reserve
Board of Governors：FRB）議長が述べていたように、現在のところ変動相場制
は「効果的に作動」しており、「早急に現状を変更すべき理由はな」かったの
である[78]。

　そこで、11月12日、第二回準備会合において、牛場は三木首相の意向に沿っ
た三項目から成る「簡潔な宣言案文」を提示した（「第一次案」）[79]。これに対し

---

[77]　斉藤発外務大臣宛、1975年10月7日、2774号（2013-1011）、外交史料館。ただ、10月
　　6日付の文書によれば、福田とキッシンジャーらとの会談では、「首脳会議後のコミュ
　　ニケは出さない方が良いとの意見が多かった」のだという。経々二「五カ国首脳会議に
　　関する福田副総理の御発言等について」1975年10月6日（2015-2093）、外交史料館。

[78]　宮沢〔泰〕駐西ドイツ臨時代理大使発外務大臣宛、1975年10月13日、1170号（2014-
　　2763）、外交史料館。また宮沢発外務大臣宛、1975年9月25日、1087号（2014-2763）、
　　外交史料館も参照。

[79]　作成者名なし「ランブイエ宣言成立の経緯」日付なし、「第1回主要国首脳会議」（2012-
　　0770）、外交史料館。

てアメリカのシュルツ代表は、11日のキッシンジャー演説に沿った四頁にわた
る「比較的詳細」な案文を提示したが、日本側からすれば、この米提案は「西
側同盟国間の solidality の確認に重点をおいた枠組み」であり、日本側が重視
する「南北問題の重要性、対話の推進等」の「比重が著しく小さい」満足でき
ないものであった。また、フランスやイギリスはそもそも文書の採択それ自体
に反対の立場をとっており、イギリスのハント代表がわずかに、「もし文書を
採択するのであればこのような案が考えられる」として八項目から成る「私案」
を提示している。このように意見が割れたことから、準備会議では差し当たり
米提案を軸にした五頁にわたる文案が作成されるにとどまり、この問題は首脳
会議に持ち越されることとなった[80]。

　こうした経緯からも明らかなように、日本側の主張する「簡潔な宣言案文」
は当初からあまり支持されていなかった。というのも、日本以外の各国首脳は、
もし公表するのであれば具体的な成果を盛り込んだもののほうがよいと考えて
いたからである。たとえば、フランス側との11月9日における会談では、外務
大臣の首脳会議における役割という観点から共同宣言の話になったが、ジス

---

[80]　同上。実際、第二回準備会合は、日本にとって必ずしも風向きの良いものではなかっ
た。たとえば、フランス代表のバールは、「前回の準備会合における合意にもかかわら
ず」議場に COMMON NOTE TAKER を入れないことを主張したため牛場は反対した
が、「当方以外の各国代表はこれに異議を唱えず」、最終的に「公式記録」は作成されな
いこととなった。また、バールは、首脳のみの会合には AIDE を入れないことを主張、
これも前回の合意に反していたため牛場は反発したが、「他に賛成者なく」、この問題に
ついては、独自にフランス外務省と直接交渉せざるをえない状況におかれることとなっ
た。なぜこのようなことになったのか、詳しいことはわからないが、一つには、極秘だ
とされていた準備会合の内容が日本側から漏れたことに対する対策だといえるだろう。
フランス側は、第一回準備会合の詳細な内容が東京発外電に「東京の政府筋の情報」と
して詳細に出ていることに対して「非難ないし抗議と言うものではない」が「少々顔を
こわばらせながら」指摘し、秘密が漏れれば「首脳会議の意義は全くなくなってしまう」
から「プレス対策」を徹底するように強調している。北原発外務大臣宛、1975年10月19
日、2572号（2014-2763）および、北原発外務大臣宛、1975年9月23日、2329号（2014-
2763）、外交史料館を参照。また、第二回会合においても、フランス代表をはじめとす
る「厳しい非難」と「冷淡な態度」があった。加藤発外務大臣宛、1975年11月12日、1897
号（2014-4134）、外交史料館。

カール・デスタン大統領はこの首脳会議の「趣旨」について「自由陣営の主要国の首脳が英知を傾けてその信条を述べ合い世界の当面する諸問題の解決方法につき忌憚のない意見の交換を行うところにある」から、はじめから最終宣言の採択を前提とすると遠慮が出てこの目的を達しえない、それゆえコミュニケの採択にはこだわっていないとのことだった。ただ、有意義な議論がありそれを外部に「IMPRESS」させようとするコンセンサスができれば、大統領としてもこれに賛成だろうから、そのときはコミュニケの作成が外務大臣に任されるだろうと述べていたのである。フランス側からすれば、主要国の「共同歩調」という方向が打ち出せれば会議は「成功」だといえるが、さらに具体的な政策や措置に合意できれば「一層の成功」だったのであり、もし共同宣言を出すのであれば、これらの「具体的」な成果を盛り込みたいという意向だったのである[81]。これを受けて12日、北原はピエール・ブロソレットと会談、せっかく首脳会談を行うのだから「ランブイエのせいしんと意義を象徴的に表明するようななんらかの宣言」を採択することには意義もあり可能だと思うが、と問うたのに対して、ブロソレットは、日本側から「具体的な提案」があれば議論も進めやすいだろうと答えている[82]。

日本側の努力　このような状況を前に日本側は「三木総理の御指示」に基づき「簡潔な宣言案文」にこだわり、「首脳会議」の初日である14日のパリ到着後、代表団内での討議において「第一次案」を若干修正した三項目の「第二次案」を作成し、三木首相はこれを15日午後、フランス大統領およびキッシンジャーに手交し支持を求めた。ジスカール・デスタンは、三木からの「簡潔な宣言案文」の提示に対して、「自分としても簡潔な文章により、会合のしめくくりをつける考え方には賛成」だが、「参加者全員の合意が必要」であるので「会合の場ではかって決めることとしたい」と述べている[83]。15日夕刻の全体会議では、なんらかの文書を採択することについて合意がなされたが、日本側

---

(81)　北原発外務大臣宛、1975年11月8日、2785号（2014-2764）、外交史料館。また、前掲1897号、外交史料館。

(82)　北原発外務大臣宛、1975年11月8日、2832号（2014-2764）、外交史料館。また、駐仏米大使と北原との会談記録（11日）も参照。北原発外務大臣宛、1975年11月16日、2814号（2014-4134）、外交史料館。

が求めた「簡潔な宣言案文」に対する支持は少なかったようで、会議の成果を「具体的」に記した文書の採択は避けられなくなった。そこで日本側は、第二回準備会合の折に作成された文案の「受け入れがたい」部分に関する修正案を作成している。

だが、日本側は依然として「簡潔な宣言案文」に拘泥、15日夜の全体会議におけるシュミットによる演説の文言を入れた四項目の宣言案（「第三次案」）を作成した。これを持参し参加した16日朝9時半からの蔵相会議では、大平蔵相が、イタリアのコロンボ（Emilio Colombo）蔵相による「本件会議の政治的側面を強調すべし」との発言を機に「第三次案」を配布したが、フランスのフルカード（Jean-Pierre Fourcade）蔵相より、「かかる宣言」（これは文脈から、日本側が提案している「簡潔な宣言案文」を指しているものと思われる）を採択するかどうかについては首脳会議で決定すべきだとされ、「事実上棚上げ」になった。ただ、この日の午前と午後に行われた蔵相会議および事務レベルの協議で議論されたのは会議の成果に盛り込まれるべき「具体的」な内容であり、また、通貨問題については別途、米仏間で協議が行われていたから、ここに事実上、共同宣言というかたちで首脳会談の「具体的」な成果を公表することは確実となっていた。日本側もまた、この一連の協議のなかでみずからの主張を展開し、そのいくつかを盛り込むことに成功している[84]。これらの討議は、四頁にわたる「ランブイエ第一次案」としてまとめられた。

この時期すでに、日本側が推す「簡潔な宣言案文」に対する支持はえられないことがかなり明確になっており、これを巻き返すため、三木首相は16日午後の全体会議前にキッシンジャー国務長官と接触し、「簡潔で格調高い宣言」と「具体的成果をもつた文書」の「二本建て」にすることを主張した。だが、こ

---

(83)　経々二「主要国首脳会議（三木総理と各国首脳との個別会談）」1975年11月17日（2013-1011）、外交史料館、2頁。

(84)　たとえば、「経済政策」について、もっとも緊急の仕事は失業だとするイギリス代表に対して、日本側は事務レベル協議の場で、「回復」が先で、回復により失業は減ると主張し取り入れられている。また、イギリス側が、ビジネスの自信が回復されるとの文案を提示したのに対して日本側は賛意を示し、消費者の自信にも言及するよう提案して受け入れられた。この他、詳細については、前掲「ランブイエ宣言成立の経緯」、外交史料館。

三 「未来」の進路を打ち出す　261

れに対してキッシンジャーは、「日本側案文は自分としてはよくできていると
思うが、他国はかかる形式を好まないようである」と述べた。そこで三木は再
度、日本側提案に対する支持を要請したが、キッシンジャーは「まず具体的成
果を記す長い方の文書を作成し、その中に日本案の良いところを取り入れれば
よい」と答えたのみだった。また三木は、午後4時、こんどはフォード大統領
をつかまえ、「政治的ガイダンスを与えるような、力強い短い文書を作成した
い」として、先ほどキッシンジャーに提示した「二本建て」案を提示したが、
フォードは、「それは too much になるから望ましくない」と反対の意志を示
したのである。日本側の情報によれば、フォードが日本側提案に反対した背景
には、「具体的成果を国民に知らせる必要がある」との考えがあり、短い文書
が採択されると具体的な成果のインパクトが弱くなるから受け入れがたいとの
思惑があった[85]。

　このような状況のなか、16日午後の全体会議で三木首相は「第三次案」を配
布し支持を要請したが、各首脳の賛同はえられず、とくにイギリス側は、「か
かる文書であれば何も会議を開く必要はなく、電話連絡等で簡単に作成できる」
と辛辣だった。これを受けて日本側は、ようやく「簡潔な宣言案文」を断念、
キッシンジャーの助言に事実上沿うかたちで、「具体的成果を記す長い方の文
書を作成し、その中に日本案の良いところを取り入れ」る方向に方針を転換す
る。首脳会議最終日の17日朝9時からの外相会議で配布するため、日本側が重
視する開発途上国向けの諸問題、すなわち「輸出所得安定スキーム」、「一次産
品」、「エネルギー」に関する修正案、および「対話と協力の推進」を掲げる案
文（ランブイエ宣言の末尾に入れることが期待されるもの）を作成した。その外相
会議では、米英仏からそれぞれの案が提出され、日本側も作成した案文を提出
した。これらは南北問題、一次産品、エネルギーをめぐるものであり、IMF
をつうじたかたちで開発途上国との関係を築きたいアメリカとそれに反対する
フランスとの対立であった。日本側提案は取り入れられた部分と受け入れられ
なかった部分があったが、これらは10時からの全体会議で承認され、さらにイ
タリア側から東西関係の輸出信用条件に関するパラグラフが追加され、日本側

---

[85]　同上。

の提案は一部落とされるなどしたが、最終的に、十五項目から成るランブイエ宣言として決着し、公表されることとなったのである[86]。

（2）日本政府の態度

①「簡潔なコミュニケ」の意味

ではなぜ日本政府は、「簡潔な宣言案文」にこだわったのか。すでに概観したように、ランブイエに集った首脳のなかには共同宣言のような文書の作成自体に反対しているものもあり、またもし文書を作成する必要があるとしても、それは日本側が望んだような「簡潔な宣言案文」ではなく、会議の具体的な成果が盛り込まれた比較的長い案文であった。しかし日本政府は、当初から「簡潔な宣言案文」に固執し、それが受け入れられる可能性が低いとわかると、簡潔なものと長文なものとの「二本建て」を主張し、ついにはイギリス首脳にこんな案文ならば「電話連絡等で簡単に作成できる」といわれてしまうのである。ここでようやく、日本側はみずからの方針を転換するのだが、日本政府はなぜここまでこの問題にこだわったのだろうか。

これについては、上述した経緯から少なくとも事実として以下の二点を指摘できる。一つは、日本側が16日朝9時半からの蔵相会議でみずからの案を提示するにあたり、イタリア蔵相による「本件会議の政治的側面を強調すべし」との発言をその契機としていることである。このことは、日本側による「簡潔な宣言案文」が「政治的側面」を「強調」するためのものだったということを示唆しているといえるだろう。これはもう一つの事実、すなわちアメリカ側との接触のときにも、その一端を垣間見せているように思われる。というのも、三木首相はフォード大統領に対して、「政治的ガイダンスを与えるような、力強い短い文書」の作成に対する支持を求めていたからである。このことから、日本側は、「新しい」日本の「未来」の進路を指し示すような「政治的」な指針の提示を求めていたことがわかる[87]。「政治と経済を戴然と分離することは困難な時代」なのだから、経済問題に関する討議もまた、当然「政治問題」にも関与することになるだろうというわけである[88]。

---

[86] 同上。

三　「未来」の進路を打ち出す　　263

日本側の基本方針　　ただ、この「未来」の進路のより詳細な中身を知るに
は、「政治的」がなにを意味するのかを探らなければならない。では、ここで
日本側のいう「政治的」とはなにを指していたのだろうか。史料的制約のなか
でこのことを明らかにするには、まず日本側が作成した「簡潔な宣言案文」の
内容を踏まえたうえで、ランブイエ宣言のもととなったアメリカ側提案に対し
て日本側がどの部分を追加しようとしていたのかを検討してみる必要があるだ
ろう。そこで、まず、日本側が11月12日の第二回準備会合のために11日に作成
した「第一次案」をみてみると、それは、ランブイエに参集した首脳たちが以
下のように宣言するとの前書きを付された、三項目からなるものであった。

（1）彼らは、人びとの福祉を保障するような創造性と繁栄をもたらす市場経済と
　　ともに、個人の自由と基本的人権の尊重に基づいた、民主的システムにおけ
　　る信頼を共有している。
（2）彼らは、経済の発展段階、資源の賦存の程度、および人類の繁栄を保証する
　　政治・社会システムにおける違いを乗り越え、とくに先進国と開発途上国と
　　のギャップに橋を架ける協調的な努力を緊急に強化する必要性を認識しなが
　　ら、あらゆる諸国民のあいだのより緊密な協力を対話をつうじて達成するこ
　　とが、かつて以上により重要であるということを固く信じている。
（3）彼らは、インフレーションの再燃を抑制しつつ現在の世界大の景気後退から
　　の実効的な回復するために、また自由で開かれた貿易システムに基づく世界
　　貿易の拡大に向けた共通の努力、交換レートのさらなる安定、相互に利益の
　　あり調和的な国際的なエネルギー状況の発展を加速化するために、世界経済
　　の将来に対する重要な責任についての共通の決意を再確認する[89]。

この日本側案文によると、第一項では、ランブイエに集った首脳たちが価値を
共有していることが述べられ、第二項ではあらゆる諸国との「協調」が喫緊の

⒇　これは、「主要国首脳会議」を「新しい国際経済秩序形成の基本的方向について合意
　を得ようとする」ものだとする経済同友会の立場とも一致している。経済同友会「主要
　国首脳会議に臨んでの提言」1975年10月31日（2013-1011）、外交史料館。「アジアの先
　進国」である日本としてはこれに「積極的に貢献」する必要があるのだった。
⒇　作成者名なし「主要国首脳会議関係発言要領」日付なし（2015-2093）、外交史料館。
⒇　作成者名なし「別添1　日本（牛場）案（ロンドン準備会議に提出）」1975年11月11
　日（2012-0770）、外交史料館。

課題であることが、第三項では世界経済の回復に対する首脳たちの協力と決意が宣言されていることがわかるだろう。

ここで日本の「未来」の進路に対する指針となりそうな「政治的」だと思われる箇所を拾っていくと、とくに第一項と、第二項・第三項との関係が重要であると思われる。第一項については、「市場経済」とともに、「個人の自由と基本的人権の尊重」を基礎とした「民主的システム」を各国首脳が「共有」していることが明示されており、このことから、日本の「未来」の進路としてこの二つ（「市場経済」と「民主的システム」）が目指されているのだといえる。これに対して第二項では、一転して、各国の政治的社会的立場や経済の発展段階の違いを超えた、「対話」による「緊密な協力」が志向されている。このことは第三項も同様で、「世界貿易の拡大」に対しても、「国際的なエネルギー状況」に関しても、あらゆる関係諸国による「共通の」「調和的な」「努力」が要請されているのである。

相反する二つの「未来」　この第一項と、第二項・第三項との関係が注目すべきなのは、そこで示された日本の「未来」の進路に関する二つの方向が究極的には両立困難だからである。一方で、第一項を字義どおりに解釈するならば、日本は（主要国首脳たちとともに）「未来」の進路として「市場経済」と「民主的システム」を採ることが宣言されているから、ここには妥協の余地はない。しかしもしそうだとすると、第二項および第三項で示されている、政治システムの異なる諸国（たとえば、権威主義的、独裁的なシステムの諸国）や経済システムの異なる諸国（たとえば、社会主義的、計画経済的なシステムの諸国）との「対話」とは、事実上、相手方に「市場経済」や「民主的システム」を強要するものであり、そこでの「協力」とは、これらの価値やシステムを相手国が受け入れることでしか成立しえないことになる。他方で、第二項および第三項を厳格に理解するならば、それは、上述のような政治システムや経済システムの異なる諸国との「協力」のために一定の譲歩をする余地があることを日本の「未来」の進路として示すものだが、もしそうなのだとすれば、第一項で宣言した、日本は「市場経済」と「民主的システム」を採るとする宣言はまったく意味のないものになってしまうのである（なぜならば、いくつかの国ぐには、「市場経済」や「民主的システム」それ自体に反発していたからである）。

そして、「市場経済」と「民主的システム」に関わる項目が第一項であることを考慮するならば、この第一項がもっとも重要で、それを前提とした第二項・第三項だと推察されるから、日本側が暗に想定していた「協調」という「未来」の進路は、前者すなわち日本（と主要国首脳）が目指すとされた「市場経済」と「民主的システム」を相手国に強要し、それが受け入れられることで成立するものだったと論理的に解することができるのである[90]。事実、外務省は牛場顧問に対するブリーフィングのために準備したとみられる10月1日付の文書でこう明言している。「わが国が南北の『かけ橋』となる場合でも、先進国間の妥結が前提」[91]。

　このことは必ずしも机上の空論とは言い切れない。たとえば、日本側は、17日9時からの外相会議において、「簡潔な宣言案文」が受け入れられなかったことを補うために、開発途上国に対する輸出所得安定スキームについての修正案を出しているが、これは、「地域開発銀行を通じる輸出所得安定化等の諸構想を読み込」むためのものであった。というのも、従来の文言がこのスキームの実施について「IMFをつうじて」となっていたのに対して、アメリカや西ドイツの反対にも関わらず日本側などの努力の成果として「および他の適当な国際的フォーラムをつうじて」が追加されたからである。ここでいう「地域開発銀行」とは、日本の主導で1966年に設置された「アジア開発銀行」と考えて間違いないから、日本側としては、このランブイエ宣言にこうした文言を明記す

---

(90)　このことは、通商産業省が作成した「国際経済問題」によく表れている。というのも、そこでは「南北間格差の是正のための貿易の役割」と題した項目で、「市場機構の機能を活用し、相互に開かれた市場を維持形成するという貿易体制の堅持を前提としての諸国家間の積極的に話し合いと協調」こそが「現在の世界の貿易、経済の困難を打開する」のだとしているからである（傍点、筆者）。通商産業省「国際経済問題」日付なし（2013-1012）、外交史料館。同じことは、通産省が10月3日に牛場に提出したポジション・ペーパーでも強調されている。通商産業省「無題」1975年10月3日（2015-2093）、外交史料館。なお、大蔵省も一次産品問題について「市場メカニズムを損なうことな」い経済の運営を主張している。大蔵省「五か国首脳会談準備会議について」1975年9月17日（2015-2093）、外交史料館。

(91)　経協政〔外務省経済協力局政策課〕「五大国首脳会議での『南北問題』に対するわが国の基本姿勢」1975年10月1日（2015-2093）、外交史料館。

ることで主要国の了解を取り付け、「市場経済」と「民主的システム」を基礎
としたアジア地域における日本主導の貿易や開発の枠組みを作り出そうとして
いたのだといえる。あらかじめ枠組みを日本主導のものに設定し、それについ
ての「理解」や「協力」を「先進国」による「新しい」枠組みである「主要国
首脳会議」でえてしまえば、他のアジア諸国はその枠内で動くことをしいられ
るだろうというわけである。

　これについても、上掲の10月1日付文書は率直に、「援助よりも貿易を」と
いう方針のもと、「Conventional な援助」すなわち「伝統的な援助」の「限界」
を認めるべきであり、「政府援助」のさらなる「拡充」とともに、「貿易、民間
投資の役割とのかね合いを考慮して有効利用を図る」べきだと述べている[92]。
この「援助」の「拡充」は、のちに「発言要領案」が言明しているように、「開
発途上国の開発計画の最優先分野に対し、直接影響を及ぼすことを意図するも
の」となり、それは事実上、「先進国」の決定に従う「現実的アプローチ」を
採るものには「開発援助」を与えることを意味していたから、その論理的な帰
結は、「開発援助」においてなにが「最優先」かは日本側が決めるということ
だった。14日正午の日本人記者との会見において発展途上国問題を強調する三
木に対して記者よりなされた質問、「発展途上国の位置づけ如何」に対して三
木はこう答えている。「発展途上国の工業面での開発が重要であり、また食糧
危機を解決するため、LDC の農業生産力の開発に協力する必要がある。特に
非産油国 LDC の窮状は目に余るものがあり、その救済は大きな問題になろ
う」[93]。

　日本側の方針が持つ意味　　このように考えていくと、三木首相がフォード
大統領に対して述べた「政治的ガイダンス」、および、そこでの「政治的」の
含蓄も少しは明らかになってきたように思われる。というのも、これらの事実
が示しているのは、日本側がほぼ一貫して、貿易や開発などの経済的な諸課題
に対処するためのもの、換言すれば、日本の政策決定者たちが日本を「先進国」
だと位置付けたことで再設定が必要となった「新しい」日本の「未来」の進路

---

(92)　同上。

(93)　北原発外務大臣宛、1975年11月14日、2851号（2014-4134）、外交史料館。

三 「未来」の進路を打ち出す　267

に対する他の「先進国」の承認がなされた「政治的」な枠組みを求めていたの
だといえるからである。というのも、日本側が案出した「政治的側面」を「強
調」し「政治的ガイダンス」を与えるような「簡潔な宣言案文」をめぐる「先
進国」の「協調」が確認できれば、それはそのまま、「新しい」日本の「未来」
の進路に対する「先進国」からの承認を意味しているからである[94]。それゆえ、
日本側からすれば逆に、各国首脳が求める個々の経済的な諸課題に対する「具
体的」な成果を記した長い案文などは、みずからの手を縛るだけの不要なもの
だった（なぜならば、それらは「政治的」な方向性に対する「先進国」の承認が得
られればおのずと解決すると考えられたからである）[95]。だからこそ、日本側は最
終段階に至るまで、この「新しい」日本の「未来」の進路に関する承認の証で
ある「簡潔な宣言案文」に固執したのである。「主要国首脳会議」という「先

---

(94)　これについて外務省は、イギリス政府が「ポリティカル」な問題を討議すると主張し
ていたこととの関連においてこう述べている。「ポリティカルな問題と云っても意味は
不明であるが、安全保障問題も協議するわけではなく、おそらく不況脱出のための政治
的 will の問題を指しているのであろう、そうなると石油、一次産品の問題等の問題もあ」
るのだ、と。このことが示唆しているように、日本の政策形成者たちからすれば、「政
治」というとまず「安全保障」を思い浮かべるらしいことは興味深いが、ここで重要な
のは、サミットで議論される「政治」問題についてそれが「政治的 will」に関わる問題
だと認識していたことである。しかもそこには、「石油、一次産品の問題」に関する諸
問題が多分に含まれていた。作成者名なし「幹部連絡会議事録（8月20日）5カ国首
脳会議」日付なし（2015-2093）、外交史料館。

(95)　これと関連して、10月2日付外務省経済局の文書は、主要分野について実質的な合意
がなされた場合でも、「ステートメントにおいては予め首脳会議での討議の内容を具体
的な形で特定するようなことは避ける」べきだと宣言されている。経済局「五カ国首脳
会議開催に関するステートメントについて」1975年10月2日（2015-2093）、外交史料館。
なぜか。ここで参考になるのが、首脳会議で取り上げるべきでない事項を記した10月2
日付文書である。そこでは、「最低価格制度」および「備蓄増強」に関する声明や、産
油国との対決的姿勢の表明などとともに、第一の項目として、「わが国長期経済計画目
標達成にとり制約を課するが如き決定」が挙げられ、具体的には「輸入石油依存低減の
ための共通目標の設定」や「エネルギー節約量の国際割当」が例示されていた。つまり、
日本側としては、すでに実施している政策を縛るような「ステートメント」は望んでい
なかったのである。経資〔外務省経済局資源課〕「五大国首脳会議において取り上げる
のが適当でない事項」1975年10月2日（2015-2093）、外交史料館。

進国」の新たな枠組みは、こうした承認のための「政治的」枠組みを求める日本側からすれば、絶好の機会であった。なぜならば、和田裕通商産業省通商政策局国際経済課長が書いているように、ランブイエ会議はまさに「先進国」による「集団指導体制」だといえるからであり、「日本はいまや先進国の完全な一員」として世界を「指導」する立場に立つこととなったからである[96]。

②「市場経済」という文言

ただ、日本側が主張する「簡潔な宣言案文」が「主要国首脳会議」で採択されなかったのは、その形式のせいばかりとはいえない。というのも、日本の政策決定者たちが「新しい」日本の「未来」の進路の一つとして掲げた「市場経済」という文言もまた、ランブイエ宣言には盛り込まれなかったからである。すでに触れたように、日本側の「第一次案」では第一項において、ランブイエに参集した首脳たちは「個人の自由と基本的人権の尊重に基づいた、民主的システム」とともに「人びとの福祉を保障するような創造性と繁栄をもたらす市場経済」に対する「信頼」を共有しているのだと宣言されている。これに対応するランブイエ宣言の項目は第二項で、そこでは、「各々個人の自由と社会の進歩に奉仕する開放的かつ民主的な社会の政府」に対する「信念と責任」を共有していることが述べられるにとどまっている。それどころか、「市場」というコトバですら、「為替相場の無秩序な市場状態またはその乱高下」というかたちで第十一項に一度だけ登場するのみなのである。日本側が第一項の冒頭で「市場経済」を掲げている重視ぶりをみると、この対照は著しいのであり、このことは、ランブイエに参集した「先進国」の首脳の大勢はこのコトバの使用に反対していたことを示唆している。

そこで以下ではまず、ランブイエ宣言が作成される経緯に沿って、日本側が「市場経済」というコトバをどのようなかたちで持ち出し、「簡潔な宣言案文」の取り下げによる方針転換のあと、これがどうなったのかについて、その経緯を概観し、続いて、これを踏まえつつ、なぜ日本の政策決定者たちが「市場経済」というコトバを重視していたのかを考察していきたい。

---

[96] 和田裕「主要国首脳会議に随行して」『通産ジャーナル』1975年12月、19–21頁。

三 「未来」の進路を打ち出す　　269

　まず、日本側が首脳会議の準備会合に向けて準備した「第一次案」では、各国首脳が「個人の自由と基本的人権の尊重に基づいた、民主的システム」とともに「彼らの人びとの福祉を保障するような創造性と繁栄をもたらす市場経済」に対する「信頼」を共有しているのだと明記している。この「市場経済」に関するくだりは、「三木総理の御指示」に基づき14日のパリ到着後、代表団内での討議においてこの「第一次案」を若干修正し作成した「第二次案」において「人びと」の修飾語が変わり「繁栄」の語が落とされ、「我々の人びとの福祉を保障し、創造性をもたらす市場経済」とされた。このことから、日本側としては、当初、「市場経済」は世界中のすべての人びと（their people）に「繁栄」をもたらすものだと考えていたが、準備会合で出された各国首脳の文書や議論をつうじて、「市場経済」はどうやら世界中のすべての人びとに「繁栄」をもたらすとは各国首脳は考えていないらしいと察知し、「繁栄」の語を削ったうえで、「先進国」の人びと（our people）に限定した案文を作成したのだと推察される。この「第二次案」は、15日午後、フランス大統領およびキッシンジャーに手交されたが、夕刻の会議で明らかになったところでは、文書の採択に対する合意はえられたものの、日本側が求めた「簡潔な宣言案文」に対する支持は少なかったということであった。そこで日本側は、15日夜の全体会議におけるシュミット首相による演説の文言を入れた四項目の宣言案（「第三次案」）を作成し、16日朝9時半からの蔵相会議でこれを配布したが、フランスのフルカード蔵相より、こうした宣言を採択するかどうかについては首脳会議で決定すべきだとされ、「事実上棚上げ」になった。この「第三次案」では、のちにランブイエ宣言第一項となるような、各国首脳が参集した目的に関する項が新たに追加され、「市場経済」についての記述は、「第二次案」と変わりのないまま第二項に移された。このあと、16日午後の全体会議前にキッシンジャーおよびフォードとの接触で「二本建て」案を提示するも拒否された日本側は、16日午後の全体会議で三木首相が「第三次案」を配布し支持を要請したが、各首脳の賛同はえられず、とくにイギリス側により、「かかる文書であれば何も会議を開く必要はなく、電話連絡等で簡単に作成できる」と指摘されたことはすでに述べたとおりである。

　こうして日本側の主張する「簡潔な宣言案文」に対する支持も少なく「二本

270 第4章 日本の「未来」を問い直す

建て」案もアメリカ側に拒否された日本側は、これ以後、個別の問題について
の修正案を作成するようになる。これらはすべて「開発途上国」との関係に関
するものであり、これは三木首相の「主要国首脳会議」に対する発言、すなわ
ち「アジアの代表」として（アジアの）開発途上国との関係をめぐる文言の挿
入に努力したとする発言とも一致している。これら修正案は大きく分けて四つ
あり、一つはまさに「開発途上国との関係」に関する項目で、日本側は、開発
途上国の国際収支の改善にあたり、「IMF」以外の既存の組織をも使えるよう
修正案を出していた。これは既述のように、ランブイエ宣言第十二項に取り入
れられている。二つは一次産品に関わるもので、一次産品の「市場」の「安定
化」、具体的には需給状況に適合した生産のための投資を目的とした、商品協
定の締結を模索すべきだと主張している。これは、ランブイエ宣言において盛
り込まれなかった。三つおよび四つはエネルギーについてのものである。前者
は、工業国、産油国、非産油国との調和的で継続的な関係のために12月の国際
経済協力会議を歓迎する趣旨の文言である。これはランブイエ宣言の第十四項
に、エネルギーに特化したかたちではないが、「関係国の利益の擁護」と「増
進」の観点から対話を進めるとされている。後者はかつての日本側「第一次案」
の第二項を部分的に取り入れ、経済の発展段階や政治社会システムの違いを超
え、国際協力と建設的対話に向けた努力を強化することを謳ったものであり、
ランブイエ宣言の第三項に採用されている[97]。

　　「市場メカニズム」の尊重　　ではなぜ、日本側は「市場経済」を重視して
いたのだろうか。ここで参考となるのが首脳会議のために作成された大蔵省の
資料である。それによると、キッシンジャーが主導するアメリカの輸出所得安
定化構想との関わりのなかで、大蔵省はまず、「我が国の立場」と題する節で
「価格決定の市場メカニズムはできるだけ尊重されるべきである」と強調し、「市
場メカニズムを損なう」ような「緩衝在庫」や「商品協定」は「価格の下支え
になる惧れがある」として「創設には反対」だとする。ではどうすればよいの
かというと、「現在の財政状況からみて、過重な資金協力には応じられない」

----

　(97)　別添8の四つの文書を参照。作成者名なし「日本修正案（17日午前の外相会談に提出）」
　　　日付なし（2012-0770）；作成者名なし「同上」日付なし（2012-0770）；作成者名なし「同
　　　上」日付なし（2012-0770）；作成者名なし「同上」日付なし（2012-0770）、外交史料館。

三 「未来」の進路を打ち出す　271

から、「既存の補償融資制度の改善に重点を置く方向で対処したい」（傍点、筆
者）と指摘していたのである。それゆえ、大蔵省としてはアメリカの構想を「サ
ポート」し、首脳会議でも「先進国間の共同歩調」がとられるよう努力すると
していた[98]。

　こうした態度は「通貨」の問題についても同様である。というのも、大蔵省
は従来から「固定相場に近い立場」をとっており、「為替相場の安定化」が重
要だとは指摘しつつも、「1973年のフロート以降以後、基本的に市場の実勢に
即するという方針で運営している為替相場政策にとくに大きな支障はなかっ
た」のであり、「フロートが最善ではないにしても、現段階で他に適切な方法
も見出し難い」と認識していたからである[99]。たしかに、これまでの変動相場
制は「かなりの幅で変動」し「貿易その他の国際取引に支障をきたさなかった
とも言いきれない」が、代替的な制度の実施も現在の政治経済情勢では「困難」
であり「通貨危機の回避という面で有効」だったともいえるから、首脳会議で
は「為替の安定化」に「努力」するという程度の合意がせいぜいだというので
ある[100]。

　このことは、すでに言及した通商産業省作成の「国際経済問題」にもよく表
れている。というのも、そこでは「南北間格差の是正のための貿易の役割」と
題した項目で、「市場機構の機能を活用し、相互に開かれた市場を維持形成す
るという貿易体制の堅持を前提としての諸国家間の積極的に話し合いと協調」
こそが「現在の世界の貿易、経済の困難を打開する」のだとしているからであ
る[101]。また、通産省が10月3日に牛場に提出したポジション・ペーパーはより
直截に、エネルギーや一次産品をめぐる問題を含む「南北問題」における「先
進国の基本的対応方向」は、「諸国間の所得分配の公平化を求める南側諸国」
の要求に対して「自由市場メカニズムのメリットをできるだけ活用する」方向
での「common position を確立する」ことだと強調していたのである[102]。

---

[98]　大蔵省「キッシンジャー構想の基軸をなす輸出所得安定化構想について」日付なし
　　（2013-1012）、外交史料館。
[99]　大蔵省「国際通貨制度の問題点」1975年7月31日（2013-1012）、外交史料館
[100]　前掲「キッシンジャー構想の基軸をなす輸出所得安定化構想について」、外交史料館。
[101]　前掲「国際経済問題」、外交史料館。

272　　第 4 章　日本の「未来」を問い直す

　もし日本側が「市場経済」を重視しており、その代替策として上述した四つの個別問題に関する修正案を提示したのだとすれば、また大蔵省や通産省のこれらの主張を加味するならば、その意味は示唆深いものである。というのも、日本側が「市場経済」の語を入れようとしたのは、もっぱら開発途上国向けだということになるからである。しかも、そこでの目的は（唯一、ランブイエ宣言には完全に取り入れられなかった）「市場メカニズム」をつうじた取引の「安定化」、すなわち日本に必要な食料や資源の「安定」的確保のためであった[103]。

　では、そこでいう「安定」とはなにか。それは、たとえばエネルギーに関す

---

(102)　前掲「無題」、外交史料館。

(103)　これについては、10月の準備会議における牛場顧問の発言が参考になるかもしれない。牛場によると、貿易問題が議論されたとき、「首のう会議においては輸入制限を避け、自由貿易主義原則（ACCESS TO SUPPLY を含む）と MTN を推進していくとのステートメントを発表すべし」との「空気」であったという。だがイギリスのハント代表がこれに難色を示し、輸入制限を行わないとするあまり強いステートメントは、「この時点では COUNTER-PRODUCTIVE」だと主張したので、牛場は「かかる自由貿易原則の確認こそ首のう会議のハイライトとなるべき」だと強調したのである。前掲2774号、外交史料館。

　厳密にいえば「市場経済」と「自由貿易（主義）原則」とは異なるものである。だが、「市場」を介さない「自由貿易」など想像しにくいし、牛場が「自由貿易主義原則」のなかにわざわざ「ACCESS TO SUPPLY を含む」としていることは、牛場の頭のなかに日本の開発途上国との関係、すなわち一次産品やエネルギーの確保といった諸問題が想定されていたことを示しているように思われる。つまり、牛場としては、日本が一次産品やエネルギーを確保するには、「自由貿易」というかたちで「市場」を介した経済活動が営まれることが望ましいと考えていたわけである。

　これに、日本側が「政治的なガイダンス」≒「未来」の進路に対する「先進国」の保証をサミットで求めていたことを考え合わせるならば、このことが「首のう会議のハイライトとなるべき」とする牛場の発言は、日本側の立場を表明したきわめて重要なものだといえるだろう。事実、サミットに向けた調整を主導する外務省経済局は、発展途上国に対する「『共通基金』構想」に反対するにあたり、「市場メカニズムに対する介入の要素が極めて強い等の理由より賛成しがたい」と述べていた。経済局「（幹部連絡会資料）主要国首脳会議」1975年10月29日（2015-2093）、外交史料館および、経済局「（幹部連絡会資料）主要国首脳会議について」1975年10月29日（2015-2093）、外交史料館。ここにみられるように、日本側の立場を明示した資料においても、「市場」というコトバは開発途上国との関係でしか登場しなかったのである。

る「発言要領案」の記述が示すように、「産消国対話」をつうじた「相互理解」の促進により、「石油の価格と供給は、産油国が一方的に決定しうる」現状を変革し、消費国（「主要先進国」）もまた、その「価格と供給」の決定に参与できるような状態だといえる。ただ、そこでいう「対話」が「市場経済」や「市場メカニズム」の堅持を前提としていたことは、日本側の「簡潔な宣言案文」をみれば明らかであった。ここでは、それを如実に示した通産省の指摘、すなわち、「市場機構の機能を活用し、相互に開かれた市場を維持形成するという貿易体制の堅持を前提としての諸国家間の積極的に話し合いと協調」こそが「現在の世界の貿易、経済の困難を打開する」カギなのだ、とする議論を再掲しておきたい。この背景には、1973年の「オイル・ショック」以後の世界において、福田副首相がいうように「かんじんな点は6カ国が資源は無限ではない点を認識すること」[104]だという、のちの「近代を超える」プロジェクトのなかで強調された「『地球の有限容量』という壁」につながる認識があったことはたしかだろう。だが、ランブイエに参集した他の「先進国」首脳は、無秩序な為替市場やその乱高下には対処する必要性を感じていたが、日本側が思い描いていたような「市場」の「安定化」に対しては賛同しなかった（なぜならば、それは「市場メカニズム」のような経済的原理に任せるものというよりも、サミットのような人為的関与の範疇に属するものだと考えられていたからである）。「欧米」の政策決定者たちは、日本ほど「市場経済」や「市場メカニズム」に対して「信頼」を置いてはいなかったのである。

四　引き裂かれた「未来」

　これまでの議論からも理解できるように、日本の政策決定者たちはライブイエで開催されることとなった新たな枠組みである「主要国首脳会議」（サミット）において、「新しい」日本の「未来」の進路（とそれを基盤とした日本の位置付け）を主要な「先進国」をはじめとする世界の諸国に受け入れてもらおうと尽力していたのだということができる。その努力は、第I部で検討した「近代を超える」ための報告書に引き付けていえば、「個」（日本）と「全体」（サミッ

---

[104]　北原発外務大臣宛、1975年11月13日、2843号（2014-4134）、外交史料館。

ト）の関係を問い直そうとする「文化」を用いた企図の先取りであった。日本政府が「首脳会議」直前に準備していた「主要国首脳会議発言要領案」および「主要国首脳会議用ポジション・ペーパー」が明らかにしているように、日本側からすれば、1970年代とは「各国経済の相互依存関係が高まっているため、一国単位で運営される景気対策の運営には自ずから限界があ」る時代であり、それゆえ「国際的な理解と協調は大きな時代の要請であ」るから、日本が「アジアからの唯一の参加国」としてこの「主要国首脳会議」に参加することとは「大きな時代の要請」に「前向きの姿勢で応えた」ものだとされたのである。

　そのため、そもそもこれに参加しないという選択肢はなかったのだが、では、この新たな枠組みのなかで日本がどのような位置付けと役割を有するのかといえば、それは、「先進国」日本として「国際的な理解と協調」に邁進するということであった。「先進国」の景気回復が世界経済の回復の要諦なのだから、これを「主要国首脳会議」に参加した他の「先進国」との「協調」のもとに実現するということが重要であり、また、その実現のために主として「アジア」地域で打ち出される日本のさまざまな施策に対する「欧米」の理解を求めるということが必要だったのである。いわば、「国際的な理解と協調」は「相互依存」の時代における「時代の要請」なのであり、しかも世界経済の回復にはまず「先進国」の景気回復が必要なのだから、「南北問題」にしろ「東西関係」にしろ、その対処は「先進国」の決定に即した方法でなされるべきだとされたのである。

　「新しい」「モデル」探し　　ただ、はじめての「主要国首脳会議」が開催されるまでの時期は、1970年代の「新しい」世界のなかで日本の政策決定者たちが「新しい」「日本イメージ」、なかでも日本が目指すべき「新しい」「モデル」を模索する過程であった。というのも、日本を「先進国」だと位置付けたことで、日本の政策決定者たちは「新しい」日本の「未来」の進路をめぐる二つ問題に直面したからである。

　一つは、「先進」的であることが意味するもの、すなわち「先進性」の問い直しである。戦後初期であれば、「先進国」とは「発展段階」がより上位にある国ぐにのことだとされたから、「中進国」だと自国を位置付けた当時の日本の政治経済エリートたちは、その背後に「先進国」を目指すという「未来」の

四 引き裂かれた「未来」

進路を当然の前提として思い描いていた[105]。だが、1970年代においては、「発言要領案」のなかで明確に述べられているように、日本は「欧米主要先進諸国と同様に、自由民主主義に立脚し、その基本的価値観を共有している」のみならず、「物価の安定、社会福祉の充実、省資源・省エネルギーの経済社会構造の確立の如き欧米先進諸国と共通の課題を抱えている」がゆえに、「先進国」なのだとされたのである。このことが示唆するのは、日本が「欧米先進諸国と多くの点で同質的な経済社会を持っている」がために、「欧米先進諸国と同じような悩みを持ち、問題解決のために同じように苦しみつつ努力している」ということであった。これは、のちに「近代を超える」プロジェクトのなかで「文明病」あるいは「先進国病」などと呼ばれることとなる。この主張を要約すれば、日本と「欧米先進諸国」とは、その「先進性」ゆえに同じ「悩み」や「苦しみ」を抱えているのだから、これを解決するためにも「相互理解と協調の精神」を大切にしつつ、「情報や意見を交換し合い、協力し合い相携えて前進していかなければならない」のだとされたのである。

　しかし、このことはもう一つの問い直しが必要であることを暗示している。なぜならば、「先進国」であることは、これらの「悩み」や「苦しみ」を「解決」するために、「新しい」「未来」の進路の再設定を必要としていたからである。戦後初期であれば、すでに触れたように、「中進国」という日本の位置付けは「先進国」を志向するという「未来」の進路を掲げることを暗黙の前提としており、しかもさらにいえば、「中進国」という日本の位置付けから導出される日本の役割（「先進国」を志向するためのさまざまな施策）を思い描くことができた。だが、1970年代においては、日本はすでに「先進国」だと位置付けられていたから、「先進国」日本のさらに「先」を歩む「超先進国」のようなものでも想定しないかぎり（だが、このような理解は拒否されていた）[106]、「先進国」を目指すという従来型の「未来」の進路を目指すことは不可能な立場におかれることとなったのである。というのも、日本の政策決定者たちが「主要国首脳会議」の準備会合に向けた準備のなかで気付いたように、「先進国」が直面し

---

　[105]　高瀬弘文『戦後日本の経済外交 ── 「日本イメージ」の再定義と「信用の回復」の努力』信山社、2008年、297-9頁。

ているとされた同じ「悩み」や「苦しみ」に対する「欧米」の政策はバラバラ
であり、どの「先進国」も十分な解決策を持ち合わせていないようにみえたか
らである。実際、「発言要領案」が金利政策の調整について述べているように、
「景気回復のテンポ、インフレ再燃の惧れなど経済情勢が各国一様ではなく、
さらに社会的、政治的状況にも異なった面がある」から、「経済政策の運営に
各国間である程度差異が生ずるのは避けがたい」のだとされたのである。日本
の政策決定者たちが、「主要国首脳会議」の成果の発表にあたり「簡潔な宣言
案文」にこだわった理由の一つはこのような認識に基づいていたのであり、「具
体的な取極めを行うということは困難」だと考えていたからだったのである。
いわば、「欧米先進諸国」と同じ「悩み」や「苦しみ」を抱えているにも関わ
らず、「欧米」はもはやそのままでは「新しい」日本の「モデル」たりえなかっ
たのであり、日本は「欧米」とは異なる「新しい」「未来」の進路を模索しな
ければならない立場におかれることとなったのである。

「新しい」日本の「未来」　　日本を「先進国」だと位置付けたがために直面
した、日本の「未来」の進路を揺るがすこととなったこれら二つの問い直しが
帰結するところは、「新しい」日本の「未来」の進路が二つに引き裂かれたも
のとなることを運命付けられていたのだということだった。というのも、三木
首相の「主要国首脳会議」初日における発言が象徴しているように、日本は「欧
米先進諸国」と「同じ問題を抱え、同じ悩みを有し、同じ手法で解決しようと
している」のであり、「皆さんと変らない」のだとされた一方で、「太平洋に位
する」あるいは「アジアに位する」日本は、「大西洋」の諸国とは「歴史と伝

---

(106)　このことは、北原大使による意見具申が日本の位置付けについては受け入れられな
　　　かったことに示されている。というのも、北原は、「ジスカール構想」を本省に報告す
　　　るにあたり述べていたように、日本はたしかに「主要国」たる「先進国の一員」ではあ
　　　るが、フランスの「現在」の「諸問題、諸困難」が「早ばん」日本の「未来」の「諸問
　　　題、諸困難」になるという時間的な「遅れ」を表す表現に示されているように、日本は
　　　フランスなど「欧米」諸国と比べると依然としてやや「遅れた」位置にあるのだと認識
　　　していたからである。これは事実上、「先進国」日本の「先」を歩む「超先進国」を想
　　　定することと同義だったが、日本の政策決定者たちからすれば、日本はすでに「欧米」
　　　諸国と「対等」なのだと理解されており、北原の意見は採用できないものだったのであ
　　　る。

統が異なる」がゆえに「異質な存在と写るに違いない」のだとされていたから
である[107]。たしかに日本は経済の「発展段階」や「近代化」のレヴェルからみ
れば「先進国」なのかもしれず、「欧米先進諸国」と同じ「悩み」や「苦しみ」
を「同じ手法で解決しようとしている」のかもしれない。だが、「歴史と伝統」
（これはやがて「文化」と呼ばれることとなる）の観点からすれば日本は「太平洋
に位する」、あるいは「アジアに位する」国家として「欧米先進諸国」とは異
なる「未来」の進路がありうるのだと示唆されていたのである。

　こうして、日本の政策決定者たちは、「理解」と「協調」が重要だとする認
識のもと、「主要国首脳会議」においてこの「欧米先進諸国」とは異なる「特
殊」な日本の「未来」の進路の「方向」（これを日本側は「政治的ガイダンス」
と呼んだ）について、「欧米」からの承認の証である大枠の「合意」を目指す
こととなる。たとえば、日本の政策決定者たちは「発言要領案」のなかで「為
替相場制度」に関するこんな内容の「合意」に意味を見出している。「為替相

---

[107]　また三木首相は、同じサミット初日、フランスのソヴァニャルグ外相との会談のなか
　　　で、日本の位置付けについてこう強調している。「日本の抱えている問題とそれに対す
　　　る取り組み方は西欧諸国のそれと共通しており、西欧諸国の苦労がよく理解できると同
　　　時に、日本の20余年前の状況を想い起こせば、発展途上国の気持ちもよく解るユニーク
　　　な立場にある」のだ、と。前掲「主要国首脳会議（三木総理と各国首脳との個別会談）」、
　　　外交史料館、５頁および、北原発外務大臣宛、1975年11月16日、2864号（2014-4134）、
　　　外交史料館。これは、戦後初期において、日本を「中進国」だと位置付けていた吉田茂
　　　首相が述べていたことと重なるものであり、また５年後の「近代を超える」プロジェク
　　　トのなかでも繰り返されていることを想起するとき興味深いが、ここで注目すべきは、
　　　日本の「異質」さを示すために三木が持ち出した日本の「歴史や伝統」（≒「文化」）が、
　　　実際には、かつては「中進国」だったという日本の「後進性」の痕跡を指していたのだ
　　　ということである。このことが示唆していたのは、「先進国」であるにも関わらずかつ
　　　ての「後進性」の痕跡を残していることが、「欧米」に対しての「日本らしさ」「日本的
　　　なもの」だとされていたということであり（さらにいえば、それは、日本が「中進国」
　　　から脱したがために、国内経済の保護政策の言い訳として使えなくなった「後進性」の
　　　代わりとしての役目も果たしうるものであった）、「欧米」とは異なる「新しい」日本の
　　　「未来」の進路が、かつての日本の「後進性」の痕跡に依拠したものだったということ
　　　である。これは、のちの「近代を超える」プロジェクトが、なぜ、「日本文化」という、
　　　日本に昔からあるとされたものに注目したのかを説明するものでもあった。吉田の発言
　　　とそれが孕む問題については、高瀬、前掲書313-4頁。

場の安定のために各国が努力していくことを相互に確認したい」。というのも、「現在のフロート」のもとでの為替相場の安定化をめぐる「具体的方向や基準」についての合意は「困難」かもしれないが、「こうした方向について相互に確認をすることには意義があろう」からである。つまり、「主要国首脳会議」においては参加国である「主要先進諸国」の「協調」という「未来」の「方向」を示すための大枠での「合意」が不可欠だと日本側は考えていたのであり、「技術的かつ専門的問題」や、「各国の利害が衝突する」「激しいやり取り」の予想される問題はこうした「首脳会議」の目的を阻害するから「なじまない」のだとされていたのである。

　だが、そのための手段として日本の政策決定者たちが用いた「簡潔なコミュニケ」の発表という方法は、「欧米先進諸国」の受け入れるところとはならなかった。その理由は大きく分けて二つある。一つは、その「形式」に関わる問題である。ここでは、イギリスのウィルソン首相による16日午後の発言、「かかる文書であれば何も会議を開く必要はなく、電話連絡等で簡単に作成できる」を挙げれば十分だろう。「具体的成果を国民に知らせる必要がある」とするフォード大統領の認識にも表れているように、「欧米先進諸国」の首脳たちは、「抽象的」な「政治的ガイダンス」を求める日本側とは異なり、会合したからにはその成果を「国民」に説明するためにも「具体的」な内容のある宣言を必要としていたのである。このことは、結果としていみじくも、三木のいう「歴史と伝統」が日本と「欧米先進諸国」とでは異なっているのかもしれないのだとする印象を残すことになっても仕方がない幕切れであった。

　これに加えて、もう一つのより「実質」に関わる理由として、日本側は1970年代の世界および日本が直面する諸問題の解決において、「市場経済」や「市場メカニズム」を他の「先進国」以上に「信頼」していたことが挙げられる。三木首相をはじめとする日本の政策決定者たちは、「主要国首脳会議」において「開発途上国」の問題を重視していたが、それは第一義的には、「市場メカニズム」をつうじた食料や資源の「安定」的確保を目指していたからであった。食料や資源の供給や価格のありようは、「オイル・ショック」のときのように生産者が一方的に決めるのではなく、「市場経済」の原理に基づいた生産者と消費者の需給関係に応じて決められるべきなのだというわけである。このこと

四　引き裂かれた「未来」　　279

は、通産省が直截に述べていたように、エネルギーや一次産品をめぐる問題を
含む「南北問題」における「先進国の基本的対応方向」は、「諸国間の所得分
配の公平化を求める南側諸国」の要求に対して「自由市場メカニズムのメリッ
トをできるだけ活用する」という方向を、「新しい」日本の「未来」の進路と
して採用するものだといえるだろう（つまり、通産省は「所得分配の公平化」に
は反対だったのであり、それを実現するために「市場メカニズム」を用いようと
していたのである）。だが、他の「先進国」は、無秩序な為替市場やその乱高下に
は対処する必要性を感じていたものの、日本側のいうような意味での「市場」
の「安定化」には賛同しなかった。これらの諸問題は、ランブイエ宣言の第十
二項、十三項、十四項に明記されているように、「対話」をつうじた「国際協
力」や「相互理解」に関わるものであり、「市場経済」や「市場メカニズム」
に委ねることで解決されるような問題ではないのだと認識されていたのである。

　もしそうだとすれば、なぜ日本の政策決定者たちは、「簡単なコミュニケ」
の公表による大枠の合意を執拗に求めていたのだろうか。これについては、首
脳会議で「取り上げるべきでない」事項を記した外務省経済局の10月2日付文
書が参考になる。というのも、そこでは、「最低価格制度」および「備蓄増強」
に関する声明や、産油国との対決的姿勢の表明などとともに、第一の項目とし
て、「わが国長期経済計画目標達成にとり制約を課するが如き決定」が挙げら
れ、具体的には「輸入石油依存低減のための共通目標の設定」や「エネルギー
節約量の国際割当」が例示されていたからである[108]。また、別の外務省の文書
は、この点に関してより明確に、主要分野について実質的な合意がなされた場
合でも、「ステートメントにおいては予め首脳会議での討議の内容を具体的な
形で特定するようなことは避ける」べきだと強調していた[109]。いわば、日本側
からすれば、「新しい」日本の「未来」の進路を方向付けるような、なんらか
の「抽象的」な「コミュニケ」は望んでいたものの、すでに実施している、あ
るいはこれから実施する政策を縛るようなより「具体的」な「ステートメント」
は望んでいなかったのであり、それがゆえに「抽象的」な内容にとどめた「簡

---

[108]　前掲「五大国首脳会議において取り上げるのが適当でない事項」、外交史料館。
[109]　前掲「五カ国首脳会議開催に関するステートメント」、外交史料館。

潔なコミュニケ」を他の「先進国」に受け入れてもらうことで、この相反する
二つの希望をかなえようとしていたのである。たしかに日本は「欧米先進諸国」
と同じ「悩み」や「苦しみ」を抱えているかもしれないが、「歴史と伝統」の
観点からすれば日本は「太平洋」あるいは「アジア」に位置するがために「欧
米先進諸国」とは異なる「未来」の進路がありうるのだから、それについては
みずからで決めるのだというわけである。

　ただ、その反面で、日本の「歴史と伝統」を持ち出したことによる異質性の
強調は、「欧米」諸国との「協調」を阻害する可能性をも持ち合わせていた。
なぜならば、もしたとえ日本が「先進国」であり、日本の抱える「悩み」や「苦
しみ」が「欧米先進諸国」と同質的であったとしても、その「解決」のために
異質的な方法しか採りえないのだとしたら、「具体的」な合意に達することは
かぎりなく困難になってしまうだろうからである。このことは、日本を一面で
「欧米」と同質的に位置付けながら他面で「欧米」とは異質な存在として位置
付ける日本の政策決定者たちの企図が、「新しい」日本の「経済外交」をきわ
めて不安定な立場におくこととなってしまったことを意味する。というのも、
一方で日本が「欧米」との同質性を強調すれば、「欧米」とは異なる政策が採
りにくくなり、他方で「歴史と伝統」が異なるとして「欧米」との異質性を強
調すれば、こんどは「欧米」との「協調」が困難になってしまうからである。
そのうえ、「新しい」日本の「未来」の進路の一角をなす、「市場経済」や「市
場メカニズム」に対する日本側の「信頼」は、次章でみるように、「市場メカ
ニズム」をつうじた活動により台頭してきたのだとされた多国籍企業との関係
において、国家／日本の役割の問い直しを必然的に孕むこととなる。次章では、
この問題を検討してみよう。

第5章 日本の役割を問い直す
―― 新たな主体の台頭 ――

　第4章で議論したように、日本の「主要国首脳会議」参加は、「先進性」の問い直しというかたちで日本の位置付けと「未来」の進路に対する再考を促すこととなった。すなわち、日本の政策決定者たちは、フランスが主導した「主要国首脳会議」に招請されたことで、日本を確固たる「主要国」≒「先進国」として位置付けることとなったが、そのことが意味していたのは、「先進」的であることが意味するもの、つまり「先進性」が指し示すものを再定義しなければならないということだった。というのも、「主要国首脳会議」の準備のなかで日本側が知ることとなったのは、日本をはじめとする「先進国」がさまざまな困難に直面しているにも関わらず、「先進国」の先輩たる「欧米」の対処法はバラバラであり、どの国も確固たる解決策を持ち合わせていないということだったからである。それゆえ、この「モデル」の喪失とでもいうべき状況を目の当たりにした日本の政策決定者たちは、「欧米」とは異なる「新しい」日本の「未来」の進路の再設定を目指し、その前提となる日本の位置付けを再検討することとなったのである。それは、「欧米」と同じ「先進国」でありながら「歴史と伝統」が異なる日本、という「新しい」位置付けに基づき、一方で「欧米先進諸国」と同じ「悩み」や「苦しみ」を「同じ手法で解決」しようとしながら、他方では「太平洋に位する」、あるいは「アジアに位する」国家として、「南北格差の是正」のような開発途上国との「協力」を重視するという、二つに引き裂かれた「未来」の進路であった。

　ただ、これを実現するには、1970年代の世界における日本の役割を再検討しなければならない。そこで、本章では、この問題を議論するために、経済協力開発機構（Organization for Economic Co-operation and Development：OECD）が1976年6月21日の第15回閣僚理事会において採択した文書の一つ、「多国籍

企業ガイドライン」(Guidelines for Multinational Enterprises) の成立過程を検討していきたい。というのも、多国籍企業という新たな主体の国家間関係との「調和」を企図したガイドラインの策定は、「近代を超える」プロジェクトが取り組んでいた「個」と「全体」のより「調和」的な関係を明らかにするという課題の先駆けであるとともに、多国籍企業の役割を明らかにすることの裏返しとして国家の／日本の役割の問い直しをも含んでいたからである。

　「多国籍企業ガイドライン」あるいは「多国籍企業行動指針」とは、正確には、「国際投資および多国籍企業に関する宣言」の付属文書である。1960年代になると、多国籍企業の活動がもたらす諸問題が主に開発途上国から提起されるようになるが、ガイドラインの策定に直接関わるのは、チリのアジェンデ(Salvador G. Allende Gossens) 政権の成立阻止をめぐる、アメリカの多国籍企業である国際電話電信会社 (International Telephone & Telegraph Corp.: ITT) の介入事件であり、このチリ政府の問題提起を受けた国際連合の経済社会理事会 (United Nations Economic and Social Council; ECOSOC) による多国籍企業の活動の「規制」を目指したコード作成の動きであった。OECD におけるガイドラインの策定は、この多国籍企業の活動を「規制」しようとする開発途上国主導の動きに対する「先進国」の対抗として出てきたからである。

　ただ、多国籍企業ガイドラインを策定するなかで日本をはじめとする「先進国」が直面したのは、多国籍企業の役割をどう評価し、それと国家の役割とをどう「調和」させるのかという問題であった。本章の結論をやや先取りすれば、OECD 加盟諸国が目指したガイドライン設定の目的は、国連で議論されていたような多国籍企業の活動の「規制」ではなく、多国籍企業の活動がもたらす役割や利益を「維持」あるいは「最大化」する一方で、それがもたらす「潜在的な摩擦」あるいは「望ましくない結果」を「最小化」するというものだったが、この、多国籍企業の活動の「長所」を伸ばし「短所」を減らすという目的が意味していたのは、その活動がもたらす役割や利益とはなにかを明らかにする必要があるということであり、それとの関連において、国家の役割の問い直しをせまられていたということだったのである。実際、日本の政策決定者たちが指摘していたように、多国籍企業の活動とは、「本来」「市場メカニズム」に基づいた行動により「資源の最適配分に貢献」するのだとされたのに対して、

国家の／日本の役割はそれを「政策目的」に沿うよう「リード」することだとされ、多国籍企業がその活動の有する「長所」(「市場メカニズム」に基づいた「最適」さの実現)を伸ばせるよう、「市場」および「市場メカニズム」をサポートするという役割を担うのだとされた。いわば、「新しい」日本の役割とは、多国籍企業の活動をつうじた「政策目的」の実現なのだというわけである。

　しかし、こうした「新しい」日本の役割は、開発途上国との「協力」を重視するという日本の「未来」の進路とのあいだに離齬をきたすこととなる。なぜならば、多国籍企業の活動をサポートしようとすることは、その「規制」を目指していた開発途上国との対立を意味していたからである。「労使関係」は「企業経営」の「根幹」に関わる問題であり、「現地企業との合弁や現地人の経営への登用」は「企業の政策判断の問題」なのだから、「現地の法規や政府の方針に反しないかぎり」それぞれの企業に任されるべきだとする、日本側の度重なる指摘は、日本の政策決定者たちが「主要国首脳会議」で強調した「南北格差の是正」や開発途上国との「協力」という、日本の再設定されつつあった「未来」の進路とどう関係付けられていたのだろうか？　もし日本の政策決定者たちがこの役割を推し進めるならば、それは、開発途上国に対する日本企業の進出をつうじた多国籍企業の「長所」の実現を、日本政府が開発途上国においてもただ「リード」するだけに終わってしまうのではないだろうか？　というのも、多国籍企業の活動に対する態度は、国連とOECDにおける方針の違いが端的に示しているように、明らかにぶつかっていたからである。

　そこで本章では、日本の政策決定者たちがOECD多国籍企業ガイドラインを策定する目的をどう考え、多国籍企業の役割やその活動が開発途上国にもたらす諸問題(開発途上国との関係)についてどのような方針を持っていたのかについて、国家の役割の問い直しをつうじた日本の役割の再検討という視角から分析していきたい。多国籍企業ガイドラインについてはすでにいくつかの研究が触れているが、その成立過程に日本政府がどう関わってきたのかをめぐる研究は、外務省の福田博がガイドラインの作成直後に出版した『多国籍企業の行動指針——OECD宣言の解説』のみといえる状況であり、いまだこれを超えるものは出されていない[1]。それゆえ、本章ではまず、第1節において、この福田による議論を概観し、そこでさらに追及されるべき論点を明らかにする。

そのうえで、第2節および第3節では、外務省の一次史料を利用しながら、これらの論点について検討していくこととしたい。

一 OECD多国籍企業ガイドライン再考

こんにち「多国籍企業ガイドライン」あるいは「多国籍企業行動指針」と呼ばれるこの文書は、1975年1月にOECD理事会で設立が決定され3月に第一回会合が開かれた国際投資・多国籍企業委員会において検討されてきた。この問題を日本との関わりのなかで唯一検討した福田博は、1976年の著書でその成立過程と内容を詳細に論じている[2]。だが、「あとがき」でも書いているように、「OECDにおける討議の内容は、ほぼ全面的に不公表扱いとなっており、本書の記述にあたっても、できるだけ突っ込んだ記述につとめながらも、この点につき再三留意せざるをえなかった」[3]。もしそうだとすれば、この多国籍

---

(1) OECDの多国籍企業ガイドラインは、1976年に採択ののち、1979年、1982年、1984年、1991年、1997年、2000年、2011年に見直しや改訂がなされているが、これが注目されるようになったのは、「グローバル・コンパクト」や「多国籍企業行動規範（案）」の策定をはじめとする国際連合での取り組みおよび、環境問題や企業の社会的責任（Corporate Social Responsibility；CSR）、知的財産権や人権などが問題となった2000年以降の改正であった。日本との関わりにおいて多国籍企業ガイドラインに触れたものとして、吉田昌哉「企業行動を変える ——『OECD多国籍企業行動指針』への問題提起について」『労委労協』2015年1月、35-42頁；北島隆「ネスレ争議とOECD多国籍企業行動指針」『労働法律旬報』2014年2月25日、6-10頁；古川景一「OECD多国籍企業行動指針活用の意義」『労働法律旬報』2014年2月25日、11-6頁；鈴木宏二「『OECD多国籍企業行動指針（2011年勧告）』—— 今回の改訂版の特徴と意義」『ワークアンドライフ：世界の労働』42-6頁；「企業リスクの言葉 OECD多国籍企業ガイドライン」『企業リスク』2011年10月、60-2頁；清水亨「『OECD多国籍企業行動指針』の改定をめぐって」『世界の労働』2010年11月、20-6頁；岩附由香「サプライチェーンと人権のCSR —— ラギー報告、ISO26000、OECD多国籍企業ガイドラインの改定から見えてくるCSRの新しい時代と日本」『季刊労働法』2011年秋季、102-15頁；武田和夫「知的資産情報の開示に係るOECDの取組み」『社会とマネジメント』2009年10月、27-35頁；南諭子「EUにおけるCSRと環境保護 —— 国際環境法の視点から」松本恒雄、杉浦保友編『企業の社会的責任』勁草書房、2007年、179-96頁；労働政策研究・研修機構編『グローバリゼーションと企業の社会的責任 —— 主に労働と人権の領域を中心として』労働政策研究・研修機構、2005年、とくに32-47頁；神田秀樹「企業と社会規範 —— 日本経団連企業行動憲章

やOECD多国籍行動指針を例として」『ソフトロー研究』2005年、3-37頁；王暁南「OECD多国籍企業ガイドラインの機能の再検討──2000年改正後のガイドラインを中心に」『大学院研究年報』2005年2月、403-19頁；「OECD多国籍企業ガイドライン──企業責任に関する主要なツール」『OECD政策フォーカス』（電子版）、2003年12月、1-8頁；渡邊ひな子「アジア太平洋地域における国連グローバルコンパクトとOECD多国籍企業ガイドラインについて」『連合国際レポート』2002年2月15日、4-9頁；川村泰久「OECD化国籍企業ガイドラインの概要」『STAKEHOLDERS』2002年、40-2頁；「OECD多国籍企業ガイドライン」『OECD政策フォーカス』（電子版）、2001年8月、1-8頁；ライナー・ガイガー「講演　OECD多国籍企業ガイドラインの概要」『世界の労働』2001年4月、40-3頁；「フォーラム：OECD多国籍企業ガイドライン」『OECD Observer』2001年3月、28-39頁；高橋真弥子「改訂OECD多国籍企業ガイドラインについて」『グローバル経営』2001年2月、23-6頁；「企業の国際的イメージダウンを避けるためにもOECD多国籍企業ガイドラインの遵守を──外務省経済局川村国際機関第二課長よりOECDにおける議論の模様を聞く」『STAKEHOLDERS』2001年、45-8頁；田中光雄「多国籍企業に関する国際協力と連帯の発展へ向けて──OECD多国籍企業ガイドラインについて」『連合国際レポート』2000年12月15日、7-8頁；吉田昌哉「改正OECD多国籍企業ガイドラインが採択」『連合国際レポート』2000年12月15日、13-7頁；生田正治「OECDが多国籍企業ガイドラインを改訂」『Keidanren』（電子版）、2000年7月、58-9頁；渡辺萌「OECD多国籍企業ガイドラインと『環境』──企業に期待される『より高いレベル』の取組み」『グローバル経営』2000年3月、20-3頁；小田克起「OECD多国籍企業ガイドラインについて──賄賂の防止、消費者利益を目的に改定」『STAKEHOLDERS』2000年、20-2頁；辻峰男「改訂・OECD多国籍企業行動指針（案）」『京都学園大学経営学部論集』2000年3月、25-45頁；恒川謙司「多国籍企業ガイドライン、来春に改訂」『世界の労働』1999年5月、30-40頁；地球・人間環境フォーラム編『世界の環境アセスメント』ぎょうせい、1996年、417頁；最首太郎「OECD多国籍企業ガイドラインの法的効果──政治的合意のもつ法的意義に関する一考察」『法学新報』1995年12月、223-45頁；小寺彰「多国籍企業行動指針の法的意味」総合研究開発機構編『経済のグローバル化と法』三省堂、1994年、16-26頁；小寺彰『多国籍企業と国際法──多国籍企業行動指針の背景とその機能』総合研究開発機構、1985年；「紹介　OECD多国籍企業行動指針の順守状況」『海外労働時報』1983年3月；「〈資料〉OECDの多国籍企業行動指針」『海外投資研究所報』1976年8月、44-51頁；蒲野宏之「OECD多国籍企業行動指針」『経済と外交』1976年8月、20-6頁；「OECD多国籍企業ガイドラインとわが国独禁法の関連規定」『公正取引情報』1976年6月、7-8頁；岡野安宏「多国籍企業ガイドラインと海外投資」『金融財政事情』1975年9月、5頁。

(2)　福田博『多国籍企業の行動指針──OECD宣言の解説』時事通信社、1976年。また、福田博「OECD多国籍企業行動指針」『財経詳報』1976年7月、12-6頁も参照。

企業ガイドラインの成立過程について福田はどこまでなにを明らかにし、こんにちどのような問題が積み残されているのだろうか。

予備的討議　OECDにおける多国籍企業問題の討議の起源は、福田によれば1968年までさかのぼることができるが[4]、多国籍企業ガイドラインの成立という観点からみるとき、それはその前史として二つの予備的討議を基礎としていたのだということができる。まず最初に挙げられるべきは、1971年8月に設立された「レイ委員会」と呼ばれる「貿易ハイレベルグループ」の設置である。このレイ委員会は、国際貿易に関わる諸問題の「新たな解決」のため、個人の資格で参加する10カ国の代表から成るもので、その報告書は1972年9月にOECD事務総長に対して提出された。福田はこれについて、「国際経済上の新しい問題」として多国籍企業に関する国際協力が必要であり、これを推進するためにOECDが重要な役割を担いうることを強調したことが大きいと評価している[5]。

　このレイ委員会とその報告書が多国籍企業ガイドラインの成立との関係において重要なのは、それが多国籍企業に対するOECD諸国の基本的な考え方を明らかにしたという点においてである。福田によると、レイ委員会において提示された多国籍企業に対する考え方は、これ以後のOECDにおける多国籍企業問題に討議にあたり、多国籍企業に関する「基本的考え方」となったのだとされているが[6]、それは少なくとも三つに整理できるだろう。第一に、もっとも重要だと思われるのが、「経済効率を高める」多国籍企業の活動が「ダイナミックな世界経済の活力の一つ」であり、「一般に」「受入国の経済成長の刺激剤になる」ということである。すなわち、多国籍企業の成長は、「一国の枠を越えて企業活動が組織化され」た結果として、「生産の国際化」と「市場の相互依存関係」が「強まった」ことの「当然の帰結」なのだというわけである。このことがより具体的に示唆しているのは、多国籍企業が「資金、技術、経営手法を先進国間または先進国と開発途上国間で移動するうえで、重要かつ積極

---

(3)　福田、前掲書358頁。

(4)　同上書96頁。

(5)　同上書98頁。

(6)　同上書98頁。

的な役割を演じている」ということであり、「多国籍企業を受け入れる側の国に新しい雇用をつくり出し、労働者の職能技術を向上させ、産業構造を改善し、地域開発に貢献する」のだということであり、「もっと一般的にいえば、生産資源の一層有効な活用、全世界の能率の向上、経済成長に貢献している」のだということであった[7]。「経済効率を高める」多国籍企業は世界経済の成長に寄与するものであり、その「受入国」にも資本や技術の移転および雇用の創出をもたらすのであるからその活動は保護され促進されるべきである、というのがOECDの多国籍企業に対する一致した理解の核心にあったのである。

　ただ、レイ委員会のメンバーたちは「多国籍企業の急速な発展」が「しばしば心配されている」ことをも認識していた。それは端的にいえば、多国籍企業がその受入国の政治や経済、社会を支配してしまう可能性に対する「心配」である。これが「基本的考え方」の第二の点である。というのも、受入国と比較するとき「多国籍企業の経済力のほうが相対的に強い」うえに、受入国の「国民経済の特定部門が海外（の親会社）で決めた意思決定に左右される」からである。「多国籍企業は変転する環境にすばやく適応する能力を持っている」ため、「受入国の生産や雇用に影響を及ぼすのではないかという心配」や、「多国籍企業が受入国で優位に立ってしまうのではないかといった心配」を惹起するのだというのである。そのうえ、多国籍企業には、「域外適用の問題」、すなわち「海外子会社の活動に対して親会社のある本国の法規を適用する」ことに関わる問題や、多国籍企業の「移転価格操作と税制」のような国内法との関係、「財務操作と資金管理」をつうじた「短期資金の移動」に対する影響など、さらに考慮すべき問題もあるのだとされた[8]。多国籍企業の活動は「経済効率」の観点から保護され促進されなければならないが、それと同時に、多国籍企業の活動がもたらすこれらの問題をも解決する必要があったのである。

　それゆえ、その解決するための努力が不可欠となるのだが、そのためには「漸進的アプローチ」が必要だとされた。これが「基本的考え方」の第三の点である。なぜならば、「海外直接投資と、とりわけ急速に拡大している多国籍企業

---

(7)　同上書99頁。

(8)　同上書100頁。

とは、現在、質量ともに発展しつつある」が、「こうした動きに関する基礎的
事実については、いまだ知識が不十分である」からである。多国籍企業の活動
がもたらす諸問題に対処する前にまずすべきは、多国籍企業の活動に関する「知
識」の習得なのであり、それが「漸進的」の意味するものだったのである。そ
のうえで、この「漸進的アプローチ」は、「国際協力」によりなされる必要が
あるのだとレイ委員会の報告書は強調する。というのも、「これに対処するに
は、多国籍企業の本国または受入国の政府の一方的な行動によってではなく、
国際協力によったほうがもっと有効」だからである[9]。

　こうして、レイ委員会のメンバーたちは、「多国籍企業についての体系的な
調査に着手する」ことを主張し、OECD こそが海外投資と多国籍企業の問題
を取り扱う「最も適切な国際的な場」であると指摘した。というのも、OECD
は「すでにこの問題のある側面について検討を進めてきている」からである。
すでに国際商業会議所（International Chamber of Commerce; ICC）が1972年
11月に発表した「国際投資に関する指針」のなかで多国籍企業に触れていたこ
とを考えると、これらの説明には疑問の余地があるが、ここで「検討」すべき
問題として掲げられていたのは、「投資要因、海外投資家に対する受入国での
待遇（内国民待遇）、紛争解決、収用と補償、資本規制と金融の難易、税制、特
許の使用と保護、反トラスト政策、債券市場の規制、企業会計と企業内価格操
作、多国籍企業の営業方針、意思決定の方法と人事管理政策、研究開発政策、
貿易パターンと産業構造に与える影響など」であった。報告書によれば、これ
は「政府の政策と多国籍企業自身の行動について共通原則に合意する必要があ
るかどうか、それが可能かどうかについて決定する際の基礎となるもの」だと
され、いわば、のちに多国籍企業ガイドラインとして結実するような行動指針
の策定の基礎だと意義付けられていたのである[10]。

　新執行委員会　　このレイ委員会報告書を受け、OECD はその内容を検討
するため1972年10月に新執行委員会を設置し、12月から討議が開始される。こ
れがもう一つの「予備的討議」である。国際投資と多国籍企業の問題について

---

(9)　同上書100頁。

(10)　同上書100–1頁。

も「全体的観点」から議論されることとなったが、福田によれば、当初は、「国際投資問題の一環として多国籍企業問題を取り上げれば足りるという考え方」、すなわち国際投資の促進という観点から多国籍企業問題を取り上げるべきだとする立場と、「多国籍企業の活動の適正化を確保する見地から多国籍企業問題に重点を置くべきだとする考え方」、すなわち多国籍企業の活動をより積極的に規律すべきだとする立場、この二つの考え方が対立し、討議はなかなか進展しなかったのだという[11]。だが、1973年6月の第12回OECD閣僚理事会がコミュニケのなかで「多国籍企業を含む国際投資問題および他の問題」に関する新執行委員会の作業を「推進するよう指示」したことを受け、新執行委員会はまず7月の第4回会合において、多国籍企業の実態に関する研究を推進するとともに、多国籍企業の行動指針を作成する可能性を探求することで合意したのである。ただ、この段階でなされたのは、あくまで多国籍企業の行動指針についての素案ないし多国籍企業の定義に関する「予備的な検討」にとどまっていた[12]。

　その後、1974年11月の第8回新執行委員会においてあらためて国際投資および多国籍企業問題が取り上げられ、福田によると、ここではOECDにおけるこの問題の検討方法について二つの重要な結論が出された。第一に、多国籍企業の問題が国際投資一般の問題と「並行的に取り扱われるべき」だとするものである。すでに触れたように、多国籍企業問題の検討においては二つの考え方が対立していたが、この結論の含意は「多国籍企業問題の作業が遅れている」ことに鑑み「これを一層推進する」ことにあり、これは事実上、国際投資の促進という観点から多国籍企業問題を取り上げるべきだとする立場の後退を示唆していた。というのも、この時期、国際連合においても多国籍企業問題が討議されており、その影響が憂慮されていたからである[13]。それゆえ、こうした結論の背景を知るには、国連での議論状況を概観するのがよいだろう。

国連での動き　　福田が指摘するように、多国籍企業問題が国連で全面的に

---

(11)　同上書102頁。これはアメリカと西ヨーロッパ諸国とのアプローチの相違として表れた。260-1頁。

(12)　同上書102-3頁。

(13)　同上書103頁。

取り上げられるようになったのは、アメリカの多国籍企業である国際電話電信会社（ITT）が1970年のチリ大統領選挙に介入し、社会主義的だとされたアジェンデ政権の成立を阻止しようとしていたことと関連している。これが1972年に発覚すると、チリ政府は多国籍企業の問題を国連の場で取り上げるよう要求し、ラテンアメリカ諸国もまた国連において直ちに「多国籍企業『規制』のためのコード」を作成するよう主張したのである。これに対して、いわゆる「西側」の「先進国」は、多国籍企業の「実態」を「客観的」に把握することがまず必要であり、多国籍企業は開発途上国の開発にも貢献しているのだから、「規制」のみを目的とした政府間の討議には応じがたいと反論した。その結果、1972年7月の第53回国連経済社会理事会（ECOSOC）は妥協策として、政府間協議に先立ち、「中立的な有識者」による事務総長の諮問グループの召集を決議する。この有識者グループは、「多国籍企業の役割と開発の過程、特に開発途上国の開発過程に与える影響ならびに国際関係に対して持つインプリケーション」を検討することとされ、「各国政府がこの面での政策を策定する場合に利用することができるような結論」を出し、「適切な国際的行動のための勧告を行うよう要請する」ことが求められたのである[14]。

　こうして国連では、多国籍企業問題をめぐる二つの動きが結実する。その一つが、国連事務局による1973年8月の報告書「世界開発における多国籍企業」である。四部からなるこの報告書は、有識者グループにおける議論を促進するためにそれに先立って作成されたものであり、第一部において多国籍企業を「工場、鉱山、販売事務所等の資産を二カ国以上において支配するすべての企業」と定義したうえで、第二部では多国籍企業の発展のパターンや組織、経営政策等を、第三部では多国籍企業と主権国家との関係を、特に開発途上国との緊張関係や国際通貨および貿易体制に対する影響等を論じ、これを受けて第四部では、多国籍企業の受入国および本国の政府、多国籍企業、労働組合等が採りうる政策を検討し、国連をはじめとする国際機関、特に国連が積極的な行動をとるべきだと主張している。福田は、この報告書の特色について三つにまとめている。①多国籍企業の経済開発における貢献を一般的には評価しつつも、「開

───────────────

(14)　同上書188-90頁。

一　OECD 多国籍企業ガイドライン再考

発途上国や労働組合を被害者に、多国籍企業を加害者とみなす見方が支配的」
である。②「雇用と労働問題、課税と移転価格、国際収支、貿易、国際投下問
題等のここの問題領域については立ち入った分析はほとんど行っていない」が、
それにも関わらず「多国籍企業の役割、ことにその望ましくない影響を重視す
る見方を前面に出している」。③多国籍企業に関する国連を中心とした国際行
動の必要性を強調し、「『多国籍企業の力の行使』を指導するため」の国際的機
関を設け、「国際社会に対する多国籍企業のある種の責任制度」の導入を要請
している。そのうえで福田は、この「レポートの論調」について、「わずか数
年前（1970年）の『第二次国連開発の一〇年のための国際開発戦略』に関する
総会決議」が一方で開発途上国に「外国民間資本を迎え、促進し、その有効活
用を図るために適切な措置を採用する」よう求め、先進国に対しては「開発途
上国への民間資本の流れをさらに奨励するための従来以上の措置をとる」こと
を要請していたことを想起するならば、「国連における多国籍企業に対する観
点が大きく変化したことを物語っている」のだと、やや批判的に振り返ってい
る[15]。

　また、もう一つの結実が、有識者グループによる報告書である。この有識者
グループは個人の資格で事務総長から任命されたメンバーからなり、上述の国
連事務局の報告書をたたき台として1973年9月から1974年3月まで四回にわた
り会合し、6月に報告書をまとめた。その報告書は、一般的な問題を検討した
第一部と個別的な問題を取り扱った第二部、さらにメンバーのコメントを収録
した第三部からなり、それぞれのメンバーの立場やイデオロギーの差異にも関
わらずかなりの範囲で意見の一致を見、53にもわたる勧告を行っている。ただ、
その勧告の対象は多国籍企業ではなく、多国籍企業の本社のある本国およびそ

---

[15]　同上書190-2頁。この国連事務局の報告書に対する福田の態度は、そのまま、多国籍
　　企業問題をめぐる先進国の開発途上国に対する態度を示しており、興味深いものである
　　が、それゆえにこれはやや割り引いて受け止める必要があるのだといえる。なぜならば、
　　OECD もまた、すでに触れたように国連事務局と同様、多国籍企業問題に対する態度を
　　変えていたからである。多国籍企業の問題を国際投資の問題とは区別して議論する必要
　　性を感じさせる国際状況は OECD と国連とを問わず存在しており、国連事務局の報告
　　書はそうした状況に対する反応の国連版として理解するのが妥当であろう。

の受入国の政府、そして国連であった。福田によれば、この報告書の考え方の特色は三つにまとめることができる。①南北格差の縮小が緊急の課題であるとする認識に立っていること、②多国籍企業は開発途上国の発展に寄与しうることも認めていること、③多国籍企業の活動に伴う弊害面（主権侵害や経済的独立に関わる政治的弊害および、国際収支上の問題や脱税、工場閉鎖といった経済的弊害）を強調していること、がそれである。全体として、「先進国」間の問題はOECDで議論されており、国連での討議はもっぱら南北問題の視点からである、と福田は整理していた[16]。

　この有識者グループの報告書は、1974年からはじまる第57回国連経済社会理事会において討議され、はじめて政府間の問題として多国籍企業問題が取り上げられることとなる。その結果、8月には、のちに多国籍企業（Transnational Corporation: TNC）をめぐる「コード」（規定）を討議することとなる政府間の国連多国籍企業委員会および、この委員会のもと多国籍企業に関する情報の収集・分析を行うこととなる多国籍企業情報研究センターの設置が決定され、多国籍企業委員会は1975年3月、第一回会合をニューヨークで開催した。ここでは、「先進国」と開発途上国との多国籍企業問題をめぐる対立があらためて顕在化したが、その要点は以下のように整理することができる。一方で開発途上国は、そもそも国連における多国籍企業問題の討議がチリの大統領選挙に対するアメリカ企業の介入に端を発し、この多国籍企業委員会が「多国籍企業のネガティブな面に対する関心から設立された」ことを考えると、「最優先事項はコードの作成」であり、その内容は「経済権利義務憲章第二条」を基本とすべきで、コードの対象は政府ではなく多国籍企業とすべきだと主張した。ここでいう経済権利義務憲章第二条とは、天然資源、外国投資および多国籍企業に対する国家の主権ないし規制する権利を定めたものであり、このことからコードは多国籍企業の活動を国家が「規制」するためのものだということができる。他方で「先進国」は、これに対して、コードの作成は「優先事項」ではあるが、それは多国籍企業に関する「十分な調査検討の後に取り組むべき」ものであり、その対象は多国籍企業のみならず国家（受入国および本国）をも含んだ、義務

---

(16)　同上書192-5頁。

的ではないものであるべきだと主張した。「本委員会が優先的に取り扱う問題」
は、「政治的立場を離れ」た「多国籍企業の政治的、経済的、社会的側面の研
究および情報収集システムの完備」なのだというわけである[17]。多岐にわたる
多国籍企業の活動に関する「研究および情報収集」（あるいは、レイ委員会のい
う「知識」の習得）には明らかな終わりがないだろうから、これは事実上、コー
ドの作成それ自体をできるかぎり先延ばししようとしたものであった[18]。

OECD における討議の開始　　このように、国連において開発途上国から
の要求に直面していた OECD 諸国は、それゆえに開発途上国に対する態度を
明確化する必要にせまられていたのだといえる。1974年11月の第 8 回新執行委
員会は、そのために OECD における多国籍企業問題の検討方法についてさら
にもう一つの結論を出すこととなった。それが第二に、国際投資・多国籍企業
委員会の設置である。これまで OECD には国際投資と多国籍企業の問題を全
般的に扱う常設機関がなかったことから、事務局がこれを提案し、最終的に合
意されたのである。一部に「時期尚早論」や「消極論」があったため、この委
員会の存続期間は暫定的に二年とされたが、多国籍企業ガイドラインをはじめ
とする多国籍企業問題は、これ以後、この委員会で討議されることとなったの
である[19]。

　こうして国際投資・多国籍企業委員会の設立は1975年 1 月の OECD 理事会
決議により正式に決定され、3 月に第一回会合が開催された。では、史料が「全
面的に不公表」であるために詳細を明らかにできないという不利な状況のなか
で、福田はこの委員会での討議をどう議論していたのだろうか。これに関して
福田はまず、この国際投資・多国籍企業委員会が、他の専門委員会のように「実
態研究的な性格の作業」を行うものではなく、「政策指向型作業に重点を置い
ている」ものだとしたうえで、この委員会の目的と付託事項に関して記述して
いる。すなわち、この委員会の設置の目的は、「国際投資および多国籍企業の
活動の分野」について「一般的にバランスのとれた方法」による「作業の進捗
を図るため」に「国際協力を強化すること」だとされ、付託事項では、従来か
らの国際投資をめぐる検討（「公的な投資奨励および抑制要因」、「外資系企業の内

---

(17)　同上書197-9 頁。

国民待遇」）とともに、以下の「加盟国の行動提案」を準備する審議を行うことが要請されていた。それは、「情報交換の改善」、「統計の改善と調和」、「企業に適用される統一的行動基準」、「不服申し立てを取り扱う手続き」である[20]。

---

(18) 実際、この時期に試みられたようなコードは現在においても策定されておらず、本書も触れている1970年代にはじまったコード策定の動きは1990年代に中断している。この経緯を概観するには、Tagi Sagafi-nejad (in collaboration with John H, Dunning), *The UN and Transnational Corporations : From Code of Conduct to Global Compact*, Indiana University Press, 2008が便利であるが、日本との関わりを意識しつつこの問題を考察したものとして、板倉美奈子「多国籍企業に対する国際的制御の歴史的展開 —— グローバル化と『新しい公共圏』」『法の科学』2006年、20-31頁；根岸可奈子「多国籍企業と国連グローバル・コンパクトの関係 —— グローバル・コンパクトが企業の自発性に委ねた理由を中心に」『大学院研究年報』2009年2月、とくに95-6頁；根岸可奈子「国連における多国籍企業の行動基準 —— 1972年から1993年を中心に」『比較経営研究』2011年3月、77-95頁；池島祥文「『開発の民営化』と国連機関による多国籍企業規制の転回」『横浜国際社会科学研究』2013年8月、とくに14-24頁；筒井晴彦「国連が多国籍企業規制の条約づくりを開始」『経済』2015年12月、154-61頁。

　また、1970年代からのコード策定の動きを日本側との関わりのなかで論じたものについては、たとえば、小島清「国連での『多国籍企業行動規範』作り —— 新国際経済秩序の『宣言』にとどまるか」『世界経済評論』1977年8月、4-17頁；小島清「国連での『多国籍企業行動規範』作り2 —— 多国籍企業の積極的貢献を活用する新方向」『世界経済評論』1978年6月、14-22頁；吾郷真一「国連による多国籍企業の規制」『国際問題』1980年3月、15-30頁；小原喜雄「国連における多国籍企業の行動基準の作成過程について」『商學討究』1981年3月、103-33頁；鈴木多加史「国連における多国籍企業観の変遷 —— 多国籍企業悪者的視点から開発への利用へ」『世界経済評論』1981年12月、61-70頁；相原正雄「国連『第8回多国籍企業委員会』に出席して」『世界の労働』1982年10月、42-5頁；堀部博之「多国籍企業行動規範 —— 国連多国籍企業委員会の作業」『明星大学経済学研究紀要』1984年12月、113-5頁；平石雄一郎「国連の『多国籍企業行動基準（草案）』」『租税研究』1985年5月、76-8頁；浜谷喜美子「国連の多国籍企業行動基準」『月刊自治研』1988年1月、92-4頁；小島清「国連での『多国籍企業行動規範』作り3 —— 対立する南北の基本態度とコード完成の見通し」『世界経済評論』1983年3月、17-22頁；南昭二「多国籍企業の規制 —— 『国連多国籍企業行動綱領』を中心として」『産研論集』1989年3月、99-119頁；中村洋子「国連の機構改変と対多国籍企業方針の転換」『日本の科学者』1993年10月、624-9頁。

(19) 福田、前掲書103-4頁。

(20) 同上書104-5頁。

この国際投資・多国籍企業委員会は1975年3月から1976年にかけて全10回開催されるが、福田によれば、多国籍企業ガイドラインについての討議は、第一回会合において決められた委員会のなかの「小規模な起草グループ」の設置により「大いに促進された」のだという。起草グループは、「自発的参加の原則」のもと、日本をはじめアメリカ、イギリス、西ドイツ、カナダ、オランダ、スウェーデン、ベルギーの8カ国から成り、その任務は、「本委員会の討議の基礎となる案文の作成」と「討議結果の取りまとめ」であった。行動指針のあり方をめぐる各国の調整は困難をきわめ、「一時は合意が不可能ではないかという危惧の念も持たれた」が、1975年末までの勧告提出期限を半年延長し、9回の起草グループでの作業を経て、ようやく1976年6月に閣僚理事会での採択に漕ぎ着けることとなったのである[21]。

多国籍企業ガイドラインとは　そこで、ここではまず多国籍企業ガイドラインの全容を、本書の問題関心である「日本イメージ」の再定義の観点から、二つの視角に絞って概観してみよう。すなわち、多国籍企業とその役割をどう考えていたのかという視角と、開発途上国との協力についてどう考えていたのかという問題である。なぜならば、多国籍企業の役割を明らかにするという企図に注目することで、その裏返しとして日本をはじめとするOECD諸国(≒「先進国」)が直面した国家の/日本の役割の問い直しに目を向けることができるからである[22]。

多国籍企業ガイドラインとは、正確には、多国籍企業をめぐる討議の結果として第15回OECD閣僚理事会において採択された一連の文書、「国際投資およ

---

(21)　同上書106頁。

(22)　多国籍企業に対する日本の政策決定者たちの認識を明らかにするもっとも有用な方法は、多国籍企業とはなにかという「定義」に着目することである。だが、福田も指摘しているように、OECD多国籍企業ガイドラインの策定過程における度重なる討議にも関わらず、多国籍企業の定義は断念されており、多国籍企業の行動の指針は、どちらかというとその機能的な側面(多国籍企業の役割および評価)という観点から議論されていた。こうした多国籍企業の定義が断念されるプロセスもまた興味深いものではあるが、本章では「日本イメージ」の再定義をめぐる問題関心(日本の位置付けや役割がどう再定義されてきたのか)から、多国籍企業の役割および評価の側面に注目することとしたい。同上書123-4頁。

び多国籍企業に関する宣言」、「多国籍企業の行動指針に関する政府間協議手続きについての理事会決定」、「内国民待遇に関する理事会決定」、「国際投資の促進要員および抑制要因に関する理事会決定」の四つのうち、最初の「宣言」に添付された「付属書」であった。この「国際投資および多国籍企業に関する宣言」は五つの項目からなり、加盟国が自国の領域内で事業活動を行っている多国籍企業に「多国籍企業ガイドライン」の遵守を共同で勧告した第一項にはじまり、外資系企業を国内企業より不利に取り扱うべきではないことを記した「内国民待遇」、国際直接投資に対する公的措置をとる場合には他国に対する影響を考慮して国際投資の「自然な流れ」を確保するよう述べた「国際投資の促進要因および抑制要因」（国際投資のインセンティブ・ディステンセンティブ）、さらにはこれらをめぐる政府間手続きについては上記の理事会決定に従うことを明記した「協議手続」と、これらの分野における協力強化のために三年以内の再検討を行うことを定めた「再検討」が含まれている。福田によれば、「理事会決定」および「勧告」には OECD 条約に規定があるが、多国籍企業ガイドラインが添付された「宣言」はそのような規定に基づいたものではなく、閣僚理事会がその「政治的意図」を表明するために採用しはじめた形式だという。いわば、加盟国に法的な義務を負わせるものではないが、その実現を加盟国政府に求めるというかたちで事実上の「協力」を要請するものだったといえるだろう。加盟国は OECD 閣僚理事会で合意したのだから、それに拘束されるのだというわけである[23]。

　こうして多国籍企業ガイドラインは、OECD の多国籍企業に対する態度を記した「序文」に続き、多国籍企業が守るべき指針を示した「一般方針」が掲げられ、以下各論として「情報公開」、「競争」、「財務」、「課税」、「雇用および労使関係」、「科学および技術」の章が設けられている。以下では、その全体像をつかみ「日本イメージ」の再定義をめぐる諸問題を明らかにするため、多国籍企業ガイドラインの「序文」および「一般方針」を中心にみていきたい。

　まず、「序文」で重要となる項目は以下の三つである。第一に、多国籍企業

---

(23)　同上書112-5頁。多国籍企業ガイドラインが法的拘束力を持つべきかについては、OECD 内部でも議論があったが、かなり早い段階で法的拘束力を持たないものとして定めることに決着していた。118-9頁。

に対する OECD の「評価」を記した第一項である。すなわち、多国籍企業ガイドラインによると、多国籍企業は「加盟国の経済および国際経済」において「重要な役割」を果たしているのだという。ここでいう「役割」とは大きく二つに分けられる。それは①国際投資をつうじて「資本、技術及び人的資源の国家間における効率的な利用に寄与することにより多国籍企業の本国及び受入国に実質的な利益をもたらすことができ」るということであり、②そのことにより「経済的及び社会的福祉の増進のために重要な役割を果たすことができる」ということである。福田が指摘するように、OECD は1961年12月の閣僚理事会における「資本自由化コード」の決定以来、国際的な資本移動を積極的に進めてきており、多国籍企業に対するこのような「評価」はその延長線上にあるものだということができる。ただ、多国籍企業ガイドラインは同時に、二つの点において多国籍企業の活動がもたらす弊害にも言及していた。一つは、「多国籍企業による国家のわく組みを超えた事業活動の組織化の進展」が「経済力の集中の濫用及び国の政策目標との衝突をもたらす可能性がある」ということであり、これは受入国の政治、経済および社会に対する影響に関わる諸問題である。そしてもう一つは「多国籍企業の有する複雑性並びにその多様な組織、事業活動及び方針を明確に認識することの困難性」が「時として懸念を生じさせる」ということで、多国籍企業の透明性の欠如に関する諸問題である[24]。

　多国籍企業の役割に対する OECD のこのような「評価」が示唆しているのは、第二に、第二項で述べられているように、この多国籍企業ガイドラインが加盟国の「共通の目標の達成を助けること」と「外国投資環境の改善に寄与すること」を目指していたということであった。ここでいう「共通の目標」とは、「経済的及び社会的発展に対する多国籍企業の積極的な寄与を促進すること並びにその各種の事業活動がもたらす困難を最小にしかつ解決すること」である（傍点、筆者）。福田は、「ここで留意すべきこと」として「まず多国籍企業の積極的な寄与を最初にあげている」ということを指摘しているが[25]、本書の問題関心からすれば、このことの持つ意味についてはさらに検討する必要がある

---

(24)　同上書119–20頁。

(25)　同上書120頁。

だろう。というのも、こうした目標は、のちの「近代を超える」報告書のなか
で目指されていたものと同様のものだったからである。

　それは、二つの点で従来のものとは異なる新たな目標であった。一つは、「経
済的および社会的発展」に対する多国籍企業の「積極的な寄与」を「促進」し、
「並びに」、多国籍企業の活動がもたらす「困難」を「最小にしかつ解決する」
という、多国籍企業ガイドラインの目標の背後にある認識のパターンが、多国
籍企業という一つの行為主体がもたらす「積極的な寄与」と「困難」とを完全
に切り離せるのだとする前提に基づいていたということである。こうした認識
のパターンは、こんにちからみればそれほどおかしなものではないと思われる
かもしれない。だがそれは、《「困難」を最小にするような多国籍企業の「積極
的な寄与」を模索する》ことではないことを想起するとき、「積極的な寄与」
と「困難」とが因果関係の連鎖のなかで密接に結び付いた一つの行為の裏表で
あるかもしれない、という前提を捨て去った、新たなものであったということ
ができる（これが新たなものだと多国籍企業ガイドラインの策定者たちも認識して
いただろうことは、この目標が第一のものとしてわざわざ強調されていたことに暗
示されている）。多国籍企業による「資本、技術及び人的資源」の「効率的な利
用」の促進（「積極的な寄与」）が、その結果として「経済の集中の濫用」や「国
の政策目標との衝突」（「困難」）を推し進めたのではなかったのか。あるいは、
国連における多国籍企業問題の討議にみられるように、「経済的及び社会的福
祉」を「増進」しようとするという多国籍企業の「積極的な寄与」がほとんど
必然的に「困難」をもたらすからこそ、開発途上国は、多国籍企業の活動を「規
制」するための「コード」の策定を要求していたのではなかったのか（ここで
注意すべきは、開発途上国が求めていたのがあくまでも多国籍企業の活動の「規制」
であって、多国籍企業の活動の「拒否」ではなかったということである。開発途上
国もまた、「先進国」と同様、多国籍企業が一定の「積極的な寄与」をもたらすこと
は認めていたのである）。だが、多国籍企業ガイドラインに示されたOECDの
理解からすれば、これらに対する答えはNOなのであった。多国籍企業の活動
がもたらす「長所」と「短所」とが完全に切り離せるのだと考えるOECDか
らすると、多国籍企業の活動の「長所」を伸ばし、「並びに」、「短所」を減ら
すことは可能であり望ましいことでもあるのだとされたのである。これは、多

国籍企業が動きやすいようなかたちでのグローバルな市場に対する事実上の介入の試みであった。

　このことは、この目標の優先順位に関わるもう一つの点に影響を与える。というのも、多国籍企業ガイドラインを設定した目的が「外国投資環境の改善に寄与すること」であることに示されているように、OECDは、「経済的及び社会的発展」に対する多国籍企業の活動がもたらす「長所」（「積極的な寄与」）の促進すなわち「多国籍企業の本国及び受入国」における「実質的な利益」と「経済的及び社会的福祉の増進」を目指しており、多国籍企業の活動がもたらす「短所」については、それが生じてしまったときにはじめて問題とされるものだったからである。このことも、こんにちからみればあたりまえだと思われるかもしれないが、この背後にある前提に目を向けてみると興味深い事実が浮かび上がってくる。すなわち、多国籍企業ガイドラインによれば、多国籍企業がもたらす「長所」は、それが起こる前からその促進が目指されているのに対して、多国籍企業の「短所」は、それが起こったあとにのみその抑制が目指されるのである（この違いは、多国籍企業の「積極的な寄与」は「促進」が目指されているのに対して、多国籍企業の活動がもたらす「困難」は「最小にし解決する」ことが目指されている点に如実に示されている〔傍点、筆者〕）。もちろん、多国籍企業ガイドラインにおいては、「短所」の抑制のために一定の自制が求められてはいる。だが、そこでも、多国籍企業のもたらす「短所」は多国籍企業だけの問題ではないとされたり[26]、費用対効果を考えたうえでなされるべきだとされたり[27]、あるいは、国際法等に定められた共通の枠組みではなく「事業活動が行われるそれぞれの国における法律、規則並びに一般的な労働関係および雇用慣行のわく内において」といった限定付きでの自制が求められるにすぎなかった

----

[26]　たとえば、「一般方針」第7項では多国籍企業の腐敗行為（贈賄）の禁止が定められているが、その規定は、「賄賂または他の適正ではない利益」を「提供すべきではない」とするだけではなく、「提供することを求められ、また期待されるべきではない」として、暗に受入国側にも多国籍企業をめぐる腐敗行為の原因があることをほのめかしているのである。同上書131-2頁。

[27]　多国籍企業ガイドライン（1976年）の「情報公開」の章を参照。「多国籍企業の行動指針」同上書219-20頁。

のである（傍点、筆者）[28]。

　こうした多国籍企業ガイドラインの目的およびOECD諸国の追求する「共通の目標」が持つ意味をやや踏み込んで検討した理由は、第三に、「序文」第三項で示されているように、それが開発途上国との協力における「先進国」の方針と密接に関わっていたためであった。なぜならば、OECD諸国による開発途上国との協力方針とは、「多国籍企業による積極的な寄与を促進すること及び多国籍企業の活動に関連して生じ得る問題を最小にしかつ解決することによりすべての国民の福祉及び生活水準を向上させるという観点」から支持を与えるのだとされているからである。このことは少なくとも二つのことを意味する。一つは、これが開発途上国の多国籍企業問題に対する態度を退けるものだということである。なぜならば、福田のコトバを借りると、OECDの立場は開発途上国が主張する「多国籍企業性悪論的な考え」[29]の否定を意味するものだからである。またもう一つは、多国籍企業問題をめぐる開発途上国との協力の目的が「国民の福祉及び生活水準の向上」だとされていることである。これを裏返していえば、「国民の福祉及び生活水準の向上」に役立たないと「先進国」（OECD諸国）が判断した場合には、開発途上国との協力を支持しないことを示唆するものである。より具体的にいえば、多国籍企業は序文第一項で宣言されているように、多国籍企業の本国及び受入国に「実質的な利益」をもたらすことができ、また「経済的及び社会的福祉の増進のために重要な役割を果たすことができる」のだから、その活動の「規制」を主な目的とするような開発途上国の要求には応じられないのだというわけである。

　問題の所在　このように、OECDでは、多国籍企業の活動が「国の政策目標との衝突をもたらす可能性がある」との認識のもと、多国籍企業の活動を国家の活動と「調和」させ、そのあり方を多国籍企業ガイドラインというかたちで規定しようとしていた。これを、本書の問題関心である「日本イメージ」

---

[28]　多国籍企業ガイドラインの「雇用及び労使関係」の章を参照。「多国籍企業の行動指針」同上書221-3頁。多国籍企業がグローバルに活動していることを考えるならば、その自制がグローバルな基準にではなく国ごとの法規に基づいたものとしてガイドラインに規定されていたことは、驚くべきものとしてもっと指摘されてもよいはずである。

[29]　同上書121頁、191頁。

の再定義という観点からみるならば、OECD多国籍企業ガイドラインの策定
過程が示していたのは、多国籍企業の活動を国家の／日本の活動と「調和」さ
せようとする試みが多国籍企業の役割を明らかにすることの裏返しとして国家
の／日本の役割の問い直しをともない、そのことが開発途上国との協力に影響
を及ぼすことになったということである。その結果、多国籍企業ガイドライン
に示されているように、多国籍企業が「実質的な利益」と「経済的および社会
的福祉」をその本国および受入国にもたらすことができるとする役割について
の「評価」に基づき、多国籍企業の活動がもたらす「長所」(「積極的な寄与」)
を「促進」し「短所」(「困難」)を「最小にし解決する」という「目的」に沿っ
たかたちで、国家と多国籍企業の活動は「調和」されるべきだとされたのであ
る。

　実際、このことは、世界における国家の／日本の役割のあり方、あるいはそ
の背後にある「日本イメージ」の再定義に関して二つの「新しい」意味を持つ
ものだといえる。一つは国家の／日本の役割をめぐるもので、これまで「福祉
国家」のようなかたちで国家が提供してきた「福祉」の一部または全部を多国
籍企業に肩代わりさせようとしていたということである。これは事実上、「福
祉」を提供するという国家の役割をOECD諸国(≒「先進国」)が手放したこと
を示唆しており、さらに踏み込んでいえば、OECD諸国はこれからは「福祉」
を提供するという役割を必ずしも担わないということを宣言したことを意味し
ていた。多国籍企業ガイドラインのいう「経済的および社会的福祉」の中身が
なにかについては明確にされてはいないが、それが辞書的な意味(社会の構成
員に対して等しくもたらされる経済的・社会的環境)を大きく外れていないのだ
とすれば、このことは意図の有無に関わらず二つの結果の実現を目指したもの
であった。第一に、こうした「福祉」を、国家の管轄から多国籍企業が活動す
る「市場」の管轄に移管しようとしていたということであり、第二に、その結
果として社会の構成員に「等しく」もたらすという「福祉」の重要な役割を国
家が事実上放棄しようとしていた(いまふうの言い方をすれば、「アウトソーシ
ング」しようとしていた)ことであった。換言すれば、OECD諸国はもはや必ず
しも国民の「福祉」には重要な役割を果たさないのだとされたのである。

　またもう一つは、「長所」を伸ばし「短所」を減らすという「新しい」日本

の役割の指針に関するもので、多国籍企業の活動がOECD諸国の考える「長所」(「実質的な利益」≒「積極的な寄与」)をもたらしているかぎりにおいては、これを積極的に支援するということである。このことが意味しているのは、「市場メカニズム」の尊重というかたちで「自由貿易」や「自由市場」を擁護するという掛け声にも関わらず、OECD諸国は多国籍企業がその利益を「促進」できるよう、それを阻害するさまざまな障害を除去するために、積極的に介入するということであった[30]。このような観点から多国籍企業ガイドラインの各論である「情報公開」、「競争」、「財務」、「課税」、「雇用および労使関係」、「科学および技術」の章を読み直してみると、そのきわめて興味深い一面が浮かび上がってくる。というのも、これらは、多国籍企業に「自制」を求めるというかたちで間接的に「市場」のあり方にOECD諸国が介入することを宣言するものに読めるからである。また、開発途上国との協力に関する方針をこのような視角からみてみることも重要だろう。なぜならば、それは、OECD諸国にとっての「利益」と「福祉」という観点から、多国籍企業の活動に対する支援をつうじて、開発途上国の内政に対する積極的な介入を企図したものにみえるからである(これらは、必ずしも開発途上国にかぎられたものではなく、アメリカ政府の日本政府に対する「構造改革」の要求などにもあてはまるだろう)。

---

[30] こうした日本政府の主張は、「主要国首脳会議」に際して福田赳夫副首相が「かんじんな点は6カ国が資源は無限ではない点を認識すること」だと指摘し、「近代を超える」プロジェクトのなかで「『地球の有限容量』という壁」として意識されていたものを合わせて考えると意義深いものである。というのも、ここで示唆されているのは、資源の有限性や開発の限界性により量的拡大が困難となったこんにちにおいては、字義どおりの「自由主義」ではもはやうまくいかないのだ、という認識だからである。しかも、ここにはさらに二つの逆説的な要素が埋め込まれている。第一に、日本のエリートたちはこの時期(「現在」)、「自由主義」を推奨していたということである。また第二に、日本は「過去」において、幼稚産業や衰退産業の保護のように、必ずしも「自由主義」に基づいた経済政策を採ってはこなかったということである。もしそうだとすれば、これはかなり後ろ向きな自由主義だということができる。なぜならば、この自由主義は「『地球の有限容量』という壁」が設定する、人びとの手では変えられない「枠」のなかでの「自由主義」だからであり、「自由主義」を維持するためにはつねにその前提である「枠」を維持しなければならないからである。「自由市場」の擁護を掲げながら「市場」に対する積極的な介入を企図していたのはこのような理由からであったといえるだろう。

二　初期の対立状況と討議の難航 —— 1975年 ——　　303

　もしこのように議論できるのだとすれば、OECD 多国籍企業ガイドライン
の成立過程について福田の整理を踏まえつつさらに検討すべきは、ガイドライ
ンの「目的」とそれに基づいた多国籍企業の役割、さらには開発途上国との協
力（「国際協力」）に関して日本政府がどのような態度をとってきたのか、とい
うことになるのだといえる。多国籍企業ガイドラインにおいてこれらの諸問題
が取り上げられていたのは「序文」（「前文」）および「一般政策」といった総
論部分だったから、本章で主に議論されるのはこれらをめぐる日本側の態度に
なるだろう。また、多国籍企業ガイドラインが多国籍企業の活動とその領域（≒
市場）に対するサポートを意味するのだとすると、「市場」および「市場メカ
ニズム」に対する日本側の理解についても目を向ける必要があるだろう。なぜ
ならば、日本をはじめとする OECD 諸国は、一方で「資本移動の自由化」と
いう目的のもと「自由市場」を擁護しながら、他方でその目的を実現するため
に市場に対するサポートというかたちで事実上の介入を企図するという、相反
する方針を「市場」に対して採っているようにみえるからである。

二　初期の対立状況と討議の難航 —— 1975年 ——

（1）ガイドラインの目的

　OECD 国際投資・多国籍企業委員会（以下、多国籍企業委員会と略記）の第一
回会議は1975年3月3-4日に開催された。冒頭、OECD 事務総長からこの
委員会の「任務」に関する「簡単な発言」があり、OECD 多国籍企業委員会
は、多国籍企業（Multinational Enterprise: MNE）に関する「行動基準」を策
定し、国際投資問題として「投資インセンティブ・ディスインセンティブ」や
「内国民待遇についてのガイドライン・協議手続」を検討し、さらに具体的な
問題として、産油国からの直接投資に対する加盟諸国の態度についても取り上
げるべきだとされた。そのうえで、この両日は事務局文書 IME (75) 1[31]をたた
き台に、これから討議すべき論点を抽出する作業が行われたが、事務局がまず
一応の考えを示したうえで各国の意見を聴しこんご文書を書き直すためのもの
にとどまり、とくにガイドラインについては「起草グループ」を設置してそこ
で検討されることとなった。本章の問題関心であるガイドライン設定の目的、
多国籍企業の役割（評価）、および開発途上国との協力についても、とくにガ

イドライン設定の目的および多国籍企業の定義と関連して以下のような議論がなされた。

　まず、多国籍企業ガイドラインを設定する目的について、IME(75) 1 はパラグラフ 5 でこう述べている。「多国籍企業行動基準は望ましいと判断される企業の行動を、以下の観点から記述するものである。(a)国家間のおよび一国内での生産資源の効率的利用のプロセスにおける積極的な役割を維持すること、(b)同時に、国際的な構造のもとに活動する企業の決定がもたらす影響に対処するための、関連する国内法規の不完全さに起因する現実的あるいは潜在的な摩擦を最小化すること」[32]。この事務局案が示すように、ガイドラインが当初から多国籍企業のもたらす「長所」(「積極的な役割」)を「維持」し、「同時に」その「短所」(「摩擦」)を「最小化」することを目指していたことがわかる。

　ただ、ここで興味深いのは以下の三点である。第一に、事務局案では多国籍企業の「積極的な役割」の「維持」が目指されていたにすぎず、ガイドラインに最終的に書かれたような「最大化」ではないということである。また第二に、事務局案では、多国籍企業がもたらす対処すべき「摩擦」として、すでに現実に存在するものに加え、これから起こりうる「潜在的な」ものまでもが含まれていたということである。さらに第三に、そのような「摩擦」が生起する理由として、事務局案では、国際的に活動する多国籍企業の決定がもたらす影響に対処するにあたり、国内法規が「不完全」であるためだとされていたことである。つまり、事務局からすれば、この「摩擦」の主な原因は国家の側にあったことになる。

　これに対してはさすがに、多国籍企業委員会のメンバー、とくにオランダとアメリカの代表から、「不完全」だからではなく「調和」が「欠如」しているためだとするよう指摘がなされ、西ドイツ代表もまた、「調和」が目的である

---

(31)　"Multinational Enterprise : Standards of Behaviour applicable to the Enterprise ; Intergovernmental Procedures for dealing with possible Complaints ; Improved Exchange of Information and Improved and Harmonized Statistics" 14th February, 1975,「OECD 国際投資・多国籍企業委員会文書」(2009-0418)、外交史料館。以下、この文書は、OECD で付された文書番号、IME(75) 1 と略記する。

(32)　ibid.

二 初期の対立状況と討議の難航 —— 1975年 ——

から多国籍企業をナショナルな枠組みのなかに閉じ込め規制するべきではない
と強調していた[33]。いわば、グローバルに活動することから利益を得ている多
国籍企業を、国家がナショナルな枠組みで規制することなしにどう「調和」し
ていけるのか、さらにいえば国家の役割と多国籍企業の役割との「調和」とは
どのようなものなのかが、こんごの論点として残されていたのである。これは
やがて、「国際協力」(とくに開発途上国との協力) の推進というかたちで結実す
ることとなる。

　では、そこでいう「多国籍企業」とはなにか。この多国籍企業の定義につい
て、事務局案はこれを適用可能性との関係で議論し、「行動基準は、OECD に
本拠を置く多国籍企業および国際投資を行う企業に適用するものとし、OECD
地域におけるその活動をカヴァーするものとする」とした。そのうえで、多国
籍企業の定義についてリスト方式(多国籍企業の特色を列挙するもの)と直接投
資のありように着目する方式とを挙げ、後者のほうが客観的な基準に基づいて
おり有利だと指摘している[34]。これについては基本的に異論はなかったが、二
つの点がさらに議論されるべき論点として挙げられることとなった。一つは、
多国籍企業の役割をどう評価するのかという点である。たしかに、多国籍企業
が生産資源を効率的に利用しようとするグローバルな活動により「積極的な役
割」を果たし、それがしばしば国際投資というかたちを伴っていることはすで
に明らかにされている。だが、より具体的に、そこでいう「積極的な役割」と
はどのようなものであり、それは国家の役割とのあいだにどのような「摩擦」
を引き起こしうるのかについては、さらに議論が詰められる必要があったので
ある。というのも、多国籍企業委員会のメンバーからは、事務局案に対して、
「一定の基準で一定以上のもののみを含めること」、あるいは「目的に応じかか
る基準を変えること」などが提案されていたからである。そのうえ、この事務
局の定義では、非 OECD 地域に形式上の本拠を置く多国籍企業に対しては適
用されないため、多国籍企業の役割については、ガイドラインの目的および定
義との関係において OECD 諸国の態度をより明確化する必要があったのであ

---

[33]　平原毅 OECD 代表部大使発〔宮沢喜一〕外務大臣宛、1975年3月14日、460号、「OECD
　　国際投資・多国籍企業委員会(第1、2、4、7、9〜11)」(2009-0406)、外交史料館。

[34]　IME(75)1, op.cit., 外交史料館。

る[35]。

またもう一つは、開発途上国との関係に関する点である。多国籍企業委員会では、OECD地域外で活動する多国籍企業をガイドラインの対象外とすることに関して「第一義的には了承できる」としながらも、OECD地域に本拠を置く多国籍企業の非OECD地域における活動についても関心を有しており、将来的には開発途上国における活動にも適用されることが一考されるべきとの考えが「多く述べられ」、とくに国連などにおける多国籍企業検討作業に鑑み、開発途上国との関係での行動基準の検討は重要との意見が西ドイツなどから強調された[36]。このことが持つ意味は、「行動基準」の策定がOECD諸国の政府間協議手続きと関連付けられて構想され、理事会からそのあり方の検討について付託されていたことを想起するとき[37]、より重要である。なぜならば、こうした協議手続きが必要だとされたのは、この時期さまざまな場面で表明されていたように、多国籍企業に関する諸問題を含む国際経済問題が一国では解決できないとする前提に基づいていたからである。それゆえ、この考えを論理的に突き詰めていけば、こうした政府間協議はやがて非OECD諸国（≒開発途上国）にも拡大していかなければ、その実効性を持ちえないことになるだろう。これは、のちに議論されるように、開発途上国との協力のあり方をめぐる諸問題が議論される必要があることを示していた。

第一回起草グループ　こうして、一応の意見開陳が各国からなされたのを受けつつ、ガイドラインを討議するための第一回起草グループが1975年4月3-4日に開催された。参加国はイギリス、スウェーデン、ベルギー、オランダ、西ドイツ、日本、アメリカの各代表であり、「EEC」がオブザーヴァーとして参加することとなった。討議はIME(75) 1のANNEXにある以下のものを含むのだとされ、それはそこで示された10のセクションのうち、総論のセクションI「一般的な行動基準」を除いた9つのセクション（セクションII（産業政策）、セクションIII（合弁事業）、セクションIV（情報公開）、セクションV（金融）、セクションVI（制限的慣行と競争）、セクションVII（買収、合併）、セクションVIII（課

---

(35)　前掲460号、外交史料館。

(36)　同上。

(37)　同上。

二　初期の対立状況と討議の難航——1975年——　　307

税)、セクションⅨ（雇用と産業関係）、セクションⅩ（科学技術））に分かれて議論されることとなった[38]。これにみられるように、第一回会合は、まずこれらの各論に関する技術的な問題が討議され、最後に総論である「前文および一般政策」が検討された[39]。

　ただ、この第一回起草グループでは個別の論点をめぐる各国の立場表明が中心であり、「前文」に関しては、アメリカ代表から国連の「ECOSOC での西側のポジションを害しないよう注意すべし」との意見が出たほかには、企業や外国資産の接収等に対する補償のあり方についてコメントが出た程度だった。結局、第一回会合での議論を踏まえつつ、事務局が、唯一独自の案を用意していたアメリカ側の主張を事務局案に取り入れた改定案を作成することで散会した[40]。多国籍企業ガイドラインの策定に対するアメリカ側の態度は、「熱意があるわけではない」が「協力の用意はある」とする消極的なものであり、その基本的立場は、①「行動基準」の策定により資本自由化コードや内国民待遇等に関するガイドラインといったより広範な国際的協調（undertakings）が明示されること、②各国は MNE を衡平に（equitily）かつ国際法に従い取り扱うよう規定するとともに、租税・ディスクロージャー等はすでに各国国内法規があるため、追加的義務のないようにすること、というものであった[41]。それゆえ、アメリカ案が「前文」に関連するガイドライン設定の目的および多国籍企業の役割の評価に関して、「多国籍企業の活動の積極的な利益を最大化し、望ましくない結果を最小化するような行動基準が望ましい」としており、また「多国籍企業の活動は本国と受入国に利益をもたらすから多国籍企業は利益創造的であり、その行動に不適合な基準は国際投資とその利益を減ずると確信する」と書いていたことはそれほど不思議ではなかった[42]。事務局案はすでに、これま

---

[38]　"Forthcoming meeting of the drafting group on standards of behaiviour for multinational enterprise", 10th March, 1975（2009-0406）、外交史料館。

[39]　事務局によれば、この文書は、理事会決定 IME (75) 1 ANNEX に基づき、全体の枠組みを示したものであった。"Working Paper: STANDARDS OF BHABIOUR FOR MNE'S", 1st April, 1975（2009-0406）、外交史料館。

[40]　平原発外務大臣宛、1975年4月8日、619号（2009-0406）、外交史料館。

[41]　前掲460号、外交史料館。

でのOECD理事会における協議をもとに多国籍企業が「生産資源の効率的な利用に効果的に貢献しており」、「経済社会福祉の最大化に重要な役割を演じる」としていたが[43]、アメリカ案はこれをさらに推し進め、多国籍企業の活動は「利益創造的」だからその行動に「不適合な基準」は「利益を減ずる」のだとすることで、多国籍企業の活動のあり方に沿ったガイドラインの策定を求めていたのである。それゆえ、アメリカ側からすれば、国家は多国籍企業の活動とその領域（≒市場）に対して二つの方向性で介入することが企図されていたのだといえる。すなわち、「多国籍企業の活動の積極的な利益を最大化」する方向と「望ましくない結果を最小化する」方向であった。

日本の位置付けの再確認　では、このような状況のなかで日本側はどのような態度をとっていたのだろうか。日本政府は、この第一回多国籍企業委員会および第一回起草グループに向けた訓令を出していたようだが、入手可能な史料のなかにはそれが見当たらない。そこで、第一回起草グループにおける日本代表の発言の断片を拾い集めながら、日本側の多国籍企業ガイドラインに対する姿勢をまとめてみたい。

すでに述べたように、第一回会合では個別の論点について議論がなされたが、まず日本側の発言が確認できるのは、その冒頭、一般的な立場の表明がなされていた場面であった。ここでアメリカ代表は準備していたアメリカ案を提示し、「野心的でない案」を考えたのだと発言したのだが、日本側はこれと関連して二つの態度を示している。一つは、多国籍企業ガイドラインの策定に対しては「来訓のとおり慎重なアプローチを求める」というもので、より具体的にはOECDの他の「各種委員会との合同WPのアイディアを披露した」のである。このことから、日本側のいう「慎重」とは、他の委員会との調整などを行いながら時間をかけて策定することを意味していたのだといえる。というのも、アメリカ側はこれに先立って、「本件行動基準は本年中に策定の予定」だが、「投資委員（多国籍企業委員会を指していると思われる──筆者注)」のみでガイドラインの策定作業をすすめても「各種委員会や国連での検討をプレジャッジす

---

(42)　"Note from U.S. Delegation : STANDARDS OF BEHABIOR BY MULTINA-TIONAL ENTERPRISES", no date（2009-0406)、外交史料館。

(43)　"Working Paper", 1st April, 1975, op.cit.、外交史料館。

二　初期の対立状況と討議の難航 —— 1975年 ——　309

る怖れがある点に懸念を深めている」ため、「まず、投資委員会で6ヶ月くらい審議し一般的なものをつくり、その後各種委員会で18ヶ月くらい細部をつめる」という、長期的なプランを提示していたからである[44]。

　またもう一つは、アメリカ代表が多国籍企業ガイドラインについて「一般的なもの」を望んでいたにも関わらず、日本代表は必ずしもそうではなかったということである[45]。なぜならば、西ドイツ代表がこのアメリカ側の発言に対して「あまりにも一般的なものは日本側の指摘のとおりOECDの権威を損ないかねず、かといって長い間できないと同様に政治的な害が出てくるので、ある程度早期にまとめなければならない」と発言しているからである。西ドイツ側からすれば、あまりにも「一般的なもの」でもダメだが、「情報公開」に関してスウェーデン代表が提出した案のように「細目にわたるものは現在取り上げられない」のだった[46]。ここには、どのようなガイドラインをいつまでに策定

---

[44]　前掲619号、外交史料館。

[45]　日本側のこの態度は、ランブイエ・サミットにおいて「簡潔な宣言案文」（≒「一般的なもの」）に固執していたことと対比すると興味深いものである。この違いは、イシューが異なるからだといってしまえばそれまでだが、では、この両者のイシューの違いはどこにあるのかを考えてみると、一方でサミットにおいては、「宣言」により行動が制約されるのはサミットに参加している「先進国」自身であり、みずからの行動を方向付ける「宣言」をみずからで策定しようとしたものであるということができる。これに対してOECD多国籍企業ガイドラインが行動を制約するのは多国籍企業であって、「先進国」が（みずからの行動ではなく）多国籍企業の行動を一方的に方向付けようとしたものであったといえるだろう。つまり、日本側は、みずからの行動を方向付けるものについては「一般的」なものを目指していたが、みずからのものではないものの行動を方向付けるものに関してはより「特定的」なものを目指していたのだと推察されるのである。

　このことの持つ意味をさらに論理的に突き詰めていけば、日本政府は、みずからの行動の「自由」については確保しながら、他のアクターの行動に関しては一定の規制を設けようとする志向性を持っていたのだといえるだろう。実際、第4章で論じたように、「主要国首脳会議」にあたって外務省が準備していた文書によれば、主要分野について実質的な合意がなされた場合でも、「ステートメントにおいては予め首脳会議での討議の内容を具体的な形で特定するようなことは避ける」べきだとされ、首脳会議で取り上げるべきでない事項の筆頭には、「わが国長期経済計画目標達成にとり制約を課すが如き決定」が挙げられていたのである。

[46]　前掲619号、外交史料館。

するのかをめぐる対立が垣間見られ、「各種委員会の意見を待つべきではない」
（オランダ）、5月末の閣僚理事会のときに草稿を持っているべきではないか（イ
ギリス）等のコメントがあり、スウェーデン側も「あまりに一般的なものには
反対する」と言明していたが、議長は、こんどの基準案を、一般的すぎずあま
りに特定的でもない、また、（日本側の質問に答え）本自発的グループの同意さ
れたレポートではなく本委員会での討議のベースとなる、しかも本グループの
参加国も委員会でさらにコメントを行いうるようなものにしたいとまとめ、一
応の決着をみたのである[47]。

　このあと、起草グループは「情報公開」から順番に個別の問題を議論するこ
ととなる。「情報公開」について日本側の意見が出されたのは、イギリス代表
が「本コードは国内企業と MNE の双方に適用可能なものにしたい」と述べた
のに対してベルギー代表が反発し、アメリカ代表が「MNE 受入国の国内法を
尊重するという一文をいれてはと提案した」ときだった。日本代表はベルトラ
ン（Raymond Bertrand）OECD 貿易外局長とともに、「OECD 域内の投資に関
する項目を入れることには疑問」だと主張したのである。その結果、議長はこ
の趣旨を「前文」において盛り込む方向で考えることとなった。また「参加権
取得及び合併」については、イギリス代表がみずからの案を提示し、「本行動
基準は英案にあるように原則として OECD 域外にも適用しうるべき」だとし
たのに対してアメリカ側が反発し、これを受けて日本側もまた「イギリスの普
遍性に対する考慮はわかるが、本作業の狙いは域内の MNE（国内企業とは異な
るもの）の検討にありと指摘しておいた」のだという。「合弁企業」をめぐっ
ては、日本側は西ドイツ代表およびアメリカ代表とともに、「OECD 域内投資
について合弁形態を奨励する必要はないと主張」し、イギリス側の主張を支持
したが（ベルギー、オランダなどはやや具体的に過ぎると指摘）、日本側からすれ
ば、イギリス案の「Enterprises should so far as practicable seek the involve-
ment of local interest」（企業は参加可能なかぎり合弁事業を求めるべきである）
や末文の「経営の全レベルにおける現地国人の参加」は行き過ぎであり、「トー
ンダウンの要あり」だったのである。イギリス側は、これに関して国連の

---

　(47)　同上。

二 初期の対立状況と討議の難航 ── 1975年 ──

「ECOSOC の作業を念頭において書いた」とし、この記述が開発途上国向けの
ものだと明かしたが、このことから日本側は、とくに開発途上国における現地
との合弁事業や現地人の参加に対しては否定的だったことがわかる。

こうした姿勢は、技術移転等に関する「テクノロジー」についての日本側発
言にも表れており、イギリス案にある「企業は産業財産権の使用のためのライ
センスの供与、あるいはテクノロジーの移転の際には、それぞれの市場の条件
に合致したかたちでそうすべきである」に異議を唱え、イギリス側が、この条
項は国際商業会議所の行動基準案にもあるとの主張にも関わらず「国連での技
術移転の議論との関連で慎重に扱う必要があり」と強調し、環境に関する規定
についても、アメリカ側とともにテクノロジーとは別の箇所で書くよう主張し
ていた。また「雇用及び労使関係」についても日本側は、イギリス案にある「企
業はそのマネジメントにおいて雇用者とその代表の参加を最大化するよう求め
るべきである」に対して、ベルギーやオランダが国内で検討中につき態度表明
できないと発言した機を捉え、「本アイテムの趣旨が労働側の参加感の確保に
あるならばその方法は国により一様ではない」と指摘、この条項に反発してい
る。このあとに議論された「制限的商慣行」、「金融」についてはとくに日本側
の発言はなかった[48]。こうして第一回起草グループは終了し、第二回会合は4
月30日に開催されることとなった[49]。

これらの議論は、本書の問題関心である「日本イメージ」の再定義の観点か
らみると興味深いものである。というのも、ランブイエで開催された第一回「主
要国首脳会議」において、日本側は、「アジアからの唯一の参加国」として「こ
れからの世界の最大の課題は、南北の格差是正」だと指摘したうえで、「特に、
世界最多の人口を擁し、多くの途上国を抱えるアジアには、もっとも緊急な課
題である」から「アジアに位する日本としては重大な関心を有せざるをえない」
と強調していたからである。それなのになぜ、OECD 多国籍企業委員会では、
開発途上国（そこでは、主に「アジア」諸国が想定されていると思われる）に進出
した日本の多国籍企業の経営に関して開発途上国側の人びとの参加に消極的な

---

[48]　同上。

[49]　平原発外務大臣宛、1975年4月15日、658号（2009-0406）、外交史料館。

態度を示し、開発途上国に対するライセンスや技術供与について否定的な立場を採っていたのだろうか。日本のエリートたちは、1970年代の世界のなかで日本をどう位置付けどのような役割を果たす国家だと認識していたのだろうか。

これを解くカギは、「主要国」≒「先進国」の首脳会議にアジアから「唯一」参加したのだとする日本の政策決定者たちの自負にありそうである。なぜならば、それは日本が「アジアに位する」存在でありながら、他の「アジア」諸国（≒開発途上国）とは峻別されるべきだとする、日本の位置付けを示しているからである。日本の政策決定者たちからすれば、たしかに日本は「主要国首脳会議」で言明したように地理的にみるとヨーロッパでもアメリカでもない「アジア」に位置しており、その意味において他の「先進国」とは異なっているが、その「アジア」のなかでは日本は「唯一」の「先進国」であり、経済の「発展段階」あるいは「近代化」のレヴェルにおいて他の「アジア」諸国（≒開発途上国）よりも「進んで」いるのだから、それらとは峻別されるべきだと考えていたのである。

それゆえ、このような視角から「南北の格差是正」という日本の役割に関わる表現の持つ意味をあらためて考えてみると、その別の側面が見えてくる。というのも、ここには、一方で「アジア」地域に位置する日本と他の「アジア」諸国は、「南北の格差是正」を目指すというかたちで共通の目標に向けた「協力」を志向するのだとされながら、他方でアジアで「唯一」の「先進国」である日本と他の「アジア」諸国とは、「北」と「南」というかたちで明確に峻別されるがゆえにその役割も異なるのだ、とする認識がその背後に見え隠れしていたからである。このような認識を持つ日本の政策決定者たちからみれば、そこから導出される日本の役割とは、他の「アジア」諸国と同列に扱われるべきものではなかった。イギリス案が提示するような、多国籍企業の受入国の人びととのあらゆるレヴェルにおける「協力」、とくに「経営」における「アジア」諸国（≒「開発途上国」）の人びとの参加に対して、日本代表が明確な反対を表明したのは、このような理由からだったと推察されるのである。

第二回起草グループ　以上の議論は IME(75) 4 にまとめられ、第二回の多国籍企業委員会および起草グループの議論のたたき台とされることとなったが、この事務局による要約をあらためて概観すると、本章の問題関心であるガ

二　初期の対立状況と討議の難航——1975年——

イドライン設定の目的、多国籍企業の役割、および開発途上国との協力については、以下の三つの問題が具体的な論点とされていたことがわかる。というのも、OECD事務局は、これら「一般的な問題」に関して「さらなる明確化が不可欠」だと明言していたからである。まず第一に、多国籍企業の役割については、ガイドライン設定の目的との関連で議論されており、第一回会合の議論の結果として「グループは、行動基準の序文において、多国籍企業が本国や受入国にもたらす利益と、行動基準の確立による対立の回避の両方に触れることとなった」。このことが意味しているのは、多国籍企業が国家との関係において「対立」を惹起する可能性があり、それをガイドラインの設定により回避すべきことをOECD諸国が認めていたということである。これは、そもそもガイドラインの策定という作業が多国籍企業の引き起こす問題に対する対処のためにはじまったことを考えれば当然だと思われるかもしれないが、当初の事務局案（IME(75)1）には、多国籍企業の行動が国家とのあいだにもたらす対立の「潜在性」には言及しながら、それを抑制する必要性をガイドラインの設定と結び付けてはいなかったからである。

このような多国籍企業の役割に対する評価がなされた背景には、第一回会合でもたびたび指摘されていたように、国連経済社会理事会（ECOSOC）での多国籍企業コードの策定作業が関係していたのだといえるだろう。事務局はこの点を踏まえ、アメリカ案の「望ましくない結果を最小化する」とする部分をこう追加修正した事務局案を作成している。「加盟国の管轄内で作用する多国籍企業の行動基準の確立は、加盟国と同様に多国籍企業にとっても国際直接投資の環境整備を支援することができ、社会経済福祉の最大化に対する多国籍企業の貢献を最大化し、その活動の望ましくない結果を最小化することに資すると考える」。こうした捉え方の違いは、事務局が認識していたように、多国籍企業の問題を事務局のように国際投資のより広い枠組みのなかで考えるのか、それともアメリカ代表のようにより多国籍企業に特化したかたちで考えるのかの違いでもあった。事務局はIME(75)4でこの両者の統合を試みており、その結果が上記のような多国籍企業の役割に対する評価だったのである[50]。それゆえ、ここで積み残されていたのは、多国籍企業の活動の「長所」（それは、自由な国際投資によりもたらされる「利益」である）と「短所」（それは、国家との「対

立」をもたらすものである）との折り合いをどうつけるのかであった。

　こうして第二に、ガイドライン設定の目的は、多国籍企業がもたらす「利益」を「最大化」すると同時にその「望ましくない結果」を「最小化」するものだとされることとなる。ただ、多国籍企業のもたらす「利益」をどう考えるかについては、第一の論点でもみられたように若干の違いが出てくるため、この部分がさらなる議論のために積み残されていたことがわかる。さらに第三に、このことと関連して開発途上国との協力に関わる具体的な問題は、討議の初期においてはイギリス案が提示したようなセクションⅢ（ジョイント・ヴェンチャー）、セクションⅥ（制限的慣行と競争）やセクションⅨ（雇用と産業関係）、セクションⅩ（科学技術）においてどのような態度をとるのかというかたちで議論されていた。たとえば事務局の整理によると、ジョイント・ヴェンチャーを重視するイギリス代表は、現地の利益を包含するために概念を広げるのが重要だと考えており、これについては原則においていくらかの支持をえたが、グループのメンバーの多くは、このセクションの有用性を疑問視していた。また、メンバーのなかには、セクションⅥ（制限的慣行と競争）やセクションⅨ（雇用と産業関係）、セクションⅩ（科学技術）のようなきわめて複雑な技術的問題を討議することに消極的な姿勢がみられた。本委員会からの指示がないのだから、起草グループとしては活動する国の法や規則を守れという一般的な文言でよいのでは、というわけである。だが大勢は、これらの領域をガイドラインに含むべきだと考えていた。つまり、ガイドラインにおいてどのような問題を取り扱うのかをめぐる問題が積み残されていたのである[51]。

　では、第二回起草グループでは日本側はどのような態度をとっていたのか。結論からいえば、それは第一回の多国籍企業委員会および起草グループでの発言の繰り返しおよび補強であった。すなわち、まず「現地関係者の参加」について、イギリス案の現地参加（local participation）の趣旨はわかるが、「経営のすべてのレヴェルで」というのはやや書きすぎだとして、「企業の経営におけ

---

[50]　"Multinaional Enterprise: Uniform Stansards of Behabiour" 15th April, 1975（2009-0406）、外交史料館。以下、この文書は、OECD で付された文書番号、IME(75)4 と略記する。

[51]　ibid.

る参加」との修文を提案したところ、西ドイツ、オランダ、アメリカの各国が支持し、アメリカは明確に、現地参加には消極的だと発言している。これに対して、オーストラリア代表はアメリカとは正反対の立場だと主張し、イギリス側は日本案に対して、現地参加を骨抜きにするものだと異議を唱えた。また、労使関係に関して、日本側は事務局案「労使関係」の第8項、「企業は、企業の将来に対して重要な決定を説明されるために雇用者とその代表者による評価のための手段を提供すべきである」を問題とし、「企業経営さらに大きくいえば社会組織の根幹にかかわる大問題」であり、きわめて慎重なアプローチが必要だと述べたところ、アメリカ、西ドイツ、スペインが支持した。だが、カナダ代表はより慎重な態度をとり、根本的な問題が残っているため、修文では解決しないので実質的討議をすべしと主張した[52]。

（2）多国籍企業の役割

起草グループの対立軸　これらの討議を受けた成果は、第三回起草グループのためのペーパー（IME/WP/75.1）にまとめられ、そこでは明確化されるべきとされた四つの問題のうち三つは「前文」および「一般政策」に関わる問題であった。すなわち、多国籍企業の定義をめぐる「多国籍企業の概念」、「多国籍企業以外の企業に対するガイドラインの適用可能性」、そして「多国籍企業のためのガイドラインと政府のためのガイドラインのあいだのバランスの問題」である[53]。このペーパーをもとに第三回起草グループは6月10－11日に開催され、その成果はIME（75）7となるが[54]、ここでは日本側が関心を寄せる項

---

(52)　ibid. 日本側はこれに加えて、アメリカ代表の反対にも関わらず、外国法の域外適用における「受入国法規の尊重」の「無用論」を主張し、「制限的商慣行」の総論にあたる事務局案第1項、「企業は業務を行う国の公的なルールや政策を確認すべきである」について、ドイツの支持のもと、「前文」に入れるため全体として整合性を欠くとして削除を主張し、議長は事務局に手直しを指示している。

(53)　"Guidelines for Multinational Enterprises concerning their Activities in OECD Countries", 22nd May, 1975（2009–0406）、外交史料館。以下、この文書は、OECDで付された文書番号、IME/WP/75.1と略記する。この文書は6月5日付で四か所修正されている。"Guidelines for Multinational Enterprises concerning their Activities in OECD Countries", 5th June, 1975 （2009–0406）、外交史料館。

目は議論されなかった模様で、東京に対する報告も史料からは確認できない。日本政府が重視する現地参加を含む問題は、7月11日の第四回起草グループで討議されることとなる（これに先立ち、多国籍企業委員会は7月9－10日に開催されている）。この日は、ガイドラインの「一般政策」と「現地資本の関与」の討議のみで一日を費やした模様で、日本代表も活発に発言している。また、ここには起草グループ（および多国籍企業委員会）における基本的な対立軸がくっきりと表れることとなったので、やや詳しくその対立状況をみていきたい。

　まず「一般政策」に関して問題となったのは、「一般政策」の総論、「情報提供」、「現地資本の参加」の三つの問題であった。第一の問題、「一般政策」の総論については規定のあり方をめぐり二つの方式が示され、日本代表とアメリカ代表が「A方式」を選択したのに対し、選択を明言しなかった西ドイツ以外の諸国（オランダ、ベルギー、スウェーデン、イギリス）が「B方式」を選択した。一方で「A方式」は以下の二項目からなるものであった。

（1）企業は、その業務を行う国の公表された経済、産業、社会政策目的に一致したかたちで活動するよう努力すべきである。
（2）企業は、量的・質的な情報のためにそのような外国業務が引き起こすその国の情報提供要請に対してその外国業務による要請に応じた支援をするよう努力すべきであり、とくに、権威の要請がビジネス上の守秘義務の必要性を尊重するものであるかぎり、業務を行う国の権威からの要請において計画された投資を含むその国での活動に関する計画を知らせるために準備されるよう努力すべきである。

これに対して「B方式」は、「A方式」の（1）の部分が四項目に分けて詳細に書かれた五項目からなっていた。

（1）企業は、その業務を行う国の公表された政策目的に一致したかたちで活動するよう努力すべきである。
（2）企業は、とくに、その活動が経済、社会開発の目的に関するその国の目的および優先性に一致することを保証するよう努力すべきである

⑸⑷ "Guidelines for Multinational Enterprises", 24th June, 1975（2009-0406）、外交史料館。以下、この文書は、OECDで付された文書番号、IME(75) 7と略記する。

二　初期の対立状況と討議の難航 —— 1975年 ——

（3）企業は、とくに、市場の条件に沿い、生産能力の開発のためのナショナルな
　　目的、雇用機会の確保、テクノロジーの提供、研究開発の促進、そして経営
　　技術の革新を考慮しながら、その機能が工業的、地域的開発に貢献すること
　　を保証するよう求めるべきである。
（4）企業は、とくにその業務が環境の保護と改善に責任のある公的な権威の目的
　　と一致することを保証するよう努力すべきである。
（5）企業は、量的・質的な情報のためにそのような外国業務が引き起こすその国
　　の情報提供要請に対してその外国業務による要請に応じた支援をするよう努
　　力すべきであり、とくに、権威の要請がビジネス上の機密保持の必要性を尊
　　重するものであるかぎり、業務を行う国の権威からの要請において計画され
　　た投資を含むその国での活動に関する計画を知らせるために準備されるよう
　　努力すべきである。

一見して理解できるように、「A方式」が第二の問題である「情報提供」に限
定したものであるに対して、「B方式」のほうは受入国の開発に資するような
かたちでの活動をより具体的、詳細に多国籍企業に求めており、そのための雇
用や環境に対する配慮、テクノロジーや経営技術の提供などを明記していた。
ただ、「B方式」に反対する立場からすれば、この点が気に入らない部分であっ
た。アメリカ代表は、B方式が「剰長」で「工業地域開発への貢献など言い過
ぎの部分もある」ものの、各国の希望を採りB方式を選択した場合を考え、（2）
と（3）を合併した案を提示し、事務局がこれをペーパーとして配布すること
となるが、そこでは、受入国の政策とは別個の基準による考慮が要求されてい
た工業的・地域的開発に関する配慮を、受入国の政策に従属させるかたちで、
こう修正されている。

（1）企業は、その業務を行う国の確立された政策目的に一致したかたちで活動す
　　るよう努力すべきである。
（2）企業は、とくに、実行できるかぎり、その活動が、国際収支、環境、工業的・
　　地域的開発、雇用機会の創造、研究開発の促進に関するものを含む、経済、
　　社会開発に関するその国の確立された目的と優先性に一致することを保証す
　　るよう努力すべきである。

このトーン・ダウンされたB方式（アメリカ提案）に対しては、予想されたこ
とではあるが、もとの「B方式」を支持するイギリス、オランダ、スウェーデ

ンの各代表から、（1）および（2）の「努力すべきである」（endeavour to）を削除し、それぞれ「活動すべきである」「保証すべきである」にするよう発言があった。この程度の文言であれば、努力目標ではなくその実現を企業に要求すべきだというのである。これに対して、「A方式」を支持する日本代表は東京の外務省本省にこう報告している。「企業活動は本来市場メカニズムに基づいて行動することにより資源の最適配分に貢献することが眼目であり、かような企業活動を地域開発等の政策目的に沿うようリードするのが本来政府の目的であるから、企業に対しては諸々の政策目的に対する寄与の best efforts 以上を要求するのは行き過ぎなるべきこととして、endeavour to の維持を主張しおいた」[55]。そのうえ、この事務局ペーパーについては、（2）の「国際収支」の削除で合意したが、そこに「環境」を追加すべきだとするオランダ、スウェーデンと、これを不要とする西ドイツとのあいだで対立があり、結論が出なかった。

　このアメリカ代表＋日本代表 vs. イギリス代表＋スウェーデン代表（＋オランダ代表＋ベルギー代表）の対立は多国籍企業の関係国政府に対する第二の問題、「情報提供」についても同様だった。「A方式」の（2）と「B方式」の（5）は同じ文言だったが、これに関してスウェーデン代表は、総論のときと同様「努力すべきである」を削除するよう主張し、アメリカ代表が反対した。この点については、イギリス代表が、「endeavour to」を削除する代わりに、「情報提供要請」に対して企業が行うべき「支援」を強化するため、「provide all reasonable assistance」（「あらゆる合理的な支援を行う」）と「あらゆる合理的な」を追加することを提案し、一応のコンセンサスを得たが、後半の「投資計画を含む計画の提出」と「商業機密の尊重」をめぐり「長い議論」になったのだという。一方で、スウェーデン代表は、オランダ代表の支持のもと、「投資計画を知ることは必須であり、また投資の引上げについても情報をえておく必要がある」との理由から、「計画された投資」とともにその引き揚げについても追記するよう強調し、また商業機密を理由に多国籍企業が情報の提出を拒否するのを避けるため、受入国政府がその必要とする情報を受け取ったあとにその機密

---

　(55)　平原発外務大臣宛、1975年7月15日、1270号（2009-0406）、外交史料館。

二　初期の対立状況と討議の難航 —— 1975年 ——

性について配慮することとするよう、文言の修正を要求した。これに対してア
メリカ代表は、「委員会（多国籍企業委員会—筆者注）における発言と同様に、
受入国の政府系企業が競争相手なる場合などを挙げて反対」、機密保持の必要
性「を尊重するかぎり」との文言も不充分だとして、機密保持の必要性「に一
致するかぎり」と文言を逆に強めるよう主張したのである。これには西ドイツ
代表も、「尊重」の語は「不明確」だとしたが、代案が得られなかったためそ
のまま残された。また、西ドイツ代表は「計画された投資」という文言自体を
削除するよう主張したため、イギリス代表がその趣意を問い質したところ、「他
国政府が自国内の外資系企業から情報を求めること」には「差し支えない」が、
「かような表現があると独政府でも企業の投資決定に干渉しようとの動きが出
てくるおそれがあるので、これを警戒している次第」だと答えた。この西ドイ
ツ代表の発言を受けてベルトラン貿易外局長はこの「計画された投資」の全面
削除を主張したが、スウェーデン代表は反発したため、結局「計画された投資」
を「投資活動」とし、投資の引き揚げをここに含ませることで一応落着した。
　さらに第三の問題、「現地資本の関与」については、まず議論の土台となっ
た IME/WP/75.1 の案文をみてみよう。

　　企業は、〈実際的な要求であるかぎり〉、その業務を行う国における現地資本の関
　与を〈適切に提案を考える〉べきであり、また、メリットの客観的な評価を基礎と
　して、経営（management）において現地人（nationals）を含むようにすべきである。

イギリス代表が国際商業会議所（ICC）のガイドラインを引いて、受入国が合
弁形態を望んだときにそれを「適切に」考えるよう求める案文を推したが、ベ
ルトランは ICC の案文が「発展途上国向け」であるとしたほか、西ドイツか
らも「適切に」とはどういうことかといった反論があり、結論が出なかった。
アメリカ代表は、これを受けて、この問題は受入国の政策を尊重するという問
題なのだから「一般政策」に移してはどうかとの提案があり、これがコンセン
サスとなった。さらに「経営への登用」については、「経営」に「top manage-
ment」を含むのか、支店だけではなく本店をも含むのか、「nationals」には「受
入国々民だけでなく第三国国民も含むか、しからば本件は結局雇用の無差別原

則の問題か」といった疑問が出され、アメリカ代表は「黒人問題等の関連で『メリットの客観的評価を基礎として』との句は困る」と発言した。またスウェーデン代表からは、同国会社法に「Board members がスエーデン人でなければならない（但し特別認可を得れば別であり、かかる認可は通例与えられる趣）」との規定があり、後段の規定は「困る」と主張、ベルトランもスイス法に同様の規定があることを指摘したので、「また」以降の部分はイギリス代表の反対にも関わらず「削除される公算大となった」のである。

　このような議論状況のなか、日本代表もまたこの問題について発言しており、「現地企業との合弁や現地人の経営への登用は本来当該進出企業の政策判断の問題」であるから「現地の法規や政府の方針に反しないかぎり当該企業に任されるべきもの」であって、それにも関わらずこのガイドラインで取り上げる必要があるのだとすれば、それは結局「現地社会との調和的関係の維持という観点からであ」るので、このような見地から「一章を起こすことも有益ではないか」と示唆し、ベルトランの支持を得ている。日本側はこの発言を東京の本省に報告するにあたり、「かような表現はとくにわが国企業にとり有用であるとも考えられる」ので、「適切な修文があれば次回起草委にて提案しては如何」とし、本省の意見を求めている[56]。

　第四回起草グループでは、このあと「制限的商慣行」、「雇用及び労使関係」、「テクノロジー」について若干の議論があったが、ここでの議論のメインは、「一般政策」と「現地資本の関与」の討議であった。また、各国の主張とその背後にある考え方をさらに探求することにも興味を惹かれる。だが、ここでは本章の問題関心である再定義された「日本イメージ」、とくに「新しい」日本の役割の観点から、日本の政策決定者たちの認識のパターンを軸に第四回会合の議論をいま一度振り返ってみたい。

　多国籍企業と国家　　ここには、のちに「国家」と「市場」という枠組みで議論されるようになる「政治」と「経済」の関係、あるいは人為的関与と経済的原理との関係をめぐる「経済外交」のさまざまな問題の一端が表れているが、そこでの論点は大きく分けて二つある。まず第一の論点は、多国籍企業の役割

---

[56]　同上。

二　初期の対立状況と討議の難航 ──1975年──

に関する諸問題である。というのも、再定義された「日本イメージ」の「現在」
の部分、とくに「新しい」日本の役割は、多国籍企業という新たな主体の役割
をどう考えるのかについての議論と密接に結び付いていたからである。ただ、
多国籍企業の役割についての日本側の主張はさらに検討される必要があるとい
える。なぜならば、そこにはいくつかの矛盾する前提が無意識的に共存してい
るからである。それは三つに分けて議論することができるだろう。一つは、「市
場」あるいは「市場メカニズム」と企業の「経営」との関係である。日本代表
のいうように、企業は「市場メカニズム」に基づいた活動により「資源の最適
配分」に対する「貢献」をするのが「本来」の「眼目」だと仮定しよう。だが、
もしそうだとすると、「現地企業との合弁や現地人の経営への登用は本来当該
企業の政策判断の問題」だとする日本側の議論とはどう整合するのだろうか。
というのも、企業の「本来」の活動が「市場メカニズム」に基づくべきなのだ
とするならば、企業の「経営」はその活動を決める中枢であるため（第二回多
国籍企業委員会における発言、「労使関係」は「企業経営さらに大きくいえば社会組
織の根幹に関わる大問題」である、を想起せよ）、「現地企業との合弁や現地人の
経営への登用」に関わる問題もまた「市場メカニズム」に基づいて決定される
必要があり、「企業の政策判断」のような人為的なものが入り込む余地はない
だろうからである。それにも関わらず日本側がこのような主張をしていたとい
うことは、企業が「本来」、「市場メカニズム」に基づいた活動をするものだと
仮定しておきながら、実際には企業活動の中枢（「経営」）について「市場メカ
ニズム」が必ずしも適用されないのだと前提していたことになる。

　また二つは、「市場メカニズム」に基づいた企業活動が「資源の最適配分」
に「貢献」するというときの「最適」が意味するものについてである。ここで
もまた、日本側がいうように、「市場メカニズム」が「資源の最適配分」をも
たらすのだと仮定してみよう。しかし、もしそうなのだとすれば、なぜ「市場
メカニズム」に基づいた活動により「資源の最適配分」に「貢献」するのだと
された多国籍企業は、その進出先である「現地社会」とのあいだにさまざまな
問題を引き起こすこととなったのだろうか。これに関する説明は、少なくとも
これまでの日本側の主張に基づくならば、以下の二つのいずれかだと考えられ
る。すなわち、そのどちらもが「先進国」と「開発途上国」の位置付けを経済

の「発展段階」ないしは「近代化」のレヴェルの観点から峻別し、「南北問題」のようなかたちで「北」と「南」を区分けする見方だが、一つはのちに「近代を超える」プロジェクトのなかで明確に指摘されるように、経済の「発展段階」が「遅れて」いる「開発途上国」は、いまだ「市場メカニズム」のよさを理解できずにいるがためにこれに反発しているのだ、とするものであり、もう一つは、あくまでもそこでいう「最適」さとは、「先進国」ないしは「北」の立場、あるいは多国籍企業からみたものだということである。これらが示唆していたのは、上記のいずれの説明を採るにせよ、日本側は暗黙のうちに、「市場メカニズム」が世界にあまねく「最適」さをもたらすという意味での普遍性を端から否定していたということであった。いわば、「市場メカニズム」とはこの時点においてはせいぜい、「先進国」や多国籍企業にとってのみ有用な、地域特殊的な原則だとみなされていたのである。

　さらに三つは、「市場メカニズム」と「現地の法規や政府の方針」との関係をめぐる問題である。なぜならば、「本来」の企業活動が「市場メカニズム」に基づいたものであるのだと指摘しながら、日本代表は同時に、「現地の法規や政府の方針に反しないかぎり」その活動は「企業に任されるべき」だと強調しているからである。企業活動が「本来」、「市場メカニズム」に基づいた「資源の最適配分」に対する「貢献」をその「眼目」としているのであれば、「現地の法規や政府の方針」よりも「市場メカニズム」が優先されるべきであるはずなのに（実際、やや焦点はズレるが、かつて日本側は、アメリカ代表の反対にも関わらず、外国法の域外適用における「受入国法規の尊重」の「無用論」を主張していた[57]）、なぜ日本側は、「市場メカニズム」が「現地の法規や政府の方針」に劣後するのだと主張していたのだろうか。これを理解するカギは、日本側がこの問題を「現地社会との調和的関係の維持」に関する問題だと捉えていたことに求められる。「市場メカニズム」をよりいっそう機能させるためには「現地社会との調和的関係の維持」が重要であり、そのためには「現地の法規や政府の方針」の「市場メカニズム」に対する優越が暗黙の前提だとされていたわけである。つまり、国家と多国籍企業（「市場」）の役割をどう「調和」させる

---

(57) IME 75（4），op. cit.、外交史料館。

のかという問題について、日本の政策決定者たちは国家の優位を前提とした議論を展開していたのである。

日本の役割の再検討　このように、多国籍企業の活動が「本来」基づくのだとされた「市場メカニズム」は、企業活動の中枢である「経営」には必ずしも適用されず、現時点では全世界に適用される普遍的な原則というよりはその一部（『先進国』）のみに有用な地域的なものであり、さらには「現地の法規や政府の方針」、すなわち国家の法律や政策にも劣後するものだと考えられていた。このことは第二に、多国籍企業の役割との対比における国家の存在意義、あるいは「日本イメージ」の「現在」の部分である日本の役割が以下のように理解されていたことを意味する。この問題も三つに分けて考えることができるだろう。

一つは、国家の存在意義／「新しい」日本の役割が「市場」との関係において理解されていたということである。「本来」の「政府の目的」とは「企業活動を地域開発等の政策目的に沿うようリードする」ことにあるのだとする日本側の発言に示されているように、政府は多国籍企業を含む企業の活動、さらにはそれが基づいているのだとされる「市場メカニズム」を「政策目的に沿うようリードする」役割を担うのだとされていた。いわば、「新しい」日本の役割とは、多国籍企業および「市場メカニズム」をみずからの政策目的に沿ったかたちで「リードする」ことなのだというわけである。ただ、その一方で、OECDがその当初から、国際投資や多国籍企業との関連において「投資インセンティブ・ディスインセンティブ」を議論し、最終的に「国際投資の促進要因および抑制要因に関する理事会決定」として結実したように、各国によるこうした「リード」は「投資の流れ」に影響を与え、他国の利益を損なうおそれがあることから、そのための協議手続きが新たに設けられることとなった。これらを合わせて考えるならば、日本の政策決定者たちは、投資を呼び込む場（≒「市場」）あるいは投資の対象として国家を位置付け、投資の場あるいは対象としてより魅力的なものにするよう、企業およびその投資を国際的に誘致する役割を担う、いわば「市場」の管理者として、国家すなわち日本を再定義していたのである。それゆえ、この「新しい」日本の役割は、いかなる魅力を持った「市場」としてどのような投資を呼び込み、どのような投資を抑制するのか、とい

う観点から再定義されることとなったのである。これは、多国籍企業の「長所」を伸ばし「短所」を減らすというガイドラインの目的を踏襲したものであったが、それと同時に、そのことから導出される国内的な示唆とは、日本のエリートたちが、そこに住む「一般の人びと」の意向よりも企業の顔色を窺うようになったということであった。

　このことが意味していたのは、二つに、日本の政策決定者たちの再定義した「新しい」日本の役割が、企業の「長所」に関してはそれが起こる前から積極的に推し進めようとしていたのに対して、「短所」についてはそれが起こってしまってから事後的に対処しようとする原理・指針を有していたということである。日本代表が起草グループのなかではっきりと指摘していたように、「現地資本の関与」は「現地社会との調和的関係の維持という観点」から考えるべきだとされたが、その含意は、多国籍企業とは「本来」、（上述したような無意識的で暗黙の前提はあるにせよ）「市場メカニズム」に従うことで「資源の最適配分」に「貢献」するのだから、そこで必要となる「調和」とは、多国籍企業がこの「長所」を追求した結果として生み出されてしまう「現地社会」からの反発（「短所」）に対処する方向で模索されるしかないということだった。多国籍企業の「長所」は変えられないものであり、「短所」も必ず生起するわけではないのだから、あらかじめ「長所」を制約するような措置は採れないのだというわけである。いわば、日本の政策決定者たちは、多国籍企業が受入国に「短所」をもたらす可能性を最初から承知のうえで、それが起こるのを未然に防ごうとするよりも、それが起こってしまってから対症療法的に処理しようとしていたのである。

　ただ、この対症療法的な処理は、三つに、事実上、「市場メカニズム」を開発途上国に受け入れさせる方向性を持つこととなる。というのも、「新しい」日本の役割に関する一つ目と二つ目の理解をつなぎあわせるならば、日本は、多国籍企業とそれが基づいているのだとされる「市場メカニズム」（「長所」）を「政策目的」に沿ったかたちで「リード」する役割を担うのだとされ、その役割は積極的に推し進めるべきものだと考えられていたからである。もしそうだとするならば、日本の政策決定者たちは、多国籍企業が進出した開発途上国がどこであれ、その「長所」（「市場メカニズム」）を積極的に推し進めること

なるだろう（これが対外的な多国籍企業の国家による「リード」だというわけである）。ここで、日本側が「主要国首脳会議」のなかで「南北格差の是正」を重視していたこと、また、「市場メカニズム」が暗に全世界に適用される普遍的な原則というよりはその一部（「先進国」）のみに有用な地域的なものだと前提されていたことを想起してほしい。なぜならば、そこでいう「格差」の「是正」とは、「市場メカニズム」に反対する開発途上国とその政府はもちろんのこと、その受け入れに反発する「現地社会」に対しても、「市場メカニズム」をあまねく受け入れさせようとするものに読めるからである。

　議論が錯綜してきたが、「新しい」日本の役割をめぐる以上三つの理解を要約するならば、それは、①一方で国内的には、日本を投資の場（「市場」）あるいはその対象（「商品」）として魅力的なものにするよう「リード」し、②他方で対外的には、多国籍企業の「リード」をつうじた「市場メカニズム」の受け入れを促進するという、③いわば「市場」の管理者であり「市場メカニズム」の宣教師とでもいうべきものであった。

　第五回起草グループ　　この第四回会合の成果は IME/WP75.2-4[58] にまとめられ、これをもとに第五回起草グループの会合が夏休みをはさんだ 9 月 3 日－ 4 日に開催される。ここでは、「前文」および「一般政策」といった全般的な問題に関して議論がなされたが、このことからも推察されるように、各論についての討議は前回までにほぼ一巡し、焦点は総論に移っていった。この総論部分は本章の問題関心から重要であるため、論点をやや詳細に整理していきたい。

　最初に論点となったのは、IME/WP75.2 としてまとめられたガイドラインの「前文」についてであった。これについてはすでに第一回会合のなかで議論されたところではあるが、前述した対立軸に沿った討議の結果として、些細だが重要な修正がなされている。まず、多国籍企業の役割をめぐるパラグラフ 1

---

(58)　IME/WP75.2-4については、"DECLARATION BY THE OECD MEMBER COUNTRIES ON GUIDELENE FOR MULTINATIONAL ENTERPRISES", 28th July, 1975 (2009-0406) ; "DRAFT DECLARION ON GUIDELENE FOR MNE'S", 29th July, 1975 (2009-0406) ; "GENERAL POLICY (Draft Guideline)", 29th July, 1975 (2009-0406), 外交史料館を参照。

について、「国際直接投資は常には有益なものではないとするスウェーデンの反論」により、三つの文言が削除あるいは修正された。一つは、「国際的な直接投資は国家間においても国内的にも生産資源の効率的な利用に効果的に貢献しており」という「効果的に」が削除され、二つは、「長期的な資本移動の自由化を維持し拡大することは経済社会福祉の最大化に重要な役割を演じる」とする部分の「最大化」が「促進」に修正され、三つは、「しかし、ナショナルな枠組みを超えた多国籍企業によるその業務の組織化の前進は、経済力の〔過度な〕集中のための潜在性もまたつくりだす可能性がある」が「経済力の望ましくない集中をときにもたらすかもしれない」と書き換えられたのである[59]。

これに対して、アメリカ代表は、多国籍企業問題をめぐる国際協力のあり方を記したパラグラフ3で攻勢に出、大きく二つの修正に成功している。この討議は、IME/WP75.2に対するイギリス側の修正案をもとに議論されたが、一つは、OECD域内外における国際協力についてで、イギリス案が「加盟国は、他の国際組織において非加盟国とともにこの方向〔この分野における国際協力をあらゆる国ぐにに拡大するという方向—筆者注〕に取り組む努力に対して十分なサポートを与える」と書いたのに対して、日本代表の支持のもと、「他の国際組織において非加盟国とともに」が削除され、OECD諸国が支援の対象とする国際協力の範囲をOECDの枠内に制限するように変えた。またもう一つは、「MNEの積極的貢献につき言及方要求」したため、OECD諸国が支援する対象の一つだとされた「あらゆる人びとの福祉と生活水準の改善に向けられたあらゆる努力」の文言に加筆し、「多国籍企業がなしうる積極的な貢献を促進することによりあらゆる人びとの福祉と生活水準の改善に向けられたあらゆる努力」との修正が行われたのである[60]。

このスウェーデン（＋イギリス）vs. アメリカ（＋日本）の対立がOECDの

---

(59) 平原発外務大臣宛、1975年9月5日、1523号（2009-0406）、外交史料館。

(60) 同上。国際協力については、このほかパラグラフ4〜6でも議論されたが、本章の問題関心に関わる問題は討議されていない。ただ、スウェーデンが「法の抵触の調和化」について、「今世紀初頭より北欧諸国間の法制調和化を試みたが、むしろ害のほうが多いと感じている」との発言は、スウェーデンの多国籍企業に対する立場ともあわせて考えると興味深い。

二　初期の対立状況と討議の難航 ── 1975年 ──

起草グループのなかでどのような雰囲気を醸し出していたのかについては、ガイドラインの適用対象等に関するパラグラフ7〜9をめぐる議論が参考になるかもしれない。これについては、スウェーデン側とアメリカ側がそれぞれの案を出したが、スウェーデン代表が「自案はMNEの無差別待遇が国際法等の遵守など政府の義務に関する規定を含んでおり、前回までのポジションからの大幅な譲歩であると強調」したのに対して、「各国がこれを認め」、「スウェーデン案がベースとなった」のである。この「各国」に日本が入っているのかについては定かではないが、アメリカ代表はこれに反発し、とくにパラグラフ7について二つの文言の削除を主張した。まず、スウェーデン案のパラグラフ7はこのようなものであった。

> 7．以下に掲げるガイドラインは、領域内で業務を行う多国籍企業に対して加盟国が共同して行う勧告である。これらの勧告は、その多国籍な性格と、政府の観点からいえば企業が国際共同体に対して有する<u>特別な責任</u>のために、企業の<u>経営</u>がその活動の各種領域において従おうとすべき行動基準を規定している。このガイドラインは、多国籍企業の活動を、その業務を行う国のナショナルな政策に沿ったものにすることを助けるだろう。

アメリカ代表が「異議」を唱えたのは上記スウェーデン案の下線部分、すなわち「企業が国際共同体に対して有する特別な責任」の「特別な責任」と、「企業の経営がその活動の各種領域において従おうとすべき行動基準を規定している」の「経営」を削除するよう主張したのである。これは、従来から多国籍企業の積極的な役割を認め、第五回会合においても「MNEの積極的貢献につき言及方要求」していたアメリカ代表の立場からすれば、それほど不思議なものではなかったが、やや意外だったのはこれに対する「各国」の反応だった。というのも、日本側の報告によれば、「その他各国はスウェーデン案にて差支えなし」との態度だったからである。ここでも「各国」に日本が入っているのかはわからない。

　ただ、日本代表のこれまでの主張を鑑みると、日本側はこのアメリカ代表の主張を支持し、スウェーデン案には反対だったと推察される。なぜならば、日本代表はほぼ一貫して、多国籍企業の活動（「経営」）にガイドラインが口出し

することには反発してきたからである。日本側からすれば、企業活動は「本来」「市場メカニズム」に基づいたものであると同時に「現地の法規や政府の方針に反しないかぎり」その活動は「企業に任されるべき」であり、スウェーデン案に示されているような、「経営」を制約することにより「資源の最適配分に貢献する」多国籍企業の「本来」の「眼目」を阻害したり、「国際共同体」に対する「特別な責任」を負わされたりされるべきものではなかったのである。

　起草グループにおける討議が一巡したところで、多国籍企業の役割、ガイドライン設定の目的および国際協力（とくに開発途上国との協力）をめぐる日本側の態度については、以下の三つの事実が指摘できるだろう。第一に、多国籍企業の役割について日本の政策決定者たちは、それが明確に少なくとも日本にとっては「積極的」な役割を果たすものだと想定していたのだといえる。なぜならば、第二に、日本側はガイドラインの設定によりその活動（とくに、企業活動の中枢である「経営」）のあり方を枠付けることには反対していたからである。このことが意味しているのは、多国籍企業の「長所」を伸ばすことこそがガイドライン設定の目的だと日本側が考えていたということであり、これを裏返していうと、多国籍企業の「短所」を減らす必要があったのは、第一義的には、（開発途上国との「調和」のためというよりも）この目的を阻害しないようにするためのものだったということになるのである。それゆえ第三に、OECD以外の、他の国際組織におけるあるいは非OECD諸国との国際協力に対する支持を与えることに日本代表が反発していたのはそれほど不思議なことではなかった。というのも、それは多国籍企業が「本来」「市場メカニズム」に従うはずだとする観点からも、また多国籍企業の活動の中枢にあるとされる「経営」に対する制約となるという観点からも、賛成できないものだったからである。この日本側の立場は、スウェーデン案をめぐる態度にみられるように、この時点の多国籍企業委員会および起草グループのなかでは少数派だったが、次節以降でみるように、企業経営者とアメリカ代表の後ろ盾のもと、巻き返されることとなる。

（3）企業経営者たちの巻き返し

1975年秋以降の討議　　ガイドライン全体を性格付ける「前文」が議論され

二 初期の対立状況と討議の難航 —— 1975年 ——

た9月3－4日の討議をもって議論が一巡した多国籍企業委員会および起草グ
ループの議論の焦点は、これ以後ガイドライン以外の手続き的な諸問題に移る。
このプロセスについては、本章の主要な問題関心ではないうえに史料も不十分
なためはっきりとは記述できない。ただ、この時期に焦点となったのは、のち
に「多国籍企業の行動指針に関する政府間協議手続についての理事会決定」と
して結実することになる、ガイドラインの実施にともない生じる問題を協議す
るための政府間協議手続きについての問題、「内国民待遇に関する理事会決定」
に結果する内国民待遇の例外措置に関する問題、そして「国際投資の促進要因
および抑制要因に関する理事会決定」となる、投資のインセンティブ・ディス
インセンティブに関する問題であった。これらをめぐり、9月から12月にかけ
て起草グループの会合が三回あるいは四回（把握できるかぎりでは、10月末に一
回、11月19－20日に一回、12月1－2日に一回だが、9月から10月とくに10月初頭に
一回開催された形跡がある）開催されている。

　では、ガイドラインのほうはどうかというと、この時期に問題となっていた
のは「情報公開」と「雇用および産業関係」であり、これらを含むガイドライ
ン全体について、OECD事務局は10月下旬、各国の企業経営者の代表で構成
される産業経済諮問委員会（Business and Industry Advisory Committee: BIAC）
と各国労働組合の代表から成る労働組合諮問委員会（The Trade Union Advi-
sory Committee: TUAC）に書簡を送り、ガイドライン案に対する意見を求め
ている。これに対するBIACとTUACの回答は11月下旬に示されるが、ここ
で「日本イメージ」の再定義という本書の問題関心から興味深いのは、TUAC
の回答に対する日本側の対応である。OECDの日本代表部は、「当館館員が入
手した情報」として、「本情報は提供者との関係もあり、取り扱いには特にご
留意相成りたい」としながら、TUACは、ガイドライン案に対する回答後に
開かれた11月28日の会合で、以下のような「行動方針」を決めたのだと東京に
報告している。その内容とは、①ガイドライン案に対するTUACのコメント
および対案を受け入れさせるよう、各国TUACは「最高レベルをもって政府
に政治的に介入することを促す」こと、②各国TUACは、BIACが本ガイド
ライン案について攻撃を仕掛けている諸問題について、TUAC側の立場を擁
護すべきこと、③以上の努力の結果について、各国TUACはTUAC本部に報

告すること、の三点であった。

　ではなぜ、日本側はわざわざこのような情報を本省に送ったのだろうか。それは、TUACが、ガイドラインの「情報公開」に関するアメリカと日本の態度が「簡単な方式に固執している」、すなわち、多国籍企業の「情報公開」について消極的であるとの印象を持っており、アメリカでは労働組合のナショナル・センターであるアメリカ労働総同盟・産業別組合会議（American Federation of Labor and Congress of Industrial Organizations: AFL-CIO）が政府の説得を表明しているので、あとは「わが国の態度を変更せしめ、B方式を受諾せしめることが当面の一目標」だと日本側が認識していたからである[61]。

　ここには、企業経営者と労働者の対立が国際的に展開されており、きわめて興味深いが、本稿の問題関心からは外れるのでここではこれ以上立ち入らない[62]。ただ、「日本イメージ」の再定義という観点からこの問題が興味深いのは、以下の二点である。第一に、OECD諸国の多数派の立場、すなわち、ガイドライン案に関して「B方式」を選択するということは、アメリカや日本のみならずBIACの企業経営者たちからも「攻勢」の対象だったということである。このことが意味することはいくつかあるが、国家の役割との関係において重要なのは、国際関係における新たな主体である多国籍企業の台頭にも関わらず、国家には国家の、換言すれば多国籍企業の活動およびその領域（「市場」）とは対立する国家独自の役割があるのだと、OECD諸国の多くが暗に認識していたということであった（もしそうでなければ、「効率的」に富を生み出す多国籍企業を見習うこともできただろうからだ）。ただ、もしそうなのだとすれば第二に、アメリカ代表と日本代表が、少なくとも労働者側からみれば、企業経営者の見解に近い立場を採り、（日本側が上記のような報告をしていることからも知られるように）その立場を引き続き堅持しようとしていたことは示唆に富んでい

---

(61)　平原発外務大臣宛、1975年12月2日、2106号（2009-0406）、外交史料館。

(62)　この問題をめぐる対立の詳細については、BIACとTUACによる修正提言（1975. 11. 20/11. 17）を参照。"Proposed Amendments by the BIAC and TUAC to the Guidelines for Multinational Enterprises and Intergovernmental Consultation Procedures on Issues and Policies Pertaining to the Activities of Multinational Enterprises", 20 th November, 1975（2009-0406），外交史料館。

二　初期の対立状況と討議の難航——1975年——　331

る。なぜならば、それは事実上、国家独自の役割を放棄する志向性を持っているようにみえるからである。

　もちろん、このような議論に対しては、アメリカ側と日本側が「新しい」国家の役割（たとえば、すでに触れたような「市場」の管理者としての国家の役割）を模索していたのだとする反論が成り立ちうるかもしれない。だが、「市場」の管理者というのは「市場」がなければ存在しえないように、もはやこのような「新しい」国家の役割は事実上、「市場」と運命をともにすることで国家独自の役割を手放すものであり、さらにいえば国家というものの存立基盤を侵食するものですらあったといえるだろう。それゆえ、もしこれらの議論が妥当なのだとすれば、1970年代以降の「新しい」「日本イメージ」とは、国家独自の役割（それは「国民」に基礎を有しているがゆえに存在する）を放棄することで手に入れられるものだったのであり、そこで提示された「新しい」日本の位置付けと役割とは、究極的には「市場」との関係においてのみ把握し存立しうるものだった。いわば、この「新しい」日本の位置付けと役割は、ある種の「市場」だと位置付けられたものの管理者としての役割を担うのだとすることで、意図の有無に関わらず、国家を構成するあらゆるもの（それは「国民」をも含む）を、「市場」の構成要素（取り引きの「主体」あるいはその対象である「商品」）としてみなそうとする態度でもあったのである。

　TUACの「行動方針」がこの時期に出されたことからも推察されるように、これらの問題は12月1－2日の起草グループ会合で討議されたとみられるが、それに関する詳細な史料は見当たらない。この会合においても主要な議題は内国民待遇および投資インセンティブだったが、アメリカ代表が労使関係について修正案を出し、事務局案と対照させつつ議論が行われたようである。日本側の記録によれば、この討議はアメリカ案の全6項目のうち3項目を検討したところで「結論に到らぬまま時間切れ」となり、「労社委」は「米案のポイントは殆ど事務局案に織り込み済み」だと主張していたのだという[63]。「労社委」とはOECDにおける専門委員会の一つ労働力・社会問題委員会のことで、上述の労働組合からなるTUACとは異なるが、かねてより多国籍企業における

────────────
[63]　平原発外務大臣宛、1975年12月5日、2149号（2009-0406）、外交史料館。

332　　　　　　　　第5章　日本の役割を問い直す

労働問題や賃金、公正労働基準などを調査しており[64]、「雇用および労使関係」
のあり方に関心を有するという意味において TUAC に近い立場に立つものだ
と思われる。

　いずれにしても、ここで重要な事実は、多国籍企業ガイドラインの討議が企
業経営者たちの「攻勢」を受け、アメリカ代表の後ろ盾のもと、スウェーデン
やイギリスが支持していた多国籍企業の活動のあり方を具体的、詳細に明記す
る方針が後退したということであり、また、その影響もあって、当初予定され
ていた期限である1975年中にはガイドラインをめぐる討議が終わらなかったと
いうことである。この時期、日本側の東京に対する報告がめっきり減っていた
ことは、一面では、日本側が内国民待遇や投資インセンティブといった手続き
的な問題にはあまり関心がなかったとことの表れだといえるが、他面では、こ
の企業経営者たちの「攻勢」を受けて、ガイドラインが日本側の思惑に沿った
方向に向かいつつあったためだったのかもしれない。

三　マンデートの延長と討議の決着 ── 1976年 ──

　企業経営者の「攻勢」が持つ意味　　このように多国籍企業ガイドラインを
めぐる多国籍企業委員会および起草グループの討議は、当初の期限だとされた
1975年中には結論が出ないことが明らかとなったため、OECD 閣僚理事会か
らの半年間のマンデート（指令）の延長がなされ、引き続き討議が行われた[65]。
1976年1月7－8日に開催された第十回起草グループ会合ではこれまでに積み
残されていた問題（ガイドラインの「制限的商慣行」「雇用及び労使関係」「情報公
開」「前文」「金融」および内国民待遇、投資インセンティブなど）が議論されたが、
本章の問題関心から興味を惹くのは、「雇用および労使関係」をめぐるやり取
りであろう。まず問題となったのは、のちにガイドラインの「一般方針」第4
項となる多国籍企業が遵守すべき雇用および労使関係に関する基準についてで、
アメリカ代表が、この基準は受入国のそれとすべきだとしたのに対して、オラ
ンダ代表は TUAC が主張するようにこの基準は国際的に認められたものであ

---

[64]　福田、前掲書97頁。
[65]　同上書263頁。

三 マンデートの延長と討議の決着──1976年──　　333

るべきだと強調し、それぞれの修正案文を提起したが、前者が、西ドイツ代表
の支持のもとで成立したのに対して、後者は、アメリカ代表と議長の反対によ
り拒否された。また、もう一つの論点は、第8項および第9項として結実する
労働者の団結権および労使交渉の尊重についての問題で、「BIAC の懸念する
労働交渉の国際化」を懸念する勢力（その詳細は明らかにされていない）が案文
の修正を求めたのに対して、イギリス代表がこれに対する態度表明を次回多国
籍企業委員会まで留保すると主張したことである[66]。

　これらの討議から推察されるのは以下の事実である。一方で、アメリカ代表
や西ドイツ代表（そして、日本代表もおそらくこちら側だと思われる）は、BIAC
とともに、多国籍企業の遵守すべき労働者の権利の基準について、国際的に統
一された基準よりも受入国のそれを適用するよう主張し、労使交渉についても
受入国内部の問題として取り扱おうとしていた（これは、多国籍企業の活動をめ
ぐるかつての西ドイツ代表の発言を思い起こすならば、多国籍企業の経営について
はナショナルな枠組に閉じ込めないよう配慮しながら、労使関係についてはナショ
ナルな枠組みに押し込めようとする態度だといえる）。このような立場を採るなら
ば、労働者の権利のありようは国ごとに異なることになり、労働者の権利のあ
りようがその活動に合致した国を選択できる余地を多国籍企業側に残すもので
あったといえる。このことは、多国籍企業の立場からみると、労働者の権利保
護が手薄な、それゆえに多国籍企業の経営者に行動の自由を与えるような国を
探してその投資対象を変えられるということであり、国家の側からすると、も
し投資を呼び込みたいのであれば、労働者の権利保護をわざと手薄にするとい
う誘引をもたらすものであった。

　他方で、オランダ代表やイギリス代表は、TUAC とともに、このような立
場に反対、あるいはそれを留保する態度を示し、多国籍企業が守るべき労働者
の権利は、国際的に統一された基準でなければならないとした。この姿勢は、
多国籍企業の活動がナショナルな枠組を超えているのだから、労働者や労使
関係のありようもそれに合わせるべきだとするものであったといえる。という
のも、多国籍企業の経営者と労働者の取り扱いにダブル・スタンダードを持ち

---

[66]　平原発外務大臣宛、1976年1月9日、57号（2009-0406）、外交史料館。

込むことは、多国籍企業の経営者のように決定権限のない労働者の権利保護を考えると、多国籍企業やその投資を呼び込もうとする国家に上記のような選択の余地を与えることとなり、労働者に対する経営者の立場をよりいっそう強化することにもつながるからである。そのため、これら立場が間接的に意味していたのは、多国籍企業に寄り添うことで、事実上、国家独自の役割を放棄するよりも、多国籍企業の経営とともに「国民」の多数を占めるであろう労働者の権利保護をも考慮することで、国家独自の役割を保持しようとするものだったということができるだろう。それにも関わらず、OECD事務局がアメリカ代表やBIACの主張を受け入れたことは、多国籍企業ガイドラインが、多国籍企業の「長所」を伸ばすことを第一義的な目的とするものになったということであり、ガイドライン設定の目的として掲げられた「国家間のおよび一国内での生産資源の効率的利用のプロセスにおける積極的な役割を維持」し、「同時に」「現実的あるいは潜在的な摩擦を最小化すること」とする指針は、それを目指したものとして読まれる必要があるということであった。

　　国家の「義務」の回避　　また、ガイドラインの「前文」についてはかなり多くの議論があり、その一つ一つを検討することには興味を惹かれるが、本章の目的から重要なのは、日本側が「従来御来訓の線」に沿って、「法的義務の存在を思わせるような表現は困る」と発言していたことである。これは、「前文」と「一般方針」の「つなぎ」の部分で、ガイドライン中唯一、（多国籍企業ではなく）国家（OECD諸国）の「義務」を明記したものである[67]。すなわち、「加盟国は、前期の考慮に留意して、企業を衡平にかつ自国が受諾した契約上の義務並びに国際法及び国際取極にしたがって取り扱うという<u>責任</u>を果たすという了解の下に、多国籍企業の行動指針を次のとおり制定する」として結実したこの部分の「責任」が、事務局の提案で「duty」から「responsibility」に変えられたのに対して、日本側はこのコトバが「法的義務」を持つのではないかと危惧したのである。事務局およびアメリカ側によれば、「responsibility」は「道義的なものを示唆する意味が勝っており、法的obligationを意味せず、しかも何らかの拘束の存在を示すものとしてギリギリの弱い言葉である」とされ、

------

[67]　福田、前掲書127頁。

　　　　　三　マンデートの延長と討議の決着──1976年──

「各国も異議をさしはさまなかった」ので、日本側としては、「本国政府が満足
しうるかどうかは保証し得ない」と述べるのがせいぜいであった[68]。

　この発言が興味深いのは、多国籍企業ガイドラインが日本（政府）に新たな
法的義務を課すものとならないよう、日本側が「従来」から志向していたとい
うことである。すでに議論してきたように、多国籍企業が負うべき「責任」に
ついても、日本代表はその当初より既存のOECDのコード（たとえば資本自由
化コード）や国際法・国際取極の範囲内でよしとする態度を採っていたから、
「従来」とは少なくとも多国籍企業委員会が設置され起草グループの会合が開
かれて以降を意味していると考えられ、日本政府はほぼ一貫して、多国籍企業
ガイドラインが国家にとっても多国籍企業にとっても新たな法的義務を負うも
のとならないようにしていたのだといえる。実際、「かなり初期の段階」で多
国籍企業ガイドラインは「法的性格をもたないものとする」とし、その適用対
象としてOECDで活動する多国籍企業とすることが支持されていたから[69]、
日本側の態度はそれほど意外なものではないが、多国籍企業をめぐる国際協力
のようなOECDの「共通の目標」を達成するための努力が明記され（「序文」
第2項〜第4項に結実する）、その実現のために、事務局やアメリカ代表が多国
籍企業やOECD諸国政府を新たに「拘束」するための「ギリギリ」の文言を
考えていることを想起するならば、ここには日本政府独自の姿勢が示されてい
たと理解することができるだろう。

　では、日本政府は多国籍企業ガイドラインを新たに設定することにどのよう
な目的を見出していたのだろうか。日本側の出した訓令が史料からは確認でき
ないので、日本政府の明確な方針はわからないが、日本代表のOECDにおけ
る態度から、以下のことが推察される。まず、多国籍企業委員会のもとに設置
され多国籍企業ガイドラインの策定を討議した起草グループに対する参加は任
意であったから、それに参加を表明した日本側は、なんらかの意味において、
新たに策定される多国籍企業ガイドラインに対する意見表明を目指していたの
だといえる。ただ、そこでいう意見とは、上述のように日本政府に対する新た

────────────

[68]　前掲57号、外交史料館。

[69]　福田、前掲書118頁、121頁。

な「法的義務」の付与の回避であり、事務局やアメリカ代表が加盟国を「拘束」する「ギリギリ」の文言を模索し、それに「各国も異議をさしはさまなかった」ことをみれば、道義的な「拘束」すらも新たに課されることには最小限にしたいとする立場であったとも考えられるのである。

　もしそうなのだとすれば、この立場は、国際的な「相互依存」が意識されそのなかでの「国際協力」の「新しい」あり方がサミットのなかであるいは OECD や GATT において議論されているとき、また、日本側もまたそこでの「国際協力」や「連帯」の重要性を強調しているとき、示唆深いものである。なぜならば、「従来」の訓令に基づきつつ OECD で示された日本側の態度は、少なくとも、各国を新たに「拘束」するような「国際協力」の「新しい」「制度化」には消極的だといわれても仕方がないものだったからである。つまり、日本政府は、しだいに顕在化しつつある「相互依存」の世界のなかで「相互依存」をいっそう押し進めるための「国際協力」や「連帯」を重視していたが、そのための「新しい」「制度化」は望んでいなかったのであり、さらにいえば日本の役割を新たに「拘束」するようなものは極力排除しようとしていたのだといえるのである。そのうえ、多国籍企業の活動（「経営」）に対するあらかじめの制約をできるだけ少なくすることを意図した「雇用及び労使関係」に対する日本側の主張を思い起こすならば、日本の多国籍企業の役割（「市場メカニズム」をつうじた資源の「最適」配分）を新たに「拘束」するような「制度化」をも日本政府は望んでいなかったのだと付言することができるだろう。

　最後の起草グループ（十一回）　多国籍企業ガイドラインの策定を目的として多国籍企業委員会のもとに設置された起草グループの討議は、2月16日の会合をもって終了となる。ガイドラインをめぐる一応の討議は1975年秋までにすでになされ、焦点は手続き的な問題に移っていたが、ここでの議論状況は、依然ガイドラインのあり方をめぐる対立がくすぶっていたことを示しており、まるでこれまでの起草グループにおける討議の早回しをみているかのようであった。まず、多国籍企業ガイドラインについては「前文」が問題となり、第6項として結実するガイドラインの法的性格について、ノルウェー（ノルウェーは起草グループのメンバーではないので、後述のようにスウェーデンが代理で発言したものだろう）が、多国籍企業によるこのガイドラインの遵守を「自発的」

三 マンデートの延長と討議の決着 —— 1976年 ——

なものだとする表現に反発、追加の修正案文を提出したが、これに西ドイツ代表が異議を唱えたため、最終的にはノルウェーの修正案文を受け入れない代わりに、ノルウェーの主張、すなわち、「自発的」であるとする文章の次の文は必ずそれを打ち消す「However」ではじめるようにすべきだとする主張を受け入れ、この語が挿入されることとなった。また、第10項となる仲裁をはじめとする国際紛争解決制度の奨励について、オランダ代表が、国際的な紛争解決制度の利用を政府が強制されるのは困ると述べたが、議長から法的な救済措置にまず訴えることは可能だとされ、了承されている。

　これに続いて「一般政策」が議論されたが、ここでも従来からの論点と対立軸が繰り返された。たとえば、「一般方針」第4項となる現地社会との協力に関して、イギリス代表は表現が弱いとして修正を要求したが、「合弁企業方式」を意味すると「具合が悪い」との意見があり、そのままとなった。また、第6項になる、多国籍企業における「責任ある地位に就くべきもの」の国籍による差別の禁止については、そこでいう「責任ある地位」に関してアメリカ代表が、「カナダ企業は外国人を重役に任命できない」とする法律があるはずだと述べ、オーストラリアにも同様の法律があると主張されたが、これに対してスウェーデン代表は、スウェーデンにも同様の問題があるが、「責任ある地位」とは「top post を意味しないと理解する」と主張して一応了承されている。これら二つの問題は、すでに議論されていたように、現地の経営参加をめぐる対立の一部であろう。

　さらに、「情報公開」については「一般方針」の関連する記述ともども討議され、「一般政策」については「ノルウェイ（スウェーデン代理発言）」が、多国籍企業の情報提出とその政府による管理の厳格化を求め、多国籍企業には政府に対して「すべての情報」を出させるが、政府は「商業機密」についてはそれを外部に漏らさないよう要求する、という趣旨の修正案を出したが、アメリカ代表と「EC委」（ヨーロッパ協同体委員会：Commission of European Communities）が反対し、採用されなかった。これも、多国籍企業の情報、とくに投資計画等に関わる情報について、その提出を義務付けることを求めるスウェーデンと、それに反対するアメリカ代表や日本代表との対立を示すものだといえる。このあと、「情報公開」、「競争」、「金融」、「課税」、「雇用及び労使関係」、さら

に政府間協議手続き、内国民待遇、およびこれらをパッケージとすることおよび関連の文書の法形式に関する案文について、多国籍企業ガイドラインとその公表や運用に関わる一連の文書について網羅的に討議がなされたのである。

ただ、これらの討議が意味していたのは、それぞれの国ごとに細かい部分での不満はあるものの、多国籍企業の活動に対するなんらかのガイドラインが必要であり、それを実効的なものとするために OECD 諸国は「国際協力」を推し進める必要があることに一定の合意が成立する程度には、ガイドラインの内容についてある程度の理解の統一が図られるようになっていたということであった[70]。第一回多国籍企業委員会の冒頭、国際的に活動することから利益をえている多国籍企業を、国家がナショナルな枠組みで規制することなしにどう「調和」していけるのか、というガイドライン策定の課題における答えは、こうして OECD 諸国（≒「先進国」）による「国際協力」というかたちで出されることとなったのである。

起草グループ以後の展開　　多国籍企業ガイドラインの内容について一応の決着をみた OECD 諸国の討議は多国籍企業委員会に場を移し、手続き的・技術的な問題についての議論を経て、1976年6月の OECD 閣僚理事会において採択されることとなる。すでに多国籍企業ガイドラインの内容についてはほぼ固まっていたため、本章の問題関心に沿うような出来事は起こらなかったが、一応その経緯についても概観しておきたい。

1976年3月の第八回多国籍企業委員会においては、「前文」の第8項（多国籍企業の定義）についてイギリスが修正案を出し、「一般方針」に対してはカナダが修正案を出すなど、文言の細部についてはまだ対立の根が残っていたが、「日本イメージ」との関連から興味深いのは、従来から問題となっていた「一般方針」の第6項に結実する、国籍による差別の禁止に関して、カナダ案が「そのような差別が法律上必要とされないかぎり」との文言を入れようとしたのに対して、「プレゼンテーション上問題あり」として日本側などが反対し、最終的に「当該国によって課される特定の要件に従いつつ」とする議長案に落ち着いたことである。カナダ側としては、法律上、外国人の登用が禁止されていた

---

(70)　平原発外務大臣宛、1976年2月20日、308号（2009-0406）、外交史料館。

三 マンデートの延長と討議の決着 ── 1976年 ── 339

ためにこのような表現になったのだろうが、経営に対する現地人の登用に消極
的な日本側も、さすがに「法律」が「差別」を規定するとする表現は受け入れ
られなかったのだろう[71]。

　この第八回会議では、他にも「情報公開」についての西ドイツ側修正案、「競
争」に関する事務局修正案、「金融」についての事務局修正案、「雇用及び労使
関係」をめぐる事務局による二対案が出され、手続きに関しても、政府間協議
手続きや内国民待遇、投資のインセンティブについても修正案がいくつか出さ
れたので、第九回多国籍企業委員会ではこれらがさらに討議された。ここで注
目すべきは、内国民待遇の「協議の重複」をめぐる日本側の提案に対して、ベ
ルトラン財政金融局長が書簡を出していたことである。この日本側提案の内容
については不明であるため、ベルトランの書簡からその内容を推察するしかな
いが、日本使節団宛ベルトラン書簡が書いているのは、日本側提案が、ある程
度は要点を突いてはいるもののその実際上のインパクトは限定的だとしたうえ
で、第二次投資（second degree investment）の問題を検討するために二つの委
員会を選ばなければならないのだとするならば、わたし（ベルトラン）は不定
期の委員会（the Invisible Committee）ではなく新しい委員会を選ぶだろう、
なぜならば、それはコードの外側の問題だからだ、ということであった。この
見解は、内国民待遇に対する「内部メモ」だとしながらも「同僚にも共有され
ている」としたベルトランは、最後に、いま決める必要のない問題の討議に時
間を使わないよう希望すると釘を刺したのである。このベルトランの書簡に、
日本側の書簡が「協議の重複」に関したものであったこと、さらに「内国民待
遇」が多国籍企業委員会における定期的な検討とともに加盟国の要請による協
議を予定していたことを考えると、日本側提案とは、多国籍企業の子会社がそ
の受入国内で行う投資を指す第二次投資の問題が「内国民待遇」の予定する多
国籍企業委員会での不定期な「協議」で議論されるのか、それとも別の委員会
においてなのかを明らかにしようとする提案であったと推察される。これは
「コード」（これは OECD の資本自由化コードだと思われる）の対象外だとされて
いたことから、「内国民待遇」の対象からはずされ、資本自由化コードで扱わ

　(71)　平原発外務大臣宛、1976年3月23日、540号（2009-0406）、外交史料館。

れてきた「外資のエントリー」の問題でもないとされていた[72]。日本側がこの問題を気にしていたのは、「新しい」日本の役割に関係していたからだと思われる。「市場」の管理者という立場からすれば、不都合な国際投資は排除したいが、すでに日本に進出している外国企業の子会社による「国内」投資を協議する場がはっきりしなければ、この問題に対処できないと考えたのかもしれない。

また、ここではさらにいくつかの議論があった。まず多国籍企業ガイドラインについて、「前文」パラグラフ10（国際紛争解決制度の利用）をめぐり議論があり、ギリシャ代表から、国内の紛争解決手続きを「第一義」とする国もあるとの観点から文言の修正要求があり、ノルウェー代表からの文言の提案を西ドイツも支持していたが、アメリカ、イギリス各代表および議長から「本件は既に議論をつくしたもの」としてギリシャを制し、文言はそのままでギリシャ側の留保が議事録に残ることとなった。また、「一般政策」や「情報公開」、「競争」、「金融」についても議論され、まだ案文をめぐる対立はくすぶっていたことが見て取れる。このほか政府間協議手続きの最後の詰めが行われ、これを外部に発表する際のOECD閣僚理事会による閣僚宣言案も討議された。また、この段階においてもTUACがOECD事務局に対して書簡を出し、「情報公開」を国ごとに徹底することおよび、それぞれの場合における労使の関与を求めていたことは印象的であった[73]。

こうして最後の第十回多国籍企業委員会は、OECDの多国籍企業および国際投資に関する宣言および決定についての草稿を出し、閣僚理事会に対する報告案が議論されることとなる。この段階においても、政府間手続きに関するオーストラリア案およびスウェーデン案が出され、イギリスもまた修字案を出すなど、議論は続いたが、日本側はこれらに関してコメントを付しておらず、日本側としては、この報告案に事実上同意していたものと思われる[74]。これらの報告案は閣僚理事会に提出され、1976年6月21日、多国籍企業ガイドラインは「国

---

(72) 平原発外務大臣宛、1976年5月4日、813号（2009-0406）、外交史料館。

(73) 同上。

(74) たとえば、平原発外務大臣宛、1976年5月21日、940号（2009-0406）、外交史料館を参照。

際投資及び多国籍企業に関する宣言」の付属書として、その政府間協議手続き
や内国民待遇、国際投資のインセンティブ・ディスインセンティブについては
理事会決定のかたちで、一つのパッケージとして発表されることとなったので
ある。

四　引き裂かれた役割

　すでに議論したように、OECD 多国籍企業ガイドライン策定は、のちに「近
代を超える」プロジェクトが目指すこととなる「個」と「全体」(あるいは「個」
と「個」)のより「調和」的な関係の模索、換言すれば、新たな主体である多
国籍企業の役割をどう評価し、国家間関係とどう「調和」させるのか、をめぐ
るプロセスであったということができる。すなわち、多国籍企業が「実質的な
利益」と「経済的および社会的福祉」をその本国および受入国にもたらすこと
ができるとする、その役割に対する評価に基づき、多国籍企業の活動がもたら
す良い面≒「長所」(「積極的な寄与」)を「促進」し悪い面≒「短所」(「困難」)を
「最小にし解決する」という「目的」に沿ったかたちで、新たな主体である多
国籍企業をめぐる諸問題に対処することを目指したものであった。このことが
示していたのは、これまで「福祉国家」というかたちで国家が担ってきた「社
会的福祉」の実現という役割を、少なくともその一部に関しては、より効率的
に「利益」を生み出せる多国籍企業に負わせるものとし、また「自由貿易」や
「自由市場」の擁護という掛け声にも関わらず、OECD 加盟諸国は多国籍企業
がその利益を「促進」できるよう、それを阻害するさまざまな障害を除去する
ために、「市場」に積極的に介入するということであった。これを「日本イメー
ジ」の再定義という本書の問題関心からみるならば、「市場メカニズム」に基
づいて活動するのだとされた多国籍企業の役割を多国籍企業ガイドラインとい
うかたちで考えることで、日本の役割を、「市場メカニズム」に従うのだとさ
れた多国籍企業の役割との関連において問い直そうとしていたのだということ
ができるだろう。それは、より具体的にはガイドライン設定の目的、多国籍企
業の役割に対する評価、および開発途上国との協力をめぐる諸問題として討議
されていた。

　多国籍企業の役割　　では、日本の政策決定者たちは、OECD 多国籍企業

ガイドラインの策定過程のなかで、多国籍企業の役割との関係における日本の役割をどう理解していたのだろうか。当初、日本側は、OECD 域内≒「先進国」における多国籍企業向けのガイドライン、すなわち域内で活動する国内企業とは異なる多国籍企業に対する行動指針を考えており、開発途上国に進出した多国籍企業に対してはその適用を考えていなかった。だが、OECD 域内にガイドラインの適用を限定することは、そもそもその策定が開発途上国との関係のなかで必要になったことを想起するとき、ガイドライン設定の目的との関係において齟齬をきたすうえ、国内企業と多国籍企業とを峻別する日本側の理解は、その思惑とは逆に、同じ国で活動する「国内」企業と「多国籍」企業とをその取り扱いにおいて差別することにつながることとなる。つまり、日本の政策決定者たちは、ガイドラインの策定にあたり、その目的や開発途上国との関係を考慮しながら、多国籍企業の役割を「評価」するようせまられていたのである。

　こうして、第一回起草グループ会合では、すでにイギリス側がこの点を勘案しつつ、「原則として」OECD 域外にも適用できるガイドラインの策定を提案していた。日本側は、アメリカ側とともにこれに反発していたが、そこでの態度は「日本イメージ」の再定義の観点からみるとききわめて興味深いものであったといえる。というのも、開発途上国に進出する多国籍企業の現地との合弁事業や現地人の経営参加に対しては、とくに否定的だったからである。このことが日本の役割について示唆していたのは、日本と他の「アジア」諸国とが（「主要国首脳会議」で言明されたように）「南北格差の是正」に向けともに「協力」するのだとされながら、そこでいう「協力」とは、経済の「発展段階」や「近代化」のレヴェルの差異に基づいたものだったということである。すなわち、日本は、他の「アジア」諸国とは異なる「先進国」（「アジアで唯一の先進国」）として位置付けられるのだから、当然、その役割も異なるのだとされたのである。それゆえ、イギリス側が主張するような多国籍企業の受入国の人びととのあらゆるレヴェルにおける「協力」、とくに「経営」における「アジア」諸国（≒「開発途上国」）の人びとの参加をしいられることに日本側が反対だったのは、それほど不思議なことではなかった。いわば、日本の政策決定者たちからすれば、国内企業と多国籍企業を一国内において同列に扱うことは認めるとしても、OECD 多国籍企業ガイドラインは OECD 域内を対象とすべきである、なぜな

四　引き裂かれた役割

らば、そうしなければ、「先進国」と「開発途上国」とで多国籍企業の活動に関する別個の指針を定めなければならなくなってしまうからだ、というわけだったのである。

　こうした対立は、第三回起草グループ会合においてガイドラインの規定のあり方をめぐる対立として顕在化し、多国籍企業の活動に対する制約を最小限にしようとした「A方式」を支持する日本、アメリカと、多国籍企業の活動のあり方をより具体的に明記しようとする「B方式」を主張したイギリス、スウェーデンとがぶつかることとなった。具体的には、多国籍企業が守るべき一般的な指針を定めた「一般政策」の総論および、「情報提供」、「現地資本の参加」の三つが問題となったが、ここで注目すべきは、多国籍企業の役割に対する日本側の二つに引き裂かれた理解（「評価」）である。すなわち、一方で日本側からすると、「企業活動は本来市場メカニズムに基づいて行動することにより資源の最適配分に貢献することが眼目であり、かような企業活動を地域開発等の政策目的に沿うようリードするのが本来政府の目的であるから、企業に対しては諸々の政策目的に対する寄与の best efforts 以上を要求するのは行き過ぎ」なのだった。もしそうなのだとすれば、①企業は、「市場メカニズム」に基づき「資源の最適配分に貢献する」のが「本来」の「眼目」だったのであり、②政府は、これらの企業を「リード」し「企業活動を地域開発などの政策目的に沿うよう」にするのが「本来」の「目的」なのだから、③活動する国の政策目標に対する企業の配慮について、最善の努力以上のものを要求するのは「行き過ぎ」なのだ、とする日本の政策決定者たちの主張は理にかなったものだといえるだろう。

　しかし他方で、日本側はこうも発言している。「現地企業との合弁や現地人の経営への登用は本来当該進出企業の政策判断の問題」であるから「現地の法規や政府の方針に反しないかぎり当該企業に任されるべきもの」であって、それにも関わらずこのガイドラインで取り上げる必要があるのだとすれば、それは結局「現地社会との調和的関係の維持という観点からである」のだ、と。もしそうだとするならば、①「現地企業との合弁」や「現地人」の「登用」といった「経営」に関わる問題は企業の「政策判断の問題」だから、②「現地の法規や政府の方針に反しないかぎり」それぞれの企業が決定すべき問題なのであり、

③ガイドラインで取り上げるべきは「現地社会との調和的関係の維持」という目的のためだということになるのである。それゆえ、日本の政策決定者たちからすれば、多国籍企業とは、一面では「市場メカニズム」という経済的（「自然」的）原理に基づいた活動が期待されながら、他面ではその活動のあり方を決める「経営」において「政策判断」のような人為的関与が必要とされるような、相反する二つの方向性を同時に体現する「主体」として認識されていたのである。

　このことが重要なのは、多国籍企業の役割に対する日本側の理解が二つに引き裂かれていたということであり、この二つに引き裂かれた理解が、多国籍企業ガイドラインをそもそも策定するきっかけとなった開発途上国との協力（「相互理解」をつうじた「信頼」の確保）に関して重要な意味を持っていたからである。たとえば、日本側のいうように多国籍企業の「本来」の「眼目」が「市場メカニズム」に基づいた行動にあるとしよう。もしそうだとすると、「資源の最適配分に貢献する」という多国籍企業の活動の「実質的な利益」をえるためには、「現地企業との合弁」や「現地人」の「登用」といった、企業活動のあり方を決定する「経営」についても「市場メカニズム」という経済的原理に依拠する必要があると考えられる。また、企業活動は「本来」、「市場メカニズム」に基づいた資源の「最適」な配分を「眼目」としているのだから、それが普遍的な意味での「最適」さならば「現地社会」も当然それを受け入れるはずであり、その結果として「現地社会との調和的関係の維持」も達成されるものと思われる。だが、実際には、多国籍企業の活動は「市場メカニズム」に基づいたものだとされていたのに、そのあり方を決定する「経営」は「市場メカニズム」に依拠したものというよりもそれぞれの企業の「政策判断」という人為的関与に基づいたものだとされ、多国籍企業は「市場メカニズム」をつうじた「最適」な資源配分を実現するはずなのに、その活動は「現地社会との調和的関係の維持」のために努力しなければならないような事態を引き起こしていたのである。

　多国籍企業の役割に関わる日本側のこうした主張をどう理解すればよいのだろうか。要点は二つに分けられる。一つは、「市場メカニズム」が意味するものである。すでに議論したように、日本のエリートたちは1970年代をつうじて「市場メカニズム」の重要性を言明しており、「近代を超える」プロジェクトの

なかで打ち出された「現実的な経済外交」においても「市場メカニズム」はその中核に意義付けられている。だが、企業活動の中枢ともいえる「経営」においてそれぞれの企業の「政策判断」が「市場メカニズム」の上位におかれていることを想起するとき、日本の政策決定者たちは、「市場メカニズム」を企業活動や「現実的な経済外交」の中核に据えるとする主張にも関わらず、実は1970年代以降の「新しい」時代において「市場メカニズム」よりも重視すべきなにかを想定していたことになるのである（このことはまるで、「市場メカニズム」とはあくまで「タテマエ」で、「ホンネ」は別のところにあるとでもいうかのようだ）。では、それはなにか。それは、「政策判断」というコトバに象徴される人為的関与であり、より具体的には、多国籍企業の活動を「リード」する国家の役割である。つまり、「市場メカニズム」とは暗黙のうちに、企業活動を「リード」するというようなかたちで国家によりコントロールされるべきものだと想定されていたのである（「現地の法規や政府の方針に反しないかぎり」企業の「政策判断」に「任される」とする日本側の主張は、「市場メカニズム」に依拠すべき企業もまた「現地の法規や政府の方針」に従わなければならないことを示唆している）。もしそうなのだとすれば、「市場メカニズム」とは、日本のエリートたちからするとなにかを実現するための方便であり、「現実的な経済外交」には「市場メカニズム」よりも重視されるべきなにか（「新しい」日本の役割）が埋め込まれていたのである。

「新しい」日本の役割　もしこの議論が妥当なのだとすれば、そこでいう「新しい」日本の役割とはいったいどのようなものだと考えられていたのか。それは、すでに明らかにされているように、「地域開発等の政策目的」を「最適」なかたちで実現するために、多国籍企業の活動を「リード」することである。これが、多国籍企業の役割に関わるもう一つの要点である。日本の政策決定者たちの理解によれば、多国籍企業は「市場メカニズム」をつうじた資源の「最適」な配分を実現するのだとされていたが、実際には、その活動を推し進め、あるいは、その活動が生み出す諸問題に対処するために、主に開発途上国を念頭においた「現地社会との調和的関係の維持」を考慮し、OECDにおいて多国籍企業ガイドラインを策定することで、日本をはじめとする国家（≒「先進国」）がそれを「リード」しなければならなかった。この事実は二つのこと

を意味している。第一に、日本の政策決定者たちのいう「最適」さとは、かなりひいき目にみたとしても世界のあらゆる諸国に当てはまる普遍的なものではなく、せいぜいそれを主張するOECD諸国（≒「先進国」）にとっての「最適」さにすぎないものだったということである。というのも、「市場」をつうじた多国籍企業の活動による「資源の最適配分」は開発途上国においては「摩擦」を引き起こし、必ずしも受け入れられてはいなかったからである。それゆえ、第二に、その論理的な帰結は、多国籍企業の「本来」の「眼目」だと日本側が主張した「市場メカニズム」もまた普遍的なものではなかったということだった。なぜならば、多国籍企業の「本来」の「眼目」だとされた資源の「最適」な配分は、「市場メカニズム」に従うことで達成されうるのだとされていたからである。

　このことが開発途上国との協力に関して持つこととなる意味とは、その意図の有無に関わらず、OECD諸国（≒「先進国」）にとっての「最適」さを、「市場メカニズム」という必ずしも普遍的ではない経済的原理をつうじて開発途上国に事実上押し付けるということであり、そこでの「協力」や、「相互理解」をつうじた「信頼」の確保とは、開発途上国がそれを受け入れることによってのみ成立するものだということだった。ここで、日本の役割の背後にある上述した日本の位置付けについての理解が威力を発揮する。というのも、それに基づくならば、開発途上国が「市場メカニズム」に反発するのは、経済の「発展段階」や「近代化」の「遅れた」国ぐにであるがゆえに「市場メカニズム」の「長所」をわかっていないからだ、とすることができるからである。こうして、「新しい」日本の役割とは、その意図するところとは別に、開発途上国（それは主に「アジア」諸国である）に「市場メカニズム」の「長所」を理解させるとする旗印のもと、「市場メカニズム」をつうじた「先進国」基準の「最適」さを強要することを意味するようになったのである。もしそういえるのだとすれば、「新しい」日本の役割とは、多国籍企業の活動を「リード」する「市場」の管理者であるのみならず、「市場メカニズム」の「最適」さを世界に広めることを目指した宣教師としての側面をも持つものであった。

　それゆえ、ここでさらに問うべきは、なぜ「ホンネ」では多国籍企業の「経営」（企業の「政策判断」）や国家による多国籍企業の「リード」といった人為

四　引き裂かれた役割

的関与を重視していたのに、「市場メカニズム」のような経済的原理を「タテマエ」として前面に出したのか、ということだろう。なぜならば、すでに議論したように、実際には「市場メカニズム」は国家の役割（「現地の法規や政府の方針」）や多国籍企業の役割（それは「経営」という企業の「政策判断」により決定される）よりも劣位におかれていたからである。

ここであらためて思い起こされるのは、「新しい」日本の役割が引き裂かれたものだったということである。前章において、日本の位置付けとそれを基盤とした「新しい」「未来」の進路が、「欧米」との同質性と異質性をそれぞれ追求しながら同時に両立させようとする、二つに引き裂かれたものだと議論したが、日本の役割に関していえば、それは四つに引き裂かれたものだということができる。すなわち、日本の役割における目的の部分に注目すれば、それは多国籍企業の活動がもたらすよい面≒「長所」（「積極的な寄与」）を「促進」しながら悪い面≒「短所」（「困難」）を「最小にし解決する」ものであり、それを実現する手段の部分に着目すれば、二つの目的のそれぞれについて、それは上述のように人為的関与を重視する一方で経済的原理をも尊重する、というものであった。いわば、「市場」や「市場メカニズム」は、日本の役割のなかで、目的を実現するための手段だったわけである。

ただ、容易に推察できるように、多国籍企業の活動は、多国籍企業が「実質的な利益」をもっとも実現できるやり方で達成しようとした「経営」判断（人為的関与）の結果であり、反対にいえば、「経営」をそれ以外の方法（たとえば、「市場メカニズム」のような経済的原理）に任せることは少なくとも多国籍企業の側からすればこの「実質的な利益」を減じるものだとする「経営」判断に基づいていたのだと考えられる。もしそうなのだとすれば、その「経営」判断が「実質的な利益」とともに諸問題をももたらしたのであり、この両者は、少なくとも人為的には切り離せないはずのものである。しかし、日本の政策決定者たちがこの「新しい」日本の役割を実現するには、人為的に切り離せないはずのものを必要に応じて切り離さなければならなかったのであり、ここに、そのためのツールとして人為的ではないもの（すなわち、「自然」的なもの）が不可欠となる。そのうえ、このツールは、多国籍企業が「実質的な利益」をもっとも実現できるやり方で達成するという「経営」判断を正当化しつつ、多国籍企

業の活動が主に問題を引き起こしている開発途上国に対しても有効なものでなければならない。人為的関与と対置された「市場メカニズム」という経済的原理は、いわばこのために持ち出されたのであり、人為的には切り離せないものを、人為的なものを超えた「自然」の「力」で切り離すために呼び出すことができるものとして想定されていたのである[75]。

国家の存在意義の侵食　だが、このことは、逆説的なかたちで一つの重要な意味を持つこととなった。それは、「市場メカニズム」に対する国家の役割の優位を前提とするはずのこの「新しい」日本の役割が、事実上、国家独自の役割を手放すものであり、国家の存在意義を侵食する可能性を秘めていたということである。というのも、「市場メカニズム」が、人為的には切り離せないものに直面したとき呼び出されるものなのだとすれば、「新しい」日本の役割とは、端的にいえば、「市場」（および、その「メカニズム」）の管理者ということになるが、それは、「市場」がなければ存在しえないものだからである。それゆえ、もしこれらの議論が妥当なのだとすれば、1970年代以降に再定義された「日本イメージ」とは、国家独自の役割（それは「国民」に基礎を有しているがゆえに存在する）を放棄することで手に入れられるものだったのであり、そこで提示された「新しい」日本の役割とは、究極的には「市場」を基礎とし、

---

[75]　このような議論が可能なのだとすれば、さらに歩みをすすめることができるだろう。たとえば、目の前の敵を倒すために「闇」の力を呼び出したはいいが、そのあと帰ってもらえなくなってしまった、みたいな映画や小説にありそうな出来事が、「市場」についても当てはまるのではないか、ということである。第6章で触れられるこの問題を先取りしつつ第5章のテーマに合わせていえば、「市場メカニズム」のような経済的（「自然」的）原理をひとたび持ち出すと、企業の「経営」や国家の役割のような人為的関与の正当性が侵食され、だからといって人為的関与の必要性を強調しすぎると、こんどは多国籍企業の活動の「規制」を訴える開発途上国の主張の正当性を裏付けることになりかねないから、ふたたび「市場メカニズム」といった経済的原理の重要性を強調する必要が出てくるのである。つまり、1970年代に日本の政策決定者たちが考えていたような意味での「市場」や「市場メカニズム」は、一度呼び出したら、たとえ災難が起ころうともつねに必要となるがゆえに、それとの「共存」を模索し続けなければならないようなものだった。「市場」の管理者もしくは「市場メカニズム」の宣教師という「新しい」日本の役割は、それが「市場」なしでは存在しえないというかたちで、このことを端的に表していたのである。

四　引き裂かれた役割

それとの関係においてのみ存在しうるものだったのである。

　ここで思い起こしてほしいのは、ガイドラインの規定のあり方をめぐる「A方式」と「B方式」の対立が経営者の代表から成る BIAC と労働者の代表から成る TUAC の対立を惹起するなかで、日本の政策決定者たちが、それを知りながらも経営者寄りの立場を堅持することで、暗に労働者側と対峙する立場を選んでいたことである。というのも、このことの含意は、日本の政策決定者たちが、「国民」の大多数を占めるであろう労働者の立場を代表しないことで、「国民」を基礎としない「新しい」国家のあり方を目指していたということだったからである。では、「新しい」国家とはなにか。それは、多国籍企業の活動を「リード」するという国家の強制力はこれまでどおり保持しながら、そのことをつうじて多国籍企業と同じように振る舞うということであり、「資源は無限ではない」（福田赳夫副首相）ことが自覚された世界において、多国籍企業と同様、「市場メカニズム」に従うことで資源の「最適」な配分を推し進めるという役割を担う国家であった。もし、国家の強制力を独占したまま、国際投資をつうじて莫大な富を生み出しつつあった多国籍企業と同じように「国家」を「経営」することができるのだとすれば、この「新しい」日本もまた莫大な富を生み出すことで、「低成長」のような直面するさまざまな経済問題も解決できるだろうというわけである。いわば、この「新しい」国家を目指すことは、すでに議論したように、「日本」という領域を国際投資のための「市場」だと位置付け、国家（≒政府）がその管理者（ないしは、その有用性を広める宣教師）としての役割を担うことを意味していたのであり、それは、意図の有無に関わらず、国家を構成するあらゆるもの（それは「国民」をも含む）を、「市場」の構成要素（取り引きの「主体」である生産者と消費者あるいは労働者と経営者、もしくはその対象である「商品」）としてみなそうとする態度でもあるのだということができた。

　こうして、「市場」という囲われた枠組みのなかで「新しい」役割を果たそうとした日本の政策決定者たちは、そこでの新たなルールを再設定する必要があった。ただ、日本の役割が二つならぬ四つに引き裂かれていたことは、すでに触れたのと同じように、「現実的な経済外交」を不安定な立場におくこととなった。またこのことは、これからみるように、開発途上国との「協力」をめ

ぐる場面でとくに顕著に表れた。というのも、そこでは、一方で「先進国」との協調が、他方で開発途上国との調整が、それぞれ求められたからである。「欧米」との同質性と異質性とを両立させようとする「未来」の進路を定め、そのなかで人為的には切り離せない「長所」と「短所」を、前者については積極的に伸ばしつつ後者を最小化するという役割を担うことを選び、その実現のために人為的関与とともに「市場メカニズム」という人為的なものの埒外にある経済的（「自然」的）原理をも同時に使おうとする、再定義された「日本イメージ」に基づいた「新しい」「経済外交」は、新たなルールを再設定するためにどう振る舞ったのか。次章ではこの問題を検討していきたい。

第6章 「経済外交」を問い直す
── 新たなルールの模索 ──

　本章では、1970年代に日本の主導のもとで開かれたGATT（General Agreement on Tariffs and Trade：関税及び貿易に関する一般協定）の東京ラウンドにおいて、なぜ新たなGATTルール（世界貿易の新たな「フレームワーク」）の策定が目指され、日本側がこれにどう対応したのかを検討するために、「フレームワーク・グループ」での議論を検討することを目的とする。

　GATT東京ラウンドについてはすでにいくつかの同時代的な論考が触れているが、その多くは、日本側が譲歩をせまられた農業分野をはじめとするいくつかの領域に注目する傾向があり、フレームワーク・グループの問題についてはほとんど議論されてこなかった。また、フレームワーク・グループに触れた論考でも、このグループの合意内容を概括するにとどまり、その成立過程や討議における日本政府の振る舞いに関してはいまだ十分な考察がなされていないのが現状である[1]。

　だが、フレームワーク・グループにおけるさまざまな討議は、少なくとも1970年代以降の日本の「経済外交」という観点から考察される必要があるだろう。なぜならば、そこで主な争点となったのは、「市場メカニズム」のような経済的（「自然」的）原理と「政策判断」や「経営」といった人為的関与との関係にどう折り合いをつけるのかという、「経済外交」の中心的な課題だったからである。それは、より具体的には、「貿易自由化」を「相互主義」に基づいて実施するというGATTの諸原則やルールに対する例外がどの範囲で認められ、その根拠はどこにあるのかをめぐる、新しいGATTルールの模索として討議されていた。ましてや、このフレームワーク・グループは、日本が世界経済の構造的な変動に対する危機感のなかで提起した「東京宣言」に端を発しており、日本の主導が期待されるGATTの東京ラウンドのなかで設置が決められたの

である。いわば、ここには、1970年代の世界における「新しい」「日本イメージ」に基づいた、「新しい」日本の「経済外交」のありようが如実に表れているといえるのである。

　そこで本章ではまず、第1節において、東京ラウンドの直後に出されたもっとも詳細な著作である東京ラウンド研究会の『東京ラウンドの全貌』を検討し、さらなる分析の論点を抽出する。この東京ラウンド研究会とは、大蔵省関税局国際第一課長、野崎正剛が編集代表となり、「関税局国際第一課にあって、直接間接交渉に当たられた諸兄」が中心となって組織されたもので、そこでの「個人的な」「意見」は「大蔵省の公的な見解とは関係ない」との断りがあるものの、この時期における日本のエリートたちの見解を知ることができる、貴重なものである[2]。

　ただ、その内容は、同書でも指摘されているように「対外的に公表された史

----

(1)　たとえば、渡邊頼純『GATT・WTO体制と日本 ── 国際貿易の政治的構造』増補2版、北樹出版、2012年や、案浦崇「戦後における国際経済システムの変遷 ── GATTとWTOを中心として」『松蔭大学紀要』2008年2月、1-18頁、小林尚朗「多角的貿易システムと貿易政策 ── 発展途上国とGATT・WTO体制」『明大商学論叢』2005年3月、301-17頁のような比較的近年の研究でも、フレームワーク・グループについてはおろか、東京ラウンドに関してもほとんど触れられていないのは、やや意外である。

　このような議論状況のなか、西田勝喜がほとんど唯一、この問題を同時代的にやや突っ込んで検討しているが、本書が関心を有するフレームワーク・グループの成立過程およびそこでの討議内容については、分析の対象外であった。西田勝喜「東京ラウンドと発展途上国問題 ── 国際的『特別待遇』体制からの『卒業』問題を中心に」『海外事情研究』1980年10月。それ以外の同時代的な論考の一例として、野崎正剛「東京ラウンドの急進展」『ファイナンス』1977年12月10日、28-9頁；早川広中「東京ラウンド交渉についての一考察」『中央大学経済研究所年報』1978年、57頁；伊藤孝「年内妥結をめざす東京ラウンド（下）」『財経詳報』1978年9月11日、7-8頁；野崎正剛「東京ラウンド ── 仮調印を終えて」『ファイナンス』1979年5月、34-5頁；森昭治「東京ラウンド ── 実質的妥結の概要（Ⅱ）」『租税研究』1979年7月、6頁；羽澄光彦「ガット東京ラウンドの妥結をめぐって ── 自由貿易体制の維持・強化をめざして」『世界経済評論』1979年6月、47頁；峯嶋利之「東京ラウンド交渉について」『租税研究』1978年4月、16頁；関経連事務局（高橋信雄）「仮調印された東京ラウンド」『経済人』1979年5月、481頁；通商産業省通商政策局MTN対策室「東京ラウンド交渉の実質的妥結について」『ジュリスト』1979年12月1日、46-7頁。

料」に基づいて記述されたものであり、フレームワーク・グループの成立過程や討議内容の詳細については知ることができない。そこで、この検討により抽出された論点に注目しつつ、次に第2節および第3節において、筆者自身が日本外務省に開示請求をすることで入手した一次史料を分析する。東京ラウンド研究会も指摘しているように、GATTの交渉は「外務省を中心に関係各省が力を合わせて対処してきた」ものであり、外務省の史料に注目することは妥当だといえるだろう。本章では、フレームワーク・グループに関する外務省史料の検討をつうじて、「新しい」「日本イメージ」の必要性を認識していた1970年代の日本の政策決定者たちが、従来の「古い」日本の「経済外交」をどう問い直していったのかについて議論していきたい。

　ここで注目すべきなのは、世界経済の大きな変動のなかで新たな枠組みや新たな主体の登場が意識されていたにも関わらず、1970年代の日本の政策決定者たちが、既存のGATTルールの「改正」を議論することに「消極的」ないしは「否定的」だったということである。こうした日本のエリートたちによる態度の背後には、世界貿易をめぐる「保護貿易主義」の台頭に対する危惧があったのだ、と一応指摘することができるだろう。これまでのGATTの諸原則やルールのもと、「貿易自由化」を「相互主義」により推し進めていくことが、「保護貿易主義」に対するもっとも効果的な対処法なのだというわけである。

　しかし、開発途上国のみならず、アメリカやEC（European Communities：ヨーロッパ協同体）諸国のような「先進国」、さらにはGATT事務局までもがGATTルールの変更の必要性を認識していたことを考えると、この日本側の態度の特殊性が浮かび上がってくるのである。そのうえ、「主要国首脳会議」やOECDにおける討議をみれば明らかなように、日本の政策決定者たちは、一方で、日本に必要な食料や資源の、また日本の輸出市場や企業進出の、「安定」的な確保を保証するために、「市場」や「市場メカニズム」を重視するかたちで経済的原理の重要性を強調しながら（これは「貿易自由化」に合致しているようにみえる）、他方で、それを否定するかのように、世界経済をめぐる「先

---

(2)　野崎正剛「編集に当たって」東京ラウンド研究会編『東京ラウンドの全貌』日本関税協会、1980年、3-4頁。

354　　　第6章　「経済外交」を問い直す

進国」との協調や企業「経営」における現地人の排除を目指しつつ、国家の「政策判断」や企業の「経営」のような人為的関与が「市場メカニズム」に優位するのだと主張するという、引き裂かれた日本の「未来」と役割を示してきた。世界経済の大きな変動が認識されていた1970年代において、「新しい」日本の「経済外交」はGATTルールを変更せずにこれにどう対応しようとし、なぜそうしようとしていたのか。また、日本側が考える「貿易自由化」や「相互主義」とはどのようなものであり、それは経済的原理と人為的関与とのあいだでどう折り合いをつけられたものだったのだろうか。本章では、「経済外交」をめぐるこれらの問題を検討していきたい。

一　GATT東京ラウンドの再検討と問題の所在

（1）東京ラウンドの経緯

新国際ラウンドの提唱　　東京ラウンドの起源は、東京ラウンド研究会によると、前回の関税交渉であるケネディ・ラウンドまでさかのぼることができるが[3]、そのより直接的な発端は、1970年代の世界経済の変動に求めることができる。ヴェトナム戦争などを背景としたアメリカの国際収支の悪化と「新経済政策」の発表、関税同盟のみならず共通農業政策をすすめ、ロメ協定やヤウンデ協定のようなかたちでアフリカや地中海諸国とも「特恵的貿易関係」を模索してきた「拡大EC」の台頭、さらには、南北格差が拡大するなか、国際連合貿易開発会議（United Nations Conference on Trade and Development：UNCTAD）を中心に「援助より貿易を」を標榜してきた開発途上国の影響力の増大、といった国際経済の変化を受けて、日本政府はとくにアメリカの「新経済政策」が保護主義的政策に傾斜し、貿易が「攪乱」あるいは「縮小」することを懸念するようになった。1971年11月の第27回GATT総会において、日本代表が貿易の拡大による事態の解決を訴え、新国際ラウンドをできるだけ速やかに開催することにつき合意に達するよう提案を行ったのは、このような状況においてである[4]。

---

(3)　同上書2-3頁。
(4)　同上書5-9頁。

一 GATT 東京ラウンドの再検討と問題の所在　　355

　これに対して、多くの国ぐには日本提案を支持し、「時期尚早」との考えを
示した EC 側も、直後の12月中旬には前向きの姿勢で臨むことを表明する。実
際、「スミソニアン合意」として知られる12月18日の10カ国蔵相会議で出され
たコミュニケでは、アメリカの国際収支改善に向け EC、日本およびカナダの
貢献を求めるために、短期的通商問題についての協議を持つことが盛り込まれ、
日米両国は1972年 2 月10日の「国際経済関係に関する共同宣言」において、1973
年に「多角的・包括的交渉」を GATT の枠内で開始することを提唱したのだっ
た。翌11日には、アメリカと EC が同様の共同宣言を発表し、こうしてアメリ
カ、EC、そして日本のあいだでは、のちに東京ラウンドと呼ばれるようにな
る新国際ラウンドの開始について、コンセンサスが得られたのである。その一
方で開発途上国は、アメリカ・EC・日本のイニシアティブを歓迎しつつも慎
重な姿勢を示し、この問題が討議された1972年 3 月の GATT 理事会では、「交
渉内容とその態様」が明らかになるまで立場は決められないと主張したが、1972
年中に GATT の枠内で多角的交渉の「技術と方法」を探究することにはほと
んどの国が支持を与えることとなった[5]。

　東京宣言の採択　　こうして、各種交渉技法の長所や短所を明らかにするた
めに GATT はさまざまな委員会の場で新国際ラウンドの準備作業をすすめ、
これを受けて1972年11月の第28回 GATT 総会では、相違点を残しつつも、以
下のような議長サマリーを採択した。第一に、1973年中には GATT の枠内に
おいて関税、非関税障壁および貿易を阻害するその他の措置について多角的貿
易交渉（新国際ラウンド）を開始することである。この交渉は農業製品および
工業製品の双方を対象とし、開発途上国問題やセーフガードの問題などが含ま
れ、1975年には完結するとの希望が示された。また第二は、その開発途上国問
題についてで、新国際ラウンドは開発途上国の発展の必要性を考慮し、輸出の
多様化および貿易成長率の上昇による外貨収入の増大を図るために「追加的利
益」の確保を目指すことで合意されたのである。

　さらに第三と第四は、それを実現するための枠組みに関してであり、第三に、
開発途上国は GATT の締約国か非締約国化を問わず、参加を希望するすべて

───────────
　(5)　同上書 9 -11頁。

の開発途上国のために開放された交渉の準備作業のために設立される交渉準備委員会に協力することに合意した。この交渉準備委員会は、第一回が1973年1月31日に、第二回が5月16日−18日に、第三回が7月2日−27日に開催され、第四に、GATTは、交渉準備委員会の報告を受けて貿易交渉委員会(Trade Negotiation Committee: TNC)を設立するとともに、ここで起草された東京宣言案を採択するために、閣僚レヴェルの会合を1973年9月に開催することとなった。これは、1973年3月5日のGATT理事会において、9月12日−14日に東京で開催されることが正式に決められたのである[6]。

では、新国際ラウンドの開催を主唱した日本政府は、どのような姿勢でこれに臨もうとしていたのだろうか。その一端を知ることができるのが、GATT閣僚会議目前の8月31日に出された閣議決定である。それによると、このたびの新国際ラウンドは、「世界貿易の拡大と一層の自由化」、「世界の諸国民の生活水準と福祉の改善」、および「開発途上国の国際貿易にとっての追加的利益の確保」を目的としたものだとされ、その実現のためには、既存のGATTの諸原則やルールに則り、「互恵」と「相互主義」に基づいて交渉が行われる必要があるのだとされた。この日本側の方針は、「わが国の基本的利益」として掲げられた以下の七つに端的に示されている。

1. ガットの目的と原則に従って交渉が行われ、全般的相互主義が確保されるよう努める。
2. 関税の実質的引き下げ（撤廃を含む）をはかる。
3. 非関税措置又は、これら措置の貿易制限的もしくは阻害的な効果を軽減又は廃止することをはかる。
4. 貿易自由化の一層の促進とその成果の確保を図るとの趣旨から無差別の原則に配慮して多角的セーフガードにつき検討することとする。
5. 農産物貿易については、交渉の一般的目的にそって、農業部門の特殊性を考慮しつつ、輸出入国間の協力を通ずる相互利益に基づき安定的市場条件下での着実な拡大をはかる。
6. 開発途上国の発展の必要性を考慮し、開発途上国の国際貿易上の追加的利益を確保するよう配慮する。
   なお、開発途上国に対しては、原則として相互主義を期待しない。

---

(6) 同上書12−4頁。

一 GATT 東京ラウンドの再検討と問題の所在

7．交渉の進展に照らしガット規定の再検討が必要と考えられる場合には、本件
　交渉の目的と原則にそって対処するものとする[7]。

　この閣議決定で明らかにされた GATT 新国際ラウンドに対する日本政府の参
加方針は、のちに検討するように、フレームワーク・グループをめぐる討議の
なかで試練にさらされるが、その理由を先取りするならば、それは、一方で新
国際ラウンドの交渉が「ガットの目的と原則」（それは、閣議決定からも示唆さ
れるように、「貿易自由化」を「相互主義」により実現することであった）に基づい
てなされる必要があるとしながら、他方で新国際ラウンドの目的の一つだとさ
れた開発途上国の「追加的利益」の確保のためにはその「ガットの目的と原則」
を部分的に放棄する必要があったからであった。では、この二つの相反する方
針はどう調整されることが予定されていたのか。閣議決定にはこう明記されて
いる。「ガット規定の再検討」が必要な場合には「本件交渉の目的と原則にそっ
て対処する」のだ、と。「本件交渉」は「ガットの目的と原則に従って」行わ
れるとされていたから、この時点において日本政府は、これら相反する二つの
方針を調整するにあたり、既存の GATT の諸原則やルールを擁護する以上の
方途を見出せてはいなかったことになる。それは、具体的な交渉（すなわち「経
済外交」）のなかで模索される必要があったのである。

　新国際ラウンドに対する態度を固めた日本政府は、こうして1973年 9 月12日
から東京で開催された GATT 閣僚会議に臨むこととなる。ここでは、大平正
芳外務大臣の議長のもと、田中角栄首相による演説を皮切りに60カ国あまりの
代表が登壇し、新国際ラウンドを支持するとともに、14日には満場一致で、こ
れから行われる新国際ラウンドにおける貿易交渉のガイドラインを示した「東
京宣言」が採択された。これは11項目から成るものであるが、フレームワーク・
グループとの関係において重要なのは、交渉の目的を掲げた第 2 項と開発途上
国に関わる第 5 項および第 6 項、そして、世界貿易の国際的枠組み（のちに「フ
レームワーク」と呼ばれることとなる）の改善の必要性を述べた第 9 項であろう[8]。
　まず、達成すべき「交渉の目的」として掲げられたのは、閣議決定でも示さ

---

(7)　同上書15-6 頁。

(8)　東京宣言については、同上書50-2 頁を参照。

れた以下の三つであった。一つは、「世界貿易の拡大と一層の自由化」であり、二つは、「世界の諸国民の生活水準と福祉の改善、そして三つは、「開発途上国の経済発展に貢献すること」である[9]。これら三つの目的の相互関係は第2項のなかで明示されてはいないが、東京宣言および先述の閣議決定を踏まえつつ考えるならば、少なくとも日本政府は、世界貿易の拡大のために、各国が「貿易自由化」を（「相互主義」的に）推し進めることが、開発途上国の経済発展に貢献することにもつながり、その結果として世界の諸国民の生活水準や福祉の改善が達成されるのだと想定していた可能性が高い。「保護貿易主義」との対決やその抑制を企図して新国際ラウンドを主唱した日本側からすれば、「貿易自由化」を「相互主義」により実現するという「ガットの目的と原則」こそが、新国際ラウンドにおけるすべてのカギなのだというわけである。ただ、1970年代以降の日本の政策決定者たちがいう貿易の「自由化」とは、序章においてすでに触れたように、貿易の「自由放任」を意味するものではなかった。「貿易自由化」がなにを意味し、そのためにどのようなルールを必要としていたのかを知るには、具体的な交渉をみる必要があるのである。

　このことは、開発途上国との関係を考えるとき、より重要になってくる。実際、第5項では、開発途上国に対する「相互主義」の適用を「先進国」は期待しないこと、一般特恵制度の維持・改善をはじめとする、開発途上国に対するさまざまな「特別かつ有利な取り扱い」の重要性を認めること、が明記され、またとくに「後発開発途上国」の問題に触れた第6項では、「後発開発途上国」の「特殊な状況および問題」を認めたうえで、交渉の場における「特別な取り扱い」の必要性が言明されているのである[10]。もし新国際ラウンドにおいてこれらを実現する必要があるのだとすれば、「貿易自由化」を「相互主義」により実現するという、日本側が「ガットの目的と原則」だと考えるものは、部分的にであれ修正されなければならないだろう。フレームワーク・グループは、これを討議するために、貿易交渉委員会の下部機構として設置されることとなるのである。

---

　(9)　同上書16頁。

　(10)　同上書17頁。

一 GATT 東京ラウンドの再検討と問題の所在 359

それゆえ、「貿易自由化」をめぐる諸問題が、世界貿易の枠組みおよびGATT
の諸原則やルールをめぐる問題と密接に結び付いていたのはそれほど不思議な
ことではなかった。第9項ではこのことが明記され、既存の GATT の諸原則
やルールに対する「支持」を「再確認」するとともに、交渉の進展に照らして
望ましいとされる「世界貿易を律するための国際的な枠組みの改善」を考慮し、
その結果導入されたいかなる措置も、「貿易交渉の全般的な目的および原則（と
くに「貿易自由化」）」に合致したものになるよう配慮するのだとされた[11]。いわ
ば、「世界貿易」の「国際的な枠組み」についての合意はすべて、（第5項と第
6項の記述にも関わらず）「貿易自由化」に合致したものでなければならないの
だとされたのである。

東京ラウンドの停滞　　この「東京宣言」採択以後、新国際ラウンドは「東
京ラウンド」と呼ばれるようになり、1973年9月中旬から1975年の妥結を目指
した交渉が行われるはずだったが、その直後に起こったのが1973年10月のいわ
ゆる「オイル・ショック」であった。OPEC による石油価格の引き上げは、国
内的には物価の高騰に伴うインフレーションを加速させ、対外的には輸入価格
の上昇による国際収支の大幅な赤字を招来したため、東京ラウンド研究会によ
れば、各国は「景気後退、インフレの加速化、そして国際収支の悪化という、
いわゆる『トリレンマ』に遭遇した」のである。また、「オイル・ショック」
は「先進国以上に非産油開発途上国に対して甚大な影響を与え」ており、新国
際ラウンドの交渉を開始することは困難であった。そのうえ、東京ラウンドに
参加するために、アメリカ政府は大統領に交渉権限を付与するための通商法の
成立を必要としていたが、これはウォータゲート事件の余波などで審議が大幅
に遅れ、1973年4月に議会に提出された法案が「1974年通商法」として大統領
の署名に漕ぎ着けたのは1975年1月のことであった。すでに大統領はニクソン
（Richard M. Nixon）からフォード（Gerald R. Ford）に代わっていた[12]。

このような状況のため、GATT における東京ラウンドの交渉は主にその準
備作業であった。1973年9月の GATT 閣僚会議において設置が決められた貿

---

(11)　同上書18頁。
(12)　同上書19–23頁。

易交渉委員会は、1974年2月の第二回委員会において、各種交渉技法の検討や
バックグラウンド・データの収集のために、六つの準備作業グループを設置、
これらは、1975年2月の第四回委員会において正式な「交渉グループ」として
設置されることとなり、貿易交渉委員会のもと「関税グループ」、「非関税措置
グループ」、「セクター・グループ」、「セーフガード・グループ」、「農業グルー
プ」、「熱帯産品グループ」として、3月以降、本格交渉を行うことなる。また、
非関税措置グループは、1975年3月のグループ会合で四つのサブ・グループ
（「数量制限等」、「スタンダード等」、「関税評価等」、「補助金・相殺関税」）が、1976
年の7月の会合で「政府調達」のサブ・グループがそれぞれ置かれ、農業グルー
プは1975年5月のグループ会合で三つのサブ・グループ（「穀物」、「食肉」、「酪
農品」）の設置が決められた。本章で検討するフレームワーク・グループは、
これらのグループ設置の最後に、1976年11月5日の第七回貿易交渉委員会にお
いて設置されることとなったのである[13]。

　ただ、「石油ショックの嵐がおさまるのを待っていた」この時期は、これら
の交渉グループの設置にも関わらず、「熱帯産品グループ」の例外を除いて東
京ラウンドの交渉は進展しないまま、各国は「トリレンマ」からの回復に対処
することを強いられていた。この時期、東京ラウンドの進捗に寄与していたの
は、東京ラウンド研究会によれば、「このような経済情勢から如何にして脱却
し、インフレのない安定した世界経済の運営を図るべきかという危機意識から」
開催されるようになった、「先進国首脳会議」であった。ランブイエで1975年
11月に開かれた第一回「先進国首脳会議」では、東京宣言が目指した1975年中
の交渉妥結は困難であるとの認識から、交渉妥結を1977年中にずらすことを提
案し、これを受けて1975年12月のGATT第六回貿易交渉委員会では、1976年
中に達成すべき目標が定められるとともにランブイエ宣言が支持されることと
なった。また、1976年6月のプエルト・リコ宣言では上記の方針が再確認され、
1977年5月のロンドン・サミットでも東京ラウンドの推進および1977年中の交
渉終結を目指すべき「付属文書」が採択されたのである[14]。

---

(13)　同上書23-6頁。

(14)　同上書26-9頁。また、「熱帯産品グループ」における交渉については、同上書32頁を
　　　参照。

一　GATT 東京ラウンドの再検討と問題の所在

東京ラウンド仮署名　このロンドン・サミット以降、東京ラウンドは進展をみせはじめるが、その一つの動きが、アメリカと EC による東京ラウンドの交渉に関する1977年7月の了解であった。1978年1月までに四つの段階により交渉を完了させようとするこの了解によれば、関税交渉プランに関する合意を10月末に、リクエストの提出を11月末に、非関税措置等に関する国際コード案の提出を12月末に、それぞれの期限を定め、1978年1月15日までに提出が予定されていた第四段階の各国オファーをめぐる最終交渉は、3ヶ月程度で終了することをアメリカ側のストラウス（Robert S. Strauss）特使は期待していたといわれている。この了解は GATT においても支持され、農業グループおよび非関税措置グループにおいては1977年7月28日、それぞれこの了解で示された日程に基づき、リクエスト・リスト（自国が関心を有する品目および措置につき相手国に改善してほしい事項を記載したもの）やオファーの提出等について努力することが合意され、関税グループなどにおいても、基本的にはこの了解のラインに沿いつつ、たとえば鉱工業品の関税引き下げに関して「ハーモニゼーション方式」の採用や「加重平均引き下げ率40%」といった考え方が出されたのである。これを受けて、日本側も11月の GATT 総会において演説し、交渉を促進する観点から、「ハーモニゼーション方式に従い、加重平均40%の最終引下げを目指し、交渉終結後、原則として8年間に亘って実現するとの内容を作業仮説として採用したオファーを来年1月15日迄に提出するべく準備を行う所存」だと主張、他国の同調を促している。東京ラウンド研究会は、この了解に至った背景について、東京ラウンドをこれ以上遅らせることは「保護貿易主義の台頭」を招き、「世界貿易を縮小均衡」させるとともに「世界の諸国民の生活水準と福祉の向上にも悖ることになる」こと、また、翌年にはフランスの総選挙やアメリカの中間選挙などを控え、タイミングしだいでは交渉妥結がさらに遅れる可能性があること、といった、「高度に政治的に判断」が働いたのではないかと推察している[15]。

　この1973年9月の東京ラウンド開始から1977年7月のアメリカ・EC 了解までの時期は、東京ラウンド研究会によれば「石油ショックの嵐がおさまるのを

---

[15]　同上書29-32頁。

待っていた時期」だとされたが、このなかでも交渉が進展したのが「熱帯産品」の分野であった。これは、開発途上国の関心の強い分野でもあり、東京宣言においても「特別かつ優先的な分野」とされていたもので、1975年3月の第一回熱帯産品グループ会合では早くも開発途上国によるリクエスト・リストの提出やその協議、オファーの提出日等について討議することで合意し、10月には開発途上国のリクエスト・リストの提出に対するオファーの提出期限が翌1976年3月1日とされたことに伴い、先進国のこのオファーに基づいて二国間交渉が行われることとなった。さらに、この10月の会合では、先進国がそれぞれのオファーについて1977年1月1日またはそれ以降のできるだけ早い時期に実施するとの合意が成立し、アメリカ以外の「先進国」は1月から7月にかけてこれを実施に移していったのである。こうして熱帯産品に関しては、他の交渉分野が本格交渉に入る以前に、その成果が結実したのであった[16]。

こうして、1977年7月の農業グループおよび非関税措置グループの決定に従い、農産物や非関税措置については参加国が11月1日をめどにリクエスト・リストを提出することで交渉は本格化、また鉱工業品関税についても、1977年11月のGATT総会における日本のイニシアティヴを受けて、1978年1月のオファー提出に向けて作業することとなる。日本代表は1月18日、「先進国」のトップを切ってオファー・リストをGATT事務局に提出、他の「先進国」もこれに続いたのを受けて、1月23日、ジュネーブにおいて非公式な閣僚レヴェルの会合が開催され、交渉のいっそうの促進が表明された。日本・アメリカ・ECのあいだで1978年夏までに東京ラウンドを実質的に終結させることで合意がなされたのである[17]。

この非公式閣僚レヴェル会議以降、一方で鉱工業製品関税、農産物の関税および非関税、またリクエスト・オファー方式の対象となっている非関税措置をめぐる交渉は二国間交渉に場を移し、他方で関税評価、政府調達、補助金・相殺関税等、「コード」と呼ばれる各種協定については、その協議が多国間交渉のなかですすめられることとなる。東京ラウンドが交渉妥結に向けて動き出し

---

(16)　同上書32頁。また、その詳細については244-58頁を参照。

(17)　同上書33-4頁。

一　GATT 東京ラウンドの再検討と問題の所在　　363

たわけだが、このことは交渉成果に関する合意が成立したこととイコールでは
なかった。というのも、1978年1月と3月に出された、日米共同声明と日・EC
共同コミュニケとを比較してみればわかるように、そこには微妙に差異が残さ
れていたからである。一方で、日米共同声明は東京ラウンドの目標を「開放的
な貿易体制を維持強化するため」だと意義付け、この交渉における日米両国政
府の共通の目標は「相互主義に基づいて実質的に同等の競争機会を与える」こ
とだと言明した。いわば、「貿易に対する関税・非関税障壁の軽減又は撤廃」
をつうじ貿易関係の「基本的な衡平を達成する」ことが目指されていたわけで
ある。しかし他方で、日・EC 共同声明に目を向けてみると、そこでは「開放
的な貿易体制の維持」に加えて「保護主義的傾向の防圧の重要性」が東京ラウ
ンドの目標として強調され、「全般的な相互主義」に基づいた「関税の引き下
げ」が指摘されたのに対して非関税障壁については触れられなかった。1978年
初頭の時点では、「先進国」のあいだですら、東京ラウンドの交渉成果をめぐ
る基本的な合意は成立していなかったのである[18]。

　この基本的な合意がようやく成立したのが、1978年7月にジュネーブで開か
れた「主要国」閣僚会合においてであった。この会合は、1978年夏までに東京
ラウンドを妥結させるという目標のもと、日本をはじめアメリカ、EC、カナ
ダなどの閣僚が集い、焦点を絞った交渉が集中的に行われた。残念ながら、こ
の交渉ではその目標は達せられなかったが、7月13日に出された「東京ラウン
ド交渉の現状に関する数カ国代表団の声明」では「東京ラウンドの包括的パッ
ケージの主要要素に関する了解の枠組み」が示され、「先進国」のほとんどが
これを支持または歓迎したのである。この声明は7月16日と17日にボンで開催
されたサミットでも支持され、あらためて12月15日までに東京ラウンドを「成
功裡に完了する」ことで合意されている。また、この多国間における合意を受
けて、二国間交渉においても、たとえば日米交渉は12月中旬までに、EC との
交渉は当初の期限を越えたが1979年2月末には交渉が妥結し[19]、他の「先進国」
および開発途上国についても順次決着していった。なかでも日本政府は、二国
間交渉の最中である1978年3月、「保護貿易主義の高まりを抑え」つつ交渉妥

---

　⑱　同上書34-5頁。

364　　　　　　　第6章　「経済外交」を問い直す

結を促進するために、125品目の関税前倒し引き下げを行い、「積極的な姿勢を内外に示した」のである[20]。

　こうして、多国間交渉も二国間交渉も妥結のメドが立ったことを受け、ロング（Olivier Long）GATT事務局長は、これまでの交渉の実質的成果を盛り込んだ「調書」（Procès-verbal）を作成するとともに、1979年4月11日、貿易交渉委員会を開催し、議長としてこれまでの交渉結果を総括した。これに対しては、一般に「先進国」代表が、「調書」の内容を現状における「最善」のものだと評価し、「保護貿易」に「歯止め」をかけ「世界貿易」を「拡大」する方途としてその有用性を強調する一方、開発途上国は全般に、東京ラウンドが「先進国主導」によりすすめられたことに「強い不満」を示し、東京宣言にあるような開発途上国に対する「追加的利益」が不十分であること、セーフガード・コードの作成が「調書」に間に合わなかったことなどを挙げ、交渉の継続を主張したが、結局、ロングは翌12日からこの「調書」を各国の署名のために開放し、東京ラウンドのための貿易交渉委員会は散会したのである。この「調書」はさらなる「技術的調整」（修正）が予定されており、これに署名することは事実上の「仮署名」であったが、それにも関わらず、これに署名したのは、1979年10月の時点でも26カ国とECに限られ、そのほとんどは「先進国」であった[21]。

　GATT総会における承認　　それゆえ、1979年11月26-29日に開催された第35回GATT総会では、東京ラウンドにおける交渉成果の受け入れが危ぶまれていたが、実際には全体として承認されることとなった。満場一致であった。4月の時点では多くの開発途上国が仮署名をせず、5月のUNCTADで東京ラウンドの成果に対する不満が出されたことを考えれば、このことはやや意外だったが、それは、仮署名の開放以後も事実上の交渉が継続されていたからで

---

(19)　ECとの交渉が当初の期限を越えて遅れた背景には、ECが重視するアメリカの相殺関税規定の改正が、アメリカ議会における反対のために成立しなかったことにあった。結局、この相殺関税規定の改正は、1974年通商法のときと同様、一定の期間（4年）に限り財務長官にウェーバー（義務免除）権限を付与することで解決した。同上書39-40頁。

(20)　同上書36-9頁。

(21)　同上書39-45頁。

あった。主要な対立点は、「先進国」と開発途上国から異なるコード案が出された関税評価、ダンピング、酪農で、関税評価については開発途上国側の要請を入れた議定書を作成して協定と一体のものとし、ダンピングに関しては開発途上国の開発に配慮した協定の運用を行うという趣旨のステートメントを発することで解決され、酪農をめぐっては協定の一本化には至らなかったものの、緩やかな取極という性質上運用自体に問題はないということで落着したのである[22]。

　こうして1979年12月17日、東京ラウンドの交渉成果に関する署名式が行われ、29カ国か参加した。ケネディ・ラウンドのときとは異なり、アメリカはすでに7月、議会の承認を受けて大統領が署名し国内手続は完了、ECも11月の外相理事会で東京ラウンドは「バランスがとれており」「満足すべきもの」だと評価、日本も国会の承認を前提としてこれに署名した。ただ、署名式の参加国が29カ国に限られていたことに示されるように、「先進国」の積極的支持に対して開発途上国の消極的な姿勢は否定できなかった。いわば、東京ラウンドは、一面でたしかに「世界経済という運命共同体を、人類の叡智をもって、すべての国の貢献によって運営していこうという目的に向かっての交渉」だと意義付けられ、その成果は新たに「非関税措置と貿易ルール」の策定に成功するなど「貿易自由化の一層の促進」に寄与するものであったが、他面でそれは、開発途上国の交渉成果に対する参加を「期待」せねばならず、その重要な交渉成果の一つである、各種コードのもとに設置された紛争解決のための委員会の運営など、さらなる課題を残すこととなったのである。それゆえ、東京ラウンド研究会も指摘するように、東京ラウンドの妥結を受けて各国が「なすべきことの第一」は東京ラウンドにおける合意の「早期かつ誠実な実施」だということになる。なぜならば、「世界経済」はすでに一つの「運命共同体」なのであり、東京ラウンドは、そのような世界のなかで試みられた「世界の貿易環境の改善という課題の解決」のはじまりだとされたからである[23]。

---

(22)　同上書45頁、268頁。

(23)　同上書269-73頁。

（2）フレームワーク・グループの経緯

すでに議論したように、東京宣言は関税および非関税措置の軽減や撤廃とともに「世界貿易を規律する国際的な枠組みの改善」を掲げていたことに一つの特徴があり、これを実現するために、1976年11月、貿易交渉委員会の下部機構の一つとしてフレームワーク・グループの設立が合意され、本格的な討議が行われることとなった。

「世界貿易を規律する国際的な枠組みの改善」という東京宣言の抽象的な表現が東京ラウンドにおいて具体的な交渉の対象となった背景には、東京ラウンド研究会によると、開発途上国側が提起したものと「先進国」側が持ち出したものの二つの問題があった。一つは、「開発途上国の特別扱い」に関わる問題である。GATTには、開発途上国に関連する規定として、まず第18条「経済開発に対する政府の援助」があり、ここでは、①特定産業を確立するために関税譲許を変更する場合、②国際収支上の理由により輸入制限措置をとる場合、③特定産業の確立のために特別手続により輸入制限措置をとる場合、の三つの場合について、「先進国」とは異なる特別の扱いが認められている。また、1966年にGATT規定に追加された第四部「貿易と開発」では、①開発途上国の貿易と経済開発の促進を図るという観点からGATTおよび「先進」締約国が講ずべき措置、②貿易交渉において「先進国」が開発途上国のために行う貿易障害の軽減等、の二つについては、開発途上国に対してそれに見合う措置を求めないとの約束（「相互主義」の不適用）が定められている。さらに、1970年のUNCTADにおける合意に基づき、開発途上国に対する関税上の特別優遇措置を内容とする「一般特恵関税制度（Generalized System of Preferences: GSP）」が、「先進国」により自発的（義務的ではない）に行われており、これを受けてGATTでは、この適用がGATTの一般的最恵国待遇原則に抵触するという法的問題を回避するため、1971年6月から10年間、GATT第25条に基づいた特別手続による義務免除措置（ウェーバー）を講じることとなった[24]。

しかし、開発途上国側からすれば、これらの措置は、開発途上国の置かれた特別かつ困難な状況に照らすと不十分であり、改善の余地があるのだとされた。

---

[24] 同上書234-5頁。

すなわち、GATT 第18条の要件は弾力的とはいえず、第四部の規定は強化・補完の必要があること、また、一般特恵関税制度はその法的根拠を明確にするとともに義務化、恒久化がなされるべきこと、が主張されたのである。東京宣言は「特別かつより有利な取扱い」による開発途上国に対する「異なった措置」の適用について「重要性を認める」としており、先進国と開発途上国との貿易関係における「枠組みの改善」をつうじた交渉目的の達成、および開発途上国に対する「追加的利益」の確保などについても言明していた。開発途上国はこれらを根拠に、「先進国」と開発途上国の貿易関係を規律する「新しいルール」をつくりだす必要性を強調し、現行の GATT ルールの見直しや改善のためのフォーラムの設置を強く要求したのである[25]。

　またもう一つは、「先進国」側から持ち出された、貿易の制限措置やそれをめぐる紛争処理に関する GATT ルールの見直しの問題である。これがフレームワーク・グループにおいて取り上げられるようになったのは、アメリカ政府の積極的な働き掛けが重要であった。というのも、GATT ルールの改正に対する大統領の採るべき措置を定めた1974年の通商法第121条によれば、アメリカがすでに締結している通商協定とその適用を、「開放的、無差別的かつ公正な世界経済体制を発展させる原則に合致させる」ために、大統領は、以下の四つの措置を採る必要があるのだとされていたからである。すなわち、①「先進国」が国際収支の赤字を操作する場合の好ましい輸入制限手段として輸入課徴金を認めるよう、GATT の規定を改正すること、②食料・原材料等の供給確保に関する GATT 規定を強化すること、③食料・原材料等の公正かつ衡平なアクセスを拒否し、それにより国際社会に実質的な被害を与えた加盟国に対して、締約国による多角的手続を認めるよう GATT の条項を拡充すること、④国際貿易に関する定期協議や国家化の通商上の紛争を仲裁するための手続きを設定するために必要な改正を行うこと、である。そのうえ、貿易の実態に GATT ルールが合致しなくなってきているとの認識も先進国や GATT 事務局において持たれており、さまざまな貿易措置やそれをめぐる紛争処理に対する GATT のルールは十分に体系化されていないためそれを一元的にチェックできるメカ

―――――――――――

[25]　同上書235頁。

ニズムを整備する必要があったのである[26]。

授権条項　開発途上国と先進国のそれぞれから持ち出されたGATTの
ルールの見直しに関する問題は、フレームワーク・グループでは五つの分野に
わたって討議された。その成果は、東京ラウンド研究会によると「現在の国際
貿易の実態を追認した部分」と「新たにその解釈を明確にした部分及び交渉参
加国の意図を示す部分」からなっており、各国に新たな義務を課すものとは理
解されていなかったことから、条約とはせず、GATT締約国団の決定とされ、
1979年11月にその決定が行われた。そこで、その五つの分野の成果について一
つずつみてみよう。

　第一は、開発途上国が要請した問題に関わる「授権条項」、すなわちGATT
の諸原則やルールに抵触する措置に法的根拠を与えること（授権）に関わる諸
問題である。GATTの基本ルールの一つである「最恵国待遇原則（無差別の原
則）」は、開発途上国に対する特例措置に対しても当然に適用されるため、こ
のGATT上の義務を免除するには、GATT第25条に基づき全締約国の三分の
二の賛成をえなければならない。しかし、開発途上国からすれば、GATT上
の義務の免除がこのような「一時的」な措置に基づいていることは「極めて不
安定」であり、これを恒久化することが求められていたのである[27]。

　こうした開発途上国側の要請を踏まえつつ交渉が行われた結果、この問題に
ついては以下のような合意が成立した。①締約国は、GATT第１条の規定に
も関わらず、「一般特恵関税制度」、「各コードに定める対開発途上国特別優遇
措置」、「開発途上国間特恵」、ならびに「後開発途上国に供与する優遇措置」
については、とくに有利な待遇を供与することができる。これは、前述した「一
般特恵関税制度」に法的根拠を与えたもので、この合意により1981年以降もこ
の措置が恒久化されることとなった[28]。

　ただ、これにはいくつかの条件があった。まず、主に「先進国」側に対して、
②このような特別優遇措置は、他の締約国団の貿易の障害となってはならず、
最恵国待遇ベースの貿易障壁の引き下げや撤廃を妨げてはならない。また、③

　(26)　同上書235-6頁。
　(27)　同上書237頁。
　(28)　同上。

「先進国」が供与する特別優遇措置は、開発途上国の開発上、資金上の必要に応じ修正されるものでなければならない。さらに、④「先進国」は、開発途上国の開発上、資金上および貿易上の必要と両立しないような譲許を求めてはならず、開発途上国はこれを要求されない。これは「東京宣言」を受けて、「先進国」は開発途上国に対して「相互主義」を期待しないことを明記したものであるとされる[29]。

　他方、⑤開発途上国は、開発の進展に伴い譲許や寄与の能力が改善したことによりGATT上の権利義務の枠組みに参加できるようになることが期待される。これは「卒業問題」として開発途上国の物議をかもした問題で、東京ラウンド研究会によれば、「一定の発展段階に達した開発途上国を先進国並みに扱うこととし、特別優遇措置の適用を制限すると共にGATT上の義務も増大させるという考え方」であった[30]。いわば、経済の「発展段階」の観点から世界の諸国を「先進国」と「中進国」、「後進国」に区分けする考え方が、GATTの枠組みのなかに組み込まれることとなったのである。

国際収支目的の貿易措置　　第二は、「先進国」が持ち出した問題に関わる貿易制限措置である。GATTでは第11条にあるように輸入数量制限は一般的に禁止されているが、第12条および第13条に規定されているように、一定の条件のもとではこれを適用することができる。フレームワーク・グループではこれらの規定の運用に関連して討議がなされたが、東京ラウンド研究会によれば、論点は大きく分けて三つあった。一つは、「貿易自由化」の観点から国際収支上の理由による制限的貿易措置（GATT第12条）を援用しないとする旨の宣言の採択をめぐる問題である。これに関しては、その採択を積極的に支持する国もあったが、努力規定としての表明がせいぜいだとする意見が大勢であった。そのため、「国際収支目的のためにとられる貿易措置に関する宣言」の前文に、「先進締約国が国際収支目的のための制限的貿易措置をとることを最大限避けるべきであることを認識」するとの一文を入れることで最終的に合意した[31]。

　二つ目の論点は、国際収支目的の制限的貿易措置として、GATT第12条お

---

[29]　同上書238頁。

[30]　同上。

[31]　同上書238-9頁。

よび第18条に明記されている輸入数量制限以外の措置を採ることを認めるべき
かどうかという問題である。これは、貿易の実態（「先進国」の場合、輸入数量
制限の適用はまれで、輸入課徴金や輸入担保金等、数量制限以外の措置が適用され
る場合が多い）と、解釈の問題（輸入数量制限よりも貿易に対する影響が少ないこ
れらの措置が認められないのは不合理である）が関係していた。最終的にこの問
題は、輸入数量制限以外の問題についても GATT 第12条および第18条を適用
するとするが、これらに加えて、とられた貿易措置の無差別適用を義務付ける
第13条、および国際収支に関連する問題を GATT において審議する場合には
IMF とも協議を行うことを定めた GATT 第15条も適用する、とする規定を設
けることとなった。また、二種類以上の貿易措置を同時に適用することを避け
ること、とられた貿易措置の廃止予定時期を公表することなど、そのための条
件も定められたのである。ただ、これらの定めによってこれまでの GATT 規
定がなんら変更されるものではないとの一文が加えられたことに示されるよう
に、こうした措置は GATT 規定の変更にともなう追加的義務の付加を予定し
たものではないのだとされたのである[32]。

　さらに三つ目の論点は、国際収支上の理由から「先進国」がとる制限的貿易
措置の適用対象から開発途上国を除外すべきか、という問題である。これにつ
いてはさまざまな議論がなされたが、この規定の趣旨および GATT の無差別
適用の原則に照らすと、開発途上国をそこから除外すると言い切るのは問題だ
とする観点から、最終的には「開発途上国の輸出関心産品については国際収支
目的のための制限的輸入措置の適用を免除することができる」との規定となっ
た。つまり、適用免除を義務付けるのではなく、「先進国」による任意とする
ことが定められたのである[33]。

　これらに加えて、合意を実効的にするために、国際収支措置に関する交渉に
おいては、あらゆる国際収支目的のために採られる制限的措置の新設・強化を
する国に対して GATT に対する通報義務が明文化され、これらは GATT の国
際収支理由制限委員会における協議に付されることなり、この手続きが明確化

---

(32)　同上書239頁。

(33)　同上書239-40頁。

されることとなった[34]。

開発目的のためのセーフガード措置　第三は、GATT 第18条に定められた開発途上国に対する優遇措置に関する問題である。第18条 A は、開発途上国が国民の生活水準を引き上げるために特定産業の確立を促進する場合、希望すれば譲許の修正または撤回のための交渉ができるとし、その手続きを定めている。また、第18条 C は、開発途上国が国民の生活水準を引き上げるために特定産業の確立を促進するにあたり、GATT 規定に合致するいかなる措置も採りえないと認めるときは、GATT に通告すること、GATT および原交渉国との協議等の手続きに従うこと、を条件に、特別の措置を採ることができるとしている。

ただ、これらの条件は開発途上国からすれば厳しいものであり、手続きも複雑であったことから、ほとんど援用されてこなかった。そのため、これらの問題はセーフガード措置として議論され、結果として、適用条件の緩和とともに手続きを簡素化し、「開発途上国に対する一層の優遇」をはかるコードに結実した。すなわち、適用条件については、「特定産業の確立」に加えて「資源の完全かつより効率的な利用を目的とする新しい産業の開発又は既存産業の転換ないし拡充」が付け加えられ、手続き面においては、「平常とはいえない状況」のもとでは暫定的措置として必要な範囲において、GATT 第18条 A および C については、所定の手続きを経ることなくただちに譲許の修正・撤回や輸入制限を行うことができるとされたのである。ただ、これらはあくまで暫定的措置であるため、GATT 第18条 A および C の手続きは踏まなければならず、また代償提供や対抗措置甘受義務は残されることとなった[35]。

紛争解決の手続き　第四は、通報や協議、紛争解決、監視に関する諸制度であり、必ずしも統一的には定められていないこれらを実効的にすることが目指された。事実、通報をめぐっては、締約国に対する義務を定めたものとして第16条（補助金）、第17条（国家貿易企業の扱う産品）、第19条（セーフガード）が、事実上の通報義務を定めたものとして第2条6（a）（通貨下落時の従量税

---

(34)　同上書240頁。

(35)　同上書240-1頁。

の調整)、第12条あるいは第18条（輸入制限措置）、第四部（貿易と開発のレヴューに関わる情報の提供）などがあり、協議手続については第22条に、紛争解決手続きに関しては第23条のもと「パネル」と呼ばれる小委員会での審議が慣行により予定されており、また監視については一般的な規定はないが第12条および第18条をめぐり定期的監視が定められた例がある、といった具合である。それゆえ、これらの問題については、討議の結果、「通報、協議、紛争解決および監視に関する了解」として合意され、協議およびパネルの設置について明文化されることとなった[36]。

輸出制限　　そして第五は、輸出制限あるいは「供給保証」と呼ばれた問題である。これは、供給不足を理由とした輸出制限が目立っている状況において、これに関する GATT 規定の整備が不十分であることから、供給側からの貿易自由化の阻害に対処するためフレームワーク・グループの議題として取り上げられることとなった。だが、この問題については輸出国と輸入国との意見の調整が現時点では困難であることが判明したため、結局、輸出制限の問題に関する GATT 規定を「近い将来再評価することの必要性」について合意するとともに、多角的貿易交渉が終結したあとに取り上げるべき「優先事項の一つ」としてこの課題に取り組むよう要請することとなった[37]。

（3）問題の所在

このように、フレームワーク・グループにおける議論は、開発途上国から持ち出されたものも「先進国」が提起したものも、「貿易自由化」を「相互主義」に基づいて実施するという GATT の諸原則やルールに対する一定の修正がどのような場合にどの範囲で許され、またその根拠はどこにあるのか、という諸問題をめぐるものであったということができる。これら諸問題に対する日本政府の態度を問うことは、二つの意味で重要である。それはいずれも、経済的原理と人為的関与との関係にどう折り合いをつけるのかという「経済外交」にまつわる諸問題なのだが、第一は、日本側のいう「貿易自由化」がどのようなも

---

(36)　同上書241-2頁。

(37)　同上書242-3頁。

のだったのかという問題である。というのも、あらゆる GATT 上の義務を果たせるがゆえに「先進国」であるはずの国ぐにが、「国際収支目的の貿易措置」で合意されたような従来の GATT 規定にない制限的貿易措置を新たに定めることは、一見すると「貿易自由化」という GATT の諸原則やルールと矛盾するようにみえるからである。

　このことが示唆しているのは、日本側のいう「貿易自由化」が、すべてを経済的原理（「市場メカニズム」）に任せる志向性を持つものというよりも「市場」に対する一定の管理のための人為的関与を必要としている、ということだろう。だが、ひとたび人為的関与の必要性を認めてしまえば、開発途上国が要求するようなさまざまな措置をどこまでも受け入れざるをえないことになってしまい、こんどは経済的原理が蔑ろにされてしまうのである。日本側は「貿易自由化」をどのようなものだと理解していたのだろうか。これを知るには、「先進国」が持ち出した「国際収支目的の貿易措置」および「輸出制限」に着目するのが妥当だろう。

　また第二は、開発途上国が提起する問題に関わるもので、日本側は、GATTの第四部に規定されている「相互主義」の「例外」がどのような根拠により容認されうると考えていたのか、というものである。「授権条項」をめぐる合意が示しているように、「先進国」とは GATT 上の義務を果たしうるという意味で「一人前」だったのであり、開発途上国は「半人前」であるからこそ「特別扱い」（「例外」）が許されるとともにそこからの「卒業」が必要なのだとされていた。ただ、上述のように「先進国」もまた従来の GATT 規定の修正を持ち出すことができるのだとすれば、GATT 上の義務に対する「例外」措置は「半人前」だから許されるのか、それともそれ以外の理由や根拠により許容されるのかが分からなくなってしまうのである。そのうえ、このような「例外」の提起や容認は、「貿易自由化」をどう定義しようとも、「貿易」をより「自由」にしようとする志向性からは明らかに懸け離れていた。にも関わらず、日本の政策決定者たちは東京宣言のなかで、開発途上国に対する「特別かつ有利な取り扱い」を認めていたのである。日本側はこの「相互主義」をめぐる諸問題にどう対処しようとしたのか。これを知るためには、開発途上国が持ち出したGATT 上の義務の免除に関わる一連の提案、とくに「授権条項」に結実する

374　　第6章　「経済外交」を問い直す

諸問題に注目する必要があるだろう。

　そこで以下では、筆者が外務省外交史料館に開示請求をすることで入手した
一次史料を利用しつつ、「先進国」と開発途上国との主張が先鋭に対立した「授
権条項」における日本側の態度を中心に考察し、必要に応じて「国際収支目的
の貿易措置」および「輸出制限」をめぐる議論にも目を向け、「貿易自由化」
と「相互主義」に対する日本側の理解をも明らかにしながら、日本の政策決定
者たちが「先進性」の問い直しに基づいた「新しい」「日本イメージ」をもと
に、「新しい」日本の「経済外交」をどう展開しようとしていたのかについて
議論していきたい。

二　フレームワーク・グループができるまで

　のちに「フレームワーク・グループ」となる新たなグループの設置について
は、すでに1975年11月ころから GATT のなかの暫定的な枠組み（たとえば、「CG-
18」〔コンサルタティブ・グループ18〕や「7＋7非公式会合」）において議論され
ており[38]、東京ラウンド研究会も指摘しているように、一方で、開発途上国が、
「東京宣言」の文言などを根拠に最恵国待遇や「相互主義」といった GATT の
諸原則やルールに対する例外を規約の「改正」等により恒久化することを求め、
他方で、「先進国」とくにアメリカ代表が、国際収支の悪化したときにとりう
る制限的貿易措置の再検討を望んでいた。

　ただ、フレームワーク・グループというかたちで新グループを設置する直接
のきっかけとなったのは、これまで GATT において開発途上国をリードして
きたブラジル代表による1976年7月提出の文書（「ブラジル案」）であった。こ
れは、1976年1月にブラジル側が提出し貿易交渉委員会や4月の非公式協議な
どで討議されたメモランダムをもとにしたもので、その内容は、開発途上国の
「ディファレンシャル・トリートメント」を規定する GATT 第四部「開発と貿
易」を中心とした GATT 規約の「改正」のために「独立グループを設けるべ
し」とするものであった[39]。

⑶⑻　〔宮沢喜一〕外務大臣発鶴見〔清彦〕在ジュネーヴ〔国際機関日本政府代表部〕大使
　　宛、1975年11月20日、1700号、「GATT／多角的貿易交渉　フレームワーク・グループ」
　　（2010-6006）、外交史料館。

二 フレームワーク・グループができるまで 375

（1）日本政府の基本姿勢

それでは、日本側はこの新グループの設置についてどう考えていたのだろうか。ここで参考になるのが、上記非公式会議における日本側の対処方針を記した外務省の訓電である。それによると、第一に開発途上国との関係について、グループの設置に関する問題は「機構問題」と呼ばれ、これについては「往電第1515号のとおり」だという。だが、これが入手可能な史料のなかには見当たらない。そこでここでは、その一端を知ることができるものとして、外務省が1975年1月に作成した「新国際ラウンドにおける開発途上国の取扱い（試案）」を検討してみたい。

この文書はまず、「背景」と題された現状分析の箇所において、1970年代に生起した新たな問題に触れ、1973年の「石油危機」が非産油開発途上国の「窮乏化」をもたらしたことで「南北問題を一層複雑にし」、このことがUNCTADをはじめとする国連やGATTにおける開発途上国の態度に影響を与えているのだと指摘した。そのうえで、ケネディ・ラウンドに対する開発途上国の「不満」がのちに開発途上国一般の「不信」につながったことを想起しつつ、1970年代の新たな状況に対する日本側の基本姿勢についてこう付言している。「このような不信をなくしていくためにもわが国としてはLDC問題につき細心の注意を払いつつ対処する必要がある」。

では、「細心の注意」を払った「対処」とはどのようなものだったのか。それは、「東京宣言」に基づいた開発途上国との交渉には応じるものの、既存のGATT規約とその運用についてはその意義を確認したうえで引き続き踏襲する、というものであった。すなわち、開発途上国の「追加的利益」の確保については「東京宣言に従い」「前向の態度をとることとする」が、開発途上国に対する「differential treatment それ自体を交渉の独立分野としてとりあげること」は「あまり建設的とは考えられない」。なぜならば、それは「全交渉分野に於ける differential treatment の確立といった強い主張に発展する恐れがあるのみならず、原則論についての見解の対立が併行線をたどる」こととなる

⑶⑼　外務大臣発寿府代〔在ジュネーヴ国際機関日本政府代表部〕大使宛、1976年1月23日、94号（2010-6006）、外交史料館。

からである。それゆえ、「個々の分野での交渉においてそれぞれのLDCへの特別配慮がなされるべき」だというのが日本側の開発途上国に対する立場だったのである[40]。

　このことは、開発途上国の要求に対して二つのことを示唆している。一つは、いわゆる「機構問題」について、日本側の態度は消極的だったということである。というのも、開発途上国に対する「differential treatment」を「交渉の独立分野」とすることは「建設的とは考えられない」のだと認識されていたからである。実際、日本側の訓電によれば、ブラジル代表が主張するような開発途上国の「ディファレンシャル・トリートメント」については「既に各グループで提起されており、重複して議論するメリットは認めがたい」とされ、既存のGATT第四部は「先進国ののみうる最大限を規定化したもの」であって、「現在以上に拘束力を強化するといった方向については否定的にならざるをえない」のだとされていたのである[41]。

　またもう一つは、開発途上国が求めている、GATTの諸原則やルールに対する例外を規約の「改正」等により恒久化することに対してもまた、日本側は否定的だったということである。なぜならば、日本側は（「東京宣言」第9項でも表明されているように）既存のGATT規約を擁護する姿勢をとっていたからである。上掲した文書のなかで、外務省の論者たちはこう言明している。「東京宣言にもあるとおりLDCには原則として相互主義を期待しない」が、「少なくとも先発LDCにはそれ相応の関税・非関税貿易障害の撤廃を行うことが国際貿易の拡大の見地から望ましい旨改めて注意喚起すべき」であり、「また厳密の意味での相互主義を期待できずとも、たとえば原材料の供給保証というような形で相互主義が目指されることもあろう」、と[42]。この方針は1976年2月の訓電においてより明確に、「同問題（GATT規約「第4部の改正等の貿易ルールの改正問題」―筆者注）協議のために新たなグループを設けることは、第4部の改正をプリジャッジすることにもつながり、わが方としては同調できない」

---

　(40)　経国1〔外務省経済局国際経済第一課〕「新国際ラウンドにおける開発途上国の取扱い（試案）」1975年1月20日（2010-6006）、外交史料館。

　(41)　前掲94号、外交史料館。

　(42)　前掲「新国際ラウンドにおける開発途上国の取扱い（試案）」、外交史料館。

二　フレームワーク・グループができるまで

と断言されることとなる[43]。開発途上国に対する「differential treatment」については、既存のGATT規定が「先進国ののみうる最大限」なのだから、いままでどおり「個々の交渉分野」において「それぞれのLDC」に対してなされるべきなのだというわけである。

　新たな問題が生起しているにも関わらず既存のGATT規定を擁護する日本側のこうした立場は、第二に、主にアメリカから持ち出された問題に関しても同様であった。それは、「BOP（Balance of Payment－筆者注）と貿易制限措置」として論じられたが、これに関する日本側の基本的な態度は、GATT規約の「改正」には反対であり、これまでの「ガットがプラグマティックに対処してきた従来の方針を支持する」というものであった。というのも、「機構問題」が孕む制度上の問題（たとえば、従来の総会や理事会との関係など）に加えて、「世界経済が不況に直面している際、規約改正をとりあげることは長期的観点から必ずしも得策とは思われない」からである。いわば、「不況」にともなう「保護貿易主義」が台頭している状況のなかでGATT規約の「改正」を議論することは、「長期的観点」からみれば「貿易自由化」の後退を制度化することとなり、「得策とは思われない」というわけである。

　たしかに、この議論を裏返してみればわかるように、日本側は、既存のGATT規約の「改正」に話が及ばないのであればこれを支持する余地があったのだといえ、事実、外務省は、「BOP理由による貿易制限措置の問題を今後もfollowしてゆくというに本グループの大勢が同意する場合にはあえて反対しない」が、「その場合、あくまでも規約の改正を前提としたものではない旨明らかにしおかれたい」と訓令していた[44]。しかしながら、開発途上国向けの「differential treatment」のときと同じように、日本側はこの問題に関しても、既存のGATT規約には手を付けずに、これまでどおりそれぞれの事案ごとに対応が検討されるべきだと考えていたのである。この方針は1976年2月に訓電のなかで明らかにされ、アメリカ側が指摘する手続きの統一を図る必要性に関しては一定の理解を示しつつも、こう言明している。「わが方としてはBOP理由に基づく貿

---

[43]　外務大臣発寿府代大使宛、1976年2月18日、224号（2010-6006）、外交史料館。

[44]　前掲1700号、外交史料館。

易措置をガットのいかなる場でとりあげるかについては、従来どおりケース毎に対処していくべきだと考える」[45]。

アメリカ側の方針転換　ただ、「貿易自由化」のために既存のGATT規約を擁護するとともに、そこから逸脱する事例については「ケース毎」に対応すればよいとし、開発途上国の要求には消極的な姿勢で応じるとする日本側の方針では、「石油危機」以後「一層複雑」になった「南北問題」、なかでもブラジルに代表される開発途上国の動きを抑えることができないのではないか、という認識が「先進国」の一部に持たれるようになる。というのも、ブラジル代表は3月16日、1月提出の文書を改訂したフレームワーク・グループの設立を提案する非公式のメモランダム（ブラジル提案）を回覧していたからである[46]。

　このような状況のなか、アメリカ代表は1976年4月、これまでのような「時間かせぎ」では「ブラジル提案を葬り去ることは不可能」だとする情勢判断のもと、三つの条件を挙げ、これが満たされるならば「GATT改正問題を検討するグループの設置に賛成する用意がある」との方針転換が必要だと日本側に告げた。その三条件とは、①既存のグループ、サブ・グループで取り上げられている問題は取り上げない、②東京ラウンド終了までに完了できる見込みのある問題に限定する、③開発途上国が関心を有する問題のみならず「先進国」が持ち出す問題をも取り上げる、というものである。このことからも理解できるように、アメリカ側は、既存のグループとの重複を避け、討議の期限と範囲を設けることで、開発途上国の要求に一定の歯止めをかけるとともに、アメリカ側が要望する問題をも開発途上国に受け入れさせようとしたわけである。アメリカ代表はこれを4月26日の「7＋7非公式会合」で示して各国の反応をみる

----

(45)　外務大臣発寿府代大使宛、1976年2月23日、249号（2010-6006）、外交史料館。日本側のこのような基本姿勢の背景には、国際貿易制度としてのGATTの役割に対する一定の評価があったからだといえる。というのも、外務省からすれば、GATTとはそもそも、「話し合いの精神」に基づいて「プラグマティックに問題を処理してきた」ところに意義があるからである。このことを敷衍すれば、既存のGATT規約のもとで協議手続きを充実させることには必ずしも反対ではなかったのだといえるだろう。外務大臣発鶴見宛、1976年2月23日、250号（2010-6006）、外交史料館。

(46)　Délégation du Brézil, "GATT 'FRAMEWORK GROUP' PRELIMINALY SUGGESTIONS ON THE PROGRAMME OF WORK", no date（2010-6006）、外交史料館。

二　フレームワーク・グループができるまで　　　　379

つもりだ、と日本側に対する「内話」で語った[47]。

　ただ、4月26日の会合では結論には至らなかった。ここでは、主に「先進国」側がブラジル提案に対してコメントし、それにブラジル側が回答するというかたちで行われ、日本、アメリカをはじめ、EC、北欧、カナダ、ニュージーランド、スイスの各代表が発言したが、新グループの設立に関しては「時期尚早」といった消極的な意見が大勢を占めたからである。議長のロングGATT事務局長は、これを受けてさらなる検討を各国に要請、この問題を討議するために再度会合することとなった[48]。

（2）孤立する日本代表

　こうして、各国がブラジル提案を検討した成果は、1976年7月27日の「7＋7非公式会合」において再度話し合われることとなる。この会合では冒頭、ブラジル代表が7月20日付の「従来のペーパーを簡略化した」新たな文書（貿易交渉委員会からの付託事項〔T/R〕案）を示し、この「ブラジル案」に対するコメントが主に「先進国」から寄せられた。ここでは、まず「ブラジル案」を概観したうえで、のちに「フレームワーク・グループ」においても顕在化する、「先進国」のあいだの微妙な差異を確認しておこう。

　「ブラジル案」は三つの文からなるものであった。ブラジル側によれば、この第一文と、第二文および第三文は「性格が異なる」ものであり、第一文は付託事項案として貿易交渉委員会において決定されるべきものであるのに対して、第二文および第三文はその必要がないものだとされた。すなわち、第一文はこの新たなグループの目的についてであり、それは「とくに先進国と開発途上国との貿易について、そのような貿易に適用される異なったより有利な手段に関して、東京宣言の第2、5、6、および9パラグラフに照らして、世界貿易の行動の国際的な枠組みを改善すること」だとされた。これに対して第二文は、このグループがすべきでないことが挙げられ、貿易交渉委員会の他のグループですでに取り上げられている問題に干渉せず、他のグループで解決済みの問題

---

　(47)　天羽〔民雄〕寿府臨時代理大使発外務大臣宛、1976年4月21日、771号（2010-6006）、外交史料館。

　(48)　鶴見発外務大臣宛、1976年4月27日、795号（2010-6006）、外交史料館。

は再検討しないとされた。ただ、貿易交渉委員会が交渉の促進に役立つと考えた場合には、グループの作業に直接関連するどんな問題も関係国の注意を惹くために、貿易交渉委員会に対して開示されるのだと強調されている。いわば「ブラジル案」は、「機構問題」についての「先進国」側の要望、なかでもアメリカ側の三条件を部分的に盛り込んだ譲歩案であった。

　ただ、この新グループで取り上げられるべき問題については、必ずしもそうではなかった。第三文では、東京ラウンドの終了を考慮に入れつつ、具体的な作業内容として四つが示されているが、そこには、主にアメリカ側が提起していた「BOPと貿易制限措置」（国際収支目的の貿易措置）ややがて提起されることとなる「供給保証」（輸出制限）の問題は含まれていなかったからである。「ブラジル案」に明記されていたのは、のちに「授権条項」となる「(a)先進国と開発途上国との貿易における最恵国待遇条項の適用可能性」および「(d)先進国と開発途上国との貿易における相互主義の原則の適用可能性」、そして「(b)第19条の行動とは別のセーフガード行動（国際収支や第18条のようなもの）」、「(c)協議、紛争解決および監視の手続き」であった[49]。

　「先進国」の条件付き受け入れ　　新グループが討議すべき作業内容については、開発途上国側の意向が反映された「ブラジル案」とアメリカをはじめとする「先進国」側とのあいだに齟齬があったものの、「機構問題」については「先進国」側にも受諾可能な案が提示されたことにより、「先進国」側もまたこれを受け入れる方向にシフトしていくこととなる。

　このことは、「7＋7非公式会合」における議論の中心が、新グループの設置の是非からそこで取り上げられるべき問題に移っていたことに端的に示されていた。たとえば、EC代表は、この「ブラジル案」に対して「原則的に合意する用意はある」としたうえで、新グループにおける作業内容は「現実的アプローチ」に基づきあらかじめ合意される必要があると主張した。というのも、EC側からすれば、「本グループでとり扱う問題はLDCと先進国に関係ある問題ばかりでなく、LLDC問題、LDC間問題及び先進国間問題を含むべき」で

---

(49)　DÉLÉGATION PERMANENTE DU BREZIL, "MTN 'FRAMEWORK GROUP' Suggestions by Brazilian Delegation on terms of reference and mandate", no date（2010-6006）、外交史料館。

あり、最終的に態度を決めたわけではないが、いわゆる「供給問題」をも取り上げるべきだったからである。そのうえで、「ブラジル案」が提起した四つの作業内容にも触れ、(a)の「最恵国待遇条項」については「今後検討の用意はある」が、「特恵税率あるいはマージンをバインドする等マンダトリーな条項の導入は受け入れられない」とし、「先進国」に新たな義務を設定するブラジル側を牽制、(d)の「相互主義の原則」についても「非互恵のインプリケーションが大きい」ので「慎重に検討する必要がある」と指摘した。また、(b)の「セーフガード行動」をめぐっては、「東京宣言」を踏まえつつ、「LDC の自由裁量の余地を増加させる方向をとるのか」、「先進国に対し新しい義務を課そうとしているのか」、方向性を明確にする必要があるとの注文を付け、(c)の「協議と紛争解決手続き」についても、「従来 LDC 向けに導入された経緯があるにもかかわらず、これを援用する国がなかった」のに、「何を新たに導入しようとするのか、その意図が理解出来ない」と疑義を呈したのである。これらの主張についてはカナダ代表も基本的に同様であり、「ブラジル案」をもとにした協議に応じるという前提のもと、取り上げられるべき作業内容について、問題を開発途上国のみに限定せず「発展段階の異なる LLDC の問題をも重視すべき」だと強調し、それぞれの作業内容をめぐっても、(a)については「EC のコメントを支持」、(b)および(c)に関しては他のグループとの重複を指摘していたが、ただ一点、「供給保証」の問題に関しては、「農業グループ、セクター等で検討中の問題」であり、これらはそこで討議されるべきであるから、「本件を論ずるのは時期尚早」だと明確に反対した。

　EC 代表とカナダ代表により示された「先進国」側の見解は、アメリカ代表にもある程度共有されていた。というのも、「ブラジル案」に対してアメリカ側は、「グループの T/R 案を議論する前にグループが何を取り上げるのか、issue について合意出来なければ新グループの設立に合意することはできない」と強調していたからである。ここで、先に日本側に対する「内話」として挙げた三条件を披露したアメリカ代表は、四つの作業内容に言及し、(b)の「セーフガード行動」については「差し支えない」としながら、(a)の「最恵国待遇条項」については EC 側の発言を、(c)の「協議と紛争解決手続き」に関してはカナダ側の発言を踏襲、(d)の「相互主義の原則」もまた、すでに他のグループにおい

て検討されており、「他のグループにおける進捗を妨げるべきではない」と言明した。ただ、「供給保証」についてはカナダ代表とは正反対の立場をとり、これは「新グループにおいて当然検討されるべきもの」であり、問題の取り上げ方について関係国と協議をしたいと述べたのである。

アメリカやEC諸国といった「先進国」側が、「機構問題」では「ブラジル案」を受諾しつつも、そこでの作業内容に条件を付けるなか、ほとんど無条件に「ブラジル案」を受諾し、それをもとにした交渉にとくに積極的な姿勢を示したのが、北欧諸国であった。というのも、北欧諸国は、「ブラジル案を基礎に新グループのT/Rのドラフティングに参加する用意がある」と発言していたからである。このような「先進国」側の微妙な違いは、カナダ代表（およびEC代表）とアメリカ代表との「供給保証」をめぐる態度の違いと同様、フレームワーク・グループの討議に影響を与えることとなる。

日本代表の孤立　では、日本側はこの「ブラジル案」をどう受け止めていたのだろうか。それは端的にいえば、「先進国」との協調に配慮しつつも、GATT規約の「改正」には否定的な態度で臨む、というものであった。このことは、「ブラジル案」に対して現時点では「立ち入ったコメントを行う立場にない」としながらも、「各国より提起されたと同様の疑問ないし懸念を有している」とする主張に示されている。日本側からすれば、「いたずらにガットの制度、条文、字句解釈を変更することがガットの改善につながると断定することは極めて危険」であって、「改変がもたらす結果につき明確な見通しを持つべき」なのであった。なぜならば、GATT規約の「改正」にあたっては東京宣言第9項に則るべきであり、そのことが意味していたのは、「世界貿易の国際的な枠組みの改善」に対する考慮の結果導入されるいかなる措置も、「貿易交渉の全般的目的および原則、とくに貿易自由化、に合致したものとなることを確保するよう配慮が払われなければならない」ということだったからである。つまり、「一般協定」の原則、制度、およびその解釈とは「支持を再確認」しなければならないものだったわけである[50]。

このような「先進国」側からのコメントに対して、開発途上国側からはとく

---

(50)　鶴見発外務大臣宛、1976年7月28日、1561号（2010-6006）、外交史料館。

二　フレームワーク・グループができるまで　　383

にブラジル代表とインド代表から発言があり、「各国より得たコメントは検討していく」が、「特定の問題につき具体的に説明することは、回答自体がそのまま交渉のポジションとなってしまうので出来ない」との回答であった。結局、ロング議長から、9月15日をメドに再度討議を行うために各国での検討および関係国との協議を期待するとの発言で会議は終わり、結論は持ち越しとなった[51]。

　この「ブラジル案」をめぐる協議は9月17日に決まり[52]、日本側としてはこれに向け、「ブラジル案」に対して「立ち入ったコメント」をするための準備が求められていた。ここで興味深いのは、アメリカおよびECの態度についてのさらなる情報収集を要請する8月27日付の訓電である。というのも、外務省は、アメリカとECが、「条件付でフレームワーク改正グループの設置に同意する」というかたちで、従来の方針を転換しつつあることを認識していたからである。そこで、ジュネーブのGATT日本政府代表部に対して、以下の二点につき情報収集を依頼した。一つは、フレームワーク・グループの設置に「条件付」で同意するとの決定は「最終的」になされたものなのか、ということであり、もう一つは、そこでなされる作業内容について具体的にどう考えているのか、ということであった。とくに後者に関して、外務省は、EC代表が7月の非公式会合のなかで、開発途上国や「先進国」の関心ある問題のみならず、「LLDC」（後発開発途上国）の問題や開発途上国間、「先進国」間の問題をも取り上げるべきだと主張したことに衝撃を受けていたようで、こうした「包括的な問題」を討議することの意図を知りたがっていた[53]。みずからが主導する東京宣言のなかで従来のGATTのあり方に対する「支持を再確認」し、非公式会合においても「いたずらにガットの制度、条文、字句解釈を変更すること」に対して否定的な姿勢を示していた日本側からすれば、この立場がどの程度、他の「先進国」に受け入れられる余地があるのかを確認しておく必要があったわけである。

　これに対するジュネーブからの回答は9月1日付で東京に送られた。折り悪

---

(51)　同上。

(52)　天羽発外務大臣宛、1976年8月11日、1671号（2010-6006）、外交史料館。

(53)　外務大臣発寿府代大使宛、1976年8月24日、1117号（2010-6006）、外交史料館。

384　　第 6 章　「経済外交」を問い直す

く EC 代表部は「目下、夏のバカンスで開店休業状態」であったため、天羽民雄臨時代理大使はアメリカ側と会談できたのみであった。それによると、まず「最終的」な決定なのかに関して、アメリカ側は、「公式な立場」かと問われれば「最終的な方針の決定にまでは至っていない」と答えざるをえないが、アメリカ政府内部では「ブラジル案」にいつまでも反対するのは困難であるとの雰囲気であり、いかにすればその「影響」を「極小化」できるかに関心が集中しているとのことであった。では、そこで討議されるべき作業内容についてはどうかというと、これについては先のアメリカ側が提示した三条件に照らして事前に「全事項」が決まっている必要があり、その選定にあたっては「各国の利益にある種のバランス」が必要であるから、これらがえられない場合には、「その段階において同グループの設置に強い難色を示さざるをえない」。具体的には、「BOP 理由に基づく貿易措置に関するルールの改正問題」、「協議、紛争処理手続の改正問題」、および「供給保証問題」が取り上げられるべきであり、開発途上国が狙っているような「最恵国待遇条項」や「レシプロシティ原則」（「相互主義」の原則）については「ノン・ネゴシアブルと考えている」。ただ、「協議、紛争処理手続の改正問題」に関しては、それぞれのグループで個別に交渉するのが「望ましい」とされていたから、アメリカ側の主な関心は、国際収支理由に基づいた貿易措置および「供給保証」（輸出制限）の問題であったといえるだろう[54]。

　一方、EC 側との接触は 9 月16日に行われ、第一の「最終的」な決定か否かについては、アメリカ側よりさらに明確に、「フレームワーク改正グループの設立に反対することはできない」から、「次回非公式会合では、よりはっきり

---

[54]　天羽発外務大臣宛、1976年 8 月31日、1725号（2010-6006）、外交史料館。ただ、アメリカの STR（Special Trade Representatives：特別通商代表部）の説明によれば、ブラジル提案に対するアメリカ側の姿勢はあくまで「消極的」であり、この新グループ設置に「メリット」を感じているとの見方は「正しくない」としている。東郷〔文彦駐アメリカ〕大使発外務大臣宛、1976年 9 月 8 日、3653号（2010-6006）、外交史料館。なお、「1962年通商拡大法」のもと、通商政策・交渉におけるアメリカ内外の利害を調整することを目的に大統領府に設置され STR は、1974年の通商法において大統領府直属の機関とされ、その任務を拡大、1979年通商法において USTR（United States Trade Representatives：アメリカ通商代表部）として改組された。

と設置同意を表明する所存」だと言明した。そのうえで、第二の具体的な作業
内容に関しては「検討中」だとしながらも、「MFN 原則の修正問題」および、
「LDC からの要求が強ければ、『レシプロシティ原則の修正問題』」については、
「これを対象項目とすることに反対はない」とし、国際収支理由に基づいた貿
易措置や協議紛争処理手続きに関わるルール改正をめぐっては、アメリカ側の
意向がわからないので「態度をきめかねている」と発言したのである。また、
「供給保証」の問題についても、7 月の非公式会合では取り上げることを示唆
したが、いまあらためて「再検討」しており、「未だ結論を出していない」と
のことだった。EC 側としては、東京ラウンドの終了という期限を考えると「時
間的よゆうは限られている」ので、「極く少数の事項のみを対象事項として選
定し、『当面これら事項を交渉する』としておけば、事実上、東京ラウンドで
扱いうる事項は、当初選定された少数の事項にしぼられることになる」との立
場だったのである[55]。

　また、日本側は非公式会合を控えたこの時期、GATT 側の求めに応じて、
ロング GATT 事務局長らと会談を行っている。ここでも「ブラジル案」が話
題となり、ロングは、ブラジルが「先進国と LDC との中間に位置している」
こともあり「あまり極端に要求にはしらずフレキシブルないしセンシブルな態
度」であるから、東京ラウンドの終期に合わせるかたちで作業内容を選択的に
取り上げていくべきとの見解を示した。というのも、GATT 第四部には「一
般特恵関税制度」に関する規定がないように、「条文の一部で現状にそぐわな
い部分があることは否定出来ず」、東京ラウンド以降に「より強い形で」「GATT
の体制を基本的に改正すべきである」といった主張が開発途上国側から出てく
るのは「必至」だからである。それゆえ、GATT 側からすれば「広いかつ長
期的な見地からガット改革問題をガット自身が先取りし、ガットはそれ自身で
進んでいける機関、体制」であることを示しておく必要があった。ロングの認
識では、「現在の条文が同質の国家間の関係を想定し、これを規定している」
ということを考えると、「条文の整理」をつうじて、「LDC とは何か、LDC は
いかなるてじゅんにより先進国に移行していくのか等」といった、かつてスイ

---

[55]　天羽発〔小坂善太郎〕外務大臣宛、1976年9月16日、1789号（2010-6006）、外交史料館。

ス代表がCG–18で提起したような検討が不可欠だったのである[56]。

ブラジルとアメリカの妥協　このようななか、9月17日に予定されていた非公式会合は23日に延期されたが[57]、その理由は明らかではない。ただ、その17日、日本側はアメリカ側から新たなブラジル案を「極秘裡に入手」し、この新ブラジル案を手交されたアメリカ、EC、日本、カナダにブラジルを加えた五カ国で20日に「極秘裡に会合」することとなった。アメリカ側の説明によれば、ここで「基本的な合意」がえられればこの新ブラジル案を23日の非公式会合でブラジル側から提案してもらうが、合意がえられなければその後の対応に関して「再検討」することとなるのだとされた[58]。

　この会合は予定どおり20日に開催されたが、ここで日本側からすれば新たな事実が発覚する。まず第一に、アメリカ側が「極秘裡に入手」したとする新ブラジル案は、実際には「ブラジリアにおいてヤイターとブラジル側との会談のフォローアップ」だということである。それゆえ第二に、この新ブラジル案の作成にはGATTのブラジル代表は参加していなかったようであり、事実、この会合の大部分は、ブラジル代表がアメリカ側に対してこの新ブラジル案の表現について質問しアメリカ側がこれに回答するという、奇妙なかたちですすめられた。

　さらに第三に、この新ブラジル案は、これまでの「ブラジル案」が第一文のみを付託事項としていたのとは異なり、その全体が付託事項として作成されたものであった。それは四つの部分からなり、第一セクションで根拠となる東京宣言のパラグラフが引用されたあと、第二セクションでこの新グループが他のグループの作業に干渉しないことなど手続き的なことが、第三セクションでこの新グループの目的が示されている。ここで注目すべきは、従来の「ブラジル案」にはみられない「貿易自由化」という表現が目的のなかに挿入されていることだろう。そして第四セクションでは、「プライオリティ」を有する作業内容として五つが示され、これまでの「ブラジル案」に示された四つに加えて、アメリカ側が関心を有する「輸出制限」（「供給アクセス問題」）が第五の作業内

---

(56)　天羽発外務大臣宛、1976年9月8日、1751号（2010–6006）、外交史料館。
(57)　天羽発外務大臣宛、1976年9月13日、1770号（2010–6006）、外交史料館。
(58)　前掲1789号、外交史料館。

容として追加されていた。

　このことからもわかるように、これは事実上、「ブラジル案」に対抗するために案出されたアメリカ案であった。日本側は、おそらくEC代表とともに、これに面食らったのであろう、「正式訓令に接していない」と前置きしたうえで、これまでのそれぞれの立場を繰り返したのみであった。結局、実質アメリカ案であるこの付託事項の内容について会合ではなんら結論に至らなかったが、アメリカ側が付託事項案を出してきたこと、それに対してGATTルールの「改正」に消極的姿勢を示してきた日本以外の参加国が反対しなかったことは、事実上、日本以外の各国が新グループの設置に同意していたことを示唆していた。この問題については「主要国」で必要に応じ協議することに合意して、この日の会合は散会した[59]。

　新グループ設置に向けた討議　こうして、23日の会合は新グループの設置を前提とした協議となる。事実、アメリカ、EC、カナダの各代表はいずれも、新グループの設置に対する支持を表明した。まずアメリカ代表は、7月の「ブラジル案」がアメリカ側の三条件に照らして「一応アクセプタブル」だとしたうえで、「最恵国待遇条項」についてはより広い観念を対象とすること、「セーフガード行動」については第12条や第18条に限定したほうがよいこと、「協議と紛争解決手続き」に関しても第22条、第23条に限るべきこと、また「相互主義の原則」については「将来の交渉のため」であることを明記し「LDCの『そつ業』問題」もここで取り上げるべきだと主張した。そのうえでアメリカ側は、かねてより関心を示してきた「供給アクセス問題」も作業の「プライオリティ・アイテム」に加えるべきだと強調したのである。

　この、新グループの設置を前提としつつその作業内容に注文をつける態度はEC代表やカナダ代表にも共通していたが、そこには若干の温度差が存在していた。たとえば、EC代表はアメリカ代表よりも「ガットのユニティ」を維持することにより傾斜した姿勢を示し、「最恵国待遇条項」や「相互主義の原則」についても取り上げることを支持したが、前者については「先進国」と開発途上国との問題としてだけではなく開発途上国間の問題としても討議するよう主

---

(59)　天羽発外務大臣宛、1976年9月17日、1798号（2010-6006）、外交史料館。

第 6 章　「経済外交」を問い直す

張し、後者についても、アメリカ代表のいう「『そつ業』問題」を「プライオリ
ティ・アイテム」とするよう強調していた。これに対して、カナダ代表やオー
ストラリア代表は、アメリカ側が関心を有する「供給アクセス問題」について、
これを「プライオリティ・アイテム」に加えることは「受け容れられない」と
明確に述べていたのである。また、スイス代表および北欧（フィンランド）代
表は、付託事項等の表現によって交渉の結果があらかじめ決められてしまうこ
とを危惧しており、とくに北欧代表は「オープン・マインド」で検討すること
が重要だと指摘していた。

　ただ、これに対する開発途上国側の反応は必ずしも芳しいものではなかった。
なぜならば、「先進国」の主張がさらなる「条件」の上乗せだと受け止められ
たからである。たとえば、ブラジル代表は、「先進国」側の態度について、「極
めて遺憾」だと「強い調子」でこう指摘している。すなわち、7月の「ブラジ
ル案」第一文（付託事項とされる部分）は「極めて中立的な表現」であって、「世
界貿易の現状がLDC側に不利になっている以上、ディファレンシャル・ト
リートメント等の問題に関し若干の注意喚起を行っても、なんら中立性を損な
うとは考えない」。また、「先進国」のなかには「LDCの『そつ業』問題」や
「供給アクセス問題」を「プライオリティ・アイテム」に含めようとする動き
があるが、これらは「緊急性のある問題とは思うず」、それを受け入れるなら
ば「本グループの性格はまったくちがうものになってしまうおそれがある」。
ブラジル側からすれば、「これまでずい分先進国側の意向を反えいするよう努
めてきた」のであり、にも関わらず「先進国側より次々と新規要求が提出され
コンセンサスが生まれないのは極めて遺憾」だったのである。

　こうした認識は開発途上国のあいだである程度共有されていたのだといえる。
アルゼンチン代表は、そもそも「ブラジル案」が「LDCの意向を完全には反
映していない」のであり、「これが先進国とLDCの妥協の産物であれば、あ
る程度はいたしかたないと考えていた」が、「再度、先進国側から修正要求が
出されたのははなはだ遺憾」だとし、「後刻、修正案を提出するつもり」だと
強調した。そのうえで、他のグループとの作業の重複ばかりを問題視すること
は、この新グループを「落ちほひろいのクループ」にするものであると批判し
たのである。また、エジプトやインドは、「今、必要なことはグループの早期

設置」であって、新グループに関する付託事項としては「ブラジル案」第一文で十分なのだから、「具体的なワーク・プログラム」は新グループ自体で決定すればよいと主張していた。さらに、ジャマイカやユーゴスラヴィアの代表も、新グループの設置が遅れていることに「遺かんの意」を示しながら、「LDC の『そつ業』問題」に触れ、開発途上国はいずれ「LDC 状況からの早期卒業を夢見ている」が「その実現はとおい先のはなし」なのだから、これを「プライオリティ・アイテム」とする「緊急性はない」と反発していたのである。

　ただ、23日の中心的な議題が新グループの作業内容に終始していたことは、GATT ルールの「改正」を討議する新グループの設置については事実上のコンセンサスが得られたことを示唆していた。それゆえ、これ以後の課題は、貿易交渉委員会が新グループに付託する作業内容を明記した、付託事項（T/R）案の策定に移ることとなる。GATT 事務局は「議長示唆」として、次回の「7＋7非公式会合」を10月12日に開催し、そこで「T/R 案についてのコンセンサスを得たい」と発言したうえで、前例をみると付託条項案は「プライオリティ・アイテム」のリスト等が含まれない「簡潔なもの」であり、その表現は「中立的」なものとし「交渉結果をプレジャッジしない」ものであることが望ましいと指摘、「表現ぶりはともかく、ブラジル案のパラ1とパラ2の如きものは考えられないか」ぜひ各国で検討してほしいとして、この日の会合は終わった[60]。日本側の立場は、開発途上国のみならず「先進国」にも受け入れられないことが明らかになったのである。

（3）日本側の方針転換

　このような状況において、日本政府は従来の「わが方の基本的立場」の転換を模索することとなる。22日付「大至急」としてジュネーブに送られた23日の非公式会合に対する訓電は、その方向性を示すものとして興味深い。なぜならば、外務省は一方で、依然「フレームワークグループの設置はなお時期尚早と考える」ものの、他方で、「会合における議論の流れがグループ設置の方向に明確に傾く場合」、すなわち「米、EC 等先進国の大勢がグループの設置を認

---

(60)　天羽発外務大臣宛、1976年 9 月23日、1825号（2010-6006）、外交史料館。

める場合」には、作業内容の限定を条件に「最終的に本件グループ設置もやむなし」とすることを認めていたからである。その条件とは、「既存グループにおいて予備的討議も含めてすでに取り上げている事項及び本件グループとしての作業が MTN（Multilateral Trade Negotiations：多角的貿易交渉。東京ラウンドを指している－筆者注）終了までに終了し得ないような事項は本件グループの検討対象とはしない」というものであった。「孤立してまで LDC からの非難を集中されるよりは、むしろグループ設置にアプリオリに反対することなく、グループの T/R を実質的に制限することにより、グループ設置が有し得るべきわが方にとって好ましからざる影響を最小化する方向で対処することもやむを得ない」のだというわけである。いわば、「長所」（「貿易自由化」）を伸ばそうとする日本の政策決定者たちの努力（既存の GATT ルールの擁護）が開発途上国の反発を招いてしまった以上、日本側としては、アメリカ側の方針転換に寄り添いつつ、まずは「短所」（GATT ルールの「改正」）を減らすことが必要となったのである。

　この新たな方向性は、新グループの付託事項や作業内容をめぐる訓示にも表れていた。たしかに、一面で外務省は、付託事項について「世界貿易のフレームワーク改正については、あくまでも東京宣言第9項を基本とすべきであり、GATT 規定の改正を予断する（中略）アプローチには与し得ない」と断言しており、「MFN（Most Favored Nation Treatment：最恵国待遇－筆者注）原則」や「レシプロシティーの問題」を作業内容とすることには、「わが方としては消極的たること累次往電のとおり」だと言明してはいる。だが他面で、新グループが設置された場合には、「LDC の強い主張」のためにこれらを作業項目からはずすことは「実際上困難」であるから、「他の先進国と協調しつつ」、また作業内容が「先進国にとり不利な方向、ガット第4部の改正やガット規定の根本を修正する方向に進むことには否定的な態度でのぞまざるをえない」と強調していたのである。もちろん、「協議・紛争処理手続き」については既存のグループとの重複を問題とし、「BOP 理由に基づく貿易措置」についてはその「有用性」に「疑問なしとしない」とするなど、新グループの設置を容認したとしてそこでの討議内容をどう考えていたのかについては、依然不明瞭な部分もある。しかしながら、日本政府もまた、新グループの設置を前提とするようになって

二　フレームワーク・グループができるまで　　391

いたことは、「MTN の枠内でこれを取り上げることにつき大きな関心を有し
ている」とした「供給保証」をめぐり、「本グループで取り上げることが最適
か否かについては更に検討したい」と指摘していたことに、間接的にあらわれ
ていたのである[61]。

　このようななか、10月12日の非公式会合に向けた「先進国」の動きが活発化
する。まず EC は、日本側との会談において、「LDC 諸国」のブラジルに対す
る強い突き上げを考慮するとき、12日までになんらかの結論を得なければさら
に取り扱いが難しくなるとの認識のもと、「ブラジル案が求めているものにつ
いては、基本的に EC として反対はな」いと言明した[62]。また、アメリカ側は
本国の訓令に基づき、日本および EC の代表に対して「供給保証」を作業内容
とすることに対する支持を要請し、おそらくアメリカの要請を受けてのことで
あろう、カナダ側は、これを受け入れる方針を示しはじめていた[63]。こうして、
日本側も「供給保証」に関して、いまだ方針は「検討中」ではあるが、日本側
の反対によりこれを「ブロック」することは避けたいとアメリカ側に発言、つ
いに方針転換を対外的に表明したのである[64]。

　この非公式会議に対する日本側の訓令は、その方針転換の性質と意味を如実
に表している。というのも、そこでは、従来の「わが方の基本的立場」を踏ま
えつつ、これまでの訓電が引用され踏襲されているからである。たしかに、付
託事項案について、前回会合の「議長示唆」のラインで収拾が図られる場合は
「これに同調して差し支えない」が、表現に関しては、作業内容の限定という
観点から「ブラジル案」よりもアメリカ案（新ブラジル案）のほうがよいと主
張、新グループの設置に向けた方針転換が明示されてはいる。だが、作業内容
をめぐり外務省は、まず最恵国待遇および「レシプロシティ」の問題について、
これまでの訓電を挙げつつ依然「消極的」だとしたうえで、開発途上国からの

⑹　外務大臣発寿府代宛、1976年 9 月18日、1212号（2010-6006）、外交史料館。

⑺　天羽発外務大臣宛、1976年10月 5 日、1902号（2010-6006）外交史料館。

⑻　アメリカ側の打診については、外務大臣発天羽宛、1976年10月 5 日、1291号（2010-
　6006）、外交史料館。カナダ側の方針転換については、天羽発外務大臣宛、1976年10月
　5 日、1905号（2010-6006）、外交史料館。

⑼　外務大臣発天羽宛、1976年10月 8 日、1311号（2010-6006）、外交史料館。

392　第6章　「経済外交」を問い直す

突き上げは回避できないため、「先進国」に不利になる場合には「否定的」な態度でのぞむよう指示、紛争協議手続きについても他のグループでの討議の見通しがはっきりしていない「現時点」では「消極的」だが「最終的には大勢に同調するもやむをえない」こと、国際収支理由による貿易措置に関しても従来の訓令のとおりGATT第12条の問題を取り上げることには「賛同しがたい」こと、また「供給保証」については関心があるものの新グループの作業内容としては「疑問なしとしない」、ただアメリカやECが支持するのであれば「同調もやむをえまいと考える」こと、を訓示していたのである[65]。

　外務省の訓電が示しているように、日本政府の方針転換はあくまで「孤立」回避のためであり、新グループの設置に「同調」することは、「大勢」に追随した「やむをえない」ものであった。このことは、日本側が依然、GATTルールの「改正」を討議することに「消極的」、「否定的」だったことを示唆するとともに、少なくともフレームワーク・グループの討議においては、日本が主導的な役割を果たしえないことを意味していた。たとえば、ECやカナダ、日本とのあいだで新グループの作業内容に大筋の合意がえられたことを背景に、アメリカ代表はブラジル側と非公式に協議していたようであり、10月9日、アメリカ側は、ブラジルとのあいだで事実上の合意に達したと「合意案」を示しつつ日本側に伝えた[66]。つまり、フレームワーク・グループが成果を挙げられるかどうかは、日本以外の他の国ぐにの努力にかかっていたのである。このことを裏付けるかのように、日本側のこの時期における訓示はこうであった。「主要国の動向に配慮しつつ然るべく対処ありたい」[67]。

　ただ、こうした非公式な協議は、期限までに合意に至らなかったようである。10月12日の非公式会合では、議長より非公式な協議の継続が提示されるととも

---

(65) 外務大臣発天羽宛、1976年10月9日、1318号（2010-6006）、外交史料館。この訓令を受けて、ジュネーブの日本代表部は会合前日の11日、東京に対して、新グループ設置の公算が大きくなっていることから、「討議には反対しないとの形で大勢に同調することと致した」いとして、本省の「了承」を求めている。天羽発外務大臣宛、1976年10月11日、1962号（2010-6006）；外務大臣発寿府代宛、1976年10月11日、1324号（2010-6006）、外交史料館。

(66) 天羽発外務大臣宛、1976年10月8日、1934号（2010-6006）、外交史料館。

(67) 外務大臣発寿府代大使宛、1976年10月20日、1369号（2010-6006）、外交史料館。

二　フレームワーク・グループができるまで　　　393

に、21日に再度「7＋7非公式会合」を開き付託事項案に合意すること、また10月中には貿易交渉委員会を開催してフレームワーク・グループの設置を決めること、が提案され、各国とも異論を唱えなかった[68]。非公式な協議が難航していた背景には、EC内部において作業内容を「南北問題に限定すべき」とする「強い意見」があり、国際収支理由による貿易措置（とくにGATT第12条）に触れることには「基本的に反対」だとする主張がくすぶっていたこと[69]、また、「LDC諸国」が「供給保証」を取り上げることに「反対」するとの訓令を本国から受け取りはじめていたこと[70]、などが関係していたようである。ただ、日本側も21日予定の会合では「先進国」の「大勢」に「同調」するよう訓電されており、新グループの設置は動かせない状況となったのである。

　結局、再度の非公式会合は10月22日に召集されたものの、非公式な協議に「進展がない」ため、議長はついに、年内に新グループを設置したいので11月4日か5日に貿易交渉委員会を開催する手続きをとると言明した。事実上の最後通告であった。こうして、そこから逆算して「7＋7非公式会合」は11月1日に開催されることとなり、そのための非公式な協議がGATT事務局の主導のもと10月27日に開催された。ここには「先進国」からアメリカ、EC、カナダ、ベルギー、日本が、開発途上国からインド、アルゼンチン、エジプトが参加したが、一方でアメリカと日本が推す「供給保証」に難色を示すアルゼンチンとエジプトが、他方で国際収支理由による貿易措置を取り上げることに反対するECが、さらには、新グループの設置のみに合意するというGATT事務局の方針に異議を唱える日本が、それぞれ自身の立場に固執したため、依然、意見の対立は残ったままだった[71]。ただ、日本側の観測によれば、状況は、GATT事務局の方針か、最初は二項目（最恵国待遇問題と、「そつ業」問題を含む「レシ

---

[68]　天羽発外務大臣宛、1976年10月12日、1967号（2010-6006）、外交史料館。

[69]　同上：天羽発外務大臣宛、1976年10月22日、2074号（2010-6006）、外交史料館。GATT事務局は、GATTの規定が「現状に合わず、updateすべき分野も少なくない」と考えており、この調整に直接乗り出していたようである。天羽発外務大臣宛、1976年10月17日、2018号（2010-6006）、外交史料館。

[70]　前掲2074号、外交史料館。

[71]　天羽発外務大臣宛、1976年10月27日、2127号（2010-6006）、外交史料館。

394 第6章 「経済外交」を問い直す

プロシティ」）を討議する方向に傾きつつあり、外務省も、このラインで「同調
することに差し支えない」が、状況がなお流動的であるから「主要国の態度」
に関する情報を引き続き送るよう要請している[72]。非公式会合は予定どおり1
日に開催されたが、ここではそれぞれの立場を主張して譲らなかったため[73]、
翌2日に再度会合がもたれたが、ここでも十分な合意には至らず、討議は3日
に持ち越された。

　　EC代表の妥協案　　こうした膠着状態を打開したのがECによる妥協案で
あった。2日に提示されたこの妥協案は「東京宣言の第九項の最恵国待遇グルー
プ」と題され、冒頭、これが7月の「ブラジル案」の第一・第二段落を修正し
たものだとする記述のあと、新グループの設置とそこでの作業内容について、
多角的貿易交渉の終期を踏まえつつ非公式な協議があったことを貿易交渉委員
会の長が示唆する段落を受け、これまで俎上にのぼった①最恵国待遇（のちの
授権条項の一部）、②国際収支目的と開発目的のセーフガード（のちの国際収支
目的の貿易措置と、開発目的のセーフガード措置）、③紛争協議手続き、④「レシ
プロシティ」（のちの授権条項の一部）、⑤供給保証（輸出制限）、の五つの作業
内容が示された。これらの作業内容は完全には受け入れられてはいないが、「新
グループの作業開始を可能とするいくつかのポイントについての十分な意見の
一致がある」と付言されている。EC側は2日の会合に先立ち、この妥協案の
「ねらい」について、作業内容未定のまま新グループを設置する事態を避けつ
つ、アメリカおよび「LDC」からの「無制限な条文の追加」をも回避するた
めだと日本側に説明している[74]。

　これに最初に異議を唱えたのは、新グループにおける作業内容の確定をそれ
ぞれの立場から望むアメリカ代表と日本代表だった。アメリカ側は、妥協案の
「新グループの作業開始を可能とするいくつかのポイントについての十分な意
見の一致がある」とする部分について、「いくつかのポイントについて」を削
除するよう要求、ECおよびブラジルが反対した。これを受けて日本側はアメ
リカ代表に加勢しつつ、これら五つの作業内容を受け入れる用意はあるが、そ

---

(72)　外務大臣発寿府代理大使宛、1976年10月30日、1442号（2010-6006）、外交史料館。

(73)　天羽発外務大臣宛、1976年11月1日、2187号（2010-6006）、外交史料館。

(74)　天羽発外務大臣宛、1976年11月2日、2199号（2010-6006）、外交史料館。

のそれぞれに「異論」があり、「その一部のみをとりあげるのには賛成できない」と強調している。

こうして、議題は個別の作業内容に移ることとなる。作業分野②の国際収支目的のセーフガードおよび③についてECは従来どおり「反対」を主張、作業分野④に関しては、アルゼンチン代表が表現を問題にし、いわゆる「卒業問題」は「レシプロシティとは関係がない」との理由で削除を要求、メキシコも同調したが、これにはアメリカとECが反対し、結論には至らなかった。また、作業内容⑤については原材料輸出に利害関係を有するカナダおよびオーストラリアが削除を要求、開発途上国からも支持があったが、残されることとなった。そこでカナダ代表は、作業内容を限定するために妥協案の表現に触れ、輸出に関する「公平な手段」を検討するとする部分を「制限」とし、「先進国」の発展の「見地から」検討するとする部分を「先進国」の発展を「考慮して」に修正することを主張して、受け入れられた。そこでさらに、かつての新ブラジル案（アメリカ案）にあった表現「他のグループの進捗状況を踏まえつつ」の復活を求めたが、これにはECが反対、日本側も「挿入の必要なし」として、メキシコ、アルゼンチンがこれに同調、結論を得なかった。カナダ、オーストラリアと、アメリカ、EC、日本との対立はかなり深刻で、カナダやオーストラリアは作業内容⑤で討議される「製品の対象範囲」をどう考えているのかと問い質したのに対して、アメリカ側は明らかにする必要なしと答え、EC側はいま各グループで「現実的解決」が図られていると指摘、日本代表はGATTルールの協議において「製品の対象範囲」を問題とするのは「理解出来ない」、とそれぞれ反駁していたのである[75]。

フレームワーク・グループの設置　　ただ、作業内容をめぐるこうした対立

---

[75]　天羽発外務大臣宛、1976年11月2日、2199号（2010-6006）、外交史料館。この対立は、従来の生産と消費の関係を反転させようとする試み、という観点からみると興味深いものである。というのも、ここで展開されていたのは、いわゆる「オイル・ショック」を背景に、いかなる状況においても食料や資源の「供給保証」を望むアメリカ、EC、日本に対して、それらの輸出（すなわち生産）を強要されることとなるカナダ、オーストラリアの反発だったからである。いわば、アメリカ、EC、日本が企図していたのは、生産のあり方（とその商品の価格）を消費する側が決定できるような「新しい」関係であった。

は、事実上先延ばしすることが可能であった。実際、3日の非公式会合では「長時間の討議の上」、最終的にECの妥協案を若干修正することで決着、なんとか5日の貿易交渉委員会に漕ぎ着けることができたが[76]、そこではこれまでの各国の主張が繰り返されることとなった。

　5日の討議ではまず、「世界貿易の活動のための国際的な枠組みの改善」を検討する「フレームワーク・グループ」の設置が合意され、このグループは、とくに「先進国」と開発途上国との貿易についての「異なった、有利な取り扱い」を考慮すること、他のグループの作業を妨害したり蒸し返したりしないこと、東京ラウンドの終了を念頭においた作業計画を準備すること、などが採択された。そのうえで、議長のロングより、「いずれの代表団も、この作業計画に拘束されるものではない」が、それらは「全体として十分な意見の一致があった」ものだとされ、「非公式協議の結果」として上述の「五つの作業分野」があらためて文書で提示されたのである。

　この新たな文書をECの妥協案と比較するとき、若干の修正がなされていたのは、「先進国」のあいだで対立が深刻だった作業内容⑤で、これまではより一般的な「供給保証」を検討するのだとされていたのに対して、ここでは「開発途上国の開発ニーズを考慮した輸出制限」というかたちで、開発途上国の問題が前面に押し出されることとなった。しかしながら、カナダ代表は従来どおり、この問題を新グループで取り上げることに事実上反対し、この問題は農業グループをはじめとする他のグループやセクターでも検討されているのだから、まずはそこで議論すべきだと強調した。既存のグループで「抽象的にではなくビジネスライクに、即ちプロダクトに即して」討議されるべきだというわけである。これに対して、さすがに他の諸国は、この問題を作業内容とすること自体には反対せず、たとえば、アルゼンチン代表は、これが開発途上国の輸出政策に介入するものではなく将来の交渉のためのものであり、「東京宣言に新エレメントの導入を企図したものではない」との了解のもとに「反対しない」と発言、ニュージーランド代表も、開発途上国の開発ニーズのみならず一次産品の輸出に依存するすべての国の必要性に配慮するよう注文をつけていた。

---

[76]　天羽発外務大臣宛、1976年11月3日、2210号（2010-6006）、外交史料館。

二　フレームワーク・グループができるまで

こうした対立は、作業内容⑤だけではなかった。たとえば、EC 代表は作業内容③について、これまでの主張を繰り返し、既存のグループとの重複を理由にこれに「反対」だと明言、また、提示された作業内容に「完全に満足しているわけではない」とするアメリカ代表もまた、従来の主張どおり、「五つの作業分野」は「一つのパッケージ」だから「相互に関連を持って進められるべきである」と強調している。さらに、作業内容④に「懸念を有する」パキスタン代表は、「相互主義の原則の適用可能性」ではなく「非相互主義の原則の確定」を討議すべきであり、いわゆる「卒業問題」についても、「重要なことは、先進国の LDC に対する義務のあり方であって、LDC の義務のあり方ではない」と指摘していた。

では、日本側はどのような態度を示していたのだろうか。それは端的にいえば、GATT ルールの「改正」に「消極的」、「否定的」な従来の立場を繰り返したものであった。すなわち、新グループでの討議は「限られた時間」のなかで行われるものであるから作業内容の決定には「慎重を要する」こと、それは東京宣言のとくに「パラ 9 に基づいて」行われる必要があること、を言明したうえで、議長が提示した新たな文書について、「コメントすべき点もある」が「議長の呼びかけ」でもあるので「これを差し控える」としつつこう付言している。「ただし、これはいかなる意味においても、日本が議長示唆に完全な合意を与えたもの、或いは、各国のコメント乃至留保を了承したことを意味するものではない」[77]。「保護貿易主義の台頭」を危惧する日本の政策決定者たちからすれば、GATT 規約の擁護による「貿易自由化」（「長所」）の推進が、GATT ルールの「改正」を討議する新グループの設置により行き詰ってしまったために、その負の影響（「短所」）を最小化する必要にせまられていたものの、それを達成するためになにをすべきかについては、これからの課題として残されていたのである。

ただ、フレームワーク・グループの設置が「先進国」と開発途上国とのあいだで合意されたことは、1970年代の世界において新たな諸問題が生起するなかで、世界貿易の新たなルールが必要とされているとの理解が多くの国ぐにに共

---

(77)　天羽発外務大臣宛、1976年11月 5 日、2233号（2010–6006）、外交史料館。

有されていたことを示していた。そのなかで、ひとり既存の GATT ルールを擁護しつづけていた日本代表は、この新グループのなかで「貿易自由化」に対する負の影響（「短所」）を最小化するために、どのような施策を考えていたのだろうか。また、それをどのような方法で実現しようとしていたのか。次節ではこの問題をみてみよう。

三　フレームワーク・グループにおける討議

（１）本格的討議①──全体的協議

第一回会合　こうしていよいよ、新グループは始動することとなる。1976年11月５日の貿易交渉委員会では、第一回会合の日時について「協議の上」で決定するとされており、そのための「主要国非公式会合」が、11月24日、ロング GATT 事務局長の主導のもと、アメリカ、EC、日本、およびブラジルのあいだで開催されることとなった。この協議の目的は、会合の時期や議長の選出、作業内容といった「オーガニゼーショナル」な問題を討議することであり、会合の時期については、ロングより「オーガニゼーショナル」な会合を12月14日に開き、「実質討議」を翌年（1977年）２月以降に開始することで了承されたものの、議長の選出や作業内容をめぐってははやくも対立が顕在化した。ここには、この新グループが「先進国」と「LDC 諸国」との南北間の対立に加え、「先進国」のなかにも日本・アメリカと EC のあいだに、あるいは日本・アメリカ・EC とカナダ・オーストラリア（およびニュージーランド）のあいだに微妙な利害対立を内包していたことを示している。

　たとえば、議長の選出に関して、ロングは事務局外からの選出を要請したが、EC および日本の代表がこれに反対、またブラジル代表は、「適任者」が選出される必要があるとの立場からスイスあるいはスウェーデンを示唆するなど、決着しなかった。同様に、作業内容についても、議長提案の五項目以外を討議するのは「困難」だとする理解を各国が「確認」したものの、どれを優先的に取り上げるのかをめぐり議論は紛糾、EC 側が、グループ設立の経緯からしてのちに授権条項の一部となる「MFN 問題」（最恵国待遇問題）をまず討議すべきだと主張したのに対して、かねてよりこの問題の討議に「消極的」、「否定的」だった日本側が反発し、五項目は「一つのパッケージ」だとするアメリカ側も

三 フレームワーク・グループにおける討議

これを支持した。この対立状況を受けて、ブラジル代表は、まずはすべての項目を取り上げ、ようすをみて整理していくしかあるまいと指摘したが、こんどは、その整理をいつまでに終わらせるのかをめぐり議論は錯綜、ロングが翌年2月を提示したのに対してアメリカ側は「楽観的すぎる」と批判することとなる。さらには、これとの関係でEC代表が、先の貿易交渉委員会で表明した紛争協議手続きに対する「留保」を第一回会合でも再度表明すると主張、これには日本側がこれまでの議論をふたたび誘発することを懸念して反対、ロングもまた、各国がこぞって「留保」を表明する事態を招くため「主要国」はこれを避けるべきだと再考を促した[78]。

　このようななか、アメリカ代表は14日の第一回会合を前に共通項の多い日本側を往訪し、とくに最恵国待遇問題を優先的に取り上げようとするEC側の動きについて、アメリカ側としては「本グループの作業のバランス」の観点から「強く反対せざるを得ない」と強調した。というのも、「各国が特恵取極を容易に結びうるような事態」を避けるためにも、「先進国」としては「大きな譲歩をすることのないよう明確な限界線を引く必要がある」のであり、そのためには、GATT規約を「直接改正」するよりも「補足的な解釈ノート的なもの」で合意することが「現実的な解決」だからである。アメリカ側としては、日本ともども「輸出制限」の問題に積極的な関心を持っており、これを取り上げることとの「バランス」をとる必要があったわけである。これに対して日本側は、従来の立場を繰り返しつつ、他のグループにおける討議に影響が出ないよう、南北対立が「先鋭化」することを避け、「LDC諸国がより穏健な立場をとりうる」ようにすべきだと強調している[79]。

　第一回会合は予定どおり12月14日に開かれ、「主要国非公式会合」を受けてロングが「仮議長」をつとめることとなった。討議はまず、次回会合において「実質的事項の討議」を開始することで合意をえたあと、懸案の作業内容に移

---

(78)　天羽発外務大臣宛、1976年11月25日、2407号（2010-6006）、外交史料館。ECの態度については、日本側も気にしていたようで、ジュネーブにその意図を探るよう要請している。外務大臣発寿府代臨時代理大使宛、1976年11月11日、1488号（2010-6006）；天羽発外務大臣宛、1976年11月16日、2317号（2010-6006）、外交史料館。

(79)　天羽発外務大臣宛、1976年12月13日、2558号（2010-6006）、外交史料館。

り、1977年中の東京ラウンド終了という日程に鑑み作業内容の限定を主張するアルゼンチン代表に開発途上国の一部も同調したが、アメリカ、カナダ、ECの各代表はこれを「現実的ではな」いと一蹴、作業の進捗状況に応じて日程を決めるべきだと反駁した。また、ルーマニア代表より、作業を促進するために事務局が「ノート」を作成すべきとの発言があり、これも一部の開発途上国が支持したが、アメリカ・EC などが、次回以降の「実質的討議」を前にそのような「ノート」を作成することは作業内容の固定化（「プレジュディス」）につながり「適切ではない」と反対している。この日の議論はおおむね意見交換に終始し、これを受けて議長は、各国の主張を「テークノート」するとともに、ルーマニア提案については「更に検討したい」として閉会した[80]。

第二回会合　　年が明け、事務局は1977年2月1日、フレームワーク・グループ第二回会合を2月21日に開催するにあたり、そのための「主要国非公式会合」を11日とすることを決める[81]。日本側が、この「実質討議」を前にどう対応しようとしていたのかを知る手掛かりが、外務省作成のメモの一部に残されている。「7．フレームワークG」と題されたこのメモは、新グループで討議される予定の作業内容に関して「フリーディスカッション」を行ったときものだとする冒頭の付記のもと、まず「一般問題」として全体が概観され、それに引き続き、議長提案の五項目が検討されている。それによると、新グループの作業内容について、総論では異論がなかった。というのも、新グループの作業は「交渉全体の進展をみながら進めるべきこと」、また「現在の5項目以上に増やさざるべきこと」については出席者のコンセンサスがえられていたからである。

だが、各論についてはそうではなかった。この方針のもと、第一に「ガットの基本原則」だとされた「MFN 原則」が取り上げられ、「その堅持の主張を続ける」ことが明記されたが、「究極のオチをどうするのか、どうもチエがな

---

(80)　天羽発外務大臣宛、1976年12月14日、2566号（2010-6006）、外交史料館。

(81)　天羽発〔鳩山威一郎〕外務大臣宛、1977年2月1日、232号（2010-6006）、外交史料館。なお、この時期の GATT 事務局による文書のなかで新グループの名称が「ガットMTN グループ・パラ9」とされていたことは、グループ名すらいまだ決まってはいなかったことを示している。天羽発外務大臣宛、1977年2月3日、260号（2010-6006）、外交史料館を参照。

三 フレームワーク・グループにおける討議　　401

い」と正直だ。「DC、LDC の双方が何とか妥協できるようなうまい解決策は
考えられず、LDC には各分野で実利を与えつつ、新しいしくみの下で、ガッ
トのあり方を更に討議するということで、MTN を終わらせることができたら
大成功」だというのである。

　このことは、日本側の立場に関して少なくとも二つの事実を暗示している。
一つは、日本側がいまだ、「先進国」と「開発途上国」との「妥協」のあり方
について十分な「解決策」を見出せてはいなかったということであり、もう一
つは、開発途上国に「実利」を与えながらも新グループでは GATT 規約の「改
正」には立ち入らない、とする日本側のこれまでの方針は、この「解決策」が
見出せていなかったことに起因していたということである。もちろん、日本側
はただ手を拱いていただけではなく、たとえば「BOP のための措置」につい
て「先進国の不採用合意の考え方は検討してよい」との方針を示したり、「レ
シプロシティ、卒業問題」に関して、「LDC に段階をつけることは何とか取り
付けたい」、「段階をつけるのに、一種の審査方式が導入できるとよい」といっ
た個人的意見が検討されたり、また「わが国として積極的に取り組みたいアイ
テム」だとされた「輸出規制」をめぐっては、積極的に「ペーパー」を出すと
のコンセンサスがえられるなど、いくつかの方途が模索されてはいた。だが、
GATT の「第 4 部の手直しでは LDC は満足しない」だろうし、第四部に規定
がない「GSP の Securing についてはもはや勝負あったとみるべき」だとする
状況のなかで、どのような「解決策」がありうるのか、外務省の担当部局（経
国一〔経済局国際機関第一課〕）はさらなる検討をせまられていたのである[82]。

　それゆえ、アメリカ側が「BP 問題」および「紛争処理問題」について「ペー
パー」を出すことを決めており、「輸出規制問題」についても「ペーパー」を
出す予定である[83]、と告げたのに対して、日本側が消極的な態度を示していた
ことはそれほど不思議なことではなかった。というのも、各グループとの関連

---

[82]　作成者名なし「7．フレームワーク G」日付なし（2010-6006）、外交史料館。2 月 10
　　日の時点において、「本グループ会合にのぞむわが方態度については現在検討中」とあ
　　るから、このメモはその「検討」の一つだったのかもしれない。外務大臣発天羽宛、1977
　　年 2 月 10 日、229 号（2010–6006）、外交史料館。
[83]　天羽発外務大臣宛、1977 年 2 月 4 日、276 号（2010–6006）、外交史料館。

性を有する「紛争処理問題」をすすめると、新グループが「共通的調整機関」という性格を帯びてその重要性が高まってしまうからである。日本側からすれば、新グループの作業は、まず各国が「イニシャル・ポジション」を表明してその「異同を明らかにすることから始めるべき」であり、「個々の分野について掘り下げた議論に入ることは適当ではない」から「サブ・グループを設けて検討を行うという考え方には賛同しがたい」という立場であった[84]。アメリカ側はこれに対して、「フレームワーク・グループでは積極的に発言して頂けることを期待する」と日本側に強調し、暗にアメリカ側の立場を支持するよう求めたのである[85]。

第二回会合のための「主要国非公式会合」は、2月11日に予定どおり開かれたが、そこでの討議はこの新グループが前途多難であることを象徴するものだった。というのも、議長がまず議題としたのは、新グループの名称だったからである。ブラジル代表は、「グループ・パラグラフ9」は「不適当」であり、「Group の任務が第3者にも理解できるような名称が望ましい」と発言、妥当な主張に思われたが、これには「先進国」が異議を唱えたのである。「グループ・パラグラフ9」のほうが「flexible」だとするアメリカ代表の指摘を受けて、日本代表はこれに加勢し、「当グループでの審議の方向を prejudge する如き名称は避ける配慮が必要」であるから、たとえば「framework improvement group」のような名称は「不適当」だと強調、EC およびカナダの各代表もこれを「強くサポートした」のである。だが、「若干の議論の後」、名称は「フレームワーク・グループ」とすることで落着する。その経緯はわからないが、このグループを提起した「ブラジル案」に「フレームワーク・グループ」の名称が使われており、また、名称が「審議の方向を prejudge する」ものではないことが確認されたためであろう。

実際、このあと議論は「次回会合の取り運び方」に移り、アメリカおよび日本、EC 代表が次回会合での発言について「検討中」だとしたのを受けて、議長は、次回会合では各国の「exchange of view」を行ってはどうかとの提案、

---

[84]　前掲229号、外交史料館。

[85]　天羽発外務大臣宛、1977年2月8日、314号（2010-6006）、外交史料館。

三　フレームワーク・グループにおける討議　　　403

ブラジルがこれを支持した。これも穏当な主張に思われたが、ここで異議を唱えたのがカナダ代表だった。というのも、「自国政府の強い指示に基づき輸出規制を取り上げることには反対」であり、もし五項目すべてを取り上げることになれば、カナダも事実上その交渉に参加させられることとなるからである。そのうえで、GATT 事務局がこの困難な状況を打開しようとするならば、カナダの立場を損なわないよう GATT の歴史のなかから「先例」を探し出し、それに準拠した「ガイドライン」を提示すべきだと「強い調子」で発言、作業内容を示した先の貿易交渉委員会における議長提案に「留保」を付したのである。

　カナダ側が「先例」にこだわったのは、それがあることでカナダ側としては「免責される」と考えていたからだったが、アメリカ代表は、カナダ側のいうような「先例」を探し出すことは「困難」であり、「いずれにせよ、5項目はすべて取り上げて議論してみる価値があるのではないか」と発言、これに反駁した。この発言を受けて日本側もまた、「合意の成立していない項目は取り上げない、とすれば、取り上げる項目がなくなってしまう危険がある」と指摘したのである。このように、第二回会合の「実質討議」で取り上げる作業内容については結論が得られなかったため、議長は、第二回会合の直前に再度「主要国非公式会合」を開くこととし、それまでになんらかの進展があれば議長まで知らせてほしいと付言して閉会した[86]。

　日本側の態度　　こうして、「検討中」だった各国は、第二回会合までに態度決定をせまられることとなる。第二回会合の直前、19日付の長文の訓電は、日本側の「基本的な考え方」を知る重要な手掛かりとして興味深い。議長の選出に関して「事務局または先進国の適当な者」が「望ましい」と前置きしたうえで、この訓電はまず「基本方針」をこう掲げる。すなわち、フレームワーク・グループの目的は「世界貿易の枠組み、特に先進国と LDC の間の貿易及びその中で採用されるべき異なった、かつ、有利な取扱いに関する改善について交渉を行うことにある」のであり、この目的の追求は、東京宣言に示された「世界貿易の拡大と一層の自由化及び適当かつ可能な場合の LDC の国際貿易に

---

(86)　天羽発外務大臣宛、1977年 2 月11日、348号（2010-6006）、外交史料館。

とっての追加的利益の確保」という東京ラウンドの目的に従ってなされるべき
だ、と。それゆえ、より具体的には以下のような対処方針が目指されるべきだ
とされた。一方で、「先進国」と開発途上国との問題について、東京ラウンド
では「第４部の改正やガット規定の根本を修正する方向での討議には与し得な
い」が、開発途上国に対する「特別扱い」が要請されるものについては「ケー
ス毎に検討に応じていくべき」である。また他方で、「先進国」間の問題につ
いては、「貿易の自由化の原則に則って解決策が求められていくべき」である。
つまり、既存のGATTの規約や原則は変更せずに、その枠内での取り扱いの
「改善」を目指すというのが日本側の「基本方針」だったのである。もちろん、
このグループの討議が他のグループに干渉しないよう釘を刺し、作業内容が五
項目以上に増えることには「反対」だと付言することも忘れてはいなかった。

　この日本側の「基本方針」は、たしかに、既存のGATTルールを基礎とし
ながら「ケース毎」の対応を目指しており、柔軟性を有しているようにみえる。
だが、これを実現するには、さらに二つの問題が乗り越えられるために残され
ていた。第一に、一方で既存のGATTルールを遵守しながら、他方で開発途
上国の「特別扱い」に関しては「ケース毎」に応じるという、この二つの方針
を両立させるためには、これらを統括するより上位の指針が必要であった。な
ぜならば、貿易を「自由化」する方向性と、開発途上国を「特別扱い」する方
向性とは、「貿易自由化」をどう定義しようとも相反していたからである。

　では、日本側はこの点をどう考えていたのだろうか。たとえば、「MFN原
則」に関してこう指摘されている。一方でGATTの「MFN原則」が「ガッ
トの基本理念として世界経済のブロック化を抑止し、多角的な自由貿易の拡大
を通じて世界経済の繁栄に寄与してきたことは正当に評価されるべき」であり、
「国際貿易の基本理念としてMFN原則を維持していくことは今後とも必要で
ある」。しかし他方で、「LDCとMFN原則との関係」については、従来から
「実際的な解決が図られてきている」ことも事実であり、これらは「先進国」
が「柔軟性を示し」てきたことによるものである。それゆえ、こんごともいま
までどおり「先進国」が「柔軟性を示していく」ことが、「先例」の観点から
みても「第４部の趣旨」からみても妥当であり、「LDCとの貿易促進について
は、第４部の規定に沿って今後とも努力していく方針である」、というのが日

三 フレームワーク・グループにおける討議 405

本側の姿勢であった。

　このことは、開発途上国との関係にまつわるもう一つの議題、「相互主義及びGraduation」についても繰り返される。東京ラウンドの交渉は東京宣言およびGATT第四部に基づいてなされるべきであり、「相互主義」に反するようなGATTルールの変更は「困難」であるから、「先進国の特別措置から生じる利益がLDCのニーズを勘案しつつ衡平に均霑されるためには、Graduationの問題について合理的に解決されることが適当」だというのである。それゆえ、既存のGATTルールを擁護する日本側の姿勢は、「BOP目的の貿易措置」のような「貿易自由化」に反する措置について、その導入は「保護主義の連鎖反応につながる」から「望ましくない」し、もしなんらかの措置を導入する必要あるとしてもGATT第12条を改正することには「消極的」だとする立場に帰結することとなる。いわば、日本の政策決定者たちは、「貿易自由化」を「相互主義」により推し進めるという既存のGATTルールの遵守と、開発途上国の「特別扱い」を「ケース毎」に検討することとに折り合いをつけるための、より上位の指針をいまだ見出せてはいなかったのである。

　また、解決のために残されていた第二の問題は、「先例」がない新たな事態に対する対処の指針である。日本側の「基本方針」は、まず既存のGATTルールを基礎とし、それが困難な場合には、「先例」に基づいた「実際的な解決」を目指す、というものだったといえるだろう。だが、「先例」がない場合にはどうすればよいのか。

　そこで、GATTルールが不十分あるいは不存在のために提起された二つの作業内容、「紛争処理」と「輸出制限」についてみてみよう。まず、「紛争処理」に関する日本側の方針は当初から明確で、これはすでにそれぞれのグループで問題の「特殊性」に応じた検討がなされているからその成果を待つべきであり、「単一の紛争解決常設機関を設置することは現実的ではない」、というものであった。いわば、問題の「特殊性」に応じた「ケース毎」の解決が目指されていたわけである。これに対して、「輸出制限」についてはどうかというと、近年「供給不足等を理由とした貿易制限的行為が目立つ傾向」がみられるが、これらに関わるGATT規定も十分整備されていないことから、「輸出サイドにおける貿易の自由な流れを確保するため」、日本側としてはこの問題に「重大な

関心を有している」のだった。ただ、「本件解決策の方向策定については現在のところ成案を得ていない」ため、「とりあえずの考え方」として、「輸出制限の一般的禁止」に関する「一般ルールやガイドラインの策定」、あるいは「輸出制限に関する通報・協議手続き」の「整備」も「一案」ではないか、とされていた[87]。つまり、まだこの時点では、「先例」のない新たな問題に対する指針は決まっていなかったのである。ただ、フレームワーク・グループの「実質討議」がはじまりつつあるなかでのこのような姿勢は、「BOP目的の貿易措置」の議論で垣間見せていたように、その「柔軟性」と引き換えに「大勢に同調することやむなし」との態度に陥る可能性をも秘めたものであった[88]。

このように、日本側の方針も決まっておらず各国の対立も依然残存しているという状況のため、2月21日の第二回会合は、カナダ代表と議長との冒頭のやり取りにみられるように「事前打ち合わせに基づいて行われた」ものか、従来の立場を繰り返すものに終始して散会することとなった[89]。日本側は、会議終了直後の22日、GATT事務局の往訪を受けたが、そこでの「内話」によれば、フレームワーク・グループはその設立までに「極めてCONTROVERSIAL」なものがあり、その経緯を考えると、「討議項目として挙げられている5項目の扱い以上に、LDCの不満、主張をGATTとしてきゆう収し、GATTに対する支持を取り付ける目的を持ったグループである」ため、「事務局としても

---

(87) 日本側が「輸出制限（供給アクセス）」問題でもっとも気に掛けていたのは、戦後日本が貿易問題の解決策としてしばしば採用してきた「輸出自主規制」の問題であった。なぜならば、自主規制の問題がすでに他のグループ（QRグループ）の討議項目になっていることに鑑みれば、日本側がこの問題を本グループで取り上げることは、フレームワーク・グループが他のグループの問題を重複して取り上げないとする日本側の方針に反してしまうし、輸出制限と「輸出自主規制」とを「明確に区別することは困難」であるという「実情」や「セーフガード」と「輸出自主規制」の関係が「明確ではない」という現状に鑑みれば、「先例」に即して対処するという日本側の方針も採れないからである。この問題は最終的に、「先進国」は「国際収支目的のための制限的貿易措置をとることを最大限避けるべき」だとする合意に結実することとなる。

(88) 外務大臣発寿府代大使宛、1977年2月19日、279号（2010-6006）、外交史料館。

(89) 天羽発外務大臣宛、1977年2月22日、419号（2010-6006）；天羽発外務大臣宛、1977年2月22日、426号（2010-6006）、外交史料館。

本グループの取り扱いは重視している」のだとされた。そのうえで、会合初日に提案されたブラジル案はよく考えられた案であり開発途上国も大方これを支持しているが、すべてがブラジルと利益を同じくしているわけではないので、開発途上国の動向には注意すべきだと強調したのである。事務局からすれば、ブラジル案に対して「先進国」がバラバラに回答するのは「危険」であり、また開発途上国側からの提案を単に批判するだけでは「不十分」であるから、この新グループの「目的」を実現するには、「先進国」が具体的な提案を出し「いかにこれらの主張、要求を現実的なものに誘導していくかという工夫が不可欠」なのだった。その点からみると、日本側の発言は「米国の発言と同工異きょく」だが、「一般に米国に対比し、後向きの印象が残った」のであり、こうしてGATT事務局は事実上、日本側に対してさらなる善処を求めたのである[90]。

第三回・第四回会合　「実質討議」は引き続き、1977年6月30日から7月1日に開催された第三回会合および、12月7日から9日にかけて行われた第四回会合においてなされたが、そこでの討議は、議長サマリーにあるように、「実質問題に関する討議を継続」[91]するにとどまり、第五回会合の開催は「主要国と相談して決定される」[92]として、具体的な日程も決まらないままに終わった。

ただ、この時期には、これからにつながる二つの動きがあらわれていた。一つは、ECが「授権条項」という考え方を明確に打ち出したことである。EC代表は第三回会合を控えた6月はじめに日本側を往訪し、アメリカは開発途上国側に具体案を出させ、その検討をつうじて最終的な態度を決めるつもりのようだが、最後に「NO」といえば相手側の態度を硬化させるだけで逆効果だと論じ、「レシプロシティ」および「そつ業」問題のなかで、開発途上国の「特別扱いを行い得る」「授権条項の作成に踏み切るべき」だと主張したのである[93]。

---

[90]　天羽発外務大臣宛、1977年2月24日、445号（2010-6006）、外交史料館。2月21日～22日の会合の模様については、前掲419および、前掲426号、外交史料館。

[91]　沢木〔正男在ジュネーブ国際機関日本代表部〕大使発外務大臣宛、1977年7月5日、1231号、「GATT／多角的貿易交渉　フレームワーク・グループ」（2010-6007）、外交史料館。

[92]　沢木発〔園田直〕外務大臣宛、1977年12月9日、2782号（2010-6007）、外交史料館。

[93]　沢木発外務大臣宛、1977年6月1日、1258号（2010-6007）、外交史料館。

アメリカ側はこのような考え方に反発していたが[94]、ECからすれば、これは
GSP（特恵関税制度）というかたちで「特恵」が制度化されたOECDやUNCTAD
の「同じあやまち」を繰り返さないためにも重要なのだとされた[95]。いわば、
開発途上国の「特別扱い」にあたり、それをGATTルールとして制度化する
のではなく、GATTルールの「例外」として制度化することが目指されたの
である。

　もう一つは、アメリカ代表がフレームワーク・グループでの討議の方法とし
て、「バイ・プルリ」の会合を積み重ねる方法を第四回会合の直前に提案した
ことである。「7＋7非公式会合」（「主要国非公式会合」）を経て全体会合を開
催するという現在のやり方では、「公式の場で応酬し合い対立点を浮き彫りに
する」だけであると考えるアメリカ側からすれば、「バイ・プルリの非公式会
合」を積み重ねることで「意見の収斂を図る」ほうがよいのだった。こうして、
アメリカ側は、そのための文書の作成に努めるとともに、第四回会合は「簡単
なもの」とすることを主張したのである[96]。この討議の方法は第四回会合でも
支持をえたようで、議長サマリーによれば「バイ・プルリの会合をつみかさね
ることを申し合わせ」、「何時でも会合を開きうるよう各国も準備しておいてほ
しい」と付言するに至ったのである[97]。

（2）本格的討議② ── 個別的協議

「先進国」のコンセンサス　　その結果、1978年になると、フレームワーク・
グループの討議は「バイ・プルリ」といった個別的協議をどうすすめるのがま
ず焦点となる。2月3日の「7＋7非公式会合」ではこれが議題となり、ブラ
ジル代表は、ボランタリーに参加できるワーキンググループを設置して二週間
以内にはじめたいと主張、ECおよび北欧の各代表が「今日からでも協議に応

---

[94]　沢木発外務大臣宛、1977年10月13日、2310号（2010-6007）；沢木発外務大臣宛、1977
　　　年11月25日、2674号（2010-6007）、外交史料館。

[95]　前掲1258号、外交史料館。

[96]　天羽発外務大臣宛、1977年11月25日、2721号（2010-6007）；沢木発外務大臣宛、1977
　　　年11月25日、2673号（2010-6007）、外交史料館。

[97]　前掲2782号、外交史料館。

三　フレームワーク・グループにおける討議　　　409

じる用意がある」としてこれに同調したのに対して、アメリカ側は異議を唱え、
「プルリの非公式の会合」を積み重ね「定期的により拡大された会合を開催し
ていく」という「フレキシブル」な方法を主張した。日本側もこの方法を支持
しつつ、「プルリ・ベースでの会合が有用」だとしたうえで、ブラジル側のい
うようなワーキンググループでは「公式であるとの印象を与えかねず」、その
ような「会合」は「むしろ名前をつけがたい非公式な性格を帯びたものである
べき」だと指摘、この「非公式」が望ましいという立場はカナダ側が支持した。
これらの意見を受けて議長のロングは、こんごの討議について「出来るだけ非
公式な会合で問題点を煮詰め」、ある程度具体的になったところで「７＋７非
公式会合」を開き、そのうえで「グループ会合」を開催することとしたいとま
とめた。また、作業内容については、これまでの提案をもとに２月末ころ「７
＋７非公式会合」を召集することとし、提案がある場合にはそれまでに出して
ほしいと述べたのである[98]。

　ただ、この会合は開催されなかったようであり、その代わりに、アメリカ側
が主導して二つの会合が開かれることとなった。一つは、３月６日に開催され
た、「先進国」（アメリカをはじめ、EC、カナダ、スイス、北欧、日本）による「ノ
ン・コミッタブル」な会合である。ここでは、「BOP 措置」と「紛争処理」に
ついて、アメリカ側がこれまでの「各国との協議」を踏まえたペーパー用意し
たが、基本的にはこれまでの各国の主張が繰り返されるにとどまっていた。だ
が、もう一つの８日に開催された、アメリカ、日本、EC による「フレームワー
ク・グループ全体の作業をレヴューする」ための会合は、そうではなかった。
なぜならば、ここでは「一応本件フレームワーク・グループ各議題の収まるべき
姿が浮き上がってきた」とする理解で「ほぼ意見の一致が見られた」からで
ある。

　この会合ではまず、「授権条項及び卒業問題」についてアメリカ側はこれま
での立場を転換させ、EC 側が先に提案した「授権条項」という考え方が「今
後の作業ベースの核となり得る」と主張、日本側も「EC ペーパーの指向して
いる方向に向かっている」として同調した。これを受けて、EC 側はこの「ペー

---

　[98]　沢木発外務大臣宛、1978年 2 月 3 日、217号（2010-6007）、外交史料館。

パー」の趣旨をあらためて説明し、開発途上国との特恵を拡大することではなく、ロメ協定を見直し特恵を縮小する見返りに資本・技術協定を拡大することだと指摘している。また、「BOP 問題」については、アメリカ側が提出した「ノン・ペーパー」に関して、EC 側が「政治的 imperative」なのであれば作業ベースとすることも「やむを得ない」と発言、開発途上国向けには同意するが「先進国」向けに関しては異議を唱える日本側の立場を考慮し、「了解事項」とする案を示していた。こうした相互の歩み寄りは「紛争処理」や「輸出制限」についても同じで、アメリカ側が6日に配布した「紛争処理」の「ノン・ペーパー」について、日本側がパネルの設置をオーストラリアや開発途上国が不必要に引き延ばさないようにするよう主張し、EC はこれに「全面的に」同調、「輸出制限」に関してはカナダの「中立化」が問題で、開発途上国側もそんなに問題視してくることはないとの了解に達している。そのうえで、以後の討議のあり方に触れ、開発途上国側からの「7＋7非公式会合」の提案は「受けて立つ」とし、「先進国」が「各個撃破」されないように、コンセンサスづくりが重要だということで意見が一致した[99]。

このように、GATT 事務局が個別的協議を推し進める方針を支持し、アメリカ、EC、日本のコンセンサスがえられたことを受けて、残された課題は、少なくとも日本側からみれば開発途上国の合意を取り付けることであり、その

---

[99] 沢木発外務大臣宛、1978年3月9日、628号（2010-6007）、外交史料館。なぜこの時期に、このようなかたちで、アメリカ側と EU 側との歩み寄りが実現したのかについては、正確にはわからない。ただ、すでに日本側との「内話」のなかで示されていたように、GATT 事務局は、ブラジル案に対して「先進国」がバラバラに回答するのは「危険」であり、その提案を単に批判するだけでは「不十分」だとして、この新グループでは「先進国」が具体的な提案を出しつつ、開発途上国の態度を「現実的なものに誘導」すべきだと考えており、この事務局の立場は、（日本側に対してと同様に）他の「先進国」側に伝えられていたものと思われる。また、アメリカ側は、グループ設置に向けた1976年4月の方針転換のときから、「時間かせぎ」だけでは「ブラジル提案を葬り去ることは不可能」だと主張していたし、EC 側は開発途上国との討議に積極的だったから、この事務局の立場を受け入れる素地は十分にあった。「主要国」が東京ラウンドを終わらせる直近の期限だと考えていた1978年夏は間近であり、これらの理由から、この時期の歩み寄りが実現したのではないだろうか。

ために「非公式な会合」が「3＋3」や「7＋7」をも含めて繰り返し開かれることとなる。これらの会合は、グループ全体を見渡した「総論」に関するものと、5つの作業分野に関するものとの6つに分かれてそれぞれ開催され、開発途上国側との討議の前に「先進国」間の非公式会合が開かれ、「先進国」が「各個撃破」されないよう交渉方針が調整されていた。これらの会合はそれぞれ興味深いが、そのすべてを記述することは本章の目的から外れるので、以下では、主に日本側の交渉方針に目を向けながら、フレームワーク・グループの交渉が最終的にどうまとめられていったのかを概観していきたい。

上述した3月8日のアメリカ、EC、日本による会議で、この三者のあいだにはフレームワーク・グループの「収まるべき姿がみえた」状況となったが、実際には「先進国」のなかでも細かい点をめぐる対立が残っており、他方、開発途上国も同じような状況であることが明らかになったため、5月の「3＋3」（アメリカ、EC、日本、ブラジル、インド、ユーゴスラヴィア）非公式会合において、「先進国」間、開発途上国間において非公式会合をさらに重ね、意見の集約を図ることが申し合わされた[100]。これを受けて、非公式会合がいくつも持たれることとなるが、日本が関わる「先進国」間の非公式会合では、いわゆる「卒業問題」を含む「授権条項」および「相互主義」については北欧が、「国際収支目的の貿易措置」や「輸出制限」に関してはアメリカとECが、「紛争処理」をめぐってはカナダがそれぞれ主導し、たたき台のペーパーを提出したり会合を主催したりして、意見を取りまとめていくこととなる。これらの作業は夏休み明けの10月をメドに行われたが、「授権条項」および「相互主義」と「国際収支目的の貿易措置」については意見がまとまらず、前者については、10月5日の「先進国」非公式会合の席上、もし開発途上国との交渉がこれ以上進展しない場合にはGATT事務局がイニシアティブをとり、13日に非公式全体会合を開催するとの通告を受けたことをアメリカ代表が明らかにし[101]、後者に関しては、11月末になってもアメリカとECとのあいだで輸入課徴金や担保金などをめぐる対立が解消せず、事務局が試案を提出するといった状況であった[102]。

---

(100) 沢木発外務大臣宛、1978年5月9日、1386号（2010-6007）、外交史料館。

(101) 沢木発外務大臣宛、1978年10月5日、2991号、「GATT／多角的貿易交渉　フレームワーク・グループ」（2010-6008）、外交史料館。

412　　第6章　「経済外交」を問い直す

「大勢」に「同調」する日本　　このようななか、「交渉は最終段階」だと認識する日本側の主要な関心事は、東京宣言に端を発した東京ラウンドをその主催国として妥結させることであったが、そのための方法は、アメリカやEC、北欧やカナダなどが、フレームワーク・グループにおける議論をまとめるために積極的にペーパーを提出したのとは異なり、「先進国」の「大勢」に「同調」するというものであった。外務省は、11月8日の訓令のなかで、開発目的のセーフガードに関するGATT第18条Cをめぐりこう指示している。アメリカ案が示しているように例外的状況下における開発途上国の暫定的措置を認めるとする意見が「大勢となる場合には同調することもやむを得ない」。実際、日本側は、この交渉の「最終段階」においても、既存のGATTルールの擁護と開発途上国の「特別扱い」とに折り合いをつけるより上位の指針を見出せてはおらず、また、GATTに「先例」のない場合に対処するための方針も立案できずにいた。というのも、開発途上国に対するさまざまな措置に「消極的」だったアメリカ案が提示する「対LDC配慮」についてすら、それをGATT規定に明記することには「反対」しており、その「対象範囲」を「拡大」したり「フレキシビリティを持ち込む」ことには「消極的」で、あくまで既存のGATT規定をもとにした「注釈あるいは補足規定でカバー」しようとしていたからである[103]。つまり、東京ラウンドの妥結を最優先にする日本側からすれば、日本自身がその障害となることは絶対に避けなければならなかったのである。ただ、この日本側の態度は、東京ラウンドの妥結そのものを他国任せにすることを意味しており、交渉が最終的にまとまったとしても、それは他国の努力の結果であることを示唆するものであった。

　こうして、フレームワーク・グループの討議の成否は、日本以外の他国の動きによることとなる。それを推し進めたのは、日本以外の「先進国」とGATT事務局とのタッグであった。「授権条項」および「相互主義」をめぐるGATT事務局の通告を受け、「先進国」側は「先進国がイニシアティブをとる」ことを決定、「先進国」案を開発途上国側に提示するが、議論はまとまらず、さら

---

(102)　沢木発外務大臣宛、1978年11月30日、3760号、「GATT／多角的貿易交渉　フレームワーク・グループ」(2010-6009)、外交史料館。

(103)　外務大臣発寿府代宛、1978年11月8日、2285号 (2010-6009)、外交史料館。

三 フレームワーク・グループにおける討議

に非公式会合が積み重ねられた[104]。事務局もまた11月を前に介入し、いくつかの事務局案を提示するものの、討議は平行線をたどったため、12月8日、ついに事務局は9日の会合でこの問題に決着をつけることを「先進国」側に通知、アメリカ代表も15日までに交渉をまとめるよう訓令があったことを明かし、12月4日の事務局案でまとめたいと強調した[105]。

討議をまとめるため、アメリカ側はまず、「国際収支目的の貿易措置」に関してEC側と対立点を協議、「統一テキスト」の作成を目的とした「先進国」と開発途上国の非公式全体会合が12月10日から11日にかけて開かれるが、その結果は「LDC諸国との対立点が多く、こんご如何にまとまるか見通しが立たない」状況であった[106]。実際、インド代表は1979年1月の時点でも「卒業条項」に「クレイム」を述べるなど、開発途上国との対立は依然残っていたが、アメリカ側をはじめとする「先進国」は次に、事務局とともに五つの分野における「合意」をどのようなかたちでGATT規定に取り込むのかという「法的問題点」の討議を並行してはじめることとなる。これらの成果は3月28日の「7＋7非公式会合」で示され、GATT事務局より、問題がなければこれを最終案にしたいとしてその「合意」内容案が提示された。

これに対して、開発途上国側は1979年4月6日の「7＋7非公式会合」の席上、検討のための時間がほしいと主張し、9日に再度会合、さまざまな非公式会合を行ったが、日本側史料によれば、「先・後進国間で感情的対立が激昂しかねず」、ロングGATT事務局長はいったん散会するよう求めたほどであった。この状況を受けて、「先進国」側はロングに対し、対立点は文言の修正で対応できる範囲にとどめ、それでもダメならば3月に提示された「合意」内容案をもとにした「調書」（Procès-verbal）を署名のために開放するよう要求、これに応じるかたちで12日、この「調書」は関係諸国に解放されることとなったのである。

このことが意味していたのは、対立点を残したままでの事実上の交渉終結で

---

(104)　沢木発外務大臣宛、1978年10月9日、3014号（2010-6008）：沢木発外務大臣宛、1978年10月17日、3110号（2010-6008）、外交史料館。

(105)　沢木発外務大臣宛、1978年12月8日、3909号（2010-6009）、外交史料館。

(106)　沢木発外務大臣宛、1978年12月13日、3965号（2010-6009）、外交史料館。

あった。12日、日本側はこの結果を東京にこう報告している。これは「実質妥結」だが、「積み残しに対処しないかぎり、最近の対日批判はエスカレートすること必至」である、と[107]。

四　デッドロックの「経済外交」

すでに本章第１節で触れたように、この４月の署名開放のあとも「先進国」と開発途上国との交渉は継続され、たしかに1979年11月のGATT総会では東京ラウンドの「合意」内容が全会一致で可決されたものの、12月の署名式には29か国しか参加せず、日本政府もまた開発途上国に対して東京ラウンドの成果に対する「参加」を呼びかけなければならないような状況であった。では、ここに至るプロセスのなかで「古い」日本の「経済外交」はどう問い直され、「新しい」「経済外交」はどのような姿を現しつつあったのだろうか。本章のまとめとして、ここではこの問題を「日本イメージ」との関係に着目しながら議論していきたい。

日本政府の政策方針　日本政府のフレームワーク・グループにおける態度は、「先進国」のなかでもかなり特異なものだったということができる。というのも、従来のGATTルールでは対処できない新たな問題が生起しているとの認識が「先進国」のあいだでも開発途上国のあいだでも持たれ、それゆえGATTのフレームワークを再検討しなければならないのだとする見解の共有のうえにフレームワーク・グループの設置が合意されたにも関わらず、日本側は当初からGATTのフレームワークを見直すことには「反対」の姿勢を崩さず、フレームワーク・グループの設置が決まったのちにおいてもGATT規約の「改正」には「消極的」、「否定的」だったからである。日本の政策決定者たちからすれば、たとえ「新しい」問題が生起しようとも、現状のGATTルールを擁護することが不可欠であり、それでは対応が困難な問題については、従来どおりGATTのもとで積み重ねられた「先例」を踏まえつつ「従来どおりケース毎に」対処すればよいのだとされたのである。さまざまな保護が必要だ

---

[107]　沢木発外務大臣宛、1979年４月17日、1418号、「GATT／多角的貿易交渉　フレームワーク・グループ」（2012-0693）、外交史料館。

四 デッドロックの「経済外交」

とされた開発途上国であっても、GATT の諸原則である「貿易自由化」の「相互主義」的な促進に対する特例を GATT 規約上認めることは、世界貿易において台頭しつつあるとされた「保護貿易主義」を制度化することになってしまうだろう。このような日本側の主張の背後には、「オイル・ショック」に象徴されるように、食料や資源の「輸出サイド」が生産量や価格を一方的に決められる1970年代の「新しい」状況に対する危機感があった。日本のような輸入国が食料や資源の価格形成に関与できないのは「貿易自由化」や「相互主義」というGATT の諸原則に反するのだというわけである。

では、日本の政策決定者たちは、フレームワーク・グループをめぐる討議のなかでどう振る舞ってきたのだろうか。まず第一に、「日本イメージ」、とくにその「現在」の部分である日本の位置付けおよび役割という視角からみると、外務省の論者たちは疑いの余地のないくらい、日本を「先進国」だと位置付けていた。というのも、新グループの作業内容が「先進国にとり不利な方向」に傾いた場合には「否定的な態度でのぞまざるを得ない」と言明していたからである。外務省からすれば、「先進国」に「不利」な状況とは日本にとっても「不利」なのだと認識されていたわけである。日本は「LDC」（開発途上国）などとは峻別された「先進国」なのであり、その役割および利害は、少なくともGATT ルールの「改正」という問題においては「LDC」と共有できないのだとされていたのである。

ただ第二に、このことを「経済外交」の観点からみると、すでに述べたように、日本の振る舞いは「先進国」のなかでも特異であり、そのうえ GATT ルールの「改正」をめぐる日本側の態度方針はきわめて柔軟性を欠いたものであった。というのも、「オイル・ショック」以後、とくに開発途上国が新たな状況におかれていたにも関わらず、日本の政策決定者たちは現状の GATT 規約の擁護に終始し、その「改正」を企図するような動きに対しては、それがブラジルのような開発途上国であれアメリカのような「先進国」であれ、「消極的」ないしは「否定的」な姿勢を採り続けていたからである。その結果、開発途上国がブラジル案を推し、アメリカや EC をはじめとする「先進国」が「ブラジル案」を受け入れるかたちで方針転換を図るなかで、日本は開発途上国と対立するのみならず「先進国」のなかでも孤立し、最終的に「孤立してまで LDC

からの非難を集中されるよりは」「グループ設置が有し得るべきわが方にとって好ましからざる影響を最小化する」という方針転換も「やむを得ない」との態度を採ることとなるのである。

引き裂かれた「経済外交」　　ここにはいくつかの疑問があるが、それは大きく三つに分けて考えることができるだろう。最初の二つは一連のものであるが、一つは、なぜ日本の政策決定者たちは現状の GATT ルールの擁護にここまで固執したのかというものであり、二つは、「ブラジル案」の提起するフレームワーク・グループの設置が最終的に譲歩できるものなのだとすれば、なぜ日本側は、（アメリカ代表のように）それを条件付で認める案を出さずに、孤立するまで現状の GATT ルールの擁護に固執したのか、という疑問である。これらを問うのがなぜ重要なのかといえば、それは、このような態度が、日本側の重視する他の「先進国」との協調や開発途上国との「相互理解」をつうじた「信頼」の確保をも阻害する可能性を持っていたからである。ここで思い起こすべきは、1970年代に再定義が模索された「日本イメージ」が、前の章でみたように、日本の位置付けや「未来」の進路においても、日本の役割においても、引き裂かれたものだったということだろう。というのも、このことは、日本の「経済外交」を身動きの取れない不安定なものにしてしまったように思われるからである。この問題は重要だと思われるので、いま一度再検討してみたい。

　第4章でみたように、日本が「主要国首脳会議」に招請されたことで、日本の政策決定者たちは日本が「先進国」になったのだと固く信じるようになっていたが、このことが同時に意味していたのは、かつてのようにもはや「先進国」を「モデル」にした「未来」の進路が採れないということだった。事実、日本の政策決定者たちは従来どおり、「先進国」が直面するさまざまな問題の解決のために他の「先進国」の動向を調査したのだが、そこで明らかになったのは、各国の対応がバラバラで、どの国も確固たる解決策を持ち合わせてはいないということだったのである。こうして、確固たる「モデル」が存在しないことを認識した日本の政策決定者たちは、日本の「新しい」「モデル」探しの旅に出ることとなる。その成果は「主要国首脳会議」で示され、日本は一面で「欧米」と「同質」（「先進国」）でありながら、他面では「異質」な（「歴史と伝統」が異なる）位置付けを有するのだとされた。それゆえ、ここから導出される日本の

「未来」の進路とは、「欧米」との同質性と異質性をともに体現する方向性を持つこととなる。いわば、日本の政策決定者たちは、しばしば相反することとなる二つに引き裂かれた「未来」の進路を同時に実現しなければならなくなったのである。

　同じことは、第5章で論じた OECD 多国籍企業ガイドラインに関しても指摘できる。多国籍企業という新たな主体の台頭とともに、多国籍企業の活動が主に開発途上国で問題を引き起こしていることに鑑み、「先進国」は多国籍企業の役割の明確化をせまられていた。だが、このことは、その反面で国家の役割を再考することを意味しており、日本の政策決定者たちは、「主要国首脳会議」で直面した日本の位置付けや「未来」の進路の再検討とともに、日本の役割の再定義にも直面することとなったのである。それによれば、「企業活動」とは、「市場メカニズム」に基づいて行動することにより「資源の最適配分に貢献」するのが「本来」の「眼目」であるとされ、国家の政府は、その企業活動を「地域開発等の政策目的」に沿うよう「リード」するのが「本来」の「目的」だとされた。だが、これは多国籍企業の役割の一面であり、日本の政策決定者たちはこうも強調している。すなわち、「労使関係」は「経営」や「社会」の「根幹」であり、現地企業との合弁や現地人の「経営」に対する登用は「企業の政策判断の問題」なのだから、「現地の法規や政府の方針に反しないかぎり」それぞれの企業に任されるべきなのだ、と。このことからも理解できるように、日本の政策決定者たちは、「企業活動」を「リード」するという政府の役割を果たすために、一方で、企業の「本来」の活動原理である「市場メカニズム」の擁護を掲げ、それに対する人為的な関与を減らすよう主張しながら、他方で、それと同時に、企業活動のあり方を決める「経営」に関しては人為的な関与の必要性を強調することとなったのである。さらに、多国籍企業ガイドラインが、その目的について、多国籍企業のよい面（「長所」）を伸ばし悪い面（「短所」）を減らすという方針を打ち出しており、日本政府もまたそれに反対していなかったことを思い返すならば、この日本側の引き裂かれた役割は、この目的を達成するための日本版だとみることもできるかもしれない。ただ、こうした「新しい」役割を日本の政策決定者たちが掲げたことは、多国籍企業の「長所」と「短所」が切り離せるのだとする新たな前提に立つことを意味して

おり、それは（交渉の最終段階において国家が新たに負う「義務」の追加を懸念していたことを想起するならば）まるで、権利は行使するが義務は負わない（あるいは、権利は増やしてほしいが義務は減らしてほしい）、ということを堂々と宣言するに等しい行為でもあった。

このように振り返ってみると、一つ目の疑問に対する答えは、「貿易自由化」を体現する現状の GATT ルールの擁護が、「主要国首脳会議」で主張された食料や資源の「安定」的確保のためにも、OECD での議論にみられるように多国籍企業の活動の「長所」を伸ばす観点からも必要であり、それは「先進国」との同質性を体現するという意味での「先進国」日本をアピールするためにも有用であったからだといえるだろう。

柔軟性の喪失、現状の追認　　ただ、これは二つ目の疑問に対する答えなのだが、1970年代のさまざまな問題に対処するなかで少しずつ再定義されてきた「日本イメージ」は引き裂かれたものであり、それはしばしば相反するものを両立させともに追い求めなければならなかったため、いずれも譲歩が困難であった。このことは二つの側面に目を向けることで理解することができる。すなわち、一面で、OECD や GATT における日本の政策決定者たちの振る舞いにみられるように、日本側が「長所」だと考えるものを伸ばすために「貿易自由化」や「市場メカニズム」を強調することは、経済的（「自然」的）原理に基づき人為的な関与を減らすことを意味しているが、これをあまり強調しすぎると、こんどは、（現地企業との合弁や現地人の登用をめぐる議論にみられるように）企業の「経営」の「根幹」にあたる部分が「政策判断」という人為的関与であることを否定することになってしまう。ましてや、政府や国家の役割は政策決定という人為的な決断に関わるものなのだから、その強調は「新しい」日本の役割をも侵食する可能性を秘めていた。しかし、だからといって人為的な関与の必要性を強調しすぎると、こんどは多国籍企業の活動の「規制」を訴える開発途上国の主張の正当性を裏付けることになりかねない。それゆえ、この「短所」を減らすためにも、ふたたび「貿易自由化」や「市場メカニズム」といった経済的原理の重要性を強調する必要が出てくるのである。

また他面で、開発途上国のこのような主張を抑えるためには他の「先進国」との協調が重要となるのであり（GATT フレームワーク・グループの討議のなか

四　デッドロックの「経済外交」

で「先進国」が開発途上国からの「各個撃破」を懸念していたことを想起せよ）、このことは「先進国」日本が「欧米」との同質性を持っていることを再確認する機会ともなりうるから、この「長所」を伸ばすためにも、日本の政策決定者たちとしては「先進国」との協調を推し進める必要があった。ただ、これをあまりやりすぎると、こんどは日本を「欧米」から区別できなくなり、日本はただ「先進国」の先輩たる「欧米」に追随するだけになってしまうから、（「主要国首脳会議」の開催に向けた準備のなかで日本側が認識したように）日本が直面する諸問題に対処するためにも「欧米」との違いを強調する必要性が出てくる。しかしながら、異質性を強調するということは日本が「欧米」とは「歴史と伝統」が異なること（≒「アジア」/「太平洋」に位置すること）を強調することであり、とくに「アジア」地域における開発途上国との「相互理解」をつうじた「信頼」の確保を尊重する立場だといえるが、これを主張しすぎると、こんどは開発途上国が持ち出している現状のGATTルールの「改正」に一定の支持を与えなければならないこととなり、それは日本の政策決定者たちが「長所」だと考える「貿易自由化」や「市場メカニズム」といった経済的原理の重要性を伸ばすという冒頭の目的を台無しにすることになってしまうのである。

　それゆえ、この日本側の外交方針は、たしかにある側面に着目すればどのような問題にもある程度の合意ができる「柔軟性」を持っているようにもみえるが、究極的には、どの問題に関してもトータルな合意が困難な立場にみずからをおくものであった。

　こうして、1970年代に再定義されつつあった「新しい」「日本イメージ」が引き裂かれたものであったということは、上述のように奇妙な循環論に陥り、あちらを立てれば、こちらが立たず、という状況を生み出すこととなる。このことが興味深いのは、「新しい」日本の「未来」の進路や役割を打ち出そうとしたはずの「日本イメージ」が、1970年代以降の日本の「経済外交」を身動きの取れないものとしてしまい、結果としてしばしば、従来の方針をただ踏襲したり現状を維持あるいは追認したりするだけに終わってしまうということである。（「先進国」の）「大勢」に「同調」するのも「やむを得ない」とする、GATTの討議のなかでたびたびみられた日本側の方針は、このことを明確に示していた。

「経済外交」と「日本イメージ」　　だが、ここで三つ目の疑問が涌いてくる。ではなぜ、こんなことになってしまったのだろうか。それを知るカギとなりそうなのが、日本側が唯一（アメリカ側とともに）フレームワーク・グループのなかで討議してもよいと考えていた「供給保証」≒「輸出制限」の問題だろう。というのも、1970年代の世界において新たな問題が生起しているにも関わらず、現状のGATTルールで対応できる／対応すべきと考えていた日本側が、この問題だけは現状のGATTルールで対応できないのだと考えていたことになるからであり、そこには日本側がGATT規約の擁護とその「改正」を両立させるためになにをしようとしていたのかが示されていると思われるからである。

　すでに議論したように、日本側は当初から、この「供給保証」≒「輸出制限」の問題に「重大な関心」を有していたが、その理由は、フレームワーク・グループ第二回会合で明らかにされていたように、近年「供給不足等を理由とした貿易制限的行為が目立つ傾向」がみられるにも関わらず、これらに関するGATT規約も十分整備されていないことから、「輸出サイドにおける貿易の自由な流れを確保するため」であり、そのために「輸出制限の一般的禁止」に関する「一般ルールやガイドラインの策定」、あるいは「輸出制限に関する通報・協議手続き」の「整備」を「一案」として考えていたからであった。では、「輸出サイドにおける貿易の自由な流れを確保する」とは、より具体的にどういうことか。それは、第4章や第5章の検討を踏まえるならば、「主要国首脳会議」のなかで示されたように、「市場」をつうじた食料や資源の「安定」的確保を保証することであり、OECDにおける討議のなかで主張されたように、これを「市場メカニズム」に基づき行動するのが「本来」だとされた多国籍企業の活動の「リード」をつうじて達成することを意味していたのだといえる。「オイル・ショック」のように、食料や資源の「輸出サイド」が生産量や価格を一方的に決められるような現状から、輸入サイド（日本）もこれに参与できるような「新しい」ものに、GATTルールを変更すべきなのだというわけである。日本の政策決定者たちが「貿易自由化」を「相互主義」に基づいて行うことを主張してきた背景にはこのような事情があったのであり、そこで強調されたのが、「貿易自由化」と密接な関係を持つ「市場」および「市場メカニズム」だったのである。

四 デッドロックの「経済外交」

しかしながら、「輸出サイドにおける貿易の自由な流れを確保するため」の「貿易自由化」や「市場メカニズム」の強調もまた、上述したような奇妙な循環論にはまってしまい、なぜ1970年代の日本の「経済外交」がこんなことになってしまったのかを説明できない。そこで、攻め方を変える必要がある。それは、本書の主要な問題関心である「日本イメージ」の再定義のパターンに目を向けるということである。そうすると、「主要国首脳会議」やOECD、GATTのなかで徐々に形成されてきた「日本イメージ」は、「経済外交」との関係に注目するとき、少なくとも三つの特徴を持っていたのだと指摘することができる。一つは、そもそも1970年代に「日本イメージ」の再定義が必要となったのは、日本の政策決定者たちが日本を「先進国」だと位置付けた結果、「新しい」「モデル」が必要となったからである。ただ、このことは、そのプロセスが示しているように、「先進国」の直面する諸問題に対する各国の対応がバラバラで、どの国も確固たる解決策を持ち合わせていないことに端を発していたから、この「新しい」「モデル」は、他のどの「先進国」ともトータルに共有できないものになってしまった（事実、この「新しい」「モデル」をもとにした日本の「未来」の進路を「簡潔なコミュニケ」により他の「先進国」に受け入れてもらおうとする企図は、「主要国首脳会議」において挫折することとなるのである）。

また二つは、1970年代の「日本イメージ」が「新しい」「モデル」探しと密接に結び付いたものであったため、「モデル」の部品として使えないものを切り捨てる傾向にあったことである。OECD多国籍企業ガイドラインの討議のなかで、多国籍企業の受入国（≒開発途上国）との「調和」の観点から（受入国との「衝突」の回避や「協力」は、そもそも、多国籍企業ガイドラインを設定する目的の一つでもある）、イギリスやスウェーデンの各代表が現地企業との合弁や現地人の登用に関わる規定の必要性を強調したのに対して日本側は反発していたが、それは、突き詰めていえば「輸出サイドにおける貿易の自由な流れを確保する」という日本の役割に反していたからである。

さらに三つは、こうした「モデル」として有用かどうかという軸から1970年代の世界における諸問題と向き合った結果、世界のあらゆる諸問題とその解決策は「モデル」として使える部分と使えない部分とに断片化されてしまった（というのも、すでに議論したように、「先進国」の対応はバラバラで、どれもそのまま

では「モデル」として使えなかったからである）。このことが持つ意味はいくつも
あるが、ここで重要なのは、日本の政策決定者たちによるこの「新しい」「モ
デル」探しのために、1970年代の諸問題とその解決策は、当の日本の政策決定
者たちですら断片化される前の元のかたちがもはや分からず、認識すらできな
い状態になってしまったということであろう。1970年代の新たな諸問題に開発
途上国の立場から対応しようとし、GATT のフレームワークを見直す必要が
あるとする「ブラジル案」に対して、アメリカや EC をはじめとする「先進国」
もまたそれを受け入れようとしていた状況のなかで、「輸出サイドにおける貿
易の自由な流れを確保する」ための「貿易自由化」に囚われていた日本側だけ
が最後まで現状の GATT ルールで対応できるのだと主張していたのは、その
一つの表れだとみることができるのかもしれない。

　認識の断片化、認識のギャップ　　このようにみてくると、三つ目の疑問に
対する答えは、1970年代に再定義されつつあった「日本イメージ」が、日本の
「新しい」「モデル」探しと密接に結び付いていた結果、それを「他者」に受け
入れてもらおうとしたとき、さまざまな困難に直面したためだといえるだろう。
「新しい」日本の「モデル」探しのなかで、1970年代の諸問題とその解決策が
断片化され、諸問題や解決策をありのままのかたちでトータルに認識すること
が困難になってしまったがゆえに、同じ「先進国」としてアメリカや EC とと
もに目の前の問題を議論し解決しようとしているはずが、実際には別の問題に
目を向け対処してしまっており、日本側の予想に反してなぜか日本側の方針に
対する支持がえられないままに孤立することとなったのである。このことが「新
しい」日本の「経済外交」（これはのちに、「現実的な経済外交」と呼ばれること
なる）に及ぼした重大な影響は、そもそも前提となる認識が違ってしまってい
るがために、他国との「調整」がほとんど困難になってしまったということだ
ろう。GATT 東京ラウンドにおけるフレームワーク・グループをめぐる日本
側の対応が後手後手にまわり、最終的に、開発途上国のみならず「先進国」の
なかでも孤立することとなってしまった背景には、このような問題が伏在して
いたのであった。

　それゆえ、もしこの議論が妥当なのだとすれば、日本と他国との貿易摩擦や
認識のギャップを「文化」の違いのせいにする「近代を超える」プロジェクト

の報告書を、いま一度、このような「日本イメージ」の再定義のプロセスを踏まえて読み直してみる必要がありそうである。ただ、これを次の終章で検討する前に最後に問うべきは、なぜ日本のエリートたちは、二つに引き裂かれた「新しい」「日本イメージ」から生じるさまざまな問題が、その再定義の過程のなかで明らかになりつつあったにも関わらず、のちの「近代を超える」プロジェクトの報告書のなかにそれらに対する対処策を盛り込まなかったのか、というものである。実際、これらの報告書が発表される年である1980年元旦の主要新聞「社説」は、日本に対する「国際世論」が「必ずしも一致せず」、「『ジャパン・アズ・ナンバーワン』の著者、ヴォーゲル教授のように、日本人の組織力、長期展望にたった政策、集団としての知識収集力などをたたえる知日派」が存在する一方で、「ウサギ小屋の働き中毒」あるいは「エコノミック・アニマル」といった「非難」があることを指摘、まるで、これから発表される「近代を超える」報告書を先取りするかのように、「戦後日本の原点」たる「憲法と文化国家の理念」に基づいた「文化の発展」を目指し、「自らを耕す」という「新しい生きがいの発見」により「心の充足」を満たす「文化の時代」を実現すべきだと強調していたのである[108]。解決すべき問題の存在は認識されていたのである。

　「戦後日本」の肯定（「長所」を伸ばす）　　ただ、こうした問題は報告書のなかでも検討された形跡がなかった。報告書の策定過程に関する史料がほとんど入手できないため、ここではその理由を十分明らかにすることができないが、一ついえるのは、戦後日本のありようが基本的には間違っていなかったのだとこの時期の日本のエリートたちが認識していたのではないか、ということである。「混迷期に踏み迷った時、人間は常に初心を思い起こし、原点に立ち返っ

---

[108]　「社説　新しい生きがいを求めよう ── 文化国家の原点から見直しを」『毎日新聞』1980年1月1日。他の主要新聞もまた、同じような論調を展開している。「社説　構造改革をどう進めるか」『朝日新聞』1980年1月1日；「社説　不透明な八十年代に光を」『讀賣新聞』1980年1月1日。その一方で、『日本経済新聞』だけは、「力が拡散している相互依存」の世界における「ナショナリズム」の勃興をめぐる諸問題を、主に安全保障と経済の観点から論じているが、解決すべき問題が世界にてんこ盛りであることは、他の「社説」同様、十分認識していた。「社説　混迷の八十年代をどう生きる」『日本経済新聞』1980年第1月1日。

て再出発を図ろうとする」のだと主張した「社説」が、「戦後日本の原点」を
その最初期に提示された「憲法と文化国家の理念」に求めていたことは、その
証左だろう[109]。この認識は、1985年の元旦の「社説」が示しているように、「優
秀な日本民族の底力」に支えられた戦後日本の「政治の方向」が「大筋におい
て誤りではなかった」とする指摘に結実することとなる[110]。いわば、大平報告
書が指摘するように「この明確な政策目標を最も望ましい方法によって実現す
ることが政治」なのだというわけである。

　たしかに、1970年代の日本とそれを取り巻く世界にはさまざまな問題が存在
しており、相反する引き裂かれた「未来」の進路や役割をともに追い求めなけ
ればならない立場に日本はおかれていたが、それらは「戦後日本の原点」（あ
るいは、それをも規定する日本の「文化の中心」や「文化国家の理念」）を見つめ直
すことで解決できるはずのものなのであり、そのためにすべきは、新たな「政
策目標」の模索というよりも、報告書が「新しい」「政治」のあり方として提
示していたように、「政治や行政の技術論」に関する「専門知識」の探求であ
り、そのための各界エリートの結集だったのである。つまり、これまでの「戦
後日本」を再確認しそれを「未来」に向けて引き延ばすことで、すべての「新
しい」問題は解決できるはずだというのが、「新しい」「日本イメージ」を基盤
とした「新しい」「経済外交」の姿だったのである。

---

[109]　前掲、『毎日新聞』1980年1月1日。

[110]　「社説　世界平和と日本の進路 ── 歴史の節目に立って考える」『毎日新聞』1985年1
　　月1日。

終　章　暫定的結論と若干の展望

　本書ではこれまで、「近代を超える」時代だと意義付けられた1970年代の日本の「経済外交」について、日本のエリートたちが日本をどう認識してきたのかをめぐる「日本イメージ」に着目しながら考察してきた。第Ⅰ部では、大平正芳首相が1970年代末葉に主導した9つの研究会による報告書を素材に、疑う余地のないかたちで日本を「先進国」だと位置付けていた日本のエリートたちが、「新しい」日本の「未来」の進路をどう再設定し、そこにたどり着くための日本の役割をどのように考え、それを実現するのだとされた「現実的な経済外交」をどう理解していたのかを議論した。また第Ⅱ部では、こうした「日本イメージ」が形成された背景にせまるために時代をさかのぼり、日本を「先進国」だと位置付けたことで日本の政策決定者たちが直面した諸問題を、ランブイエで開かれた新たな枠組みである第一回「主要国首脳会議」や、多国籍企業という新たな主体との関係を模索したOECD多国籍企業ガイドラインの策定過程、さらには国際貿易の新たなルールの構築を目指したGATTの「フレームワーク・グループ」における討議に目を向け、検討した。

　では、結局のところ、「近代を超える」時代の「経済外交」とはどのようなものであり、そこで実現が目指されていた「理解」や「協力」、あるいは「協調」や「連帯」、すなわち「相互理解」をつうじた「信頼」の確保とはどのようなものだったのだろうか。また、「新しい」「経済外交」を基礎付けるために再定義された「新しい」「日本イメージ」とはいかなるもので、それは、戦後初期（すなわち、「近代を超える」プロジェクトの論者たちが「近代化」の時代と意義付けるもの）との比較においてどこが引き継がれどの部分が変わったのか。以下では、本書のまとめとして、これらの点に注目しながら、「近代を超える」時代の日本の「経済外交」がどのような歴史的意義を持っていたのかについて、

仮説を提示していきたい。

一　暫定的結論

（1）「未来」の進路の再設定

「新しい」「モデル」を模索する　　「近代を超える」プロジェクトにおいてまず課題となったのは、第1章で議論したように、「日本イメージ」の「未来」の部分、すなわち「新しい」日本の「未来」の進路をどう再設定するのかであった。というのも、このプロジェクトを指揮した大平首相の理解によれば、「近代化を達成し欧米先進諸国と肩を並べるに至っ」た日本は、もはや「従来のような先進国の知識と技術を学びとることによる模倣的発展」を続けることができないため、「自らの力で新しい領域を切り開き、自力で独自の道を歩む創造的発展への転換のとき」がせまっていたからである。いわば、「大平総理の政策研究会」に集った日本のエリートたちは、「新しい領域」の開拓を目指した日本「独自の道」を明らかにするよう付託されていたのである。

　これらの成果は最終的に9つの報告書にまとめられるが、そこでは、こうした課題が掲げられるに至った背景を、「歴史の潮流」に対する理解というかたちで、大きく二つに分けて論じている。一つは、従来の「近代化」が「『地球の有限容量』という壁」にぶつかり、戦後日本が経験してきたような経済成長が困難になりつつあるのだとする理解である。「大気中の炭酸ガス濃度の継続的増大、海洋の諸種の要因による汚染、石油を頂点としてみられる安価な資源の急速な消耗など」に象徴されるように、「人類の居住空間が地球規模にまで拡大し、その有限の容量という壁に突き当たった」のだというわけである。このことが意味していたのは、日本がおかれることとなった1970年代以降の世界にはある種の物理的な「上限」があるということであり、それゆえ日本が「未来」においてさらなる経済成長をすることができる余地は限られている、ということだった。「新しい領域」が必要とされたゆえんである。つまり、大平に率いられた日本のエリートたちは、「明治以降の100余年において、欧米先進諸国を手本として進めてきた近代化」が物理的な「上限」に行き当たったこの「新しい」世界のなかで、「過去」の方法（「近代化」）を問い直す必要にせまられていたのである。

一 暫定的結論　　　427

またもう一つは、「近代化」の度合いにおいてもっとも「先進的・高水準」
だとされてきたアメリカの国際的な「地位」が相対的に低下しつつあるのだと
する理解である。アメリカの相対的な「地位」の低下は、対米関係でみれば日
本の相対的な「地位」の向上だといえるから、望ましいことだと思われるかも
しれない。だが、1970年代以降の世界に物理的な「上限」があるのだとすれば、
日本の「先」を歩むアメリカの「地位」の低下は、やがてくる日本の「未来」
を暗示するものであった。その証拠に、「欧米先進諸国」は、景気後退、イン
フレーション、国際収支の悪化といった経済的な問題、「ノイローゼ」や「非
行」、「家庭基盤の脆弱や崩壊」のような社会的な問題、さらには公害にみられ
る環境問題などに直面しており、これらは「文明病」、「先進国病」と呼ばれ、
日本にも影を落としつつあったのである。このことが意味していたのは、「先
進国」といわれる「欧米」のやり方もまた、そのままでは使えないということ
であった。日本「独自の道」が模索されたゆえんである。日本が位置付けられ
た1970年代以降の世界は、「他者」に「モデル」を見出すこともできない「新
しい」世界であった。

それゆえ、「近代化を達成し欧米先進諸国と肩を並べ」、「もはや追いつくべ
きモデルを見出すことが困難となった」日本のエリートたちによる「未来」の
進路の再設定は、主に「新しい」日本の「モデル」探しというかたちをとるこ
ととなる。「過去」の方法も「他者」の取り組みもそのままでは使えないとさ
れたなかで、報告書の論者たちが注目したのが、「自己の総体的文化の把握」
すなわち「日本文化」の解明であった。なぜならば、「近代を超える」時代と
は、「『文化の時代』の到来ともいわれるように、かつてない自由と経済的豊か
さは、これまでの物質文明や近代合理主義の下で、ともすれば見過ごされがち
であった人間の精神的・文化的側面への反省を促し」、「形成された現代の総合
的日本文化が、新しい状態ないしは将来のよりよき状態を求めて何を要請し、
その要請にどのように対応するか」という「時代の要請」、すなわち「文化の
要請」を生み出したのだとされたからである。

だが、日本のエリートたちによれば、日本の文化的なありようについてはこ
れまで十分顧みられてはこなかった。「あなたは、近代化、工業化、欧米化の
時代に要請された価値観、『タテマエ』にとらわれた発想をしていないだろう

か」、と報告書は読者に対して問い掛けている。これからは「過去」や「他者」に惑わされずに「ホンネ」で話そう、というわけである。戦後初期においては、「社会進化の動向」（≒「歴史の流れ」）に応じた「発展段階」をみると日本は「中進国」だと位置付けられたから、「他者」（「先進国」）に「モデル」を求めていたが、1970年代においては、日本はすでに「歴史の潮流」の最先端に位置し「時代の要請」をじかに受けるべき「先進国」だとされていたから、「他者」（≒「タテマエ」）ではなく「自己」（≒「ホンネ」）に「新しい」「モデル」を求めるべきだとされたのである。

「日本文化」という「未来」　こうして、「日本文化」を「新しい」日本の「モデル」とするために、「日本文化」のありようが議論されることとなる。なかでも、とくに報告書の論者たちの目に留まったのが、日本の「過去2,000年の歴史」のなかで変わらずに引き継がれてきたのだという、「『習合』の文化」と呼ばれる日本の「文化の中心」であった。報告書によれば、「日本人は、過去2,000年の歴史の中で、さまざまな外国の文化、思想や科学技術を巧みに自分の中に取り入れてきた」が、このことを単純に「妥協とか模倣とか抱擁ということばで表現するのは、正しくない」。なぜならば、日本の場合は「必ずしも全面的・体系的輸入ではなく、それを巧みに自己の体系の中へ取りこんでしまう」もの、すなわち「日本に適したもの、優れたものを選択して取り入れ」るものだったからである。「過去」や「他者」のなかから、使えないものを捨て、使えるものだけを受容してきたがゆえに、「このような日本の文化のもつ力は、『習合』力という積極的な力として、評価し、認識すべき」だというわけである。

　この議論が重要なのは、それが「個」と「全体」の関係（それは「個」と「個」の関係をも含む）を問い直すためのツールとして「文化」を用いつつ、日本の「過去2,000年の歴史」にも関わらず変わらない「文化の中心」を観念することで、人の手では変えられない「新しい領域」をつくりだそうとしていたからである。「日本文化」は主に「欧米文化」との異同において再把握されたが、その要点は、「欧米文化」が「個」の尊重というかたちで「個」と「全体」の関係を対立的に理解しているのに対して、「日本文化」は「個」と「全体」をより「調和」的な関係として捉え、その「中間」（「人間」≒「間柄」）を重視しているのだ、ということに集約できるだろう。「日本文化」に着目することで、日

本のエリートたちは、「個」と「全体」をつなげるもの（「中間」）という「新しい領域」を観念できることとなったのである。

たとえば、報告書の論者たちは「欧米文化」との対比のなかでこう指摘している。「欧米先進諸国における市民革命・産業革命以降の『近代化の時代』は、『個人主義』ともいわれるように、政治的にも経済的にも社会的にも、『個』の確立を目指した時代であった」のに対して、日本は「『人間』、『仲間（なかま）』、『世間』」というコトバにみられるように、「『人と人との間柄』や『個と全体との関係』などを大切にする『間柄主義』とでもいうべき文化特質を持つ」のだ、と。「日本文化」においては、「間柄」や「関係」という、「個」と「個」あるいは「個」と「全体」をつなぐものが観念され重視されているのだというわけである。では、「個」と「全体」はなにによってつなげられているのか。それは、「法外の法」であった。というのも、「日本文化」とは「『人間』を基本とする一種の基本的宗規（日本教）であり、『法外の法』というべき」ものであって、この「法外の法」（≒日本的な「人間」）こそが「日本における最高の法であり、これに違反する決定はすべて、まるで違憲の法律のように棄却されてしまう」からである。

ここで意図の有無に関わらず日本のエリートたちがつくりだしてしまっているのは、人びとの手で変えることができる「法」（それは「欧米文化」から受容したものである）のあり方それ自体をも枠付けるような、「法外の法」（それは「日本文化」から導出されたものである）が支配する「新しい領域」であった。「個」と「全体」をより「調和」的につないでいるとされたこの「新しい領域」やそれを支配する論理である「法外の法」は、興味深いことに、必ずしもこの世のものではない。なぜならば、それらは人為的な決定（「法」）の関与しえないどこか、たとえば日本の「過去2,000年の歴史」のなかで、「まつり」という「非日常（ハレ）」のなかに引き継がれてきたものであり、「まつり」においてまつられる「世界」であるところの「あの世」のものとして暗に示唆されているからである（このことは、「日本文化」をある種の「宗教」〔「日本教」〕だとする主張に表れている）。いわば、この「新しい領域」とは、人為的な関与の及ばないという意味である種の「自然」に属するものであり、それは歴史的な変化にも関わらず変わらないだけではなく、人の手をもってしても変えられないものとし

て思い描かれていたのである。こうして、日本のエリートたちは、歴史的な変化に左右されない、確固たる「新しい」日本の「モデル」を手に入れることとなったのである。

「近代を超える」ための「新しい」日本の「モデル」として「日本文化」に着目し、「近代」の「法」とともに「個」と「全体」の関係をも枠付ける「新しい領域」のルール、「法外の法」を観念することで、日本のエリートたちは、日本「独自の道」を手に入れ、歴史的な変化にも関わらず変わらない／変えられない「未来」の進路を確立したかにみえた。しかし、このことがさらなる問題を生み出すこととなる。というのも、日本のエリートたちは「近代」の成果を引き続き享受しながらその弊害のみを除去すること（日本経済の「維持」「発展」）を目指していたため、この「新しい」日本の「未来」の進路は、二つに引き裂かれた方向性を同時に追い求めるものとなってしまったからである。

このことは、第1章で議論したように、報告書のなかでは「タテマエ」（「近代」）と「ホンネ」（「近代を超える」もの）、あるいは「日常（ケ）」（「この世」）と「非日常（ハレ）」（「まつり」≒「あの世」）の関係として示されていた。「近代を超える」にあたって、「近代」の成果をこれまでどおり享受するには、「欧米」から取り入れた「この世」を管理する「法」などの「タテマエ」も「日常」においては必要だが、「『地球の有限容量』という壁」の前でその成果をより「効率的」に享受しあるいはその弊害を除去するためには、「個」と「全体」をより「調和」的につなげる「あの世」の論理、すなわち「法外の法」のような「ホンネ」が、いざというときに「非日常」のものとして呼び出されなければならないのだというわけである。

こうして、「日本文化」は、①「個」と「個」あるいは「個」と「全体」の「間柄」（「調和」）を重視するのだとされる一方で、「全体」すなわち「共同体」（なかま≒「日本」）に合致した「個」のありようを考える傾向にあり、②そこでの「なかま」（「全体」）とはそれぞれの「個」が自発的に形成するものだとされる一方で、そのありようは、「日本における最高の法」たる「法外の法」のような、人為的な関与の及ばない「非日常」の場（「あの世」）ですでに決められているのだとされ、③それゆえに「なかま」集団は海外のものを自在に取り入れてきた「『習合』の文化」を持つのだとされる一方で、「なかま」は「法外

の法」により決められた一つの「閉鎖性」を有するものだと想定され、④この日本的な「なかま」は「パワー」による統合を嫌いなんとなく「総合」されているのだとする一方で、「閉鎖性」を維持するために「理解」や「協力」といった事実上の強制力の行使を前提としていたのである。

その結果、再設定された日本の「未来」の進路は二つの相反する方向性を体現する必要にせまられ、⑤「『結果』の『平等』」というかたちで「日本的『公正』」を目指したなんらかの「平等」を追い求めているのだとされながら、「『分に応じた』働き」が「期待されている」ように、すでにどこかで決められている「分」（≒「序列」）に基づいた「階層性」が想定されており、また⑥「近代を超える」時代という「新しい」時代を切り開くのだとされながら、そこでは「試合が始まる前から」すでにどこかで決められている「最適な分配方法」という名の「既存性」の実現が目指されていたのである。いわば、「近代を超える」プロジェクトのなかで思い描かれていたのは、世界がどのように変化しようとも、つねに日本のエリートたちが1970年代の世界のなかで再定義した「日本イメージ」どおりに復元されるような、「新しい」「未来」であった[1]。

このことが示唆するように、「近代を超える」という計画が最終的なゴールとしていたのは、日本が「近代化を達成し欧米先進諸国と肩を並べるに至っ」た「現在」の引き延ばしであった。なぜならば、日本のエリートたちが目指していた「『結果』の『平等』」の追求とは因果関係の連鎖の逆転であり、「現在」とは異なる「未来」を目指してきたこれまでの日本を、「地球の有限容量」（「全体」）とのより「調和」的な関係に対する考慮から割り出されたあるべき「結果」（「試合が始まる前から」すでにどこかで決められている「最適な分配方法」）で満たそうとしていたからである。こうして、「現在」とは異なるからこそ意味を持ちうる「未来」という概念は（「過去」とともに）事実上消去され、「永遠の現在」という名の「既存性」（≒「調和」的な関係）が支配する「新しい」「日本」（「この世」をより「調和」的にするために「あの世」の論理が呼び出される）の構築が志向されることとなる。つまり、「近代を超える」時代の「新しい」日本の「未来」の進路とは、逆説的にいえば、新たな「未来」を目指さないことを意味していたのである。

「先進性」の問い直し　　ではなぜ、こんなことになったのか。それは、日

本のエリートたちが日本を「先進国」だと位置付けたことに起因していた。第4章で議論したように、フランスのジスカール・デスタン（Valéry Giscard-d'Estaing）大統領による主導のもと、ランブイエで開催された新たな枠組みである第一回「主要国首脳会議」に対する日本の参加は、たしかに、日本が自他ともに「先進国」だと認められた契機だったかもしれない。しかし、そこで日本の政策決定者たちが直面したのは、「先進国」というときの「先進性」が意味するものがもはや自明ではないということだった。なぜならば、「主要国首脳会議」の準備のなかで日本側が知ることとなったのは、日本をはじめとする「先進国」が「文明病」あるいは「先進国病」と呼ばれることとなるさまざまな困難に直面しているのみならず、「先進国」の先輩たる「欧米」のその解決に向けた対処法がどれもバラバラで、どの国も確固たる解決策を持ち合わせていないということだったからである。

　そのため、「欧米」のやり方がそのままでは役に立たないという、「モデル」の喪失を目の当たりにした日本の政策決定者たちは、「主要国首脳会議」とい

---

(1)　報告書で提示されたこの「日本文化」のパターンは、日本という「全体」との関係においてどのような日本人という「個」が「期待」され「要請」されていたのか、という視角からみるとより理解しやすいかもしれない。それは、①個人主義的な振る舞いが可能な状況にも関わらず、日本をはじめとする「全体」のことを第一に考え（「共同体」の重視）、②「まつり」に自発的に参加するように、毎日の与えられた仕事に自主的に取り組み（「非日常」の重視）、③日本の外に出られるにも関わらず、日本にいることを望み（「閉鎖性」の重視）、④上記の①から③を喜んで行わない人たちをみんなで非難する（「パワー」の重視）、というような、「従属する主体」とでもいうべきものであった。その結果、これらの「期待」される「個」は、たとえば、⑤／⑥与えられた仕事（「分」）に文句もいわず自主的に取り組むことをつうじて、すでにどこかで決められている既存の「序列」を維持する志向性を有する（「階層性」の重視／「既存性」の重視）こととなる。こうして、これがうまくいった程度に応じて、「個」は「序列」の一員というかたちで管理されるとともに、そのなかでは、『分をわきまえている』限りにおいて、各人は非常に『自由』」だとする「文化の時代の経済運営」研究グループの指摘にみられるように、みんなの非難から保護されることとなったのである。また、若干文脈は異なるが、「日常」が「報道に包囲されると同時に保護され」、「中心から隔離された」とするハルトゥーニアンの指摘をも参照。ハリー・ハルトゥーニアン（カツヒコ・マリアノ・エンドウ監訳）『歴史と記憶の抗争 ──「戦後日本」の現在』みすず書房、2010年、111-2頁。

うこの新たな枠組み（「全体」）のなかでの「先進国」日本（「個」）のありよう
を再検討し、「新しい」日本の「未来」の進路を再設定しようとしたのである。
それは、「欧米」と同じ「先進国」でありながら「歴史と伝統」が異なる日本、
という「新しい」位置付けに基づき、「欧米」とは異なる「未来」の進路があ
りうるのだと示唆するものであった。すなわち、一方で「欧米先進諸国」と同
じ「悩み」や「苦しみ」を「同じ手法で解決」しようとしながら、他方では「太
平洋に位する」、あるいは「アジアに位する」国家として、「南北格差の是正」
のような開発途上国との「協力」を重視するという、二つに引き裂かれた「未
来」の進路であった。

　だが、このことは、（日本の政策決定者たちが最終段階まで「簡潔なコミュニケ」
に固執していたように）、「先進国」との関係において日本を、身動きの取れな
い状況のなかに放り込むこととなった。なぜならば、一方で、「欧米」との「協
調」を達成するために「欧米」との同質性を強調すれば、「欧米」とは異なる
政策を採らなければならない場合にその理由が必要となり、他方で、「欧米」
とは異なる政策を採るために「欧米」との異質性（「歴史と伝統」）を強調すれ
ば、こんどは「欧米」との「協調」が困難になってしまうからである。まして
や、福田赳夫副首相が指摘していたように「資源は無限ではない」のだとする
ならば、無駄なことに資源や労力を割いている余裕はなかった。それゆえ、こ
の二つに引き裂かれた「新しい」日本の「未来」に、より「効率的」にたどり
着くための方途を模索しなければならない状況に、日本の政策決定者たちはお
かれることとなったのである。

（2）日本の役割の再検討

「新しい」世界を構築する　　こうして、「新しい領域」を開拓し日本「独自
の道」を目指すために、日本のエリートたちはさらに二つの課題に取り組むこ
ととなった。一つは、第2章で概観したように、「日本イメージ」の「現在」
の部分、すなわち、1970年代以降の世界における日本の位置付けと役割を再検
討することである。ただ、すでに日本のエリートたちは、日本が「近代化を達
成し欧米先進諸国と肩を並べるに至っ」たのだと位置付けていたから、主な焦
点はこの「先進国」日本の役割の明確化にあてられることとなった。

終章　暫定的結論と若干の展望

ここで注目すべきなのは、「『人と人との間柄』や『個と全体との関係』」に着目していた報告書の論者たちが、1970年代の世界を《国と国との間柄》に目を向けつつ「相互依存」だと捉え、それぞれの国家とこの「相互依存」の世界（「全体」）とを（より「調和」的に）枠付ける論理として「市場メカニズム」を挙げていることである。このことが示唆していたのは、「相互依存」とは既存のものであるとともにこれから開拓すべき「新しい領域」でもあるとされており、それを動かす原理は人の手では変えられないものとして解されていたということだった。たとえば、前者に関して、報告書の論者たちはこう指摘している。「われわれの住む地球社会は、一つの共同体としてその相互依存の度を高め」ており、日本が「国際社会において期待されている役割と責任」とは、「太平洋地域」における「自由で開かれた相互依存関係の形成」（傍点、筆者）なのだ、と。「相互依存」とは、すでに存在するものであるとともに、これから「形成」されるべき「新しい」ものとしても理解されていたのである。また、後者については、「太平洋諸国の経済は、その共通の原則を市場メカニズムに求める」のだとする報告書の記述をみれば明らかだろう。「市場」の「メカニズム」や「ダイナミズム」が、「計画経済的要素」と対置されていたことに鑑みるならば、「相互依存」の世界を枠付ける論理は、人の手で変えられるもの（人為的な関与）とは別のものだとされていた。つまり、日本のエリートたちは、現状では必ずしも「相互」に「依存」していない国ぐにを「市場メカニズム」でつなげることに「新しい領域」を見出し、それをつなげるという行為それ自体に「新しい」日本の役割を見出していたのである。

そのため、国家間の「間柄」や「関係」に注目する報告書の論者たちが「相互依存」の世界のなかに「新しい」日本の役割を求めていったことは、それほど不思議なことではなかった。ただ、ここで興味深いのは、「相互依存」の世界が、他に逃げ場のない「閉じた」世界として把握されていたことである。というのも、その世界は「『地球の有限容量』という壁」に象徴されるある種の物理的な「上限」を有しているのだとされていたからある。「上限」がある「閉じた」世界なのであれば、そのなかで満足するしかない。こうして、お互いが相手の存在を相互に（再）確認しあうことでそこにみずからの存在とその意義を見出しあう（これを報告書は「逆照射」と呼んだ）という「相互依存」の世界

一　暫定的結論

のなかで、報告書の論者たちはその「安定的」な「持続」（より「調和」的な関
係）を掲げ、そのために「相互の認識と信頼」を重視することとなる。なぜな
らば、この逃げ場のない「閉じた」世界のなかでは、ある国の日本に対する「不
信」は、「複雑で敏感な国際的相互依存」をつうじて他の国ぐににも波及する
からである。ましてや、「文化交流への積極的な努力の不足ないしは手遅れが、
欧米にまたアジア各地に経済摩擦をひき起こし、日本への不信と誤解をつのら
せてきた」現状においては、このことはなおさらであった。「先進国」日本が
その役割（「相互依存」の世界の「安定的な持続」）を果たすには、「新しい」「日
本イメージ」を受け入れてもらう、「信頼」の確保に向けた努力が必要だった
のである。

　そこで、この現状に対処するために不可欠となるのが「日本文化」であった。
報告書はこう強調する。「日本の存立と今後の発展に重大な意味をもつこの多
方向の相互依存関係を平和のうちに安定的に持続させるためには、その関係の
すべての網の目をたどっての文化交流、つまりより広く深く相手を知り、より
深く広くおのれを知らせることが重要である」。なぜならば、「さまざまな次元
での文化交流による相互の認識と信頼によってあざなわれるのでなければ、安
定した相互関係にはならないであろう」からである、と。

　このことが意味していたのは、報告書の論者たちが、「文化」というツール
を用いつつ、「欧米文化」との対比において「日本文化の特質」だとされた「個」
と「全体」のより「調和」的な関係を、国内的のみならず国際的にも構築しよ
うとしていたということであった。「文化交流」の促進によりあらゆる国ぐに
を（より「調和」的に）つなげることで「相互依存関係」の「網の目」のなか
に取り込むために、それぞれの「文化」の「相互理解」による「信頼」の確保
（「相互の認識と信頼」）を目指すことこそが、「新しい」日本の役割なのだとい
うのである。ただ、ここで想起すべきは、「文化」が「文化の所産」たる「商
品」のかたちでやりとりされてきたのだとされ、「文化交流」が「貿易」とほ
とんど同一視されていたということだろう。要するに、「新しい」日本の役割
とは、日本が位置付けられるべき「相互依存」の世界を「形成」し「平和のう
ちに安定的に持続させる」ために、「市場メカニズム」をつうじた「貿易」を
世界大に促進することで国ぐにをつなげること、すなわち「文化の所産」たる

「商品」のやりとりをつうじた「相互理解」による「信頼」の確保を実現することであった。戦後初期においては、貿易の促進（「輸出振興」）を図るために「信用の回復」が不可欠だとされていたが、1970年代になると、「信頼」の確保のために貿易の促進が重視されるようになったのである[2]。

「長所」を伸ばし「短所」を減らす　ただ、再検討された「新しい」日本の役割を実現するための基本的な指針に目を向けてみると、それは再設定された「未来」の進路と同様、ともに譲れない二つの方向に引き裂かれていた。すなわち、「長所」を伸ばし「短所」を減らすというものである。この指針は、一見するときわめて妥当にみえるかもしれない。「短所」を減らせば、世界は「長所」で満たされることになりそうだからである。しかしながら、1970年代の世界においては、このことは妥当しなかった。なぜならば、日本のエリートたちが「長所」だと考えるものを伸ばそうとすることが、同時に「短所」だとされるものを増幅させていたからである。

では、ここでいう「長所」とはなにか。それは、端的にいえば、「新しい」日本の役割に合致したものであり、「田園都市構想」研究グループのコトバを借りると、「相互依存」の世界を「安定的」に「持続」されるために「相互理解」をつうじた「信頼」の確保を目指し、国際交流（「文化交流」）を推し進めることだった。「文化交流」は「商品」のやり取りである貿易と同義だったか

---

(2)　この違いは、見せ掛け以上に重要である。なぜならば、それは、日本の「経済外交」のあり方の根本的な変化を表しているからである。戦後初期においては、「輸出振興」のために「日本イメージ」を受け入れてもらう必要があったため、「経済外交」はその政治的・社会的基盤の確立を目指し、さまざまな国際経済組織に加入するための努力が試みられた。だが、1970年代においては、「文化」の「相互理解」をつうじた「信頼」の確保が目指されていたように、「文化交流」≒貿易を促進することが「日本イメージ」の受け入れにつながるのだとされた。というのも、「商品」の受容が「文化」の受容だとする報告書の議論を想起するならば、「文化」の「相互理解」とはお互いの「商品」を（貿易摩擦を引き起こさずに）受容することだったからである。摩擦なしに（より「調和」的に）日本の「商品」が受容されれば、それは日本の「文化」が受容されたことと同義であり、ひいては「日本文化」に基づいた「日本イメージ」が受け入れられたことをも意味するであろう。つまり、「近代を超える」時代の「新しい」「経済外交」とは、「商品」の流れをより円滑にするための努力とほとんど変わらないものになったのである。

ら、これは、貿易の促進をつうじて世界の国ぐにを「相互依存」というかたち
でつなげ、日本の「文化の所産」たる「商品」を受容してもらうことにより「日
本文化」を基礎とする「新しい」「日本イメージ」を受け入れてもらうこと（「信
頼」の確保）を目指したものだといえる。だが、「環太平洋連帯」研究グルー
プが明らかにしているように、あるいは第6章で議論したGATTにおける討
議が示しているように、「太平洋地域」における「地域主義」の推進というか
たちであらゆる国ぐにをより「調和」的につなげる（≒「長所」を伸ばす）ため
の「原則」だとされた「市場メカニズム」の尊重は、とくに貿易に対する保護
が必要な「開発途上国」の反発（「短所」）を招いており、「とかく対決に明け
くれる南北問題」に「実りある展開」をもたらす必要があるのだと指摘される
ほどだったのである。1970年代以降の世界においては、「長所」を伸ばすこと
と「短所」を減らすこととは、相反するものだったのである。

　それゆえ、この「相互依存」の世界における「新しい」日本の役割である「地
域主義」の推進に対する障害を除去するために、「総合安全保障」研究グルー
プが提唱するような、国際経済秩序の不安定化と局地的な武力紛争に対処する
「総合安全保障戦略」が不可欠となる。「長所」を伸ばし「短所」を減らすとい
う基本的な指針は、「短所」を減らすことで「長所」に満ちた世界をつくるど
ころか、「長所」を伸ばそうとすることで「短所」を増幅させてしまい、その
増えてしまった「短所」を減らすための「新しい」計画を必要としていたので
ある。このことは、日本が「『地球の有限容量』という壁」にぶち当たったの
だとされ、「資源は無限ではない」のだと意識される世界においては一大事で
あった。なぜならば、それは、「長所」を伸ばすことで増幅された「短所」を
減らすために、本来であれば「長所」を伸ばすために割り当てられるべき資源
や労力までをも浪費してしまうことになるからである。

　この「新しい」日本の役割とその基本的な指針をめぐる諸問題は、「新しい」
「経済外交」を考えるとき、さらなる重要性を帯びる。というのも、それは「経
済外交」をも相反する二つの方向に引き裂かれたものにしてしまうからである。
たしかに、一方で「自由主義経済の活力を維持する」ために「既存の政治や政
策の介入排除（デ・レギュレーション）」をしながら、他方で「自由主義経済の
持つ欠陥の是正」のために「民間の自由な経済活動に対する政策あるいは政治

の新しい介入（ニュー・レギュレーション）」を行うことは両立可能かもしれない。ただ、人為的な関与とは対置されるような原理（「市場メカニズム」）が国ぐにをつなげるのだとされた「相互依存」の世界のなかでひとたび人為的な関与の余地を認めてしまえば、それに歯止めをかけることは原理的に困難となってしまうのではないだろうか。いわば、1970年代に再定義された「新しい」日本の役割は、国ぐにをより「調和」的につなげるために「自由主義経済の活力」を促進する「市場メカニズム」（経済的〔「自然」的〕原理）を尊重しようとしたはずが、逆説的にどこまでも「政策あるいは政治の新しい介入」（人為的な関与）を深めなければならない可能性を秘めたものであった。「自由主義経済」を志向することそれ自体が「自由主義経済」を侵食することとならないためにも、この相反する二つの方向性に折り合いをつける方途を新たに模索する必要があったのである。

「先進性」という弊害　　ではなぜ、こんなことになってしまったのだろうか。その主な原因は、「未来」の進路の再設定のときと同様、日本のエリートたちが日本を「先進国」だと位置付けたことにあったのだといえる。というのも、日本の政策決定者たちが考えていた「個」と「全体」のより「調和」的な関係とは、日本が「先進国」であり続けられるような世界を構築し維持するために、それに対する反発を押さえ込むことで実現されるものだったからである。第５章で概観したように、多国籍企業という新たな主体の活動を後押ししようとする「先進国クラブ」OECDにおける多国籍企業ガイドラインの討議が、そもそも国際連合において開発途上国が主導する多国籍企業の活動の「規制」に向けた動きに対抗するためのものだったことは、その事実を如実に示していた。

　こうして、日本をはじめとする「先進国」は、開発途上国の要求を跳ね返すために、多国籍企業ガイドラインの策定過程において多国籍企業の役割を明らかにすることをせまられ、その裏返しとして国家の／日本の役割を問い直さなければならない立場におかれることとなる。日本の政策決定者たちは一方で、これらの点に関してこう強調している。すなわち、多国籍企業の活動とは、「本来」「市場メカニズム」に基づいた行動により「資源の最適配分に貢献」するのだとされたのに対して、国家の役割とは、それを「政策目的」に沿うよう「リード」し、多国籍企業がその活動の有する「長所」（「市場メカニズム」に基づいた

一　暫定的結論　　439

「最適」さの実現）を伸ばせるよう、「市場」および「市場メカニズム」を管理することだ、と。しかしその他方で、日本側は、主に「アジア」地域の開発途上国を念頭におきつつ、こうも主張している。「労使関係」とは「企業経営」の「根幹」に関わる問題であり「現地企業との合弁や現地人の経営への登用」は「企業の政策判断の問題」なのだから、「現地の法規や政府の方針に反しないかぎり」、それぞれの企業に任されるべきだ、と。いわば、多国籍企業の活動を「リード」するという「新しい」日本の役割は、「市場メカニズム」のような経済的（「自然」的）原理を尊重する方向性とともに、企業の「経営」や国家の役割のような人為的関与を重視する方向性をも有する、二つに引き裂かれたものとなったのである。

　だが、多国籍企業の活動が開発途上国において問題を引き起こしている状況においてこのことが意味していたのは、「新しい」日本の「未来」により「効率的」にたどり着くために多国籍企業の「長所」を伸ばそうとすればするほど、そのことが開発途上国において「短所」を増幅させており、それに対処するための方途をさらに模索しなければならないということであった。というのも、日本の政策決定者たちは、企業経営者の代表から成る BIAC（経済産業諮問委員会）と労働組合の代表から成る TUAC（労働組合諮問委員会）とが対立する状況のなかで、ほぼ一貫して BIAC を支持していたからである。このことは、「新しい」日本の役割を再定義した日本の政策決定者たちがさらなる問題、すなわち、主に開発途上国に対する「相互理解」をつうじた「信頼」の確保に直面していたことを示唆している。それは、「新しい」日本の役割が孕む相反する二つの方向性（「市場メカニズム」のような経済的（「自然」的）原理を尊重する方向性と、企業の「経営」や国家の役割のような人為的関与を重視する方向性）のあいだに折り合いをつけるための「新しい」「経済外交」が必要だということであった。

（3）「現実的な経済外交」

「閉じた」世界を振る舞う　　このように、「新しい」日本の役割は、人為的な関与と対置されるような原理（「市場メカニズム」）が国ぐにをより「調和」的につなげるとされた「新しい」世界（「相互依存」の世界）において「企業の

政策判断」のような人為的な関与をも重視するものであり、相反するがともに譲れない二つの方向に引き裂かれたものであったということができる。ただ、このことが実際に問題となったのは、日本のエリートたちがその役割を果たすために行動を起こそうとしたときであった。なぜならば、この二つは究極的には両立が困難だったにも関わらず、日本に対する「不信」を払拭する（「日本イメージ」を受け入れてもらう）ために、「結果を出す」必要があったからである。それゆえ、「近代を超える」プロジェクトに集った日本のエリートたちは、第3章において考察したように、「『地球の有限容量』という壁」が意識された1970年代以降の「新しい」世界におけるより「調和」的な「他者」との関係のありようを考えるために、「日本文化」にふたたび目を向けることとなった。「全体と個の調和」こそが、「日本文化」のつねづね大切にしてきたものだとされたためである。

　報告書の論者たちのいう「全体と個の調和」は、1970年代以降の「新しい」日本がその役割を果たすべき「新しい」世界における「他者」とのより「調和」的な関係、すなわち日本と「他者」とが「相互」にどう「依存」することとなるのかについて、多くのことを教えてくれる。たとえば、「相互依存」の世界のなかで「全体と個の調和」が不可欠だというとき、そのことが一面で意味していたのは、日本以外の「他者」もまた、日本同様、「日本文化」から学ぶべきだということであった。「自然環境の破壊」や「科学技術の停滞」のみならず、「文明病」や「孤独な個」のような「窮状」に直面し、「『ハード・パス』や『アトミズム』の行きづまり」がみられるこんにち、「欧米においても、日本文化が関心を集め、見直されてきている」のは、「西欧近代社会」が「『全体と個の関係』や『個と個の間柄』を見直し、『全体子』（holon）という概念を求めている」ためだというわけである。しかし、他面で、「欧米」の新たな「モデル」になりうるとされた「日本文化」は「『習合』の文化」であり、その定義上「習合」すべき「他者」を必要とするから、日本もまた日本以外の「他者」（それは主に「欧米」だとされた）を引き続き参照し、「日本文化」の「『習合』力」によりそれを日本のなかに取り込んでいかなければならない。いわば、1970年代以降の「相互依存」の世界における「他者」とのより「調和」的な関係とは、このように、お互いがその存在意義を（再）確認し「自己」を不断に再定

義するために、参照すべき相手としてお互いに依存しているようなものだったのである。

　ただ、このことが意味していたのは、その実現のために「新しい」「経済外交」が必要だということだった。というのも、「文化」は「商品」に体現されているとする日本のエリートたちからすれば、お互いの「文化」を受容することがお互いの「商品」を受容することと同義になるからである。こうして、「経済摩擦」なしに日本の「商品」が受容され、その結果として「日本イメージ」が受け入れられるよう、あらゆる国ぐにをより「調和」的につなげるというかたちで貿易を促進し、「相互依存」の世界を構築し持続させることが、「経済外交」の目指すものとなる。それは、別のコトバでいえば、「文化」の「相互理解」をつうじた「信頼」の確保であった。

　報告書によれば、1970年代以降の世界のなかで日本は、「自由と民主主義という基本価値」を共有した「自由経済社会の相互連帯の中で経済運営を行う」「自由主義圏の一員」であるべきだとされたが、そこでの「自由主義」あるいは「自由」な「経済運営」とはすべてを「自由」に任せるものではなかった。なぜならば、「200年以上にわたって存続してきた自由主義経済」は、一面で「その優れた経済機能」発揮してきた「歴史」を持ちつつも、他面で「その機能の限界」や「弊害」を顕在化させるようになっていたからである。「自由主義原則を実施するにあたっては、それに賢明な制御を民主的手続きを経て加える必要がある」とされたゆえんである。「自由主義原則」に対する「賢明な制御」とは、報告書の論者たちがいうには、「自由主義経済の持つ長所と短所を正当に評価し、長所の維持促進と短所の縮小排除に努力す」ることを指しており、その行き着くところは「新しい時代にふさわしい自由主義原則に基づく世界秩序の構築」であるとされた。いわば、「新しい」「経済外交」は、一方で「経済」をより「自由主義」的に「運営」しながら、他方でそれに対する「賢明な制御」を必要とする、二つの相反する方向性を同時に実現することを目指したものとして思い描かれることとなったのである。

　「新しい」「経済外交」、「新しい」「政治」　　これらの試みを「現実的な経済外交」だと呼ぶ報告書の論者たちは、その実現のために、国ぐにをより「調和」的につなげる志向性を持つ「国際協調」や「国際貢献」の必要性を力説し、「文

終章　暫定的結論と若干の展望

化」の「相互理解」をつうじた「信頼」の確保（「日本イメージ」に対する国際的な承認）を重視することとなるのだが、それは端的にいえば、「新しい」「国際秩序」や「世界秩序」の構築とその持続に向けた日本側の努力を受け入れてもらうことであった。ここでは、二つの側面に注目することが重要である。第一に、日本のエリートたちのいう「新しい」「国際秩序」や「世界秩序」が、事実上、これまでの「近代化」のなかで培われてきた「西欧先進国」による既存の国際秩序や世界秩序をもとにしたものだということである。というのも、報告書の論者たちは、「200年以上にわたって存続してきた自由主義経済」に対する「賢明な制御」をつうじ、その「長所」を伸ばし「短所」を減らすというかたちで、「新しい時代にふさわしい自由主義原則に基づく世界秩序の構築」を目指していたからである。そのため第二に、そこでいう「秩序」の中核をなす制度やルール、あるいはそのもとにある価値は、「200年以上にわたって」「西欧先進国」により形成されてきたものであった。このことが示唆しているのは、日本のエリートたちのいう「新しい」「経済外交」が、一方で「先進国」との関係においては「自由主義経済」に基づいた「新しい」「秩序」の構築と持続をめぐる「国際協調」を必要とし、他方で「新しい」「秩序」にいまだ適応していないとされた国ぐに（たとえば、「社会主義国」や「開発途上国」など）に対しては、「自由主義経済」を形作る制度やルール、価値の受け入れを求めるものだということである。「人種や文化の異なった国々に住む人たちが、相互にその相違点を明確に認識したうえで、なお平和と自由と民主主義という共通の価値の維持に努めることこそが、主体性を持った対外経済政策の展開の上で、最も重要なこと」なのだというわけである。

　日本のエリートたちが、みずからは譲歩できない「秩序」や価値を堅持しながら、相手側に対してはその一方的な受け入れを強要するかのような振る舞いを「現実的な経済外交」だと意義付けた背景には、（すでに幾度も触れたように）「『地球の有限容量』という壁」が意識されるなかで、「長所」を伸ばし「短所」を減らすための「新しい」「経済外交」が模索されていたからであった。報告書はこう指摘する。「科学技術の『巨大化』」には「経済的スケール・メリットを追求した『文明の量的拡大』」と「新たな知識を探求する『文明の質的拡大』」とがあるが、「地球の有限容量」、「特に、資源・環境面での制約が顕在化し、

量的拡大の限界が生じた」ために、「近代文明は性格の変容を迫られた」のだ、と。

　ここから導出されるのは、「質的拡大にいっそうの努力を傾注することが要請されている」ということであり、そのための「新しい知識」の探求が必要とされているということであった。その結果、一方で「飛行機、顕微鏡の発明やX線の発見」のような「科学技術」、他方で「新しい」「国際秩序」（「相互依存」の世界）の構築に不可欠な「新しい」制度やルール、という「新しい知識」を探求するために「専門家」（エリート）とその「専門」的な知見が集中的に投入される一方、それ以外の「一般の人びと」とその意見は相対的に軽視され、「経済外交」のありようを決定するプロセスから事実上外されることとなったのである。このことは、「近代を超える」時代の「外交」や「政治」が、なにをすべきかを決める「政策目標」の策定プロセスから、それをどう実現するのかという「方法」を議論するだけの、技術的なものに変質していったことを表していた（「新しい」「政治」を「社会」の「過程制御」だとみなす報告書の論者たちの議論は、そのことを如実に示している）。というのも、それが「歴史の潮流」、「時代の要請」、あるいはそれ以外の名でどう呼ばれようとも、日本がなすべきことはすでにどこかで決められているのだと、日本のエリートたちはみなしていたからである。いわば、「近代を超える」時代においては、「この明確な政策目標を最も望ましい方法によって実現するのが政治」だとされるようになったのである（傍点、筆者）。

　「先進性」による自縛　　では、どうしてこうなってしまったのか。それは、これまでも繰り返し指摘してきたように、日本のエリートたちが日本を「先進国」だと位置付けたためであった。なぜならば、「相互理解」をつうじた「信頼」の確保を目指すというかたちで、「新しい」日本の「経済外交」が「他者」とのより「調和」的な関係の構築を前面に掲げた背景には、「先進国」日本が位置付けられるべき「相互依存」の世界の構築と持続（「長所」）が、それに対する反発（「短所」）により危機に瀕するのを回避するためだったからである。日本の政策決定者たちからすれば、「先進国」日本が位置付けられるいまある世界をより「調和」的にする以外の新たな出来事やそれをもたらす歴史的な変化は、もはや望ましいものではなかった。物理的な「上限」があるとされる「閉

じた」世界のなかで「先進国」日本を維持するかぎり、「先進国」日本が位置付けられるべき世界の「秩序」とそれを支える価値（たとえば、「市場メカニズム」に基づいた「自由主義経済」）については、ともに譲歩の余地がなかったのである。

　このことは、第6章において検討したように、GATT のフレームワーク・グループをめぐる日本側の態度のなかにすでに示されている。GATT の趨勢が「先進国にとり不利な方向」に傾いた場合には「否定的な態度でのぞまざるを得ない」とする主張に表れているように、日本の政策決定者たちは GATT における討議のなかで日本を「先進国」だと位置付けていたが、フレームワーク・グループをめぐる日本代表の態度は「先進国」のなかでも「特殊」なものであった。というのも、従来の GATT 規約では対処できない新たな問題が生起しているとの認識が「先進国」のあいだでも「開発途上国」のあいだでも持たれていたにも関わらず、日本側は GATT の「フレームワーク」を再検討することには当初から「反対」の姿勢を堅持し、フレームワーク・グループの設置が「東京宣言」に基づき合意されたのちにおいても、GATT ルールの「改正」を企図するような動きに対しては、それがブラジルのような「開発途上国」であれアメリカのような「先進国」であれ、「消極的」、「否定的」だとする態度を崩さなかったからである。

　この日本側の姿勢はたしかに、「保護貿易主義」の制度化、ルール化を嫌ったものだと解することができるかもしれない。「オイル・ショック」のように、「輸出サイド」が生産量や価格を一方的に決められる新たな状況は、食料や資源の「安定」的な確保に支障をきたすものであり、日本の政策決定者たちからすれば望ましくなかったからである。だが、新たな問題が生起しているにも関わらず、従来の GATT 規約とその解釈に基づいた「先例」に照らして個別の事例ごとに対処すればよいとする日本側の方針は、「開発途上国」どころか「先進国」のなかでも孤立、最終的に日本側は「先進国の大勢」に「同調」しながら、「孤立してまで LDC からの非難を集中されるよりは」「好ましからざる影響を最小化する」方針も「やむを得ない」とするかたちで、たびたび譲歩を重ねることとなったのである。「先例」に基づいた事例ごとの対処という、「新しい」日本の「経済外交」の指針は、一見すると柔軟性があるように思われるが、

二　若干の展望

それは新たな問題に直面したとき、打つ手のない「デッドロック」に陥るもの
だったのである。

二　若干の展望

　このことが示唆していたのは、1970年代以降の「新しい」日本の「経済外交」
が、とくに1980年代および1990年代において、困難に満ちたものになるのを運
命付けられていたということだった。なぜならば、日本はこの時期、「先例」
が必ずしも存在しない新たな問題に向き合うことを強いられ、しかも、個別的
な対処では済まされない新たな制度化やルールづくりをせまられていたからで
ある。たとえば、1970年代から1980年代にかけて問題となった日米経済摩擦を
思い浮かべてみればよい。これはたしかに、対米輸出をめぐり、繊維、鉄鋼、
カラーテレビ、自動車、半導体などが、また輸入をめぐり、牛肉やオレンジ、
コメなどが、それぞれ個別的に問題になったものだとみれば、1950年代から生
起してきた貿易摩擦の延長線上に意義付けられるかもしれない。だが他面では、
1989年にはじまった「日米構造協議」に示されるように、この個別品目に関す
る日米経済摩擦がやがては、「閉鎖的」だとされた日本の経済構造のあり方に
まで波及するようになるのである[3]。「日本文化」を「新しい」「日本イメージ」
の基礎に据え、日本のエリートたちが「欧米」との「文化」の違いを掲げたこ
ととも相俟って、その差異に基づいた「閉鎖的」な慣行や制度、さらにはそれ
らを規定する「先進国」日本のありようそれ自体が協議の俎上に乗せられるこ
ととなったわけである。

　この「日米構造協議」が開始されたころ、日本経済はいわゆる「バブル経済」
に沸いていたが、それも1990年にはついにはじけ、株価についてみてみれば、
1989年12月に38915円を付けた日経平均は、1990年10月に20000円割れ、2001年
には10000円割れ、2003年4月になると7607円まで下落した。「平成不況」のは
じまりである。日本が不況に陥るにつれ、日米経済摩擦はしだいに収束していっ
たが、ただこのことは、「新しい」日本の「経済外交」がこの時期に向き合う

---

(3)　田所昌幸「日本の経済外交五十年」『国際問題』2001年11月、50-2頁；大矢根聡「経
　　済外交 ──『経済大国』化とその揺らぎ」多胡圭一編『日本政治 ── 過去と現在の対話』
　　大阪大学出版会、2005年、232-4頁。

こととなった諸問題、すなわち、新たな問題に対処するための新たな制度化や
ルールづくり、および「欧米」との「文化」的な差異を掲げた「新しい」「日
本イメージ」の孕む他国との軋轢が、日本のエリートたちの目の前から消失し
たことを意味しなかった。というのも、かつては日本経済の驚異的なパフォー
マンスを説明するために持ち出された「日本文化」が、こんどは、日本経済の
凋落の原因であるかのようにみなされることとなったからである[4]。ただ、そ
のことの帰結はかつてと同じだった。どちらも日本の経済構造が問題なのだと
いう点で変わりはなかったからである。そのうえ、1995年1月の阪神・淡路大
震災および3月の地下鉄サリン事件と、それらをめぐる対応は、日本の構造的
な問題が「経済」の領域にとどまらないのではないか、とする疑問を惹起する
のに十分であった。こうして、この時期の「経済外交」は、「日本発の世界金
融恐慌は起こしません」と宣言するのがやっとだったのであり、1990年代末葉に
なると、「経済外交敗戦」というコトバまでもが聞かれるようになったのである[5]。

　ではなぜ、「近代を超える」時代の「新しい」日本の「経済外交」(「現実的
な経済外交」)は、新たな状況を前にすると固まってしまい、「いままでどおり」
をただ繰り返すだけという、このような「デッドロック」に陥ってしまったの
だろうか。それは、1970年代末葉の日本のエリートたちが再定義した「新しい」
「日本イメージ」が、少なくとも二つの問題を内包していたからだといえる。
第一に、「日本イメージ」の基礎に「日本文化」を据え、その中核に日本の「過
去2,000年の歴史」にも関わらず変わらない「文化の中心」を観念したことは、
「現在」とは異なるよりよい「未来」の存在を、認識することすらできなくし
てしまった。というのも、「時間」の捉え方が、これまでの「近代化」の時代
とは根本的に変わっていたからである。

　このことは、戦後初期と比較すれば明白である。一方で、敗戦直後の日本の
政治経済エリートたちは、「日本イメージ」を再定義するにあたり、まず日本
が目指すべき「未来」の進路を明らかにしようと、「社会進化の動向」(「歴史

---

(4)　Iida Yumiko, *Rethinking Identity in Modern Japan : Nationalism as aesthetics*, Rout-
　　lege, 2002, pp. 209–10.

(5)　伊藤隆敏「経済外交の視点　アジア経済危機とわが国の役割」『外交フォーラム』1999
　　年2月、26–7頁。

二 若干の展望 447

の流れ」）に着目した。そのうえで、そこでの「進化」の度合いに応じた「発展段階」を思い描きつつ、日本を「先進国」よりは「遅れた」部分を持つが「後進国」よりは「進んだ」部分を有する「中進国」だと位置付けた。日本が「未来」の「モデル」とすべきは「社会進化」の先頭に位置する「先進国」であり、「中進国」日本は、やがてくる「未来」において、「現在」とは異なる「先進国」となることが予定されていたのである。つまり、戦後初期における「日本イメージ」が暗黙の前提とする「時間」とは、「現在」から「未来」に（あるいは「過去」から「現在」に）流れるものであり、そこでいう「現在」とは、いずれ実現されるべき「未来」に向けた過渡期であった[6]。戦後初期の「日本イメージ」には、「現在」とは異なるよりよい「未来」が組み込まれていたのである。

これに対して、1970年代末葉の日本のエリートたちもまた、日本の目指すべき「未来」を知るために「歴史の潮流」に目を向けていたが、そこで明らかになったのは「『地球の有限容量』という壁」の存在であり、「近代化」においてもっとも「先進・高水準」だとされたアメリカの国際的な「地位」の相対的な低下であった。そのため、「近代化を達成し欧米先進諸国と肩を並べるに至っ」たがゆえに日本を「先進国」だと位置付けた日本のエリートたちは、このある種の物理的な「上限」が意識された世界のなかで、「現在」の日本の国際的な「地位」を維持し続けられるような「未来」を目指すこととなる。このことが暗に示していたのは、「現在」こそが最善の状況なのであって、「未来」（および「過去」）とは、たんなる「現在」の引き延ばしだということだった。「新しい」日本の「未来」の進路が、実際には新たな「未来」を目指さないことを意味するゆえんである。いわば、この「近代を超える」時代の「日本イメージ」のなかで想定されている「新しい」「時間」とは、「現在」から「未来」（あるいは「過去」から「現在」）をつうじて変わらない、「永遠の現在」とでもいうべきものであり、そこには、よりよい「未来」が占める場所など、もはやなかったのである。

こうして、この「新しい」「時間」の捉え方は、その必然的な帰結として、「他

---

[6] 高瀬弘文『戦後日本の経済外交——「日本イメージ」の再定義と「信用の回復」の努力』信山社、2008年、297-9頁。

者」との関係にも影響を及ぼすこととなった。すなわち、第二に、「日本イメージ」の再定義にあたり日本を「先進国」だと位置付け、その維持のために「長所」を伸ばし（「先進国」日本が位置付けられるべき「相互依存」の世界の構築と持続）、「短所」を減らす（「先進国」日本のありようを侵食する阻害要因の除去）ことを目指したことは、「他者」との折り合いをつけることを、想像することすらできなくしてしまったのである。なぜならば、「他者」というものは、いずれ排除されるべきものだとされていたからである。

　この点についても、戦後初期と比べるのが役に立つだろう。すでに触れたように、敗戦直後の日本の政治経済エリートたちは、「社会進化の動向」に注目しつつ、経済の「発展段階」の観点から日本を「中進国」だと位置付けていたが、このことが暗に示唆していたのは、「時間」が「現在」から「未来」に（あるいは「過去」から「現在」に）流れるように、「世界」の他の国ぐにもまた「中進国」から「先進国」に（あるいは「後進国」から「中進国」に）発展する、ということであった。ここには、一方で「先進国」に対する従属的な姿勢や「後進国」に対する差別的な視線があり、他方で「過去との断絶」にともなう「他者」の無意識的な否定はあったものの、日本の政治経済エリートたちが思い描いた世界には、「先進国」や「後進国」といった「他者」がはっきりと認識されていた[7]。戦後初期の「日本イメージ」には、「中進国」日本とは異なる「他者」が組み込まれていたのである。

　これに対して、1970年代末葉の日本のエリートたちが持ち込んでしまった「新しい」「時間」は、「現在」から「未来」（あるいは「過去」から「現在」）をつうじて変わらないものだったから、そこで暗に思い描かれていた「世界」とは、発展途上国であれ「先進国」であれ、そのありようはいまのままずっと変わらない、というものであった。しかしながら、発展途上国は、実際にはその名が示すように発展を目指していたから、ある種の物理的な「上限」の意識されたこの「世界」におけるこれらの国ぐにの発展は、「先進国」の取り分の減少と国際的な「地位」の相対的な低下を意味するだろう。それゆえ、日本のエリートたちは、「長所」を伸ばし「短所」を減らすという「新しい」日本の役割が

---

(7)　同上書311-7頁。

示唆するように、日本にとって有用な、使える国ぐにだけを優遇し、使えないと判断された国ぐにを排除することとなる。たしかに、「近代を超える」企図のなかでも、「社会主義圏」や「第三世界」といった、「現在」の日本とは異なる「他者」の存在が意識されてはいる。だが、第2章で検討した「環太平洋連帯の構想」や第4章で考察した「主要国首脳会議発言要領案」のなかで論じられているように、これらの国ぐにもやがては「市場メカニズム」に基づいた「自由主義経済」に適合するようつくりかえられ、この「世界」のなかにより「調和」的なかたちでつなげられることが予定されていた。「新しい」「日本イメージ」のなかには、「他者」の占める場所など、もはやなかったのである。ひとたび排除された「他者」は、(たとえば、日本の保守派がいまでもアメリカの対日占領に対する不満を抱いているように)そのことをけっして忘れないだろうから、1970年代以降の日本はつねに、「他者」との関係を阻害する危険性を孕んでいたのである。

　それゆえ、「近代を超える」という企図が「個」と「全体」のより「調和」的な関係を目指すのであれば、この「デッドロック」を解決する必要があるのだが、それは1970年代に試みられた「現実的な経済外交」がそうであったように、きわめて困難な道のりであった。所詮は日本のエリートたちの「未来」や「他者」に対する「認識」の問題なのだから、それらを変えれば解決できるはずだ、と考えるのであれば、それは間違いである。なぜならば、「デッドロック」をもたらした「日本イメージ」の二つの問題は構造的なものであり、「先進国」日本の維持を目指すために「長所」を伸ばし「短所」を減らそうとするかぎり、ほとんど解決は不可能だからである。

　たとえば、これまで議論したように、「近代を超える」ために日本のエリートたちが再定義した「日本イメージ」のもとでは、よりよい「未来」の存在を認識することすらできず、「他者」と折り合いをつけるということを想像することすらできなくなってしまったのだが、ここではそれらができると仮定してみよう。だが、もしそうだとすれば、「『地球の有限容量』という壁」が意識されるなかで、「先進国」とは異なるよりよい「未来」とはどのようなものなのだろうか。「超先進国」のようなものは一応観念できるが、それは事実上、日本が「先進国」ではないことを示してしまうがゆえに実際には採られなかった

し、そもそもある種の物理的な「上限」が近付いているのだから、発展の余地はあまりないはずである。あるいは、このような「世界」のなかで「他者」との折り合いはどうつけられうるのだろうか。「先進国」日本を維持することと発展途上国の発展を許容することとは、『地球の有限容量』という壁」が立ちはだかる「世界」では両立が困難だし、そもそも日本のエリートたちが大事にしている「日本文化」や「市場メカニズム」に関して、発展途上国に譲歩できるはずもない。そのうえ、「新しい」日本の「経済外交」は、相反する二つの方向に引き裂かれていたから、①「先進国」との関係においては、第4章で議論したように、「欧米」との同質性を強調すれば日本独自の政策が採れなくなり、「欧米」との異質性（「太平洋に位する」「歴史と伝統」が異なる日本）を強調すれば「欧米」との協議に難儀する立場におかれており、②発展途上国との関係では、第5章および第6章で議論したように、「市場メカニズム」や「貿易自由化」のような経済的（「自然」的）原理を強調すると、企業の「経営」や国家の政策決定のような人為的関与を否定することになってしまい、だからといってこんどはそれを強調すると、多国籍企業の活動の「規制」を訴えたりGATTにおける「異なったより有利な」扱いを主張したりする発展途上国の主張を正当化してしまう立場におかれていた。「近代を超える」企図のもとで再定義された「日本イメージ」を固守するかぎり、新たな状況を前にした「デッドロック」を解決することはできないのである。

　これに加えて、さらに二つの要素が事態を悪化させている。一つは、この「新しい」「日本イメージ」のもとでは、日本のエリートたちが直面している世界をありのまま把握することすらできなくなってしまったということである。なぜならば、日本のエリートたちが認識している「世界」とは、「『地球の有限容量』という壁」から逆算され演繹されたあるべき姿であり、「新しい」日本の「未来」の進路がそうであるように、それは、「『結果』の『平等』」を追求するという名のもと、あるべき「世界」をつくりあげるために、だれかがどこかで決めた「最適な分配方法」をみんなで実現することが目指されたもの（「『分に応じた』働き」が「期待されている」もの）だったからである。しかも、「長所」を伸ばし「短所」を減らすという「新しい」日本の役割は、「長所」と「短所」が切り離せるとする前提に立っているから、日本のエリートたちによる恣意的

二 若干の展望

な基準をもとに、使えるものだけを抽出し使えないものを除去しようとすることは、もともとさまざまな要素でつながっていた世界をバラバラに断片化されたかたちで（再）認識してしまうことを意味していた。GATT のフレームワーク・グループにおける討議のなかで日本が孤立化した一因は、ここにあったのだといえ、いま直面している課題を日本に有用か否かという視角から眺めていたがために、課題それ自体をありのままのかたちで認識できず、それがゆえに他国と共有することすらできなくなってしまったのである。

またもう一つは、「近代を超える」ための「日本イメージ」が、国内的には、国民と国家の関係を、さらには「経済外交」とその策定過程（「政治」）を、それまでの立憲主義的、民主主義的なプロセスから、（「社会」の「過程制御」というコトバに端的に表されているように）政策決定の「過程」ないしは「社会」そのものを「制御」するためのツールに変質させてしまったため、日本のエリートたちは、（世界をありのまま認識できなくなってしまったにも関わらず）、つねに国民に対して「結果を出す」必要にせまられるというジレンマに陥ることとなってしまったということである。「新しい」政策決定者のありようとは、日本のエリートたちによれば、船や飛行機を操舵・操縦する船長やパイロットのようであるべきだとされていたから、そこでは、船や飛行機の行き先がそうであるように、（国民の側からみれば）「政治」が目指すべきものはすでにどこかで決められており、この行き先（「明確な政策目標」）に「最も望ましい方法」でお客（「国民」）を運ぶのが「政治」だとされた。そのため、この「新しい」「政治」のもとでは、一方で「民意」に反し「国民」の支持を失ってでも、この「明確な政策目標」を完遂する「信念や情熱」と「指導力」が、政策決定者には求められるとともに、他方では、「民意」の表れだとされた選挙において「国民」の支持をえるため、その「政治」が「『結果』の『平等』」という名の「最適な分配方法」を実現したものであることを示し続けるようしいられたのである（そしてこのことは、「国民」以外の選挙権のない住民が、「他者」として、「新しい」「政治」から排除されることをも暗示していた）。

こうした「新しい」「政治」の提起は、すでに「個」と「全体」のより「調和」的な関係を模索するという試みのなかに暗示されていたが、その意味するところは、政治的なもの（だれが決定しだれが恩恵を受けるのかをめぐる諸問題）

の事実上の駆逐、とでもいうべきものであった。なぜならば、1970年代の日本のエリートたちは、日本国憲法のなかで想定されているような、国民の権利を国家が保障する義務を負う、というかたちで、国民と国家の関係を権利者と義務者の関係として捉える見方を放棄し、「新しい」「国民」と「国家」の関係を企業における労働者と経営者の関係のように、あるいはモノやサーヴィスの消費者と生産者の関係のように、思い描いていたからである。企業の経営や生産のあり方を最終的に決定するのが経営者であり生産者であるように、国家のありようを最終的に決めるのは（「国民」というよりも）政策決定者なのだというわけである。

　ただ、このことは、必ずしも「国民」の「民意」に沿わない政策を採ることとなったことの代償として、その政策の正当性を国民にアピールし続けなければならないことを意味していた（なぜならば、そうしないと、「国民の意向を正当に表現する唯一の手段」である選挙で勝てないからである）。こうして、日本のエリートたちは、その政策の「結果」が絶えず出ているかのように「PRを行い」（あるいは「世論操作」を施し）、万が一望ましい「結果」が出ない場合には、「専門的な知識」の動員によりあるべき「結果」をつくりだす（アンドルー・ゴードン〔Andrew Gordon〕は、政府の「自己防衛と世論支持の確保」のために、「一九九九－二〇〇〇年の国内経済の成長率にかんする統計データをおそらく操作したらしい」と指摘している）[8]ことで、その立場を維持しなければならなくなってしまったのである。

　このように、新たな状況に直面したときに「現実的な経済外交」がしばしば陥る「デッドロック」の解決には多くの難関が立ちはだかっており、ここでその解決方法を網羅的に議論することは、本書の目的を超える。ただ、もし「過

---

(8)　アンドルー・ゴードン（森谷文昭訳）『日本の200年 —— 徳川時代から現代まで』下、みすず書房、2006年、695-6頁。また、近年の「統計不正」については、たとえば、「賃金統計不正　隠蔽認める　厚労省、06年には把握」『東京新聞』2019年2月2日朝刊；「平成の賃金　検証不能　統計不正　政府廃棄で8年分不明」『東京新聞』2019年4月29日朝刊；「全政府統計の6割強不適切　プログラムミス、ルール違反、公表遅延など」『毎日新聞』2019年5月16日（https://mainichi.jp/articles/20190516/k00/00m/010/216000c）。

二　若干の展望　　453

去から学ぶことができる」という「やや旧式の見解」[9]をいまなお信ずるなら
ば、「近代を超える」時代の日本の「経済外交」をめぐる歴史的な考察からい
くつかの指針をえることができるだろう。すなわち、みずからを「他者」より
も「優越的」・「先進的」だと位置付け、さらなる「上」や「先」を目指そうと
する行き方は、いずれ行き止まりになるということ、その行き止まりだという
感覚が「世界」を「閉じた」ものとして思い描かせ、そのなかで満足しなけれ
ばならないとする態度を生み出すこと、だが、この「閉じた」「世界」をカス
タマイズしようと、「長所」を伸ばし「短所」を減らすことに尽力したとして
も、「長所」と「短所」は密接に結び付いているため、「長所」を伸ばそうとす
ることがかえって「短所」を増幅させ、やがてはこの「閉じた」「世界」を「短
所」で充満させるだけに終わってしまうこと、それゆえ、この循環論的な「世
界」から抜け出すには、「他者」の境遇にも思いを馳せるとともに、その境遇
をよりよいものにするための小さな一歩を踏み出す必要があること、などであ
る。これは、「上」や「先」を目指すのでもなければ、「人間の内面に深く根ざ
した」「文化的な豊かさ」を求めて「内」に引きこもるのでもない、「近代を超
える」プロジェクトのなかで採られなかった指針である。

　「近代を超える」企図は、「個」と「全体」のより「調和」的な関係を目指し
ていたにも関わらず、使えるか否かという観点から「他者」を選別する傾向に
あったため、家族から国際関係まで、「他者」との関係を殺伐としたものにし
てしまったように思われる。もしそうなのだとすれば、これからの「日本イメー
ジ」の再定義にあたっては、日本がおかれている世界のありようをありのまま
認識できるよう、まず（「自己」ではなく）壊れてしまった「他者」との関係に
目を向ける必要があるのではないだろうか。というのも、「日本（文化）」とは
「巧みに自分の中に取り入れてきた」「さまざまな外国の文化、思想や科学技術」
により構成されるとする、1970年代の日本のエリートたちの卓見を踏まえるな
らば、「他者」のよりよい境遇の構築に寄与することこそが、よりよい「自己」
とその「未来」の形成につながるだろうからである。

---

(9)　ジョン・ダワー（猿谷要監修、斉藤元一訳）『容赦なき戦争 —— 太平洋戦争における
　　人種差別』平凡社、2001年、17-8頁。

あ と が き

木村信子の詩に「非」と題するものがある。二つの段から成るこんな作品である。

もしわたしがきつねだったらおなじきつねの夫と一緒でこんこんと夫が鳴け
ばこんとひとつ控え目に答えて暮らしているこんこんと言うとこんと言って
いるうちにふとわたしはこんこんだけの日常を疑いはじめて他の鳴声に憧れ
出すいつか沼端で見た鶴にあこがれるが鶴の鳴声を知らないのでこんこんと
夫に呼ばれたとき黙っている訳にもいかないのでいろいろ思ってみてまあ分
相応に鴉になることにするかあと小さな声で言ってみるそれからもう少し大
きな声でかあと言ってみるとだんだん自分が鴉に思えてきて外から帰った夫
がこんこんと鳴いたのでかあと答えるとわたしはまるっきり鴉だ驚いた夫が
こんこんこんとわたしの分まで鳴いたのでかあかあとやっぱりひとつ控えて
鳴く夫はうろたえて表に飛び出して行ったかと思うと大きな鳥篭をぶらさげ
て来てわたしをその中に押し込めてしまう鴉が鳥篭に入っているのは可笑し
いがいくら飛べる自由があっても飛ぶ術を知らないから飛んでみろと言われ
る心配もなくてかえって気楽だと思いながら夫がこんこんこんと鳴くたびか
あかあと鳴いて暮しはじめるきつねの仲間が鳥篭のまわりに集って来てこん
さんは可哀想だと泣いてくれるがわたしにはなぜ可哀想なのかわからないの
でかあかあと仲間にお愛想する

ある日一羽の本物の鴉が飛んで来てわたしに鴉の餌を置いていってくれるよ
うになった
　（『木村信子詩集　おんな文字』（四海社、1979年）106-7頁より）

この詩が印象深いのは、それが、「日常」を向上させようとするときにぶつ
かる「自己」と「他者」についての諸問題（日常生活のなかで「自己」のイメー

ジをどう再定義し、それを「他者」にどう受け入れてもらうのか）を示しているように思われるからである。「わたし」は、自分が「きつね」だったときのことを想像する。そこでも「わたし」は同じ「きつね」の夫と「こんこん」「こん」と暮らしているが、あるとき、それ「だけ」の「日常」を「ふと」「疑いはじめ」、「他の鳴声に憧れ出す」。いつかみた「鶴」にあこがれるが、鳴声を知らないと夫に呼ばれたとき困るので、「いろいろ思ってみて」「まあ分相応に」「鴉」になろうとする。「かあ」と口に出してみると、「きつね」の「わたし」はまるで「鴉」そのものだ。

　だが、ここから「鴉」である「きつね」の「わたし」は、このようなこと（「日常」を向上させようとすること）を試みる人たちが必ず直面するであろう出来事に見舞われることとなる。「外から帰った夫」がいままでどおり「こんこん」と鳴いたので「かあ」と返すと、こんどは「こんこんこん」と「わたしの分まで鳴」く。さらっと書いているが、この行為は、その意図に関わらず、「わたし」の発言の機会を強制的に奪うことで、事実上の「存在の否定」を目指したものだ。これに対して、「鴉」である「きつね」の「わたし」はこれまでどおり「ひとつ控えて鳴く」。ただ、この「かあかあ」も、その意図の有無を別にすれば、夫に対する応答としての「かあ」に加えて「存在の否定」を打ち消すための「かあ」を足したものだとみることもできるだろう。「こんこんこん」に失敗し「うろたえ」た夫は、次なる方法として「鳥篭」を持ち出し、「鴉」である「きつね」の「わたし」をそこに閉じ込めてしまう。こんどは「わたし」の行動の機会を強制的に奪い、その「自由」を剥奪しようとしたのである。しかしながら、「鴉」であることを証明する唯一のものが自身の「憧れ」だという「きつね」の「わたし」にとっては、このことすらも逆効果であった。「鴉が鳥篭に入っているのは可笑しい」が、「飛んでみろと言われる心配もなくてかえって気楽だ」というわけである。

　こうして、「きつね」の夫と、「飛べる自由があっても飛ぶ術を知らない」「鴉」である「きつね」の「わたし」は、「こんこんこん」「かあかあ」と暮らすようになり、新たな日常がはじまる。しかし「きつねの仲間」には、この新たな日常は受け入れがたいものであった。「鳥篭のまわりに集って来てこんさんは可哀想だと泣いてくれる」のである。ただ、「わたしにはなぜ可哀想なのかわか

らない」。というのも、「鴉」に「憧れ」ているとはいえ、「きつね」の「わた
し」は厳然とそこに存在しているからである。もし「こんこん」と夫が鳴けば
これまでどおり「ひとつ控え目に」「かあ」と答えていただろうし、たとえ「鳥
篭」がなくても夫が望めばこれからもともに暮らしていったことだろう。

　それゆえ、最後の一節は印象的である。筆者がこの詩にはじめて出会ったと
き、この「本物の鴉」は「わたし」にとっての希望の象徴にみえた。「わたし」
がなりたかったのは「鴉」だったのだと、直感的に思ってしまったからである。

　ただ、ここでみてきたように、「わたし」がなりたかったのが「鴉」である
「きつね」の「わたし」なのだとすれば、この一節はやや違ったものにみえて
くる。なぜならば、一方で「鴉」であることを証明する唯一のものが「憧れ」
だった「鴉」である「わたし」からすれば、「一羽の本物の鴉」が「鴉の餌を
置いていってくれるようになった」というのは「鴉」として認められたことを
示唆していたが、他方でこれまでの「日常」をこれからも望んでいる「きつね」
の「わたし」からすると、その思いの否定をも意味していたように感じられた
からである。それは、「わたし」がなろうとしていた「鴉」である「きつね」
の「わたし」が、そのままでは受け入れられえないことを暗示しており、(「鴉」
の真っ黒な姿とも相俟って) この「本物の鴉」は、そのことを最終的に「わたし」
に告げにきた「審判」の象徴に思えてきたのである。

　だが、本当にそうだろうか。いま筆者は、この「鴉」がやはり希望の象徴だっ
たと信じている。というのも、この「一羽の本物の鴉」が「鴉の餌を置いていっ
てくれるようになった」ことで、「いくら飛べる自由があっても飛ぶ術を知ら
ない」がゆえに「鴉」であることを証明するものが自身の「憧れ」以外になに
もない、「鴉」である「きつね」の「わたし」は、そうなろうとするときに直
面するもっとも困難な問題をクリアしたからである。「本物の鴉」が「鴉の餌
を置いていってくれるようになった」のだから、「わたし」は「本物の鴉」か
ら「鴉」として認められたのだ。だとすれば、「鴉」である「きつね」の「わ
たし」になるための残された問題は、「あの世」の問題ではなく「この世」の
問題、すなわち「こんこんこん」「かあかあ」の新たな日常のなかでみずから
を認めてもらえるよう、日夜努力することだろう。ここまで読んだとき、「非」
というタイトルが重く圧し掛かってくる。なぜならば、それは、(「わたし」の

立場からみれば)「日常」を向上させることのないまま、「いままでどおり」を繰り返すことに対する「非」であり、新たな「自分」を否定されること(「存在の否定」)に対する「非」であるとともに、(「わたし」の立場から離れてみれば)たとえ「本当の自分」探しのすえになにか別の「自分」になれたとしても、結局最後に直面しなければならない問題は目の前の「日常」と向き合うことなのだという意味において、日常生活から目を背けることに対する「非」でもあるからである。

　本書は、こんなことをぐだぐだと考えてしまう筆者による、戦後日本の「経済外交」に関する二冊目の本である。この本もまた、多くの人びとの親切と助力に支えられてきた。ただ、その方がたにお礼をいう段になると、やはり(前著のときと同様)困惑してしまう。なぜならば、デリダが「コミュニケーション」の「透明性」に対する批判として論じているように、このような行為は「他者を受け手の立場に引き下ろしてしまう」がために「暴力」的なものなのではないかと恐れるからである(ビル・レディングス『廃墟のなかの大学』248頁)。ただ、この批判を受け入れると、マイケル・ウォルツァーが「知的債務」を支払う「通貨」だとする「謝辞と出典列挙」について、その「最も重いものの多く」に「気づかない」ばかりか「認めることもできない」といい(『正義の領分』13頁)、スーザン・ストレンジが謝辞の目的に関して、「債務」から放免されるためではなくそれを確認するためだとするとき(『カジノ資本主義』ⅴ頁)、その新たな意味に気付くことができる。というのも、こうした親切や助力は、ビル・レディングスが強調しているように、「すべての借金を払ってそこから解放されることは決してできない」(251頁)性質のものなのであり、これらの論者たちはそれを別のコトバで指摘しているのだといえるからである。まわりくどい書き方になってしまったが、要するに、ここでは、前著でお世話になった人びとをあらためて確認しつつ、それ以後の「債務」についてできるかぎり誠実に記していきたい。

　大学院時代からの友人・知人たちには、引き続きお世話になっているが、本書をめぐっては、研究のための貴重な時間を割いて草稿を読んでくださった、敬愛する池田亮にまず感謝しなければならない。ここでいただいた行き届いた

アドヴァイスとシンパセティックな励ましは、とかく視野が狭くなりがちな筆者の視野を広げてくれ、こんがらがった議論をほぐすのを助けてくれた。能力不足のためにその多くを生かすことができず、いまだ不十分なのは忸怩たるものがあるが、本書が少しでもまともなものになっているとすれば、それは彼のおかげである。

　また、筆者の論文を掲載してくれた、成蹊大学アジア太平洋研究センター、日本国際政治学会、広島市立大学国際学部にも謝意を表したい。そこで発表された論考は、本書との直接的な関連性はないものの、その基盤となったものであり、これらが公表の場を与えられなかったら、本書はなかったであろう。その草稿を下読みし投稿できるかたちにしてくれた友人の山本健と、これらの投稿論文を査読し（寛大にも）掲載してくださった諸先生方、本当にありがとうございました。

　さらに、文献と史料の渉猟にあたっては、日本外務省外交史料館、国立国会図書館、国立公文書館、広島大学文書館、横浜市史資料室をはじめとするさまざまな史資料館、図書館に大いに助けられた。なかでも、国会図書館とその専門室をはじめとする国公立の図書館には、史資料の調査（調査こそが研究者のパワーの源泉である――というコトバの出典をついに見つけられなかった。たしかホブズボームだったと思う）から執筆、校正に至るまで、たびたびお世話になった。そのすべてを挙げることはできないが、とくに、選び抜かれた開架の蔵書とオープンな雰囲気が魅力の山梨県立図書館とそのスタッフにお礼をいいたい。

　ただ、こうして研究ができるのもそれ以外の部分を支えてくれる人たちがあってこそなので、それらの人たちにもお礼をいわなければならないのだが、そうなるとそれこそ、よりよいものをいつもつくり続けてくれているパン屋さんやケーキ屋さん、コーヒー屋さんから、それほど頻繁にお邪魔しているわけではないのに顔を覚えてよくしてくれる、高速道路の S.A. のスタッフまで、そのリストは多岐にわたってしまう。そんななかで、本書は、independent な立場からそれぞれの専門に携わってきた、以下の方がたとその仕事に多くを負っている。天野こずえの『AQUA』『ARIA』には（その 3 期にわたるテレビアニメとともに）、1970 年代以降の、さらには 2000 年代以降の、とかく「上限」

が意識されがちな「世界」のなかで、よりよい「未来」がどうつくられうるのかを示唆され、考えさせられること大であった。カン・チュンドの仕事からは、アイスキュロスの名言、「賢いとは、多くのことを知っている人ではなく、大事なことを知っている人をいうのだ」を教わり、そのためにはまず、「大事なこと」を見分けられるようにならなければならないことを学ばせていただいている。瀬戸川猛資『夜明けの睡魔 —— 海外ミステリの新しい波』は、その「ブリリアント」（法月綸太郎）な文体とともに、いつどのページを開いても、ディクスン・カーやクリスチアナ・ブランド、コリン・デクスターらの描いたあの世界に筆者を連れて行ってくれた。あたかも、平易でユーモアある分析は、その対象に深い洞察と愛が不可欠だといわんばかりに。ふたたびピアノとの接点を持ちたいと思わせてくれ、「論文」という「奇妙な形式」（西川長夫『植民地主義の時代を生きて』580頁）では表現しきれないものに出口を与えてくれたのは、田所政人の意志ある仕事の一端に触れることができたからである。fhánaの楽曲は、towana の挑発的だが包み込むようなヴォーカルとも相俟って、「閉じた」ように感じられるこの「世界」の出口が意外にも手の届くところにあること、また、そのパスポートは「他者」に向けた小さな一歩を踏み出すだけで手にできること、を示し続けているように思われる。この調子で書いていると終わらないのだが、上掲以外にも、鶴見俊輔が都留重人から幾度となく聞いたというコトバ、「ディファレンシア・スペシフィカ」（differentia specifica；鶴見俊輔『期待と回想』384頁）に引き付けていえば、「他者」であるにも関わらず同じ「種族」だと感じることで勇気づけられた人びとやその仕事、作品がいくつもある。そのすべてに、ここで感謝したい。

　最後に、本書でもまた、三組の方がたに謝意を表したいと思う。激動の2000年代および2010年代をともに生きてきた河崎祐子は、その持ち前の裏表のない度胸と根性でつねに新たな「未来」を切り開き、「他者」のいる場所に筆者を引き摺りだしてくれた。それはまるで、同じ「種族」を探す旅路であったように、いまでは思われる。この経験のおかげで筆者は、よりよい「未来」のためには「他者」のよりよい境遇を考える必要があることをあらためて学ぶことができた。

　また、出版という貴重な機会を与えてくださった信山社と、本書がベストな

状態で出版されるよう細事にわたり差配いただいた今井守さんには、『戦後日本の経済外交』に引き続き、大変お世話になった。前著の出版の折、《本が出せるのはこれが最初で最後かも》と思いながら作業していたプロセスに、ふたたび関わらせてもらえたことは、望外の喜びである。心からお礼申し上げます。

さらに、筆者の両親である、高瀬征夫、高瀬洋子は、その子がおそらく自分たちの思い描いたであろうものとはまったく違う人生を歩んでいるにも関わらず、変わらない支援を与えてくれた。本書がそれにどこまで応えられているのか甚だ自信がないが、筆者自身もその形成に責任のある時代を分析し、よりよい「未来」に向けた努力を続けることで、その支援に報いたいと思う。

そして、本書をはじめ、筆者の書いたものを手に取ってくださったすべての読者に、あらためて感謝いたします。

2019年7月

高瀬　弘文

―――――――――――― 〔事 項 索 引〕 ――――――――――――

【あ行】

IEA ……………………………135, 251
IMF ……222, 227, 245, 249, 261, 265, 270, 370
IMF・GATT 体制 ………………32, 141, 142
IMF 体制 …………………………30
ICC ………………………288, 319
ITT ………………………282, 290
間柄主義…………52, 62-66, 75, 88, 429
アジア外交…………………………14
アジア開発銀行 ………………250, 265
アジア地域主義 …………………11, 13
ASEAN ………………………143
ASEAN 諸国 ………………12-14, 137
あの世 ………66-68, 82, 89, 192, 429-431
アフガニスタン …………………………178
アメリカ…10-13, 16, 31, 40, 43, 46, 55, 62, 82,
　　86, 126, 132, 136, 141, 142, 144, 154, 174,
　　175, 177, 178, 187, 188, 219, 221-237, 239,
　　240, 242, 256-258, 261-263, 265, 270, 271,
　　282, 290, 292, 295, 302, 304, 306-312, 315-
　　320, 322, 326-328, 330-337, 340, 342, 343,
　　353-355, 359, 361-363, 365, 367, 374, 377-
　　388, 390-395, 397-400, 402, 403, 407-413,
　　　　　　　　　　415, 416, 422, 444, 449
　　――による平和………………40, 143, 148
　　――の国際的な「地位」……21, 35, 39, 40,
　　　　　83, 86, 92, 97, 150, 427, 447
　　――の明白な優越の終了 ………142, 143
アメリカ経済…………………………39
アメリカ国務省 …………………………231
アメリカ労働総同盟・産業別組合会議 …330

アラブ…………………………10-12, 45, 101
アルゼンチン ……134, 388, 393, 395, 396, 400
UNCTAD ………………122, 249, 250, 354,
　　　　　　　　　364, 366, 375, 408
EEC …………………………249, 306
イギリス ……46, 144, 222-224, 238, 239, 256,
　　258, 261, 262, 269, 278, 295, 306, 310, 311,
　　315-319, 326, 332, 333, 337, 338, 340, 342,
　　　　　　　　　　　　　343, 421
EC ……118, 178, 222, 223, 226, 232, 239,
　　253, 353-355, 361-365, 379-387,
　　389, 391-400, 402, 407-413, 415, 422
EC 諸国 …………………………39
イタリア………46, 234, 235, 239, 240, 260-262
一般特恵関税制度 ………………249, 366-368
イラン革命…………………………31
インド …………383, 388, 393, 411, 413
インドシナ…………………………14
インドシナ諸国 …………………12, 13
インドシナ半島 …………………142
インドネシア ………………12, 45, 101, 134
ヴェトナム…………………………31
ヴェトナム戦争 …………………354
ヴェトナム特需…………………………31
ウォータゲート事件 …………………359
永遠の現在……51, 53, 84, 91, 92, 169, 431, 447
英国病…………………………219
APEC…………………………14
エコノミック・アニマル …………………423
ECOSOC ………282, 290, 307, 310, 313
エジプト …………………388, 393
江戸時代の遺産 …………………48, 49

〔事項索引〕

AFL-CIO …………………………………330
FRB …………………………………………257
FAO …………………………………………137
A 方式 ……………………316–318, 343, 349
NICS …………………………………………180
MNE →多国籍企業
OECD ………24, 124, 126, 137, 149, 212, 243,
　　　245, 281–284, 286–289, 292, 293, 296–301,
　　　303, 305, 308, 309, 311, 323, 326, 328, 329,
　　　331, 335, 336, 339–342, 345, 353, 408,
　　　417, 418, 420, 421, 425, 438
OECD 閣僚理事会 …………289, 295, 296,
　　　332, 338, 340
OECD 加盟諸国 ……………………282, 341
OECD 事務局 …………313, 329, 334, 340
OECD 事務総長 …………………286, 303
OECD 条約 …………………………………296
OECD 諸国 ……286, 293, 295, 300–303, 305,
　　　306, 313, 326, 330, 334, 335, 338, 346
OECD 地域 …………………………305, 306
OECD 理事会 ………………284, 293, 308
オイル・ショック ……13, 18, 19, 24, 31, 219,
　　　220, 273, 278, 359, 415, 420, 444
オイル・マネー ……………………………242
「欧米文化」の再評価……………………166
欧米文化の相対化…………………39, 42, 64
大岡裁き………………………………………55
大蔵省 ………………10, 48, 270–272, 352
大阪バンパク……………………………58, 68
大平総理の政策研究会………………35, 93
大平総理の政策研究会報告書 ……21, 23, 29,
　　　32, 48, 218
オーストラリア………126, 134, 136, 315, 337,
　　　340, 388, 395, 398, 410
ODA ………………………………11, 12, 129
OPEC ………31, 123, 133, 180, 252, 359
オランダ ……45, 101, 295, 304, 306, 310, 311,

315–318, 332, 333, 337

【か行】

外務省………229, 265, 279, 318, 353, 375–377,
　　　383, 389, 390, 394, 400, 401, 412
外務省経済局 ………………………………279
科学技術の史的展開………39, 50, 61, 161, 189
「科学技術の史的展開」研究グループ……69,
　　　161, 189
懸け橋 ………………………………228, 265
過去との断絶…………………………41, 448
「過去」に対する「回帰」…………………168
「過去」の意義付け …………20, 35, 84, 85, 91
「過去」の書き換え …………………………84
「過去」の断片化…………………………169
数の暴力…………………………………………55
ガット・IMF 体制 ………………………118
ガット（GATT）…10, 24, 25, 85, 128, 212,
　　　243, 247, 249, 336, 351, 353, 355–357, 359–
　　　361, 366–371, 373–375, 378, 383, 385, 386,
　　　401, 403, 404, 406, 412, 414, 415, 418, 419,
　　　421, 422, 425, 437, 444, 450, 451
第 1 条 …………………………………………368
第 2 条 …………………………………………371
第 11 条 …………………………………………369
第 12 条 …369, 370, 372, 387, 392, 393, 405
第 13 条 …………………………………369, 370
第 15 条 …………………………………………370
第 16 条 …………………………………………371
第 17 条 …………………………………………371
第 18 条 …366, 367, 370–372, 380, 387, 412
第 19 条 …………………………………371, 380
第 22 条 …………………………………372, 387
第 23 条 …………………………………372, 387
第 25 条 …………………………………366, 368
第 4 部………366, 367, 372–374, 376, 385, 390,
　　　401, 404, 405

GATT 閣僚会議 ……………………… 356, 357, 359
GATT 規定 ………… 366, 367, 370–373, 377, 405, 412, 413
　──の改正 ……………………… 390
GATT 規約 ………… 375–378, 397, 399, 404, 415, 420, 444
　──の「改正」…… 374, 382, 401, 414
　──の擁護 ……………………… 415, 420
GATT 事務局 … 353, 362, 367, 389, 393, 403, 406, 407, 410–413
GATT 上の義務 ……………… 368, 369, 373
　──の免除 ……………………… 368
GATT 上の権利義務 ……………… 369
GATT 総会 ……… 354, 355, 361, 362, 364, 414
GATT 締約国団 …………………… 368
GATT の諸原則やルール … 25, 85, 351, 353, 356, 357, 359, 368, 372, 374, 376
GATT 理事会 …………………… 355, 356
GATT ルール …… 14, 351, 353, 354, 367, 387, 389, 395, 404, 405, 408, 414, 420, 422
　──の「改正」…… 390, 392, 397, 415, 419, 444
　──の遵守 ……………………… 405
　──の擁護 …………… 390, 412, 416
　──の「例外」…………………… 408
活力ある日本社会 ……………… 148, 154
活力ある部分システム … 71, 74, 75, 78, 190
「家庭基盤充実」研究グループ …… 72, 98
過程制御 ………… 194, 203–205, 443, 451
カナダ … 126, 234, 235, 239, 240, 295, 315, 338, 355, 363, 379, 381, 382, 386–388, 391–393, 395, 396, 398, 400, 402, 403, 406, 409–412
為替制限 …………………………… 6
韓　国 ……………………………… 45, 101
関税及び貿易に関する一般協定 ………… 351
「環太平洋連帯」研究グループ … 42, 118, 437
環太平洋連帯構想 … 13, 42, 123, 126, 143, 154

環太平洋連帯の構想…… 22, 43, 110, 118, 121, 122, 126, 143, 153, 155, 449
カンボジア ……………………… 142
官僚の夢…………………………… 81
『機会』の『平等』…………………… 78, 81
機構問題 ……………… 375–377, 380, 382
起草グループ…… 295, 303, 306–308, 310–312, 314–316, 320, 324, 325, 328, 329, 331, 331, 332, 335, 336, 342, 343
ギリシャ ………………………… 340
近代化…………………………… 21
近代的な意識 …………………… 168, 169
近代民主主義……………………… 54
近代を超える……………………… 21
　──ということ ………………… 90
勤勉革命…………………………… 48
空間的「違い」………………… 220, 255
グレイ・ゾーンの文化……………… 61
グローバリズム ………………… 118, 119
グローバリゼーション ……………… 15
「ケ」…………… 54, 57, 66, 87, 430
計画経済 ………………………… 256
経済安全保障 …………………… 147
「経済外交」(の)研究………… 3, 7, 15, 17
「経済外交」の研究課題………………… 7
「経済外交」の全体像………………… 3–8
「経済外交」の定義………………… 4, 7, 8
経済外交敗戦 …………………… 446
経済協力開発機構………………… 24, 281
経済産業諮問委員会 ……………… 439
経済大国 ………………… 3, 14, 40
経済的(な)原理 …6, 7, 25, 102, 103, 160, 273, 320, 344, 347, 348, 350, 351, 353, 354, 372, 373, 418, 419, 438, 439, 450
経済的(「自然」的)原理　→経済的(な)原理
経済的豊かさ …………………… 172
経済復興 …………………………… 3

〔事 項 索 引〕

経済摩擦…………10, 14, 45, 90, 102, 105, 108,
　　　　　　110, 151–153, 159, 435, 441
経済立国…………………………………8, 11
経済を手段とする外交………………4–7, 19
経済を目的とする外交………………4–7, 19
『結果』の『平等』…79, 80, 82, 89, 431, 450, 451
結果を出す…………23, 132, 156, 157, 160, 451
ケネディ・ラウンド …………354, 365, 375
現　実………144, 178–181, 197, 248, 249, 251
現実的 …………………118, 226, 252, 407
　——な経済外交………22, 23, 160, 185, 186,
　　　　　　　189, 192, 210, 345, 349, 422,
　　　　　　　425, 441, 442, 446, 449, 452
　——な話合い ……………………………248
現実的(な)アプローチ………248, 250, 251,
　　　　　　　　　　　　266, 380
現実的(な)解決 ………………………395, 399
現実的態度 ………………………247, 248
減点主義 ………………………………191
賢明な制御 ………22, 175, 176, 188,
　　　　　　　193, 209, 441, 442
公共財 ………………………182, 186, 187
交渉準備委員会 ……………………………356
構造改革 ………………………………302
高度経済成長………………8, 24, 30, 31, 48,
　　　　　　　111, 112, 164, 219
国際エネルギー機関 ……………………251
国際化の時代……………………………42, 110
国際協力事業団 ……………………………130
国際商業会議所 ………………288, 311, 319
国際的な理解 ……………………………241
　——と協調 ……241, 243, 245, 246, 256, 274
国際電話電信会社 ………………282, 290
国際投資・多国籍企業委員会………284, 293,
　　　　　　　　　　　　　　295, 303
国際連合 ………………………24, 289, 438
　——の経済社会理事会 ………………282

国際連合貿易開発会議 ………………122, 354
国務省 ………………………………222
国　連 ………282, 283, 289–292, 375
国連経済社会理事会 …………290, 292, 313
国連事務局 ………………………………290
この世 ………………………66, 67, 430, 431
コメコン ………………………………238, 253

【さ行】

財界(人) ………………………………4, 10
サミット………………10, 12, 20, 23, 144, 212,
　　　　　　　217, 221, 223, 225, 227–229,
　　　　　　　233, 234, 256, 257, 273, 336, 363
産消国対話 ………………………252, 273
産業革命 ………………………………48, 52
産業経済諮問委員会 ……………………329
三極鼎立・円環構造………………60, 63, 88
JICA ………………………………130
CSCE ………………………………223, 224
GSP ………………………249, 366, 401, 408
JETRO ………………………………112
時間的な「遅れ」…………………220, 228, 255
市場機構 ………………………………271, 273
市場経済………56, 63, 81, 82, 174, 209, 210,
　　　　220, 263–266, 268–270, 272, 273, 278–280
市場経済合理主義者………………………12
「市場」の管理者…103, 323, 325, 331, 340, 346
「市場」の構成要素………………………331, 349
市場メカニズム………22, 23, 122–126, 133,
　　　　　147, 153, 185, 206, 207, 210, 270–273,
　　　　　278–280, 282, 283, 302, 303, 318, 321–
　　　　　325, 328, 336, 341, 343–351, 353, 354,
　　　　　373, 417–421, 434, 437–439, 444, 449, 450
　——の宣教師 ……………………………325
時代の要請………21, 33, 37, 38, 42, 52, 58, 85,
　　　　86, 88, 141, 142, 159, 171, 183, 192, 202,
　　　　203, 207, 210, 229, 241, 274, 427, 428, 443

質的拡大……………33, 35, 39, 190, 442, 443
資本移動の自由化 ………………303
資本自由化コード ………297, 307, 335, 339
資本主義経済の相互関連性 ………227, 228
資本主義経済の存続 ………………226
資本主義の危機 ………………219, 225
社会主義 ………………………179
社会主義運動 …………………179
社会主義経済 …………………179
社会主義経済運営 ………………179
社会主義圏………23, 40, 43, 177–181, 210, 449
社会主義(諸)国………………12, 232
社会主義陣営 …………………233
社会進化の動向 ……207, 212, 428, 446, 448
ジャパン・アズ・ナンバーワン …16, 79, 423
ジャマイカ ……………………389
ジャマイカ暫定委員会 ……………246
自由化………………………………18
自由からの逃走 …………………78, 79
自由競争 ………………56, 61, 81, 82
自由経済 …………………178, 179, 185, 256
自由経済社会 ……………174, 209, 441
自由経済制度 …………………178
自由経済体制 ……………187–189, 192
私有財産権の尊重 ………………174
自由市場 …………103, 302, 303, 341
自由市場経済体制………………………82
自由市場原理 …………………40, 43
自由主義 ……175, 178, 179, 183, 209, 211, 441
自由主義経済……175, 176, 184, 188, 189, 210,
　　　　　437, 438, 441, 442, 444, 449
自由主義経済運営 ………………182
自由主義経済制度 ………………174, 175
自由主義圏 …………22, 23, 177–182, 210
──の一員……………174, 175, 177,
　　　　　　　　　　178, 209, 441
自由主義原則………175, 177, 184, 185,

　　　　　　　　　209, 441, 442
自由主義諸国 …………………178, 232
自由主義体制 …………………176
自由陣営 ……………………143, 259
自由世界 ……………………174, 223
自由貿易………14, 18, 19, 22, 103, 124,
　　　　　126, 133, 134, 302, 341, 404
自由貿易(の)原則 ………………207, 247
自由貿易体制 ………142, 147, 254
自由放任 ……………………358
自由民主主義 ………220, 244, 275
自由民主党議員総会………………231
自由民主党総裁予備選挙………………29
主要国首脳会議……23, 24, 144, 208, 212, 217–
　　　　219, 239–241, 245, 254–257, 266–268,
　　　　270, 273–276, 278, 281, 283, 311, 312,
　　　　325, 342, 353, 416–421, 425, 432
主要国非公式会合 ……398–400, 402, 403, 408
消費者主権 ……………………174
食料や資源の「安定」的(な)確保…272, 278,
　　　　　　　　　418, 420, 444
所得分配の公平化 ………………271, 279
序　列………73, 77, 79–81, 83, 89, 92, 431
人為的(政治的・外交的)関与 …………103
人為的(な)関与 ………6, 7, 25, 160, 185, 192,
　　　　209, 210, 273, 320, 344–348, 350,
　　　　351, 354, 372, 373, 417, 418, 429,
　　　　430, 434, 438–440, 450
シンガポール ……………………126
新経済政策 ……………10, 31, 354
新国際経済秩序 …………………180
新執行委員会 ……………288, 289, 293
人中心主義 ……………52, 61, 62, 88
親　日 ……………………12, 16
新ブラジル案 ……………386, 391, 395
信用の回復 ……………………436
信　頼 ……………………106

〔事 項 索 引〕

——の確保………23, 95, 114, 121, 123, 128, 130, 151-153, 155, 160, 192, 209, 210, 344, 346, 416, 419, 425, 435-437, 439, 441-443

スイス ……………379, 385, 388, 398, 409

スウェーデン……295, 306, 309, 310, 316-320, 326, 327, 332, 336, 337, 343, 398, 421

スタグフレーション ……………176

スペイン ……………315

スミソニアン合意 ……………355

成功の試練 ……………8

政治外交 ……………5

政治サミット ……………143, 144

政治的意図 ……………296

政治的ガイダンス……………261, 262, 266, 267, 277, 278

政治的側面 ……………262, 267

政治的立場 ……………293

政治的役割 ……………143, 144

政治不信 ……………197, 199

政府開発援助 ……………147

世界経済の回復 ………242, 243, 246, 247, 274

世界食糧会議 ……………253

世界の現実 ……………139, 141

世界の多元化 ……………42, 64, 86, 88

世界不況 ……………230

責任分担による平和……………40, 143

石油危機 ………10, 11, 147, 245, 248, 375, 378

石油ショック ……………180, 360, 361

石油メジャー……………12

石油輸出国機構……………31

世論操作 ……………202, 206, 207

全欧安全保障協力会議 ……………223

先進国クラブ ……………212, 438

先進国首脳会議………10, 20, 23, 212, 217, 360

先進国の一員……………10, 217

「先進国」の景気回復………242, 243, 251, 274

先進国病 ………97, 98, 151, 219, 275, 427, 432

漸進的アプローチ ……………287, 288

「相互依存関係」の緊密化………43, 64, 85, 88

相互依存関係の形成……………43, 118, 434

相互依存関係の増大 ……………254, 255

総合安全保障 ……………11, 73, 139, 145

「総合安全保障」研究グループ………40, 138, 172, 437

総合安全保障戦略 ……96, 139, 140, 143, 147, 154, 155, 157, 437

総合安全保障体制 ……………139

相互主義 ……25, 351, 353, 354, 356-358, 363, 366, 369, 372-374, 376, 380, 381, 384, 387, 397, 405, 411, 412, 415, 420

相互の認識と信頼……94, 105, 111, 151, 209, 435

相互理解……………12

相対化の時代 ……………39, 42

ソフト・パス ……………162, 163, 167, 189

ソ連……………13, 141, 178, 179, 187

【た行】

タ イ……………12, 142

第一次案 ……………257, 259, 263, 268-270

第一回準備会合 ……………236, 239, 240, 257

「対外経済政策」研究グループ ……39, 172, 175

『対外経済政策の基本』………43, 173, 175, 209

第三次案 ……………260, 261, 269

第三世界……23, 40, 43, 177, 180, 181, 210, 449

対ソ輸出信用供与 ……………253

対中貿易……………31

第二回準備会合 ……………240, 256, 257, 260

第二次案 ……………259, 269

代表制民主主義 ……196, 197, 200, 201, 207

対米関係……………3, 12, 31, 86, 231

対米協調……………11

大平報告書 ……………161, 424

第四次中東戦争 ……………10, 31

多元化社会の生活関心 ……………211

「多元化社会の生活関心」研究グループ
　　　　　……………………42, 67, 194
多国籍企業………………283, 292, 301, 303,
　　　　　307, 310, 326, 327
　──の活動の「規制」………24, 282, 418,
　　　　　438, 450
　──の定義　………………304, 305, 315
　──の役割　………24, 282, 290, 291, 295,
　　297, 303, 305, 313, 320, 323, 325, 328,
　　336, 341, 342, 344, 345, 347, 417, 438
多国籍企業委員会(国連)　………………292
多国籍企業委員会(OECD)……303-306, 308,
　　　　　311, 312, 314, 316, 319, 321,
　　　　　328, 329, 332, 335, 338-340
多国籍企業ガイドライン　…24, 212, 281-284,
　　286, 288, 293, 295-304, 307-309, 332,
　　334-336, 338, 340-342, 344, 345, 417,
　　　　　421, 425, 438
多国籍企業情報研究センター　………………292
多国籍企業性悪論………………………300
「他者」との関係………70, 209, 440, 449, 453
タテマエ……42, 54, 56-58, 87, 195-197, 200,
　　201, 207, 345, 347, 427, 428, 430
タフト・ハートレー法…………………………82
地域研究　……………………………106, 107
地域主義　………22, 96, 119, 138, 153-156, 437
地球社会の時代　…………29, 32, 109, 110, 118
「地球の有限容量」という壁　………21, 33, 39, 43,
　　47, 83-85, 90, 92, 93, 95, 97, 100, 150,
　　151, 155-157, 159, 161, 162, 164, 171,
　　175, 189, 192-194, 208, 210, 273, 426,
　　430, 434, 437, 440, 442, 447, 449, 450
地方の時代　……………………29, 42, 110
中　国………………13, 45, 101, 134
中国大陸………………………………111
中進国………………20, 96, 117, 212, 219,
　　　　　275, 369, 428, 447, 448

中ソ対立…………………23, 142, 179, 210
超先進国　………………………275, 449
朝鮮半島　………………111, 142, 143
直接民主主義　………………………201
チ　リ………………282, 290, 292
通貨危機…………………………11, 245, 271
通産省………………18, 271-273, 279
通商国家　………………………13, 14
通商産業省　……………………………271
TNC　→多国籍企業
TUAC　………329-333, 340, 349, 439
デ・レギュレーション　………………184, 437
「田園都市構想」研究グループ　………109,
　　　　　152, 436
田園都市国家の構想　………………42, 71, 110
伝統的・前近代的な意識　………………168
ドイツ………………………………46
東　欧………………………………179
東京オリンピック　………………58, 68
東京宣言　……25, 212, 247, 351, 358-360, 362,
　　366, 367, 373-376, 379, 381, 390,
　　394, 396, 397, 403, 405, 412, 444
東京ラウンド　………24, 25, 85, 128, 212, 247,
　　249, 351, 352, 354, 355, 359-366, 378, 380,
　　385, 390, 396, 400, 404, 405, 412, 414, 422
東京ラウンド研究会………352-354, 359-361,
　　　　　365, 366, 368, 369, 374
東西関係　………252, 253, 256, 261, 274
東西貿易　………………………253
東西問題…………………………12, 239
東南アジア諸国　………………………118
得点主義　………………………191
トリー(tree)構造　………………62, 72
ドル・ショック　………10, 13, 16, 19

【な行】

なかまはずれ…………………69, 79, 82

〔事 項 索 引〕

なかま文化 …………………………64, 87
ナショナリズム……………………32, 145
7＋7非公式会合…………374, 378–380, 389,
　　　　　　　　　393, 408–410, 413
NATO …………………………………16, 221
南北格差 ……………………………………354
　――の縮小 ………………………………292
　――の是正……254–256, 271, 281, 311, 312,
　　　　　　　　　　　　　　325, 342
南北間の相互依存 ………………………247
南北問題………12, 96, 122, 127, 133, 134, 144,
　　　　　　154, 155, 176, 180, 188, 221, 247,
　　　　　　248, 250, 254, 258, 261, 271, 274,
　　　　　　279, 292, 322, 375, 378, 393, 437
ニクソン・ショック………………………31
ニクソン・ドクトリン ………………141, 142
西ドイツ……144, 223, 224, 237, 239, 265, 295,
　　　　　　304, 306, 309, 310, 315, 316, 318,
　　　　　　319, 333, 337, 339, 340
西ドイツ外務省 …………………………224
二者峻別・対比構造 …………………60, 88
西ヨーロッパ諸国…………………………31
日米安全保障条約 ………………………139
日米経済摩擦 ……………………………445
日米構造協議 ……………………………445
日中国交正常化 …………………………180
日中貿易 ……………………………………180
日本イメージ ……3, 15, 19–23, 32, 33, 35, 40,
　　　47, 66, 85, 88, 90, 91, 98, 100, 108, 114,
　　　116–118, 123, 126, 127, 130, 136, 141, 149,
　　　150, 153, 159, 160, 164, 166, 171, 172, 174,
　　　175, 183, 189, 191, 192, 201, 202, 205, 208,
　　　209, 211, 212, 217, 219, 229, 235, 237, 240,
　　　274, 295, 296, 300, 301, 311, 320, 330, 331,
　　　338, 341, 342, 348, 350, 352, 353, 374, 414–
　　　416, 418, 419, 421–425, 431, 435, 437,
　　　　　　　　440–442, 445–451, 453

　――の「現在」の部分……19, 93, 102, 150,
　　　　　　　　152, 227, 321, 323, 433
　――の「未来」の部分………23, 32, 93, 426
日本が位置付けられるべき世界……100, 104,
　　　　　　　　　　　　　153, 444
日本が位置付けられるべきでない世界…117,
　　　　　　　　　　　　　　　154
日本外務省 ………………229, 240, 353
日本学 ……………………………………112
日本型組織…………………………………74
日本型の市場経済 ………………82, 83, 209
日本型の組織………………………………74
日本教………………………52, 62, 65, 429
日本語………………………………………74
日本人の心の中空構造 ………………50, 69
日本人論……………………………………112
「二本建て」案 …………………261, 269
日本的価値観の見直し ………………168
日本的「公正」………………80, 82, 431
日本的な《自己責任》………………77, 80
日本的な手法………………………………98
日本的なもの ………………56, 57, 169
　――の見方 ………………167–169, 171
日本的「平等」……………………………80
日本の位置付け……96, 98–100, 117, 150, 164,
　　　186, 210, 212, 217, 218, 227, 228, 273,
　　　275, 281, 312, 346, 347, 416, 417
　――と役割………………19, 20, 90, 94, 100,
　　　102, 150, 155, 192, 225, 228,
　　　229, 240, 254, 331, 415, 433
　――や役割………………………………99
日本の家庭 ……………………………72, 98
日本の経営組織……………………………62
日本の経済運営……………………………52
日本の国際的地位………21, 227, 229, 447
日本の国家システム……………………71
日本の組織………………………………73, 75, 77

日本の対外関係 …………………181
日本の文化的特質 ……… 48, 49, 76, 83
日本の役割……… 22, 24, 95, 96, 108, 109, 115,
　　　117-119, 121-124, 126, 128, 131, 138,
　　　141-143, 145, 146, 149, 150, 152, 153,
　　　155-157, 160, 165, 175, 178, 180, 181, 184,
　　　187, 275, 280-283, 295, 301, 312, 320, 321,
　　　323-325, 340-342, 345-349, 416-418, 421,
　　　425, 433-439, 448, 450
日本の役割分担 …………………182, 187
日本の輸出 ……………………83
日本文化…………………………21
　——の再評価 …………………166
　——の積極的紹介 ………111, 114, 152
　——の相対化…………………64
　——の特質 ……… 21, 54, 56-58, 60, 63-65,
　　　69, 70, 77, 81, 83, 84, 90, 95, 112,
　　　159, 164-166, 190, 191, 208, 435
　——の「本質」……… 22, 23, 175, 192, 193
日本貿易振興会 …………………112
日本らしさ ……………………114
ニュージーランド ……… 136, 379, 396, 398
ニュー・レギュレーション ……… 184, 438
人間主義…………………52, 62, 64-66, 88
人間性の回復 …………………163
人間の心 ……………………203, 204
認識のギャップ ……… 16, 18, 19, 92, 422
ノルウェー ……………………336, 337, 340

【は行】

パキスタン ……………………397
橋渡し ……………………………13
発想の転換の時代 …………………164, 208
発展段階………118, 212, 219, 229, 270, 274,
　　　277, 312, 322, 342, 369, 381, 428, 447, 448
ハード・パス………………163, 164, 167,
　　　189, 191, 208, 440

パネル ……………………372, 410
バブル経済 ……………………445
「ハレ」……… 54, 57, 59, 66, 87, 89, 91, 429, 430
反日（暴動）………………12, 14, 16, 94
BIAC ………… 329, 330, 333, 334, 349, 439
PR ………………203, 205, 206, 452
B方式 ………316-318, 330, 343, 349
　トーンダウンされた—— ……………317
BIS ……………………245
非OECD諸国 ………………306, 328
非OECD地域 ………………305, 306
非相互主義 ……………………397
人づくり ………………127-133, 153
「開かれた」地域主義 ……………13
開かれた連帯…………………13, 118
フィード・バック ……… 170, 171, 203-205
フィリピン ……………………12, 136
フィンランド ……………………388
フェア・シェア ………………54, 61, 79, 80
フェア・プレイ ………………54, 61, 79, 82
不易流行…………………………51
プエルト・リコ宣言 ………………360
不況………………10, 31, 220, 226, 230,
　　　231, 238, 247-249, 377, 445
複合的政策・措置 ……………14, 15
福田ドクトリン ………………11-14
不信 ……94, 105, 106, 108, 151, 155, 159,
　　　160, 176, 375, 435, 440
ブラジル………134, 374, 376, 378, 379, 381,
　　　383, 385, 386, 388, 391, 392, 394, 398,
　　　399, 402, 403, 407-409, 411, 415, 444
ブラジル案………374, 379-389, 391, 394, 402,
　　　407, 415, 416, 422
フランス…10, 46, 144, 217, 221-228, 231-233,
　　　236-240, 256-261, 269, 281, 361
フランス外務省 …………………232
ブレトン・ウッズ体制 ……………182

〔事 項 索 引〕

フレームワーク・グループ ……25, 212, 351,
　　353, 357, 358, 360, 366–369, 372, 374,
　　378, 379, 382, 383, 389, 392, 393, 396,
　　397, 400, 402, 403, 406, 408, 409, 411,
　　412, 414–416, 418, 420, 422, 425, 444, 451
フロート ……………223, 224, 246, 271, 278
文化的所産 ………………………45, 95, 107
文化的な豊かさ………………………………33
『文化の時代』………35, 101, 172, 174, 175, 188
「文化の時代」研究グループ ……37, 52, 98
文化の時代の経済運営 ……35, 42, 43, 48, 52,
　　66, 74, 75, 78, 163
「文化の時代の経済運営」研究グループ…35,
　　39, 57, 64
文化の所産 ………………45, 101, 102, 114,
　　160, 209, 435, 437
文化の中心………50, 51, 53, 56–58, 69, 87, 89–
　　91, 97, 175, 191, 424, 428, 446
文化の要請……………21, 38, 41, 44–46, 86,
　　88, 107, 150, 155, 159, 427
文化摩擦………………………45, 102, 110
文明としてのイエ社会…………………65, 71, 77
文明病 ……………78, 79, 97, 151, 162, 164,
　　219, 275, 427, 432, 440
平成不況 ……………………………………445
平和外交 ………………………………40, 43
平和戦略 ……………………………………139
ベトナム ………………………………134, 142
ベルギー ……295, 306, 310, 311, 316, 318, 393
変な外人………………………………70, 165
貿易交渉委員会……356, 358–360, 364, 366,
　　374, 379, 380, 393, 394, 396, 398, 399, 403
貿易自由化 ……………10, 19, 25, 351, 353,
　　354, 356–359, 365, 369, 372–374,
　　377, 378, 382, 386, 390, 397, 398,
　　404, 405, 415, 418–422, 450
貿易摩擦 ……10, 14, 45, 94, 110, 177, 422, 445

法外の法 ………………………52–58, 65, 66, 68,
　　87, 89–91, 192, 429, 430
北欧（諸国）………379, 382, 388, 408, 409, 411
保護主義 ………………………247, 354, 363, 405
保護貿易主義 …………25, 122–124, 353, 358,
　　361, 363, 377, 397, 415, 444
保護貿易主義的政策 ………………………133
ボランティア ……………………………112, 113
ボリビア ……………………………………134
ホロニック・パス ………161–164, 189–192
香　港 ……………………………………126
ホンネ ………………42, 54, 56–59, 87, 195,
　　196, 200–202, 345, 346, 428, 430

【ま行】

マイナス成長 ………………………………219
マクロ的方法 …………………………195, 203
まつり………………………57–59, 66, 68, 73, 87,
　　89, 91, 192, 429, 430
魔法の杖 ………………………………………4
マレーシア………………………………45, 101
ミクロ的方法 …………………195, 196, 203
「未来」の進路 …20, 21, 23, 24, 30, 32, 33, 35,
　　40, 46, 47, 60, 85, 90, 93, 100, 156,
　　157, 161, 166, 171, 189, 202, 211,
　　217–220, 229, 230, 244, 247, 254–
　　256, 262–268, 273–277, 279–281, 283,
　　347, 350, 416, 417, 419, 421, 424–427,
　　430, 431, 433, 436, 438, 446, 447, 450
民間経済外交 ………………………………4
民主化 ………………………………………51
民主主義 ………22, 56, 61, 148, 154, 174,
　　187, 188, 209, 210, 254, 256, 441, 442
民主主義社会 …………………………199–201, 203
民主政治 ………………………………200, 201
民主的システム …………263–266, 268, 269
民主的手続き …………175, 188, 193, 209, 441

——の変質 …………………169, 171

村八分…………………………………79

メキシコ …………………………134, 395

【や行】

ヤウンデ協定 …………………………354

有識者グループ …………………290, 291

ユーゴスラヴィア …………………389, 411

輸出自主規制…………………………10

輸出振興 …………………………3, 436

輸入制限 ………………………………6

ゆるやかな連帯 ……………………118

ユーロコミュニズム ……………………179

よき日本人 …………………………113

吉田ドクトリン …………………………3

吉田路線 ………………………………3

ヨーロッパ協同体 …………………222, 353

ヨーロッパ協同体委員会 ………………337

【ら行】

ラテン・アメリカ …………………………134

ラテンアメリカ諸国 ……………………290

ランブイエ・サミット ……………………217

ランブイエ宣言…………256, 261–263, 265,
268–270, 272, 279, 360

リージョナリズム……………………43, 118

リゾーム（rhizomme）構造 ………62, 63, 71

立憲主義 ………………………………205

量的拡大…………………33, 35, 39, 190, 442

ルーマニア …………………………………400

レイ委員会 ……………………286–288, 293

レイ委員会報告書 ………………………288

冷　戦 …………………3, 15, 31, 178, 180, 219

歴史的流れ ……………………………167, 168

歴史の大きな流れ…………………………37

歴史の終わり ………………………………16

歴史の潮流…………21, 32, 37–40, 42, 85, 141,
142, 150, 155, 159, 190–192,
194, 210, 426, 428, 443, 447

歴史の流れ …………173, 174, 207, 428, 446

連邦準備制度理事会 ………………………257

労働組合諮問委員会 …………………329, 439

労働力・社会問題委員会 …………………331

ロメ協定 ……………………………354, 410

ロンドン・サミット …………………360, 361

【わ行】

和…………………………………54, 55, 57

『わが外交の近況』…………………………3

和　魂………………………………49–51, 57

和魂洋才…………………………………49

〔人名索引〕

【あ行】

赤瀬川源平……………………………………74
アジェンデ(Salvador G. Allende Gossens)
………………………………………282, 290
天羽民雄 ………………………………………384
イイダ・ユミコ………………………………60
イザヤ・ベンダサン　→山本七平
石井修…………………………………………4
稲田献一………………………………………18, 19
井上寿一………………………………………4, 11-15
今井賢一………………………………………18
インガソル(Robert S. Ingersoll) ………234
ウィルソン(Harold Wilson) ………223, 232,
238, 278
ヴォーゲル(Ezra F. Vogel) ……79, 80, 423
牛場信彦 …75, 77, 235-237, 239, 257, 265, 271
エンダース(Thomas O. Enders) ………234
大平正芳…12, 13, 21, 29, 32, 35, 37, 41, 47, 50,
55, 57, 63, 74, 90, 91, 94, 97-100, 113,
118, 129, 138-140, 160, 172-174, 189,
190, 194, 233, 234, 260, 357, 425, 426
大矢根聡…………………………………………13-15

【か行】

岸信介 …………………………………………3, 5
北原秀雄…………222, 225-233, 236, 255, 259
キッシンジャー (Henry A. Kissinger)
………………………222, 258-261, 269, 270
ゴードン(Andrew Gordon)…………………452
伍堂輝雄………………………………………5
小宮隆太郎……………………………………18

コロンボ(Emilio Colombo) ………………260

【さ行】

サイモン(William E. Simon) ………224, 234
ジスカール・デスタン (Valéry Giscard-
d'Estaing) ………217, 219, 221, 223, 224,
226, 231-234, 259, 432
島田英一………………………………………5
シュミット(Helmut Schmidt) ……223, 224,
230, 232, 234, 257, 260, 269
シュルツ(George P. Shultz) …235, 236, 258
ストラウス(Robert S. Strauss) …………361
ストレンジ(Susan Strange) ………………16

【た行】

ダイムラー(Gottlieb W. Daimler) ………46
田所昌幸………………8, 10, 11, 13, 15, 16
田中角栄………………………11, 12, 94, 357
都留重人……………………………………5-7

【な行】

長富祐一郎 ………47, 48, 54, 55, 57, 58, 65-
68, 71-75, 77, 78, 97
並木信義…………………………………………18
ニクソン(Richard M. Nixon) ………10, 16,
31, 359
野崎正剛………………………………………352

【は行】

速水融……………………………………………48
原吉平 …………………………………………5
ハルトゥーニアン(Harry D. Harootunian)

｜｜｜｜｜｜｜｜｜｜｜｜｜｜｜｜｜｜｜｜｜｜｜｜｜81

バール（Raymond Barre）…………227, 238

バーンズ（Arthur F. Burns）…………257

ハント（Sir John Hunt）…………238, 258

ピエール・ブロソレット（Claude Pierre-
Brossolette）…………222, 237, 259

フォード（Gerald R. Ford）……230, 232, 234,
257, 261, 262, 266,
269, 278, 359

福田赳夫………12, 29, 239, 273, 283, 286, 289–
293, 295–297, 300, 303, 349, 433

福田博…………………………283, 284

フクヤマ（Francis Fukuyama）…………16

藤山愛一郎…………………………5–7

フルカード（Jean-Pierre Fourcade）
…………260, 269

ペール（Karl-Otto Pöhl）…………237

ベルトラン（Raymond Bertrand）…310, 319,
320, 339

ベンダサン →山本七平

細谷千博…………………………3

ホブズボーム（Eric Hobsbawm）………16, 17

【ま行】

三木武夫……11, 231, 235, 236, 241, 254–257,
259–262, 266, 269, 270, 276, 278

ミルグラム（Stanley Milgram）…………78

宮崎弘道…………………………12

【や行】

ヤイター（Clayton Yeutter）…………386

山本七平（イザヤ・ベンダサン）………52, 55,
56, 64

山本満…………………………4

米山俊直…………………………57

【ら行】

ロング（Olivier Long）……364, 379, 383, 385,
396, 398, 399, 409, 413

【わ行】

渡辺昭夫…………………………5

渡辺淳一…………………………74

和田裕…………………………268

〈著者紹介〉

高瀬 弘文（たかせ・ひろふみ）

1973年、愛媛県生まれ。
一橋大学法学部卒業、同大学院法学研究科修士課程修了、同大学院法学研究科博士後期課程修了。博士（法学）。専攻は、日本外交史、国際関係史

〈主要著作〉
『戦後日本の経済外交 ──「日本イメージ」の再定義と「信用の回復」の努力』（信山社、2008年）；「『あるべき国民』の再定義としての勤労の義務 ── 日本国憲法上の義務に関する歴史的試論」『アジア太平洋研究』2011年；「東北アジアにおける戦後日本の経済外交の端緒 ── 日韓通商協定の締結を手掛かりに」『国際政治』2012年；「『経済外交』概念の歴史的検討 ── 戦後日本を事例に」『広島国際研究』2013年

学術選書
2014
政　治

❀ ❀ ❀

戦後日本の経済外交 Ⅱ
──「近代を超える」時代の「日本イメージ」と「信頼」の確保──

2019（令和元）年10月15日　第1版第1刷発行

著　者　　高　瀬　弘　文
発行者　　今井 貴 稲葉文子
発行所　　株式会社　信 山 社
〒113-0033　東京都文京区本郷6-2-9-102
Tel 03-3818-1019　Fax 03-3818-0344
info@shinzansha.co.jp
出版契約 2019-5484-6-0101　Printed in Japan

©高瀬弘文, 2019 印刷・製本／亜細亜印刷・牧製本
ISBN978-4-7972-5484-6 C3332 分類311.500-a003 政治・国際関係
P496　￥11800E-012-025-015

JCOPY 〈(社)出版者著作権管理機構　委託出版物〉
本書の無断複写は著作権法上での例外を除き禁じられています。複写される場合は、そのつど事前に、(社)出版者著作権管理機構（電話 03-5244-5088, FAX 03-5244-5089, e-mail : info@jcopy.or.jp）の許諾を得て下さい。

戦後初期（1945-57年）に着目

戦後日本の経済外交
―「日本イメージ」の再定義と「信用の回復」の努力―

高瀬 弘文 著

◇序章　研究課題と分析の視角
　一　研究課題―「経済外交」
　二　分析の視角と本書の構成
◇第1章　「日本イメージ」の再定義
　一　「社会進化の動向」
　二　日本経済再建の方向
　三　「発展段階」と「特殊」
　四　「信用の回復」の必要
　五　再定義のパターン
◇第2章　「過去」の意義付けの変化
　一　対日占領政策の転換
　二　「貿易主義」の台頭
　三　論争の勃発―「開発主義」対「貿易主義」
　四　「過去」の意義付けの変化
◇第3章　日本を取り巻く国際環境
　一　「日米経済協力」構想の登場
　二　日本のIMF・IBRD加盟
　三　日本のココム加入と対中貿易
　四　日本を取り巻く国際環境
◇第4章　「信用の回復」Ⅰ―「日本イメージ」の「後進国」側
　一　日本の役割の再定義
　二　日本のECAFE加盟
　三　日本のコロンボ・プラン加入
　四　日本の加入が持つ意味
◇第5章　「信用の回復」Ⅱ―「日本イメージ」の「先進国」側
　一　日本のGATT加入の動機
　二　加入の方途の模索
　三　GATTのメンバーになる―仮加入の模索
　四　正式加入の実現
　五　日本のGATT加入が持つ意味
◇第6章　「信用の回復」Ⅲ―「日米経済協力」構想VS「日本イメージ」
　一　対米自主輸出規制を実施する
　二　日米対立の構図とその背景
　三　対米譲歩のパターン
　四　積み残された課題への対処
◇終章　暫定的結論と若干の展望
　一　本書の議論のまとめ
　二　暫定的結論と若干の展望

信山社